Spezialimmobilien von A–Z

Gabriele Bobka (Hrsg.)

Spezialimmobilien von A–Z

Bewertung, Modelle, Benchmarks und Beispiele

herausgegeben von
Gabriele Bobka

bearbeitet von
Kim Adam
Thomas Albertin
Klaus Belgardt
Dr. Thomas Beyerle
Heidi Bösch
Andreas Borutta
Linda Breinig
Stefan Friedel
Wolfgang Jahn
Dr.-Ing. Dagmar Joeris
Marcel Köhler
Andreas Konrath
Ralph Korduan
Prof Dr. rer. pol. David Lorenz
Prof. Dr.-Ing. habil. Thomas Lützkendorf
Jochen Nagel
Prof. Dr. Harald Nitsch
Frank Pfaff
Prof. Dr. Heinz Rehkugler
Daniela Schaper
Joachim Schubach
Dr.-Ing. Walter Schwenk
Ulf Templin
Dr. Martin Töllner
Herbert Troff
Frank Peter Unterreiner
Ullrich Werling
Dr. Joachim Will
Christian Zobel

2., neu bearbeitete Auflage

Bundesanzeiger Verlag

Bibliografische Information der Deutschen Nationalbibliothek
Die Deutsche Nationalbibliothek verzeichnet diese Publikation in der Deutschen Nationalbibliografie; detaillierte bibliografische Daten sind im Internet über http://dnb.d-nb.de abrufbar.

Bundesanzeiger Verlag GmbH
Amsterdamer Straße 192
50735 Köln

Internet: www.bundesanzeiger-verlag.de
Weitere Informationen finden Sie auch in unserem Themenportal unter www.betrifft-immobilien.de

Beratung und Bestellung:
Tel.: +49 (0) 221 97668-306
Fax: +49 (0) 221 97668-236
E-Mail: bau-immobilien@bundesanzeiger.de

ISBN (Print): 978-3-89817-875-4
ISBN (E-Book): 978-3-8462-0310-1

Herstellung: Günter Fabritius
Satz: starke+partner, Willich
Druck und buchbinderische Verarbeitung: Mediaprint, Paderborn
Printed in Germany

Vorwort

Seit dem Erscheinen der ersten Auflage dieses Buches 2007 haben sich die Immobilienmärkte dramatisch verändert. Die weltweite Finanzkrise, ausgelöst durch das Platzen der Immobilienblase auf dem US-amerikanischen Wohnimmobilienmarkt, brachte nicht nur zahlreiche Banken in die Schieflage, sondern führte auch auf europäischen Immobilienmärkten zu dramatischen Einbrüchen. In der Folge hat sich der Horizont der Investoren verengt und viele Länder sind als mögliche Ziele weggefallen. Deutschland gilt dabei bei in- und ausländischen Anlegern als sicherer Hafen. Mit 30,7 Milliarden Euro floss 21 Prozent mehr Kapital in deutsche Gewerbeimmobilien als noch im Vorjahr. Damit präsentierte sich der Investmentmarkt 2013 als transaktionsstärkstes Immobilienjahr seit 2007.

Als in Folge der Finanzkrise die Transaktionen dramatisch zurückgingen und die Finanzierung immer schwieriger wurde, geriet auch die Immobilienbewertung zunehmend ins Kreuzfeuer der Kritik. Insbesondere die Immobilienwerte von Offenen Fonds und Immobilien-AGs standen im Fokus der öffentlichen Diskussionen. Der Wert von Immobilien leitet sich aus den Erträgen ab, die der Eigentümer zukünftig mit ihnen erwirtschaften kann. Aussagen über Entwicklungen in der Zukunft sind jedoch immer mit Unsicherheiten verbunden. Zudem basieren sie auf Erfahrungswerten der Vergangenheit. Ob der bisherige Verlauf sich stetig weiter entwickelt, konstant bleibt oder gar drastische Einbrüche erlebt, lässt sich jedoch nicht mit Sicherheit voraussagen.

Der Wert stellt im Unterschied zum Preis, der das Ergebnis einer konkreten Tauschaktion ist und subjektiven Einflüssen unterliegt, die objektivierte Preisvorstellung einer Gruppe von Marktteilnehmern dar und setzt zudem das Vorhandensein des gewöhnlichen Geschäftsverkehrs voraus. Im Gegensatz zu Aktien stehen die Werte für Immobilien nicht täglich zur Verfügung, da der Markt keine direkte Bewertung liefert. Die grundlegende Schwierigkeit bei Immobilienanlagen besteht darin, dass die sonst bei Vermögensgütern üblichen Beurteilungsmethoden bei Immobilien nur bedingt anwendbar sind. Immobilien weisen zwei wesentliche Eigenschaften auf, die zu erheblichen Schwierigkeiten bei der Ermittlung ihrer Renditen und Werte führen. Zum einen ist dies ihre relativ lange Lebensdauer und zum anderen ihre geringe Transaktionshäufigkeit. Der Unterschied zwischen Wert und Preis wird immer dann besonders augenscheinlich, wenn – wie bei der Subprimekrise – am Immobilienmarkt Preisblasen platzen. Tausende von Immobilieneigentümer erfahren dann hautnah, dass der erzielbare Preis für ihre Immobilie starken Schwankungen unterliegen kann.

Unsicherheiten bei der Einschätzung der Märkte und ihrer Entwicklung stellen allerdings auch Bewerter vor Herausforderungen. Während sich der Wert von Einfamilienhäusern und Büroimmobilien zumeist ohne Probleme ermitteln lässt, da ausreichend Vergleichsdaten zur Verfügung stehen, stellen Spezialimmobilien wie Kliniken, Bahnhöfe, Hotels, Industrieliegenschaften oder landwirtschaftlich genutzte Flächen hohe Anforderungen an das Wissen und die Marktkenntnis des Bewerters. Diese Spezies von Immobilien zeichnet sich dadurch aus, dass sie auf einen ganz bestimmten Nutzungszweck oder aber Nutzer hin konzipiert wird. Meist gibt es für diese Immobilien nur eine sehr eingeschränkte Drittverwendungsfähigkeit, was das ökonomische Risiko erheblich erhöht.

Dank moderner Technologien wird die Beschaffung von Informationen immer einfacher, die Selektion der relevanten Daten jedoch immer schwieriger. Bei Spezialimmobilien sind gesicherte Kenntnisse zum Marktgeschehen oft nur mangelhaft vorhanden. In der zweiten, vollständig überarbeiteten Fassung des Buches „Spezialimmobilien von A bis Z" geben die Autoren – Wissenschaftler, Immobiliensachverständige, Researcher und Fachjournalisten – fundierte Ansatzpunkte hinsichtlich Marktdaten, Bewertungsmethodik, rechtlichen Rahmenbedingungen, Wertparametern und den notwendigen Anpassungen der bekannten Bewertungsverfahren. Auf der beigefügten CD zeigen anonymisierte Gutachten Wege für die Praxis auf.

Die Erstellung des Werkes hat geraume Zeit in Anspruch genommen. Die Beiträge geben in der Regel dennoch den Stand 2013 wider. Als Herausgeberin gilt an dieser Stelle mein Dank in ganz besonderem Maße allen Autoren, die zum Gelingen des Werkes beigetragen haben. Viele mussten ihre Beiträge mehrere Male aktualisieren, da andere Autoren ihre Beiträge nicht rechtzeitig fertigstellten oder sich nach monatelangen Fristverlängerungen ganz aus dem Projekt verabschiedeten. Es ist zeitaufwändig, neben dem eigentlichen Kerngeschäft in einem Buchbeitrag anderen Marktteilnehmern die Inhalte jahrelang erworbenen Wissens aufzubereiten, immer in der Gewissheit, dass Vieles außer Acht bleiben muss und das Geschriebene der kritischen Analyse einer sachverständigen Leserschaft unterliegt. Alle an dem Werk Beteiligten hoffen, trotz der Einschränkungen, denen ein Buch immer unterliegt, Ihnen, liebe Leser, Wege und Lösungen für Ihre Bewertungen von Spezialimmobilien aufzuzeigen, damit Sie Fallstricke erfolgreich umgehen und Ihre Gutachten sachgerecht und zur Zufriedenheit Ihrer Auftraggeber erstellen können.

Ihre

Gabriele Bobka

Schnellübersicht

Teil A
Wertparameter bei Spezialimmobilien

Teil B
Nutzungsarten

Inhaltsverzeichnis

Teil B Nutzungsarten

Abkürzungsverzeichnis

Abb.	Abbildung
Abs.	Absatz
Alt.	Alternative
Anl.	Anlage
Art.	Artikel
ArbStättV	Arbeitsstätten Verordnung
BauNVO	Baunutzungsverordnung
bearb.	bearbeitet
betr.	betrifft
bzw.	beziehungsweise
BEG	Bahnflächenentwicklungsgesellschaft NRW
BelWertV	Beleihungswertverordnung
BewG	Bewertungsgesetz
BKI	Baukosten-Informationszentrum Deutscher Architektenkammern
BImSchG	Bundesimmissionsschutzgesetz
Buchst.	Buchstabe
BTG	Bundesverband Tankstellen und gewerbliche Autowäsche Deutschland e.V.
bez.	bezüglich
ca.	circa
CM	Case Mix
CMI	Case Mix Index
ders.	derselbe
d.h.	das heißt
Doppik	doppelten Buchführung
ebd.	ebenda
DRG	Diagnosis Related Groups
EEG 2000	Erneuerbare-Energien-Gesetz 2000
einschl.	einschließlich
ENeuOG	Gesetz zur Neuordnung des Eisenbahnwesen
et al.	und andere
EVS	European Valuation Standards
etc.	et cetera
evtl.	eventuell
e.V.	eingetragener Verein
exkl.	exklusive
f./ff.	(folgende)
gem.	gemäß
ggf.	gegebenenfalls

HGB	Handelsgesetzbuch
h.M.	herrschende Meinung
hrsg.	herausgeben
Hrsg.	Herausgeber
i.A.	im Auftrag
IBFW	krankenhausindividuelle Basisfallwert
i.d.F.	in der Fassung
i.d.R.	in der Regel
i.d.S.	in der Sache
IFRS	International Financial Reporting Standards
ImmoWert	Immobilienwertermittlungsverordnung
InEK	Institut für das Entgeltsystem im Krankenhaus
inkl.	inklusive
insbes.	insbesondere
i.S.v.	im Sinne von
i.V.	in Vertretung
i.V.m.	in Verbindung mit
IVS	International Valuation Standards
IVSC	International Valuation Standards Committee
IWR	Internationalen Wirtschaftsforums Regenerative Energien (IWR)
KhBauVO	Krankenhaus Bauverordnung
LBFW	Landesbasisfallwert
Lit.	Literatur
lt.	laut
m.	Meter
max.	maximal
m.E.	meines Erachtens
min.	minimal -er/e
Min.	Minute(n)
Mio.	Millionen
Mrd.	Milliarden
mtl.	monatlich
MVZ	Medizinische Versorgungszentren
m.w.N.	mit weiteren Nachweisen
MwSt.	Mehrwertsteuer
n.F.	neue Fassung
Nr.	Nummer
o.a.	oben angegeben
o.ä.	oder ähnlich
PfandBG	Pfandbriefgesetz
p.a.	pro anno

pp.	per procura
Prof.	Professor
rd.	rund
S.	Seite
s.a.	siehe auch
s.o.	siehe oben
sog.	so genannt(e)
Std.	Stunde(n)
Tab.	Tabelle
Tel.	Telefon
u.Ä.	und Ähnliches
u.a.	unter anderem
u.E.	unseres Erachtens
USALI	Uniform System of Accounts for the Lodging Industry
usw.	und so weiter
u.U.	unter Umständen
UVP	Umweltverträglichkeitsprüfung
v.	von
v.a.	vor allem
Verf.	Verfasser
vgl.	vergleiche
v.H.	vom Hundert
Vorbem.	Vorbemerkung
wg.	wegen
WertV	Wertermittlungsverordnung
WEAErl	Windenergieanlagen-Erlass
WertR	Wertermittlungsrichtlinien
z.B.	zum Beispiel
z.Hd.	zu Händen
Ziff.	Ziffer
zit.	zitiert
z.T.	zum Teil
zzgl.	zuzüglich
z.Zt.	zurzeit

Teil A
Wertparameter bei Spezialimmobilien

I. Demografie und Immobilienmärkte

Gabriele Bobka

Deutschland verändert sein Gesicht: Die Bevölkerung schrumpft und vergreist. Die Wohnungsmarktprognose des Bundesamtes für Bau-, Stadt- und Raumforschung (BBSR 2010) geht davon aus, dass in Deutschland zwischen 2010 und 2025 die Bevölkerungszahl von 81,5 Millionen Menschen auf knapp 77,9 Millionen Menschen (minus 4,5 Prozent) sinken wird. Davon werden 37 Prozent älter als 60 Jahre, rund zehn Millionen (14,5 Prozent) älter als 80 Jahre alt sein. Besonders stark fällt der zu erwartende Rückgang in Ostdeutschland aus: Hier wird mit einem Bevölkerungsverlust von zehn Prozent auf 14,4 Millionen Einwohner gerechnet. Zwar verzeichnete Deutschland im Jahr 2011 durch die Öffnung des Arbeitsmarktes für Zuwanderer aus den osteuropäischen EU-Beitrittsstaaten mit 280.000 Personen erstmals wieder einen positiven Wanderungssaldo, dennoch stehen bis 2025 voraussichtlich 371 von 440 deutschen Kreisen Einwohnerrückgänge bevor. Der Hauptgrund für diesen demografischen Wandel, die zu niedrige Fertilitätsrate ist bekannt, die Auswirkungen zumindest kurz- und mittelfristig nicht mehr revidierbar, da die Zahl der potenziellen Mütter sich gegenüber 1970 mehr als halbiert hat. Wo heute die Jungen fehlen, können morgen keine Familien gegründet werden. Eine alternde Bevölkerung bedeutet mehr Rentner, damit weniger Nachfrage nach Büroflächen, ein verändertes Einkaufsverhalten und andererseits eine höhere Nachfrage nach altersgerechten Wohnungen und Pflegeeinrichtungen.

Die Auswirkungen des demografischen Wandels auf die Immobilienmärkte gestalten sich uneinheitlich. Während einige Ballungsräume unter Wohnungsknappheit und steigenden Preisen stöhnen, müssen andere schon heute dem „Luxus der Leere" frönen. Zu den „Loosern" im Wettbewerb um junge Menschen, Unternehmen und Investitionen zählen vor allem die neuen Bundesländer und die von alten Industrien geprägten Regionen im Ruhrgebiet, Saarland, südlichen Niedersachsen und bayerischen Oberfranken. Die Schrumpfung führt dort zu massiven Wohnungsleerständen, sinkender Infrastrukturnachfrage und Kapitalvernichtung. Die Aufrechterhaltung der verfassungsrechtlich verankerten gleichwertigen Lebensverhältnisse kostet den Staat Milliarden, die immer häufiger wirkungslos verpuffen.

1. Determinanten für die Entwicklung der Immobilienmärkte

1.1 Büroimmobilien

Je nach Nutzungsart wirkt sich der demografische Wandel unterschiedlich auf die Immobilienmärkte aus. Wie kein anderes Segment der Immobilienwirtschaft reagiert der Markt für Büroimmobilien auf eine Vielzahl von Einflussfaktoren, die von allgemeinen konjunkturellen und strukturellen Impulsen abhängen. Typisch für den Teilmarkt ist zudem eine prozyklische Neubautätigkeit, die Investitionen vornehmlich in Phasen des Aufschwungs verlagert und so dem Markttrend folgt. Eine deutsche Besonderheit stellt die polyzentrale

Struktur der Wirtschaftsstandorte dar, die als Auswirkung der deutschen Geschichte nach dem Zweiten Weltkrieg entstand.

Neben der Anzahl der Bürobeschäftigten ist die Büroflächenkennziffer, definiert als belegte Bürofläche pro Bürobeschäftigtem, die zweite zentrale Kenngröße zur Bestimmung des Büroflächenbedarfs. Zwischen dem 1. Quartal 2008 und dem 4. Quartal 2012 ist die Bürobeschäftigung in Deutschland nach Berechnungen des Instituts der deutschen Wirtschaft Köln insgesamt um 10 Prozent gestiegen, in einzelnen Bürohochburgen sogar noch stärker. Vor allem München ragt mit einem Wachstum von 16,6 Prozent heraus, doch auch Berlin weist einen Zuwachs von 11,8 Prozent auf.

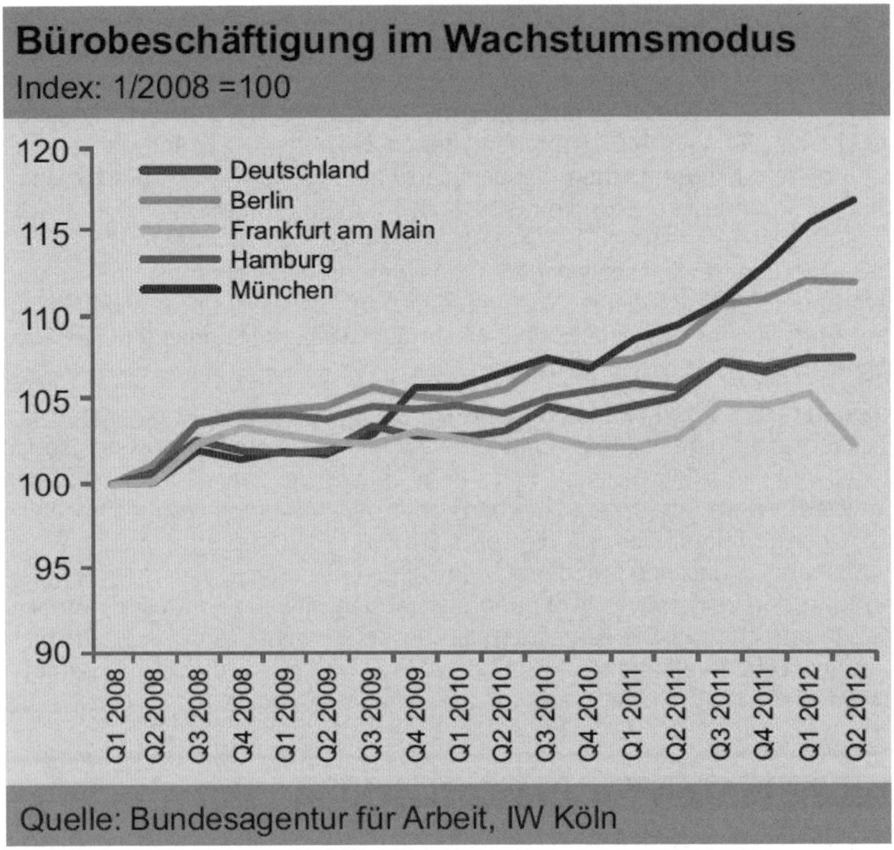

Abb. 1: Entwicklung der Bürobeschäftigung
Quelle: Bundesagentur für Arbeit, IW Köln

Hamburg entwickelt sich in etwa wie der Bundesdurchschnitt, doch Frankfurt am Main fällt mit einem Zuwachs von nur 2,3 Prozent ab. Anfang 2012 ist die Beschäftigung in der hessischen Metropole deutlich zurückgegangen, sodass die Researcher auch für die nächsten Quartale mit einer schwierigeren Entwicklung rechnen. Die Analyse zeigt, wie unterschiedlich die Struktur der Büromärkte ausfällt. Während in Frankfurt am Main die Finanzdienstleister mit einem Anteil von 25 Prozent die wichtigste Nachfragegruppe darstellen, ist es in Berlin mit 21 Prozent die öffentliche Verwaltung. Auch in München und Hamburg stellt die öffentliche Verwaltung die wichtigste Nutzergruppe von Büroarbeitsplätzen dar, allerdings mit niedrigeren Anteilswerten in Höhe von 14 Prozent in Hamburg und 11 Prozent in München. Diese Standorte profitieren davon, dass die Bürobeschäftigten relativ gleichmäßig über die Wirtschaftszweige verteilt sind, sodass Krisen in einzelnen Zweigen nur einen geringen Effekt auf die Gesamtnachfrage haben.

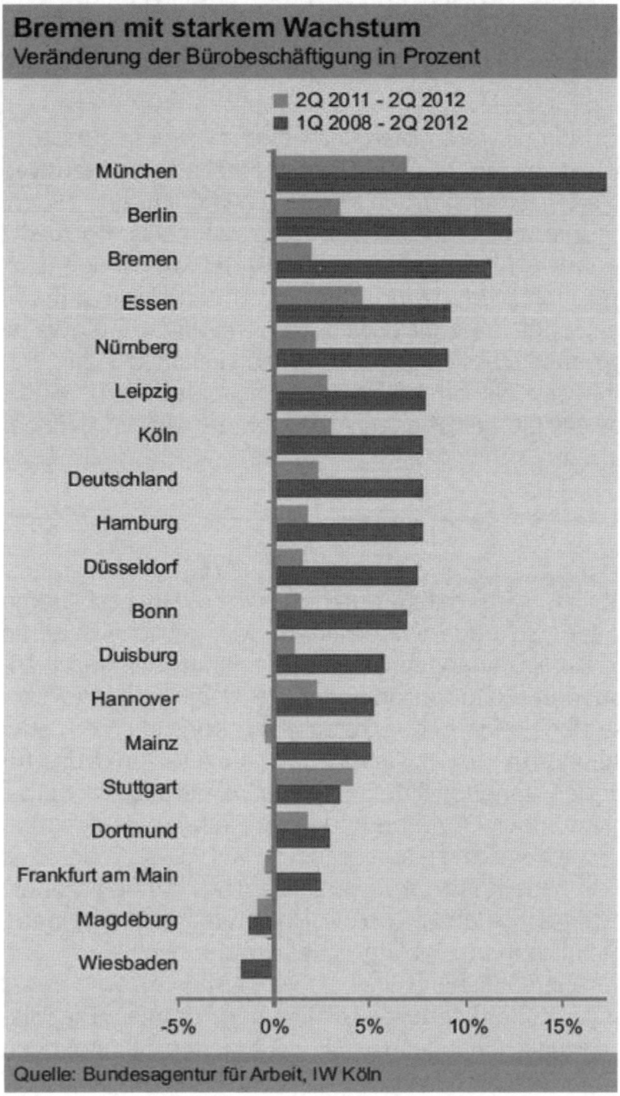

Abb. 2: Veränderung der Bürobeschäftigung in den 18 größten Städten
Quelle: Bundesagentur für Arbeit, IW Köln

Unter den Standorten mit überdurchschnittlichem Wachstum befinden sich aber auch Bremen mit 10,7 Prozent Beschäftigtenwachstum, Essen mit 8,7 Prozent und Leipzig mit 7,6 Prozent. Zu den Städten mit unterdurchschnittlichem Wachstum gehören die demografisch belasteten Städte wie Magdeburg, Dortmund und Duisburg. Mit einem Rückgang der Bürobeschäftigung von 1,6 Prozent erhält allerdings die hessische Hauptstadt Wiesbaden die rote Laterne.

Zur Prognose der Büronachfrage sollten Investoren zudem die Volatilität der Beschäftigungsentwicklung berücksichtigen. Zur Messung der Volatilität bestimmte das IW Köln für den Zeitraum 1/2008 bis 4/2012 einen Variationskoeffizienten von insgesamt 2,7 Prozent, d. h. die Beschäftigung schwankt durchschnittlich um 2,7 Prozent gegenüber dem Mittelwert der Beschäftigung. Die stärksten Schwankungen gab es in München (5,7 Prozent), Mainz (5,0 Prozent) und Bremen (4,5 Prozent). Besonders stabil entwickelte sich die Bürobeschäftigung hingegen Frankfurt am Main (1,2 Prozent), Magdeburg (1,0 Prozent) und Wiesbaden (0,9 Prozent).

Eine signifikante Rolle für die Entwicklung der regionalen Immobilienmärkte spielt zudem die fortschreitende internationale Arbeitsteilung. Während sich die technologieintensiven Produktionszweige mit hoch qualifizierten Arbeitskräften behaupten können, sind andere Produktionszweige unter dem Druck internationaler Konkurrenz zunehmend von Auslagerungen betroffen. Dies gilt insbesondere für exportorientierte Wirtschaftszweige. Eine Verschlechterung der Wettbewerbsposition Deutschlands führt in Zentren dieser Bereiche zu einem Abbau von Arbeitsplätzen, ohne dass gleichzeitig andere Wirtschaftszweige entsprechend ausgeweitet werden können. Dies führt nicht nur zu Leerständen bei Produktions- und Büroflächen und geringerer Nachfrage im Einzelhandel, sondern betrifft auch den Wohnimmobilienmarkt, da für die betroffenen Arbeitnehmer nur ein geringer Anreiz besteht, Immobilien zu erwerben.

1.2 Einzelhandel

Der Markt für Einzelhandelsimmobilien wird durch unterschiedliche Einflussfaktoren sowohl auf der Angebots- als auch der Nachfrageseite bestimmt. Maßgebliche Faktoren sind die konjunkturelle Entwicklung, die einzelhandelsrelevante Kaufkraft, der Einzelhandelsumsatz, das Konsumentenverhalten und die Konsumkultur. Der demografische Wandel belastet den Einzelhandel per se durch eine geringere Zahl von Konsumenten, aber auch durch die sich verändernde Altersstruktur der Gesellschaft. Im Alter sinkt das für Konsumzwecke insgesamt zur Verfügung stehende Einkommen im Vergleich zur Erwerbsphase. Ältere Menschen stellen zudem andere Anforderungen an Einzelhandelsimmobilien. Altengerechte Handelsformate mit einem entsprechenden, auf diese Zielgruppe zugeschnittenen Sortiment werden an Bedeutung gewinnen. Allerdings werden sich die Strukturen, zumindest in den nächsten zehn Jahren, noch nicht dramatisch verändern. Die heutige Generation 60+ ist hinsichtlich ihrer Mobilität, ihrer Konsumbereitschaft und Kaufkraft nicht mit entsprechenden früheren Generationen zu vergleichen. Es wird daher nicht automatisch zu einer Renaissance des traditionellen Fachhandels kommen. Die Filialisten werden sich ebenso wie der Facheinzelhandel auf die veränderten Bedingungen einstellen und spezielle Angebote und Präsentationsformen für diese Zielgruppe entwickeln. Städte mit einem hohen Bevölkerungsrückgang müssen allerdings mit einem stark schrumpfenden Kaufkraftvolumen rechnen, das die wirtschaftliche Situation des dortigen Handels merklich verschlechtern wird.

Kaufkraft differiert regional

Den Deutschen stehen laut Marktforschungsinstitut GfK im Jahr 2013 nominal rund 554 Euro pro Kopf mehr für ihre Ausgaben zur Verfügung als im Jahr 2012. Die Konsumpotenziale sind dabei regional sehr verschieden. Auf Ebene der Bundesländer behauptet sich Hamburg mit 110,4 Indexpunkten vor Bayern (Index: 109,2). Auf dem dritten Platz wird

Hessen (Index: 107,1) von Baden-Württemberg (Index: 107,2) abgelöst. Sechs der 16 Länder weisen eine überdurchschnittliche Kaufkraft pro Kopf auf. Die ostdeutschen Bundesländer liegen noch immer unter dem gesamtdeutschen pro-Kopf-Schnitt. Das Schlusslicht bildet Sachsen-Anhalt mit 16.970 Euro pro Kopf.

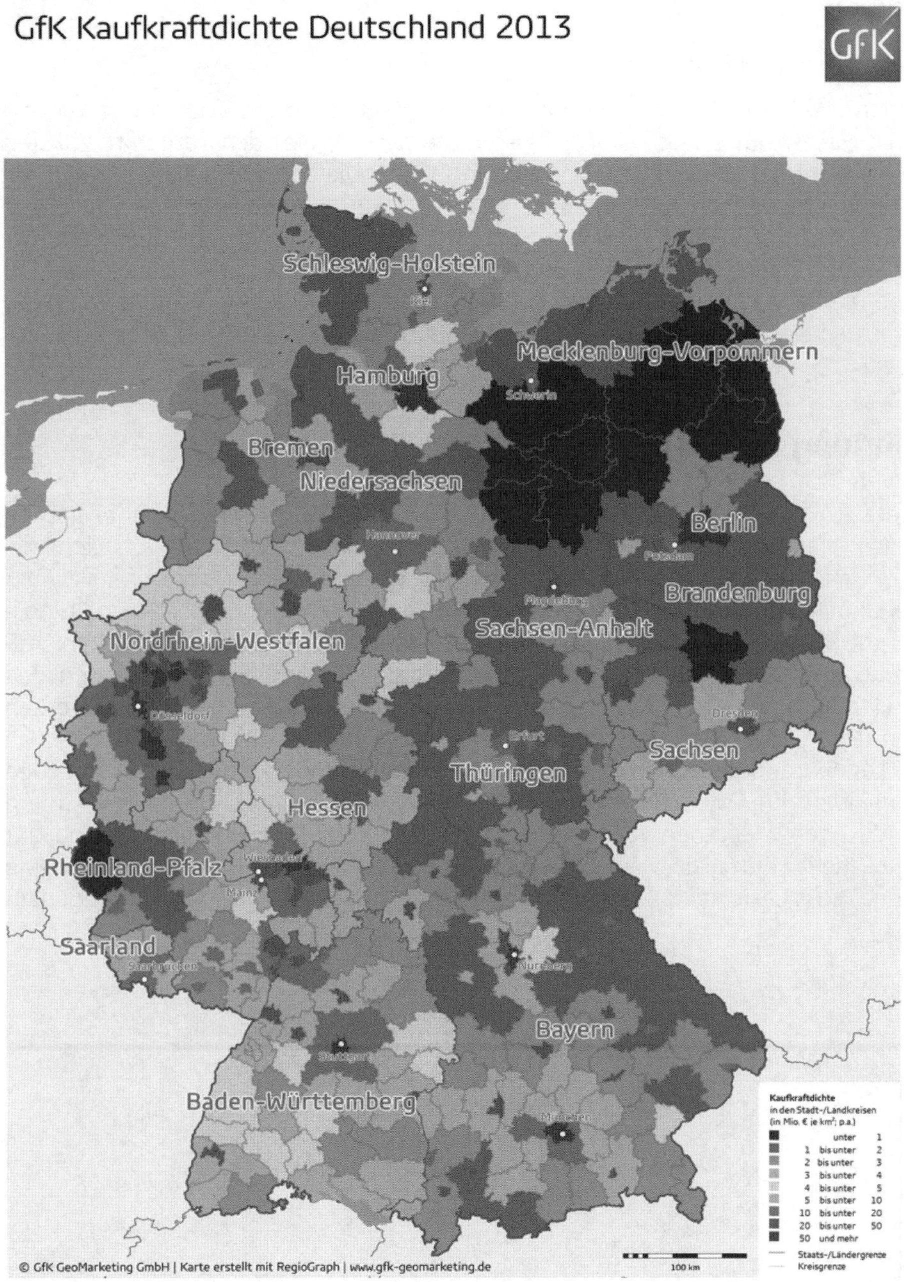

Abb. 3: Regionale Verteilung der einzelhandelsrelevanten Kaufkraft
Quelle: GfK GeoMarketing

Im Top-10-Ranking der Stadt- und Landkreise bilden die Stadtkreise München und Erlangen die einzigen urbanen Kreise, alle anderen sind Landkreise. Dies zeigt, dass die kaufkraftstarken Menschen oft noch immer eher im „Speckgürtel" außerhalb der Stadtgebiete leben. Das bundesweite Schlusslicht liegt in Sachsen, im Landkreis Görlitz. In der gleichen Liga befindet sich der Elbe-Elster-Kreis in Brandenburg (Index: 77,3) und der Kyffhäuserkreis in Thüringen (Index: 77,4).

Kluft zwischen Arm und Reich

Die Bewohner des Kreises Görlitz haben im Schnitt 15.687 Euro pro Kopf zur Verfügung (Index: 76,1). Das ist nur etwas mehr als die Hälfte dessen, was den kaufkraftstärksten Deutschen in Starnberg im Schnitt zur Verfügung steht. Die sogenannte Kaufkraftspreizung, also die Kluft zwischen Arm und Reich reicht in Deutschland von knapp 50 Prozent über dem Durchschnitt in Starnberg bis zu rund 24 Prozent unter dem Bundesdurchschnitt in Görlitz. Stark und schwach liegen dabei regional oft nahe beieinander: So beträgt etwa die Kaufkraftdifferenz zwischen dem Stadtkreis Düsseldorf und dem knapp 30 km entfernten Stadtkreis Duisburg fast 7.100 Euro pro Kopf. Das sind knapp 29 Prozent weniger.

1.3 Wohnungsmarkt

Im Gegensatz zu Finanzmärkten findet bei Immobilien kaum ein regionaler oder gar ein internationaler Marktausgleich statt. Daher gilt es im Teilmarkt Wohnen vor allem die Migration zwischen den Regionen zu beachten. Die wesentlichen Faktoren für Wanderungsbewegungen sind das Angebot an Arbeitsplätzen, Lebensqualität, Lebenshaltungskosten und das Angebot an Qualifikationsmöglichkeiten. Profiteure der deutschen Völkerwanderung sind daher vor allem die wirtschaftsstarken Regionen im Westen wie München, Hamburg, das Main-Neckar- und das Rhein-Main-Gebiet. Zulegen werden nach Zahlen des Instituts der deutschen Wirtschaft (IW) auch kleine zentrale Städte wie Ingolstadt, Lüneburg oder Paderborn. Sie profitieren besonders vom Zuzug aus den Umlandgemeinden. Im Osten der Republik sahen dagegen seit der Wiedervereinigung rund zwei Millionen Menschen zu geringe Zukunftschancen. Vor allem Junge und gut Ausgebildete, mehr Frauen als Männer, zog es in den Westen. Nur wenigen Zentren wie Potsdam, Jena, Erfurt, Dresden, Weimar und Leipzig gelang es, diesem Trend entgegenzuwirken.

Entwicklung der Wohnflächennachfrage 2010 bis 2025

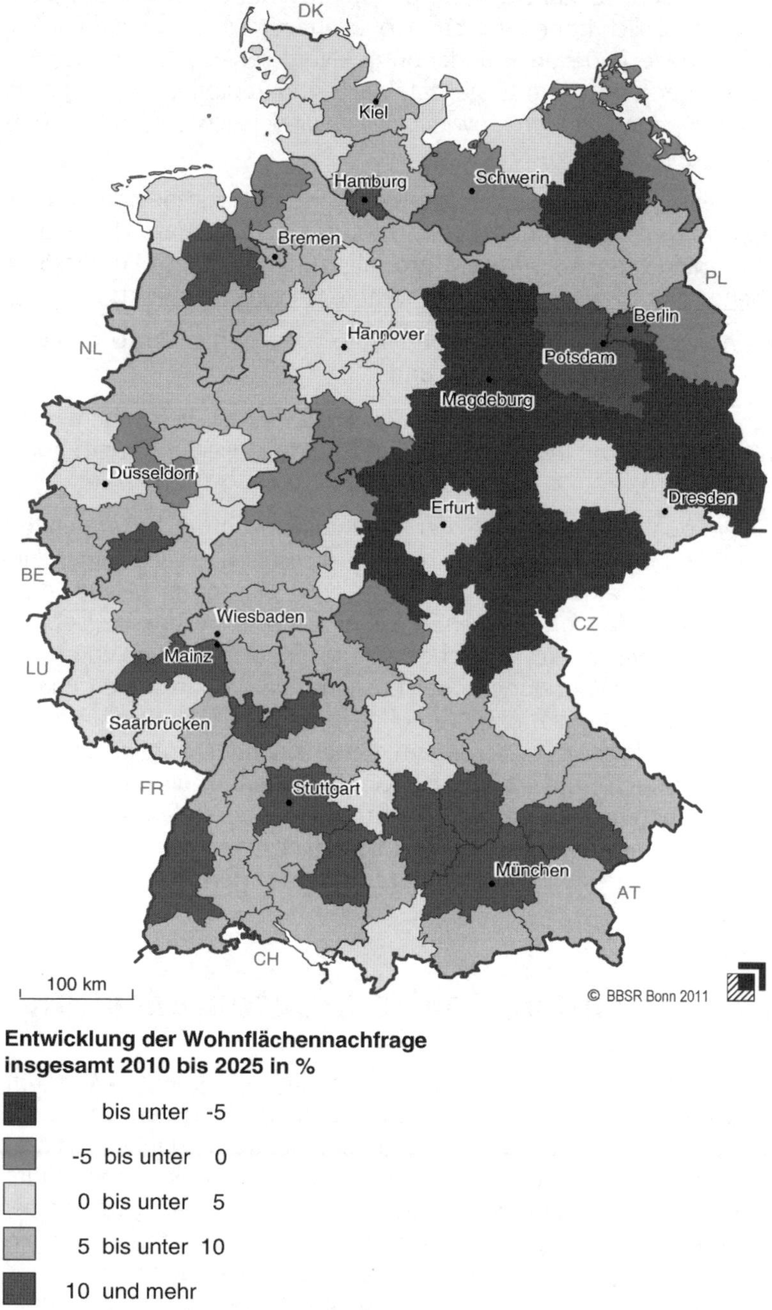

Datenbasis: BBSR-Wohnungsmarktprognose 2025, (untere Variante)
Geometrische Grundlagen: BKG, Raumordnungsregionen, Stand 31.12.2006

Abb. 4: Entwicklung der Wohnflächennachfrage
Quelle: BBSR-Wohnungsmarktprognose 2025, Geometrische Grundlagen: BKG, Raumordnungsregionen

Auch bei der Wohnflächennachfrage zeigt sich auf der Ebene der Raumordnungsregionen eine gespaltene Entwicklungsdynamik. Wie die BBSR-Wohnungsmarktprognose 2025 zeigt, sind überdurchschnittlich hohe Zuwächse vor allem in München, Berlin, Hamburg, Bonn und Stuttgart sowie in Teilen Brandenburgs, Nordniedersachsens, Bayerns und Baden-Württembergs zu erkennen. Im Gegensatz dazu sind Regionen mit negativer Entwicklung vor allem in den neuen Ländern sowie in Teilen Niedersachsens, in Nordhessen, im Ruhrgebiet und in Oberfranken zu finden.

Es gibt allerdings auch Effekte, die einer sinkenden Nachfrage in Folge des demografischen Wandels entgegenwirken. Langjährige Beobachtungen zeigen, dass der Wohnraumbedarf je Person um mindestens 0,5 Prozent pro Jahr zunimmt. Diese Entwicklung zu größeren Wohnflächen pro Kopf wird durch zwei weitere Faktoren verstärkt:

- die Tendenz zu kleineren Haushalten (die Wohnfläche pro Kopf ist umso höher, je weniger Menschen in einem Haushalt lebten) und
- die Erhöhung der Eigentumsquote um rund 20 Prozent (der verfügbare oder gewünschte Wohnraum pro Kopf liege bei Haus- und Wohnungseigentümern höher als bei Mietern).

Eine weitere Rolle spielen qualitative Aspekte der Immobiliennachfrage. Da sich die Wohnbedürfnisse eines Menschen im Laufe des Lebens entsprechend der jeweiligen Einkommens- und Lebenssituation ändert, beeinflusst es die Gesamtnachfrage nach Wohnimmobilien, wenn verschieden große Geburtskohorten eine bestimmte Lebensphase durchlaufen. Daneben leben ältere Menschen häufig unabhängig von ihren tatsächlichen Bedürfnissen in großen Wohnungen oder Häusern, die sie in früheren Phasen ihres Lebens bezogen haben (Remanenzeffekt). Verändern sich zudem die Wohnbedürfnisse der ganzen Gesellschaft, kommt es zu einem Nebeneinander unterschiedlicher Wohnbedürfnisse von Angehörigen unterschiedlicher Generationen im gleichen Lebensalter (Kohorteneffekte). Daneben spielen gesamtgesellschaftliche Veränderungsprozesse eine Rolle. Neue Familienstrukturen, wachsende Berufstätigkeit von Frauen, steigende Mobilitätskosten und der Trend zur Individualisierung erfordern unterschiedliche Wohnkonzepte und flexible Grundrisse.

2. Strukturwandel und verfehlte Stadtentwicklung

Seit Beginn der Industrialisierung war die Entwicklung der Städte von stetigem Wachstum bestimmt. Mitte der sechziger Jahre setzten jedoch erste gegenläufige Tendenzen ein. Die Entwicklungen verliefen nicht mehr einheitlich. Die Großstädte begannen sich in schrumpfende und wachsende Kommunen zu differenzieren. Verlierer sind jene Städte, die im 19. und 20. Jahrhundert im Zuge der Industrialisierung explosionsartig gewachsen sind und sich monostrukturell entwickelt haben. Betroffen sind aber auch kleine Gemeinden wie Wildflecken im Nordosten Bayerns, das nach dem Abzug der US-Soldaten zwei Drittel seiner Bevölkerung verlor. Neben der demografischen Entwicklung spielen Deindustrialisierung, Demilitarisierung und Stadt-Umland-Wanderungen signifikante Rollen im Schrumpfungsprozess dieser Städte.

Die funktionale Trennung der Stadträume führte häufig zur Bildung von reinen Wohn- und Schlafsiedlungen einerseits und Einzelhandels- und Geschäftszentren andererseits. Ganze Stadtteile büßten ein, was den Reiz einer Stadt ausmacht – die Mischung und enge Verzahnung von Leben und Arbeiten. Hinzu kommt, dass die großen Städte sich jahrzehntelang als „Mieterstädte" verstanden. Geförderte Wohnungen bildeten das Rückgrat des Wohnungsneubaus und städtisches Leben wurde mit Wohnen auf der Etage gleichgesetzt. So erhielten die Städte eine Struktur, die immer mehr Menschen veranlasste, der Stadt den Rücken zu kehren und ins Umland abzuwandern. Zudem hat diese Philosophie in der Konsequenz das Eigenheim in der Stadt knapp und teuer gemacht, so dass es trotz aller Förderung in wirtschaftsstarken Ballungszentren zu einem Luxusgut geworden ist. Inzwischen versuchen alle Verantwortlichen, dieser fatalen Entwicklung entgegenzuwirken. Ökologische Überlegungen wie Zersiedelung der Landschaft und zunehmender Verkehr stehen dabei Seite an Seite mit finanziellen und wirtschaftlichen Aspekten wie der Abwanderung von Kaufkraft, dem Verlust von Steuergeldern und dem Interesse von Unternehmen, qualifizierte Arbeitnehmer am Standort zu finden und zu binden. Die Umsetzung dieser Ziele erweist sich jedoch als schwierig. Betrachtet man die heutige Dichte der Städte, dann wird verständlich, warum Umbau, Neubau und Nachverdichtung weitaus schwieriger sind als vor 30 oder 40 Jahren. Das Flächenangebot ist knapper, die verbleibenden Freiflächen damit wertvoller und die Bereitschaft der Wohnbevölkerung, sich gegen neuen Wohnungsbau in der Nachbarschaft zu wehren, hat erheblich zugenommen.

2.1 Umgang mit Leerstand und Bevölkerungsschwund

Eine schrumpfende Stadt ist durch zwei Prozesse gekennzeichnet: Erstens durch den Verlust von Einwohnern und zweitens durch einen wirtschaftlichen Niedergangprozess. Schrumpfung verringert die einwohnerbezogenen Einnahmen einer Stadt wie Gewerbesteuer, Einkommenssteuer und Gemeindesteuer. Sie führt neben massiven Wohnungsleerständen auch zu sinkender Infrastrukturnachfrage und zu Attraktivitätsverlust der Standorte. Schwindende Arbeitsplätze und sinkende Kaufkraft führen zudem zu sinkender Nachfrage und Leerständen bei Büro- und Einzelhandelsimmobilien. Die wachsende Diskrepanz zwischen Einnahmen- und Ausgabenseite im Haushalt stellt die Kommunen vor große Probleme. Als Lösungswege werden unterschiedliche Modelle der Stadtentwicklung diskutiert und probeweise auch realisiert:

- Die perforierte Stadt: Bei der „perforierten Stadt" setzt der Stadtumbau bewusst Prioritäten. Ziel ist es, die Wettbewerbsfähigkeit der innerstädtischen Quartiere gegenüber den Angeboten am Stadtrand und im Umland zu stärken. Bei Umstrukturierungsgebieten ohne Handlungspriorität wird deren Herabwertung dabei bewusst in Kauf genommen. Es stößt allerdings dort auf erhebliche Hindernisse, wo Altbaubestände ganz oder teilweise abgerissen werden sollen. Eigentümer sind häufig nicht bereit, ihre Immobilien oder Grundstücke zum realen, extrem niedrigen und bisweilen gegen Null tendierenden Marktwert an die Kommune zu veräußern.
- Die transformierte Stadt: Hier setzt die Suche nach einer Stadtgestalt ein, die in jedem Fall erhalten werden muss, wenn die Stadt nicht gänzlich aufgelöst werden soll. Den Weg zur „transformierten Stadt" sollen die Bürger durch ihre direkte Beteiligung mitbestimmen können. Doch selbst wenn der Erhalt der Stadt unter diesen Bedingungen gelingt, wird sie nach der Schrumpfung eine völlig andere sein als zuvor. Dieses radikale Konzept wird möglicherweise in Städten zum Tragen kommen

müssen, in denen die gesamte Industrialisierungsgeschichte der DDR-Planwirtschaft zu revidieren ist.

- Die Stadt alternativer Ökonomien: In diesem Modell wird versucht, alternative Wirtschaftsformen zu entwickeln, die der verbleibenden Bevölkerung zumindest als Ergänzung zum schwindenden Arbeits- und Warenmarkt alternative Formen ökonomischer Eigenleistung und Selbsthilfe ermöglichen. Die Grundversorgung der Betroffenen soll durch ein soziales Grundeinkommen oder andere Formen staatlicher Unterstützung sichergestellt werden. Derartige Modelle setzen zum einen ein hohes Maß an zivilgesellschaftlichem Engagement, zum anderen eine Wertorientierung an alternativen Lebensformen voraus – beides Bedingungen, von denen man in den schrumpfenden Städten nicht ohne weiteres ausgehen kann.

Abkehr vom „Looser"-Image

Für viele Kommunalpolitiker symbolisieren Schrumpfungsprozesse Misserfolge. So ist es nicht verwunderlich, dass ihre Reaktion lange Zeit in Verdrängung bestand. Inzwischen hat die Politik die Zeichen der Zeit erkannt und versucht den Wandel im Wesentlichen mit den Strategien „Gegensteuern" und „Anpassen" zu beantworten. Im ersten Fall wird versucht, Unternehmen zu gewinnen, Arbeitsplätze zu schaffen und Wohngebiete ausweisen, um so Abwanderung zu verhindern und neue Einwohner anzulocken. Die zweite Strategie versucht das Gemeinwesen an die neuen Bedingungen anzupassen, indem die Daseinsvorsorge heruntergefahren und die Bewohner in den Zentren konzentriert werden. Vielversprechend sind dabei vor allem solche Maßnahmen, die nicht an den Folgen einer Entwicklung ansetzen und versuchen, diese zu berichtigen, sondern neues Handeln organisieren und eine Dynamik schaffen, die den Abwärtstrend umkehrt.

2.2 Herausforderungen in wachsenden Städten

Ganz anders sehen die Herausforderungen aus, denen sich wachsende Städte gegenüber sehen. Hier geraten die gesetzliche Vorgabe eines sparsamen Umgangs mit Grund und Boden und die steigende Nachfrage nach bezahlbaren, familien- und altengerechten Wohnungen häufig in Konflikt. Betrachtet man die Dichte vieler Städte wird verständlich, warum Umbau, Neubau und Nachverdichtung weitaus schwieriger sind als vor 30 oder 40 Jahren. Künftig wird sich der Wettbewerb zwischen den Kommunen verschärfen. Angebote, die die Präferenzen der Nachfrager treffen, haben dabei die besseren Marktchancen. Wohnungsangebote müssen die Individualisierung der Gesellschaft hinsichtlich Baustil und Preis aufgreifen und widerspiegeln. Das Haus mit Garten, große Wohnungen mit variablen Gestaltungsmöglichkeiten, Studentenwohnungen und barrierefreie Angebote für Senioren müssen bezahlbar bleiben, soll die lebendige Innenstadt nicht zum Relikt der Vergangenheit geraten.

Die Nachfrage nach Büroimmobilien ist auch in diesen Regionen in erster Linie von nichtlokalen Faktoren abhängig. Standortentscheidungen von Unternehmen werden angesichts einer zunehmenden Globalisierung der Märkte immer weniger mit Rücksicht auf die Verwaltungszentrale umgesetzt. Anstelle klassischer Standortfaktoren industriell geprägter Siedlungsformen gewinnen „weiche" Standortqualitäten für Unternehmensentscheidungen und Wohnortpräferenzen in einer durch die Anforderungen einer Wissensgesellschaft geprägten Stadtentwicklung an Bedeutung. Der Einzelhandel kann sich hier erfolgreich behaupten, wenn er sich mit marktgerechten Konzepten auf das veränderte Konsumverhalten der Verbraucher einstellt. Die Kommunen stehen hier vor der Herausforderung, geeignete wettbewerbsfähige Flächen und Formate zur Verfügung zu stellen, die den Anforderungen häufiger Wechsel an Trends, Mietern und Konzepten mit geringem Aufwand gerecht werden.

3. Fazit

Die Entwicklung deutscher Städte wird im 21. Jahrhundert von einem Nebeneinander von Wachstum und Schrumpfung geprägt. Zumindest in dieser Dekade werden die Agglomerationsräume noch mehr Menschen anlocken. Diese ballen sich dann auf immer weniger Raum, mit der Konsequenz stark steigender Mieten wie dies heute schon in München, Hamburg, Frankfurt oder den Landeshauptstädten, aber auch in Universitätsstädten wie Freiburg, Heidelberg oder Tübingen zu sehen ist. Zu den Verlierern gehören die Mittelstädte außerhalb der Ballungszentren. Insbesondere ländliche Regionen werden weitere Bevölkerungsrückgänge mit entsprechenden Folgen für die Immobilienmärkte verkraften müssen. Am deutlichsten zeigt sich dieser Trend an der bereits seit längerem unterschiedlichen Kauf- und Mietpreisentwicklung von Wohnimmobilien. Stadtentwicklungs- und Wohnungspolitik müssen sich auf die veränderten Rahmenbedingungen einstellen. Städte müssen auf Grundlage regionaler und lokaler Ressourcen Profile entwickeln, und auf das Wachstum zukunftsfähiger Branchen setzen. Neue Kooperationsformen mit privaten Investoren und neue Netzwerke sind eine Chance bei knapper werdenden öffentlichen Ressourcen auch künftig Gestaltungsmöglichkeiten aufrechtzuerhalten.

II. Inflation als Problem der Wertermittlung

Prof. Dr. Harald Nitsch

1. Problemstellung

Inflation bedeutet einen Anstieg des Preisniveaus und geht daher mit einem Verfall der Kaufkraft des Geldes einher. Dies ist insbesondere im Zusammenhang mit Immobilien relevant, die als Anlageobjekte eine lange Lebensdauer besitzen. Die Zahlungsströme, die mit der Immobilieninvestition verbunden sind, erstrecken sich daher über lange Zeiträume, so dass die Prozesse der Geldentwertung sich im Zeitablauf kumulieren. Wie nun geht die Verkehrswertermittlung mit dem Problem der Inflation um? Sind Inflationsprozesse gesondert zu berücksichtigen oder in den gängigen Verfahren bereits „eingepreist"? Den Ausgangspunkt zur Beantwortung dieser Fragen bilden einige grundsätzliche Überlegungen zur Rolle von Zeit und Zins in der Bewertung.

Die gutachterliche Tätigkeit des Sachverständigen besteht in der Ermittlung des Verkehrswertes von Immobilien, der in § 194 BauGB definiert wird:

„Der Verkehrswert (Marktwert) wird durch den Preis bestimmt, der in dem Zeitpunkt, auf den sich die Ermittlung bezieht, im gewöhnlichen Geschäftsverkehr nach den rechtlichen Gegebenheiten und tatsächlichen Eigenschaften, der sonstigen Beschaffenheit und der Lage des Grundstücks oder des sonstigen Gegenstands der Wertermittlung ohne Rücksicht auf ungewöhnliche oder persönliche Verhältnisse zu erzielen wäre."

Dieser Definition liegt die Zahlungsbereitschaft eines Käufers zugrunde, der im gewöhnlichen Geschäftsverkehr das Objekt erwirbt um damit einen zukünftigen Zahlungsstrom – insbesondere zukünftiger Reinerträge – zu erzielen. Im Kern geht es also in der Bewertung darum, einen Strom zukünftiger Geldeinheiten mit einem Betrag gegenwärtiger Geldeinheiten zu vergleichen. Der Zukunftsbezug führt allerdings dazu, dass die „zukünftigen Geldeinheiten" nicht gleichwertig mit „heutigem Geld" anzusehen, und daher abzuzinsen sind:

Positive Zeitpräferenz der Wirtschaftssubjekte lässt sie zeitlich nähere Zahlungen höher schätzen. Die Minderschätzung zukünftiger Zahlungen erfordert deren Abzinsung. Zukünftige Zahlungen sind aufgrund von Unwägbarkeiten der wirtschaftlichen Entwicklung unsicher. Daher enthält der Abzinsungsfaktor eine zusätzliche Risikoprämie.

Zukünftige Geldeinheiten können eine andere Kaufkraft haben als heutige Geldeinheiten. In der Abzinsung ist daher der Wertverlust/Wertanstieg der Geldeinheiten zusätzlich zu berücksichtigen.

Die positive Zeitpräferenz als Ausgangspunkt der Zinsbestimmung verdeutlicht, dass es sich um einen von Geldeinheiten unabhängigen Realzins handeln muss. Dieser ist als risikofreie Anlage anzunehmen, da ihm die Risikoprämien erst noch hinzugerechnet werden. In der Zinsbestimmung im Rahmen der Discounted-Cash-Flow (DCF) Bewertung kommt statt des theoretischen Konzeptes der positiven Zeitpräferenz ein risikofreier Zinssatz als Basis der Zinsbestimmung zum Einsatz.

Die letztgenannte, dritte Komponente der Abzinsung steht im Mittelpunkt der vorliegenden Betrachtung. Inflation bedeutet einen Kaufkraftverlust der Geldeinheiten im Zeitablauf. Geld ist nur ein Medium im Tauschprozess, das letztlich nicht seiner selbst willen, sondern aufgrund der im Weitertausch zu erwerbenden Güter akzeptiert wird. Es bestehen grundsätzlich zwei Möglichkeiten, das Problem der Geldentwertung in der Bewertung zu berücksichtigen:[1]

Entweder die Berechnung bildet die Zahlungen gemessen in den zum Zahlungszeitpunkt jeweils anfallenden Geldeinheiten ab, z.B. als Eurobeträge. Dann ist der Diskontierungsfaktor um einen Zuschlag für die Geldentwertung zu versehen. Wir können dies als nominale Bewertung mit einem nominalen Zahlungsstrom (in jeweils aktuellen Geldeinheiten) und nominalen Zins bezeichnen.

Oder die zukünftigen Zahlungsströme werden im jeweiligen Zeitpunkt anhand ihrer Kaufkraft, also als reale Beträge berücksichtigt. In diesem Fall ist ein Faktor zur Berücksichtigung der Geldentwertung nicht nur unnötig, seine Berücksichtigung führte notwendigerweise zu unzutreffenden Bewertungsansätzen. Der adäquate Diskontierungsfaktor besteht nur aus den Komponenten risikofreier Zins (Zeitpräferenz) und Risikozuschlag, ein realer Zins – in Gütereinheiten gemessen – liegt diesem realen Bewertungsansatz zugrunde.

Beide alternativen Bewertungsansätze finden sich in der gutachterlichen Praxis: Als realer Ansatz in Gestalt des normierten Ertragswertverfahrens der ImmoWertV und als nominale Variante des DCF-Verfahrens.

Wir betrachten im Folgenden das Ertragswertverfahren nach ImmoWertV und die DCF-Bewertung hinsichtlich der Berücksichtigung von Inflation und der Notwendigkeit einer expliziten Inflationsprognose. Beide Verfahren wählen einen sehr unterschiedlichen Zugang zur Abschätzung zukünftiger Zahlungsströme und der Wahl des Diskontierungsfaktors. Da es sich jedoch um Varianten eines Bewertungsansatzes handelt,[2] wählen wir zunächst einen gemeinsamen Analyserahmen. Wir finden diesen im Dividend-Discount-Model der Aktienbewertung, das uns unter vereinfachenden Annahmen die Rolle der Inflation in der Ertragsbewertung verdeutlichen lässt.

2. Ein einfacher Analyserahmen

Wir betrachten als Ausgangspunkt die Formel des Ertragswertverfahrens, da wir unsere Darstellung an den Konzepten und Begriffen dieses Ansatzes ausrichten werden. Das Ertragswertverfahren berechnet den Wert des Grundstücks in bekannter Weise als

$$(1) \qquad EW = (RE + BW \text{ x } i_L) \text{ x } V + BW = RE \text{ x } V + \frac{BW}{(1+i_L)^n},$$

wobei EW für den Ertragswert steht, RE für den nachhaltig erzielbaren Reinertrag und BW für den Bodenwert. V ist der Vervielfältiger, der sich wiederum aus Liegenschaftszinssatz i_L und Restnutzungsdauer n errechnet.

1 vgl. Miller, N.G. und Solt, M.E. (1986).
2 vgl. Kleiber, W (2010), S. 1633.

Die Rolle der Inflation lässt sich verdeutlichen, indem eine Analogie zum Dividend-Discount-Model der Bestimmung des Aktienwertes gezogen wird.[3] Zur Vereinfachung der Formel nehmen wir eine fiktive unendliche Restnutzungsdauer an, was in der Formulierung der Gleichung des Ertragswertverfahrens (1) dazu führt, dass der Gegenwartswert des Bodenwertes gegen Null konvergiert, was sich in der vereinfachten Formel des Ertragswertverfahrens abbildet:[4]

$$(2) \qquad EW = RE_0 V$$

Hierbei möge RE_0 die im Stichtag zu erzielende nachhaltige Miete darstellen.[5] Der Ertragswert der Immobilie entspricht ausführlich dem Gegenwartswert der zukünftigen Reinerträge, also[6]

$$(3) \qquad EW = RE_0 + \frac{RE_1}{(1+i)} + \frac{RE_2}{(1+i)^2} + \frac{RE_3}{(1+i)^3} + \frac{RE_4}{(1+i)^4} + \ldots = \sum_{t=0}^{\infty} \frac{RE_t}{(1+i)^t}$$

Zur Verdeutlichung des Einflusses realer bzw. nominaler Veränderungen zukünftiger Mieteinnahmen nehmen wir an, dass der Reinertrag mit einer konstanten Rate g wachsen möge. Dieses Wachstum sei zunächst real formuliert, so dass in einem zweiten Schritt das Modell um Inflation erweitert werden kann:

$$(4) \qquad RE_1 = RE_0(1+g),\ RE_2 = RE_0(1+g)^2, \ldots, RE_t = RE_0(1+g)^t$$

Die angenommenen Zuwachsraten der Reinerträge gehen in die Kapitalisierung nach Formel (3) ein, so dass folgt[7]

$$(5) \qquad EW = RE_0 + \frac{RE_0(1+g)}{(1+i)} + \frac{RE_0(1+g)^2}{(1+i)^2} + \frac{RE_0(1+g)^3}{(1+i)^3} + \ldots = RE_0 \sum_{t=0}^{\infty} \frac{(1+g)^t}{(1+i)^t}$$

Nach der Formel der unendlichen geometrischen Summe vereinfacht sich der letzte Term zu[8]

3 Vgl. Gordon, M. J. (1962). Eine Darstellung zu Aktien findet sich in Howells, P. und Bain, K. (2007), 178f.

4 Sommer, G. und Kröll, R. (2005), S. 148

5 RE_0 steht für das heutige RE aus Gleichung (1). Der Zusätzliche Index „0" wurde ergänzt, weil in den folgenden Gleichungen ein Zeitindex für zukünftige Zahlungen berücksichtigt wird.

6 Der Diskontierungszinssatz i ist dabei nicht mit dem Liegenschaftszinssatz i_L zu verwechseln. Ersterer drückt durch Abzinsung die Zeitpräferenz und Risikoprämien ab. Der Liegenschaftszinssatz i_L dagegen ist derjenige Zinssatz, zu dem bei Anwendung der Ertragswertformel der errechnete Ertragswert gleich dem Verkehrswert des Wertermittlungsobjektes ist.

7 Die Konvergenz der Reihe setzt voraus, dass i>g gilt, denn wenn die Reinerträge schneller steigen, als ihr Gegenwartswert durch die Diskontierung verringert wird, wächst die Summe ins Unendliche.

8 Vgl. Chiang, A. C., Wainwright, K. und Nitsch, H. (2011) S. 439 f. Die Rolle der Dividende D übernimmt hier der Reinertrag RE_0.

(6) $$EW = RE_0 \frac{1}{\frac{1+i}{1+g} - 1} = RE_0 \frac{1+g}{i-g} = \frac{RE_1}{i-g}$$

Nachdem wir ein einfaches Modell des Ertragswerts gebildet haben, untersuchen wir nun, wie das Ertragswertverfahren nach WertV die Bestimmung der Größen anstrebt, und in welcher Form die Inflation Berücksichtigung findet.

3. Ertragswertverfahren (ImmoWertV)

3.1 Inflationsneutralität der Ertragswertermittlung

Wir können nun den theoretischen Wert des Vervielfältigers (und implizit des Liegenschaftszinses) bestimmen, wenn die vereinfachte Formel des Ertragswertverfahrens (2) mit Formel (6) gleichgesetzt wird, so dass folgt[9]

(7) $$V = \frac{1+g}{i-g}$$

Der Liegenschaftszinssatz i_L ist damit eine Funktion des Diskontierungssatzes i (also der Summe des risikofreien Zinses und einer Risikoprämie) sowie des erwarteten realen Mietwachstums g.

„Mit 'aus dem Markt' empirisch abgeleiteten Liegenschaftszinssätzen werden auch Zukunftserwartungen (Chancen und Risiken) des Marktes einschließlich inflationärer Entwicklungen der Investition 'eingefangen'.[10] "

Die empirische Bestimmung des Liegenschaftszinses i_L besteht in der Substitution des (unbekannten) Wertes durch den (aus Kaufpreissammlungen bekannten) Preis. Unter der Annahme einer nachhaltig erzielbaren Miete wird dann in einem iterativen Verfahren derjenige Zinssatz bestimmt, der die Miete zum gegebenen Preis kapitalisiert.[11] Reinertrag und Bodenwert werden dabei in Preisen der Basisperiode gemessen und sind daher reale Größen, real ist ebenso die Restnutzungsdauer. Der Liegenschaftszinssatz, der aus dem Vergleich von Ertragswert und Kaufpreis (ebenfalls in Preisen der Basisperiode) bestimmt wird, ist daher ein realer Zins.

Die Logik des Ertragswertverfahrens besteht darin, die Erwartungen der Marktteilnehmer hinsichtlich der Komponenten des Liegenschaftszinses dadurch abzubilden, dass der Liegenschaftszins mit (2) aus dem Vergleich von gegenwärtigen (nachhaltigen) Mieterträgen und Kaufpreisen gewonnen wird. Damit ist insbesondere kein gesonderter Ausweis der Komponenten g „erwarteter realer Mietzuwachs" oder der Risikokomponenten des Diskontierungssatzes i erforderlich. Die Erwartungen werden implizit abgebildet und in eine

9 Hier zeigt sich nochmals, dass die Unterscheidung zwischen der Rechengröße Liegenschaftszinssatz i_L und Diskontierungszinssatz i entscheidend ist. Für die angenommene unendliche Laufzeit ist gemäß der Konsolformel das V auf der linken Seite der Kehrwert von i_L.

10 Kleiber, W (2010), S. 1188

11 vgl. AGVGA-NRW 2004

Form gebracht, die bei Rückformulierung in (2) dazu dient, die nachhaltigen Mieten in Ertragswerte umzurechnen. Insbesondere bildet sich durch den Durchschnitt der empirisch bestimmten Liegenschaftszinsen ein Durchschnitt der Erwartungen der Marktteilnehmer ab, was mit der Vorstellung kompatibel ist, der Verkehrswert ziele auf die Zahlungsbereitschaft eines typischen Marktteilnehmers ab. Zu untersuchen ist nun, inwiefern Inflationserwartungen der potentiellen Erwerber für deren Liegenschaftszinssätze relevant sind.

Die Inflationsneutralität des Ansatzes erweist sich, wenn zusätzlich zum realen Mietwachstum (1+g) eine rein inflationäre Erhöhung des Mietniveaus mit der Inflationsrate π angenommen wird, wobei wiederum die Inflationsrate – als Wachstumsrate des Preisniveaus – als konstant angesetzt wird. Im Gegenzug muss die Inflationsrate im Rahmen der Diskontierung Berücksichtigung finden, indem statt des realen Zinses (1+i) der inflationsfreien Situation nunmehr der Nominalzins (1+i)(1+π) den Geldwertverfall berücksichtigt.

Nachdem aber der Faktor $(1+\pi)^t$ sowohl in Zähler als auch im Nenner der diskontierten Reinerträge auftritt, bleibt er in Bezug auf den Ertragswert wirkungslos:

(8) $$RE_t = RE_0 \frac{(1+g)^t(1+\pi)^t}{(1+i)^t(1+\pi)^t} = RE_0 \frac{(1+g)^t}{(1+i)^t}$$

Unter der hier getroffenen Annahme einer Anpassung der Mieten an die Inflation ist g von Änderungen in π nicht betroffen, d.h. die Mieten können zusätzlich zur Inflation weiter mit der realen Wachstumsrate g erhöht werden. Damit bleiben mit Formeln (6) und (7) sowohl der Ertragswert als auch der Vervielfältiger von der Inflationsrate unberührt. Da der Vervielfältiger eine Funktion des Liegenschaftszinses ist, erweist sich auch letzterer wiederum als reale Größe.

3.2 Inflation und Risikoprämie

Das Ertragswertverfahren nach ImmoWertV ermittelt den realen Liegenschaftszins, ohne einer expliziten Inflationsprognose zu bedürfen. Dies bedeutet jedoch nicht, dass der Liegenschaftszins selbst von der Inflation unberührt bleibt, wenn sich seine realen Bestimmungsgründe in Folge von Inflation ändern. Mit (7) werden diese indirekten Wirkungen der Inflation jedoch durch das Ertragswertverfahren abgebildet:

Der Diskontierungsfaktor i beinhaltet eine Risikoprämie. Diese resultiert aus der Abwägung der Immobilie gegenüber alternativen Vermögensanlagen, etwa festverzinslichen Wertpapieren. Eine empirische Untersuchung hinsichtlich der unterschiedlichen Renditen auf Immobilienanlagen und festverzinsliche Wertpapiere für die USA findet sich in der Studie von Chen, J., Hudson-Wilson, S. und Nordby, H. (2004). Die Autoren untersuchen die Renditedifferenz zwischen Immobilienanlagen und amerikanischen Staatsschuldtiteln. Als Differenz zweier nominaler Zinsen ist der so bestimmte Spread eine reale Renditedifferenz und spiegelt nicht direkt die Inflationserwartungen wieder. Dennoch erweist die Studie einen statistisch signifikanten Einfluss der Inflationsrate auf die Renditedifferenz. Die ökonomische Begründung liegt in der relativen Attraktivität von Immobilien gegenüber Anleihen in einem inflationären Umfeld. Während die Kuponzahlungen der Rentenwerte in Geldeinheiten fixiert sind und daher in vollem Umfang dem Inflationsrisiko unterliegen, ist eine Anpassung der Mieten an Veränderungen des Preisniveaus möglich. Immobilienvermögen muss daher in einem inflationären Umfeld nur eine niedrigere reale Rendite erwirtschaften als unter Preisstabilität, da die Attraktivität als „sicherer Hafen in inflationären Zeiten" für die niedrigere Rendite entschädigt.

3.3 Nachhaltige Reinerträge und Inflation

Eine weitere, indirekte Wirkung der Inflation auf den Ertragswert betrifft die Fähigkeit der nominalen Mieten, mit der Inflation zu wachsen, wie dies in Gleichung (8) unterstellt wurde. Bleibt dagegen die nominale Mietsteigerung hinter $(1+\pi)$ zurück, so wird der reale Mietanstieg $(1+g)$ vermindert. So beschreibt beispielsweise Rhodes (1981)[12] für ein stark inflationäres Umfeld der amerikanischen Immobilienmärkte Anfang der 80er Jahre, dass bei Anlegern insbesondere Grundstücke mit hohem Mietsteigerungspotenzial zum Schutz gegen die Geldentwertung gesucht wurden und bezogen auf die gegenwärtige Miethöhe unterdurchschnittliche Renditen erbrachten. Dieses Phänomen ist aus einer in Relation zum Marktdurchschnitt erhöhten erwarteten Mietsteigerung erklärbar.

Die hier in Analogie zur Aktienwertermittlung durchgeführte Zerlegung des Liegenschaftszinses bzw. des Vervielfältigers in die Komponenten Diskontierungsfaktor und Reinertragswachstum ist in der praktischen Anwendung der WertV nicht vorgesehen. Die notwendigen Größen werden aus dem direkten Vergleich von Reinertrag, ggf. auf einen nachhaltig angesehenen Wert korrigiert, sowie Kaufpreis und – wovon wir abstrahiert hatten – Bodenwert abgeleitet. In der Praxis finden wir nun Anlageobjekte, die auf unterschiedliche reale Wachstumsraten g der Reinerträge ausgelegt sind. Die vertragliche Ausgestaltung des Zahlungsstroms hat dabei insbesondere Rückwirkungen auf die Möglichkeit einer Anpassung der Reinerträge an etwaige inflationäre Entwicklungen, insbesondere an unerwartete Veränderungen der Inflation:[13]

- Objekte, deren Mieteinnahmen über einen längeren Zeitraum nominal fixiert sind, hierbei sei insbesondere an Staffelmietverträge gedacht.
- Objekte, deren Mietverträge eine explizite Anpassung des Mietzinses an das inflationäre Umfeld vorsehen, also Mietverträge mit Indexklauseln. Letztlich können diese Zahlungsströme als reale Größen angesehen werden.
- Objekte, deren Mietverträge keine besonderen Klauseln hinsichtlich der Preisanpassung enthalten, deren Möglichkeit der Mietzinsänderung daher vor allem von Veränderungen der Marktlage und dem gesetzlichen Rahmen bestimmt werden.

Grundsätzlich bereitet keiner der genannten Fälle dem Ertragswertverfahren besondere Probleme. Die Konditionen der Vermietung und die daraus resultierenden Grenzen der Mietanpassung an die Inflation sind den Käufern bekannt und schlagen sich daher in den Kaufpreisen nieder: Wird etwa eine Staffelmiete vereinbart, deren Mietsteigerung hinter der erwarteten Inflation zurückbleibt, so wird der Käufer auf der Basis des geringeren Stroms realer zukünftiger Reinerträge nur einen geringeren Kaufpreis zu zahlen bereit sein. Dies schlägt sich – im Vergleich zur inflationsfreien Situation – wiederum in einem niedrigeren Vervielfältiger (g sinkt, V ebenfalls) nieder. Ein gleichgerichteter Effekt besteht hinsichtlich des Inflationsrisikos. Wenn die Gefahr einer unvorhersehbaren Inflation berücksichtigt wird, erfordert diese Kategorie von Anlageobjekten eine höhere Risikoprä-

12 Rhodes, F.G. (1981), S. 234 f.
13 vgl. hierzu auch Engel, R. und Bärwolf, T. (2004)

mie, also ein höheres i und mit (6) einen niedrigeren Ertragswert. Sofern der Ertragswert für ein Objekt dieser Kategorie aus der gegenwärtigen (nachhaltigen) Miete und dem Vervielfältiger dieser Kategorie errechnet wird, kommt es zu einer korrekten Bestimmung des Ertragswertes. Problematisch ist allerdings, wenn die unterschiedliche Fähigkeit des Objektes zur Anpassung an Preisniveauänderungen nicht berücksichtigt wird, und ein Staffelmietobjekt mit dem Liegenschaftszins von Grundstücken bewertet wird, der auf Objekten der zweiten oder dritten Kategorie beruht. In diesem Fall besteht die Gefahr einer Überbewertung des Objektes.

Ein ähnliches Problem betrifft die Grundstücke mit automatischer Inflationsindexierung der Mieteinnahmen, wodurch in einem inflationären Umfeld ggf. ein höheres reales Mietwachstum g erzielt werden kann als bei Objekten der dritten Kategorie, zudem ist durch die automatische Anpassung an eine unvorhergesehene Inflation die Risikoprämie und damit das erforderliche i geringer.

Im Idealfall sollte daher die Berechnung des Ertragswertes in den genannten Sonderfällen auf der Basis von Objekten der gleichen Kategorie erfolgen. Sofern die Typen von Mietverträgen für Objekte einer bestimmten Nutzung – Wohnen, Büro, Gewerbe – üblich sind, erfolgt diese Zurechnung durch Ansatz des Liegenschaftszinses aus diesem Marktsegment automatisch. Probleme bereiten daher die Objekte, deren Mietvertragsgestaltung gewissermaßen atypisch ist, so dass Zu- und Abschläge beim angesetzten Liegenschaftszins erforderlich werden.[14]

Ein weiterer Effekt, auf den Chen et al. (2004)[15] hinweisen, ist die Wirkung auf den Realwert der Bewirtschaftungskosten: Sofern letztere schneller steigen als die Roherträge, bewirkt die Inflation eine reale Dämpfung des Anstiegs der Reinerträge, was sich in einem verminderten g abbilden würde.

4. DCF und Inflation

4.1 Notwendigkeit der Inflationsprognose

Bereits einleitend wurde darauf hingewiesen, dass das DCF Verfahren grundsätzlich auf der Basis nominaler als auch realer Zahlungsströme durchgeführt werden kann, sofern der adäquate Diskontierungsfaktor zugrunde gelegt wird. Wir beginnen mit dem nominalen Verfahren. Wenn wir die Formel des Ertragswertes explizit in nominalen Größen aufschreiben, erhalten wir

14 Engel, R. und Bärwolf, T. (2004)
15 Chen et al. (2004), S. 9.

$$EW = RE_0 \sum_{t=1}^{\infty} \frac{[(1+g)(1+\pi)]^t}{[(1+i)(1+\pi)]^t} = RE_0 \frac{1}{\frac{(1+i)(1+\pi)}{(1+g)(1+\pi)} - 1}$$

(9) $$= RE_0 \frac{(1+g)(1+\pi)}{(1+i)(1+\pi) - (1+g)(1+\pi)} = RE_0 \frac{(1+g_n)}{(1+i_n)(1+g_n)},$$

$$mit\ i_n = (1+i)(1+\pi) - 1\ und\ g_n = (1+g)(1+\pi) - 1$$

Die Umformulierung in nominale Größen bringt bei vollkommener Information, also Kenntnis von r, i und π den gleichen Ertragswert. Bei unvollkommener Information, also dem praxisrelevanten Fall, vollzieht sich die Generierung der notwendigen Informationen jedoch im DCF-Verfahren auf andere Weise als in der impliziten Bestimmung im Rahmen des normierten Ertragswertverfahrens nach ImmoWertV:

- i_n beinhaltet den risikolosen realen Zins, die Risikoprämie und die zukünftige Inflationsrate
- g_n beinhaltet die zukünftigen realen Wachstumsraten der Reinerträge und die zukünftige Inflationsrate

Insbesondere sind damit die wichtigsten prognostizierten Variablen direkt von der Inflation abhängig. Hinzu kommt, dass die zuvor beschriebenen indirekten Rückwirkungen der Inflation auf die Komponenten des Liegenschaftszinses auch auf die Variablen der DCF-Bewertung einwirken. Im Gegensatz zum Ertragswertverfahren jedoch, das lediglich auf den Vervielfältiger (bzw. den Liegenschaftszins) als Ganzes abzielt, und das eine Dekomposition nicht vorsieht, versucht nun der DCF-Ansatz, die einzelnen Komponenten von (9) zu rekonstruieren und anschließend zu aggregieren.

So wird i approximiert durch einen risikolosen und laufzeitäquivalenten Kapitalmarkzins („Basiszinssatz"), zur Ausschaltung des Bonitätsrisikos zumeist von Wertpapieren der öffentlichen Hand. Dabei wird aber eine Ertragsrate auf Geldvermögen zugrunde gelegt, das seine eigenen, insbesondere durch das Inflationsrisiko und Zinsänderungsrisiken (Kapitalrisiko) beeinflussten, Risikoprämien enthält. Die Korrektur bezüglich der Risiken der Immobilie müsste dann jedoch nicht nur die Risikoprämien der Immobilie einbeziehen, sondern auch den Basiszins der Berechnung um Inflationsrisiko und Zinsänderungsrisiko bereinigen.[16] Diese Probleme stellen sich nicht, wenn das DCF-Verfahren als Instrument der Investitionsrechnung eingesetzt wird, in welchem der maßgebliche Zinsfuß aus dem geforderten Kalkulationszinsfuß des Investors bestimmt wird.[17] Hier jedoch gilt die Fragestellung der Ermittlung des Verkehrswertes.

Auch im realen Verfahren ist eine Schätzung der zukünftigen Inflationsraten erforderlich. Zwar verbleiben nur die realen Größen i (realer risikoloser Zins + Risikoprämie) und g (erwartetes reales Mietwachstum), die Approximation von i setzt aber am nominalen Basiszins an. Wenn man hieraus den realen Diskontierungsfaktor ableiten möchte, gilt

---

16 Dies steht im Einklang mit den zitierten Ergebnissen von Chen et al. (2004) hinsichtlich der zeitlichen Schwankungen im Spread, die auch vom Inflationsrisiko beeinflusst werden.

17 vgl. Kleiber, W (2010), S. 1646

(10) $$i_n = (1+i)(1+\pi) - 1 \Rightarrow i = \frac{1+i_n}{1+\pi} - 1 \approx i_n - \pi$$

d.h. vom nominalen Basiszins ist die geschätzte zukünftige Inflationsrate abzuziehen. Insofern setzt auch das reale Verfahren eine Inflationsprognose voraus.

4.2 Problematik der längerfristigen Inflationsprognose

Das nominale Verfahren erfordert, dass nominale Zahlungsströme über lange Zeiträume zutreffend prognostiziert werden können. Im Gegenzug ist mit einem angemessenen Nominalzins abzudiskontieren. Entsprechend wird als eines der Hauptprobleme des nominalen Verfahrens die zutreffende Prognose der Inflationsrate genannt.[18] Besondere Anforderungen entstehen hierbei aus der relativ langen Lebensdauer von Immobilien, so dass die Prognosezeiträume in der Theorie die Größenordnung von Jahrzehnten erreichen und in der Praxis selbst durch Anwendung der Restwertmethode Prognosehorizonte von i. d. R. 10 Jahren erfordern.[19] Inflationäre Prozesse werden indes in erheblichem Maß durch Interventionen der Geldpolitik beeinflusst. Inflation kann langfristig nur bestehen, wenn sie durch ein entsprechendes Wachstum der Geldmenge alimentiert wird. Insofern beinhalten Inflationsprognosen, die deutlich über die Wirkungsverzögerungen der Geldpolitik hinausgehen, in erheblichem Maße Annahmen über das Verhalten der Zentralbank. Zwischen Ergreifen einer geldpolitischen Maßnahme und der Veränderung der Inflationsrate vergehen Zeiträume in der Größenordnung von etwa 1-2 Jahren. Selbst auf diesen, für Bewertungsprobleme inakzeptabel kurzen, zeitlichen Horizont weisen die Prognosen der Zentralbanken selbst eine nicht unerhebliche Unsicherheitsmarge auf. So gibt die EZB etwa im Monatsbericht 12/2012 (S. 88) eine Projektion ihres Forschungsstabes wieder, die Inflationsrate werde für 2014 im Bereich von 0,6 bis 2,2 % gesehen. Die Bank of England, in deren Strategie die Inflationsprognose eine zentrale Rolle spielt, verdeutlicht die zunehmende Unsicherheit der Inflationsprognose (hier auf der Basis von Markterwartungen hinsichtlich der Zinsentwicklung) durch Wahrscheinlichkeitsintervalle, wobei jede Schattierung einem Schritt um 30 % Wahrscheinlichkeit entspricht. Demzufolge wird mit einer Wahrscheinlichkeit von 90 % bei einem Zeithorizont von 2 Jahren (gestrichelte Linie) die Inflationsrate zwischen etwa -0,5 % und 4,5 % liegen.

18 vgl. Miller, N.G. und Solt, M.E. (1986), S. 188 f.
19 vgl. Kleiber, W (2010), S. 1635

Chart 5.3 CPI inflation projection based on market interest rate expectations and £375 billion asset purchases

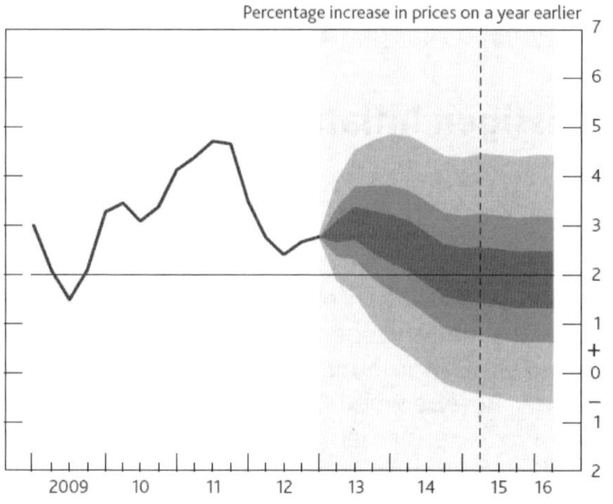

Quelle: Bank of England, Inflation Report May 2013

Auf lange Zeiträume bleibt daher die Inflationserwartung an den Willen und die Fähigkeit der Zentralbank gekoppelt, die Inflation innerhalb des von ihr als Preisniveaustabilität definierten Rahmens zu halten, im Fall der Europäischen Zentralbank also bei knapp unter 2 %.

Diesen Wert als langfristig zu erwartende Inflationsrate zu interpretieren, ist jedoch gerade im Euroraum problematisch. Die EZB versteht sich als Zentralbank des gesamten Währungsraums, deshalb ist das Ziel der Preisniveaustabilität über den Durchschnitt der Mitgliedsländer hinweg definiert.

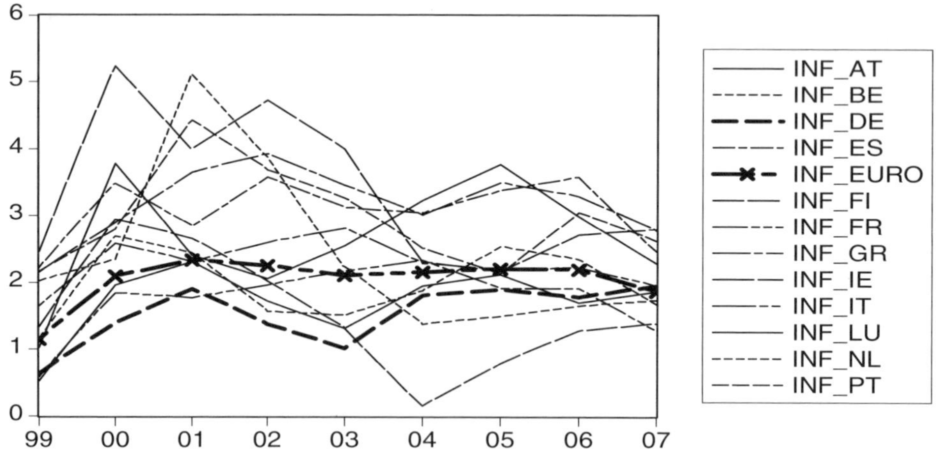

Inflation in der Eurozone (Datenquelle Eurostat)

Der Vergleich der Inflationsraten – hier für den Zeitraum der Einführung des Euro bis zur Finanzkrise – erweist, dass es der EZB in der Tat gelungen ist, den Durchschnitt der Inflationsraten innerhalb des Euroraums bei 2 % zu stabilisieren. Dabei bildet jedoch die geringe Inflationsrate in Deutschland das Gegengewicht zur Überschreitung des Zielwertes in anderen Mitgliedsländern: Im Durchschnitt lag seit Einführung des Euro die Inflation im Euroraum bei 2,03 % in Deutschland dagegen lediglich bei 1,53 %. Auf welcher Seite des Durchschnitts sich Deutschland bewegt ist damit aber abhängig von inflationären Prozessen in anderen Teilen des Euroraums, auf die eine einheitliche Geldpolitik nicht differenziert eingehen kann. Die Gleichsetzung des Inflationsziels von 2 % für den gesamten Währungsraum mit der längerfristig zu erwartenden Inflationsrate ist daher aus nationaler Sicht problematisch.

5. Fazit

Inflation ist ein relevantes Problem für die Verkehrswertermittlung. Die Zusammenhänge sind jedoch komplex, da sowohl die Anpassung der Mieten an die Inflation fraglich ist als auch entsprechende Änderungen des Diskontierungssatzes unter Risikoaspekten zu erwarten sind. Die Überlegungen zum Ertragswertverfahren zeigen, dass diese Probleme dadurch umgangen werden, dass die Erwartungen anderer Marktteilnehmer hinsichtlich Mietwachstum g und Diskontierungszins i im Liegenschaftszinssatz i_L mit abgebildet werden. In der praktischen Arbeit ist es daher angesichts inflationärer Prozesse besonders wichtig, angemessene Liegenschaftszinsätze zu verwenden. Angemessen in dem Sinn, dass die Aktualität der Zinsen hier von besonderer Relevanz ist (aktuelle Inflationserwartungen eingepreist wurden) und hinsichtlich Lage und Vertragstyp Objekte zur Ableitung des Liegenschaftszinssatzes herangezogen wurden, deren Mieten sich in vergleichbarer Weise an die Inflation anpassen lassen.

6. Literatur

AGVGA-NRW (Arbeitsgemeinschaft der Vorsitzenden der Gutachterausschüsse für das Grundstückswesen in Nordrhein-Westfalen) (2004): Modell zur Ableitung von Liegenschaftszinsen, Mimeo, Düsseldorf.

Chen, J., Hudson-Wilson, S. und Nordby, H. (2004): Real Estate Pricing: Spreads & Sensibilities: Why Real Estate Pricing is Rational, in: Journal of Real Estate Portfolio Management, Vol. 10, No.1, S. 1-21.

Chiang, A. C., Wainwright, K. und Nitsch, H. (2011): Mathematik für Ökonomen, München.

Engel, R. und Bärwolf, T. (2004): Inflation und Verkehrswert, in: Grundstücksmarkt und Grundstückswert, S. 273-277.

Gordon, M. J. (1962): The Investment, Financing, and valuation of the Corporation, Homewood.

Howells, P. und Bain, K. (2007): Financial Markets and Institutions, Harlow.

Kleiber, W. (2010): Verkehrswertermittlung von Grundstücken, Köln.

Miller, N.G. und Solt, M.E. (1986): Using a Real Discount Model is better than Predicting Inflation, in: The Appraisal Journal, April, S. 188-197.

Rhodes, F.G. (1981): Inflation Discounting: How Appraisers Can Deal with Inflation, in: The Appraisal Journal, April, S. 234-247.

Sommer, G. und Kröll, R. (2005): Lehrbuch zur Grundstückswertermittlung, München.

III. Berücksichtigung von Modernisierungskosten bei der Wertermittlung

Dipl.-Ing. (FH) Ralph Korduan

1. Anlass und Verwendung von Wertermittlungen

Vor einer zu erstellenden Wertermittlung ist vom beauftragten Gutachter deren Anlass zu klären und die beabsichtigte Verwendung zu dokumentieren. Beides prägt in entscheidender Weise die vom Wertermittler anzuwendende Verfahrensalgorithmik.

Ist ein Kredit-, ein Versicherungs- oder ein anderes finanzwirtschaftliches Institut Auftraggeber für eine zu erstellende Wertermittlung, ist der Gutachter angehalten, die Beleihungswertermittlungsverordnung (BelWertV) bzw. – sofern die BelWertV noch nicht verpflichtend für das beauftragende Institut anzuwenden ist, z.B. im genossenschaftlichen Bankensektor – eine vergleichbare, aber vom Bundesaufsichtsamt für Finanzdienstleistungsaufsicht (BAFin) genehmigte, interne Wertermittlungsanweisung zu beachten. Solche richtlinienkonformen, i. d. R. als Formulargutachten zu erstellenden Wertermittlungen mit dem Ausweis eines Beleihungswertes berücksichtigen anzunehmende Modernisierungskosten im Rahmen der kalkulatorischen Bewirtschaftungskosten als objektartabhängiges Risiko, das so genannte Modernisierungsrisiko. Es wird durch eine pauschale Modernisierungsrücklage p. a. für regelmäßige bzw. bedarfsweise anfallende Modernisierungskosten abgebildet. Berechnungsbasis hierfür sind die Gebäudeherstellungskosten unter Ausschluss der Kosten für Außenanlagen und der Baunebenkosten. Ausgehend vom Bewertungsobjekt wird das Modernisierungs-/ Revitalisierungsrisiko entsprechend der bekannten Klassifizierung untergliedert:[1]

Sofern eine von o. g. Instituten hinsichtlich der Wertausweisung abweichende Gesellschaft, eine Privat- oder juristische Person oder ein sonstiger Dritter Auftraggeber ist, so hat der Gutachter i. d. R. einen Markt- bzw. Verkehrswert auszuweisen. Entsprechend hat der Gutachter sich an normierten Wertermittlungsverfahren laut Immobilienwertermittlungsverordnung (ImmoWertV) bzw. an nicht normierten Wertermittlungsverfahren, die der allgemeinen Rechtsauffassung nicht widersprechen, zu orientieren. Zwar besteht, mit Ausnahme einiger Mindestansätze, die die langfristige Beständigkeit des Beleihungswertes im Gegensatz zu einem stichtagsbezogenen Markt- bzw. Verkehrswert stärken sollen, im Prinzip kein verfahrenstechnischer Unterschied zur Beleihungswertermittlung, im Gegensatz aber zu dieser werden kalkulative Modernisierungskosten bei der Markt-/ Verkehrswertermittlung nicht eigenständig als Modernisierungsrisiko abgebildet. Vielmehr erfolgt dies über den spezifischen Ansatz des Liegenschaftszinssatzes, der im Gegensatz

---

1 Gemäß Anlage 1 Beleihungswertermittlungsverordnung (BelWertV)

a) kein kalkulatorisches Modernisierungsrisiko → 0 % bis 0,3 % (z.B. normale Wohnhäuser, kleinere Wohn- und Geschäftshäuser, kleine und mittlere Bürogebäude, Lager- und Produktionshallen),

b) geringes kalkulatorisches Modernisierungsrisiko → 0,2 % bis 1,2 % (z.B. größere Bürogebäude, Wohn-, Büro- und Geschäftshäuser mit besonderen Ausstattungsmerkmalen, Einzelhandel mit einfachem Standard),

c) höheres kalkulatorisches Modernisierungsrisiko → 0,5 % bis 2, 0 % (z.B. innerstädtische Hotels, Einzelhandel mit höherem Standard, Freizeitimmobilien mit einfachem Standard) und

d) sehr hohes kalkulatorisches Modernisierungsrisiko → 0,75 % bis 3,0 % (z.B. Sanatorien, Kliniken, Freizeitimmobilien mit höherem Standard, Hotels und Einzelhandelsobjekte mit besonders hohem Standard) zum Kapitalisierungszinssatz – der im Rahmen der Beleihungswertermittlung Anwendung findet und eher die Erkenntnisse aus der Vergangenheit berücksichtigend ein Höchstmaß an Sicherheit in Bezug auf die nachhaltige Werthaltigkeit einer Immobilie in der Zukunft liefern soll – aus dem aktuellen Marktgeschehen abgeleitet wird und einen entsprechenden Vergleichsfaktor darstellen kann. Je nach Art und Lage eines Objekts sowie auf Basis von Mietniveau und wirtschaftlicher Restnutzungsdauer impliziert ein aus Kaufpreisen von Immobilien und den zugehörigen Erträgen iterativ ermittelter Liegenschaftszinssatz auch durchschnittliche Modernisierungskosten, die eine solche Immobilie zukünftig nach Einschätzung des Marktes verursachen wird. Dem Gutachter obliegt es, unter Nutzung seines Sachverstands besondere Chancen, aber auch besondere Risiken der zu bewertenden Immobilie durch einen ggf. abweichenden Ansatz für den Liegenschaftszinssatz zu würdigen. Hierbei ist stets zu berücksichtigen, dass ein alternativer Liegenschaftszinsansatz im Zusammenhang mit einem als gewöhnlich beigemessenen Mietniveau und der angenommenen wirtschaftlichen Restnutzungsdauer für das Bewertungsobjekt zu sehen ist und nicht losgelöst betrachtet werden darf.

In Zeiten einer zunehmend voranschreitenden Globalisierung der Weltwirtschaft, die insbesondere auch die Immobilienmärkte erfasst hat, muss das Spannungsfeld „Werte, Preise und Kosten" auch von einer dritten Seite analysiert werden. Denn viele im Rahmen von Immobilientransaktionen erzielten Kaufpreise können mit Hilfe einer Wertbetrachtung, wie sie z.B. durch das deutsche Ertragswertverfahren oder auch die angelsächsische Investmentmethode abgebildet wird, nicht abschließend erklärt werden. Lediglich bei Missachtung deren ureigenen Grundsatzes, wie z.B. das Abstellen auf gewöhnliche Mietansätze und Liegenschaftszinsen (deutsches Ertragswertverfahren) bzw. auf tatsächliche Mieten und modifizierte Renditen (angelsächsische Investmentmethode) können fallweise solche Transaktionen plausibilisiert werden. Oder aber es werden auf der Investorenseite Renditen erwartet, die üblicherweise von den traditionellen Marktteilnehmern nicht als erzielbar eingeschätzt werden. Die Begründung liegt nicht im Versagen der einschlägigen Wertermittlungsverfahren, sondern vielmehr darin, dass international tätige Immobilieninvestoren, die an solchen Transaktionen überproportional auf der Käuferseite beteiligt sind, nicht zu üblichen Preisen – auf Basis von üblichen Werten – im Sinne vorheriger Betrachtung investieren. Sie agieren vielmehr auf Basis eigener Renditeerwartungen, die sie rein subjektiv auf die jeweilige Investition bzw. auf das Kaufobjekt abstellen und mit Renditen alternativer Investments – auch auf dem jeweiligen Heimatmarkt – vergleichen. Entsprechend individuelle Renditeerwartungen subsumieren einerseits je nach Mietvertragssituation um Bewirtschaftungskosten verringerte Mieterträge und andererseits solche Kosten, die mit dem Erhalt der Immobilie zusammenhängen, insbesondere die kalkulierten Kosten für Modernisierung.

Trotz dieser sich vom Ansatz her unterscheidenden Betrachtungsebenen sind Modernisierungskosten bei der Wertermittlung immer – natürlich immer unter Beachtung des Marktes bei dessen Umgang mit Modernisierungserfordernissen – zu berücksichtigen. Eben auch dann, wenn im Vergleich a) der gewünschten langfristigen Beständigkeit geschuldet Beleihungswerte, b) den kurzfristigen Marktgegebenheiten im Immobiliensektor entsprechend Marktwerte oder c) individuellen und objektbezogenen Renditeerwartungen von Investoren entsprechend ggf. außerhalb des Marktes liegende Objektwerte bzw. subjektiv wirtschaftlich tragbare Kaufpreise ermittelt werden.

2. Definitionen und Abgrenzung

Neben der Abgrenzung zwischen Beleihungswert[2] und Marktwert[3] sowie Verkehrswert[4] müssen, als Basis für die nachfolgenden Ausführungen, insbesondere die Begrifflichkeiten Instandhaltung, Instandsetzung, Modernisierung und Sanierung sowie Instandhaltungsstau und Modernisierungsstau unterschieden werden.[5] Ergänzend sei hier noch die Definition des Modernisierungsrisikos abgebildet:[6]

Bei dem so genannten Modernisierungsrisiko handelt es sich um eine zu quantifizierende Größe, die aufgrund der langfristigen Wertbetrachtung bei bestimmten Objektarten in Abzug gebracht wird. Mit Hilfe des quantifizierten Modernisierungsrisikos sollen die notwendigen Anpassungsmaßnahmen abgedeckt werden, die zusätzlich zu den Instandhaltungsmaßnahmen zur Aufrechterhaltung der Marktgängigkeit und der zum Bewertungszeitpunkt festgestellten Ertragsfähigkeit notwendig sind. Diesbezüglich ist ausschließlich der Modernisierungs- bzw. Revitalisierungsaufwand zu berücksichtigen, der erforderlich ist, um das Ausgangsmietniveau dauerhaft zu sichern. Inwieweit dies durch laufende oder fallweise Modernisierungen erfolgt, ist dabei unerheblich.

3. Ansatz von Modernisierungskosten innerhalb spezifischer Wertermittlungsverfahren

Modernisierungskosten spielen für einen Investor immer eine Rolle, insbesondere dann, wenn er mit den erwarteten Erträgen die Kosten seines Engagements inkl. aller Eigen- und Fremdkapitalkosten decken will. Entsprechend stehen also Renditeimmobilien, deren Wert sich maßgeblich an den zu erwartenden Erträgen orientiert, im Zentrum der hier gemachten Betrachtung. Erträgen aus Mieten stehen Kosten gegenüber, die sowohl aus der Bewirtschaftung selbst, aber auch aus der Objekt- und Nutzungsart sowie dem Nutzungszyklus, der Erwartungshaltung der potenziellen Mieter und der Interaktion mit Vergleichsobjekten resultieren.

---

2 Gemäß § 16 Pfandbriefgesetz (PfandBG) „Der Beleihungswert darf den Wert nicht überschreiten, der sich im Rahmen einer vorsichtigen Bewertung der zukünftigen Verkäuflichkeit einer Immobilie und unter Berücksichtigung der langfristigen, nachhaltigen Merkmale des Objektes, der normalen regionalen Marktgegebenheiten sowie der derzeitigen und möglichen anderweitigen Nutzungen ergibt. Spekulative Elemente dürfen dabei nicht berücksichtigt werden. Der Beleihungswert darf einen auf transparente Weise und nach einem anerkannten Bewertungsverfahren ermittelten Marktwert nicht übersteigen."

3 Für den Marktwert gibt es mehrere, inhaltlich deckungsgleiche Definitionen. Neben den Definitionen laut § 16 Pfandbriefgesetz, laut Europäischer Union und Red Book der Chartered Surveyors soll hier auf jene der TEGoVA (The European Group of Valuers Associations) im Blue Book abgestellt werden: „Der Marktwert soll den Preis bezeichnen, zu welchem Grundstücke und Gebäude gemäß privatem Vertrag von einem verkaufsbereiten Veräußerer an einen unabhängigen Käufer am Tage der Bewertung verkauft werden könnten, wobei die Annahme zugrunde gelegt wird, dass die Immobilie öffentlich auf dem Markt angeboten wird, dass die Marktbedingungen eine ordnungsgemäße Veräußerung ermöglichen und das für die Aushandlung des Verkaufs ein im Hinblick auf die Art der Immobilie normaler Zeitraum zur Verfügung steht."

4 Gemäß § 194 Baugesetzbuch (BauGB): „Der Verkehrswert wird durch den Preis bestimmt, der in dem Zeitpunkt, auf den sich die Ermittlung bezieht, im gewöhnlichen Geschäftsverkehr nach den rechtlichen Gegebenheiten und tatsächlichen Eigenschaften, der sonstigen Beschaffenheit und der Lage des Grundstücks oder des sonstigen Gegenstandes der Wertermittlung ohne Rücksicht auf ungewöhnliche oder persönliche Verhältnisse zu erzielen wäre."

5 Die jeweiligen Definitionen können auf den Homepages der einschlägigen Anbieter recherchiert werden, z.B. auf http://www.immopilot.de/Lexikon/lexikon.html

6 „Das Modernisierungsrisiko in der Wertermittlung unter Berücksichtigung aktueller Markttrends", Seite 27, Ralph Korduan, 2003

Ausgehend von dem inhaltlichen Ziel, welches mit der Quantifizierung des Modernisierungsrisikos im Rahmen der Beleihungswertermittlung verfolgt werden soll, ist das zu bewertende Objekt u.a. zu prüfen auf die Sicherung der dauerhaften Drittverwertbarkeit, die insbesondere von finanzierender Seite zurecht kritisch betrachtet wird, sowie die Aufrechterhaltung der Marktgängigkeit und die langfristige Sicherung der Miete und des Ausgangsmietniveaus.[7] Letzteres ist für einen Investor nachvollziehbar von grundsätzlichem Interesse. Demnach fallen im Wesentlichen sämtliche Maßnahmen, die potenziell erforderlich sind, um das Wertermittlungsobjekt gegenüber qualitativ vergleichbaren Objekten abzusichern, unter die Rubrik Modernisierung. Hierdurch verursachte Kosten müssen – je nach Mietvertragsgestaltung sowie Markt- und Objektlage ggf. vom jeweiligen Eigentümer – zu einem mehr oder weniger späteren Zeitpunkt, ein- oder mehrmalig, aufgebracht werden. Um eine entsprechende Deckung aus der Immobiliennutzung erwirtschaften zu können, sind bedarfsgerecht jährliche Rücklagen aus den Reinerträgen zu bilden, es sei denn, erforderliche Mittel können auf anderem Wege mobilisiert werden. Das Ergebnis ist aber in bilanzieller Hinsicht das gleiche. Der insgesamt vorhandene Modernisierungsdruck ist dabei für den Investor umso größer, je zeitgemäßer Ausstattung und Zuschnitt sein müssen, je älter die Immobilie ist, je exponierter und zentraler die Immobilie gelegen ist und je höher die Mieten sind.[8] Das heißt, je kürzer die marktseitig vorgegebenen Modernisierungsintervalle, also die Abstände zwischen erforderlichen Modernisierungsmaßnahmen, sind und je höher der spezifische Aufwand bei der jeweiligen Maßnahme ist, desto größer werden die Kostenwirkungen für den Investor sein.

Im Rahmen der folgenden Ausführungen soll nunmehr auf die technische Berücksichtigung von Modernisierungskosten bei der Wertermittlung eingegangen werden. Dabei werden implizite Verfahren, wie das deutsche Ertragswertverfahren und die angelsächsische Investmentmethode, nur ansatzweise in Bezug auf das Hauptthema vorgestellt. Etwas detaillierter wird im Anschluss ein explizites Verfahren anhand des Modells der Discounted-Cashflow-Methode (DCF) erläutert.[9]

3.1 Betrachtung im Rahmen normierter Wertermittlungsverfahren

Ertragswertverfahren nach §§ 17-20 ImmoWertV

Entscheidend für die Bemessung der Gesamtnutzungsdauer, also der Nutzungsdauer, die ein neues Gebäude voraussichtlich insgesamt besitzt, sind nicht zwingend technische Vorgaben, sondern die am Marktgeschehen unter wirtschaftlichen Gesichtspunkten ablesbaren durchschnittlichen Werte. Bei Bestandsobjekten beschreibt der Begriff Restnutzungsdauer die noch verbleibende Nutzungsspanne, innerhalb der das Objekt nach Maßgabe wirtschaftlicher Gesichtspunkte betrieben werden kann. Diese wirtschaftliche Restnutzungsdauer wirkt sich über die Alterswertminderung auf den Sachwert und über den Rentenbarwertfaktor (Vervielfältiger) auf den Ertragswert aus. Sie muss deshalb sehr verantwortungsbewusst eingeschätzt werden. Dabei ist die Restnutzungsdauer i. d. R. nicht

7 „Das Modernisierungsrisiko in der Wertermittlung unter Berücksichtigung aktueller Markttrends", Seite 28, Ralph Korduan, 2003

8 „Das Modernisierungsrisiko in der Wertermittlung unter Berücksichtigung aktueller Markttrends", Seite 30, Ralph Korduan, 2003

9 Jeweilige Kenntnisse der Wertermittlungstechniken werden dem geschätzten Leser als geläufig unterstellt

die rechnerische Differenz aus üblicher Gesamtnutzungsdauer und Gebäudealter. Entscheidend für ihre konkrete Bemessung ist einerseits die Beurteilung des jeweils vorgefundenen Bauzustandes und damit des mittleren (fiktiven) Alters und andererseits das Potenzial der Immobilie, Ansprüchen des Marktes und seiner Nutzergruppen im Sinne einer wirtschaftlichen Betrachtung gerecht zu werden. Basierend auf einer durchgeführten Objekt- und Marktanalyse kann es hierbei zu erheblichen Abweichungen kommen. Die Restnutzungsdauer kann sich bei gutem Instandhaltungszustand und sukzessiver Modernisierung gegenüber der genannten Differenzgröße verlängern, bei vernachlässigter Instandhaltung aber genauso auch verringern.[10]

§ 8 ImmoWertV führt hierzu weiter aus:

„Besondere objektspezifische Grundstücksmerkmale wie beispielsweise eine wirtschaftliche Überalterung, ein überdurchschnittlicher Erhaltungszustand, Baumängel oder Bauschäden sowie von den marktüblich erzielbaren Erträgen erheblich abweichende Erträge können, soweit dies dem gewöhnlichen Geschäftsverkehr entspricht, durch marktgerechte Zu- oder Abschläge oder in anderer geeigneter Weise berücksichtigt werden."

3.2 Betrachtung im Rahmen nicht normierter Wertermittlungsverfahren

Angelsächsisches Verfahren (Investment Method)

Auch das angelsächsische Ertragswertverfahren, die Investmentmethode, findet in erster Linie Anwendung bei der Bewertung von Objekten, die unter Renditegesichtspunkten gehandelt werden. Anders als in Deutschland wird nicht zwischen Boden- und Gebäudewert unterschieden. Ferner wird einem Gebäude keine begrenzte Restnutzungsdauer zugeschrieben, sondern bei der Kapitalisierung der Mieteinnahmen im Allgemeinen ein zeitlich unbegrenztes Fortbestehen der Ertragskraft des Bewertungsobjekts zugrunde gelegt.

Im Rahmen der Bewertung werden alle tatsächlich nicht umlagefähigen, also beim Eigentümer verbleibenden, Bewirtschaftungskosten vom Jahresrohertrag auf Basis der tatsächlichen Mieten in Abzug gebracht. Die Höhe des Abzugs hängt dabei also von der jeweiligen Mietvertragsgestaltung ab. Der resultierende Jahresreinertrag wird nun mit dem Vervielfältiger multipliziert, der sich als reziproker Wert der an vergleichbare Marktransaktionen angelehnten Rendite ergibt. Aus dieser Multiplikation ergibt sich schließlich der Kapitalwert des Bewertungsobjekts, der noch um Erwerbskosten zu korrigieren ist. Diese Vergleichsrendite – All Risk Yeald (ARY) – basiert auf tatsächlich erfolgten Transaktionen am betreffenden Teilmarkt und subsummiert Faktoren wie Mietsteigerungspotenzial, Mietausfallwagnis bzw. Investitionsrisiko (also auch evtl. Modernisierungskosten) und die Standortgunst der Immobilie. Insbesondere in Ermangelung einer ausreichenden Zahl vergleichbarer Transaktionen muss bei der Anpassung der Rendite durch Auf- bzw. Abschläge sehr vorsichtig verfahren werden.

10 In Anlehnung an HypZert-Studienbrief „Grundlagen der Wertermittlung", Seiten 103ff, Prof. Dr. J. Piehler, 2006

Barwertverfahren (Discounted Cashflow-Method)

Bei einer Immobilieninvestition erwirbt der Anleger das Recht, die Einkünfte aus dem Objekt für einen bestimmten oder unbestimmten Zeitraum für sich zu vereinnahmen. Es bietet sich also an, bei der Bewertung von komplexeren Anlageobjekten, insbesondere wenn zu erwarten ist, dass diese im Laufe der Jahre bestimmter Nachinvestitionen bedürfen, das Barwertverfahren (Discounted Cashflow Method – DCF-Methode) anzuwenden. Dabei werden die in die Zukunft projizierten, vom Bewertungsobjekt ausgehenden Zahlungsströme zu einem angemessenen Diskontsatz auf den Bewertungsstichtag abgezinst und addiert, um den Barwert der Investition zu erhalten. Hierzu werden die das Objekt betreffenden Ausgaben und Einnahmen über einen bestimmten Zeithorizont, der üblicherweise bei zehn bis zwölf Jahren liegt, zu einem Netto-Zahlungsstrom pro Zeitperiode zusammengefasst. Der Verkaufserlös am Ende des Investitionszeitraums wird als ewige Rente anhand der geschätzten Verkaufsrendite (ARY) und des fortgeschriebenen Mietwertes zum Zeitpunkt der Veräußerung ermittelt und ebenfalls abgezinst. Die für jede Periode prognostizierten Zahlungsströme müssen einzeln in die Zukunft projiziert werden. Dabei können sowohl das Ausmaß, als auch der Zeitpunkt mietvertragsspezifischer, inflationärer, aber auch anderer Einflüsse auf die von der Immobilie ausgehenden Einnahmen und Ausgaben exakt dargestellt werden.[11] Das heißt: Insbesondere auch Kosten für die Modernisierung einer Immobilie können ihrer geschätzten Höhe nach zu einem kalkuliert fixen Zeitpunkt, regelmäßig oder in wiederkehrenden Intervallen berücksichtigt werden. Besonderer Vorteil für einen Investor bei der Betrachtung über die Zahlungsströme ist die modellhafte Darstellung der jeweiligen Einnahmen-Ausgaben-Salden und somit die Möglichkeit, Renditen auf Basis entsprechender Planspiele zu optimieren oder geplante Maßnahmen zu einem möglicherweise günstigen Zeitpunkt ausführen zu können.

Zusammenfassend werden bei der DCF-Methode alle Faktoren, die das Immobilien-Investment betreffen, explizit in die Barwertberechnung eingebracht. So können beispielsweise für Mietsteigerung bzw. Mietanpassung in Abhängigkeit von der Inflation und einer ggf. vertraglichen Wertsicherungsklausel, für Instandhaltungs- und Modernisierungsaufwendungen, für Sanierungsintervalle, für Leerstandsperioden und für Verkaufskonditionen bei Wiederveräußerung etc. Annahmen getroffen werden. Dabei wird der folgende Verfahrensalgorithmus durchlaufen: Ertragsprojektion[12] → Indexierungssimulation[13] → Marktmietprojektion [14] → Cashflow-Profil [15] → Berechnung des Barwertes.[16] Nachfolgende Abbildung skizziert diesbezüglich schematisch den Aufbau der DCF-Methode.

11 In Anlehnung an HypZert-Studienbrief „Bemessung von Marktwerten für Immobilien", Seite 43, Martin J. Brühl BSc (Hons) MRICS, 2004

12 Um die zukünftigen Erträge aus dem Objekt möglichst präzise vorhersagen zu können, werden die einzelnen Komponenten des Cashflow gesondert betrachtet und die sie beeinflussenden Parameter auf der Grundlage sorgfältiger Markteinschätzungen und makroökonomischer Vorhersagen vorausberechnet.

13 Diesbezüglich ist auf die vorliegenden Mietverträge sowie auf die übliche Koppelung der Vertragsmieten an die Entwicklung eines Kostenindexes abzustellen. Die in den jeweiligen Indexierungsklauseln geregelten Anpassungsmechanismen werden somit zur stark wertbeeinflussenden Größe des Cashflow, wobei die Solvenz des Mieters über den Betrachtungszeitraum unterstellt wird.

14 Die Entwicklung der Marktmiete ist nur langfristig durch das allgemeine Preisniveau determiniert. Kurz- und mittelfristig überwiegen die Einflüsse der Angebots-Nachfrage-Situation.

15 Nachdem sowohl die Vertragsmieten als auch die Mietflächen in der zuvor beschriebenen Weise modelliert wurden, ergibt sich das Cashflow-Profil, d.h. die Entwicklung der Zahlungsströme.

16 Zur Berechnung des Barwertes oder des Net Present Value (NPV) der Zahlungsströme bestimmt man einen Diskontierungszinsfuß ausgehend von einer risikofreien Rendite langläufiger Staatsanleihen und einem Risikoaufschlag in Bezug auf objekt- und marktspezifische Risiken.

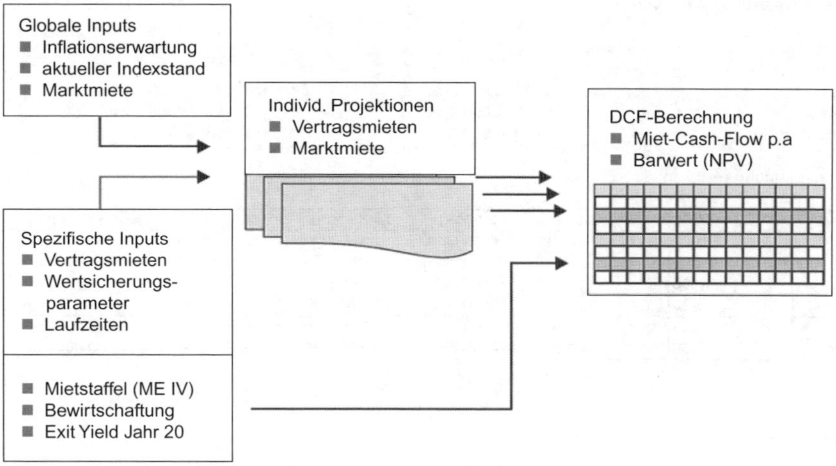

Abb. 1: Aufbau der DCF-Methode, Eingangsgrößen

Üblich ist die Abzinsung des Cashflows zu einem Zinssatz, der die Summe aus den risikofreien Opportunitätskosten des Investors (Verzinsung langläufiger Wertpapiere oder Staatsanleihen) zuzüglich eines Aufschlags für die verhältnismäßig illiquide und mit einer Reihe von spezifischen Risiken behaftete Immobilienanlage (Fungibilitäts- und Risikozuschlag) abbildet. Alternativ wird ein Abzinsungsfaktor (Target Rate) gewählt, der den subjektiven Anlagekriterien des Investors entspricht, schließlich ist dieser ja um eine Vergleichbarkeit des Investments bemüht. Wird also zu einem markt- und objektkonform abgeleiteten oder eben zu einem individuellen Diskontsatz abgezinst, erhält man den Barwert (Net Present Value, NPV). Hieraus ergibt sich beispielhaft folgender Discounted-Cashflow auf Basis einer Tabellenkalkulation.

Discounted Cashflow Analyse

Objekt / Adresse: Bürohaus

Kaufpreis:		162.700.000 EUR	Marktwert:	
Erwerbs-NK:	6,00%	9.762.000 EUR	Rohertragsvervielfältiger:	14,36
Investitionssumme:		172.462.000 EUR	Nettoanfangsrendite:	6,57%

Vermietungssituation (A)

Nutzungen	m² / Stk.	Lage	Ist-Miete	Mietansatz	Rohertrag p. M.	Rohertrag p. a.	Restlaufzeit
Büro	25.000	EG - 29.OG	35,00 EUR	35,00 EUR	875.000 EUR	10.500.000 EUR	10
Lager	2.000	KG	6,00 EUR	6,00 EUR	12.000 EUR	144.000 EUR	10
Technik	1.500	KG	0,00 EUR	0,00 EUR	0 EUR	0 EUR	10
Sonstiges	0	UG	0,00 EUR	0,00 EUR	0 EUR	0 EUR	10
Tiefgarage	550	TG	100,00 EUR	100,00 EUR	55.000 EUR	660.000 EUR	10
Stellplätze	50	EG	50,00 EUR	50,00 EUR	2.500 EUR	30.000 EUR	10
				Rohertrag:	944.500 EUR	11.334.000 EUR	

Vermietungsvariante (B)

Nutzungen	m² / Stk.	Lage	Ist-Miete	Mietansatz	Rohertrag p. M.	Rohertrag p. a.	Restlaufzeit
Büro	25.000	EG - 29.OG	35,00 EUR	0,00 EUR	0 EUR	0 EUR	10
Lager	2.000	KG	6,00 EUR	0,00 EUR	0 EUR	0 EUR	10
Technik	1.500	KG	0,00 EUR	0,00 EUR	0 EUR	0 EUR	10
Sonstiges	0	UG	0,00 EUR	0,00 EUR	0 EUR	0 EUR	10
Tiefgarage	550	TG	100,00 EUR	0,00 EUR	0 EUR	0 EUR	10
Stellplätze	50	EG	50,00 EUR	0,00 EUR	0 EUR	0 EUR	10
				Rohertrag:	0 EUR	0 EUR	

Tab. 1: Tabellenlayout DCF-Berechnungsverfahren, Mietansatz

Discounted Cashflow Analyse

Objekt / Adresse: Bürohaus

Auswahl Mietansatz:
Vermietungssituation A
Vermietungsvariante B

Vermietungssituation im Betrachtungszeitraum über 10 Jahre — A

Nutzungen	m² / Stk.	Laufzeit	1. Jahr	4. Jahr	6. Jahr	10. Jahr
Büro	25.000	10	10.500.000 EUR	11.307.352 EUR	11.879.786 EUR	13.113.061 EUR
Lager	2.000	10	144.000 EUR	155.072 EUR	162.923 EUR	179.836 EUR
Technik	1.500	10	0 EUR	0 EUR	0 EUR	0 EUR
Sonstiges	0	10	0 EUR	0 EUR	0 EUR	0 EUR
Tiefgarage	550	10	660.000 EUR	710.748 EUR	746.729 EUR	824.250 EUR
Stellplätze	50	10	30.000 EUR	32.307 EUR	33.942 EUR	37.466 EUR
Jahresrohertrag			11.334.000 EUR	12.205.478 EUR	12.823.381 EUR	14.154.613 EUR
Mietausfallwagnis (im ARY enthalten)						
Betriebskosten (nicht umlagefähig, je		1,20 EUR	34.200 EUR	36.830 EUR	38.694 EUR	42.711 EUR
Verwaltungskosten (indiziert, je m²)		14,40 EUR	410.400 EUR	441.956 EUR	464.330 EUR	512.533 EUR
Instandhaltung (indiziert, je m²)		17,00 EUR	484.500 EUR	521.754 EUR	548.167 EUR	605.074 EUR
Garagen (Verwaltung+Instandh., je St		85,00 EUR	51.000 EUR	54.921 EUR	57.702 EUR	63.692 EUR
Bewirtschaftungskosten			980.100 EUR	1.055.461 EUR	1.108.893 EUR	1.224.011 EUR
Modernisierung / Revitalisierung			0 EUR	0 EUR	0 EUR	0 EUR
Sonstiges			0 EUR	0 EUR	0 EUR	0 EUR
Nicht regelmäßige Kosten			0 EUR	0 EUR	0 EUR	0 EUR
Jahresreinertrag			10.353.900 EUR	11.150.018 EUR	11.714.487 EUR	12.930.602 EUR
Inflation / Mietsteig.	2,50%					
Ausgangsindex	100,00%		100,00%	107,69%	113,14%	124,89%

Tab. 2: Tabellenlayout DCF-Berechnungsverfahren, Cashflow

Discounted Cashflow Analyse					
Objekt / Adresse:	Bürohaus				
Barwerte im Betrachtungszeitraum über 10 Jahre					
Aktueller Pfandbriefzins:	4,00%				
Zuschlag Fungibilität:	1,75%			Liegenschaftszins	5,75%
Risikozuschlag:	2,00%			Risikozuschlag:	1,25%
Diskontierungszins:	7,75%			All Risk Yield (ARY	7,00%
	1. Jahr	2. Jahr	4. Jahr	6. Jahr	10. Jahr
Cash Flow	10.353.900 EUR	10.612.748 EUR	11.150.018 EUR	11.714.487 EUR	12.930.602 EUR
Diskontierungsfaktor	1,0000	0,9281	0,7994	0,6885	0,5108
Barwert der Cash Flows	10.353.900 EUR	9.849.418 EUR	8.912.996 EUR	8.065.604 EUR	6.604.854 EUR
Diskontierungsfaktor	1,0000	0,9281	0,7994	0,6885	0,5108
Barwert ohne Modern.	10.353.900 EUR	9.849.418 EUR	8.912.996 EUR	8.065.604 EUR	6.604.854 EUR
Investitionssumme:	172.462.000 EUR			Verkaufserlös / Restwert:	184.722.890 EUR
Barwert des Cash Flows:	83.549.553 EUR			Erwerbsnebenkosten:	11.083.373 EUR
				Nettokapitalwert:	173.639.517 EUR
Ergebnis:	-88.912.447 EUR			Nettokapitalwert, diskontiert:	88.693.758 EUR
				Marktwert:	172.200.000 EUR

Tab. 3: Tabellenlayout DCF-Berechnungsverfahren, Barwert

4. Modernisierungskostenansatz bei der Anwendung der DCF-Methode

4.1 Modernisierungsintervalle

Wie bereits oben erläutert, richtet sich die Höhe zu berücksichtigender Modernisierungskosten aus wertermittlungstechnischer Sicht nach den als üblich unterstellten spezifischen Maßnahmen zum jeweiligen Ausführungszeitpunkt und den zugehörigen absoluten Kosten, ob definitiv bekannt oder alternativ kalkuliert, bezogen auf die von der Maßnahme betroffenen Flächen. Eine weitere wesentliche Einflussgröße ist der zeitliche Abstand zwischen den Modernisierungsmaßnahmen, das Modernisierungsintervall. Beides gibt der Markt vor, dem Gutachter obliegt es, innerhalb seiner Wertermittlung mögliche Szenarien, z.B. im Rahmen einer Sensitivitätsanalyse zu beleuchten und das wahrscheinlichste zu unterstellen. Als Basis für eine fundierte Einschätzung kann z.B. das aus der Beleihungswertermittlung entlehnte Modernisierungsrisiko mit objektartbezogenen Vorschlägen für den Ansatz einer Modernisierungsrücklage taugen. Bei Annahme marktüblicher Modernisierungskosten auf Basis der modernisierungsrelevanten Bauwerksanteile kann relativ einfach aus den dort genannten Jahresrücklagen (vgl. Fußnote 1) auf das übliche Modernisierungsintervall geschlossen werden. Es ergibt sich als Verhältnis des Modernisierungsaufwands zur unterstellten Modernisierungsrücklage.

BEISPIEL

Innerstädtisch gelegenes Gebäude, NHK: 1.000 EUR/m² Bruttogrundfläche

→ Modernisierungsrisiko: ca. 2,0 %

→ entspricht 20 EUR/m² BGF p.a. Modernisierungsrücklage;

Anteil der einer Modernisierung unterliegenden Bauwerksanteile: 20 % (Anteil des Gebäudeausbaus entspricht ca. 50 %, davon sind 40 % modernisierungsrelevant)

$M_R = M_K / M_I;$

mit M_R – *Modernisierungsrücklage*

M_K – *Modernisierungskosten und*

M_I – *Modernisierungsintervall*

durch Umformung erhält man:

$M_I = M_K / M_R$

$M_I = [20\ \% \times 1.000\ EUR/m^2] / [2\ \% \times 1.000\ EUR/m^2\ p.a.] = 10\ Jahre$

Das Modernisierungsintervall ergibt sich folglich bei Annahme eines üblichen Modernisierungsrisikos mit 10 Jahren.

Bsp. 1: Schematische Kalkulation von Modernisierungsintervallen

Alle Ansätze und Ergebnisse sind selbstverständlich marktkonform zu plausibilisieren.

Abweichend von obiger, sehr stark theoretisierter und schematisierter Überlegung, wird ein Investor in der Realität die Zeitpunkte für anstehende Modernisierungsmaßnahmen sicher nicht nach fixen Intervallen, sondern im Zusammenhang mit vertraglichen Mietbindungen kalkulieren. Das heißt, er wird sich z.B. nach ggf. auslaufenden Mietverträgen oder angestrebten bzw. durchsetzbaren Mieterhöhungen richten. Der Immobilienbewerter hat die entsprechenden Mietverträge am Bewertungsobjekt im Detail auszuwerten und entsprechend zu berücksichtigen. Er kann dagegen aber lediglich schematisch vorgehen, wenn die Mietverträge z.B. unbefristet vereinbart – also kurzfristig kündbar – sind, was i.d.R. bei den hier beleuchteten Renditeobjekten die Ausnahme sein dürfte.

4.2 Spezifische Modernisierungskosten

Normalerweise wird dem Gutachter kein definiertes Leistungs- und Kostenangebot eines Dritten über die Ausführung von Modernisierungsmaßnahmen vorliegen, schon gar nicht für Maßnahmen, deren Ausführung erst zu späteren Zeitpunkten einzuplanen wäre. Ersatzweise können aktuelle Kostenansätze (Spannen für Einheitspreise), wie sie z.B. regelmäßig vom Baukosten-Informationszentrum (BKI) gesammelt und ausgewertet werden, zugrunde gelegt werden. Pauschalierte Betrachtungen zum erforderlichen Umfang der Modernisierung, wie im obigen Beispiel 1 unternommen, führen fortfolgend zu einem spezifischen Ansatz für Modernisierungskosten, z.B. je m² Nutzfläche:[17]

17 „Das Modernisierungsrisiko in der Wertermittlung unter Berücksichtigung aktueller Markttrends", Seiten 112ff, Ralph Korduan, 2003

BEISPIEL

Eingangsgrößen lt. Kostenkennwerten (Mittelwert):

Herstellungskosten: 1.200 EUR/m² Nutzfläche

a) Anteil Rohbaugewerke: 40,0 % der Herstellungskosten
0,400 x 1.200 EUR/m² = 480 EUR/m²;

b) Anteil Ausbaugewerke: 34,7 % der Herstellungskosten
0,347 x 1.200 EUR/m² = 416 EUR/m²;

c) Anteil technische Gewerke: 25,3 % der Herstellungskosten
0,253 x 1.200 EUR/m² = 304 EUR/m²;

Kalkulation Modernisierungsumfang:

a): ca. 1 % → 0,01 x 480 EUR/m² = 5 EUR/m²;

b): ca. 25 % → 0,25 x 416 EUR/m² = 104 EUR/m²;

c): ca. 15 % → 0,15 x 304 EUR/m² = 46 EUR/m²

Summe Modernisierungskosten: 155 EUR/m²

Modernisierungskosten: 155 EUR/m² / 1.200 EUR/m² = 12,91 %

Bsp. 2: Schematische Kalkulation spezifischer Modernisierungskosten

Eine andere mögliche Herangehensweise erfolgt über die Normalherstellungskosten (NHK 2010), die ggf. bereits bei der Ausweisung eines Sachwertes Einzug in das Gutachten gehalten haben. Vergleichbar zu obigem Prinzip anhand von BKI-Kenndaten, existieren auch auf Basis der NHK 2010 entsprechende Tools, die objektart-/objekttypabhängig die jeweiligen prozentualen Bauwerksanteile ausweisen. Ergänzt man diese um den spezifischen Leistungsbedarf, z.B. für (kalkulierte) Modernisierungen, erhält man als Ergebnis einen absoluten Kostenausweis, der wiederum auf die vorhandene Nutzfläche projizierbar ist (vgl. nachfolgende Tabellen 4[18] und 5). Hierbei ist zu beachten, dass die Kennwerte nach NHK 2010 bereits Anteile für Baunebenkosten enthalten.

18 Kostenkalkulator (hier Teilauszug), als MS Excel basiertes Rechentool vollständig downloadbar unter http://www.korduan-immobiliendienste.de

	Gewerke / Bereiche	Anteil	Bedarf	Kalkulationsgrundlage
GS herrichten und erschließen in % der KG 300 + 400		1,7 %	0 %	0 EUR
000	Sicherheits-, Baustelleneinrichtung incl. 001	2,7 %	0 %	0 EUR
002	Erdarbeiten	1,6 %	0 %	0 EUR
006	Verbau-, Ramm- und Einpressarbeiten incl. 005	0,5 %	0 %	0 EUR
009	Abwasserkanalarbeiten incl. 011	0,2 %	0 %	0 EUR
010	Dränarbeiten	0,1 %	0 %	0 EUR
012	Maurerarbeiten	2,9 %	0 %	0 EUR
013	Betonarbeiten	13,1 %	0 %	0 EUR
014	Natursteinarbeiten, Betonwerksteinarbeiten	1,7 %	0 %	0 EUR
016	Zimmer- und Holzbauerarbeiten	4,3 %	0 %	0 EUR
017	Stahlbauarbeiten	0,8 %	0 %	0 EUR
018	Abdichtungsarbeiten gegen Wasser	0,3 %	0 %	0 EUR
020	Dachdeckungsarbeiten	1,0 %	0 %	0 EUR
021	Dachabdichtungsarbeiten	1,6 %	0 %	0 EUR
022	Klempnerarbeiten	1,0 %	0 %	0 EUR
Rohbau		31,8 %	0 %	0 EUR
023	Putz und Stuckarbeiten, Wärmedämmsysteme	2,0 %	0 %	0 EUR
024	Fliesen- und Plattenarbeiten	1,1 %	0 %	0 EUR
025	Estricharbeiten	1,6 %	0 %	0 EUR
026	Fenster, Außentüren incl. 029, 032	4,7 %	0 %	0 EUR
027	Tischlerarbeiten	6,8 %	0 %	0 EUR
028	Parkett- und Holzpflasterarbeiten	1,1 %	0 %	0 EUR
030	Rolladenarbeiten	1,7 %	0 %	0 EUR
031	Metallbauarbeiten incl. 035	11,9 %	0 %	0 EUR
034	Maler-, Lackierarbeiten incl. 037	1,6 %	0 %	0 EUR
036	Bodenbelagsarbeiten	1,3 %	0 %	0 EUR
038	Vorgehängte hinterlüftete Fassade	1,0 %	0 %	0 EUR
039	Trockenbauarbeiten	5,6 %	0 %	0 EUR
Ausbau		40,4 %	0 %	0 EUR
040	Wärmeerzeuger, zentrale Einrichtungen incl. 041	3,7 %	0 %	0 EUR
042	Gas- und Wasserinstallationsarbeiten incl. 043	0,9 %	0 %	0 EUR
044	Abwasserinstallationsarbeiten – Leitungen	0,6 %	0 %	0 EUR
045	Gas-/Wasser-Einrichtungsgegenst. incl. 046	1,1 %	0 %	0 EUR
047	Dämmarbeiten an betriebstechnischen Anlagen	0,8 %	0 %	0 EUR
049	Feuerlöschanlagen und -geräte	0,3 %	0 %	0 EUR
050	Blitzschutz- und Erdungsanlagen	0,2 %	0 %	0 EUR
052	Mittelspannungsanlagen	0,5 %	0 %	0 EUR
053	Niederspannungsanlagen incl. 054	4,7 %	0 %	0 EUR
055	Ersatzstromversorgungsanlagen incl. 056	0,4 %	0 %	0 EUR
057	Gebäudesystemtechnik	0,0 %	0 %	0 EUR
058	Leuchten und Lampen incl. 059	2,8 %	0 %	0 EUR
060	Elektroakustische Anlagen	0,2 %	0 %	0 EUR
061	Kommunikationsnetze	1,4 %	0 %	0 EUR
063	Gefahrenmeldeanlagen	1,0 %	0 %	0 EUR

	Gewerke / Bereiche	Anteil	Bedarf	Kalkulationsgrundlage
069	Aufzüge	1,1 %	0 %	0 EUR
070	Gebäudeautomation	0,8 %	0 %	0 EUR
075	Raumlufttechnische Anlagen	4,5 %	0 %	0 EUR
Gebäudetechnik		25,0 %	0 %	0 EUR
	Sonstige Leistungsbereiche incl. 008, 033, 051	2,8 %	0 %	0 EUR
Gesamt KG 300 + 400		100,0 %	0 %	0 EUR
Zuschlag / Erschwernis / Kleinmaßnahme etc.			0 %	0 EUR
Außenanlagen in % der KG 300 + 400		6,6 %	0 %	0 EUR
Baunebenkosten in % der KG 300 + 400		17,8 %		0 EUR
			0 %	0 EUR

Tab. 4: Spezifische Bauwerksanteile je nach Objektart und Objekttyp nach BKI-Katalog 2011 (Grobklassifizierung – hier Bürogebäude, hoher Standard – bei Nutzung der Kostenkennwertmethode)

4.3 Auswirkungen von Modernisierungskosten auf den Cashflow

Je nach Umfang und Kostenintensität der Modernisierungsmaßnahmen ergeben sich starke Einflüsse auf den Objekt-Cashflow, der sich aus den Erträgen aus Vermietung speist. In einigen Fällen kann sich dieser dann auch in einen periodenbezogenen negativen Zahlungsstrom wandeln, so dass entsprechende Störungen der Liquidität eintreten und die nachhaltige Bonität des Investors in Anbetracht seiner Zins- und ggf. Tilgungsverpflichtungen vorübergehend negativ beeinflusst wird.

4.4 Diskontierung und Barwertableitung

Die Diskontierung der jeweiligen jährlichen Einnahmen-Ausgaben-Salden erfolgt bei der DCF-Methode nicht über einen Liegenschaftszins, wie ihn das Ertragswertverfahren verwendet. Dieser impliziert, da er von den Gutachterausschüssen für Grundstückswerte per iterativem Berechnungsverfahren aus realen Grundstückstransaktionen (aus den Kaufpreisen von Objekten und den zugehörigen Erträgen aus Mieteinnahmen) abgeleitet wird, die Aufspaltung des Ertrages in Gebäude- und Bodenwert. Diese Aufspaltung erfolgt bei der DCF-Methode gerade nicht, da der Boden hier, analog zur Investmentmethode, unberücksichtigt bleibt und dafür dem Gebäude eine ewige Ertragsfähigkeit zugerechnet wird.

Der zugrunde zu legende Diskontierungszins muss zwar auch vom Markt abgeleitet werden, jedoch ist hier klar auf marktübliche Vergleichstransaktionen und analoge Bewertungsmodi abzustellen. Da diese Ableitung nicht immer einfach sein wird, behilft man sich i. d. R. mit der Herleitung eines zutreffenden Diskontierungszinssatzes auf Basis seiner Bestandteile. Diese sind, wie bereits oben näher ausgeführt, die Summanden Pfandbriefzins (Verzinsung langläufiger Wertpapiere oder Staatsanleihen), Risikoaufschlag (Würdigung spezifischer Risiken) und Fungibilitätszuschlag (Berücksichtigung der verhältnismäßigen Illiquidität einer Immobilienanlage).

Unterstellt man nun für ein Bürogebäude einfacher bis mittlerer Qualität und Ausstattung (vgl. Beispiele 1 und 2) Herstellungskosten mit 1.200 EUR/m² Nutzfläche, so ergibt sich ein kalkulativer Modernisierungsaufwand von 12,91 % bei einem entsprechenden Intervall von zehn Jahren. Die entsprechende Modernisierungsrücklage entspräche bezogen auf die Herstellungskosten des Bürogebäudes 1,12 % (bei einer Realverzinsung von z.B. 4 %[19]), also 13,44 EUR/m² p. a. Unterlässt man im Rahmen der Berechnung einen gesonderten absoluten Ansatz für Modernisierungskosten, z.B. da eine ausreichend genaue Kalkulation nicht möglich ist, muss eine entsprechende Korrektur über den jeweiligen Risikoaufschlag als Bestandteil des Diskontierungszinssatzes erfolgen.[20] Für das eingeführte Beispiel bedeutet dies z.B. eine Erhöhung des ursprünglichen Risikozuschlags, der hier vereinfacht keine zukünftigen Modernisierungskosten berücksichtigen soll, um ca. 0,80 Prozentpunkte. (vgl. nachfolgende Tabelle 5).

Discounted Cashflow Analyse

Objekt / Adresse: Bürohaus

Barwerte im Betrachtungszeitraum über 10 Jahre

Aktueller Pfandbriefzins:	4,00%		
Zuschlag Fungibilität:	1,75%	Liegenschaftszins	5,75%
Risikozuschlag:	2,00%	Risikozuschlag:	1,25%
Zuschlag Modernisierung	0,80%		
Diskontierungszins:	8,55%	All Risk Yield (ARY	7,00%

	1. Jahr	2. Jahr	4. Jahr	6. Jahr	10. Jahr
Cash Flow	10.353.900 EUR	10.612.748 EUR	11.150.018 EUR	11.714.487 EUR	12.930.602 EUR
Diskontierungsfaktor	1,0000	0,9212	0,7818	0,6635	0,4779
Barwert der Cash Flows	10.353.900 EUR	9.776.829 EUR	8.717.382 EUR	7.772.740 EUR	6.179.457 EUR
Diskontierungsfaktor	1,0000	0,9281	0,7994	0,6885	0,5108
Barwert ohne Modern.	10.353.900 EUR	9.849.418 EUR	8.912.996 EUR	8.065.604 EUR	6.604.854 EUR
Differenz	0 EUR	72.589 EUR	195.614 EUR	292.864 EUR	425.397 EUR
Differenz Cashflow					
nicht diskontiert, inflationsber.	0 EUR	76.307 EUR	227.238 EUR	375.952 EUR	666.862 EUR
Mod.-kosten / m² Nfl.	0,00 EUR	3,05 EUR	9,09 EUR	15,04 EUR	26,67 EUR
Mod.-kosten i. M. p.a. / m² Nfl.	13,47 EUR				

Investitionssumme:	172.462.000 EUR	Verkaufserlös / Restwert:	184.722.890 EUR
Barwert des Cash Flows:	81.077.937 EUR	Erwerbsnebenkosten:	11.083.373 EUR
		Nettokapitalwert:	173.639.517 EUR
Ergebnis:	-91.384.063 EUR	Nettokapitalwert, diskontiert:	82.981.278 EUR
		Marktwert:	164.100.000 EUR

Tab. 5: Tabellenlayout DCF-Berechnungsverfahren, Barwert; alternative Berücksichtung des kalkulatorischen Modernisierungsaufwands am Diskontierungszins

19 „Das Modernisierungsrisiko in der Wertermittlung unter Berücksichtigung aktueller Markttrends", Tab. 11, Seite 47, Ralph Korduan, 2003

20 Für die Barwertableitung des Nettokapitalwertes (prognostizierter Verkaufswert) ist innerhalb der angesetzten ARY ein entsprechendes Nachinvestitionsrisiko nach wie vor berücksichtigt und somit bereits enthalten

5. Fazit

Immobilien bedürfen zur Aufrechterhaltung ihrer dauerhaften Ertragsfähigkeit permanent einer Qualitätssicherung in Form von Modernisierungsmaßnahmen. Den erforderlichen Umfang entsprechender Maßnahmen und die sich hieraus ergebenden spezifischen Kosten sowie den zeitlichen Abstand zwischen einzelnen Maßnahmen (Modernisierungsintervall) beeinflusst in entscheidender Weise das jeweilige Marktsegment. Insofern unterliegen gerade Renditeimmobilien einem zunehmend starken Modernisierungsdruck.

Diese Selbstregelung des Marktes in geeigneter Weise zu berücksichtigen ist Aufgabe des Immobiliengutachters, hat er eine Renditeimmobilie zu bewerten. Hierfür hat er verschiedene Möglichkeiten, deren Anwendung jedoch stets marktkonform zu erfolgen hat. Denn eine losgelöste Betrachtung lediglich des Teilaspekts Modernisierung ohne Berücksichtigung dessen Ausstrahlung auf andere Risiken wie z.B. Mietniveau und Restnutzungsdauer kann nur ein falsches oder zumindest angreifbares Ergebnis liefern. Es sind also gleichermaßen Sachverstand und Gespür für den Markt (und seine Entwicklungstendenzen) gefragt, um ein annähernd richtiges Szenario ableiten zu können. Zwar stehen mit den vom Gutachterausschuss für Grundstückswerte veröffentlichten Liegenschaftszinssätzen geeignete Parameter zur Verfügung, die gerade bei den hier betrachteten Renditeimmobilien die (Vorjahres)-Sichtweise des Marktes in Bezug auf einzukalkulierende Nachinvestitionen einpreisen. Jedoch ist es eine der wichtigsten Aufgaben eines jeden Gutachters, die zur Verfügung stehenden Eingangsgrößen zu prüfen und zu plausibilisieren. Das gilt natürlich auch für Aufwendungen für Modernisierung.

Diesbezüglich bietet sich gerade mit der DCF-Methode eine transparente Bewertungsmethodik an, die die entsprechend vom Gutachter als zutreffend für das jeweilige Marktsegment unterstellten Kostenansätze incl. der kalkulierten zeitlichen Abfolge erforderlicher Maßnahmen nachvollziehbar für den Adressaten eines Gutachtens veranschaulichen kann. Alternativ zu solchen Kostenansätzen, die im jeweiligen Jahr der Umsetzung zugehöriger Modernisierungsleistungen den Cashflow belasten und über die Diskontierung ihre Berücksichtigung im Barwert finden, kann auch eine Beachtung in der Gestalt erzielt werden, dass die nicht um entsprechende Kosten modifizierten Cashflows über einen beaufschlagten Diskontierungszins dem analogen Barwert entsprechen können.

Zwar hat sowohl der Diskontierungszinssatz innerhalb der DCF-Methode, als auch die ARY bei Anwendung der angelsächsischen Investmentmethode auch andere immobilienspezifische Risiken zu implizieren, die weniger mit Modernisierung im Zusammenhang stehen, mit Hilfe obiger Betrachtung hat der Gutachter aber zumindest die Möglichkeit, das Teilrisiko Modernisierung etwas fundierter zu quantifizieren. Dies sollte dann auch hinsichtlich einer Plausibilisierung von mehr oder weniger pauschalierten Ansätzen im Rahmen einer ausreichenden Genauigkeit genügen.

IV. Rendite- und Risiko – Ihre Bedeutung für die Verkehrswertermittlung

Prof. Dr. Heinz Rehkugler

Verkehrswerte, Renditen und Risiken sind logisch eng verknüpft. Der Bewertung von Immobilienobjekten oder Immobilienportfolios – zumindest solcher, die zum Zwecke der Ertragsgenerierung beschafft oder gehalten werden – liegt immer eine Vorstellung zu den von den Marktteilnehmern beziehungsweise einem spezifischen Investor erwarteten Renditen auf das eingesetzte Kapital zugrunde. Renditeerwartungen gründen sich wiederum auf Einschätzungen des Investitionsrisikos. In der über die Basisverzinsung hinausgehenden Renditeerwartung kommt zum einen Art und Umfang der vom Investor gesehenen Risiken, zum andern die Höhe der für angemessen gehaltenen Prämien für diese einzugehenden Risiken zum Tragen. Dies gilt für Bewertungen nach dem Vergleichswertverfahren genau so wie für Ableitungen von Ertragswerten nach dem Ertragswertverfahren oder einem Discounted-Cash-Flow Verfahren. Geht es um die Ermittlung von Verkehrswerten, dann sind für die Renditen und Risiken die am „Markt" beobachtbaren Werte anzusetzen. Bei der Berechnung von Entscheidungswerten dagegen kommen zusätzlich die individuellen, für den jeweiligen Investor spezifischen Renditeforderungen, Risikoeinschätzungen, Risikopräferenzen und geforderte Risikoprämien zum Tragen. Das Hauptgewicht der folgenden Ausführungen liegt auf der Frage, welche Möglichkeiten der Berücksichtigung der wertrelevanten Risiken von Immobilien bei der Bewertung dem Sachverständigen zur Verfügung stehen.

1. Rendite

1.1 Renditebegriffe und Renditemaße

Unter Rendite wird das Verhältnis des Gewinns zum eingesetzten Kapital verstanden. Zur Ermittlung von Renditen ist also die Messung der Gewinne und des eingesetzten Kapitals erforderlich. Die beiden Größen können als Brutto- oder Nettowerte definiert werden. Bei Nettowerten werden nicht nur die unmittelbaren Zahlungsströme aus der Immobilienanlage, sondern auch alle zusätzlich entstandenen Einnahmen und Ausgaben, wie Transaktionskosten oder steuerliche Belastungen oder Vorteile, berücksichtigt. Weil die Berechnung von Nettorenditen die Kenntnis vieler fallspezifischer Informationen erfordert, werden oft nur Bruttorenditen betrachtet. Eine einfache, dennoch (oder deswegen) gerne benutzte Renditegröße zur Beurteilung von Immobilieninvestitionen ist die Bruttoanfangsrendite *(Gross Initial Yield)*. Sie wird als Verhältnis der anfänglichen Miete zum Kaufpreis berechnet. Als unmittelbar entscheidungsrelevante Größe zur Beurteilung der Attraktivität eines Objekts beziehungsweise der Angemessenheit eines geforderten Preises vermag sie aus mehreren Gründen nicht zu dienen. Zum ersten vernachlässigt sie, dass Kauf und Betrieb der Immobilie meist noch zusätzliche Ausgaben verursachen. Dies korrigiert die Nettoanfangsrendite *(Net Initial Yield)*. Sie setzt den Nettomietertrag, das heißt den Bruttomietertrag abzüglich nicht umlagefähiger Nebenkosten, Verwaltungskosten und Instandhaltungsrücklagen, ins Verhältnis zum Bruttokaufpreis, sprich dem Kaufpreis plus Kaufnebenkosten:

$$Nettoanfangsrendite = \frac{ME - NK - VK - IR}{KP + KNK}$$

ME - *Mietertrag*
NK - *nicht umlagefähige Nebenkosten*
VK - *Verwaltungskosten*
IR - *Instandhaltungsrücklage*
KP - *Kaufpreis*
KNK - *Kaufnebenkosten*

Zum zweiten berücksichtigen die Brutto- wie die Nettoanfangsrendite nur die aus dem Immobilienobjekt in der ersten Periode zufließenden laufenden Cashflows, nicht aber deren erwartete Änderungen sowie die Renditebeiträge der Wertveränderungen während der Investitionsperiode. Es sollten korrekterweise dann zwei wesentliche Renditequellen identifiziert werden: Vermietungseinkünfte (Cashflows) und die Veränderungen des Immobilienwertes. Die ersten werden periodisch realisiert, in der Regel monatlich oder jährlich, die zweiten aber erst bei der Veräußerung des Objektes. Aus dieser Besonderheit ergibt sich die Möglichkeit der getrennten Betrachtung von Miet- und Wertveränderungsrenditen. Für die Beurteilung der Rentabilität sind jedoch die Gesamtrenditen, die alle mit der Investition verbundene Zahlungen berücksichtigen, relevant.

Die Standardformeln für Periodenrenditen sind folgende:

Mietrendite:

$$R_M^H = \frac{CF_t}{V_{t-1}}$$

Wertveränderungsrendite:

$$R_W^H = \frac{V_t - V_{t-1}}{V_{t-1}}$$

Gesamtrendite:

$$R_G^H = \frac{V_t - V_{t-1} + CF_t}{V_{t-1}}$$

mit: CF_t - *Nettomiete bzw. Netto-Cash-Flow im Zeitpunkt t*
V_t - *Preis bzw. Wert der Immobilie im Zeitpunkt t*

Als Netto-Cashflow aus einer Immobilieninvestition wird in der Regel der *Net Operating Income* (NOI) verwendet. Es stellt die reine Nettomiete nach Abzug aller laufenden Ausgaben dar. Betrachtet wird dabei die Summe aller zwischen den Perioden t und t-1 anfallenden Zahlungen. Um die Berechnungen zu vereinfachen, wird angenommen, dass diese Zahlungen jeweils am Ende der betrachteten Periode anfallen. Als Immobilienwert sollte im Idealfall der Marktwert einer Immobilie angesetzt werden. Da aber kein zentralisierter und standardisierter Immobilienmarkt existiert, ist seine genaue Ermittlung vor der Veräußerung des Objektes meistens extrem schwierig. Deswegen werden anstatt der Marktpreise die Ergebnisse periodischer Bewertungen verwendet. Existieren Schätzungen bzw.

vertragliche Festlegungen der künftigen Mieteinnahmen und der Veräußerungserlöse, dann lässt sich die über die gesamte Haltedauer erzielbare durchschnittliche Periodenrendite mit Hilfe der Methode des Internen Zinsfußes berechnen. Der Grundgedanke des Internen Zinsfußes ist die Ermittlung der Verzinsungsrate, bei der aus dem Anfangskapital genau das gleiche Endkapital wie bei der betrachteten Investition erreicht werden würde. Bei diesem Zinssatz sollte die Summe der Barwerte aller Einzahlungen der Summe der Barwerte aller Auszahlungen gleich sein. Außer den Mietzahlungen und den Werten der Immobilien am Anfang und am Ende der Investition sind natürlich auch die Zahlungen aus dem Kauf und Verkauf von Objekten während der Investition zu berücksichtigen. Der Interne Zinsfuß kann als die Lösung folgender Gleichung ermittelt werden:

$$V_t \frac{1}{(1+R)} + \sum_{j=0}^{v} CF_j \frac{1}{(1+R)^{-t_j}} + \sum_{t=0}^{x} S_j \frac{1}{(1+R)^{-t_j}} = V_{t-1} + \sum_{t=0}^{y} P_j \frac{1}{(1+R)^{-t_j}} + \sum_{t=0}^{z} I_j \frac{1}{(1+R)^{-t_j}}$$

mit: t_j - *Zeitpunkt der Zahlung j (zwischen t-1 und t),*
v, x, y, z - *Anzahl der Zahlungen von gegebener Art,*
S - *Mittelfluss aus Verkauf von Grundstücken,*
P - *Mittelfluss aus Kauf von Grundstücken,*
I - *Nettomittelfluss aus werterhöhenden Investitionen.*

Die in der Berechnung des Internen Zinsfußes eingebaute Prämisse der Wiederanlage von während der Laufzeit freigesetzten Beträgen zu dem noch unbekannten Internen Zinsfuß ist aber nicht korrekt und kann, wenn solche Ergebnisse Grundlage von Anlageempfehlungen für Dritte sind, zu Haftungsproblemen führen. Die korrektere Variante ist, für frei werdende Mittel einen am Markt tatsächlich erzielbaren Anlagezins anzusetzen.[1]

Wird der Verkehrswert einer Immobilie mit Hilfe des Ertragswertverfahrens ermittelt, dann kommt ein Liegenschaftszins zum Ansatz, der große Verwandtschaft mit den vorhin als anfängliche Brutto- und Nettomietrenditen bezeichneten Größen aufweist. Aus Transaktionen möglichst vergleichbarer Immobilienobjekte wird abgeleitet, welches Vielfache der anfänglichen Nettomieterträge (Reinerträge) typischerweise aktuell als Kaufpreis bezahlt worden ist. Er kann als die Zeit in Mietperioden interpretiert werden, in der der Kaufpreis mit den Mietzahlungen nominal beglichen wird. Der Kehrwert dieser also vom Marktgeschehen abgeleiteten Größe ist der Liegenschaftszins. Es wäre nun allerdings (zumindest in den meisten Fällen) unzutreffend, den Liegenschaftszins als durchschnittlich vom Markt geforderte, erwartete oder akzeptierte Investitionsrendite zu interpretieren. Es bedarf vielmehr einer Dekomposition des Liegenschaftszinses. Er enthält zum einen in der Tat den geforderten Zins inklusive einer Kompensation für das vom Investor zu tragende Risiko. Zum andern kommen aber auch die vom Markt erwarteten Veränderungen der Zählergröße, also der Reinerträge, über die gesamte Nutzungsdauer der Immobilie zum Ausdruck.

Wird der Immobilienwert dagegen mittels eines DCF-Verfahrens ermittelt, bei dem typischerweise erwartete Entwicklungen der Nettomieterträge und der Veräußerungserlöse explizit als Zählergröße erfasst werden, dann repräsentiert der Diskontierungszinssatz nur die risikoadjustierte Renditeforderung auf das eingesetzte Kapital. Erzielbare Renditen

1 vgl. hierzu z.B. Rehkugler (2007), S. 56 ff.

sind immer in Relation zu anderen Anlagemöglichkeiten und zum einzugehenden Risiko zu beurteilen. Für ersteres bedarf es einer korrekten Benchmark, für das zweite einer korrekten Einschätzung und Messung der Risiken und der dafür vom Markt zu erwartenden Prämien.

1.2 Benchmarks für Immobilienrenditen: Immobilienindices

Eine brauchbare und auch übliche Vorgehensweise, erzielbare beziehungsweise für vergangene Perioden erzielte Renditen auf ihre Angemessenheit zu prüfen, ist ein Vergleich mit Renditen, die durchschnittlich für vergleichbare Objekte auf vergleichbaren Märkten erzielt worden sind. Solche Vergleichsgrößen liefern Immobilien(markt)indices. Entsprechend der Datenbasis für die Erfassung von Wertentwicklungen lassen sich transaktions-, bewertungs- und aktienbasierte Immobilienindices unterscheiden[2].

Der logisch am nächsten liegende Indextyp sind **transaktionsbasierte Indices.** Denn sie berücksichtigen explizit die gezahlten Preise von in einem gegebenen Zeitraum durchgeführten Immobilienveräußerungen. Die Ermittlung des Immobilienpreisniveaus kann bei transaktionsbasierten Indizes auf unterschiedliche Weise durchgeführt werden. Es können einfache Durchschnittspreise berechnet werden. Das größte Problem liegt hierbei zumeist in der Heterogenität der Objekte mit der Folge, dass die Zahl der für einen bestimmten Typ, eine Größe und Lage von Immobilien beobachteten Transaktionsfälle zu klein ist. Es ist dann kaum möglich, erfasste Preisveränderungen bei den beobachteten Transaktionsfällen danach zu trennen, ob sie auf tatsächlichen Markteinflüssen beruhen (also wirklich eine Wertverschiebung repräsentieren) oder nur auf einen nicht korrekten Vergleich unterschiedlicher Immobilien zurückzuführen sind.

Eine Lösung, die dieses Problem vermeiden will, ist die ausschließliche Erfassung der Immobilien, die im betrachteten Zeitraum mindestens zweimal veräußert wurden (*Repeat Sales Index*). Eine Voraussetzung für die Vergleichbarkeit der Preise ist jedoch auch hier, dass keine Änderungen am Objekt vorgenommen wurden. Zudem ist hier das Problem, eine genügend große Zahl von Vergleichsfällen zu finden, sehr groß, so dass die Methode nur in Metropolen zum Einsatz kommen kann.

Immer häufiger werden inzwischen, vor allem von Immobilienportalen wie ImmoScout, auf den Angebotspreisen der in den Portalen angepriesenen Immobilien basierende Indizes berechnet. Sie sind im strengen Sinn nicht transaktionsbasiert, da ja nicht der tatsächlich realisierte, sondern der geforderte Kaufpreis zugrunde liegt. Da bei Indices aber vor allem die Veränderung zu Vorperioden interessiert, bilden sie die Entwicklung des relevanten Teilmarktes häufig ebenfalls recht gut ab. Ihr Hauptvorteil liegt in der großen und sehr aktuellen Datenmenge und in den vielen Faktoren der Immobilienqualität, die mit erfasst werden (allerdings ohne Kontrolle). Dies erlaubt differenzierte Auswertungen.

Einen eleganten Weg, das Problem der Vergleichbarkeit von Transaktionen heterogener Immobilien in Indices zu bewältigen, bieten **Hedonische Indices**. Die Berechnung der Indexwerte erfolgt hier indirekt über ein Modell, das die beobachteten Immobilienpreise auf die Merkmale der Objekte zurückführt. Es wird unterstellt, dass der Gesamtwert der Immobilie sich aus der Summe der Werte seiner einzelnen Merkmale zusammensetzt. Hierzu werden also für ein repräsentatives Set von Immobilien (einer Stadt/Region) die

2 Umfangreich zur Konstruktion von Immobilienindizes vgl. Thomas (1997), S. 44 ff.

Preise und die Merkmalsausprägungen benötigt. Mit Hilfe einer Mehrfachregression werden die Koeffizienten der Merkmale geschätzt. Auf der Basis des so entwickelten Modells lassen sich dann in Abhängigkeit ihrer Merkmalsausprägungen die Transaktionspreise von Immobilien unterschiedlicher Lage, Größe und Qualität quasi „normieren" und so vergleichbar machen. Dieser Weg der Berechnung von tranaktionsbasierten oder angebotspreisbasierten Indices hat sich heute zunehmend durchgesetzt.

Bewertungsbasierte Indices (*appraisal-based Indexes*) basieren auf regelmäßigen Bewertungen eines stabilen Immobilienbestandes, der meist aus Portfolios ausgewählter großer institutioneller Anleger besteht. Weil die gleichen Objekte über eine längere Zeit beobachtet werden, können ihren Werten die entsprechenden Mietzahlungen zugeordnet werden und so die genauen Gesamtrenditen und Liegenschaftszinsen berechnet werden. Die bewertungsbasierten Indices sind jedoch mit einem gewichtigen Problem behaftet: der Qualität der Bewertung. Es ist eben nicht gewährleistet, dass die von Sachverständigen ermittelten Immobilienwerte die Entwicklung der Transaktionspreise angemessen widerspiegeln. Insbesondere lässt sich in allen Ländern ein Glättungseffekt (Smoothing) beobachten. Die Schwankungen der Bewertungszeitreihen sind dann geringer als die der Marktpreise. Daher wird bei Verwendung von bewertungsbasierten Indices das Immobilienrisiko regelmäßig unterschätzt. Für die Korrektur dieser Verzerrung wurden mehrere "Entglättungstechniken" entwickelt. Damit kann die Qualität der Indices wesentlich erhöht werden.

Immobilienaktienbasierte Indices beruhen auf den Kursen der an Börsen gehandelten Immobilien-Aktiengesellschaften. Ihre Repräsentanz für die Entwicklung des Immobilienmarktes und damit ihre Eignung als Benchmark ist jedoch stark umstritten, weil die Kurse der Immobilienaktien auch stark von der allgemeinen Aktienkursentwicklung tangiert und getrieben sind, also nicht ausschließlich die Entwicklung auf dem Immobiliensektor repräsentieren. In der immobilienwirtschaftlichen Praxis haben sich inzwischen weltweit, trotz vielfältiger Kritik an ihrer oft nicht ausreichenden Repräsentativität, weitgehend die bewertungsbasierten Indices durchgesetzt. Zu denen gehören zum Beispiel der NCREIF Index für die USA und eine große Reihe von IPD Indices für zahlreiche Länder der Welt, zu denen unter anderem für Deutschland der DIX zählt. Sie basieren zumeist auf großen Immobilienbeständen institutioneller Investoren. Ihre Datendichte ist zum einen durch die (geringe) Häufigkeit der Bewertung beschränkt. Zum andern zeigt sich eine Schwäche gerade für die Nutzung als Benchmark für Spezialimmobilien: für diese sind die Indexentwicklungen kaum repräsentativ, weil sie in der erfassten Grundgesamtheit wenig vertreten sind.

2. Risiko

Das Risiko stellt die zweite Dimension der Beurteilung von Immobilieninvestments dar, ist jedoch wesentlich schwieriger zu erfassen. Sowohl die genaue Definition dieses Begriffs als auch die Wahl der richtigen Messmethode bereiten erhebliche Schwierigkeiten. Bei der Bewertung von Immobilien besteht zum einen das Risiko, dass der Bewerter fehlerhaft arbeitet, also fahrlässig oder aufgrund fehlender Qualifikation und Marktkenntnis falsche Daten oder ungeeignete Methoden benutzt, die die tatsächliche Situation beziehungsweise die Einschätzung des Marktes nicht korrekt abbilden. Zum andern – und nur um diese Art von Risiko kann es hier im weiteren gehen – steht der Sachverständige in den meisten Fällen vor der Unsicherheit, ob die tatsächliche Entwicklung der Mieteinnahmen, Bewirtschaftungskosten, der Nutzungsdauer oder des Liegenschaftszinses von der vom Markt und dem Sachverständigen erwarteten und in die Bewertung einfließenden Entwicklung (negativ) abweicht. In der Immobilienwirtschaft wird das Risiko vor allem qualitativ, durch verbale Beschreibung der mit der Investition verbundenen Gefahren, dargestellt und erfasst. Für unterschiedliche Aspekte werden dabei unterschiedliche Ansätze verwendet. Spezielle quantitative Kennzahlen, die das gesamte Risiko erfassen, wie wir sie aus der Finanzwirtschaft kennen, werden relativ selten verwendet. Im Weiteren sollen Risikobegriffe und Risikoverständnisse erläutert und aufgezeigt werden, wie das Risiko generell in der Immobilienbewertung erfasst werden kann. Anschließend wird diskutiert, welche Risikoarten bei Immobilienbewertungen überhaupt zu berücksichtigen sind und wie die Höhe der vom Markt hierfür gezahlten Risikoprämie bestimmt werden könnte. Hinweise auf spezifische Risiken von Spezialimmobilien runden die Aussagen ab.

2.1 Risikobegriffe und Risikoverständnisse

Das Risiko kann generell als Unsicherheit über die Entscheidungssituation (Risiko im weiten Sinne) oder nur als eine möglicherweise eintretende messbare Abweichung von geplanten oder durchschnittlichen Größen (Risiko im engeren Sinne) definiert werden. In der Finanzwirtschaft wird gemeinhin nur die zweite Bedeutung verwendet, um das Risiko mittels einer Zahl ausdrücken zu können. Welche Messmethode dabei angewendet wird, hängt vor allem vom individuellen Risikoverständnis ab. Nach dem symmetrischen, schwankungsbasierten Risikoverständnis misst das Risiko jede Abweichung vom Plan, bei Investitionen also die Verfehlung der Zielrendite. Es ist dann unwichtig, ob sie unter- oder überschritten wurde. Beim asymmetrischen Risikoverständnis beschränkt sich das Risiko auf eine negative Entwicklung. Nur die Unterschreitung einer bestimmten Ziel- oder Mindestrendite ist in diesem Fall relevant. Diese Sichtweise entspricht besser dem intuitiven Risikoverständnis der meisten Anleger, die zwar Risiken vermeiden möchten, aber nicht die Chancen. Mehrere Werte können dabei sinnvoll als Zielrenditen eingesetzt werden. Die Verwendung der Null-Rendite würde das Streben nach nominaler Werterhaltung, die Verwendung der Inflationsrate das Streben nach der realen Werterhaltung bedeuten. Die im Folgenden vorgestellten statistischen Kennzahlen lassen sich leicht diesen unterschiedlichen Risikoverständnissen zuordnen.[3]

Volatilität

Die Volatilität ist das meist verwendete schwankungsbasierte Maß zu Messung von Marktrisiken. Die Grundlage der Berechnung stellen in der Regel Indexreihen für die einzelnen Immobilienteilmärkte dar. Sie wird mit der Standardabweichung gemessen, die als Quadratwurzel aus der Summe der quadrierten Abweichungen der Renditen vom Mittelwert definiert wird. Die Formel zu Berechnung der Standardabweichung ist folgende:

$$\hat{\sigma} = \sqrt{\frac{1}{n-1}\sum_{i=1}^{n}\left(R_i - \overline{R}\right)^2}$$

mit: n *- Anzahl der Perioden*
R_i *- Rendite der Anlage i*
$\overline{R}$ *- durchschnittliche Rendite*

3 Vgl. zum folgenden Rehkugler/Jandura/Morawski (2005), ähnlich Gondring (2007), S. 5 ff.

Eine hohe Volatilität bedeutet, dass die Renditen stark streuen und dass es wahrscheinlich ist, dass die realisierten Renditen sowohl höher als auch geringer als erwartet ausfallen. Eine besondere Interpretation dieser Kennzahl ist möglich, wenn die Renditen normalverteilt sind, das heißt, wenn die Wahrscheinlichkeiten der einzelnen möglichen Renditenwerte durch die Gauss'sche Kurve beschrieben wird. Diese Verteilung wird vollständig durch den erwarteten Wert (μ) und die Standardabweichung (σ) der Renditen definiert. Von besonderer Bedeutung ist zudem die Symmetrieeigenschaft der Normalverteilung: Beträgt beispielsweise die durchschnittliche stetige Rendite einer Kapitalanlage 7,5 Prozent, so besitzt eine Rendite von 7,5 % + 3% = 10,5 % die gleiche Eintretenswahrscheinlichkeit wie eine Rendite von 7,5 % – 3 % = 4,5 %, das heißt Abweichungen von der durchschnittlichen Rendite oberhalb des Mittelwertes sind genauso wahrscheinlich wie Abweichungen der Rendite unterhalb des Mittelwertes. Anhand der Fläche unter der Normalverteilungskurve kann darüber hinaus die Wahrscheinlichkeit bestimmt werden, mit welcher eine bestimmte Rendite übertroffen oder unterschritten wird. Wie Abb. 1 zeigt, können im Bereich einer Abweichung von einer Standardabweichung ca. 68 % aller Ergebnisse erwartet werden. Werte mit einer Abweichung von mehr als drei Standardabweichungen sollten nur in ca. 0,3 % aller Fälle auftreten.

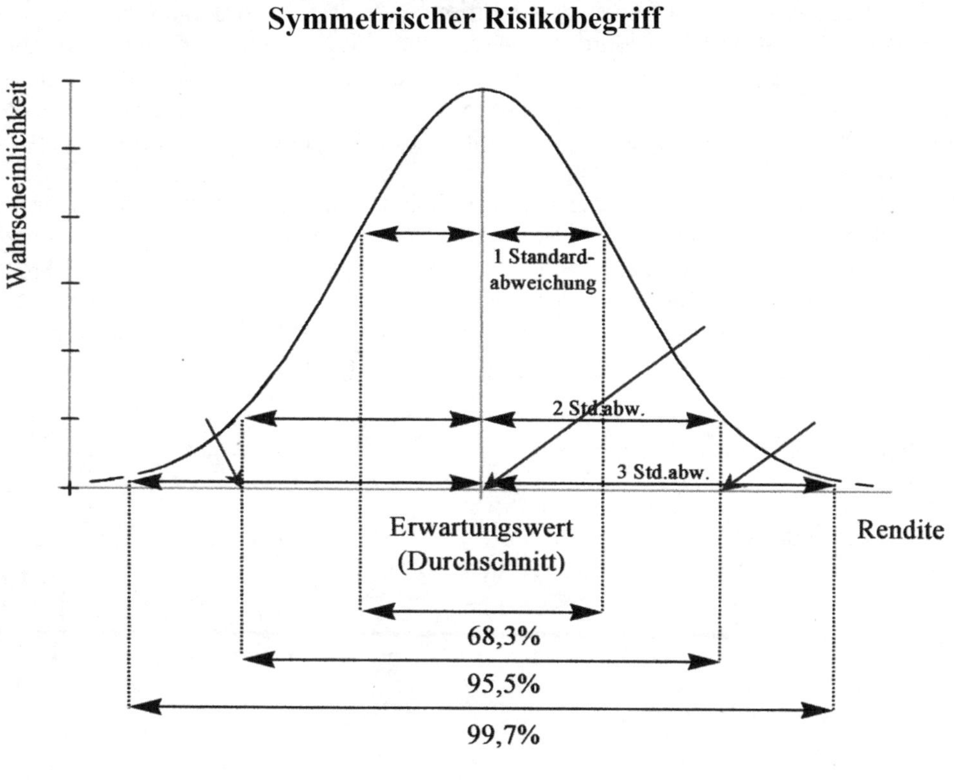

Abb. 1: Volatilität bei Normalverteilung der Renditen

Die Nutzung der Volatilität als Risikomaß ist jedoch nicht immer unproblematisch. Sie wird meist anhand von historischen Daten berechnet. Das Investitionsrisiko bezieht sich jedoch auf die Zukunft. Bei der Nutzung der historischen Volatilität wird unterstellt, dass sie im Zeitverlauf weitgehend stabil bleibt und deswegen auch eine gute Prognose für die Zukunft darstellt. Für Immobilien deuten einige empirische Studien jedoch auf eine instabile Volatilität hin.[4]

Ausfallwahrscheinlichkeit

Es wurde bereits darauf hingewiesen, dass Personen Risiko häufig nur als negative Abweichung von einem erwarteten Wert empfinden. Dieser Sichtweise entsprechen die schon erwähnten asymmetrischen Risikomaße. Normalerweise sollten die Schwankungen nach unten und nach oben längerfristig im Gleichgewicht bleiben. Es spielt dann keine Rolle, ob man ein symmetrisches oder ein asymmetrisches Risikomaß verwendet, in beiden Fällen sind die Relationen der betrachteten Anlagen bezüglich deren Risiko gleich. Wenn aber die Schwankungen in eine Richtung überwiegen, kann die Verwendung von symmetrischen Risikomaßen zu Unter- beziehungsweise Überschätzung des Risikos führen. Einige empirische Untersuchungen der Renditen von direkten Immobilieninvestitionen deuten darauf hin, dass sie eher asymmetrisch verteilt sind und häufiger unter dem erwarteten Wert liegen.[5] Dies würde bedeuten, dass die asymmetrischen Risikomaße für diese Anlagen besser geeignet sind. Zu den asymmetrischen Risikomaßen gehört die Ausfallwahrscheinlichkeit (*shortfall probability*). Sie liefert die Wahrscheinlichkeit, dass eine bestimmte Mindestrendite unterschritten wird. Eine Ausfallwahrscheinlichkeit von zwei Prozent bei einer Mindestrendite von fünf Prozent bedeutet also, dass die Rentabilität der betrachteten Investition nur in zwei von 100 Fällen unter fünf Prozent fällt. Wenn die Null-Mindestrendite gewählt wird und die Ausfallwahrscheinlichkeit von 0,1 Prozent ermittelt wird, heißt es, dass bei der Investition ein nominaler Verlust nur mit 0,1 Prozent Wahrscheinlichkeit eintreten kann. Meistens wird diese Kennzahl anhand von historischen Daten geschätzt. Nach der Bestimmung der Parameter und und der Festlegung der Mindestrendite R_{Min} wird sie anhand folgender Formel ermittelt.

$$\text{Ausfallwahrscheinlichkeit} = \Phi\left(\frac{R_{Min} - \mu}{\sigma}\right)$$

mit: $\Phi(.)$ Funktion der Standardnormalverteilung. Sie kann auch als die Fläche unter der Verteilungsfunktion links von R_{Min} interpretiert werden.

4 Vgl. Young/Graff (1995).
5 Vgl. Wüstefeld (2000), S. 68 ff.

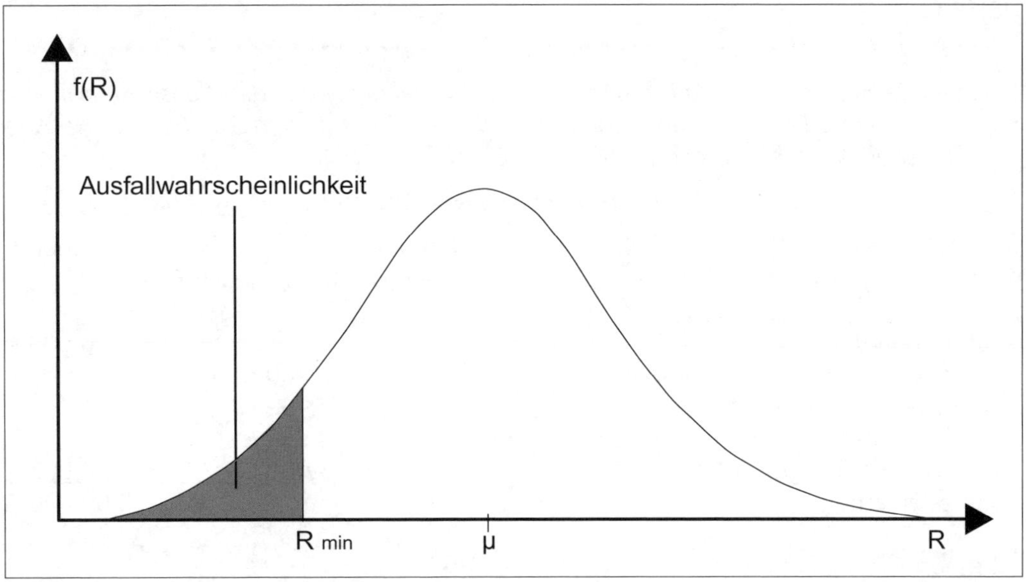

Abb. 2: Ausfallwahrscheinlichkeit

Ein Nachteil der Ausfallwahrscheinlichkeit als Risikomaß ist, dass nur die Wahrscheinlichkeit des Verlustes berücksichtigt wird, nicht aber der Umfang der Unterschreitung und/ oder der daraus entstehende Schaden. Dieses Problem kann durch die Verwendung anderer asymmetrischer Risikomaße (z.B. der Semivarianz oder der Lower Partial Moments) vermieden werden.

Varianten des Umgangs mit Risiken in der Bewertung

Wie kann der Sachverständige grundsätzlich mit dem Risiko umgehen, dass die tatsächliche Entwicklung der Mieteinnahmen, Bewirtschaftungskosten, der Nutzungsdauer oder des Liegenschaftszinses von der vom Markt und ihm erwarteten und in die Bewertung einfließenden Entwicklung abweicht?

Simulationen und Sensitivitätsanalysen

Wenn die künftige Entwicklung der Immobilie nicht eindeutig ist, sondern abhängig von markt- und objektspezifischen Faktoren unterschiedlich verlaufen kann, dann läge es nahe, dies auch in einem mehrwertigen Ergebnis des Bewertungsprozesses zum Ausdruck zu bringen. Die Risiken sollten also in ihrem Ausmaß und ihrer potentiellen Ergebniswirkung möglichst klar aufgezeigt werden. Dies geschieht am besten durch den Einsatz von Sensitivitäts- und Risikoanalysen, die für viele Sachverständige gängige Praxis sind und neuerdings auch verstärkt in der angelsächsischen Literatur zur Darstellung des Risikos vorgeschlagen werden.[6]

6 Vgl. z.B. Simon (2004); French/Gabrielli (2005); Slade (2006)

BEISPIEL

Ein einfaches Beispiel (Abb. 3) möge die Vorgehensweise der Sensitivitätsanalyse demonstrieren. Bei einem angenommenen Jahresreinertrag von 200.000 € errechnet sich hier ein Verkehrswert von 3.020.000 €.

Sensitivitätsanalyse Beispiel

Jahresrohertrag 230.000 €		Bodenwert	600.000 €
Restnutzungsdauer 60 Jahre		Liegenschaftszinssatz 6,5 %	

Jahresrohertrag		230.000 €
Verwaltungskosten 1.900 m² × 3,00 €/m²	- 5.700 €	
Nicht umlegbare Betriebskosten	- 3.150 €	
Instandhaltungskosten 1.900 m² × 7,50 €/m²	- 14.250 €	
Mietausfallwagnis 3,0 %	- 6.900 €	- 30.000 €
Jahresreinertrag		200.000 €
Ertragswert der baulichen Anlagen		
(n=60, i=6,5 % V= 15,03): 161.000 € × 15,03		2.419.830 €
Bodenwert		600.000 €
Verkehrswert rd.		3.020.000 €

Abb. 3: Sensitivitätsanalyse: Ausgangsbeispiel

Wird nun der Reinertrag als unsicher angenommen und sukzessive variiert, dann zeigen sich die in Abb. 4 dargestellten Veränderungen des Verkehrswerts.

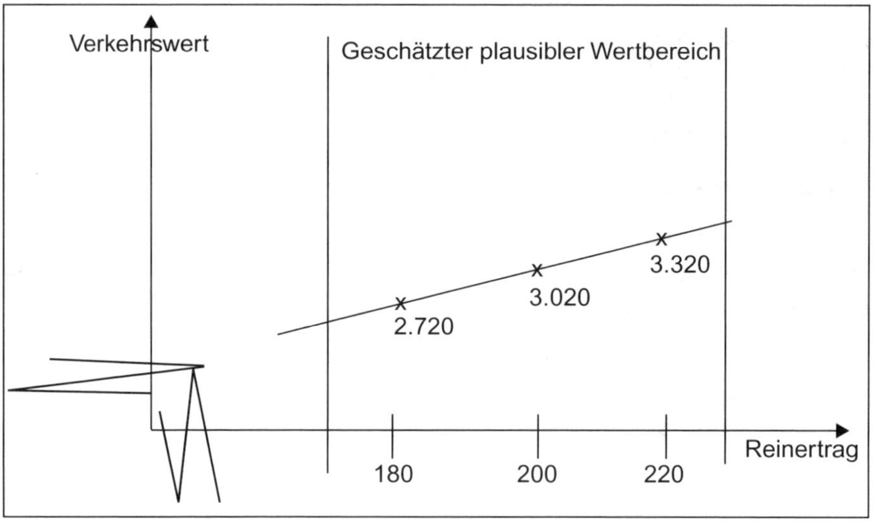

Abb. 4: Sensitivitätsanalyse, Variation des Reinertrags

Wie leicht nachvollziehbar ist, lässt die Sensitivitätsanalyse zwar die mögliche Streubreite der angemessenen Marktwerte bei isolierter Variation eines oder gemeinsamer Variation mehrerer Parameterwerte erkennen und vermittelt damit einen guten Eindruck der Fehlbewertungsrisiken. Allerdings fließt das Risiko nicht unmittelbar in die Bewertung ein.

Sicherheitsäquivalente

Der Ausweis von Bandbreiten möglicher Werte ist zwar durchaus informativ. Der Markt (die Investoren) und auch das Gesetz verlangen allerdings letztlich die Festlegung auf einen bestimmten Wert, den Verkehrswert. Nun könnte man, zumindest auf einer theoretischen Basis, mit Hilfe von Nutzenindifferenzfunktionen den Wert jeder unsicheren Investition auf einen sicheren Wert zurückführen, der den gleichen Nutzen verspricht. Dieser sichere, nutzenidentische Wert wird als Sicherheitsäquivalent bezeichnet. Die vermutete Verteilung der Werte bei Eintritt denkbarer Umweltsituationen wird also durch den Ansatz der Sicherheitsäquivalente durch jeweils einwertige Rechnungsgrößen ersetzt. Hierzu müssten also die unsicheren Inputparameter (jährliche Einzahlungen, jährliche Auszahlungen, Veräußerungserlöse) direkt in ihre Sicherheitsäquivalente umgerechnet werden. Dies führt selbstverständlich dann auch zu einwertigen Kapitalwerten, die unmittelbar miteinander verglichen und nach ihrer Rangfolge sortiert werden können.

In der praktischen Anwendung besteht das Problem, die Sicherheitsäquivalente adäquat zu bestimmen. Die Entscheidungsträger tun sich in aller Regel schwer, nutzenidentische sichere Werte für unsichere Verteilungen von Parametern zu benennen. Vor allem muss auch darauf geachtet werden, dass das gewählte Sicherheitsäquivalent nicht unter dem Wert liegen kann, der bei der schlechtest möglichen Situation zu erwarten ist. Gegenüber einer expliziten Risikoanalyse bleibt der Nachteil, dass die Gesamtstruktur des Risikos nicht mehr erkennbar ist und dass vor allem das Zusammenspiel der Parameter und mögliche gemeinsame Abhängigkeiten von bestimmten Umweltsituationen nicht erfasst werden können.

Risikoaufschlag im Diskontierungszinsfuß

Die gleiche korrigierende Wirkung auf den Kapitalwert einer Investition wie beim Ansatz von Sicherheitsäquivalenten lässt sich erzielen, wenn man statt der Zahlungsströme (also der Zählergröße in der Bewertungsformel) die Nennergröße, also den Kalkulationszinsfuß, gemäß dem Investitionsrisiko adjustiert. Der weltweit meist gewählte Weg, das Risiko explizit bei der Bewertung und im Wertansatz zu berücksichtigen, ist in der Tat die Wahl eines Risikozuschlags im Diskontierungs-/Liegenschaftszins, also der Ansatz eines risikoadjustierten Zinssatzes. Aber das gilt nur, wenn sichergestellt ist, dass die Korrektur im Liegenschaftszins im Ergebnis gleichwertig ist wie der Ansatz des Sicherheitsäquivalents im Zähler, das Risiko also entsprechend dem vom Markt eingeschätzten Nutzenverlust erfasst. Damit der Risikozuschlag z auf den Kalkulationszinsfuß r dem Sicherheitsäquivalent in der Ergebniswirkung gleichwertig ist, muss folgende Bedingung gelten:

$$KW_{korr} = \frac{Sicherheitsäquivalent}{r} = \frac{\mu}{r+z}$$

Daraus folgt für die angemessene Höhe des Risikozuschlags z:

$$z = \left(\frac{\mu}{Sicherheitsäquivalent} - 1 \right) \cdot r$$

Bei der beschriebenen Vorgehensweise wird der Risikoaufschlag auf den Kalkulationszinsfuß also subjektiv, entsprechend der Risikopräferenz des Entscheidungsträgers festgelegt, die im Sicherheitsäquivalent ihren Ausdruck findet. Folglich unterliegt sie auch den gleichen theoretischen und praktischen Problemen wie die Ableitung von Sicherheitsäquivalenten. Ein alternativer und hilfreicher Weg, den Risikoaufschlag auf den Zinsfuß zu bestimmen, ist, nicht vom subjektiven Risikoempfinden des Bewerters oder des Investors auszugehen, sondern die Risikoeinschätzung des Marktes zugrunde zu legen. Die Einschätzungen des „Marktes", also aller anderen Investoren, ersetzen die subjektive Einschätzung der Risikopräferenz und führen zu einer gleichsam objektiven Bestimmung angemessener Risikoprämien. Eben diese Konzeption liegt der Ermittlung von Verkehrswerten nach dem Ertragswertverfahren zugrunde. Danach preist idealtypisch der Markt die Ertragsrisiken ökonomisch sinnvoll und korrekt in die Mietmultiplikatoren und damit in den Liegenschaftszins ein. Der Sachverständige tut damit gut daran, auf eigene Schätzungen möglicher künftiger Entwicklungen zu verzichten. Die Herausforderung des Sachverständigen (und damit sein Fehlerpotential) besteht darin, den für das jeweilige Objekt angemessenen, das heißt vom Markt geforderten Risikoaufschlag zu bestimmen. Er ist zum einen davon abhängig, welche Risiken mit einem spezifischen Objekt verbunden sind, und zum andern, welche Prämie der Markt für die Übernahme dieser Risiken bezahlt.

Risikoarten

Um eine strukturierte Analyse von Risiken zu ermöglichen, gilt es zuerst, die einzelnen Facetten und Einflussgrößen des Immobilien(bewertungs)risikos zu systematisieren. Bisher hat sich allerdings in der Wissenschaft wie in der immobilienwirtschaftlichen Praxis keine einheitliche Klassifikation von Risiken durchgesetzt. So gliedert Wüstefeld (2000) nach den Phasen im Lebenszyklus eines Immobilienobjekts.[7] Eine häufig benutzte Klassifikation, die auch den Konzepten des Immobilienratings von HVB[8] und FERI[9] zugrunde liegt, trennt in Risikoquellen des Marktes, des Standorts und des Objekts. Verschiedentlich, so auch bei Münchehofe/Springer (2004a), werden die markt- und standortbedingten Risiken als objektunabhängige Risiken zusammengefasst. Eine mögliche Klassifikation der Marktrisiken kann auf der Unterscheidung zwischen mietenbedingten und wertbedingten Risiken basieren. Folgende Risikoarten können dann identifiziert werden:

- **Mietniveaurisiko** – das Risiko, das mit der Änderung des Mietniveaus verbunden ist;
- **Nichtvermietungsrisiko** – das Risiko, dass das Angebot von Mietflächen die Nachfrage überschreitet und dadurch mit Leerständen zu rechnen ist;
- **Kreditrisiko** – das Risiko, das sich aus den möglichen Mietausfällen ergibt;
- **Wertveränderungsrisiko** – das Risiko, das mit der Änderung der Immobilienpreise verbunden ist;
- **Liquiditätsrisiko** – das Risiko, dass eine Immobilie nicht schnell zum Marktpreis erworben oder veräußert werden kann, sowie das Risiko, dass Mietensätze nicht schnell an das Marktniveau angepasst werden können.

7 Zu anderen Gliederungskonzepten vgl. z.B. Maier (2004), S. 83; Trotha (2003), S. 129 ff.
8 Vgl. Trotz (2004)
9 Vgl. Knepel (2005)

Viele dieser Teilrisiken können noch weiter unterteilt werden. Vor allem die Wertrisiken lassen sich auf spezifische Wertbestimmungsfaktoren zurückführen. Demnach können Inflationsrisiken, wie Wertminderungen infolge unerwarteter Inflation, Zinsrisiken, Einfluss der Zinsniveauänderungen auf die Immobilienpreise, oder legislative Risiken, das heißt Änderungen der rechtlichen Rahmenbedingungen für Immobilieninvestitionen, insbesondere bei der steuerlichen Behandlung, definiert werden. Die praktische Schwierigkeit des Sachverständigen besteht darin, dem von ihm zu bewertenden Objekt in möglichst korrekter Weise die jeweiligen Risiken nach Art und Ausmaß zuzuordnen. Nur so kann er überhaupt die Basis dafür schaffen, für diese Risiken den angemessenen Aufschlag im Diskontierungszins zu bestimmen. Nun besteht, wie beschrieben, das Wesenselement immobilienwirtschaftlichen Risikos ja gerade darin, dass die möglichen Entwicklungen der einzelnen Teilaspekte in Richtung und Ausmaß nicht genau beschrieben werden können und auch ein Blick in die Historie nur als grober Anhaltspunkt dienen kann. Damit ist der Bewerter zusätzlich einem Metarisiko, dem Risiko der Fehleinschätzung der Risiken ausgesetzt.

Der Preis des Risikos

Als nächster notwendiger Schritt nach der Bestimmung von Art und Stärke der Wert beeinflussenden Risiken gilt es, zu bestimmen, für welche Einzelrisiken beziehungsweise welche Kombination von Risiken der Markt welchen Aufschlag fordert beziehungsweise typischerweise und im Durchschnitt auch bezahlt. Um dies zu eruieren, kann der Sachverständige sich – was nahe liegt – an den Konditionen auf dem Immobilienmarkt orientieren. Eine Alternative hierzu ist die Orientierung an den Finanzmärkten. Kann der Sachverständige auf eine genügend große Zahl von aktuellen Transaktionen mit gut vergleichbaren Risikostrukturen zurückgreifen, dann wird er den daraus ableitbaren Liegenschaftszins ohne große Probleme verwenden können. Aber schon bei so „glücklichen" Umständen sind dem Sachverständigen selbst wie auch dem Auftraggeber oder Gutachtenempfänger weder der Umfang des insgesamt berücksichtigten Risikos noch der Anteil der einzelnen Risikokomponenten explizit erkennbar. Umso größer sind die Schwierigkeiten, wenn der Bewerter den angemessenen Liegenschaftszins aus der Berücksichtigung der Risikofaktoren selbst bestimmen muss. Es bedarf daher der Dekomposition des Liegenschaftszinses.

$$r \quad = \quad r_f + \text{Risikoaufschlag} - \text{Wachstumsrate}$$

Der aus gezahlten Preisen abgeleitete Liegenschaftszins r enthält analytisch neben der risikolosen Verzinsung r_f auf das eingesetzte Kapital einen Aufschlag für das Risiko und zugleich einen Abschlag für die vom Markt erwartete Wachstumsrate der nachhaltigen Miete. Bei Verwendung eines DCF-Verfahrens, bei dem explizit Veränderungsraten der Nettomieterträge berücksichtigt werden, entfällt diese Größe im Diskontierungszins. Ein Liegenschaftszins lässt also nicht prima facie erkennen, welcher Gesamtrisikoaufschlag enthalten ist. Schon gar nicht erlaubt er eine Zuordnung von Zinskomponenten zu einzelnen Risikokomponenten. Der Sachverständige, der nicht einfach ihm zugängliche Liegenschaftszinssätze übernimmt, sondern analytisch prüfen und ihn der spezifischen Situation angemessen festlegen will, muss also die ihm wertrelevant erscheinenden Risiken quantifizieren und diesen Risiken dann Zinsaufschläge zuordnen. Dies ist kein leichtes und einfaches Unterfangen, wird der Sachverständige hier doch noch von der Wissenschaft und auch der praxisorientierten Fachliteratur weitgehend allein gelassen. Es ist offen, welche

Risikofaktoren welchen Zuschlag rechtfertigen und ob der Markt tatsächlich diese Risikofaktoren korrekt im Liegenschaftszins abbildet. Die theoretische und die empirische Basis sind hierfür keinesfalls befriedigend. Auf den ersten Blick böte sich – soweit diese verfügbar wären – die Verwendung von Immobilienratings an. Aber zum einen sind sie noch nicht weit verbreitet und vor allem nicht allgemein zugänglich, zum andern wollen die Immobilienratings meist etwas anderes messen beziehungsweise zum Ausdruck bringen als die hier benötigte Risikogröße.[10]

Wertrisiken und ihre Gewichtung

Verschiedentlich wird versucht, dem Problem über die Aufstellung von Listen typischer Risiken und der Zuordnung von Gewichten für die Risikotypen zum angemessenen Gesamtrisikoaufschlag zu gelangen. So enthält beispielsweise der risikobezogene Ansatz der Immobilienbewertung („RO-Verfahren") von Münchehofe/Springer[11] eine Liste objektunabhängiger und objektbezogener Ursachen für Wertrisiken und ordnet diesen dann Gewichte (= Risikopunkte) zu. Da sie den maximalen Risikozuschlag auf fünf Prozent normieren, kann über die Gewichtung der Einzelrisiken für jeden spezifischen Fall der passende Risikozuschlag berechnet werden. So verdienstvoll dieser Ansatz ist, weil er in die richtige Richtung weist, so kann er dennoch noch nicht voll befriedigen. Sowohl die Auswahl der Risikotypen als vor allem auch die Zuordnung der Gewichte sind subjektiv, aus der Erfahrung der Entwickler dieses Ansatzes begründet und dürfte daher nicht die Zustimmung aller Sachverständiger finden. Dies gilt auch für die Begrenzung des maximalen Risikoaufschlags auf fünf Prozent. Der Forschung bleibt hier noch ein weites Feld. Es bedürfte vor allem empirischer Analysen der Zusammenhänge zwischen identifizierten Risikofaktoren und bezahlten Risikoaufschlägen.

Orientierung an den Finanzmärkten

Immobilieninvestitionen stehen aus der Sicht von Investoren in unmittelbarer Konkurrenz zu Kapitalanlagen in anderen Assetklassen. Niemand wird vernünftigerweise in Anlagen investieren, die eine geringere risikoadjustierte Rendite erwarten lassen als der an den Finanzmärkten im Durchschnitt erzielbare. Damit bietet sich für eine Ableitung von Risikoaufschlägen an, sich an der Logik der Finanzmärkte zu orientieren. Insbesondere das von Sharpe, Lintner und Mossin in den 60-er Jahren des vergangenen Jahrhunderts entwickelte Capital Asset Pricing Model (CAPM) bildet dabei die Basis für die Ableitung eines von den subjektiven Risikopräferenzen des Entscheidungsträgers unabhängigen Risikoaufschlags. Das CAPM zeigt, dass unter den Bedingungen eines vollkommenen Kapitalmarkts für Kapitalanlagen mit gleichem Risiko auch der gleiche Preis gelten muss. Die Renditen einzelner Kapitalanlagen (Investitionen) unterscheiden sich dann nur durch die Prämie, die für das übernommene Risiko vom Markt verlangt und bezahlt wird. Wird das Anlagekapital genügend breit gestreut, dann gleichen sich die spezifischen, in der Theorie als „unsystematisch" bezeichneten Risiken der einzelnen Kapitalanlagen aus. Nicht durch eine breite Streuung beseitigbar ist dagegen das Risiko, dass sich die Renditen aller Anlagen gemeinsam in eine bestimmte Richtung bewegen. In der klassischen Finanzmarkttheorie und auch im praktischen Wertpapiergeschäft herrscht weitgehende Einigkeit, dass der Markt für Risiken, die durch eine Diversifikation der Anlagen vernichtet oder vermieden werden können, keine Prämie bezahlt. Nur das nicht diversifizierbare, also das

---

10 Vgl. hierzu beispielhaft Rehkugler (2007)
11 Vgl. hierzu Münchehofe/Springer (2004a) und (2004b)

gemeinsame Streuungsrisiko wird durch Risikoaufschläge auf den risikolosen Zins vergütet. Folgt man diesen Überlegungen, dann schätzt jeder Investor das Risiko einer Kapitalanlage ein und leitet daraus seinen (Mindest-)Renditeanspruch ab. Denn diesen würde er ja bei einer Alternativanlage am Markt mit gleichem Risiko realisieren können. Die so abgeleiteten risikoadjustierten Renditen sind also als objektivierte Opportunitätskosten einer Kapitalanlage zu interpretieren. Es ist damit theoretisch bündig und sinnvoll, sie als Kalkulationszinsfuß für Immobilienbewertungen zu benutzen. Der risikoadjustierte Zinssatz r_r berechnet sich also nach dem CAPM wie folgt:

$$r_r = r + \beta * (r_M - r)$$

Der risikolose Zins r wird um die der jeweiligen Investition angemessene Risikoprämie adjustiert. Diese setzt sich zusammen aus der Risikoprämie, die der Kapitalmarkt für risikobehaftete Anlagen im Durchschnitt bezahlt, also der Marktrendite r_M risikobehafteter Anlagen abzüglich dem risikolosen Zins r, und einem Faktor β, der das systematische Risiko der jeweiligen Investition misst, also die Stärke des Gleichlaufs der spezifischen Investitionsrendite mit der Marktrendite. Bei der Verwendung solcher objektivierter risikoadjustierter Kalkulationszinsfüße sind einige theoretische Probleme nicht zu übersehen. Zum einen ist das CAPM als abstraktes Gleichgewichtsmodell unter strengen Annahmen, nicht als die reale Welt und deren Bedingungen erklärendes Modell entwickelt worden. So ist seine Erklärungskraft für die real zu beobachtenden Renditen wiederholt in Frage gestellt oder widerlegt worden. An die Stelle des CAPM könnte daher auch ein anderes, komplexeres kapitalmarkttheoretisches Modell mit größerer Erlärungskraft treten. Zum andern – und dies ist für unsere Überlegungen der kritischere Punkte – ist auch fraglich, ob ein für den Kapitalmarkt und die dort typische Verhaltensweise der breiten Streuung der Kapitalanlagen entwickeltes Modell ohne Schwierigkeiten auf reale Immobilieninvestitionen und Investoren übertragen werden kann, wo dieser Diversifikationseffekt der Vernichtung der investitionsspezifischen Risiken nicht oder nur ansatzweise gegeben ist. Es ist zwar logisch durchaus plausibel, dass diese Überlegung auch auf Investments in Immobilien übertragbar ist, also auch hier für objektspezifische, durch Portfoliobildung ausgleichbare Risiken keine Risikoprämie bezahlt wird und daher auch keine im Kalkulations- oder Liegenschaftszins enthalten ist. Für viele Investoren dürfte in der Tat nur das systematische Risiko relevant sein, also das Ausmaß, in dem das Risiko einer Anlage mit der Marktentwicklung verbunden ist. Das betrifft insbesondere die institutionellen Investoren mit großen Immobilienbeständen, für die das spezifische Risiko eines Objektes sich mit dem spezifischen Risiko anderer Objekte ausgleicht und durch Diversifikation reduziert werden kann. Die immobilienwirtschaftliche Praxis hat diesen Aspekt aber bisher praktisch überhaupt nicht thematisiert. Allenthalben finden sich, so auch bei Münchehofe/Springer, mehr oder weniger lange Listen von eindeutig im Sinne der Kapitalmarktmodelle unsystematischen, objektspezifischen Risiken, für die dann konsequent (?) eine Kompensation im Zins verlangt wird, während nach der Finanzmarktlogik möglicherweise diese Risiken als diversifizierbar und damit als nicht kompensationsbedürftig betrachtet und behandelt würden. Auch die immobilienwirtschaftliche Forschung vermag hierzu bislang noch keine befriedigenden Antworten zu liefern.

Beta-Faktor als Maßgröße für systematische Risiken

Die geeignete Maßgröße des systematischen Risikos stellt der Beta-Faktor dar. Er kann als ein Maß für das Marktrisiko interpretiert werden, das mit der Anlage übernommen wird.

Der Markt wird dabei durch einen Index dargestellt. Die praktischen Probleme der Ableitung konkreter Zinsfüße für Investitionen sind nicht minder groß. Denn so eindeutig die obige Formel wirkt, so schwierig ist die Bestimmung der „richtigen" Zahlenwerte, vor allem für die Marktrendite und das β. Die Marktrendite ist sowohl von dem zugrunde gelegten Markt als auch vom Zeitraum abhängig, für den sie berechnet wird. Auch die Betas von Investitionen sind schwierig zu messen. Während Betas von gehandelten Aktien über die Kursverläufe formal gut zu berechnen sind, ist dies für einzelne Immobilieninvestments, für die eben keine regelmäßigen Wertstellungen verfügbar sind, ausgesprochen schwierig und damit auch fehleranfällig. Damit zeigt sich, dass mit der Verwendung des Betas als Risikomaß zwar die Einzelrisiken zu einer Risikogröße zusammengefasst sind, die Abschätzung seiner angemessenen Höhe aber uns vor ähnliche Probleme stellt wie die vorher diskutierten.

Besonderheiten der Risiken von Spezialimmobilien

Die bisherigen Ausführungen galten generell für Immobilienbewertungen. Bei der Bewertung von Spezialimmobilien treten einige der angesprochenen Probleme eher verstärkt auf, erschweren dem Sachverständigen also die Ermittlung des „richtigen" Wertes. Diese Probleme resultieren vor allem aus den häufig von „typischen" Investments in Wohn- und Büroimmobilien abweichenden Einflussfaktoren auf Rendite und Risiko und aus der geringen Zahl von Vergleichsfällen. Insbesondere Letzteres erschwert die Arbeit des Bewerters dadurch, dass er wohl nur selten auf Liegenschaftszinssätze rekurrieren kann, die aus einer genügend großen Zahl von tatsächlich vergleichbaren, aktuellen Transaktionen abgeleitet wurden. Ein Vertrauen auf „Standardliegenschaftssätze", wie sie für verschiedene Typen von Spezialimmobilien verschiedentlich in der Literatur zusammengestellt werden, birgt ein hohes Maß an Fehlbewertungsrisiko. Der analytischen Ableitung und Abschätzung von Einzelrisiken und der Zuordnung von spezifischen Risikoaufschlägen kommt daher bei Spezialimmobilien mit Einschränkung große Bedeutung zu.

3. Quintessenz: Zum Umgang mit Bewertungsrisiken

Immobilienrisiken sind allgegenwärtig. Der Markt und die Investoren wissen das. Bewertung kann diese Risiken nicht beseitigen. Sie kann und sollte sie aber möglichst offenlegen. Eine gute Bewertung sollte also nicht bei der Ermittlung eines Werts unter Berücksichtigung der in Art und Umfang möglichst korrekt erfassten Risiken stehen bleiben. Vielmehr gilt es den letztlich ermittelten Verkehrswert oder, was bei Spezialimmobilien vielleicht sogar häufiger der Fall ist, den Entscheidungswert (= maximal tragbaren Kaufpreis) für einen spezifischen Investor durch zusätzliche Hinweise zu den vom Bewerter erkannten und in seiner Bewertung berücksichtigten Risiken ergänzen. Ergänzungen in diesem Sinne können die oben beschriebenen Simulationen und Sensitivitätsanalysen sein. Einen anderen Weg des Umgangs mit Bewertungsrisiken bietet die Plausibilisierung. Sie dient der Überprüfung, ob ein von einem Sachverständigen ermittelter Immobilienwert aus Sicht eines typisierten oder individuellen Investors oder Finanziers angemessen beziehungsweise zutreffend ist. Würde also ein vernünftiger Investor (= mit einer „typischen", d.h. marktdurchschnittlichen oder mit einer investorspezifischen Renditeerwartung) einen Preis in der Größenordnung des zu prüfenden Verkehrswertes zu zahlen bereit sein? Die Plausibilisierungsrechnung soll damit die Glaubwürdigkeit der ermittelten Wertansätze erhöhen. Ein Plausibilisierungsverfahren muss, soll es Akzeptanz finden, leicht anwendbar, verständlich und seinerseits unmittelbar plausibel und intersubjektiv überprüfbar sein. Es muss vom Bewertungsergebnis rückrechnen, die Angemessenheit einzelner Annahmen und Annahmenbündel überprüfen und dabei Informationen und Daten nutzen, die im Bewertungsmodell (so) nicht enthalten sind. Zum einen können hierzu andere, **exogen gegebene** („dritte") **Vergleichsgrößen,** vor allem alternative Marktrenditen, herangezogen werden. Damit wird geprüft, ob die Annahmen über den Immobilienmarkt zu den Annahmen über den Kapitalmarkt passen.

Insbesondere für entscheidungsunterstützende Bewertungen sollte die Plausibilisierung des Outputs über die Prüfung impliziter Annahmen über **entscheidungsträgerspezifische** (= vom einzelnen Investor vorgegebene beziehungsweise für ihn gültige) **Renditeforderungen** der Investoren und Finanziers bei fallspezifischen Finanzierungsannahmen vorgenommen werden. Damit wird geprüft, ob die Annahmen über den Immobilienmarkt zu den entscheidungsträgerspezifischen Vorgaben und Annahmen über den Kapitalmarkt passen. Eine Vorgehensweise hierzu besteht darin, zu berechnen, ob ein Investor, wenn er den vom Sachverständigen berechneten Verkehrswert investieren würde, bei bestimmten Annahmen über den Verschuldungsgrad und die Fremdkapitalverzinsung auf sein eingesetztes Kapital eine marktadäquate Verzinsung erzielen würde. In diese Kategorie gehört auch das schon einige Jahrzehnte alte, in Deutschland aber erst jüngst wieder „entdeckte" und rezipierte Ellwood-Verfahren. Es kann als eine spezifische Variante des DCF-Verfahrens interpretiert werden, das sich vor allem für die Rückrechnung von Verkehrswerten auf die impliziten gewogenen Kapitalkosten und deren Komponenten sowie der Ertragsveränderungen eignet. Daher ist es für Investoren und vor allem auch für Kreditinstitute hilfreich, die prüfen möchten, ob (unter welchen Bedingungen) ein Projekt/Objekt finanzierungsfähig ist.

4. Literaturangaben

French, N./Gabrielli, L. (2005): The Uncertainty of Valuation, Working Paper University of Reading 2005

Gondring, H. (2007): Risiko Immobilie, München 2007

Knepel, H. (2005): Immobilienmarktprognosen und Immobilienratings, in: Schäfer, J./Conzen, G. (Hrsg.): Praxishandbuch der Immobilien-Investitionen, München 2005, S. 422-448

Maier, K.M. (2004): Risikomanagement im Immobilien- und Finanzwesen, 2. Aufl., Frankfurt 2004

Münchehofe, M./Springer, U. (2004a): Die Abbildung des wirtschaftlichen Risikos im Liegenschaftszins, in: GuG 1/2004, S. 7-10

Münchehofe, M./Springer, U. (2004b): Der risikobezogene Ansatz der Immobilienbewertung („RO-Verfahren"), in: GuG 5/2004, S. 257-263

Rehkugler, H./Jandura, I./Morawski, J. (2005): Immobilien als Bestandteil von Vermögensportfolios, in: Francke, H.-H./Rehkugler, H. (Hrsg.): Immobilienmärkte und Immobilienbewertung, München 2005, S. 3-53

Rehkugler, H/Jedem, U. (2007): Theoretische und methodische Anforderungen an ein leistungsfähiges System des Immobilienrating, erscheint in: Gondring, H./Gleißner, W. (Hrsg.): Immobilienrating, 2007

Simon, Th.: Plausibilisierung von Verkehrswerten – Das Ellwood-Verfahren, 2005

Simon, Th. (2004): Verbessert die Monte-Carlo-Simulation die Grundstückswertermittlung?, in: GuG 2/2004, S. 93-101

Slade, B.A. (2006): Property Risk Assessment: A Simulation Approach, in: The Appraisal Journal Fall 2006, S. 347-357

Trotha, M.-G., v.(2003): Immobilie als Kapitalanlage, Berlin 2003

Trotz, R. (Hrsg.) (2004): Immobilien-Markt- und Objektrating – Ein praxiserprobtes System für die Immobilienanalyse, Köln 2004

Wüstefeld, H. (2000): Risiko und Rendite von Immobilieninvestments, Frankfurt 2000

V. Berücksichtigung von Immobilienmerkmalen mit Bezug zur Nachhaltigkeit in der Wertermittlung

Prof. Dr. rer. pol. David Lorenz FRICS, Prof. Dr.-Ing. habil. Thomas Lützkendorf

1. Einleitung

Seit Erscheinen der ersten Auflage im Jahre 2007 hat die Thematik der Integration von Nachhaltigkeitsaspekten in die Immobilienwertermittlung innerhalb der Wertermittlungspraxis deutlich an Dynamik und Bedeutung gewonnen. Ursprünglich wurde diskutiert, wie Wertermittler auf aktuelle Diskussionen eines möglichen Beitrages von Einzelimmobilien zu einer nachhaltigen Entwicklung reagieren sollen sowie ob und inwieweit die Nachhaltigkeit von Gebäuden deren Wert beeinflusst bzw. für die Risikobeurteilung relevant ist. Inzwischen geht es jedoch bereits vermehrt um Art und Umfang eines derartigen Einflusses auf Wert und Risiko sowie darum, wie und wo dies in den Wertermittlungsverfahren zu berücksichtigen ist.

Die neue Immobilien-Wertermittlungsverordnung (ImmoWertV) aus dem Jahr 2010 gibt deutliche Signale. Energetische Eigenschaften der Immobilie werden als den Wert beeinflussendes Merkmal anerkannt, Modernisierungen, die zur Einsparung von Energie und Wasser beitragen, wirken sich auf die anzusetzende Restnutzungsdauer aus, die demographische Entwicklung sowie Umwelteinflüsse sind stärker zu berücksichtigen. Damit gehen Teilaspekte, die auch der Nachhaltigkeitsdiskussion zugeordnet werden, in die Wertermittlung ein.

In der Gesellschaft setzt gleichzeitig ein Wertewandel ein. Immobilienmerkmale wie Energieeffizienz, Umwelt- und Gesundheitsverträglichkeit oder Nachhaltigkeit als komplexes Thema erfahren eine höhere Aufmerksamkeit sowie Wertschätzung und führen zu entsprechenden Zahlungsbereitschaften. Hierfür liegen erste empirische Belege vor. (Ein Überblick über verfügbare empirische Preisstudien zu diesem Thema ist enthalten in: Lützkendorf und Lorenz, 2011).

Mit den Ergebnissen von Systemen zur Beschreibung, Bewertung und Zertifizierung des Beitrages von Einzelimmobilien zu einer nachhaltigen Entwicklung liegen für eine Wertermittlung neue und zusätzliche Informationsquellen vor. Diese gilt es zu erschließen, um einen sich erweiternden Informationsbedarf zeit- und kostensparend abzudecken.

Zahlreiche Verbände mit direktem oder indirektem Bezug zur Wertermittlung positionieren sich zum Thema Nachhaltigkeit und Wertermittlung und beginnen, Leitfäden und Arbeitshilfen zu erarbeiten.

Diese Entwicklungen veranlassten die Autoren zu einer intensiven Überarbeitung und Aktualisierung ihres ursprünglichen Beitrages mit Stand 2006. Mit der gleichzeitigen Übertragung ins Deutsche soll den Vertretern der Wertermittlungspraxis der Zugang zur Thematik erleichtert werden. Der Beitrag entspricht dem Stand von 2011. Der englischsprachige Beitrag der ersten Auflage erleichtert auch weiterhin einen Einstieg in die entsprechende internationale Fachliteratur.

Beim Verfolgen der aktuellen Diskussion zur Umsetzung von Prinzipien einer nachhaltigen Entwicklung in der Immobilienwirtschaft kann der Eindruck gewonnen werden, dass es sich bei nachhaltigen Gebäuden um eine besondere Form von Immobilien handelt. Dabei wird häufig unterstellt, dass bei einer Wertermittlung für derartige Objekte spezifische, ggf. sogar neuartige Methoden und Herangehensweisen erforderlich würden.

Nachhaltige Gebäude sind keine Spezialimmobilien. Vielmehr handelt es sich um Immobilien mit besonderen Merkmalen und Qualitäten. Diese können auch für Spezialimmobilien zutreffen. Insofern existieren Spezialimmobilien, die bei der Erfüllung entsprechender Voraussetzungen und Anforderungen in Würdigung ihrer Gesamtperformance als „nachhaltig" bzw. als „nachhaltiger im Vergleich zu einer durchschnittlichen Immobilie" zu bezeichnen sind. Es stellt sich daher auch für Spezialimmobilien die Frage, wie bei einer Wertermittlung mit der Thematik Nachhaltigkeit umgegangen werden kann und soll. Damit werden die im Teil A dieses Buches behandelten Querschnittsthemen um einen weiteren Aspekt – die Berücksichtigung von Nachhaltigkeitsaspekten in der Wertermittlung – erweitert.

Nachhaltigkeitsaspekte können in den gängigen Wertermittlungsverfahren berücksichtigt werden. Voraussetzung ist die geeignete Zuordnung der Immobilienmerkmale mit Bezug zur Nachhaltigkeitsthematik zu den methodenspezifischen Wertermittlungsparametern. Hierfür sind sowohl Grundkenntnisse zum Leitbild einer nachhaltigen Entwicklung und zur Umsetzung entsprechender Prinzipien bei der Planung, Errichtung und Nutzung von Gebäuden als auch die Kenntnis entsprechender Informationsquellen zur zeit- und kostensparenden Beschaffung geeigneter Standort- und Objektinformationen von Nutzen.

2. Nachhaltigkeit – Begriffe und Konzepte

In der Immobilienwirtschaft und Wertermittlungspraxis existiert ein historisch gewachsenes Nachhaltigkeitsverständnis. In der Wertermittlungsverordnung – WertV (1988) werden ausdrücklich die nachhaltig erzielbaren Einnahmen – hier im Sinne von dauerhaft und sicher – erwähnt. Die neue ImmoWertV (2010) verzichtet inzwischen auf den Begriff „nachhaltig" und ersetzt diesen durch „marktüblich".

Mit den Bezeichnungen „nachhaltige Entwicklung" und „Nachhaltigkeit" bzw. „nachhaltig" werden die englischsprachigen Begriffe „sustainable development", „sustainability" und „sustainable" ins Deutsche übersetzt. Mit diesen Begriffen sind Eigenschaften wie tragfähig, zukunftsfähig oder auch dauerhaft verbunden. In Deutschland lässt sich der Begriff bis zum Beginn des 18. Jahrhunderts zurück verfolgen, wo er in der Forstwirtschaft zur Umschreibung der Forderung eingeführt wurde, dem Wald nicht mehr Holz zu entnehmen als nachwächst. Die heutige Verwendung des Begriffs geht auf die Definition aus dem Brundtland-Report zurück:

„Nachhaltige Entwicklung ist eine Entwicklung, die die Bedürfnisse der Gegenwart befriedigt, ohne zu riskieren, dass künftige Generationen ihre eigenen Bedürfnisse nicht befriedigen können" (WCED, 1987, S. 54).

Dieses Leitbild umfasst Aspekte der Bedürfnisbefriedigung ebenso wie Grundsätze der Gerechtigkeit innerhalb der heutigen Generation sowie zwischen heutigen und künftigen Generationen, basierend auf Ansätzen der Aufrechterhaltung der Tragfähigkeit der natürlichen Umwelt und der Zukunftsvorsorge.

I.d.R. werden heute bei einer Beurteilung des Beitrages zu einer nachhaltigen Entwicklung die derzeitigen und künftigen Wirkungen von Aktivitäten (hier die Errichtung und Nutzung von Immobilien) auf Umwelt, Wirtschaft und Gesellschaft analysiert. In Deutschland hat sich die Auffassung einer gleichberechtigten Berücksichtigung von ökologischen, ökonomischen und sozialen bzw. sozio-kulturellen Aspekten herausgebildet. Diese werden insbesondere bei Immobilien ergänzt durch die technische und funktionale Qualität, die u.a. einen entscheidenden Einfluss auf die derzeitige und künftige Vermiet- und Vermarktbarkeit haben. Berücksichtigt werden weiterhin die gestalterische und städtebauliche Qualität sowie die Qualität der Prozesse der Planung, Errichtung und Bewirtschaftung. Zusätzlich zur Objekt- und Prozessqualität wird die Qualität des Standortes beschrieben. Gebäude mit überdurchschnittlicher Qualität in all diesen Bereichen werden u.a. auch als nachhaltige Gebäude bezeichnet. Es kann davon ausgegangen werden, dass Gebäude mit überdurchschnittlicher technischer und funktionaler Qualität in Kombination mit sonstigen für eine positive Nachhaltigkeitsbewertung relevanten Immobilienmerkmalen auch künftig gut vermiet- und vermarktbar sind.

In der derzeitigen Diskussion wird die Auseinandersetzung mit der Nachhaltigkeitsthematik in der Immobilienwirtschaft dadurch erschwert, dass sich kaum einheitliche und allgemein verwendete Systemgrenzen und Definitionen für eine Nachhaltigkeitsbeurteilung herausgebildet haben. In der Immobilien- und Bewertungspraxis werden häufig „energieeffiziente" und „nachhaltige" Immobilien einander gleichgestellt. Dies ist so nicht korrekt. Selbstverständlich ist eine überdurchschnittlich gute energetische Qualität ein wichtiger Teilaspekt und damit ein Beitrag zur Nachhaltigkeit von Immobilien; Ansatz und Anspruch eines Beitrages zu einer nachhaltigen Entwicklung in der vollen Breite der Thematik gehen jedoch weit darüber hinaus. Für die Einbeziehung von Nachhaltigkeitsaspekten in die Immobilienwertermittlung ist es daher zunächst von Bedeutung, Art und Umfang erfasster Immobilienmerkmale mit Bezug zur Nachhaltigkeitsthematik transparent zu beschreiben. Folgende Konzepte können u.a. verfolgt werden:

2.1 Die energetisch hochwertige Immobilie

Die energetischen Eigenschaften werden von der ImmoWertV als eine den Wert beeinflussende Größe anerkannt. Berücksichtigt werden kann z.B. das Immobilienmerkmal einer überdurchschnittlich guten energetischen Qualität. Diese kann u.a. über einen geringen Endenergiebedarf bzw. -verbrauch, einen geringen Primärenergiebedarf bzw. -verbrauch bzw. die deutliche Unterschreitung der Anforderungen der Energieeinsparverordnung gemäß Nachweis beschrieben werden. Als Teilaspekte sind die energetische Qualität der Gebäudehülle und der Haustechnik sowie die verwendeten Energieträger von Bedeutung. In Deutschland können die Angaben den Energiebedarfs- bzw. den Energieverbrauchsausweisen entnommen werden. Eine grobe Einschätzung kann auf Basis einer Auswertung eines witterungsbereinigten Endenergieverbrauchs unter Nutzung geeigneter Bewertungsmaßstäbe erfolgen. Die zur Charakterisierung der energetischen Qualität verwendeten Begriffe sind vielschichtig und nicht eindeutig. Üblich sind u.a. das Niedrigenergiehaus-Niveau, das Niedrigstenergiehaus-Niveau, das Passivhaus-Niveau, das Nullheizenergiehaus-Niveau, das Plusenergiehaus-Niveau. International hat sich der Begriff des net zero energy buildings (Gebäude mit ausgeglichener Energiebilanz) etabliert, es existieren hierfür jedoch unterschiedliche Lösungsansätze und Definitionen. Es ist zu beachten, dass die EU mit ihrem Programm GREEN BUILDING (http://www.eu-greenbuilding.org/) energetisch hochwertige Nicht-Wohnbauten meint und dies nicht mit green buildings zu verwechseln ist. Die Beschreibung energetischer Eigenschaften konzentriert sich auf die Nutzungsphase; der Energieaufwand für die Herstellung des Gebäudes sowie seine Instandhaltung wird zunächst nicht berücksichtigt. Der Begriff der Energieeffizienz unterstellt bereits ein günstiges Verhältnis von Aufwand (hier i.d.R. der Aufwand an Energie) und Nutzen (hier z.B. der erreichte thermische Komfort). Zum Teil wird in die Beschreibung der energetischen Qualität die Darstellung des thermischen Komforts im Winter und im Sommer bereits mit einbezogen.

2.2 Die klimaneutrale Immobilie

Ein Teil der Nachhaltigkeitsdiskussion beginnt sich auf die verursachten CO2-Emissionen zu konzentrieren, die u.a. als carbon footprint erfasst und beschrieben werden. Die CO2-Emissionen können rechnerisch über Emissionsfaktoren aus dem Endenergiebedarf oder –verbrauch ermittelt werden. In Ausnahmefällen können sie dem Energiebedarfsausweis als freiwillige Angabe entnommen werden. International bildet sich der Begriff der net zero emission buldings (Gebäude mit ausgeglichener CO2-Bilanz) heraus, es existieren jedoch unterschiedliche Lösungsansätze und Definitionen. Derartige Gebäude werden u.a. auch als „klimaneutral" bezeichnet. I.d.R. konzentrieren sich Angaben zu den CO2-Emissionen auf die Nutzungsphase.

2.3 Die umwelt- und gesundheitsverträgliche Immobilie (green building)

Mit umwelt- und gesundheitsverträglichen Immobilien wird in Deutschland an die Traditionen des ökologischen Bauens der achtziger Jahre angeknüpft. Neben der Nutzungsphase werden nun auch die Phasen der Herstellung und Errichtung sowie Rückbau und Entsorgung betrachtet. Die einzubeziehenden Merkmale werden deutlich erweitert. Zwar bleibt die energetische Qualität in der Nutzungsphase von großer Bedeutung, es werden jedoch zusätzlich auch Energieaufwand und Ressourceninanspruchnahme für die Herstellung und Instandhaltung des Gebäudes, die Rückbau- und Recyclingfreundlichkeit des Gebäudes, die Gesundheitsverträglichkeit verwendeter Bauprodukte, Art und Umfang möglicher Risiken für die Umwelt sowie die Gesundheit der Nutzer und Anwohner sowie Art und Umfang der Flächeninanspruchnahme berücksichtigt. Die verfügbaren Informationen reichen dabei von rein qualitativen Angaben (z.B. überwiegende Nutzung nachwachsender Rohstoffe) bis hin zur vollständigen Ökobilanz. International hat sich die Bezeichnung green building herausgebildet, die mit Bewertungs- und Zertifizierungssystemen der ersten Generation beschrieben und beurteilt werden können. Mit Bewertungs- und Zertifizierungssystemen wie LEED (USA) und BREEAM (UK) aber auch DGNB und BNB stehen damit der Immobilienwertermittlung zusätzliche Informationsquellen zur Verfügung. Insbesondere DGNB (Deutsches Gütesiegel Nachhaltiges Bauen – siehe auch www.dgnb.de) und BNB (Bewertungssystem Nachhaltiges Bauen – siehe auch www.nachhaltigesbauen.de) bieten Ergebnisse der Ökobilanzierung, Hinweise auf Risiken, Angaben zur Flächeninanspruchnahme sowie zur Instandhaltungs-, Rückbau- und Recyclingfreundlichkeit an. Es wird empfohlen, derartige Angaben aus der disaggregierten Darstellung der Bewertungsergebnisse zu entnehmen.

2.4 Die nachhaltige Immobilie im engeren Sinne (sustainable building)

Bei einer nachhaltigen Immobilie im engeren Sinne werden gemäß dem Drei-Säulen-Modell der Nachhaltigkeit (triple bottom line approach) Aspekte der Umweltverträglichkeit (ökologische Qualität) und der Gesundheitsverträglichkeit (soziale Qualität) durch ökonomische ergänzt. I.d.R. werden die Lebenszykluskosten bzw. ausgewählte Kosten im Lebenszyklus zur Beurteilung der ökonomischen Qualität herangezogen. Derartige Angaben können in Deutschland u.a. dem DGNB- bzw. dem BNB-System als Information entnommen werden.

2.5 Die nachhaltige Immobilie im erweiterten Sinne (sustainable building)

Es ist eine Besonderheit der Interpretation des Begriffes „nachhaltige Immobilie" in Deutschland, dass neben der ökologischen, sozio-kulturellen und ökonomischen Qualität auch Aspekte der technischen und funktionalen Qualität, der gestalterischen und städtebaulichen Qualität sowie der Qualität der Planungs-, Errichtungs- und Bewirtschaftungsprozesse berücksichtigt werden. Erfasst werden damit auch Immobilienmerkmale wie die Funktionalität, die Anpassbarkeit bzw. die Umbaubarkeit.

Insbesondere im vorliegenden Fall gibt es deutliche Schnittmengen mit den in einer Immobilienwertermittlung bereits traditionell berücksichtigten Immobilienmerkmalen. In die Beschreibung und Beurteilung der Nachhaltigkeit von Immobilien werden weiterhin Informationen zum Standort und zum Grundstück einbezogen.

3. Ökonomische Vorteile nachhaltiger Immobilien

Immobilienmerkmale, hier im Sinne der Gebäude- und Standortqualität und z.T. auch der Qualität der Planungs-, Errichtungs- und Bewirtschaftungsprozesse, wirken sich auf die Dimensionen der Nachhaltigkeit aus. Häufig ergeben sich dabei Mehrfach- und Folgewirkungen. So wirkt sich die energetische Qualität auf die Heizkosten (ökonomische Dimension), in Form von verursachten Emissionen auf die globale und lokale Umwelt sowie auf die Ressourceninanspruchnahme (ökologische Dimension) und auf den thermischen Komfort der Nutzer (soziale Dimension) aus. Ein verbesserter thermischer Komfort trägt zur Steigerung der Nutzerzufriedenheit bei und reduziert damit ggf. das Leerstandsrisiko.

Nachhaltige Immobilien weisen Vorteile auf, die bei detaillierter Betrachtung sowohl den relevanten Akteursgruppen als auch den Nachhaltigkeitsdimensionen zugeordnet werden können. Abb. 1 zeigt dies in einer stark vereinfachten Darstellung, die nicht den Anspruch auf Vollständigkeit erhebt. Es wird deutlich, dass sich viele der Wirkungen auch als relevant für den Immobilienwert erweisen. Dabei existieren sowohl direkte (z.B. Vermietungserfolg) als auch indirekte (z.B. Image) Zusammenhänge. In den einzelnen Zeilen der Abb. 1 werden ausgewählte Merkmale nachhaltiger Immobilien und in den Spalten mögliche Wirkungen und Vorteile dargestellt. Im Kopf der Tabelle wird angedeutet, dass diese Wirkungen und Vorteile auch untereinander in einer Wechselbeziehung stehen. So reduziert z.B. eine höhere Zufriedenheit beim Nutzer u.U. das Mietausfallwagnis beim Vermieter, die Einsparung von Energie reduziert sowohl die Kosten beim Nutzer als auch die Belastung der Umwelt. Bei der Abschätzung von Wirkungen und Nutzen der Standortwahl sowie der Grundstücks- und Freiflächengestaltung kann in ähnlicher Weise wie hier in Abb. 1 dargestellt, vorgegangen werden. Wichtig ist stets die Zuordnung von Immobilienmerkmalen zu den Zielen und Motiven der Akteure, die wiederum deren Wertschätzung und Zahlungsbereitschaften beeinflussen.

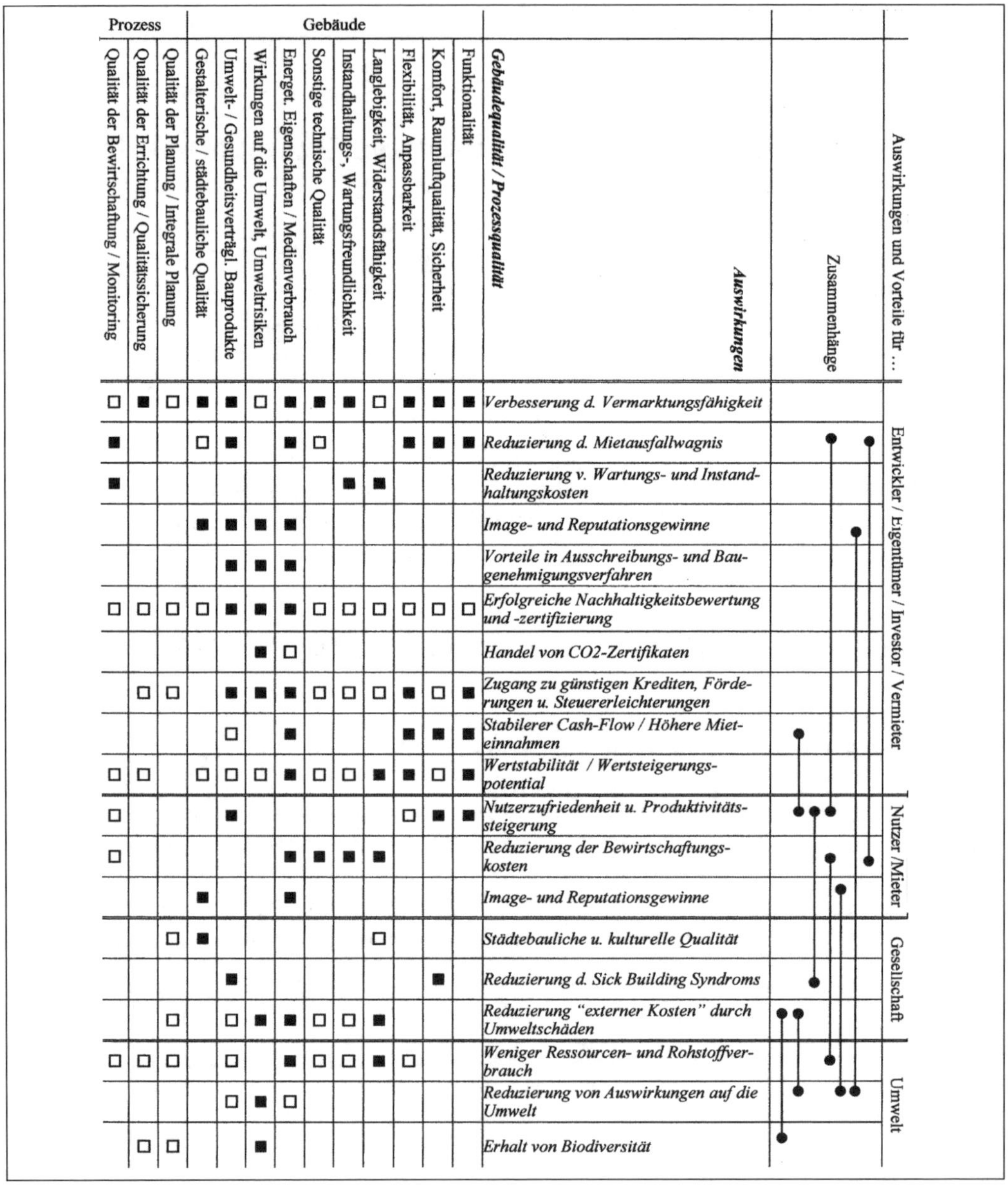

Abb. 1: Auswirkung und Vorteile von Eigenschaften nachhaltiger Immobilien
Basierend auf: Lützkendorf und Lorenz, 2007

Es wird insgesamt deutlich, dass sich die Nachhaltigkeit von Immobilien auf direkte ökonomische Aspekte wie die Investitions- und Nutzungskosten sowie die Erträge und damit auf die Lebenszykluskosten im engeren und weiteren Sinne, meist zusammengefasst als Cashflow, auswirken. Ein weiterer Einfluss erfolgt über die Vermiet- und Vermarktbarkeit, die Anpassbarkeit an künftige Herausforderungen und weitere der in Abb. 1 genannten Immobilienmerkmale auf das Marktänderungsrisiko, das Leerstandsrisiko u.a.

Es besteht damit die Möglichkeit, sowohl Auswirkungen auf den Cashflow bzw. den Jahresreinertrag als auch auf das finanzielle Risiko bzw. die jeweilige Risikoprämie zu analysieren. Wie sich die Vorteile nachhaltiger Immobilien zunächst auf diese beiden Aspekte auswirken können, ist in nachfolgender Abb. 2 vereinfacht dargestellt.

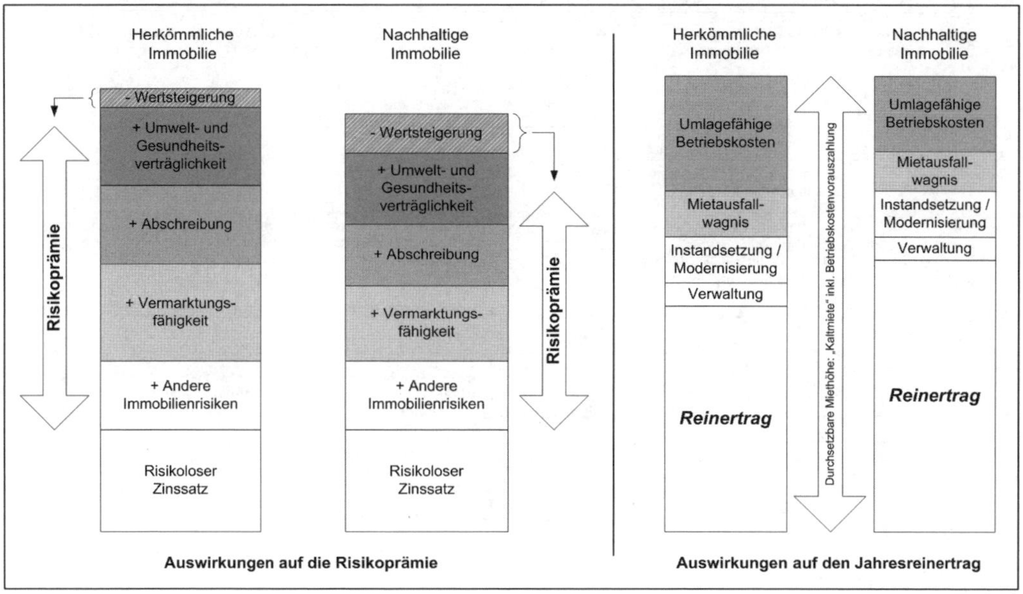

Abb. 2: Auswirkungen auf Risikoprämie und Reinertrag
Mit Änderungen übernommen von: Ito, 2009

Es bestehen sowohl Zusammenhänge zum Objekt- als auch zum Markt- und Standortrisiko. Diese werden in Abb. 3 beschrieben. Es wird aufgezeigt, wie und welche Strategien der Risikominimierung bzw. -bewältigung den einzelnen Risiken zugeordnet werden können. Im Rahmen dieses Beitrages ist es jedoch von besonderem Interesse aufzuzeigen, dass mit nachhaltigen Immobilien Risiken reduziert werden können. Damit stellt sich die Frage, wo und wie dies in den Wertermittlungsverfahren berücksichtigt werden kann. Für konkrete Vorschläge für eine Quantifizierung der Risikoverringerung reicht i.d.R. die empirische Basis noch nicht aus.

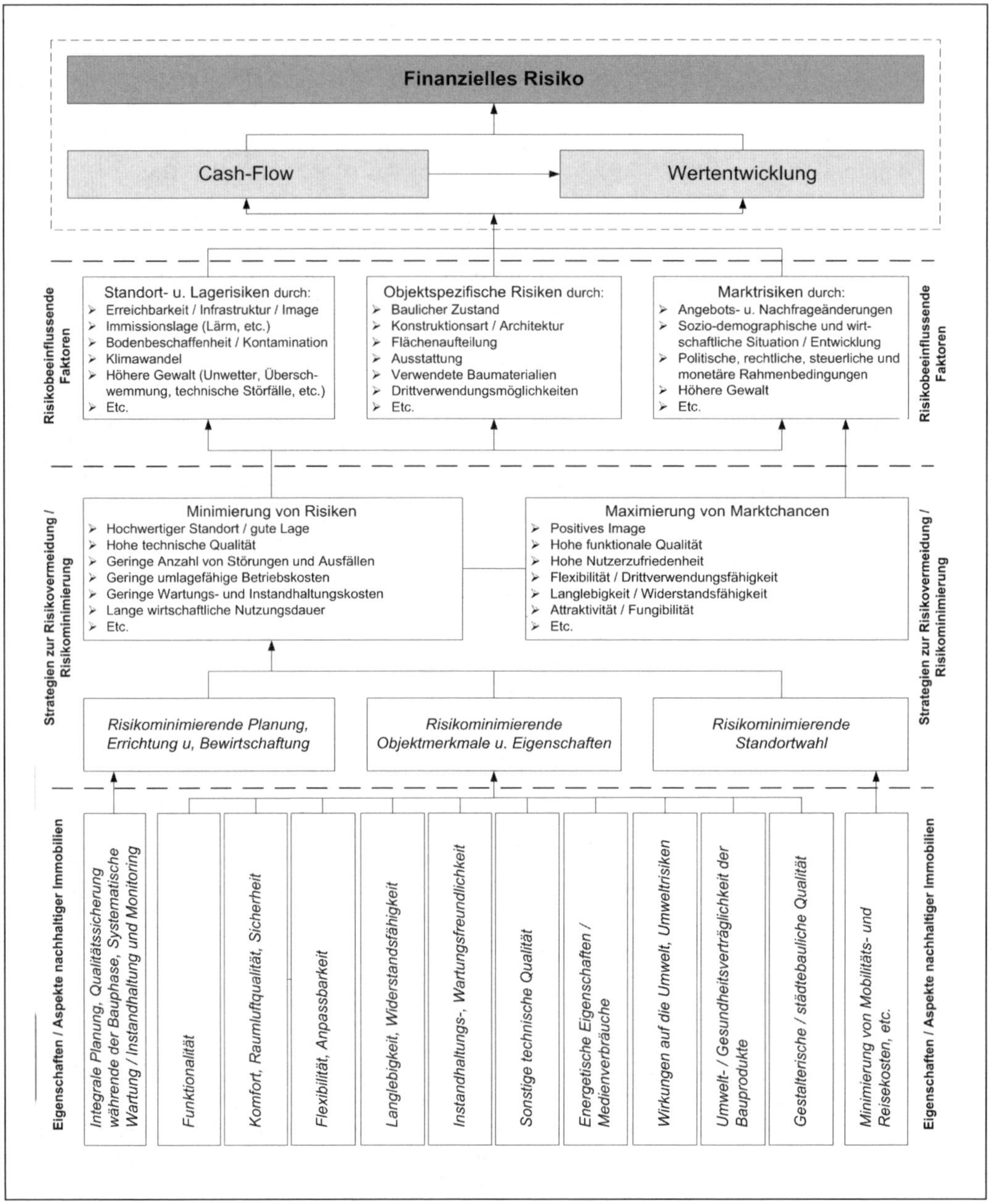

Abb. 3: Zusammenhänge zwischen Eigenschaften, Aspekten nachhaltiger Immobilien und finanziellem Risiko von Immobilieninvestitionen
Basierend auf: Lützkendorf und Lorenz, 2009

Es wird deutlich, dass sich durch die Wahl geeigneter Strategien und Lösungen sowie die Ausgestaltung entsprechender Merkmale und Eigenschaften unter Beachtung der Prinzipien einer nachhaltigen Entwicklung das immobilienspezifische Risiko reduzieren lässt. Auch dieser Ansatz kann in die Immobilienwertermittlung einfließen.

4. Berücksichtigung in der Wertermittlung

Zur Begründung der Notwendigkeit einer Berücksichtigung von Nachhaltigkeitsaspekten in der Wertermittlung werden in der einschlägigen Literatur i.d.R. vor allem drei Gründe angeführt. Danach sei eine Berücksichtigung erforderlich, weil

1. die im Markt beobachteten Transaktionen (erzielte Kaufpreise, Mieten, Vermarktungszeiträume, etc.) sowie bereits heute absehbare, zukünftige Entwicklungen (z.B. steigende Energiepreise, sich verändernde Umweltbedingungen (Klimawandel), der demographische Wandel, sich verändernde und ausdifferenzierende Nutzeranforderungen, strenger werdende Umweltgesetzgebung, steigende Anforderungen an Nachhaltigkeitsberichtspflichten von Unternehmen, etc.) dies erfordere,
2. der Berufsethos bzw. die sich daraus ergebende gesellschaftliche Verantwortung der Berufsgruppe der Immobiliensachverständigen die Pflicht zur Beförderung einer nachhaltigen Entwicklung innerhalb der Immobilienbranche impliziere,
3. die Unkenntnis einzelner Marktteilnehmer über die Zusammenhänge zwischen nachhaltigkeitsbezogenen Gebäudeeigenschaften, Immobilienrisiken und finanzieller Performance dazu führe, dass einzelne Immobilien nicht korrekt bepreist sind (Hypothese: herkömmliche Immobilien lassen sich „überteuert“ absetzen; nachhaltigere Immobilien werden „zu billig“ angeboten) und sich daraus Investitionschancen für „aufgeklärte“ Investoren ergeben.

In der überwiegenden Mehrheit der Publikationen wird jedoch mit Hilfe einer Kombination aus den beiden erstgenannten Gründen argumentiert. In der Literatur und aktuellen Forschungsprojekten lassen sich wiederum drei verschieden Ansätze zur Integration von Nachhaltigkeitsaspekten in die Immobilienwertermittlung erkennen (s. Abb. 4). Diese sind:

1. Gezielte Anpassung einzelner Wertermittlungsparameter – „Integrativer Ansatz“ (u.a. Risikoprämien bei der Bestimmung von Diskontierungs- und Kapitalisierungszinssätzen; Höhe der erzielbaren Mieteinnahmen; Höhe der nicht umlagefähigen Bewirtschaftungskosten; Abbildung besonderer Mietvertragsmodalitäten wie z.B. „Green Leases“; Höhe des Mietausfallwagnisses; Vermarktungskosten und -zeiträume; wirtschaftliche Restnutzungsdauer; funktionelle Wertminderung).
2. Pauschale Zu- oder Abschläge auf das vorläufige Bewertungsergebnis – „Pauschaler Ansatz“; die vorangegangenen Berechnungsschritte erfolgen dabei ohne die Berücksichtigung von zusätzlichen Nachhaltigkeitsaspekten.
3. Ermittlung eines Nachhaltigkeitskorrekturfaktors zur Anpassung des vorläufigen Bewertungsergebnisses – „Korrekturfaktorenansatz“; die vorangegangenen Berechnungsschritte erfolgen dabei ebenfalls ohne die Berücksichtigung von zusätzlichen Nachhaltigkeitsaspekten.

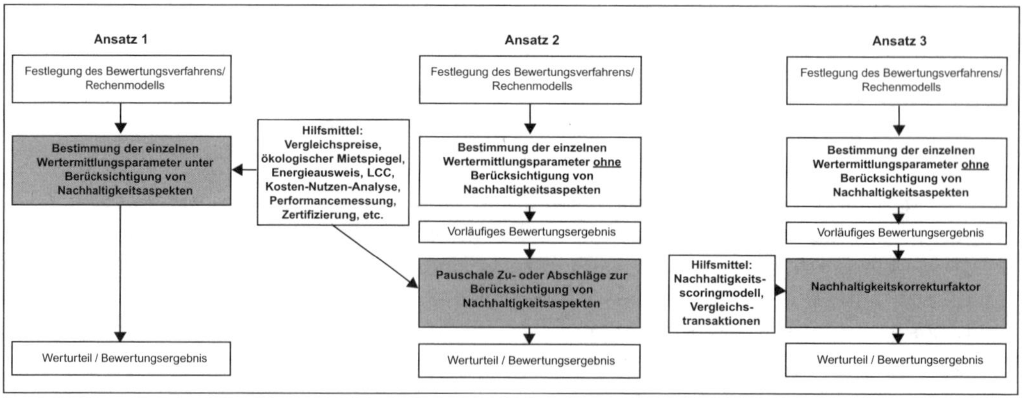

Abb. 4: Ansätze zur Integration von Nachhaltigkeitsaspekten in die Wertermittlung

Zu den Ansätzen zur Integration von Nachhaltigkeitsaspekten in die Wertermittlung ist anzumerken, dass bei der Bestimmung der einzelnen Wertermittlungsparameter zur Anwendung der traditionellen Verfahren der Wertermittlung bereits heute indirekt Nachhaltigkeitsaspekte berücksichtigt werden bzw. werden sollten, ohne als solche in der heutigen Wertermittlungspraxis benannt zu werden. Hierzu zählt zum Beispiel die Annahme eines bestimmten Mietausfallwagnisses bei der Ertragswertermittlung oder die Annahme einer bestimmten wirtschaftlichen Restnutzungsdauer bei der Sachwertermittlung.

Nicht alle Nachhaltigkeitsaspekte bzw. Vorteile nachhaltiger Immobilien sind direkt und unmittelbar risikorelevant und wertbeeinflussend. Sie wirken sich ggf. noch nicht oder nur indirekt über ein verbessertes Image bzw. einen Reputationsgewinn des jeweiligen Immobilieneigentümers aus. Diesem Umstand ist insbesondere bei der Ermittlung investorenspezifischer Nutzwerte („Calculation of Worth") Rechnung zu tragen.

Aus der Sicht eines Immobilienwertermittlers sollten die nachhaltigkeitsbezogenen Eigenschaften einer Immobilie daher auch nicht ausschließlich hochaggregiert in Form einer komplexen Aussage (z.B. in Form eines Labels oder Nachhaltigkeitszertifikats) angefordert und einbezogen werden. Die für die Nachhaltigkeit relevanten Immobilienmerkmale sollten vielmehr auch über die Verwendung von Einzelkriterien beschrieben und beurteilt werden, da nur auf diesem Wege explizit zwischen direkten und indirekten Zusammenhängen differenziert werden kann. Eine Übersicht zu den relevanten Merkmalsgruppen, zu denen Detailinformationen vorliegen sollten, kann dem Ende dieses Beitrages entnommen werden. Bei der Zusammenstellung von Informationen zu relevanten Immobilienmerkmalen ist darauf zu achten, dass diese in Inhalt und Form mit dem zur Verwendung anstehenden Verfahren der Immobilienwertermittlung korrespondieren.

5. Verortung der Nachhaltigkeit in den Verfahren

Bei einer Integration von Nachhaltigkeitsaspekten in die Wertermittlung sind insbesondere diejenigen Aspekte zu berücksichtigen, die einen unmittelbaren Einfluss auf den Immobilienwert und das immobilienspezifische Risiko aufweisen. Dies trifft nicht auf alle Themen und Aspekte in gleichem Umfang zu. So kann z.B. davon ausgegangen werden, dass die Recyclingfreundlichkeit der Baukonstruktion und Bauprodukte für die Nachhaltigkeitsbeurteilung von hoher, für eine Immobilienwertermittlung jedoch derzeit von noch geringer Bedeutung ist. Über die Integration eines derartigen Merkmals in ein System zur Bewertung und Zertifizierung der Nachhaltigkeit von Gebäuden kann jedoch indirekt ein Zusammenhang hergestellt werden. Voraussetzung ist, dass der Einfluss z.B. eines Labels auf den Wert über konkrete Immobilienmerkmale hinaus anerkannt wird.

In den Wertermittlungsverfahren sowie in ihrer täglichen Anwendung werden eine Reihe von Immobilienmerkmalen bereits ganz oder teilweise berücksichtigt, die heute der Nachhaltigkeitsthematik zugeordnet werden – z.B. die Funktionalität. Zur Vermeidung einer Doppelzählung bei einer Berücksichtigung von Nachhaltigkeitsaspekten in der Wertermittlung wird daher folgendes Vorgehen vorgeschlagen:

- Verständigung über die Aspekte der Nachhaltigkeit, die einen unmittelbaren Bezug zu Immobilienmerkmalen aufweisen;
- Überprüfung der anzuwendenden Methode bzw. der gewählten Vorgehensweise hinsichtlich der Fragestellung, ob und inwieweit die der Nachhaltigkeitsthematik zuzuordnenden Immobilienmerkmale bereits erfasst und berücksichtigt werden und Herausarbeitung der ggf. zusätzlich zu berücksichtigenden Immobilienmerkmale;
- Überprüfung der ggf. zusätzlich zu berücksichtigenden Immobilienmerkmale hinsichtlich ihrer direkten Relevanz für den Wert bzw. des Einflusses auf das Immobilienrisiko und Auswahl relevanter Merkmale für eine weiterte Bearbeitung (ggf. auch unter Würdigung der Beschaffbarkeit entsprechender Informationen);
- Auswahl und Begründung der geeigneten Stelle für eine Berücksichtigung im zur Anwendung anstehenden Wertermittlungsverfahren.

Die Möglichkeiten der Berücksichtigung von Nachhaltigkeitsaspekten in der Wertermittlung unterscheiden sich von Verfahren zu Verfahren. Nachstehend werden die gängigen Verfahren als Formel vorgestellt und die Ansatzpunkte („Stellschrauben") für eine Integration von Nachhaltigkeitsaspekten im Sinne von Vorschlägen und Beispielen identifiziert.

Die formelhafte Darstellung der DCF-Methode erfolgt in Abb. 5. In dieser Abbildung sind die Möglichkeiten zur Berücksichtigung der positiven Eigenschaften nachhaltiger Immobilien über die Festlegung der einzelnen Berechnungsparameter der DCF-Methode aufgeführt (umgekehrt können über diese Parameter die Nachteile und Risiken herkömmlicher Immobilien eingepreist werden). Es wird deutlich, dass Nachhaltigkeitsaspekte nahezu jeden Berechnungsparameter beeinflussen können; es ist daher bei der Verwendung der DCF-Methode besonders darauf zu achten, dass nachhaltigkeitsbezogene Chancen und Risiken nicht doppelt berücksichtigt werden. Dies kann u.a. durch ein besonders hohes Maß an Transparenz (d.h. explizite Benennung und Erläuterung von vorgenommenen Anpassungen) im Wertgutachten sichergestellt werden.

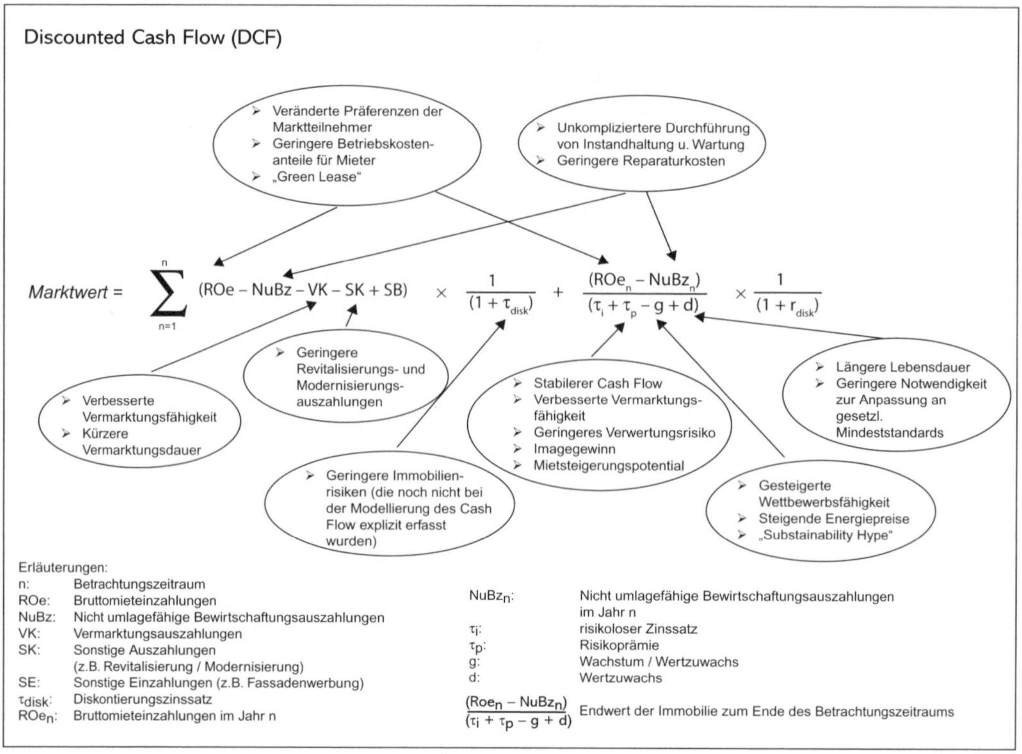

Abb. 5: Möglichkeiten zur Berücksichtigung der positiven Eigenschaften nachhaltiger Immobilien im Rahmen der DCF-Methode

Die besondere Eignung der DCF-Methode zur Berücksichtigung von Nachhaltigkeitsaspekten wird deutlich, wenn man den verwendeten Diskontierungszinssatz genauer betrachtet. Dieser zielt darauf ab, in der Zukunft liegende Risiken bereits heute zu bepreisen; d.h. je höher das mit einem in der Zukunft liegenden Einzahlungsüberschuss verbundene Risiko eingeschätzt wird, desto höher der Diskontierungszinssatz und desto geringer der Barwert dieses künftigen Einzahlungsüberschusses.

Bei der DCF-Methode werden zwar i.d.R. über den gesamten Betrachtungszeitraum von meist zehn Jahren gleichbleibende Diskontierungszinssätze angesetzt; diese Diskontierungszinssätze ergeben sich aber eigentlich als Durchschnittsbetrachtung eines exponentiell ansteigenden Zinssatzes. Denn je weiter die Zahlungsströme in der Zukunft liegen, desto höher die damit verbundenen Risiken. Und bei Immobilien mit dokumentierter oder nachgewiesener Nachhaltigkeit können/müssen diese künftigen Risiken bereits heute als deutlich geringer eingeschätzt werden. Analog gilt, dass herkömmliche Immobilien künftig wahrscheinlich weniger nachgefragt werden, wodurch die mit Hilfe dieser Immobilien generierten Einzahlungsüberschüsse mit einem höheren Risiko behaftet sind und daher der angesetzte Diskontierungszinssatz bereits heute nach oben angepasst werden muss. Dieser Umstand ist in nachfolgender Abb. 6 dargestellt.

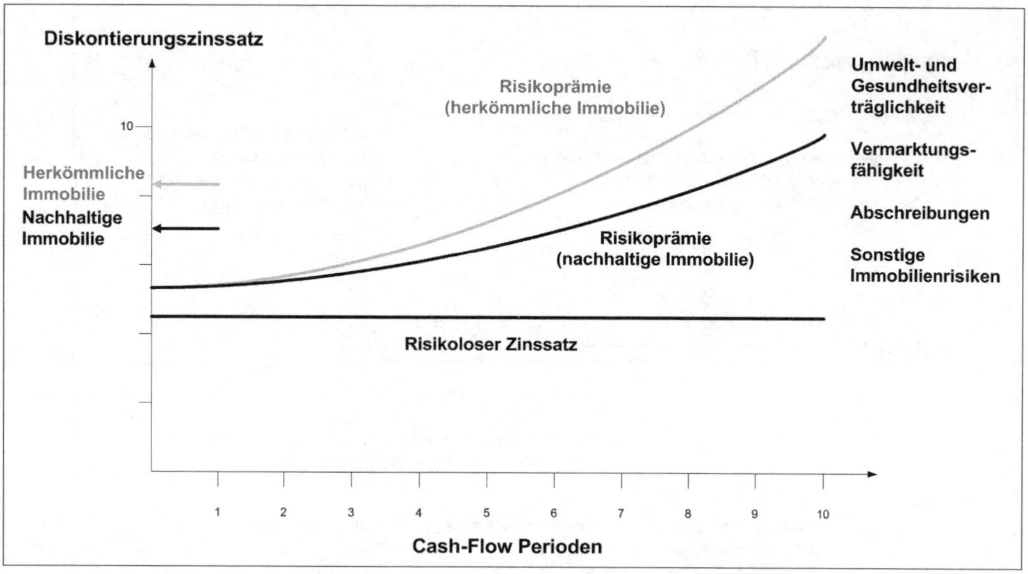

Abb. 6: Diskontierungszinssätze für herkömmliche u. nachhaltige Immobilien

An welchen Stellen bzw. über welche Wertermittlungsparameter eine Berücksichtigung von Nachhaltigkeitsaspekten bzw. der positiven Eigenschaften nachhaltiger Immobilien im Rahmen der übrigen Wertermittlungsverfahren (Vergleichswert-, Sachwert-, und Ertragswertverfahren) erfolgen kann, ist in den nachfolgenden Abb. 7,8,9,10 dargestellt. Für eine allgemeine Erläuterung der traditionellen Wertermittlungsverfahren wird auf die einschlägige Literatur verwiesen (z.B. Thöne und Lorenz, 2007). Mit Hilfe der Abbildungen soll jedoch nochmals verdeutlicht werden, dass eine Einbeziehung von Nachhaltigkeitsaspekten prinzipiell über alle traditionellen Verfahren erfolgen kann und dass hierzu keine Änderung der methodischen Vorgehensweise notwendig ist; die Herausforderungen liegen vielmehr in der Bestimmung und Erläuterung der einzelnen Wertermittlungsparameter sowie in der Darstellung des Bewertungsergebnisses.

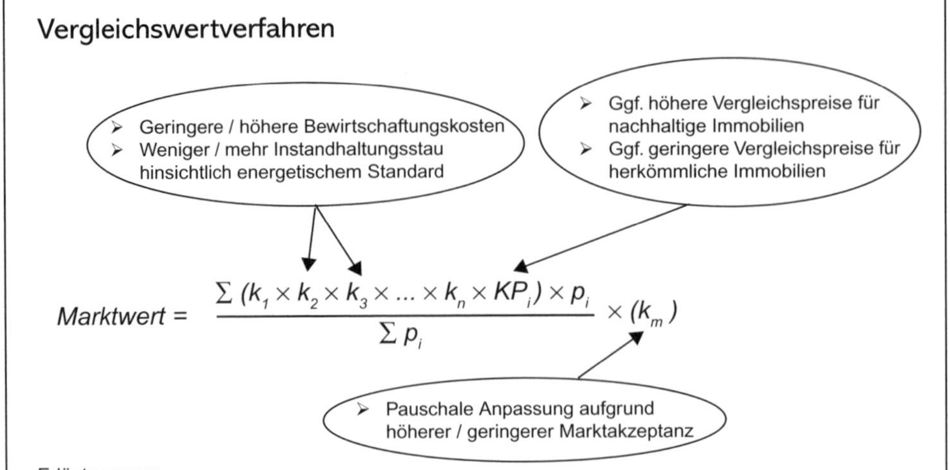

$$\textit{Marktwert} = \frac{\sum (k_1 \times k_2 \times k_3 \times \ldots \times k_n \times KP_i) \times p_i}{\sum p_i} \times (k_m)$$

Erläuterungen:

$k_1 \ldots k_n$: Korrekturfaktoren (z.B. für unterschiedliche Bebaubarkeit, Lage, Zuschnitt, Zustand, energetische Qualität, etc.)

Kp_i: beobachtete Vergleichspreise

p_i: Gewichte der angepassten Vergleichspreise

k_m: Korrekturfaktor Markt bzw. Martanpassungsfaktor (soll nur dann zur Anwendung kommen, wenn wertbeeinflussende Umstände nicht über die übrigen Wertermittlungsparameter berücksichtigt werden können)

Abb. 7: „Stellschrauben" des Vergleichswertverfahrens

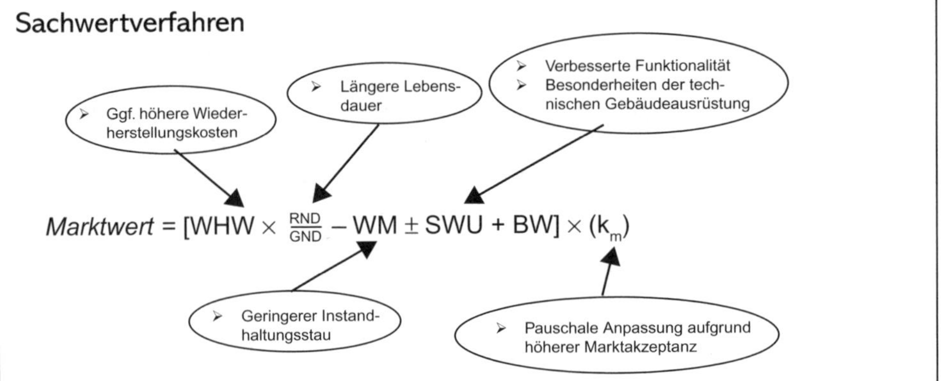

$$\textit{Marktwert} = [WHW \times \frac{RND}{GND} - WM \pm SWU + BW] \times (k_m)$$

Erläuterungen:

WHW: Wiederherstellungswert der baulichen Anlagen (Gebäude, bauliche Außenanlagen, besondere Betriebseinrichtung)

$\frac{RND}{GND}$: $\frac{\text{Restnutzungsdauer}}{\text{Gesamtnutzungsdauer}}$ = Alterswertminderungsfaktor bei linearer Wertminderung

WM: Wertminderung wegen Baumängeln, Bauschäden und Instandhaltungsstau

SWU: Sonstige wertbeeinflussende Umstände (z.B. funktionelle Wertminderung, umweltbedingte Wertminderung, etc.)

BW: Bodenwert

k_m: Korrekturfaktor Markt bzw. Marktanpassungsfaktor (soll nur dann zur Anwendung kommen, wenn wertbeeinflussende Umstände nicht über die übrigen Wertermittlungsparameter berücksicht werden könnnen)

Abb. 8: „Stellschrauben" des Sachwertverfahrens

Ertragswertverfahren (Deutschland)

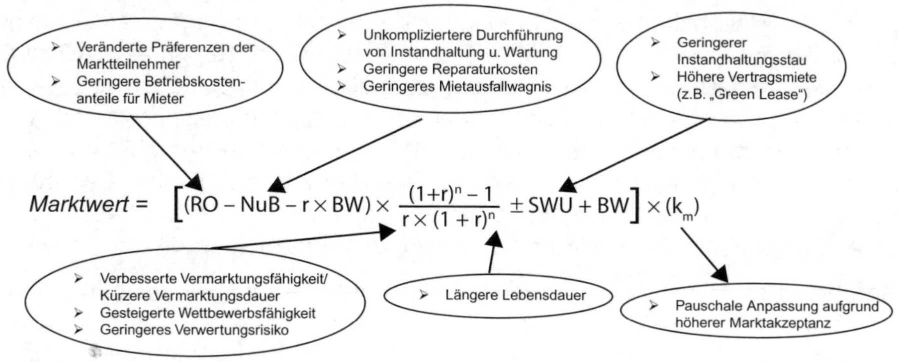

Erläuterungen:

RO:	Rohertrag p.a.
NuB:	Nicht umlagefähige Bewirtschaftungskosten
r:	Liegenschaftszinssatz
n:	Restnutzungsdauer
SWU:	Sonstige wertbeeinflussende Umstände (z.B. wegen Mietvertragsvereinbarungen, die über/unter der Marktmiete liegen)
BW:	Bodenwert
k_m:	Korrekturfaktor Markt- bzw. Marktanpassungsfaktor (soll nur dann zur Anwendung kommen, wenn wertbeeinflussende Umstände nicht über die übrigen Wertermittlungsparameter berücksichtigt werden können)
$\frac{(1+r)^n - 1}{r \times (1+r)^n}$	Vervielfältiger

Abb. 9: „Stellschrauben" des deutschen Ertragswertverfahrens

Ertragswertverfahren (International)

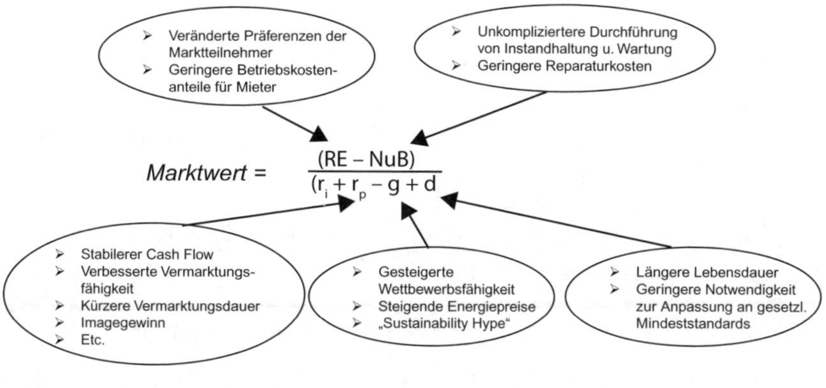

Erläuterungen:

RO:	Rohertrag p.a.
NuB:	Nicht umlagefähige Bewirtschaftungskosten (ohne Mietausfallwagnis)
r_i:	risikoloser Zinssatz
r_p:	Risikoprämie
g:	Wachstum / Wertzuwachs
d:	Abschreibungen
$(r_i + r_p - g + d)$:	All Risks Yield (ARY)

Abb. 10: „Stellschrauben" des internationalen Ertragswertverfahrens

6. Erschließen neuer Informationsquellen

Die Integration von Nachhaltigkeitsaspekten in die Wertermittlung führt zu einer Erweiterung des Informationsbedarfes von Immobiliensachverständigen. Neben einer Objektbegehung wird die Beschaffung und Interpretation zusätzlicher Informationen zu einer Voraussetzung für die sachgerechte Erstellung eines Wertgutachtens. Insbesondere die Erfassung und Bewertung der für eine Wertermittlung relevanten Immobilienmerkmale mit Bezug zur Thematik der Nachhaltigkeit ist eine komplexe Aufgabe. Das gezielte Erschließen von Informationsquellen kann zu einer Einsparung von Zeit und Kosten sowie zur Verbesserung von Qualität und Sicherheit der Bewertungsaussage führen.

Mit der Einführung und verstärkten Anwendung von Systemen zur Beschreibung, Bewertung und Zertifizierung des Beitrages von Einzelimmobilien zu einer nachhaltigen Entwicklung stehen auch der Wertermittlung neue, zusätzliche Informationsquellen zur Verfügung. Insbesondere bei Zertifizierungssystemen darf i.d.R. davon ausgegangen werden, dass Ergebnisse gut geschulter und zugelassener Auditoren nochmals einer Konformitätsprüfung und damit einer externen Qualitätskontrolle unterzogen wurden.

Bewertungs- und -zerifizierungssysteme wurden entwickelt und eingeführt, um die Umwelt- und Gesundheitsverträglichkeit (green buildings) bzw. die Nachhaltigkeit von Gebäuden (sustainable properties) zu erfassen, zu dokumentieren, zu bewerten und gegenüber Dritten zu kommunizieren. Ein Einstieg in diese Thematik kann u.a. über entsprechende Fachliteratur erfolgen (siehe z.B. Ebert et al., 2010). Wurde bisher insbesondere auf die zusammenfassende Darstellung des Bewertungsergebnisses im Bereich Nachhaltigkeit – z.B. in Form eines Zertifikates, eines Labels oder einer „Medaille" großer Wert gelegt, so etablieren sich derartige Systeme zunehmend auch als Informationsquelle für Dritte. Voraussetzung ist allerdings, dass neben dem Gesamtergebnis teilaggregierte Bewertungsergebnisse sowie im Bereich der Dokumentation unbewertete Objektinformationen zur Verfügung gestellt werden.

In Deutschland kommen auch für die Nachhaltigkeitsbewertung von Spezialimmobilien u.a. die in Tab. 1 zusammengefassten Systeme zum Einsatz.

D	BNB	Bewertungssystem Nachhaltiges Bauen	N	www.nachhaltigesbauen.de
D	DGNB	Deutsches Gütesiegel Nachhaltiges Bauen	N	www.dgnb.de
UK	BREEAM	BRE Environmental Assessment Method	E/U&G	www.breeam.org
USA	LEED	Leadership in Energy and Environmental Design	E/U&G	www.usgbc.org

Tab. 1: Auswahl der in Deutschland eingesetzten Bewertungssysteme mit Angaben zum Ursprungsland und Bewertungsumfang (N – komplexe Nachhaltigkeitsbewertung, E/U&G – Konzentration auf Energieeffizienz sowie Umwelt- und Gesundheitsschutz)

Weitere Systeme sind u.a. MINERGIE in der Schweiz (http://www.minergie.ch) und TQB in Österreich (https://www.oegnb.net).

Trotz intensiver Bemühungen in der internationalen Normung, in den Interessenvertretungen von Entwicklern und Betreibern von Zertifizierungssystemen sowie in der Forschung zeichnet es sich derzeit nicht ab, dass in näherer Zukunft ein einheitliches System bzw. ein einheitlicher Standard durchzusetzen wäre. Wertermittlern muss daher empfohlen werden, sich einen groben Überblick zu den verfügbaren und angewendeten Systemen zu verschaffen. Bei einer Konzentration auf nutzbare Inhalte und Detailaussagen und weniger auf die Gesamtaussage tritt das konkrete Zertifizierungssystem als solches in den Hintergrund. Es können jeweils – in Ergänzung anderer Quellen – die Informationen entnommen und genutzt werden, die verfügbar sind. Aus Sicht der Relevanz für den Immobilienwert sind für eine Wertermittlung in Deutschland einheimische Systeme vorzuziehen. Die Berücksichtigung eines ggf. vorhandenen Markenwertes eines internationalen Bewertungs- und Zertifizierungssystems bleibt hiervon unberührt.

Bewertungs- und Zertifizierungssysteme sind stets auf konkrete Gebäude- und Nutzungsarten zugeschnitten. Häufig existieren dabei Untervarianten für neu zu errichtende bzw. neu errichtete Gebäude, Gebäude in der unmittelbaren Nutzungsphase sowie Modernisierungsmaßnahmen. Während Varianten für Neubau und Modernisierung den vollständigen Lebenszyklus der Immobilie berücksichtigen, konzentriert sich die Beschreibung und Bewertung von Bestandsbauten auf die Nutzungsphase. Bei den relevanten Bewertungs- und Zertifizierungssystemen existieren Varianten für eine Reihe von Gebäude- und Nutzungsarten, die für eine Betrachtung von Spezialimmobilien von Bedeutung sein könnten (s. Tab. 2). Diese befinden sich in permanenter Weiterentwicklung – wiedergegeben wird der Stand Ende 2010. Systeme für Büro- und Wohnbauten werden hier nicht angegeben.

	Bewertungssystem Gebäude-/Nutzungsart	BNB	DGNB	BREEAM	LEED
Neubau	Handelsbauten		x	x	x
	Industriebauten		x	x	x
	Bildungsbauten (Schulen und Universitäten)	(x)	x	x	x
	Hotelgebäude		x		
	Justizvollzugsanstalten			x	
	Studentenwohnheime			x	
	Pflegeheime			x	
	Krankenhäuser		(x)	x	
	Laborgebäude		(x)		
	Gerichtsgebäude			x	
	Terminalgebäude		(x)		
	Sportstätten		(x)		
	Parkhäuser		(x)		
	Ingenieur-/Infrastruktur-bauwerke	(x)			
Modernisierung	Bildungsbauten (Schulen und Universitäten)			x	
	Handelsbauten			x	
	Justizvollzugsanstalten			x	
	Industriebauten			x	
Bestand bzw. Nutzungsphase	Bildungsbauten				x
	Nutzungsphase allgemein			x	x

Tab. 2: Übersicht zu verfügbaren [x] und aktuell in Entwicklung befindlichen [(x)] Systemvarianten ausgewählter Bewertungs- und Zertifizierungssysteme mit Stand 2010

Abschließend wird darauf verwiesen, dass Bewertungs- und Zertifizierungssysteme neben Informationen zur Gebäude- und zur Prozessqualität auch Angaben zum Grundstück und zum Standort enthalten. Diese werden entweder unmittelbar der Umweltqualität zugeordnet oder gesondert angegeben.

- Nicht immer stehen dem Wertermittler die Ergebnisse einer Nachhaltigkeitsbewertung und –zertifizierung zur Verfügung. Gerade bei Spezialimmobilien dürfte dies häufig eher die Ausnahme sein. In derartigen Fällen muss auf andere Informationsquellen zurückgegriffen werden. Dies sind neben den Ergebnissen einer Begehung u.a. verfügbare Planungsunterlagen und Nachweise, Angaben der Nutzer bzw. des Facility Managements, Angaben einer Bauwerksdiagnose oder ein Due Diligence-Bericht, der Energiebedarfs- und/oder –verbrauchsausweis. Standortangaben können u.a. modernen Informationssystemen (GIS) entnommen werden.

7. Zusammenfassung und Empfehlungen

Die Notwendigkeit zur Berücksichtigung von Nachhaltigkeitsaspekten in der Wertermittlung hat zweifelsohne Konsequenzen für und Auswirkungen auf die Arbeitsweise der Immobiliensachverständigen, die Form und den Inhalt von Wertgutachten, die einzusetzenden Hilfsmittel sowie den Umgang mit und die Präsentation von immobilienbezogenen Informationen. Um eine Berücksichtigung von Nachhaltigkeitsaspekten überhaupt erst möglich zu machen, ist jedoch eine Rückbesinnung bzw. eine Fokussierung auf die technischen und funktionalen Qualitäten der zu bewertenden Immobilien notwendig.

Die traditionellen Verfahren der Wertermittlung sind für eine Berücksichtigung von Nachhaltigkeitsaspekten prinzipiell geeignet; es müssen keine „neuen" Verfahren entwickelt werden. Es bedarf jedoch einer empirischen Untermauerung der im Rahmen der traditionellen Verfahren vorzunehmenden Anpassungen mit Hilfe der Methoden der Transaktionsdatenanalyse (z.B. Regressionsanalysen). Diese empirische Untermauerung ist jedoch i.d.R. nicht von einem einzelnen Sachverständigen zu bewerkstelligen; hier sind in Deutschland insbesondere die Gutachterausschüsse gefragt (d.h. Anpassung und Erweiterung des Informationsgehaltes von Kaufpreissammlungen).

Die Herausforderungen für die Immobilienwertermittlung liegen vor allem in der Anwendung und Weiterentwicklung von Ansätzen zur Erfassung, Verarbeitung und Präsentation immobilienbezogener Informationen. Die Berücksichtigung von Nachhaltigkeitsaspekten in der Wertermittlung ist damit vor allem auch eine Frage der Erhöhung der Transparenz von Wertgutachten. Die Nutzer von Wertgutachten müssen dabei in die Lage versetzt werden, den Argumentations- und Denkprozess des Sachverständigen bei der Wertfindung nachvollziehen zu können. Es wird daher empfohlen den Umfang und Informationsgehalt von Wertgutachten um folgende Aspekte zu erweitern:

- Angabe der Einzelkomponenten verwendeter Kapitalisierungs- und/oder Diskontierungszinssätze bei der Anwendung ertragsorientierter Bewertungsverfahren.
- Sensitivitätsanalyse zur Darstellung möglicher Auswirkungen auf den ermittelten Immobilienwert aufgrund sich verändernder Rahmenbedingungen sowie zur Darstellung der mit der Wertermittlung verbundenen Unsicherheiten.
- Risikodokumentation zur verständlichen Darstellung nachhaltigkeitsbezogener Risiken und Chancen des Bewertungsobjektes, zur Abschätzung des Wertänderungsrisikos sowie zur Verbesserung des Verständnisses des Bewertungsergebnisses sowie der Informationslage von Entscheidungsträgern.

- Separates Kapitel zum Thema Nachhaltigkeit im Wertgutachten zur Erläuterung der grundlegenden Zusammenhänge zwischen Nachhaltigkeitsaspekten und Immobilienwerten sowie der im Bewertungsverfahren vorgenommen Anpassungen der Wertermittlungsparameter bzw. der vorgenommenen Zu- oder Abschläge.

Die Autoren des vorliegenden Beitrages vertreten die Auffassung, dass das Thema Nachhaltigkeit bei allen Bewertungen, also auch bei der Bewertung von Spezialimmobilien, eine Rolle spielt. Dies hat vor allem zwei Gründe: Erstens kann bereits heute von einem höheren Risiko, zum Beispiel einer schnelleren Überalterung bzw. einer Reduzierung der wirtschaftlichen Lebensdauer von herkömmlichen Gebäuden ausgegangen werden. Und zweitens ist zu erwarten, dass heutige Preiszuschläge für nachhaltige Immobilien mittelfristig – d.h. Zug um Zug mit einer Etablierung des nachhaltigen Bauens als Standard – in Preisabschläge für herkömmliche Immobilien umschlagen. Hinsichtlich der praktischen Vorgehensweise zur Berücksichtigung von Nachhaltigkeitsaspekten innerhalb der einzelnen Bewertungsverfahren wurden im Punkt „Berücksichtigung in der Wertermittlung" des vorliegenden Beitrags drei unterschiedliche Ansätze vorgestellt.

Der erste Ansatz („integrativer Ansatz") – die gezielte Anpassung einzelner Wertermittlungsparameter – ist der methodisch schlüssigste, da er sich innerhalb der national und international anerkannten Wertermittlungsverfahren bewegt und zwangsläufig zu einer Erhöhung der Transparenz des Wertfindungsprozesses führt, weil die vorgenommenen Anpassungen der einzelnen Wertermittlungsparameter im Wertgutachten explizit erläutert und begründet werden müssen. Dieser Ansatz ist aus Sicht eines Immobiliensachverständigen jedoch auch der aufwändigste. Ursache- und Wirkungszusammenhänge zwischen nachhaltigkeitsbezogenen Gebäudeeigenschaften einerseits und den jeweiligen Wertermittlungsparametern anderseits müssen erkannt und die Stärke dieser Zusammenhänge aus dem Marktgeschehen, dem weiteren Marktumfeld sowie den lokalen Gegebenheiten abgeleitet werden.

Der zweite Ansatz („pauschaler Ansatz") – die Vornahme pauschaler Zu- oder Abschläge auf das vorläufige Bewertungsergebnis – stellt ursprünglich eine Besonderheit der deutschsprachigen Wertermittlung dar, weil hier derartige Zu- oder Abschläge zur Anpassung des Bewertungsergebnisses an die Lage auf dem Grundstücksmarkt in den jeweiligen Wertermittlungsverordnungen vorgesehen sind. Auf internationaler Ebene waren derartige Zu- oder Abschläge bislang nicht üblich; sämtliche wertbeeinflussende Faktoren sollten hier direkt bei der Bestimmung der einzelnen Wertermittlungsparameter berücksichtigt werden. Aus gutem Grund, denn durch die Vornahmen von pauschalen Zu- oder Abschlägen besteht die Gefahr, dass die Nachvollziehbarkeit des Bewertungsergebnisses für den Nutzer des Gutachtens erschwert wird. Außerdem wird bei der Vornahme von pauschalen Zu- oder Abschlägen zur Berücksichtigung von Nachhaltigkeitsaspekten das Thema Nachhaltigkeit von den übrigen, wertbeeinflussenden Faktoren getrennt. Aus methodischer Sicht ist diese Vorgehensweise zweifelhaft, weil – wie oben gezeigt wurde – die nachhaltigkeitsbezogenen Gebäudeeigenschaften einen Einfluss auf nahezu alle wesentlichen Parameter der Wertermittlung haben können.

Gleiches gilt auch für den dritten Ansatz („Korrekturfaktorenansatz"), der mit der Ermittlung eines Nachhaltigkeitskorrekturfaktors zur Anpassung des vorläufigen Bewertungsergebnisses versucht, einen zusätzlichen Berechnungsschritt in bestehende, anerkannte Wertermittlungsverfahren einzuführen.

Zur Vornahme von pauschalen Zu- oder Abschlägen sowie zur Ermittlung eines Nachhaltigkeitskorrekturfaktors ist jedoch anzumerken, dass diese Vorgehensweisen zum heutigen Zeitpunkt als notwendige, „übergangsweise Brücken" angesehen werden können und momentan praktikable Lösungen zur Einpreisung von Nachhaltigkeitsaspekten darstellen; und zwar solange bis die erforderlichen Datengrundlagen und die „handwerklichen" Voraussetzungen zur Anpassung einzelner Wertermittlungsparameter geschaffen werden.

Unabhängig davon, welcher Ansatz zur Berücksichtigung von Nachhaltigkeitsaspekten in der Wertermittlung zur Anwendung kommt, empfehlen die Autoren, die Beschreibung von Immobilienmerkmalen, die als Grundlage und Ausgangspunkt für die Anwendung der einzelnen Bewertungsverfahren dient, zu erweitern und dem gesteigerten Informationsbedürfnis der Marktteilnehmer anzupassen. Nachfolgend erfolgt ein Vorschlag für eine prinzipielle Struktur zur Beschreibung von Immobilien in Wertgutachten. Dieser Vorschlag führt die traditionellen und die zusätzlichen, nachhaltigkeitsbezogenen Aspekte zusammen, wobei der Übergang zwischen diesen fließend ist. Ziel ist das Erreichen einer für die Wertermittlung erforderlichen Vollständigkeit. Die jeweils in den Klammern aufgeführten Beispiele beziehen sich auf Zusatzangaben, die in Ergänzung zu den bisher üblichen Informationen sinnvollerweise in Wertgutachten beschrieben und in die Wertermittlung einfließen sollten. Bei den zu berücksichtigenden Aspekten handelt es sich um:

Marktdaten

- Informationen zum nationalen Markt (z.B. Entwicklung der Umweltgesetzgebung)
- Informationen zum regionalen Markt (z.B. Trend der demographischen Entwicklung)

Standortangaben

- Informationen zu Makro- u. Mikrostandort (z.B. Trend und Folgen des Klimawandels)

Angaben zum Grundstück

- Grundstücksbeschaffenheit (z.B. Besonnungssituation)
- Grundstücksgestaltung (z.B. Versiegelungsgrad)

Baubeschreibung

- Bauwerk (z.B. Vorhandensein von Gründach / Fassadenbegrünung)
- Haustechnik (z.B. Vorhandensein von Solaranlagen)

Gebäudemerkmale und -eigenschaften

- Technische Qualität (z.B. Umbaubarkeit / Rückbaubarkeit, Recyclingfreundlichkeit)
- Funktionale Qualität (z.B. Barrierefreiheit)
- Umweltqualität (z.B. Umweltrisiken / Umweltverträglichkeit, Ökobilanz)
- Gestalterische und städtebauliche Qualität
- Gesundheit / Behaglichkeit (z.B. Raumluftqualität, Gesundheitsrisiken)
- Ökonomische Qualität (z.B. Lebenszykluskosten)

Angaben zum Cash-Flow

- Einzahlungen (z.B. Einzahlungen aus Einspeisung von Energie)
- Auszahlungen (z.B. Auszahlungen für Versicherungen von Solaranlagen)

Objektimage

- Image (z.B. Vorhandensein eines Nachhaltigkeitslabels bzw. -Zertifikats)

Angaben zur Prozessqualität

- Qualität der Planung (z.B. externe Prüfung)
- Qualität der Errichtung (z.B. Qualitätsüberwachung)
- Qualität der Bewirtschaftung (z.B. systematische Instandhaltung)

Es wird erwartet, dass es zu einer allmählichen Annäherung der für eine Objektbeschreibung, eine Nachhaltigkeitsbewertung sowie der für eine Wertermittlung zu Grunde zu legenden Immobilienmerkmale kommen wird. Wertermittler können dann noch stärker als bisher diese Synergieeffekte in der Informationsbeschaffung nutzen. Für die Arbeit der einzelnen Immobiliensachverständigen ist es aus Sicht der Autoren weiterhin empfehlenswert, die im vorliegenden Beitrag enthaltenen Vorschläge und Hinweise zu berücksichtigen und:

- bei der Erstellung künftiger Wertgutachten auf mögliche Zusammenhänge zwischen nachhaltigkeitsbezogenen Gebäudeeigenschaften einerseits und Objektchancen und –risiken sowie den jeweils anzusetzenden Wertermittlungsparametern andererseits zu achten und dies entsprechend zu berücksichtigen;
- das Thema Nachhaltigkeit über ein separates Kapitel im Wertgutachten angemessen zu würdigen, auch wenn hierzu noch keine verbindliche Vorgabe seitens der Sachverständigenverbände bzw. des Gesetzgebers formuliert wurde;
- Sensitivitätsanalysen und Risikodokumentation zum integralen Bestandteil von Wertgutachten zu machen;
- die nachhaltigkeitsbezogenen Gebäudeeigenschaften in Gutachten detaillierter zu beschreiben und hierzu vor allem auch Ergebnisse und Inhalte von Energieausweisen und Zertifizierungssystemen heranzuziehen; und
- sich mit der Thematik der Gebäudeperformancemessung vertraut zu machen und hierzu ggf. Kooperationen mit anderen Sachverständigen und Spezialisten einzugehen.

8. Ausblick

Die Berücksichtigung von Nachhaltigkeitsaspekten in der Wertermittlung ist für den einzelnen Immobiliensachverständigen mit einem nicht unerheblichen Maß an Aufwand verbunden; dies gilt insbesondere in der aktuell anzutreffenden Situation einer verbesserungsbedürftigen Datenlage. Es ergeben sich jedoch auch Möglichkeiten zur Verbesserung der Wettbewerbsposition. In Verbindung mit einem gesteigerten Beratungsbedürfnis der Marktteilnehmer zum Thema Nachhaltigkeit, das mit der Komplexität des Themas aber auch mit den mit dieser Thematik verbundenen Chancen und Risiken einhergeht, ist in der gegenwärtigen Situation das sachverständige Urteil des Wertermittlers gefragter denn je. Über die Berücksichtigung von Nachhaltigkeitsaspekten kann eine neue Qualität der Dienstleistung „Wertermittlung" erreicht und dazu beigetragen werden, dass die Berufsgruppe der Immobiliensachverständigen ihre Rolle als „Informationsmittler" und „unabhängiger Dreh- und Angelpunkt immobilienbezogener Informationen" behaupten und weiter ausbauen kann. Es ist damit zu rechnen, dass durch Verbände und Einzelautoren verschiedene Leitfäden und Handlungsanleitungen zur Integration von Nachhaltigkeitsaspekten in die Wertermittlung veröffentlich werden. Es wird empfohlen, diese Entwicklungen aufmerksam zu verfolgen.

9. Quellenangaben

Ebert, T., Essig, N. und Hauser, G., 2010, Zertifizierungssysteme für Gebäude – Internationaler Systemvergleich, DETAIL Green Books, München

Ito, M., 2009, Embodiment of added value for Green Real Estate, Tokyo Workshop 2009 on Urban Cap & Trade Towards a Low Carbon Metropolis

Lützkendorf, T. and Lorenz, D., 2007, Integrating Sustainability into Property Risk Assessment for Market Transformation, Building Research & Information, Vol. 35, No. 6, pp. 644-661

Lützkendorf, T. and Lorenz, D., 2009, Key Financial Indicators for Sustainable Buildings, In: UNEP-FI / SBCI'S Financial & Sustainability Metrics Report, Published by: United Nations Environment Programme Finance Initiative, pp. 16-55, 2009

Lützkendorf, T. and Lorenz, D., 2011, Capturing Sustainability – related Information for Property Valuation, Building Research & Information Vol. 39, No. 3, pp. 256-273

Thöne, C. und Lorenz, D., 2007, Immobilienbewertung, In: Mayrzedt, H., Geiger, N., Klett, E. und Beyerle, T. (Hrsg.), Internationales Immobilienmanagement – Handbuch für Praxis, Aus- und Weiterbildung, Vahlen Verlag, München, pp. 437-478

WCED (World Commission on Environment and Development), 1987, Our Common Future, Oxford University Press, New York

Weiterführende / Empfohlene Literatur

Cooper, I. and Symes, M. (Eds.), 2009, Sustainable Urban Development, Volume 4: Changing Professional Practice, Routledge, Oxon

Lorenz, D., d'Amato, M., Des Rosiers, F., van Genne, F., Hartenberger, U., Hill, S., Jones, K., Kauko, T., Kimmet, P., Lorch, R., Lützkendorf, T. and Percy, J., 2008, Sustainable Property Investment & Management – Key Issues and Major Challenges, Published by: The Royal Institution of Chartered Surveyors, London

Muldavin, S., 2010, Value Beyond Cost Savings – How to Underwrite Sustainable Properties, Published by: The Green Building Finance Consortium, Available at: <URL: http://www.greenbuildingfc.com/>

RICS, 2009, Valuation Information Paper No. 13 – Sustainability and commercial property valuation, Published by: The Royal Institution of Chartered Surveyors, London,

Deutsche Übersetzung erhältlich über: <URL: http://www.joinricsineurope.eu/uploads/files/VIP13deutscheuebersetzungfinal.pdf>

UNEP FI, 2010, Disclosing Responsible Property Investing Strategies and Performance, Published by: United Nations Environment Programme Finance Initiative, Available at: <URL: http://www.unepfi.org/publications/property/index.html>

VI. Beleihungswertermittlung

Ullrich Werling

1. Einleitung

1.1 Beleihungswert und Marktwert

Dient ein Grundstück als Sicherheit für ein Darlehen, so ist der Kreditgeber daran interessiert, eine Rückzahlung in verlässlicher Höhe zu erhalten. Dies gilt auch dann, wenn der Kreditnehmer nach Jahren zahlungsunfähig wird und das Kreditinstitut die Sicherheit verwerten muss. Immobilienwerte ändern sich jedoch mit der Zeit, sie können insbesondere auch fallen. Als Ausweg aus diesem Interessenkonflikt bleibt nur, einen Sicherheitenwert zu finden, der unterhalb dessen liegt, was bei vernünftiger Betrachtung als untere Grenze der zukünftigen Wertschwankungen des Pfandobjekts anzusehen ist. Ein solcher Wert versteht sich daher nicht als Stichtagswert, sondern bezieht sich auf einen Zeitraum mehrerer Jahre, in dem er seine Gültigkeit behalten soll. Konstruiert man einen solchen Sicherheitenwert, so folgt daraus, dass dem Pfandobjekt zwei Werte zugeordnet werden: der ihm innewohnende Verkehrswert (Marktwert) zum Stichtag der Wertermittlung und der Sicherheitenwert, der nach eigenen „Spielregeln" ermittelt wird Er liegt in der Regel unterhalb des Marktwerts und soll über Jahre Gültigkeit behalten. Zukünftige Wertänderungen und insbesondere Wertverluste sind naturgemäß nicht sicher vorherzusagen. Notwendig ist daher eine hilfsweise Lösung des Problems, ein „Kunstgriff, der die eigentlich notwendige Prognose ersetzt". Einen solchen Kunstgriff stellt das Konzept des Beleihungswerts nach § 16 PfandBG und BelWertV dar.

Der Beleihungswert ist wie folgt definiert:

Der Beleihungswert darf den Wert nicht überschreiten, der sich im Rahmen einer vorsichtigen Bewertung der zukünftigen Verkäuflichkeit einer Immobilie und unter Berücksichtigung der langfristigen, nachhaltigen Merkmale des Objektes, der normalen regionalen Marktgegebenheiten sowie der derzeitigen und möglichen anderweitigen Nutzungen ergibt. Spekulative Elemente dürfen dabei nicht berücksichtigt werden. Der Beleihungswert darf einen auf transparente Weise und nach einem anerkannten Bewertungsverfahren ermittelten Marktwert nicht übersteigen. (§ 16 Abs. 2 Satz 1 bis 3 PfandBG)

Neben der Definition des Begriffs Beleihungswert hat dieses Konzept im Wesentlichen folgende vier Schwerpunkte:

- organisatorische Regeln, insbesondere zur Auswahl des Gutachters und zur Trennung von Wertermittlung, Beleihungswertfestsetzung und Kreditprozess;
- Vorgaben zur Verfahrenswahl, insbesondere das „Zwei-Säulen-Prinzip", das u.a. bei Spezialimmobilien die Ermittlung von Ertrags- und Sachwert erfordert;
- das Vorsichtsprinzip, meist in Form des Niederstwertprinzips; demzufolge ist beim Auseinanderfallen von objektspezifischen, marktüblichen und nachhaltigen Werten (Miete, Instandhaltungskosten u.Ä.) immer der Ansatz zu wählen, der zum jeweils niedrigeren Ergebnis bei der Wertermittlung führt;

- Regeln zur Wahl der Bewertungsansätze, d.h. die Vorgabe von Sicherheitsab- oder –zuschlägen sowie Grenzwerten (Minimal- oder Maximalansätze bzw. Bandbreiten).

1.2 Pfandbriefdeckung

Der originäre Zweck, den der Beleihungswert laut einschlägiger gesetzlicher Norm hat, ist die Ermittlung der Höchstgrenze, bis zu der Hypotheken zur Deckung von Pfandbriefen genutzt werden dürfen (vgl. § 14 PfandBG). Diese Deckungsgrenze liegt bei 60 Prozent des Beleihungswerts. Die gesamte Vermögensmasse, die der Deckung des Pfandbriefs dient und die im Deckungsregister (§ 5 PfandBG) eingetragen ist, wird häufig als „Deckungsstock" bezeichnet. Der Wert, der den 60 Prozent des Beleihungswerts in Euro entspricht, wird als „Beleihungsgrenze" bezeichnet. Der Begriff „Beleihungsgrenze" darf nicht in der Weise missverstanden werden, dass ein höherer Beleihungsauslauf oder ein höherer Betrag der Hypothek im Grundbuch untersagt wäre; er bezieht sich ausschließlich auf die Begrenzung des Deckungswerts nach § 14 PfandBG. Das bedeutet auch, dass im Zusammenhang mit der Besicherung eines Darlehens durch eine Hypothek, die nicht in den Deckungsstock eines Pfandbriefs aufgenommen werden soll, diese Verordnung nicht eingehalten werden muss.

Beispiel

Will eine Bank im Rahmen einer Unternehmensfinanzierung eine Kiesgrube als Sicherheit hereinnehmen und daran eine Hypothek bestellen, so dürfte dies i.d.R. sinnvoll sein, da auch eine Kiesgrube einen Marktwert hat. Die Bank muss aber keinen Beleihungswert nach dieser Verordnung ermitteln, da Kiesgruben wegen § 16 Abs. 3 Satz 3 PfandBG nicht zur Deckung von Pfandbriefen verwendet werden dürfen.

Die Ermittlung des Beleihungswerts, meist mittels eines Gutachtens (§ 5 Abs. 1 BelWertV), ist von der Festsetzung des Beleihungswerts durch das Kreditinstitut zu unterscheiden. Es handelt sich um zwei voneinander getrennte Schritte im Rahmen des Prozesses der Kreditentscheidung (vgl. § 7 Abs. 1 Satz 3 BelWertV).

1.3 Kapitaldienstfähigkeit und Zinsdeckungsgrad

Kapitaldienstfähigkeit bedeutet allgemein, dass die Liquidität, die dem Darlehensnehmer zur Verfügung steht, für Zins, Tilgung und sonstige Verpflichtungen ausreicht. Die Kapitaldienstfähigkeit wird auf verschiedenen Ebenen analysiert, unter anderem in Bezug auf die gesamten wirtschaftlichen Verhältnisse des Kreditnehmers, indem seine gesamte Liquidität allen von ihm übernommenen Verpflichtungen gegenüber gestellt wird. Diese Betrachtungsweise ist bei der Kreditentscheidung maßgeblich. Daneben wird auch die Kapitaldienstfähigkeit auf Objektebene betrachtet, wobei hier als Liquidität der Rohertrag des Grundstücks unter Abzug aller laufenden objektbezogenen Kosten betrachtet wird. Diesem Netto-Ertrag werden die Verpflichtungen gegenüber gestellt, die sich aus der Beleihung des Objekts ergeben, also insbesondere Zins und Tilgung. Maß der Kapitaldienstfähigkeit ist der Deckungsgrad, der Debt Service Coverage Ratio (DSCR), das heißt das Verhältnis von Liquidität zu Schuldendienst. Wenn Kreditinstitute die Kapitaldienstfähigkeit auf Objektebene betrachten, so gehen sie meist vom Reinertrag des Objekts aus.

Daher ist die treffende Ermittlung von Roh- und Reinertrag nicht nur für die Wertermittlung, sondern auch für die Beurteilung der Kapitaldienstfähigkeit von großer Bedeutung.

Tritt auf Seiten des Kreditnehmers ein Liquiditätsengpass auf, so kann dieser noch überbrückt werden, wenn die oben beschriebene Liquidität zumindest noch für die Zahlung der laufenden Zinsen ausreicht und wenn eine Verbesserung der Situation in der Zukunft absehbar ist. Deshalb werden auch die Zinsen (ohne Berücksichtigung der Tilgung) mit der Liquidität verglichen. Zwischen beiden sollte ausreichend „Luft" sein, damit Liquiditätsschwankungen (oder auch Zinssteigerungen bei Krediten mit variablem Zins) aufgefangen werden können. Das Verhältnis von Liquidität zu Zinsen wird Zinsdeckungsgrad, interest service cover ratio (ISCR) oder debt burden level genannt. Es kann – ebenso wie der Kapitaldienstdeckungsgrad – auf Ebene des Kreditnehmers oder des Einzelobjekts betrachtet werden.

1.4 Spezialimmobilien als Pfandobjekte

Den gesetzlichen Grundlagen zufolge ist kein bebautes Grundstück allein wegen seiner Nutzungsart von der Aufnahme in den Deckungsstock eines Pfandbriefs ausgeschlossen. Eine unabdingbare Voraussetzung ist allerdings, dass ein Beleihungswert ermittelt werden kann, der während der Dauer der Beleihung Bestand hat. Insbesondere bei einer Spezialimmobilie kommt es deshalb darauf an, ob und inwieweit sie einem Eigentümer nachhaltig einen Ertrag in Gestalt von Miete oder Pacht gewähren kann. Es darf nicht darauf ankommen, dass der Eigentümer selbst in der Lage ist, den Betrieb, für den die Spezialimmobilie bestimmt ist, zu führen. Vielmehr muss es dauerhaft möglich sein, die Immobilie an ein (oder mehrere) Unternehmen zu vermieten bzw. zu verpachten, so dass der Betrieb einen Überschuss abwirft, der sowohl für einen angemessenen Unternehmerlohn (Gewinn) als auch für die Miete bzw. Pacht ausreicht.

Neben diesem betriebswirtschaftlichen Kriterium kommt es auch darauf an, dass es einen hinreichend großen Nachfragerkreis gibt, der für den Betrieb in der Spezialimmobilie als Mieter oder Pächter in Frage kommt. Gibt es nur sehr wenige leistungsstarke Unternehmen einer Branche, wie dies z.B. bei SB-Warenhäusern, großen Elektronik- und Sportfachmärkten, Multiplexkinos oder Diskotheken der Fall ist, so dürfte die Beleihbarkeit auf solche Fälle beschränkt sein, in denen die Dauer bis zur Tilgung des Darlehens (oder eines großen Teils davon) kürzer ist als die Laufzeit des Mietvertrags mit einem Mieter sehr guter Bonität. Andernfalls wäre die Immobilie nur mit einer guten Drittverwendungsfähigkeit im Rahmen einer anderweitigen Nutzung beleihbar. Die Ertragskraft ist erforderlich, um die dauerhafte Werthaltigkeit der Immobilie und die objektbezogene Kapitaldienstfähigkeit des Kreditnehmers sicherzustellen.

Ist der Beleihungswert einer Spezialimmobilie zu ermitteln, so ist immer der Ertragswert zugrunde zu legen. Bei der Ertragswertermittlung sind Besonderheiten vor allem bei der Ableitung des Rohertrags (§ 10 Abs. 3 BelWertV) und beim Ansatz des Modernisierungsrisikos (§ 11 Abs. 7 BelWertV) sowie des Kapitalisierungszinssatzes (§ 12 Abs. 3 BelWertV in Verbindung mit Anlage 3) zu beachten. Die Differenz zwischen Markt- und Beleihungswert ist bei Spezialimmobilien aufgrund des größeren objektspezifischen Risikos im Allgemeinen relativ hoch. Rechnerisch resultiert diese Differenz hauptsächlich aus dem Modernisierungsrisiko, dessen Ansätze nach Anlage 1 vergleichsweise hoch sind, und einer signifikanten Erhöhung des Kapitalisierungszinssatzes im Vergleich zum Liegenschaftszinssatz.

Der Beleihungswert soll ein vorsichtiger Wert sein, der auch dann noch erzielbar ist, wenn sich der Grundstücksmarkt gerade in einer konjunkturellen „Schwächephase“ befindet. Ferner sind Wertminderungen zu berücksichtigen, die für die bewertete Objektart typisch sind. Zugleich soll der Beleihungswert kein Geringst- oder „Angstwert“ sein, der noch unter Berücksichtigung aller theoretisch denkbaren Risiken („Meteoritentheorie“) Bestand haben würde. Krisen ungewöhnlichen Ausmaßes oder exogene Schocks, mit denen zum Wertermittlungsstichtag nicht zu rechnen ist, finden daher im Beleihungswert keine Berücksichtigung.

2. Ertragswert (§§ 8 – 13 BelWertV)

Der Ertragswert wird im Rahmen der Beleihungswertermittlung grundsätzlich in gleicher Weise ermittelt, wie dies auch in der Verkehrswertermittlung geschieht (analog zum allgemeinen Ertragswertverfahren nach § 17 Abs. 2 Ziff. 1 ImmoWertV). Dabei sind einige wichtige Abweichungen zu berücksichtigen, die sich in fünf Gruppen zusammenfassen lassen.

2.1 Abweichungen vom Ertragswertverfahren nach ImmoWertV

Abweichende Ansätze

Die §§ 9 bis 12 BelWertV machen Vorgaben zu den Ansätzen für Rohertrag, Bewirtschaftungskosten und Restnutzungsdauer, die zu Abweichungen zur Ertragswertermittlung nach ImmoWertV führen können und in bestimmten Fällen dazu führen müssen.

Begriffliche Unterschiede

Der wesentliche begriffliche Unterschied ist gemäß § 12 Abs. 3 BelWertV die Verwendung der Bezeichnung „Kapitalisierungszinssatz“ anstelle von „Liegenschaftszinssatz“. Aus der abweichenden Definition des Zinssatzes ergibt sich in vielen Fällen auch ein abweichender Ansatz (im Vergleich zum Liegenschaftszinssatz).

Behandlung von Sonderfällen

Der abweichende Umgang mit bestimmten Sonderfällen, die gerade auch bei Spezialimmobilien häufiger auftreten, ist in § 13 BelWertV geregelt.

Außer-Acht-Lassen objektspezifischer Grundstücksmerkmale

Grundstücksmerkmale, die im Gang des Ertragswertverfahrens keine Berücksichtigung gefunden haben, aber im maßgeblichen Grundstücksmarkt zu einer Werterhöhung oder -minderung führen, werden bei der Verkehrswertermittlung korrigierend berücksichtigt. Eine solche Korrektur ist in den Regelungen der BelWertV nicht explizit vorgesehen. Allerdings ergibt sich aus den definitorischen Grundlagen des Beleihungswerts, dass wertmindernde Besonderheiten bei der Beleihungswertermittlung ebenfalls wertmindernd zu berücksichtigen sind (vgl. § 5 Abs. 4 BelWertV). Beispiele dafür sind unter anderem

Instandhaltungsstau (vgl. § 4 Abs. 5 BelWertV) und Underrent (vgl. § 10 BelWertV). Die Berücksichtigung werterhöhender Besonderheiten lässt sich daraus nicht herleiten. Viele solcher Besonderheiten sind temporärer Natur und dürfen allein deshalb keine Berücksichtigung finden, da der Beleihungswert über eine längere Zeit Gültigkeit haben soll. Die wichtigsten Beispiele dafür sind Fördermittel (Mietzuschüsse), die nur über einen begrenzten Zeitraum gewährt werden, und ein Overrent, das heißt die Differenz zwischen der marktüblich erzielbaren Miete und einer darüber liegenden, vertraglich vereinbarten Miete. Bei anderen Besonderheiten (zum Beispiel Erlöse für die Anbringung von Zigarettenautomaten, Mobilfunkantennen, Plakatwänden) lässt sich eine zeitliche Beschränkung zwar nicht beziffern, aber es besteht das Risiko, dass auch diese im Zeitablauf wegfallen können. Aus Gründen der Vorsicht wird diesem Risiko ebenfalls dadurch Rechnung getragen, dass solche Werterhöhungen unberücksichtigt bleiben.

Getrennte Ansätze für verschiedene Nutzungsarten

Grundsätzlich sind alle Ansätze, die in den Rechengang des Ertragswertverfahrens einfließen, nach Nutzungsarten zu gliedern. Im Hinblick auf die Mietflächen und die Mietpreise ist das auch in der Verkehrswertermittlung üblich. Ungewöhnlich ist die Anforderung des § 12 Abs. 3 Satz 4 BelWertV, auch die Kapitalisierungszinssätze gesondert nach Nutzungsarten anzusetzen. (Im Unterschied dazu bezieht sich der Liegenschaftszinssatz auf das Gesamtgrundstück.) Im Einzelfall können diese gesonderten Ansätze in der Gesamtbetrachtung zu einem marktfernen Ergebnis führen.

Beispiel

Institutionelle Investoren, die Gewerbeimmobilien wie Bürohäuser, Shopping Center oder Logistikanlagen erwerben, betrachten das Vorhandensein einiger Wohnungen in der Immobilie als Nachteil oder Ankaufshindernis. Daher bedingen solche „Beimischungen" eine Wertminderung, das heißt eine Erhöhung des Liegenschaftszinssatzes. Da jedoch für Wohnungen meist ein niedriger Zinssatz üblich ist, würde die „Beimischung" von Wohnungen zu einer Büroimmobilie den Kapitalisierungszinssatz, bezogen auf das Gesamtgrundstück, senken und so das rechnerische Ergebnis der Ertragswertermittlung erhöhen.

Trotz dieses Widerspruchs zur realen Preisbildung ist der Ansatz nutzungsartspezifischer Kapitalisierungszinssätze zwingend vorgeschrieben. Das Ergebnis, das heißt der sich ergebende „Mischzins", sollte vom Gutachter immer hinsichtlich seiner Marktüblichkeit geprüft werden.

Der Ansatz der Restnutzungsdauer stellt sich als schwieriger heraus, wenn man dem Wortlaut der BelWertV folgt: Einerseits ist nach § 12 Abs. 2 Satz 2 die Restnutzungsdauer objektspezifisch einzuschätzen, andererseits sind die in Anlage 2 genannten Erfahrungssätze zu berücksichtigen, die nach Nutzungsart gegliedert sind. Diese Gliederung kennt, ebenso wie jene für die Kapitalisierungszinssätze, keine Objekte mit Mischnutzung. Summarisch betrachtet sollte davon ausgegangen werden, dass alle Flächen innerhalb eines Gebäudes die gleiche Restnutzungsdauer haben, sowie beim Ansatz einer gebäudespezifischen Restnutzungsdauer den vorhandenen Nutzungsarten und den ihnen in Anlage 2 zugeordneten Erfahrungssätzen Rechnung getragen werden.

2.2 Rohertrag (§ 10 BelWertV)

Der Rohertrag hat im Ertragswertverfahren stets einen sehr großen Werteinfluss, sein Ansatz muss daher mit besonderer Sorgfalt erfolgen. Ferner ist der Rohertrag nicht nur eine Größe im Ertragswertverfahren, sondern hat zugleich großen Einfluss auf die Kapitaldienstfähigkeit. Er spielt in der Verkehrs- und der Beleihungswertermittlung dieselbe Rolle. Qualitativ und in seinen Bezügen zu den Zahlungsströmen ist der Rohertrag in beiden Wertermittlungen identisch. Allerdings ergibt sich aus dem speziell für die Beleihungswertermittlung eingeführten Niederstwertprinzip, dass die Ansätze des Rohertrags in den beiden Wertermittlungen verschieden sein können. Unterscheiden sich tatsächliche (vertragliche), marktübliche und nachhaltig erzielbare Miete voneinander, so ist der niedrigste dieser drei Werte anzusetzen.

2.3 Mietbegriffe und Ertragsansätze

Nettokaltmiete

Generell entspricht der Rohertrag der Netto-Miete, also die Miete, in der insbesondere folgende Zahlungen nicht enthalten sind:

- Umlagen und Vorauszahlungen für Betriebskosten,
- Umsatzsteuer (Mehrwertsteuer),
- Sonderzahlungen für weitergehende Leistungen des Vermieters (Serviceleistungen des betreuten Wohnens, Marketing für Einkaufszentren u.ä.).

Betriebskosten

In wenigen Mietmärkten sind (Teil-)Inklusivmieten marktüblich. Beispielsweise werden im filialisierten Einzelhandel häufig die Kosten für Grundsteuer und Gebäudeversicherung vom Vermieter getragen. In diesen besonderen Fällen wird ausnahmsweise die gesamte Inklusivmiete als Rohertrag angesetzt (sofern sie nachhaltig erzielbar ist). Die Kostentragung durch den Vermieter wird berücksichtigt, indem entsprechende Abschläge im Rahmen der Bewirtschaftungskosten vorgenommen werden. Außerdem werden in Mietverträgen des Einzelhandels häufig die Betriebskosten einzeln aufgezählt, die der Mieter trägt. In diesem Fall sind nicht genannte Betriebskosten, die zum Beispiel übersehen wurden oder später entstehen, vom Vermieter zu tragen. Diesem Risiko sollte durch einen zusätzlichen Ansatz Rechnung getragen werden.

Beispiel

Übernahme bestimmter Betriebskosten durch den Vermieter marktüblich und im Einzelfall auch vereinbart, vereinbarte Miete: 12,00 €/m², Mietfläche: 1.100 m², Neubau-Herstellungswert: 500.000 €, umlegbare Betriebskosten (im Vertrag abschließend aufgezählt): Heizkosten, Heizungswartung, Elektroenergie, Reinigung und Pflege der Außenanlagen, Straßenreinigung, Müllabfuhr vom Vermieter zu tragen (im Vertrag aufgezählt): Grundsteuer, Versicherungen geschätzte Höhe der vom Vermieter monatlich zu tragenden Betriebskosten: 0,50 €/m² zzgl. 0,25 €/m² zur Deckung des Risikos, dass Kosten entstehen könnten, die nicht in der Aufzählung enthalten sind

Rohertrag: 12,00 €/m² x 1.100 m² = 13.200 € mtl., d.h. 158.400 € p.a.

Bewirtschaftungskosten

Verwaltungskosten: 1,5 % vom Rohertrag, d.h. 2.376 € p.a.

Instandhaltungskosten: 7,50 €/m², d.h. 8.250 € p.a.

Mietausfallwagnis: 4 % vom Rohertrag, d.h. 6.336 € p.a.

nicht umlegbare Betriebskosten: 0,75 €/m², d.h. 825 € mtl., d.h. 9.900 € p.a.

Modernisierungsrisiko 0,3 % des Herstellungswertes, d.h. 1.500 € p.a.

Bewirtschaftungskosten insgesamt (im Rahmen der Beleihungswertermittlung):

28.362 € p.a. (entspricht rd. 18 % des Rohertrags)

Reinertrag: 158.400 € – 28.362 € = 130.038 € p.a.

Umsatzsteuer

Wenn die tragbare Miete aus wirtschaftlichen Daten des Betriebes abgeleitet wird, so ist u.a. zu prüfen, inwieweit die Umsätze des Betriebs Umsatzsteuer enthalten. Da dem Rohertrag immer Netto-Beträge zugrunde zu legen sind, muss enthaltende Umsatzsteuer in Abzug gebracht werden. Relevant ist das Erfordernis des Umsatzsteuerabzugs u.a. in folgenden Fällen:

- Hotels (differenziert nach Logis [7 % USt.] und F&B [19 % USt.])
- Kurzfristige (stunden- oder tageweise) Parkplatzvermietung (19 % USt.)
- Spielfeldmiete in Tennisanlagen (Gesamtmiete ist aufzuteilen in einen umsatzsteuerfreien und einen umsatzsteuerpflichtigen Anteil)
- Kino (19 % USt.)

Die Übersicht ist nicht abschließend, außerdem können objektspezifische Besonderheiten umsatzsteuerlich relevant sein. Generell sollte dazu der Betreiber oder sein steuerlicher Berater befragt werden.

Marktübliche, nachhaltig erzielbare und tatsächliche Mieten

Aus § 10 Abs. 1 Satz 2 BelWertV ergibt sich, dass im Regelfall neben der vertraglich vereinbarten Miete die nachhaltig erzielbare Miete zu betrachten und die niedrigere von beiden in Ansatz zu bringen ist. Der Sachverständige muss sich daher insgesamt mit drei Mietbegriffen auseinandersetzen: Marktübliche Miete (§ 17 ImmoWertV), nachhaltig erzielbare Miete (§ 10 BelWertV) und vertraglich vereinbarte Miete. Der Begriff der nachhaltigen beziehungsweise nachhaltig erzielbaren Miete wird in § 10 Abs. 1 BelWertV eingeführt und ist zentral bei der Ermittlung des Beleihungswerts. In früheren Versionen der Wertermittlungsverordnung war die nachhaltige Miete ebenfalls der Ausgangspunkt der Verkehrswertermittlung; er wurde durch die marktübliche Miete abgelöst. Zugleich wird häufig darauf verwiesen, dass marktübliche Mieten zugleich nachhaltig erzielbar seien, es also keinen Unterschied zwischen beiden gäbe. Davon abweichend sind Marktüblichkeit und Nachhaltigkeit im Rahmen der Beleihungswertermittlung Konzepte mit unterschiedlicher Bedeutung: unter bestimmten Marktbedingungen können ausnahmsweise marktübliche Miete i.S.d. § 17 ImmoWertV und nachhaltige Miete i.S.d. § 10 Abs. 1 BelWertV voneinander verschieden sein.

Vor dem Hintergrund der Definition des Beleihungswerts als vorsichtiger, für die gesamte Zeit der Beleihung gültiger Wert lässt die zitierte Regelung keine andere Deutung zu als die, dass der nachhaltige Ertrag so anzusetzen ist, dass er auch in den Folgejahren bei Neuvermietung (oder Vertragsverlängerung) dieser Ertrag wahrscheinlich erzielt wird. In der BelWertV wird der „marktübliche Ertrag" beziehungsweise die „marktübliche Miete" nicht erwähnt. Ihnen kommt daher – zumindest theoretisch – nur die Rolle eines Hilfswerts zu, der der Plausibilisierung oder der Stützung der „nachhaltigen Miete" dienen kann. In vielen Fällen gibt es keine stichhaltigen Gründe dafür, der marktüblichen Miete ihre Nachhaltigkeit abzusprechen. Auch in der Praxis der kreditwirtschaftlichen Wertermittlung ist die Übereinstimmung von marktüblicher und nachhaltig erzielbarer Miete der Normalfall.

Ausnahme: Nachhaltig erzielbare Miete unterhalb marktüblicher Miete

Es darf aber nicht übersehen werden, dass in bestimmten Fällen Zweifel an der nachhaltigen Erzielbarkeit der marktüblichen Miete gerechtfertigt sein können. Die Büromieten in Frankfurt haben beispielsweise seit 1990 zwei Zyklen durchlaufen, deren Scheitelpunkte sehr nahe beieinander lagen. In den Jahren 1991 und 2001 erreichten die Spitzenmieten Werte über 45,00 Euro pro Quadratmeter, um danach bis auf Werte von knapp über 30 Euro pro Quadratemeter abzufallen. Seit 2005 ist die Volatilität der Mietwerte geringer geworden (vgl. Abb.). Sollten sich die Mieten in den nächsten Jahren wieder signifikant erhöhen und den Werten von 1991 und 2001 annähern, so stellt sich die Frage, ob dieser Anstieg ebenso wenig nachhaltig ist wie die beiden vorhergehenden.

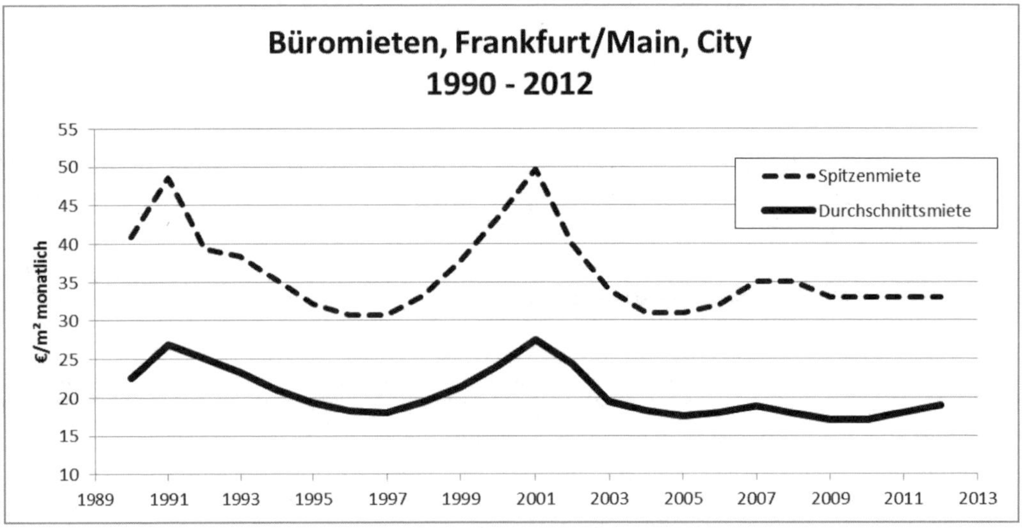

Abb. 1: Spitzenmiete für Büro in Frankfurt/M. seit 1990
Daten: BulwienGesa AG, eigene Darstellung

Abbildung 1 zeigt: Die marktübliche Miete ist nicht zwangsläufig nachhaltig erzielbar. Auch wenn dieser Ausnahmefall im Einzelnen schwer nachweisbar ist, muss trotzdem der

Sachverständige die marktübliche Miete immer mit der geforderten Vorsicht der kreditwirtschaftlichen Wertermittlung prüfen, also „mit spitzen Fingern anfassen".

Bei Spezialimmobilien kann es vorkommen, dass der erste Mietvertrag noch vor Errichtung des Gebäudes abgeschlossen wird. Für die Preisfindung sind in diesem Fall die Investitionskosten des Bauherrn und Vermieters von großer Bedeutung. Eine Miete, die zu niedrig im Vergleich zu den Kosten ist, wird der Vermieter nicht akzeptieren, und das Gebäude wird nicht errichtet. Bei Bestandsimmobilien ist die Ausgangslage anders: Die Immobilie ist vorhanden und soll nicht leer stehen. Daher hat der Vermieter weniger Verhandlungsmacht und akzeptiert eine geringere Miete. Daher können sich die marktüblichen Mieten für Neubauten und Bestandsimmobilien deutlich unterscheiden. Dies gilt insbesondere für Stand-Alone-Objekte des filialisierten Einzelhandels (Lebensmittel-Discounter, SB-Warenhäuser) und Gewerbehallen.

Bei diesen Einzelhandels- und Gewerbeimmobilien fallen die Mieten, die bei Erst- und Folgevermietungen erzielbar sind, erfahrungsgemäß auseinander. Abschläge von 10 bis 40 Prozent, bezogen auf die Ist-Miete nach Ablauf der 10- bis 15-jährigen Mietzeit, sind selbst dann nicht ungewöhnlich, wenn der erste Mieter im Objekt verbleibt und die Verlängerung des Mietvertrages von einer Verringerung der Miete abhängig macht. Aus der Sicht des Beleihungswertes stellt dies ein Problem dar, obwohl es aus der Sicht eines Kreditinstituts unproblematisch sein kann, wenn hinreichend hohe Tilgungen während der Kreditlaufzeit aufgebracht werden.

Beispiel

Neu errichtete Logistikimmobilie mit 10-jährigem Mietvertrag, Fläche: 10.000 m²; Mietpreis: 5,00 €/m²; Rohertrag: 600.000 € p.a., Bewirtschaftungskosten (tatsächlich): 10 % des Rohertrages; Bewirtschaftungskostenansatz nach § 11 Abs. 2 Satz 2 BelWertV: 15 % des Rohertrages, Reinertrag, tatsächlich: 540.000 € p.a. angesetzt: 510.000 €,

Ertragswerte (auf Basis der vertraglich vereinbarten Miete, Berechnung nicht dargestellt):

7,2 Mio. € (Verkehrswert) / 6,2 Mio. € (Beleihungswert)

Bestandsimmobilie nach Ablauf von 10 Jahren

Marktübliche Miete für Bestandsimmobilien: 3,50 €/m² (Rohertrag: 420.000 € p.a.)

Ertragswerte (auf Basis der marktüblichen Miete für Bestandsimmobilien ohne 10-jährigen Mietvertrag, d.h. mit unbestimmter Mietdauer):

5 Mio. € (Verkehrswert) / 4,5 Mio. € (Beleihungswert)

Schlussfolgerung: Im Falle einer 10-jährigen Beleihung darf der Beleihungswert bei maximal 5 Mio. € liegen.

Exkurs Kapitaldienstfähigkeit und Beleihungswert

Aufgrund der Ertragslage der ersten zehn Jahre könnte das Kreditinstitut auch einen höheren Betrag als Darlehen gewähren, wenn zugleich ausreichende Tilgungen vereinbart würden. Bei einem Darlehen über sechs Millionen Euro wäre ein Kapitaldienst in

Höhe von acht Prozent (4 % Zinsen, 4 % anfängliche Tilgung) gedeckt. Nach dem Ablauf von zehn Jahren wären mehr als 50 Prozent des Darlehens zurückgezahlt, so dass die Verringerung des Wertes im Laufe der zehn Jahre kein besonderes Risiko darstellt. Vom Darlehen können allerdings nur drei Millionen Euro (60 Prozent des Beleihungswertes) in der Deckungsmasse eines Pfandbriefs berücksichtigt werden.

Ableitung des Rohertrags

Obwohl Immobilien mit Spezialnutzungen wie Kraftwerke, Produktionsanlagen oder Indoor-Skihallen, als Sicherheit für Realkredite ungeeignet erscheinen, enthalten die gesetzlichen Regelungen zum Hypothekenpfandbrief keine Ausschlussklauseln für einzelne Nutzungsarten. Vielmehr ist es zunächst Sache des Kreditinstituts zu entscheiden, wie mit „Exoten" zu verfahren ist. Wesentlichstes Kriterium aus der Sicht der Beleihungswertermittlung ist auch dabei die Kapitaldienstfähigkeit. Es ist also zu klären, ob und in welcher Höhe aus dem Objekt Mieterträge nachhaltig erzielt werden können. Regelmäßig wird diese Frage bejaht bei Hotels, Einkaufs- und Fachmarktzentren, Pflegeheimen, Logistikanlagen und bestimmten medizinisch genutzten Objekten. Andere Immobilien wie Produktionshallen, Kraftwerke, Photovoltaik- und Windenergieanlagen, Flugplätze, Tank- und Raststätten, Freizeitimmobilien, Kurzumtriebs-Plantagen usw. werden nur von wenigen Kreditinstituten als Beleihungsobjekte in Betracht gezogen. Soll ein Beleihungswert für eine Spezialimmobilie ermittelt werden, so ist davon auszugehen, dass das beauftragende Kreditinstitut dem Objekt die Beleihbarkeit nicht grundsätzlich abspricht. In einem solchen Fall ist zunächst zu entscheiden, auf welchem Weg der Rohertrag abzuleiten ist: aus marktüblichen Mieten oder aus betriebswirtschaftlichen Daten der Nutzungsart.

In die erste Gruppe fallen insbesondere Einzelhandelsimmobilien, Gastronomieflächen und Logistikanlagen, in die zweite vor allem Hotels, Pflegeheime und Kliniken. In § 10 Abs. 2 BelWertV ist ausgeführt: *Im Falle von Hotel-, Klinik-, Pflegeheim- oder einer vergleichbaren Nutzung sind die daraus resultierenden Roherträge [] auf der Basis vorsichtig angenommener, durchschnittlich erzielbarer Umsätze pro Zimmer oder Bett herzuleiten.* Wie dies im Einzelnen erfolgen soll, darüber sind der BelWertV keine konkreten Hinweise zu entnehmen. Einen guten Anhaltspunkt bilden die Publikationen von HypZert und VDP zu diesen Nutzungsarten (s. Angaben zum Schrifttum). Wenn möglich ist der Rohertrag der Immobilie ungeachtet der vorhandenen Spezialnutzung zu ermitteln. Beispielsweise ist es für die marktübliche Miete einer Gastronomiefläche an einer Einkaufzone nicht ausschlaggebend, welchen Umsatz ein Gastronom in dieser Fläche erzielt, wenn sie auch als Ladenfläche nutzbar ist. Die nachhaltig erzielbare Miete ist in solchen Fällen standort- und objektabhängig, aber weitgehend unabhängig von der tatsächlichen Nutzungsart. Generell ist es bei vielen Spezialimmobilien so, dass marktübliche Mieten anhand bestimmter Kennzahlen bestimmt oder auf Plausibilität geprüft werden können. Als Bezugsgröße kommen bestimmte Größenangaben (i.d.R. Anzahlen) zu den baulichen Anlagen oder ihrer Ausstattung in Frage, die in unmittelbarem Zusammenhang mit den erzielbaren Umsätzen stehen (siehe Tabelle 1)

Immobilienart	umsatzrelevante Bezugsgröße (fett: zwingend anzuwenden gemäß § 10 Abs. 2 BelWertV)	Anmerkungen
Hotel	**Zimmerzahl, Bettenanzahl,** Kapazität des Tagungsbereichs	Üblicherweise wird die Zimmerzahl (nicht die Bettenzahl) zugrunde gelegt.
Gastronomie	Anzahl der Plätze, ggf. gegliedert nach Ganzjahres- und Saisonplätzen	
Ferienhaus, Ferienwohnung	Anzahl der vermietbaren Einheiten	in Urlaubsgebieten nur in der Hochsaison gute, sonst geringe Auslastung oder Betriebspause
Pflegeheim	**Bettenanzahl**	
Objekte des betreuten Wohnens	Anzahl der Wohnungen	vorrangig über die Wohnfläche
(Reha-)Klinken	**Bettenanzahl**	
Kino	Anzahl Sitzplätze	
Multiplexkino	Anzahl Sitzplätze, Anzahl Säle	
Sportanlage	Anzahl Spielfelder (Tennis, Badminton, Squash) bzw. Bahnen (Kegeln, Bowling)	
Hallenbad, Freizeitbad, Sauna	baurechtlich zulässige Besucherzahl, Anzahl der verschließbaren Garderobenschränke	
Golfplatz	Anzahl der Spielbahnen	
Parkhaus	Anzahl der Stellplätze	
Logistikanlage	Anzahl der Plätze für Europaletten (in Regalen)	vorrangig über die Fläche (meist: Mietfläche, gelegentlich auch BGF)
Verkaufsstätten	Verkaufsfläche	Mietansatz vorrangig über die Mietfläche, Umsatzschätzung / Plausibilisierung der Miete über die VK-Fläche
kleine Flugplätze (Verkehrs- und Sonderlandeplätze)	Anzahl der Flugbewegungen (Starts und Landungen), Anzahl der Abstellflächen unter freiem Himmel und in Hangars	
Photovoltaikanlagen, Windenergieanlagen	Nennleistung (kW_{peak}) oder tatsächlicher Energieertrag (MWh p.a.) bei länger bestehenden Anlagen	
Privatschulen	Anzahl der Schüler	Schülerzahl kann baurechtlich oder schulrechtlich begrenzt sein
Tankstellen	Anzahl der Zapfsäulen	

Bei der Ableitung oder der Überprüfung des Ertrags anhand branchenüblicher Kennzahlen ist grundsätzlich genauso vorzugehen wie in der Verkehrswertermittlung. Allerdings ist auch hier das Vorsichtsprinzip der Beleihungswertermittlung zusätzlich zu berücksichtigen. Liegen die betriebswirtschaftlichen Kennzahlen eines Betriebs über dem Branchenüblichen, so ist besonders kritisch zu prüfen, ob diese Vorteile von Dauer sind oder während der Beleihung entfallen können. Solche temporären oder ausfallgefährdeten Vorteile können sein:

- Lage eines Imbissbetriebs oder einer Tankstelle an einer stark befahrenen Durchgangsstraße, wenn bereits eine Umgehungsstraße geplant ist,
- Abhängigkeit des Umsatzes eines Hotels von wenigen, besonders attraktiven Events, Festivals o.ä.,
- Prominenter Betreiber (Sternekoch) oder sonstige Popularität des Objekts („Schwarzwaldklinik") oder
- Monopolstellung eines Betriebes im örtlichen Markt.

2.4 Overrent, Underrent und temporäre Einnahmen

Overrent und Underrent haben sich als Begriffe für Ist-Mieten ober- bzw. unterhalb der marktüblichen Miete eingebürgert. Analog werden sie in der Beleihungswertermittlung für Abweichungen von der nachhaltig erzielbaren Miete verwendet.

Overrent

Liegt die vertraglich vereinbarte Miete oberhalb der nachhaltig erzielbaren Miete (Overrent), wird dieser Umstand im Rahmen der Beleihungswertermittlung nicht berücksichtigt. Neben der allgemeinen Vorsicht ergibt sich dies auch aus der Tatsache, dass sich selbst bei einem auf Jahre fest vereinbarten Mietverhältnis dieser Vorteil (meist der kapitalisierte Overrent) im Zeitablauf abbaut, so dass zum Ende des Mietverhältnisses der Marktwert niedriger liegen wird. Da der Beleihungswert über die Dauer der Beleihung Bestand haben soll, darf der Overrent, der ja nur wenige Jahre den Wert beeinflusst, nicht berücksichtigt werden.

Underrent

Liegt die vertraglich vereinbarte Miete unterhalb der marktüblichen und/oder der nachhaltig erzielbaren Miete (Underrent), so ist nach § 10 Abs. 1 Satz 2 BelWertV die vertraglich vereinbarte Miete als Rohertrag anzusetzen. Die nachhaltig erzielbare Miete, die in diesem Fall höher ist, bleibt außer Betracht. Im Einzelfall kann eine Ausnahme zulässig sein, wenn die Erzielung einer höheren Miete (oberhalb der vertraglich vereinbarten Ist-Miete, aber maximal in Höhe der nachhaltig erzielbaren Miete) gesichert ist oder ohne weiteres durchsetzbar erscheint. Gesichert ist eine höhere Miete insbesondere dann, wenn darüber eine feste vertragliche Vereinbarung besteht (zum Beispiel ein Staffelmietvertrag) und der Zeitpunkt der Erzielung dieser höheren Miete in nicht allzu ferner Zukunft (üblicherweise nicht länger als zwei Jahre) liegt.

Optionen

Optionen können in der Regel einseitig vom Mieter ausgeübt werden. Meist handelt es sich dabei um das Recht, das Mietverhältnis zu bestimmten Konditionen über eine längere Frist fortsetzen zu können. Wurde die Option noch nicht ausgeübt, so richtet sich die Berücksichtigung in der Beleihungswertermittlung nach dem Vorsichtsprinzip. In seltenen Fällen wirkt eine Option werterhöhend. Diese Werterhöhung ist nur im Verkehrswert, nicht jedoch im Beleihungswert zu berücksichtigen. Häufiger wirkt eine Option wertmindernd, da ihre Ausübung umso wahrscheinlicher wird, je mehr die damit verbundenen Konditionen vorteilhaft für den Mieter sind. Dies gilt insbesondere für die Miethöhe: Liegt die mit der Option verbundene Miete (vermutlich) unter der marktüblichen, so ist die Wahrscheinlichkeit höher, dass der Mieter diese ausübt. Daher müssen in der Beleihungswertermittlung Mindererträge, die sich aus einer Optionsausübung ergeben können, in voller Höhe berücksichtigt werden. Die Ertragsminderungen sind also kapitalisiert vom Wert abzuziehen. Dafür eignet sich das Vervielfältiger-Differenz-Verfahren (vgl. Kleiber, W.: Marktwertermittlung nach ImmoWertV, 7. Auflage, Köln 2013, § 8 ImmoWertV, Rn. 337 in Verbindung mit Abb. 35).

Mietfläche

Die Mietfläche ist ein weiterer wesentlicher Bestimmungsfaktor des Rohertrages. Für ihre Bestimmung ist neben den Regelungen der BelWertV die Marktüblichkeit zu berücksichtigen. Dem tragen die Formulierungen „vermietbare Wohnfläche" bzw. „dauerhaft vermietbare Nutzfläche" in § 10 Abs. 1 Satz 3 BelWertV Rechnung. Normalerweise unterscheiden sich die Mietflächenansätze der Markt- und Beleihungswertermittlung nicht voneinander.

Bewirtschaftungskosten (§ 11 BelWertV)

Die Berücksichtigung der Bewirtschaftungskosten erfolgt in der Beleihungswertermittlung analog zum Vorgehen in der Verkehrswertermittlung. Kennzeichnend und abweichend ist auch hier die Auswirkung des Vorsichtsprinzips, das sich grob so zusammenfassen lässt: tatsächliche Kosten, objektarttypische Kosten und die Spannen in Anlage 1 der BelWertV sind zu berücksichtigen und die jeweils ungünstigsten, d.h. höchsten, sind ertragsmindernd in Ansatz zu bringen.

Verwaltungskosten

Die Vorgaben der Anlage 1 beziehen sich auf die Anzahl der Mieteinheiten (für Wohnungen und PKW-Stellplätze) beziehungsweise auf den Rohertrag (gewerbliche Mietflächen). Die Untergrenzen der angegebenen Spannen sind in jedem Falle einzuhalten. Single-Tenant-Objekte verursachen meist nur geringe Verwaltungskosten, die durch vertragliche Regelung auf den Mieter umgelegt werden können. Davon unabhängig ist in der Beleihungswertermittlung der Mindestsatz von ein Prozent des Rohertrags immer einzuhalten. Für einzeln vermietete Stellplätze im Freien sollten ebenfalls Verwaltungskosten angesetzt werden, auch wenn dies in der Verordnung nicht explizit angegeben wird. Kostenlose Kundenparkplätze von Einzelhandelsimmobilien erfordern hingegen keinen eigenen Verwaltungskostenansatz.

Instandhaltungskosten

Objektartabhängige Mindestansätze der Instandhaltungskosten werden in Anlage 1 in zweierlei Form angegeben: einerseits als Prozentsätze der Herstellungskosten, andererseits als Absolut-Beträge. Die Berücksichtigung der Mindestansätze ist dadurch erschwert, dass sich die Ausgangsgröße „Herstellungskosten" auf die Mietfläche bezieht. Um also den Mindestansatz zu ermitteln, müssen die Herstellungskosten (die in der Regel in Euro pro Quadratmeter BGF angegeben werden), zunächst in einen Absolut-Betrag umgerechnet und anschließend durch die Mietfläche dividiert werden. Zusätzlich zu den prozentualen Grenzen sind in Anlage 1 Mindestsätze in Euro pro Quadratmeter Mietfläche angegeben. Grundsätzlich muss der Ansatz der Instandhaltungskosten beide Untergrenzen einhalten (bzw. überschreiten). Das gilt auch, wenn der Mieter die Instandhaltungskosten ganz oder teilweise übernimmt.

Modernisierungsrisiko

Das Modernisierungsrisiko stellt eine Besonderheit der Beleihungswertermittlung dar, das je nach Objektart einen erheblichen Einfluss auf den Beleihungswert haben kann. Dieser Ansatz soll dem beobachtbaren Trend Rechnung tragen, dass vor allem gewerblich genutzte Gebäude bereits lange vor dem Ablauf ihrer Restnutzungsdauer in immer kürzer werdenden Zyklen an die Anforderungen der Mieter (bzw. in vielen Fällen der Kunden und Besucher) angepasst werden müssen. Von Produktions- und Lagerhallen abgesehen ist der Ansatz eines Modernisierungsrisikos für Spezialimmobilien immer notwendig. Der Ansatz für das Modernisierungsrisiko ergibt sich aus den Neubau-Herstellungskosten der baulichen Anlagen. Die einzuhaltenden Spannen gemäß Anlage 1 sind in Prozentsätzen dieser Herstellungskosten angegeben. Die maßgebliche Bezugsgröße ist der Neubau-Herstellungswert (vor Alterswertminderung und Sicherheitsabschlag, ohne Nebenanlagen, Außenanlagen und Baunebenkosten). Das Modernisierungsrisiko bewirkt insbesondere bei Spezialimmobilien und höherwertigen Einzelhandelsimmobilien eine signifikante Verringerung des Ertragswerts, da die einzuhaltenden Mindest-Prozentsätze und gleichzeitig auch die Neubau-Herstellungswerte relativ hoch sind. Unabhängig vom Modernisierungsrisiko wird in der Regel der Kapitalisierungszinssatz zumindest leicht erhöht im Vergleich zum Liegenschaftszinssatz angesetzt, obwohl dies nicht zwingend vorgeschrieben ist. Allein aus diesen beiden Unterschieden (Modernisierungsrisiko und erhöhter Zinssatz) kann sich eine Differenz zwischen Verkehrswert- und Beleihungswert von mehr als 20 Prozent ergeben.

3. Restnutzungsdauer und Kapitalisierungszinssatz

Die Kapitalisierung des Reinertrags, das heißt die Berechnung des Ertragswerts der baulichen Anlagen, erfolgt in gleicher Weise, wie sie auch innerhalb des allgemeinen Ertragswertverfahrens nach ImmoWertV vollzogen wird (vgl. Kleiber, W: Verkehrswertermittlung von Grundstücken, 6. Aufl., Köln 2010, Kapitel V, Unterabschnitt 2).

3.1 Nutzungsdauer

Die BelWertV enthält normative Regelungen zum Ansatz der Restnutzungsdauer, die mit den entsprechenden Vorgaben der ImmoWertV inhaltlich weitgehend deckungsgleich sind. Daher sind im Regelfall in Gutachten zum Beleihungswert die Ansätze der Restnutzungsdauer in der Verkehrs- und Beleihungswertermittlung gleich. Eingeschränkt wird der Ermessensspielraum des Gutachters durch die Spannenangaben der Anlage 2 BelWertV (siehe Abbildung 2).

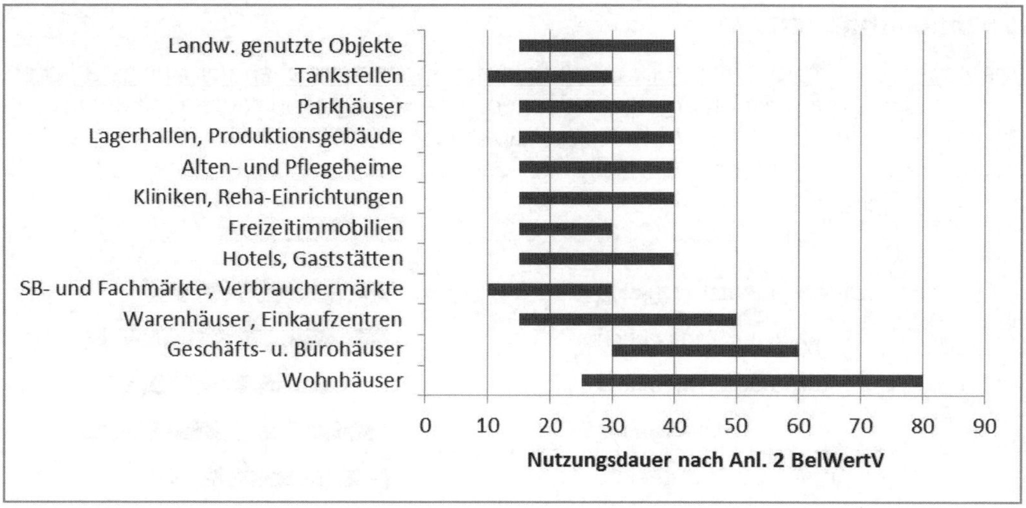

Abb. 2: Nutzungsdauern nach Anlage 2 BelWertV

Die Spannenangaben der BelWertV stehen unter dem Begriff „Nutzungsdauer", was die Frage offen lässt, ob nur die Restnutzungsdauer oder zusätzlich auch die Gesamtnutzungsdauer innerhalb dieser Spannen liegen muss. Die strengere Auslegung wird von vielen Kreditinstituten vertreten. Daraus ergeben sich insbesondere für die Immobilienarten mit einer Obergrenze von 30 Jahren (also SB- und Fachmärkte, Freizeitimmobilien sowie Tankstellen) gravierende Konsequenzen: Ist die Immobilie nur wenige Jahre alt, ist bereits eine Restnutzungsdauer von unter 30 Jahren anzusetzen. Damit fällt das Bewertungsobjekt unter die Regelungen des § 15 Abs. 2 BelWertV, was zu einem geringeren Beleihungswert führt.

3.2 Kapitalisierungs- und Liegenschaftszinssatz

Der Kapitalisierungszinssatz nimmt in der Berechnung des Ertragswerts nach BelWertV den Platz des Liegenschaftszinssatzes ein. Er ist damit die einzige Größe, für die eine abweichende Bezeichnung gewählt wurde. Mit dieser begrifflichen Differenzierung soll auf Unterschiede im Inhalt und bei der Herleitung der zwei Zinssätze aufmerksam gemacht werden.

Am besten lässt sich der Kapitalisierungszinssatz in den Fällen ermitteln, in denen eine längere Zeitreihe ortsüblicher Liegenschaftszinssätze für die entsprechende Objektart vorliegt. Allerdings ist das bei Spezialimmobilien selten der Fall. Der Zinssatz sollte sich dann im oberen Bereich der im Laufe der Jahre festgestellten Liegenschaftszinssätze bewegen, ohne dass ein „Angstwert" gewählt werden muss. Es ist zulässig, Liegenschaftszinssatz und Kapitalisierungszinssatz innerhalb eines Gutachtens in gleicher Höhe anzusetzen. Die BelWertV schreibt keinen Mindestabstand zwischen den beiden Zinssätzen vor. Gerade in Krisenjahren mit niedrigen Kaufpreisen und hohen Zinssätzen könnte dies gerechtfertigt sein, in erster Linie aufgrund der Annahme, dass es nicht „noch schlimmer" kommen wird. In der Praxis ist die Übereinstimmung der beiden Zinssätze die Ausnahme und ein Mindestabstand von 0,5 Prozentpunkten die Regel.

Spannenangaben

Die Kapitalisierungszinssätze sollen innerhalb der Spannenangaben der Anlage 3 liegen, insbesondere dürfen die Untergrenzen der genannten Spannen in keinem Fall unterschritten werden. Ein Überschreiten der oberen Spannenwerte ist möglich und in Einzelfällen auch erforderlich, wenn der marktübliche Liegenschaftszinssatz bereits oberhalb der maßgeblichen Spanne liegt.

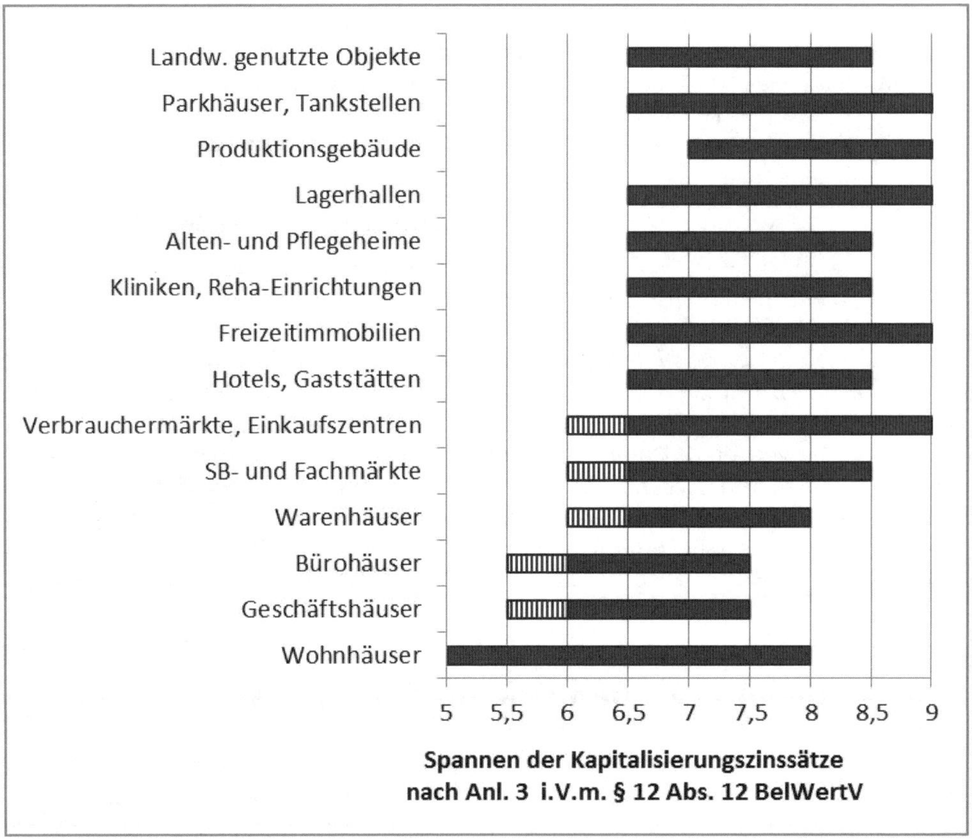

Abb. 3: Spannen der Kapitalisierungszinssätze

Die jeweiligen Untergrenzen der Spannen können für bestimmte gewerbliche Nutzungen um 0,5 Prozentpunkte unterschritten werden, wenn die in § 12 Abs. 4 genannten Bedingungen gegeben sind. Diese Möglichkeit ist allerdings auf die Nutzungsarten „Handel,

Büro und Geschäfte" beschränkt. Die Begriffe sind äußerst unglücklich gewählt, da man unter „Handel" auch Großhandel, z.B. Cash-and-Carry-Märkte, verstehen könnte, eine Nutzungsart, die der Verordnungsgeber wahrscheinlich nicht im Sinn hatte. Letzten Endes kann von dieser Öffnungsklausel bei den Immobilienarten Gebrauch gemacht werden, die in der Grafik durch ein schraffiertes Balkenstück kenntlich gemacht wurden. Allerdings ist ein solcher Ansatz umfangreich zu begründen, da neben der Beschränkung der Nutzungsarten im Abs. 4 neun weitere Kriterien aufgezählt werden, die erfüllt sein müssen, um die Untergrenzen der Kapitalisierungszinssätze um 0,5 Prozentpunkte unterschreiten zu können.

Getrennte Ansätze nach Nutzungsarten

Aufgrund § 12 Abs. 3 Satz 4 BelWertV werden die Kapitalisierungszinssätze für die einzelnen Nutzungsarten eines gemischt genutzten Objekts getrennt angesetzt. Dies steht im Gegensatz zur üblichen Praxis der Verkehrswertermittlung, insbesondere für gemischt genutzte Wohn- und Geschäftshäuser einen einheitlichen Liegenschaftszinssatz zu ermitteln und in Ansatz zu bringen, und ebenso zur Definition des Liegenschaftszinssatzes als marktübliche Verzinsung des Verkehrswerts von Grundstücken (nicht von Grundstücks- oder Gebäudeteilen, § 14 Abs. 3 ImmoWertV). Konsequent durchzuhalten ist der nach Nutzungsarten differenzierte Ansatz ohnehin nicht. Gründe:

- Einkaufszentren, für die eine Spanne von 6,5 bis 9,0 Prozent vorgegeben ist, enthalten neben Einzelhandel oft in untergeordnetem Maße andere Nutzungen (Gastronomie, Freizeit), die nicht gesondert mit einem eigenen Kapitalisierungszinssatz berücksichtigt werden;
- Für Einzelhandelsnutzungen in gemischt genutzten Gebäuden (EG: Einzelhandel, OG's: Büro) gibt es keine separate Spannenangabe, obwohl dies vor allem in 1A-Lagen durchaus angemessen wäre.

Aus den Einzelansätzen ergibt sich rechnerisch ein Mischzinssatz als Kapitalisierungszinssatz; dieser ist kritisch in Bezug auf die Marktüblichkeit und seine Relation zu den langjährigen Spannbreiten marktüblicher Liegenschaftszinssätze zu prüfen.

4. Bodenwert

Der Bodenwert geht im Rahmen der Beleihungswertermittlung in den Rechengang des Ertrags- und des Sachwertverfahrens in gleicher Weise ein, wie dies in der Verkehrswertermittlung der Fall ist. Der Bodenwert unterscheidet sich in der Regel zwischen den beiden Wertermittlungen nicht, wobei der tragende Gedanke der Vorsicht auch beim Bodenwert Beachtung finden muss. Wenn das maßgebliche Planungsrecht die Nutzungsart der zu bewertenden Spezialimmobilie vorschreibt oder zulässt, so hat dies in der Regel einen signifikanten Einfluss auf den Bodenwert. Sie können den Wert steigern (zum Beispiel durch die Zulässigkeit großflächigen Einzelhandels oder einer Hochhausbebauung) oder mindern (z.B. durch die Festsetzung flächenintensiver, ertragsschwacher Nutzungen wie Sport- und Freizeitanlagen oder Schwimmbäder) und im Einzelfall das Grundstück nahezu unverkäuflich und wertlos machen (bei Festsetzung von Nutzungsarten, für die der Standort ungeeignet ist).

5. Sachwert (§§ 14 – 17 BelWertV)

Der Sachwert ist nur in bestimmten Fällen, bei eigengenutzten Wohnimmobilien nach § 4 Abs. 4 BelWertV, die Grundlage der Beleihungswertermittlung. Andererseits ist er, dem Zwei-Säulen-Prinzip folgend, in nahezu allen Beleihungswertgutachten zu ermitteln. Der Gang des Verfahrens nach BelWertV folgt im Wesentlichen den Regelungen der WertV86/88 (vgl. Kleiber, Verkehrswertermittlung von Grundstücken, 6. Auflage, Kapitel V, Rn. 28 – 41). Die Konkretisierungen der aktuellen Sachwert-Richtlinie haben die Sachwertermittlung zwischenzeitlich tiefgreifend verändert. Als wesentliche Punkte sind hier zu nennen:

- Die Bevorzugung der linearen Alterswertminderung (anstelle der Wertminderung nach Ross),
- Die Einbeziehung der Baunebenkosten in die Normal-Herstellungskosten,
- Die Berücksichtigung regionaler Baupreisunterschiede im Rahmen der Marktanpassung des vorläufigen Sachwerts (anstelle einer Anpassung der Herstellkosten mithilfe von Regionalfaktoren).

Die konsequente Umsetzung der verschiedenen Regelungen führt nun dazu, dass im Rahmen der Verkehrs- und der Beleihungswertermittlung zwei Sachwertermittlungen mit erheblichen Differenzen durchgeführt werden müssen. Ein Teil der üblichen Software, die zur Erstellung von Beleihungswertgutachten verwendet wird, lässt dies nur eingeschränkt zu. Davon abgesehen erschwert es die Nachvollziehbarkeit eines Gutachtens, wenn sich die Verfahrensgänge signifikant unterscheiden und die Ansätze nicht vergleichbar sind. Daher ist es in der Praxis immer noch üblich, bei der Sachwertermittlung die BelWertV einzuhalten und damit korrespondierend in der Verkehrswertermittlung auch dem Verfahren nach WertV86/88 zu folgen. Bei Spezialimmobilien, wo der Sachwert nur als Kontrollwert dient, mag dies hinnehmbar sein. Der Sachwert nach § 14 ff. BelWertV ist nach heutigem Verständnis ein vorläufiger Sachwert, der noch der Anpassung an die Marktlage und an sonstige objektspezifische Merkmale bedarf, soweit diese nicht schon in die Ansätze der Sachwertverfahrens eingeflossen sind. Eine entsprechende Regelung enthält § 18 BelWertV, wobei hier nur objektspezifische Merkmale Erwähnung finden. Die Marktanpassung findet jedoch in der BelWertV keine Erwähnung (vgl. dazu § 16 BelWertV) und wird bei Spezialimmobilien auch nicht durchgeführt.

Gemäß § 4 Abs. 3 Satz 2 BelWertV soll der Sachwert mindestens 80 Prozent des Ertragswerts ausmachen. Ist dies nicht der Fall, so ist die Nachhaltigkeit der zugrunde gelegten Erträge und ihrer Kapitalisierung besonders zu überprüfen und zu begründen. Andernfalls ist der Ertragswert (und in Folge dessen auch der Beleihungswert) entsprechend zu mindern. Da die Errichtung von Spezialimmobilien meist mit erheblichem baulichem Aufwand verbunden ist, tritt das Problem eines zu geringen Sachwerts hier relativ selten auf.

5.1 Mieterdienstbarkeiten

Mieterdienstbarkeiten werden in der Regel im Rahmen einer Projektentwicklung oder einer Revitalisierung solchen Mietern eingeräumt, die selbst nennenswerte Investitionen tätigen (Möblierung, Technik, aber auch Standortwerbung), ein langfristiges Mietverhältnis eingehen und aus der Sicht des Vermieters große Bedeutung für das Gelingen des Projekts haben. In erster Linie sind dies großflächige Einzelhandelsfilialisten oder Unternehmen der Hotellerie. Mit einer solchen Dienstbarkeit sichert der Mieter seinen Anspruch, die Räume während der gesamten Laufzeit des Mietvertrages bestimmungsgemäß zu nutzen. Nach einer Zwangsversteigerung könnte der Ersteher das Mietverhältnis normalerweise ohne besonderen Grund kündigen (Sonderkündigungsrecht nach § 57a ZVG). Aber dank der Absicherung durch eine Mieterdienstbarkeit kann der Mieter die Mietsache trotz des Kündigungsrechts weiter nutzen. Daher ist es für den Mieter entscheidend, im Rang vor der Grundschuld der Bank eingetragen zu sein. Aus der Sicht der Bank stellt diese, wie jede vorrangige Belastung, einen Nachteil dar. Außerdem kommt es in hohem Maße auf die Ausgestaltung der Dienstbarkeit an:

Beispiel

Die ABC-GmbH ist Betreiber und Mieter eines Hotels in der Großstadt L. Prinzipiell ist der Hotelmarkt gesund und das Objekt von Übernachtungsgästen gut nachgefragt. Es bestehen gute Chancen für die Eigentümer eines Hotels, Familie P., falls erforderlich einen neuen Mieter oder Pächter zu finden. Die ABC-GmbH zahlt seit dem Februar keine Miete mehr; die Eigentümer kündigen nach drei Monaten fristlos, die Kündigung ist rechtens und wirksam.

Die ABC-GmbH verfügt allerdings über eine Mieterdienstbarkeit (Nutzungsrecht als Hotel). Es ist bei Bestellung der Dienstbarkeit versäumt worden, für den vorliegenden Fall eine Vereinbarung über das sofortige Erlöschen der Dienstbarkeit zu schließen.

Die ABC-GmbH betreibt das Hotel ohne Mietzahlung weiter. Die fehlenden Mieteinnahmen machen die Eigentümer zahlungsunfähig; die Bank betreibt die Zwangsversteigerung. Ein freihändiger Verkauf ist wegen der Dienstbarkeit nicht möglich. Wäre die Dienstbarkeit nun auch noch vorrangig vor der Hypothek, müsste mit einer erheblichen Erlösschmälerung gerechnet werden. Im Nachrang würde die Dienstbarkeit erlöschen, es sein denn, es bestünde eine Stillhaltevereinbarung. Dann hätte auch der Erwerber (der Meistbietende) „den Ärger" mit der ABC-GmbH, so dass auch in diesem Fall mit deutlich niedrigeren Geboten gerechnet werden müsste.

Ausnahmsweise gilt eine vorrangige Mieterdienstbarkeit als unschädlich, was die Eignung zur Kreditbesicherung im Allgemeinen und zur Pfandbriefdeckung im Besonderen angeht, wenn insbesondere folgende Voraussetzungen erfüllt sind (vgl. HypZert GmbH (Hrsg.): „Bewertung von Einzelhandelsimmobilien", 2. Auflage, Berlin 2013; S. 59, 60):

- Gesicherter, bedingter Anspruch auf Löschung der Dienstbarkeit, wenn das Mietverhältnis endet. (Der Anspruch sollte sich auf alle Arten von Beendigung des Mietverhältnisses beziehen, also insbesondere Kündigung durch den Mieter, Beendigung durch Fristablauf oder einvernehmliche Aufhebung, Insolvenz des Mieters sowie Kündigung durch den Vermieter wegen Zahlungsverzug oder anderem vertragswidrigem Verhalten des Mieters. Natürliche Ausnahmen, was den Löschungsanspruch angeht, bilden Kündigungen nach § 57a ZVG und § 111 InsO.)
- Eintragung eines Höchstbetrages für den Wertersatz im Grundbuch. (Als üblich können Werte bis 25.000 angesehen werden.)

- Gesicherter Ausschluss von Änderungen des Höchstbetrages und der wesentlichen Inhalte der Dienstbarkeit, insbesondere der Anspruchsgründe für eine Löschung, sofern die Bank nicht zustimmt.

Die oben genannten Punkte müssen zum Inhalt der Dienstbarkeit gemacht werden. Dies bedeutet, dass mindestens der Höchstbetrag des Wertersatzes und die Tatsache, dass es sich um eine auflösend bedingte Dienstbarkeit handelt, im Eintragungstext in Abteilung II enthalten sein müssen. Die näheren Bestimmungen, wann die Dienstbarkeit erlischt, sind in die Bestellungsurkunde aufzunehmen, die ihrerseits Eingang in die Grundakte findet. Eine Alternative zur vorrangigen Dienstbarkeit ist der Rangrücktritt des Berechtigten hinter die Hypothek der Bank, wenn die Bank zugleich eine sogenannte Liegenlassen-Erklärung abgibt. Sie sichert zu, im Falle einer Zwangsversteigerung abweichende Versteigerungsbedingungen (im Einzelnen das Bestehenbleiben der nachrangigen Mieterdienstbarkeit) bei Gericht zu beantragen. Gegenwärtig erscheint die nachrangige Dienstbarkeit als die weniger komplexe Lösung des Interessenkonflikts zwischen Bank und Mieter, der der Vorzug zu geben ist. Vom Gutachter wird in der Regel eine Einschätzung der Mieterdienstbarkeit in Bezug auf die vorgenannten Punkte erwartet. Der Gutachter sollte darauf verweisen, dass sich seine Einschätzung auf den offensichtlichen Inhalt der Dienstbarkeit beschränkt und eine abschließende, detaillierte Prüfung Sache der entsprechenden Fachabteilungen der Bank (Recht, Risikomanagement) ist.

6. Fazit

Der Beleihungswert dient im Wesentlichen der Sicherheit von Hypothekenpfandbriefen, die auf der Grundlage des Pfandbriefgesetzes herausgegeben werden. Spezialimmobilien, die keinen Beleihungswert nach diesen Vorschriften haben, können trotzdem als Kreditsicherheit, aber nicht als Pfandbriefsicherheit dienen. Die Eignung als Pfandbriefsicherheit und der Beleihungswert von Spezialimmobilien ergibt sich regelmäßig aus ihrem Ertrag, wenn dieser marktüblich ist und nachhaltig erzielbar erscheint. Je unsicherer der Ertrag aus der Spezialnutzung ist, umso wichtiger ist die Möglichkeit einer alternativen Nutzung (Drittverwendungsfähigkeit). Die Differenz zwischen Beleihungswert und Verkehrswert (Marktwert) ist meist relativ hoch, was sich rechnerisch vor allem als dem objektspezifischen Modernisierungsrisiko, den Mindestansätzen der Bewirtschaftungskosten und dem (fast immer) erhöhten Kapitalisierungszins ergibt. Ein häufiger Grund ist auch der Ansatz des Rohertrags, der unter der vertraglich vereinbaren Miete liegt, wenn diese als nicht nachhaltig erzielbar eingeschätzt wird.

7. Literatur

Crimmann, W., Der Beleihungswert, vdp Schriftenreihe Nr. 48, Berlin 2011

Gladenbeck, M., Kreditsicherung durch Grundschulden; Berlin 2011; Smola, R., PfandBG – Kommentar, Berlin 2012

HypZert GmbH (Hrsg.), Studien, u.a. „Bewertung von Gastronomieimmobilien (Systemgastronomie)" Berlin 2011, „Bewertung von Krankenhäusern" Berlin 2008, „Bewertung von Pflegeheimen", Berlin 2011, „Bewertung von Einzelhandelsimmobilien", 2. Auflage,

Berlin 2013, „Bewertung von Logistikimmobilien", Berlin 2010; Lüer, S.; Zell, U.: Bewertung von Pflegeheimen

Milke, B.; Geppert, H.: Beleihungswertermittlung (zum Beleihungswert von Hotels); in Geppert/Werling (Hrsg.): Wertermittlung von Immobilieninvestments, Köln 2009

Pohnert, F. u.a., Kreditwirtschaftliche Wertermittlungen: Typische und atypische Beispiele in der Immobilienbewertung, 7. Auflage, Köln 2011

Reischauer/Kleinhans, Kreditwesengesetz, Loseblattsammlung, 2007; Hofmann, G., Basel III und MaRisk: Regulatorische Vorgaben, bankinterne Verfahren, Risikomanagement; Frankfurt 2011

Verband der Pfandbriefbanken (vdp, Hrsg.): (Hotels)

Werling, U.: Beleihungswertermittlung, in: Kleiber, W.: Verkehrswertermittlung von Grundstücken, 7. Auflage, Köln 2014

Teil B
Nutzungsarten

I. Freizeitimmobilien

Kim Adam, Thomas Albertin, Andreas Konrath

1. Begriffsklärung

Der Begriff Freizeitimmobilien lässt sich zunächst durch Abgrenzung zu den anderen Immobiliensegmenten bestimmen, da der Hauptzweck **nicht** darin besteht, darin zu arbeiten (Büroimmobilien), zu wohnen (Wohnungswirtschaft) oder sich zu versorgen (Handelsimmobilien). In Freizeitimmobilien wird in der Regel auch nichts produziert (Fabriken) oder gelagert (Logistikimmobilien). Im Kontext der Immobilienwirtschaft werden Freizeitimmobilien dem Segment der Spezial- oder Sonderimmobilien zugeordnet. Wesentliches Merkmal von Spezialimmobilien ist, dass sie für einen ganz speziellen Nutzungszweck konzipiert wurden, weshalb sie meist auf einen bestimmten Nutzer zugeschnitten sind und ihre Drittverwendungsfähigkeit eingeschränkt ist. Da die Vielfalt, die sich hinter diesem Immobilientyp verbirgt, wesentlich ausgeprägter ist als in den anderen Segmenten, gehören Freizeitimmobilien mit zu den spannendsten und attraktivsten Immobilientypen. Bei vielen Neuprojekten, sei es im Bereich Shopping, Innenstadtentwicklung, Attraktivierung touristischer Regionen oder der Nachnutzung von Bahnflächen, Hafenarealen und Tagebauflächen, sind Freizeitanlagen als „Leuchtturmprojekte" oft Bestandteil der Planungen. Die Absichtserklärungen der Initiatoren bezüglich der Realisierungsvolumina im Vorfeld der Planungen sind jedoch häufig vielversprechender als das Resultat. Dies lässt sich gut am Beispiel des Planungsbooms der Urban Entertainment Center (UEC) Anfang bis Mitte der 1990er Jahre verdeutlichen. So wurde der Mix aus Handel und Freizeit in Deutschland weitaus zaghafter umgesetzt als dies bei den Vorzeigeprojekten im englischsprachigen Raum (USA und GB) geschehen ist. Bowlingbahnen, Fitness-Center oder Kinos sind in der Nachbarschaft oder innerhalb deutscher Shopping-Center als solitäre Zusatzangebote vorhanden. Das UEC – als massive Agglomeration von „Freizeit und Einkaufen" unter einem Dach – hat sich in Deutschland kaum durchsetzen können.

Das SI in Stuttgart, das CentrO in Oberhausen, das Sony Center am Potsdamer Platz inkl. Umfeld in Berlin sowie das A10-Erlebnis-Center in Wildau mit integrierten beziehungsweise angrenzenden Freizeitangeboten stellen im Wesentlichen das Ergebnis der bundesweiten Planungswelle dar. Die Kombination diverser Freizeitangebote mit Einzelhandel in einem Gebäude kann in Großbritannien und den USA eine Erfolgsgeschichte aufweisen, die im deutschen Markt optimistischer eingeschätzt wurde als sie tatsächlich war. Im Sog der euphorischen Multiplexexpansion wurden schätzungsweise mehr als 50 bis 60 Projekte bundesweit geprüft und geplant. Dass heute nur eine kleine Anzahl dieser teilweise sehr ambitionierten Projekte in der Immobilienlandschaft sichtbar ist, hängt mit den Spezifika von Freizeitimmobilien zusammen, die sie von den anderen Immobilientypen unterscheiden:

- Sensibilität in der Trend- und Nachfrageabhängigkeit
- Erfolgsabhängigkeit von Professionalität und Bonität des Betreibers
- Teilweise schwierige Nachnutzbarkeit
- Kurze Reinvestitionszyklen
- Teilweise geringe Renditen

Insbesondere am mäßigen Erfolg der UEC wird deutlich, dass Angebots- und Nachfragetrends in den Konsum- und Freizeitgewohnheiten, die aus den USA oder Großbritannien auf den europäischen Kontinent einströmen, nicht zwangsläufig auf den deutschen Markt übertragbar sind und dass Freizeitimmobilien, wie es der Name bereits impliziert, unmittelbar mit dem Freizeitverhalten der Nutzer verbunden sind. Es ist daher empfehlenswert, während der Planungs- und Realisierungsphase, die bei größeren Projekten in der Regel drei bis fünf Jahre dauert, den Markt permanent zu beobachten, um rechtzeitig unternehmerische Entscheidungen zur Modifikation des Vorhabens treffen zu können. Vota hat eine Einteilung des Freizeitanlagenmarktes in acht Hauptsegmente (HS) und drei Ergänzungssegmente (ES) vorgenommen, in die sich alle Freizeitangebote integrieren lassen:

- Abendunterhaltung/Entertainment (HS)
- Beherbergung (ES)
- Edutainment (HS)
- Einzelhandel (ES)
- Freizeitparks (HS)
- Gastronomie (ES)
- Gesundheit/Wellness (HS)
- Kultur (HS)
- Natur (HS)
- Sport (HS)
- Veranstaltung (HS)

Die Ergänzungssegmente (ES) bestehen aus Beherbergung, Gastronomie und Einzelhandel, die in den Hauptsegmenten in unterschiedlichen Variationen vorkommen.

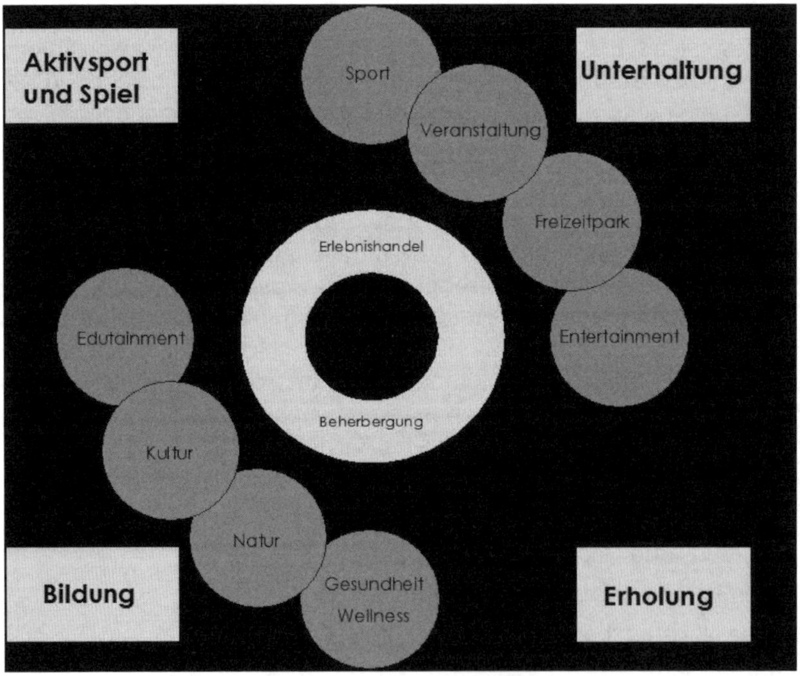

Abb. 1: Einteilung des Freizeitanlagenmarktes
Quelle: Vota Freizeit und Spezialimmobilien GmbH, Hamburg 2011

Die einzelnen Segmente sind natürlich nicht überschneidungsfrei. Es existieren vier Haupttätigkeitsbereiche: Bildung, Unterhaltung, Erholung sowie Aktivsport und Spiel. Jedem der acht Hauptsegmente lässt sich eine Vielzahl von Subsegmenten zuordnen. Insgesamt sind Vota über 200 Anlagenausprägungen bekannt.

2. Markttrends

Die Trends im Freizeitanlagenmarkt verlaufen in Wellen und/oder Schüben, oft bis Marktsättigungen oder sogar Überhitzungen (z.B. Overscreening im Kinomarkt) eintreten. So hat es in den letzten zehn bis fünfzehn Jahren ausgeprägte Boomphasen bei Musicals, Multiplexkinos, Kartbahnen und Bowlingcentern gegeben. Es gibt aber auch Marktsegmente, die aufgrund ihrer Strukturen kontinuierlich wachsen, wie etwa die Freizeitparks. In den vergangenen vier bis fünf Jahren waren es Aquarien, Hallenspielplätze und Indoor-Angebote wie Soccer- und Kletterhallen sowie Edutainment-Center, die zu den wachstumsstärksten und begehrtesten Freizeitanlagen gehörten. Neben den Freizeitanlagen, die am stärksten nachgefragt werden beziehungsweise als besonders attraktiv gelten, sind die Änderungen im Freizeitverhalten ausschlaggebend für die Markttrends. So wirken sich Trends wie Überalterung der Gesellschaft, Vereinzelung, Rückzug in die häusliche Umgebung oder die Suche nach dem besonderen Kick unmittelbar in den Angeboten des Freizeitmarktes aus.

Beispiele dafür sind:

- Spielplätze für aktive Senioren, die aus China über Spanien nach Deutschland importiert werden
- Kontaktforen im Internet (Social Media) oder spontan organisierte Treffen (Flashmob) sowie diverse kommerzielle Kennenlerntreffen (Dating)
- Home Cinema und Spielkonsolen
- Spektakuläre Achterbahnen in Freizeitparks

Die Investitionen und Umsätze der Freizeitanlagen sind aber nur ein Teil des Freizeitmarktvolumens. Diesem werden auch der Gebrauch des PKW für Freizeitfahrten und der private Freizeitkonsum zugerechnet, die hohe Anteile am Gesamtvolumen des Freizeitmarktes von geschätzten über 300 Milliarden Euro besitzen. Der Arbeitskreis Freizeitwirtschaft am Institut der Deutschen Wirtschaft (AFW) in Köln ordnet circa ein Viertel der Konsumausgaben der privaten Haushalte gemäß den volkswirtschaftlichen Gesamtrechnungen des Statistischen Bundesamtes dem Freizeitmarkt zu. Die Ausgaben verteilen sich auf die Bereiche wie folgt:

- Freizeit, Kultur und Unterhaltung ca. 9,5 %
- Freizeitverkehr ca. 8,5 %
- Hotellerie und Gastronomie ca. 5,0 %
- Nachrichtenübermittlung ca. 2,0 %

In der DSSW-Studie zu den „Trends im innerstädtischen Freizeitmarkt"[1] bemerkt Franck dazu: *„Die Subjektivität des Freizeitbegriffes erlaubt keine eindeutige Zurechnung von Waren und Dienstleistungen zum Freizeitmarkt."* Damit ist ein Kernproblem des Freizeitmarktes angesprochen, das sich in vielen Subbereichen, auch bezüglich der Definition spezieller Anlagensegmente, widerspiegelt. So werden Begriffe wie Freizeitpark oder Besucherattraktion sehr unterschiedlich gebraucht.

3. Anforderungen

Die Praxis zeigt, dass die Anforderungen, die an Freizeitimmobilien gestellt werden, teilweise überhöht sind. Von Freizeitimmobilien werden gleichzeitig moderate Investitionsvolumina, hohe Besuchsfrequenzen und positive Effekte auf das Standortumfeld verlangt. Dabei sind die Erfolgsfaktoren in der Planung von Freizeitimmobilien vergleichsweise aufwändig zu prüfen und bedürfen in der Realisierungsphase der Unterstützung möglichst aller beteiligten Parteien aus dem privaten und öffentlichen Bereich. Es reicht nicht aus, nur die bauliche Hülle bereitzustellen. Vielmehr muss viel Arbeitsenergie für den Inhalt/die Konzeptgestaltung sowie für die Suche nach dem richtigen Standort verwandt werden, denn ähnlich wie im Handel zählt die Lage bei den meisten Freizeitimmobilien „dreifach". Des Weiteren sind ein fundierter Businessplan, eine effiziente Projektsteuerung geeigneter Projektpartner und eine attraktive Außenansicht (wie bspw. bei Science Centern oder Aquarien) unerlässlich für den Erfolg.

4. Gesamtnutzungsdauer

Die Gesamtnutzungsdauer wird als maximale Verwendungszeit eines Neubaus für eine Freizeitanlage verstanden. Von Sachverständigen werden rund 30 Jahre Nutzungsdauer für Spezialimmobilien angesetzt. Sie sollte aber im Kontext der Nachnutzungsmöglichkeit betrachtet werden, die von folgenden Faktoren abhängig ist:

- dem Zustand der baulichen Hülle,
- der Nachfrage- und Trendstabilität des Angebotes und
- der wirtschaftlichen Tragfähigkeit des Gesamtangebotes.

Diese Parameter lassen sich gut an maroden Schwimmbädern veranschaulichen, die teilweise 40 bis 50 Jahre alt sind. Die Spirale aus unattraktivem, veraltetem Angebot, sinkenden Besuchszahlen und abnehmenden Erlösen dreht sich bei solchen Einrichtungen immer weiter, bis sie geschlossen und einer Weiterverwertung zugeführt werden müssen. Insbesondere in Gemeinden mit angespannter Haushaltslage wird nach Lösungswegen gesucht, wie der Betrieb unrentabel gewordener Bäder aufrechterhalten werden kann. Ähnlich verhält es sich mit einer Vielzahl in die Jahre gekommener Stadthallen, für die es nach der „Abnutzung" kaum Verwendungsalternativen gibt. An einigen Standorten wird versucht, die öffentlich geführten Hallen in private Hände zu überführen. Als Option kommen Abriss und Neubau von Multifunktionshallen, die den aktuellen Erfordernissen eines modernen Veranstaltungsbetriebes entsprechen, in Betracht oder auch die Umwandlung

1 DSSW – Deutsches Seminar für Städtebau und Wirtschaft (Hrsg.)

in ein Hotel – eine Variante, die nicht für jeden Standort in Frage kommt. Im Bädermarkt ist die Situation teilweise prekär, da der Rückbau und/oder Abriss der Immobilien mit der speziellen Aufbereitungstechnik sehr teuer und eine Weiterverwendung der alten Hülle unter immobilienwirtschaftlichen Gesichtspunkten kaum sinnvoll ist. So sind schon die Becken von Bädern mit Sand gefüllt und als Beach-Sportplatz oder Hallenspielplatz umfunktioniert worden. In Münster wurde in der Übergangsphase bis zur Verwertung ein ehemaliges Bad als Kunstgalerie und Eventlocation genutzt. Die Empfehlung ist häufig, insbesondere für Spezialbauten wie Multiplexkinos oder Aquarien, in denen eigentlich nur diese Nutzung stattfinden kann, einen Neubau einem Umbau vorzuziehen. In Hamburg wurde schlussendlich, nach diversen Versuchen der Nutzungsänderung, ein Multiplexkino nach nur zehnjährigem Betrieb abgerissen. Dies war die logische Konsequenz aus der kinotypischen Bauweise sowie der Anordnung der Kinosäle und Technikräume. Eine der wenigen realisierten Nachnutzungen ist das im Jahr 2007 eröffnete Sea Life in den Herrenhäuser Gärten in Hannover. Das als Regenwaldhaus bekannt gewordene Gebäude wurde nach der Schließung des Betriebes in ein Aquarium der Merlin Entertainments Gruppe umgewandelt.

5. Mietansätze

Die Mietansätze für Freizeitimmobilien weisen eine große Bandbreite auf. Dies hängt unter anderem mit den stark differierenden Investitionen und Umsatzpotenzialen zusammen. Die Mietansätze können innerhalb eines Anlagensegments auch regional stark voneinander abweichen. Im unteren Skalenbereich liegen beispielsweise Hallenspielplätze und Kartbahnen, im oberen Bereich Multiplexkinos und Casinos. Für eine Auswahl von Anlagentypen werden folgende Mietspannen angegeben, die jedoch nicht als verbindliche starre Ansätze zu verstehen sind. Regional und standortabhängig können diese Werte sehr unterschiedlich ausfallen und hängen vom Verhandlungsgeschick der involvierten Parteien ab.

Ausgewählte Mietspannen von Freizeitimmobilien		
Nutzungsart	**Netto-Mietansatz**	**Prämissen**
Hallenspielplätze	3 € bis 6 €/m²/Monat	Annahme für einen 2.000 m² bis 2.500 m² großen Hallenspielplatz in guter Lage
Bowling Center	7 € bis 10 €/m²/Monat	10-12 Bahnen-Center an verkehrsorientiertem Standort
Fitness-Center	6 € bis 13 €/m²/Monat	Annahme für mittelpreisiges Angebotssegment ab 1.000 m² Studiofläche
Diskothek	10€ bis 12 €/m²/Monat	Über 1.500 m², erfolgreicher Betrieb
Kino (Multiplex)	15 € bis 25 € pro Sitzplatz und Monat	Guter Standort mit hoher Auslastung, mind. 1.500 Sitzplätze

Abb. 2: Ausgewählte Mietpreisspannen von Freizeitimmobilien
Quelle: Recherchen und Erfahrungswerte Vota GmbH, Hamburg 2011

Forschungsinstitute, die sich mit dem gesamten Freizeitimmobilienmarkt beschäftigen, gibt es nicht. So fehlt es an einigen Stellen an ganzheitlichem repräsentativem Datenmaterial für den Gesamtmarkt. Teilsegmente wie der Fitnessmarkt oder der Kinomarkt sind durch regelmäßige Erhebungen sehr gut dokumentiert. Eine Unternehmensberatung bringt jährlich (und seit 2011 gemeinsam mit dem DSSV – Arbeitgeberverband der Fitness- und Gesundheitsanlagen e.V.) die Ergebnisse der Studie „Der deutsche Fitnessmarkt" heraus, und die Filmförderanstalt (FFA) stellt seit über 15 Jahren auf der Grundlage des Individualpanels der Gesellschaft für Konsumforschung (GfK) den Kinomarkt dar. In einem Großteil der kleineren Marktsegmente ist auf die Erfahrung von Gutachtern und anderen Branchenkennern aus Verbänden und Vereinen zurückzugreifen, die mit den jeweiligen Freizeiteinrichtungen und Betreibern in Kontakt stehen.

Die Mieten von Freizeitimmobilien sollten sich in den Wirtschaftlichkeitsberechnungen der Betreiber generell an den Umsatzerlösen orientieren. Bei Mietanteilen über 18 Prozent des Netto-Umsatzes ist es ratsam, die erreichbaren Besuchszahlen und die Höhe der zu erwartenden Erlöse detailliert zu berechnen und auf Gesamtverträglichkeit des Betriebes hin zu überprüfen.

6. Bewirtschaftungskosten für Freizeitanlagen

Die Bewirtschaftungskosten des Betriebes gliedern sich in einen fixen Anteil, der monatlich gleich hoch ist, ohne dass die Zahl der Besucher einer Freizeitanlage Einfluss darauf hat, und einen variablen Anteil, der vom Betreiber beeinflussbar ist.

6.1 Fixkosten

Als überwiegend feststehende Kosten können neben den Finanzierungskosten und Abschreibungen auch Positionen wie Miete, Heizung, Gas, Wasser, Strom, Versicherungen, Beiträge, Abgaben und ein Großteil der sonstigen (Büro-/Verwaltungs-)Kosten sowie Fremdleistungen eingestuft werden. So sind auch Zins, Tilgung und etwaige Leasingraten als Fixkostenblock unabhängig von der Besuchszahl einzustufen. Diese skizzierten Fixkosten können nur in einem geringen Maße durch das Management (bei temporären Besuchsrückgängen) beeinflusst werden. Insofern sollte bereits bei Projektinitialisierung auf vertragliche und sonstige Rahmenbedingungen mit einer geringen Fixkostenbelastung und einem möglichst hohen Anteil an flexiblen Kosten geachtet werden.

6.2 Variable Kosten

Die folgenden Betriebskosten variieren, zumindest teilweise, mit dem Besuchsaufkommen oder können durch entsprechende Entscheidungen und Maßnahmen des Betreibers gesenkt werden: Zu den wichtigsten variablen Kostenpositionen gehört der Wareneinsatz. Da dieser in erster Linie mit den abgesetzten Gastronomieprodukten und Merchandisingartikeln korrespondiert, sind die Wareneinsatzkosten als nahezu vollständig variable Kosten einzustufen. Somit ist von einer deutlichen Reduzierung der absoluten Kostenwerte in besucherschwachen Zeiten auszugehen, wenn Einkauf und Vorratshaltung entsprechend flexibel gestaltet werden. Die Personalkosten sind zwar ebenfalls teilweise variabel (z.B. Aufsichtspersonal), es wird aber von der jeweiligen Personalpolitik und der Einsatzplanung abhängen, inwieweit variable Potenziale genutzt werden können.

Vom Geschick des Managements hängt es dabei ab, die Personalkosten mit abnehmenden Besuchszahlen zu reduzieren und dennoch jederzeit ausreichend Personal für eine hohe Servicequalität bereitzustellen. Die Servicequalität wird neben der Quantität des eingesetzten Personals wesentlich von der Schulung, Motivation und Freundlichkeit der Mitarbeiter sowie der Umsetzung einer durchgehenden Corporate Identity (CI) bestimmt. Eine Herausforderung der Zukunft wird darin bestehen, eine ausreichende Anzahl an qualifizierten Mitarbeitern zu finden (und zu binden!), die bereit sind, zumeist unattraktive Arbeitszeiten zu akzeptieren.

Marketing

Marketingmaßnahmen verfolgen in der Regel das Ziel, die Besuchszahl zu steigern. In schwierigen, besucherschwachen Zeiten entsteht häufig ein Konflikt zwischen der Notwendigkeit, Kosten zu senken, und über ein intensiviertes Marketing höhere Besuchszahlen und somit Erlöse zu erzielen. Nach unserer Auffassung müssen immer und kontinuierlich Aktivitäten im Bereich Marketing mit seinen unterschiedlichen Instrumentarien stattfinden, wobei durch kreative und kostengünstige Maßnahmen eine möglichst hohe Aufmerksamkeit zu erregen und Besuchsimpulse zu generieren sind.

Reparatur/Instandhaltung

Die Kostenposition Reparatur/Instandhaltung ist speziell im interaktiven Bereich von Spiel- und Sportanlagen eine variable Komponente. Mit zunehmender Besucherfrequenz nimmt die Belastung der Betriebs- und Geschäftsausstattung zu und führt zu höheren Reparatur- und Instandhaltungsaufwendungen.

Reattraktivierung

Ein weiterer wichtiger Aspekt ist die Reattraktivierung bei Freizeitanlagen. Die Zyklen, in denen neue Angebote geschaffen werden sollten, sind anlagengebunden sehr unterschiedlich. So sind Angebotsoptimierungen und Erneuerungen zur Stabilisierung und Erhöhung der Besuchszahlen notwendig. Die eingesetzten Mittel sind von der Entscheidung der Betreiber (bzw. Investoren) abhängig und stellen keine fixe Kostenposition dar. Ältere Attraktionen sollten sukzessive durch neue ersetzt werden, um auch in der PR- und Öffentlichkeitsarbeit permanent Akzente zu setzen. Sehr gut ist dies bei Freizeitgroßparks zu beobachten, die zu fast jeder Saison eine neue Attraktion bieten müssen, um neue Kundengruppen zu erschließen und alte wieder zu animieren. Weitere Reattraktivierungszyklen anderer Anlagentypen betragen bei:

- Diskotheken ca. 1,5 Jahre
- Hallenspielplätze ca. 2–3 Jahre
- Bowling-Center ca. 3 Jahre
- Multiplexkinos ca. 2 – 4 Jahre

7. Kommunalwirtschaftliche Effekte

Der Wert von Freizeitanlagen lässt sich nicht in allen Fällen isoliert auf den Sachwert und den Ertrag der Immobilie begrenzen. Eine Reihe von Anlagentypen trägt dazu bei, die touristische Infrastruktur in der Standortregion zu fördern. Diese so genannten „kommunalwirtschaftlichen Effekte" werden in monetäre und nicht-monetäre unterteilt. Die monetären Wirkungen sind Beschäftigungswirkungen, Umsatz und Wertschöpfungswirkungen, auch Einwohnerwirkungen sowie fiskalische Effekte. Die nicht-monetären sind weiche Faktoren wie Image- und Werbe-Effekte durch Freizeitleuchtturmprojekte, Erhöhung des Freizeitwertes einer Region, verkehrliche und naturräumliche Effekte sowie Veränderungen in der Angebots- und Nachfragestruktur insgesamt. So profitieren von den Besucherfrequenzen von Freizeiteinrichtungen unter anderem Hotellerie und Gastronomie, die standortbezogen wirtschaften. Diese Effekte sind komplex und aufwändig nachvollziehbar, aber sie können überschlägig berechnet und in Wertermittlungen einbezogen werden.

8. Wertermittlung

Die Wertermittlung einer Freizeitanlage ist demnach von mehreren wirtschaftlichen Faktoren abhängig, die in die Berechnungen eingehen. Zum einen kann aus Sicht des immobilienwirtschaftlichen Verständnisses die Immobilie nach einem klassischen Wertermittlungsverfahren wie dem Sachwertverfahren beurteilt werden. Normalerweise dürfte der Sachwert bei Anlagen, wie beispielsweise Schwimmbädern oder Sportanlagen, die möglicherweise in den 1970er oder 1980er Jahren gebaut wurden, heute recht niedrig sein. Die strikte Befolgung der Bewertungsregeln nach den anerkannten Standards stellt daher nur einen Teil der Bewertungspraxis dar, um Freizeitanlagen realistisch einschätzen zu können. Aufgrund des Fehlens notwendiger Wirtschaftsdaten in diversen Marktsegmenten dürfte sich für marktfremde Gutachter diese Aufgabe als sehr schwierig herausstellen. In der Praxis zeigt sich, dass „klassische" Standardverfahren zur Wertermittlung im Beratungsfeld vieler Freizeitanlagen kaum gebräuchlich sind. Denn entscheidend für die Bewertung einer Freizeitanlage sind für den potenziellen Kaufinteressenten die finanzielle Ertragskraft und die (positiven) Zukunftsaussichten des Betriebes. Bei einem Verkaufsinteresse im Kino- oder Fitnessmarkt wären demnach die Verhaltensweisen der Kunden und die Nachfragetrends auf unterschiedliche Weise zu beurteilen. Die zu erwartenden Erträge und zukünftige, seriös ermittelte Besuchstrends bilden die Basiswerte und bestimmen den eigentlichen Wert einer Freizeitanlage. Dieser kann sich innerhalb kurzer Zeit zum Positiven und zum Negativen verändern, falls sich in der Anlage, im Umfeld oder im Kundenstamm entsprechende Entwicklungen abzeichnen.

Das Wertermittlungsverfahren, das für die meisten Freizeitanlagen geeignet erscheint, ist aus oben geschilderten Gründen das Ertragswertverfahren. In der gutachterlichen Praxis werden Wertermittlungsverfahren bei Freizeitimmobilien vergleichsweise selten vorgenommen. Interessant wird eine detaillierte Wertermittlung erst bei größeren Transaktionen, die hohe finanzielle Volumina beinhalten, wie die Bewertung ganzer Kinoketten. Auch die Bewertung kommunaler Immobilien wie Veranstaltungshallen oder Schwimmbäder verlangt diese Verfahren immer häufiger, wenn Objekte an private Investoren veräußert werden sollen. Entscheidend bei der Wahl des Bewertungsverfahrens ist die zukunftsorientierte Blickrichtung bei der Ermittlung der Ertragspotenziale. Wenn ausreichendes Datenmaterial in einem Marktsegment vorhanden ist, das für Vergleichszwecke herangezogen werden kann, werden aus Sicherheitsgründen mehrere Verfahren parallel angewendet. Um den zukünftigen wirtschaftlichen Erfolg von Freizeitanlagen zu bestimmen, ist zunächst die Ausgangssituation des Objektes zu bewerten. Wenn beispielsweise in größerem Umfang Sanierungen anstehen, bedeutet dies, dass investiert werden muss und anschließend der Finanzierungsbedarf für die nächsten Jahre zu konkretisieren ist. Vergleichbar einem Wohnungskauf muss geprüft werden, ob das Bauwerk Schäden aufweist und ob Rücklagen für anstehende Sanierungen oder sonstige investive Maßnahmen gebildet wurden. In Wirtschaftlichkeitsberechnungen zu Freizeitimmobilien sollten dazu in jedem Fall Kostenpositionen für Instandhaltung und Reattraktivierung enthalten sein, die diesen Bedarf permanent ausweisen.

Nach dem Objekt selbst muss der Standort einer Eignungsprüfung mit perspektivischer Sicht unterzogen werden. Es könnte sein, dass im Umfeld Veränderungen eingetreten sind, die dazu Anlass geben, dass der Standort abgewertet wurde oder in naher Zeit abgewertet wird. Dies mindert den Wert, wenn beispielsweise Lärm oder Staubemissionen Einfluss auf die Besuchszahl haben könnten. Der nächste Schritt ist die Bestimmung des zukünftigen Besucherpotenzials im relevanten Einzugsgebiet. Aufgrund der demographischen Entwicklungen und des Wettbewerbs ist das Marktgebiet mindestens jährlich gründlich zu begutachten, um größere Veränderungen zu bemerken. Bei der Beobachtung des Konkurrenzumfeldes sind nicht nur der direkte Wettbewerb, d.h. gleichartige Anlagentypen interessant, sondern auch indirekte Konkurrenten. Des Weiteren müssen Trends im Besucherverhalten verfolgt werden. Es gibt diverse Quellen, die permanent Befragungen durchführen und sich mit dem Verhalten der Freizeitkunden befassen. Die Stiftung für Zukunftsfragen – Eine Initiative von British American Tobacco (früher BAT Freizeit-Forschungsinstitut) – hat auf diesem Gebiet schon über viele Jahre Untersuchungen durchgeführt. Aus dem Jahre 2006 stammt das Buch „Freizeitwirtschaft – Die Leitökonomie der Zukunft", in dem aktuelle Trends und Prognosen dargestellt sind. Wenn alle Faktoren und die Betrachtung der zurückliegenden BWA's (betriebswirtschaftliche Abrechnungen) in die Gesamtanalyse einbezogen wurden, sollte eine Wirtschaftlichkeitsvorausschau von fünf Jahren angelegt werden, um die Marktstabilität der Freizeitimmobilie festzustellen. Um eine Wertermittlung nach dem Ertragswertverfahren gemäß Wertverordnung durchzuführen, könnte folgendes stark vereinfachte Schema angewendet werden:

- Ergebnis der Berechnungen des Besuchsaufkommens pro Jahr, um die Umsätze zu ermitteln
- Abzug der Betriebskosten, um das Betriebsergebnis zu erhalten
- Ableitung einer realistischen Miete oder Pacht (aus umsatzverträglichem Anteil)
- Resultat Betriebsergebnis, dieses wird um den Unternehmer-/Betreibergewinn bereinigt, um zum Jahresrohertrag zu gelangen
- Unter Berücksichtigung des Liegenschaftszinses und Vervielfältigers kann dann die eigentliche Ertragswertermittlung durchgeführt werden.

Jahresrohertrag

abzgl. Bewirtschaftungskosten

↓

abzgl. Bodenwertverzinsung

↓

= Reinertrag der Immobilie

↓

Kapitalisierung mittels Vervielfältiger
(in Abhängigkeit von Restnutzungsdauer)

↓

zzgl. Bodenwert

↓

abzgl. Investitionsbedarf

↓

= **Ergebnis: Ertragswert**

Neben der Frage nach dem Verfahren zur Wertermittlung existieren weitere Indikatoren, die in den traditionellen Immobilienmärkten turnusmäßig von diversen Research-Abteilungen erhoben und veröffentlicht werden. Wie eingangs erwähnt, liegen für den sehr heterogenen Freizeitimmobilienmarkt Indizes wie Renditen oder Leerstandsquoten weder bundesweit noch für alle Segmente vor. Nachfolgend werden deshalb ausgewählte Freizeitanlagenmarktsegmente ausführlicher dargestellt, um zu verdeutlichen, wie vielfältig die Freizeitimmobilientypen bezüglich der Anforderungen, Trends und Erfolgsfaktoren sind.

9. Aquarien

9.1 Definition

Aquarien sind sowohl Attraktions- und Ausstellungsbereiche innerhalb von Freizeitanlagen, wie insbesondere Zoos und Tierparks, als auch eigenständige (stand-alone) Besucherattraktionen. Sie zeigen Meeresfauna und -flora und führen den Besucher somit in die Welt unter Wasser, wie sie sonst nur von Tauchsportlern erlebt werden kann.

Die Präsentation reicht hierbei von den klassisch-traditionellen Schauaquarien, bei denen der Gast frontal Einblicke in verschiedene Becken dargeboten bekommt, bis hin zu inszenierten und durchgehend thematisierten Erlebniswelten. Die herkömmlichen Schauaquarien sind in der Regel in Zoos und Tierparks sowie natur- und meereskundlichen Museen und Instituten zu finden. Die Geschichte der in Zoos präsentierten Aquarien geht hierbei zurück bis in die zweite Hälfte des 19. Jahrhunderts. Moderne, erlebnisorientierte Aquarien zeichnen sich aus durch eine szenografische Präsentation, bei der mittels Kulissenbau und Inszenierung der aquatischen Attraktionen eine geschlossene Themenwelt dargeboten wird. Hierbei werden die visuellen Eindrücke durch die Ansprache möglichst aller Sinne (Geräusche, Gerüche, haptische Erlebnisse) verstärkt. Als Erlebniselemente werden beispielsweise eingesetzt: Schiffswracks oder versunkene Schätze als gestalterische Elemente, interaktive Berührungsbecken als haptisches Erlebnis, Unterwassergeräusche und maritime Gerüche zur Ansprache möglichst vieler Sinne oder der Perspektivwechsel (z.B. Unterwassertunnel) zur Bereicherung der visuellen Eindrücke und der Schaffung ungewöhnlicher Einblicke in die dargestellten Unterwasserwelten.

Frei nach dem Motto „der Mensch schützt nur, was er kennt" nehmen Aquarien einen Bildungsauftrag für sich in Anspruch. Der Gast soll für das Ökosystem der Meere sensibilisiert werden und auf Probleme (wie z.B. Überfischung oder Verschmutzung der Meere) aufmerksam gemacht werden. Oftmals bleiben diese ernsthaften Aspekte im Gegensatz zur Erlebnisorientierung im Hintergrund. Die präsentierte Flora und Fauna stammt überwiegend aus Zuchtstationen. Im gesellschaftlichen Dialog stehen sich dennoch die Kontroversen Artenschutz und zoologische Forschung einerseits und artgerechte Tierhaltung und Zurschaustellung wildlebender Tiere andererseits gegenüber.

9.2 Marktsituation

Im deutschen Freizeitmarkt gibt es, wie erwähnt, zwei Ausprägungsformen von Aquarien: Auf der einen Seite die in Zoos und Tierparks sowie natur- oder meereskundlichen Museen und Instituten integrierten aquatischen Bereiche, auf der anderen Seite die meist als Solitär realisierten modernen Erlebnisaquarien. Nach Einschätzung des Freizeitwirtschaftsinstituts (fwi) Hamburg kann in Deutschland von einem Marktbesatz von rund 50 Anlagen gesprochen werden, die sich in etwa in gleichen Teilen auf diese beiden Ausprägungen verteilen.

Die Faszinationskraft des Themas Unterwasserwelt ist enorm hoch. Folglich ist es kaum überraschend, dass kein anderes Thema in den letzten 15 Jahren häufiger in Form von modernen Themen-Attraktionen oder Erlebniswelten umgesetzt wurde. Seit der Eröffnung des ersten Sea Life Aquariums am Standort Timmendorfer Strand im Jahre 1996 konnte ein regelrechter Boom bei solitären Aquarien in Deutschland festgestellt werden. Sea Life ist eine Marke der aus Großbritannien stammenden Merlin Entertainments Group, die weltweit ihre Marken (wie u.a. Sea Life, Madame Tussauds, The Dungeons oder Legoland) multipliziert und sich nach dem Disney-Konzern als weltweit zweitgrößter Betreiber von Freizeitanlagen etabliert hat. Allein in Deutschland folgten dem ersten Sea Life acht weitere stationäre Aquarien sowie zeitweise ein mobiles Sea Life, welches an unterschiedlichen Standorten in Deutschland temporär installiert wurde.

Während früher traditionelle Aquarien, wie sie beispielsweise in öffentlichen Zoos (z.B. Stuttgart, Köln oder Frankfurt) anzutreffen sind, den Markt dominierten, haben zunehmend erlebnisorientierte und privatwirtschaftliche Meerwasseraquarien das Interesse der Zuschauer erregt. Neben den genannten Sea Life-Anlagen sind in Deutschland diverse weitere solitäre Erlebnis-Aquarien entstanden, u.a. an den Standorten Fehmarn (Eröffnung 1997), Coburg (Eröffnung 2001, Schließung 2011) oder Westerland auf Sylt (Eröffnung 2004). Über bedeutende aquatische Ausstellungskonzepte verfügen zudem die Anlagen Multimar Wattforum in Tönning (Eröffnung 1999) wie auch das Müritzeum in Waren (Eröffnung 2007). Die wohl spektakulärsten Neueröffnungen waren das Tropen-Aquarium am Tierpark Hagenbeck in Hamburg (Eröffnung 2007) sowie das Ozeaneum in

Stralsund (Eröffnung 2008). Stralsund kann mit seinem bestehenden Meeresmuseum, dem neuen Ozeaneum sowie zwei weiteren Dependancen als der bedeutendste deutsche Aquarienstandort bezeichnet werden.

Die beiden zuletzt genannten Anlagen, Tropen-Aquarium Hamburg und Ozeaneum Stralsund, sind auch die einzigen in Deutschland realisierten Anlagen, die aufgrund ihrer Größe mit deutlich über 5.000 Quadratmetern den Vergleich mit internationalen Großaquarien nicht scheuen müssen. Deren Finanzierung war im Unterschied zu den genannten kleineren bis mittelgroßen Meeresaquarien nur durch öffentliche Mittel darstellbar. Insofern können die oben genannten modernen Erlebnisaquarien unterschieden werden in kommerzielle Anlagen, deren Umsetzung und Betrieb rein privatwirtschaftlich tragfähig ist (insbesondere die Sea Life Anlagen) sowie Aquarien, deren Umsetzung erst durch die Zuwendung öffentlicher Finanzmittel möglich wurde.

Öffentlich finanzierte Mega-Aquarien (mit Ursprung in den USA) mit Flächen von teilweise deutlich über 15.000 Quadratmetern wie beispielsweise das Monterey Bay Aquarium in Kalifornien, das Shedd Aquarium in Chicago, das Oceanário in Lissabon oder das Ring of Fire Aquarium in Osaka wurden in Deutschland zwar vielfach geplant, aber bisher nicht realisiert.

Die nachfolgende Tabelle stellt auszugsweise und beispielhaft einige Aquarien dar, die in den letzten Jahren in Deutschland realisiert wurden.

Ausgewählte Aquarien in Deutschland					
Anlage	**Standort**	**Eröffnung**	**Fläche in m²**	**Investition in Mio. EUR**	**Anmerkung**
Sea Life	Timmendorfer Strand	1996	1.500	4,0	1. Sea Life in Deutschland
Multimar Wattforum	Tönning	1999	3.125	18,1	nach Erweiterungen in den Jahren 2003 und 2008
Sylt Aquarium	Westerland	2004	1.700	10,0	Neubau
Sea Life	Oberhausen	2004	3.300	20,0	Neubau
Sea Life	München	2006	2.200	10,5	Neubau
Sea Life	Hannover	2007	3.500	6,0	Umbau Regenwaldhaus
Tropen-Aquarium	Hamburg	2007	8.000	24,0	Neubau
Ozeaneum	Stralsund	2008	9.000	60,0	Neubau

Quelle: Freizeitwirtschaftsinstitut (fwi) Hamburg, Hamburg 2011

9.3 Standort- und Gebäudeanforderungen

Bei der Standortwahl für ein solitäres Aquarium ist insbesondere zwischen Küsten- und Binnenstandorten zu unterscheiden. Küstenstandorte verfügen in der Regel über ein hohes touristisches Nachfragepotenzial und einen thematischen Bezug zum Thema Unterwasserwelt, aber ein großer Teil des bewohnten Einzugsgebietes fällt buchstäblich ins „Wasser". Naturgemäß sind die saisonalen Besuchsschwankungen der ganzjährig betriebenen Aquarien an Küstenstandorten weitaus stärker als bei einwohnerdominierten Binnenstandorten. Auch bei Binnenstandorten ist auf eine touristische Frequenzlage mit umfangreichem Nachfragepotenzial an Einwohnern zu achten. Auch hier wirkt Authentizität durch Wassernähe und einem thematischen Bezug zu den lokalen und regionalen Gegebenheiten erfolgsfördernd.

Der Flächenbedarf wird in den privatwirtschaftlich geführten Aquarien betriebsoptimal gestaltet. D.h. das Flächenprogramm ist maximal so groß, um eine noch reibungslose Abwicklung des erwarteten Besuchsaufkommens zu gewährleisten. Die betriebswirtschaftlich optimierten Anlagen, die in den vergangenen Jahren eröffnet wurden, verfügen demnach über Flächen zwischen 1.500 und 3.500 Quadratmetern. Durch geschickte Wegeführung, meist über zwei Ebenen, hat der Besucher allerdings den Eindruck, eine vermeintlich größere Anlage besucht zu haben.

Die folgenden Standortprämissen sind für moderne Erlebnisaquarien wesentliche Erfolgsvoraussetzungen:

- Zentrale Lage mit Flächen zwischen rd. 1.500 Quadratmetern und 4.500 Quadratmetern (oftmals in kommunaler Hand)
- Verträgliche (umsatzabhängige) Pacht
- Attraktives und belebtes Umfeld, synergetische Umfeldnutzungen, Wasserbezug ist günstig, aber nicht zwingend
- Gute Sichtbarkeit, prominente Eingangssituation
- Frequenzstärke und Nähe zu touristischen Fokussierungspunkten
- Kooperation mit Standortgemeinden im Genehmigungsprozess und bei der Einbindung in das Stadtmarketing etc.
- Einfache Erschließung/Versorgung
- Günstige Verkehrsanbindung (MIV, ÖPNV), Nähe zu Parkmöglichkeiten
- Geringer Wettbewerbsbesatz im Einzugsgebiet, begrenzter indirekter Wettbewerb durch zoologische Anlagen mit Aquarien und andere Besucherattraktionen
- Hohes Einwohnerpotenzial (Tagesausflügler) im Radius von bis zu 2 Stunden Fahrzeit und möglichst hohe touristische Frequenz (Übernachtungsgäste) im Radius bis zu 45 Minuten Fahrzeit vom Aquariumsstandort

Bei Neuplanungen werden die Gebäude in aller Regel nach den Vorstellungen des Betreibers gebaut. Es wird mit viel Glas an den Fassaden gearbeitet. Die Decken sollten ab vier Meter hoch sein. Ein repräsentativer Eingangsbereich wie im Multimar-Wattforum, Tönning, stimmt den Besucher eindrucksvoll auf die Ausstellung ein. Die Betreiber haben des Weiteren die Gästeflussplanung optimiert. Der Besucher wird viel stärker als früher durch den Betrieb geleitet. Das Gebäude und die Gänge darin sind dementsprechend gestaltet. Bei mehrstöckigen Ausstellungen ist beim Etagenwechsel darauf zu achten, Erlebnisbrüche zu vermeiden. Der Gast sollte den Übergang in eine neue Ebene möglichst nicht merken, bzw. durch entsprechende Gestaltung regelrecht in die nächste Etage hineingezogen werden.

9.4 Konzeptionelle Erfolgsfaktoren

Die neueren Projekte verdeutlichen, worin der Wert und die Anziehungskraft der Aquarien begründet sind. Das Erlebnis der Unterwasserwelt ist für den Besucher weitaus intensiver als in den alten „Schau-Aquarien", wo die Besucher an Texttafeln Informationen ablesen konnten und nicht derart stark in die Unterwasserwelt einbezogen wurden. In den Aquarien der neuen Generation tauchen die Gäste ein in eine geschlossene, stark inszenierte und thematisierte Welt. Bei Anlagen mit ausgeprägtem Bildungsanspruch werden zudem in spielerischer und unterhaltsamer Form auch Wissens- und Umweltaspekte vermittelt. Wie auch bei anderen Erlebniswelten wird Wert auf Standortbezug und Authentizität gelegt, indem thematisch Tiere und Pflanzen des lokalen und regionalen Lebensraumes behandelt werden. So sind bunte Fische aus der Karibik nicht in diesen Aquarien zuhause, sondern Fauna und Flora vom Bodensee, der Elbe, des Rheins oder der Leine. Wie bei den meisten Freizeitattraktionen sind Familien mit Kindern eine der bedeutendsten Zielgruppen. Auch Schulklassen und Touristen zählen zu den Hauptzielgruppen.

Ein Acryl-Tunnel gehört mittlerweile als Erlebnisbaustein zum Standard. Als weiteres unverzichtbares Attraktionsmerkmal zählt die Präsentation von Tieren mit hoher Faszinationskraft wie insbesondere Haie. Aber auch Seepferdchen und Meeresschildkröten sind Besuchermagnete. Zusammenfassend sind als wesentliche konzeptionellen Erfolgsfaktoren moderner Erlebnisaquarien zu nennen:

- Alleinstellung: Durch eine klare Positionierung mit durchgängiger Umsetzung, einem eigenständigen Auftritt, der Abgrenzung zu Wettbewerbern und einem unverwechselbaren und eindeutigen Profil ist eine hohe Alleinstellung und Einzigartigkeit anzustreben.
- Attraktivität: Durch eine spannende und spektakuläre Umsetzung sowie eine hohe Faszinationskraft der Themen und Inhalte, deren emotionale und erlebnisorientierte Umsetzung, u.a. mittels klar kommunizierbaren Attraktionen.
- Edutainment-Prinzip: Spielerische und unterhaltsame Wissensvermittlung, Unterhaltung als das primäre Besuchsmotiv, Wissensvermittlung als Besuchseffekt.
- Multisensorische Präsentation: Moderne Präsentation der Inhalte, u.a. durch Ansprache möglichst vieler Sinne und Interaktionsmöglichkeiten für den Gast.
- Glaubwürdigkeit: Bezug zum Standort, d.h. zu lokalen und regionalen Besonderheiten (Authentizität) sowie wissenschaftlich fundierte Darstellung.
- Thematisierung: Schaffung einer geschlossenen Themenwelt mittels szenografischer Gestaltung, Inszenierung der Themen und Attraktionen sowie ggf. auch einem dramaturgischen Leitfaden („Storyline"), einem strategischen Kommunikationsmittel, um mittels Geschichten, Emotionen, Mythen etc. Leben in die Themenwelt zu übertragen (der Besucher wird Teil der erzählten Geschichte); ein dramaturgischer Leitfaden verbindet Thema, Story und Inszenierung zur perfekten Erlebniswelt.

- Zielgruppenfokussierung: Beachtung der Kernzielgruppen von Aquarien und zugleich Ansprache eines breiten Zielgruppenspektrums; Ansprache von Schulklassen mittels pädagogischer Programmangebote.

Neben den genannten standortbezogenen und konzeptionellen Parametern sind weitere, unmittelbar mit dem Erfolg zusammenhängende betriebliche Aspekte, die Führung der Anlage durch einen professionellen Betreiber sowie eine intensive Marketing- und Öffentlichkeitsarbeit zu beachten.

9.5 Wirtschaftlichkeit

Zu unterscheiden sind Anlagen, deren Betrieb privatwirtschaftlich erfolgt und somit in der Betrachtung der Vollkostenrechnung rentabel sein muss, und kommunale Projekte, die oftmals erst bei zusätzlicher Berücksichtigung von regionalökonomischen Sekundäreffekten den Einsatz öffentlicher Mittel rechtfertigen. Bei privat realisierten und geführten Aquarienprojekten müssen die signifikanten Betriebskosten und Kapitalkosten über möglichst hohe Besuchszahlen und daraus resultierende Umsätze (aus Eintritt, Gastronomie und Merchandising) eingespielt werden. Als Richtwert gilt, dass bei mittelgroßen Meerwasseraquarien mit Investitionen von teils deutlich über 10 Mio. EUR erst ab Jahresbesuchszahlen von etwa 300.000 Gästen ein wirtschaftlicher Betrieb zu erwarten ist. Neben einem attraktiven Aquarium-Konzept und einem professionellen Management/Marketing ist das Erreichen hoher Besuchszahlen jedoch im Wesentlichen von der Qualität des Standortes abhängig. Die beiden größten deutschen Anlagen, das Tropen-Aquarium in Hamburg und das Ozeaneum in Stralsund, deren Investitionskosten bei deutlich über 20 Mio. Euro lagen, war die Finanzierung der Erstinvestition nur durch massive öffentliche Fördermittel darstellbar.

9.6 Entwicklungstendenzen

Derzeit dominiert Merlin Entertainments mit seiner Marke „Sea Life“ mit neun Anlagen den deutschen Markt für Stand-Alone-Aquarien. Durch den hohen Marktbesatz, das erfolgreiche Konzept und das professionelle Marketing sowie die intensive Marktkenntnis hat Merlin einen signifikanten Vorsprung im deutschen Markt erlangt. Mit dem Eintritt von weiteren internationalen Betreiberketten (z.B. Ripleys, Grévin, Coral World) ist die Realisierung neuer Aquarien, wenn überhaupt, nur im Rahmen konkreter Großprojekte vorstellbar. Derzeit ist kein Projekt bekannt. Mit der Umsetzung des lange Zeit in der Hamburger Hafen-City geplanten Großaquariums ist nach Realisierung des Tropen-Aquariums wohl nicht mehr zu rechnen.

Als maximale Aquariumgröße mit wirtschaftlicher Tragkraft können die Ripleys Aquarien (zwischen 5.000 und 10.000 m²) und das Aquarium in Sydney eingestuft werden. Dies ist somit auch die maximale Größe, die in Deutschland für eine rein privatwirtschaftliche Aquarium-Investition zu erwarten ist. Und dies nur bei allerbesten Standortvoraussetzungen. Größere Aquarien sind nur durch Public-Privat-Partnership (PPP) mit öffentlicher Teilfinanzierung oder durch signifikantes Unternehmens-Sponsoring (Kommunikations- und Imageprojekte) realisierbar. Rein öffentlich finanzierte Großaquarien – im Stile der US-Megaaquarien – sind in Deutschland, aufgrund des Drucks öffentlicher Kassen, kaum zu erwarten. Somit wird sich die öffentliche Hand (bis auf wenige Struktur fördernde Projekte wie dem Ozeaneum in Stralsund) primär auf die Attraktivierung und den Ausbau der kleineren Aquarien in den Tiergärten und PPP-Aquarien konzentrieren. Vereinzelt wird es zu Erweiterungen und Ergänzungen um interaktive Science-Center-Bereiche kommen. Bei den kommerziell betriebenen Aquarien wird sich die maximale Größe jedoch immer nach der erreichbaren standortspezifischen Besuchszahl richten, da sowohl Investition als auch laufende Betriebskosten mit der zunehmenden Anlagengröße korrelieren. In Zukunft ist auch mit einer stärkeren Einbindung von attraktiven Aquarienkonzepten als Bausteine von Mixed-Use-Vorhaben oder Hafenrevitalisierungen, wie zum Beispiel in Hamburg oder Bremerhaven, zu rechnen. Es ist davon auszugehen, dass in Deutschland noch Raum für maximal fünf neue privatwirtschaftliche Aquarien besteht. Darüber hinaus werden intelligente, standortbezogene und kleinere Konzepte, die auf sukzessives Wachstum setzen, aber nach wie vor Ihren Erfolg am Markt erzielen.

10. Edutainment-Center

10.1 Definition

Der Begriff Edutainment setzt sich aus den englischen Wörtern Education und Entertainment zusammen und steht demnach für die Verbindung von Bildung und Unterhaltung. Im Unterschied zu traditionellen Museen zielen diese Anlagen auf die spielerische und unterhaltsame Vermittlung von Wissen ab. Klassische Aufgaben von Museen (wie z.B. die Präsentation von Originalexponaten, das Archivieren, das Konservieren und die wissenschaftliche Tätigkeit) werden von diesen Anlagen in der Regel nicht wahrgenommen, was sie definitorisch klar von den Museen abgrenzt. Abgesehen davon können Edutainment-Center jedoch umgangssprachlich auch als moderne Erlebnismuseen bezeichnet werden.

Grundsätzlich ist eine eindeutige Definition und klare Abgrenzung schwierig. Neben den bereits genannten Bezeichnungen wird oft der Oberbegriff Besucherattraktion verwendet. Dieser ist im Deutschen abgeleitet von der englischen Bezeichnung „visitor attraction", der umbaute Ausstellungspräsentationen von sonstigen Sehenswürdigkeiten (sog. „tourist attractions") abgrenzt. Tatsächlich wird die Bezeichnung Besucherattraktion in Deutschland überwiegend in der Freizeitbranche verwandt, im allgemeinen Sprachgebrauch findet sie sich kaum. Da es an eindeutigen Definitionen fehlt, ist im Rahmen dieser Ausführungen von einer synonymen Verwendung der Begriffe Edutainment-Center und Besucherattraktion auszugehen. Innerhalb dieses Freizeitanlagensegmentes sind mit den sogenannten Brand-Lands (Markenerlebniswelten) und den Science-Centern (wissenschaftliche Ausstellungskonzepte) zwei weitere bedeutende Ausprägungen namentlich zu erwähnen. Insofern wird deutlich, dass unter dem Oberbegriff Edutainment-Center eine Vielzahl von Ausprägungen an Freizeitanlagen subsummiert werden kann, zu denen auch Aquarien zählen.

Zur allgemeinen Charakterisierung dieser Freizeitanlagen können die nachfolgenden Eigenschaften herangezogen werden:

- Ausstellungskonzepte in umbauten Räumen (Indoor-Präsentationen), in der Regel auf 1.000 bis 5.000 Quadratmetern Ausstellungsfläche; Außenbereiche gehören dennoch oft zum erweiterten Angebot;
- Leitthemenfokussierung (meist ein übergeordnetes Positionierungs- bzw. Leitthema)

- Hochfrequenzimmobilien (hohes Besuchsaufkommen auf einem entsprechend begrenzten Flächenangebot);
- Spielerische und unterhaltsame Wissensvermittlung, hohe Erlebnisintensität, Einsatz moderner Präsentationstechniken, Thematisierung und Inszenierung.

Ein weiteres Unterscheidungsmerkmal zu den kommunal geführten Museen ist die kommerzielle Ausrichtung von Edutainment-Centern, die oft in der Hand von privatwirtschaftlich agierenden Betreibern liegen. Doch auch diesbezüglich ist zwischen rein privatwirtschaftlichen Anlagen (wie z.B. die Attraktionen der Merlin Entertainments Group) und PPP-Modellen zu differenzieren. Im Rahmen der letztgenannten öffentlich-privaten Kooperationsmodelle teilen sich die Standortkommune und ein privater Betreiber die Verantwortung, z.B. indem die Aufgaben auf eine Besitz- und eine Betriebsgesellschaft verteilt werden. Von einem grundsätzlich profitorientierten Betrieb kann nicht die Rede sein, denn oftmals können diese Anlagen nur durch öffentliche Zuwendungen – sei es im Rahmen der erforderlichen Investitionen oder im laufenden Betrieb – realisiert und fortlaufend betrieben werden.

Eindeutig abgrenzbar sind die Edutainment-Center von den Museen in konzeptioneller Hinsicht. Während Museen als Kulturimmobilien einen klaren öffentlichen Auftrag haben, steht bei der modernen Erlebnisvariante meist der Publikumserfolg im Vordergrund. Themen und Inhalte müssen deshalb so attraktiv wie möglich sein, um die im Marktgebiet vorhandenen Gästepotenziale in hohem Maße zu mobilisieren. Die Attraktivität des Konzeptes ist demnach die Triebfeder der Anlagenrealisierung. Welche konzeptionellen Erfolgsfaktoren den Besuchererfolg sicherstellen sollen, wird nachfolgend vertiefend erläutert.

Zusammenfassend können die folgenden Ausprägungen von Freizeitanlagentypen als Edutainment-Center bzw. Besucherattraktionen bezeichnet werden:

- Moderne Erlebnismuseen, die sowohl Schnittmengen zu den traditionellen Museen als auch zu den Edutainment-Centern aufweisen (z.B. Deutsches Auswandererhaus Bremerhaven oder Neanderthal Museum Mettmann);
- Science-Center – interaktive Wissenschaftsausstellungen, in denen Gäste an unterschiedlichen Experimentierstationen selbst aktiv werden können (z.B. Universum Science Center Bremen oder Phaeno Science Center Wolfsburg);
- Besucher- oder Themen-Attraktionen, die mittels moderner Präsentationstechniken ein Leitthema fokussieren, welches sie in einzigartiger und erlebnisintensiver Art und Weise präsentieren (z.B. Erlebniszentrum Naturgewalten in List auf Sylt oder das Klimahaus in Bremerhaven);
- Brand-Lands – Markenerlebniswelten von Unternehmen, die in der Regel aus einer Marketingmotivation heraus realisiert wurden und die Produkte (Marken) eines Unternehmens dreidimensional erlebbar machen (z.B. VW Autostadt in Wolfsburg oder BMW Welt München);
- Moderne Erlebnisaquarien als thematisierte und inszenierte Unterwassererlebnisse (z.B. Ozeaneum Stralsund oder Sea Life Aquarien).

Neben den genannten stationären Anlagen erfüllen auch temporäre Ausstellungskonzepte die Voraussetzung, um als Edutainment-Konzept bezeichnet zu werden (z.B. Tutanchamun-Ausstellung). Diese Ausprägung soll an dieser Stelle jedoch nur der Vollständigkeit halber Erwähnung finden.

10.2 Marktsituation

Die Abgrenzung des deutschen Marktes für Edutainment-Center ist aus den bereits genannten Gründen schwierig. Zu fließend sind die Übergänge zwischen modernen Museen, Erlebnisausstellungen, Science-Centern, Aquarien, Brand Lands etc. Die Beleuchtung der Marktsituation bedarf deshalb einer übergeordneten Betrachtung all dieser unterschiedlichen Ausprägungen.

Entsprechend überrascht es nicht, dass je nach Publikation und fallbezogener Abgrenzung von 50 oder gar bis zu 100 Edutainment-Centern oder Erlebnismuseen in Deutschland gesprochen wird. Unter Berücksichtigung der in dieser Publikation separat beleuchteten Aquarien kann nach Einschätzung des Freizeitwirtschaftsinstituts (fwi) Hamburg von circa 100 Einrichtungen in Deutschland ausgegangen werden, die dem Begriff Edutainment-Center zuzuordnen sind.

Während Edutainment-Center im britischen und nordamerikanischen Freizeitmarkt bereits seit mehreren Jahrzehnten eine bedeutende Rolle einnehmen, begann ihre Entwicklung in Deutschland erst in der zweiten Hälfte der 1990er Jahre.

Als eines der ersten und mit Abstand erfolgreichsten Edutainment-Center eröffnete das Unternehmen Swarovski im Jahr 1995 die Kristallwelten am Unternehmensstandort in Wattens, Tirol. Seitdem konnten jährlich sehr stabil zwischen 600.000 und 700.000 Gäste begrüßt werden, so dass Mitte 2011 nach rund 15 Jahren Betriebszeit die Marke von zehn Millionen Besuchern erreicht wurde. Die Anlage thematisiert auf künstlerische Weise das Kernprodukt des Unternehmens, das Kristall. Als Plattform für die Faszination des Produktes Kristall ist die Anlage eine Mischung aus Brand Land und Themen-Attraktion.

Aufgrund seiner erlebnisorientierten und innovativen Ausrichtung kann das im Oktober 1996 in Mettmann eröffnete Neanderthal Museum auch zur Gruppe der Edutainment-Center gezählt werden, auch wenn es sich zugleich in die Riege der deutschen Museumslandschaft integrierte. Den Gast erwartet dort eine multimediale Erlebniswelt, in der die Entwicklungsgeschichte der Menschheit in fünf Themenbereichen nacherzählt wird, von den Anfängen in den afrikanischen Savannen bis in die Gegenwart. Schon im Laufe des fünften Betriebsjahres konnte dort der einmillionste Gast registriert werden, so dass der Besucherzuspruch deutlich über dem vergleichbar großer traditioneller Museen liegt.

Die Geschichte der modernen Erlebnisaquarien begann mit dem ebenfalls im Jahr 1996 eröffneten Sea Life Centre in Timmendorf (vgl. Kapitel Aquarien). Vier Jahre später ging mit dem Universum in Bremen das erste deutsche Science Center der neuen Generation an den Markt. Im gleichen Jahr setzte die Autostadt des VW Konzerns in Wolfsburg neue Maßstäbe in puncto Markenerlebnis. Weitere spektakuläre Neueröffnungen im EXPO Jahr 2000 waren das Regenwaldhaus in Hannover oder das Oceanis in Wilhelmshaven. Diese beiden Anlagen konnten ihren anfänglichen Erfolg jedoch nicht manifestieren und mussten deshalb im Zeitablauf komplett überarbeitet werden. So wurde das Regenwaldhaus nach Übernahme durch die Merlin Entertainments Group zum Sea Life Aquarium umfunktioniert, das Oceanis erfuhr einen Relaunch als Nordsee-Welten 5D, attraktiviert und erweitert um filmische Sonderprojektionsformate in 3D und 4D sowie einem 5D Simulator.

Ohne Anspruch auf Vollständigkeit sollen an dieser Stelle noch das 2005 eröffnete Deutsche Auswandererhaus in Bremerhaven (Erlebnisausstellung rund um das am Standort authentische Thema Auswanderung) wie auch das unweit entfernte Klimahaus in Bremerhaven, welches im Jahr 2009 seine Eröffnung feierte, Erwähnung finden.

Die nachfolgende Tabelle stellt auszugsweise und beispielhaft einige Edutainment-Center dar, die in den vergangenen 15 Jahren in Deutschland realisiert wurden.

Ausgewählte Edutainment-Center in Deutschland					
Anlage	**Standort**	**Eröff-nung**	**Fläche in m²**	**Investition in Mio. EUR**	**Anmerkung**
Regenwald-haus	Hannover	2000	3.300	ca. 17 Mio.	2007 Neueröffnung als Sea Life Aquarium
Universum Science Center	Bremen	2000	3.200	ca. 17 Mio.	2007 Erweiterung um SchauBox und Entdecker-Park
Oceanis	Wilhelms-haven	2000	1.600	ca. 11 Mio.	Schließung 2009, Wiedereröffnung als Nordsee-Welten 2010
Biosphäre	Potsdam	2002	4.500	ca. 30 Mio.	Nachnutzung der Pflanzenschauhalle der BUGA 2001
Phaeno Science Center	Wolfsburg	2005	7.000	ca. 67 Mio.	Neubau, Entwurf der Star-Architektin Zaha Hadid
Deutsches Auswandererhaus	Bremer-haven	2005	3.500	ca. 20 Mio.	Neubau, Museum zum Thema Auswanderung
Klimahaus	Bremer-haven	2008	11.500	ca. 70 Mio.	Wissens- und Erlebniswelt zum Thema Klima
Erlebniszentrum Naturgewalten	List auf Sylt	2009	1.500	ca. 11 Mio.	Maritimes Umwelt-Erlebniszentrum (MUEZ)
Wortreich	Bad Hersfeld	2011	1.200	ca. 5 Mio.	Umbau eines ehemaligen Fabrikgebäudes

Quelle: Freizeitwirtschaftsinstitut (fwi) Hamburg, Hamburg 2011

Moderne Ausstellungskonzepte in Form von Edutainment-Centern sind mittlerweile fester und etablierter Bestandteil des deutschen Freizeitmarktes, wenngleich die Entwicklungsdynamik dieser Einrichtungen nicht die Geschwindigkeit aufgenommen hat, die vor zehn bis 15 Jahren von den Experten vorhergesagt wurde.

10.3 Standort- und Gebäudeanforderungen

Im Kontext der Immobilienwirtschaft handelt es sich bei Edutainment-Centern um Spezialimmobilien, die hohe Anforderungen an das Konzept, den Standort und den Betrieb stellen. Sie zeigen anhand moderner Präsentationstechniken Ausstellungen auf Flächen zwischen in der Regel 1.000 und 5.000 Quadratmetern. Die Dimensionierung wird anhand der Planungsparameter Ausstellungskonzeption, marktverträgliches Investitionsvolumen bzw. verfügbare investive Mittel, dem Nachfragepotenzial im Einzugsgebiet und den Mikrostandortgegebenheiten festgelegt. Die Gebäudeanforderungen sind entsprechend der sehr individuellen Konzepte stark divergierend und werden demnach oft eigens für den jeweiligen Nutzungszweck entwickelt.

Folgende standortbezogene Erfolgsfaktoren sind bei der Planung von Edutainment-Centern zu beachten, um einen größtmöglichen wirtschaftlichen Erfolg anstreben zu können.

- Zentrale Lage und gute Sichtbarkeit
- Hohe (touristische) Frequenzen am Standort sowie Nähe zu touristischen Frequenzpunkten
- Planerische Freiheiten in Bezug auf die Gebäude- und Umfeldgestaltung
- Räumlichkeiten mit Inszenierungspotenzial (Raumwirkung durch entsprechende Dimensionen in den Grundflächen und den Raumhöhen)
- Glaubwürdigkeit im Standort-Konzept-Kontext (Authentizität)
- Verträgliche Miete/Pacht
- Gute Verkehrsanbindung (MIV, ÖPNV)
- Positives Image und Freizeitcharakter des Mikrostandortes
- Hohe Einwohnerzahlen im Einzugsgebiet
- Günstige Altersstruktur der potenziellen Nachfrager
- Hohes touristisches Potenzial im engen Einzugsgebiet

Ein weiterer Erfolgsfaktor ist die oftmals aufwändige Gestaltung der baulichen Hülle in Form von spektakulärer Architektur. Schon der äußere Anblick einer derartigen Freizeitattraktion soll neugierig auf den Inhalt machen und zum Staunen anregen. So ist es kein Zufall, dass beispielsweise das Bremer Science Center Universum in seiner Anmutung Assoziationen zu einem Wal oder einer Muschel weckt. Diese Assoziationsvielfalt zu provozieren ist Teil des architektonischen Konzeptes.

Das Phaeno-Science-Center in Wolfsburg wurde von der Star-Architektin Zaha Hadid entworfen und zeichnet sich durch seine avantgardistische Formensprache aus. Die englische Tageszeitung „The Guardian" würdigte die Architekturleistung, indem sie es zu den zwölf bedeutendsten modernen Bauwerken der Welt zählte. Die Form des Deutschen Auswandererhauses in Bremerhaven ist einem zum Abschied wedelnden, in die Höhe geworfenen Taschentuch nachempfunden. Auch die Bauwerke der Automobilmarkenwelten Mercedes (Mercedes-Benz-Museum in Stuttgart), Porsche (Porsche Museum in Stuttgart) oder BMW (BMW-Welt München) sind architektonische Highlights. Im Mai 2006 eröffnete das Mercedes-Benz-Museum. Die 150 Millionen Euro Investition generierte in den ersten 13 Betriebsmonaten eine Million Besucher, die auf 17.000 Quadratmeter Ausstellungsfläche die Geschichte des Automobils und einer der größten deutschen Automarke erleben. In die Gebäudehülle sind 1.800 Glasscheiben unterschiedlicher Größe integriert. Die Ausstellung geht über neun Ebenen, die wie eine DNA-Struktur ineinander verschlungen sind. Auch BMW gönnte sich mit der im Jahr 2007 eröffneten BMW Welt eine rund 500 Mio. EUR teure Erlebniswelt am Standort München. Hier wurde dem bereits berühmten „Vierzylinder", in dem sich die Konzernzentrale befindet, ebenfalls ein weiteres architektonisches Highlight zur Seite gestellt.

Selbst wenn es den finanzstarken Großkonzernen vorbehalten bleibt, derart hohe Investitionen für Architektur von Weltformat bereitzustellen, so zeigen Erlebniswelten wie das Universum Science Center oder das Deutsche Auswandererhaus, dass auch mit bescheideneren Budgets faszinierend anmutende Gebäude realisiert werden können, die ihren maßgeblichen Anteil am Erfolg dieser Anlagen haben.

10.4 Konzeptionelle Erfolgsfaktoren

Das Ziel von Edutainment-Centern besteht in der spannenden Verbindung von Bildung und Unterhaltung, der spielerischen Vermittlung von Wissen. Hierbei gilt der Grundsatz: Primäres Besuchsmotiv der Gäste ist die Unterhaltung (oder auch Zerstreuung), die Wissensvermittlung ist ein Besuchseffekt. Besonders deutlich wird dies bei Science Centern, die ihre oft komplexen und anspruchsvollen wissenschaftlichen Inhalte durch Interaktion vermitteln. Der Erfolg von Edutainment-Centern ist demnach in der Art und Weise begründet, wie die Inhalte dem Gast dargeboten und vermittelt werden, nämlich erlebnisreich durch Interaktionsmöglichkeiten, durch die Ansprache möglichst vieler Sinne, durch den direkten und aktiven Einbezug des Gastes in die Ausstellung.

Die Planung von erfolgreichen Edutainment-Centern sollte in einem top-down-Ansatz erfolgen. In einem ersten Schritt gilt es, die Positionierung der Anlage festzulegen. Diese muss eine hohe Alleinstellung im Marktgebiet gewährleisten. Wesentlicher Bestandteil der Marktpositionierung ist das Leitthema, dem eine hohe Bedeutung zukommt. Das Leitthema muss u.a. über eine hohe Faszinationskraft verfügen, auch im Zeitablauf. Trendthemen mit kurzen Halbwertszeiten sind demnach risikobehaftet. Die Anlage muss den Anspruch haben, sich als das Kompetenzzentrum zum gewählten Leitthema zu etablieren, dies schützt vor Konkurrenzeffekten. Ausgehend vom übergeordneten Leitthema werden Subthemen definiert, die den inhaltlichen Rahmen abstecken. Viele erfolgreiche Edutainment-Center nutzen dann das Mittel des Geschichtenerzählens (Storytelling); die Inhalte werden hierbei zu einer Geschichte miteinander verbunden, die einem dramaturgischen Leitfaden folgend dem Gast erzählt oder präsentiert wird. Erst im Anschluss an das so geschaffene Themengerüst werden die dreidimensionalen Ausstellungsgegenstände (Attraktionen) passend ausgewählt.

Zudem folgen Edutainment-Center den Grundsätzen von Inszenierung und Thematisierung. Hinter einer durchgängigen Thematisierung verbirgt sich die Idee einer ganzheitlich gestalteten Umgebung. Mit Hilfe einer durchgängigen Erlebnisorientierung soll der Besucher – im Gegensatz zu einer externen Beobachterrolle – in die Welt des dargestellten Themas versetzt werden. Eine übergeordnete Thematisierung, die den Besucher durch die Attraktion begleitet, schafft einen überschaubaren Rahmen für den Besuch, hinterlässt einen positiven Eindruck, vermittelt Kompetenz und bildet damit die Basis für einen Wiederholungsbesuch und die Mitteilung an Dritte.

Beispiele für die erfolgreiche Umsetzung eines am Standort glaubwürdigen (weil authentischen) Leitthemas mit Herausbildung eines hohen Alleinstellungscharakters und Kompetenzzentrums zum Leitthema sind: Deutsches Auswandererhaus Bremerhaven (Thema: Auswanderung), Kristallwelten Wattens (Thema: Kristalle) oder Neanderthal Museum Mettman (Thema: Menschheitsgeschichte).

Der Erfolg wird auch bei Edutainment-Centern in Form von erreichten Gästezahlen gemessen. Ein hohes Besuchsaufkommen wird nur dann möglich sein, wenn sich eine breite Öffentlichkeit für das Thema, die Inhalte und deren attraktive Umsetzung interessiert. Zum weit gefassten Zielgruppenspektrum gehören deshalb sowohl Einwohner als auch Touristen, unterschiedliche Besuchsverbünde wie Paare, Familien und organisierte Gruppen, zu denen auch Schulklassen zählen. Auch bezogen auf das Altersspektrum sollten keine Grenzen gesetzt werden.

10.5 Wirtschaftlichkeit

Grundsätzlich reicht das Spektrum bestehender Anlagen von hoch profitabel bis laufend zuschussbedürftig. Da Edutainment-Center deutlich höhere Besuchszahlen als traditionelle Museen generieren, erreichen sie auch bei defizitärer Wirtschaftlichkeit merklich höhere Kostendeckungsgrade. Als minimales betriebswirtschaftliches Ziel gilt für viele Planungen, zumindest eine dauerhafte Deckung der laufenden Kosten zu gewährleisten. In solchen Fällen können keine Kapitalkosten erwirtschaftet werden, was die komplette Bereitstellung der Erstinvestition bedeutet. Entsprechend hoch ist die Bedeutung öffentlicher Gelder in Form von Fördermitteln wie auch Sponsoring. Nicht zuletzt sind diese Rahmenbedingungen ursächlich für die insgesamt geringe Anzahl von realisierten Anlagen.

Vielfach unterschätzt oder gar völlig unberücksichtigt bleiben die regionalökonomischen Effekte, die bei diesen Anlagen beträchtlich sind. Zahlreiche Untersuchungen haben nachgewiesen, welche qualitativen und quantitativen Effekte durch Freizeitattraktionen ausgelöst werden. In monetärer Hinsicht sind vor allem die Ausgaben von Tages- und Übernachtungsgästen von Bedeutung, die aus überregionalen Entfernungsgebieten anreisen und durch ihre Ausgaben innerhalb und außerhalb der Freizeitanlage einen Kaufkraftzufluss bewirken.

10.6 Entwicklungstendenzen

In der Pionierphase der deutschen Edutainment-Center, Mitte bis Ende der 1990er Jahre, wurde diesem Freizeitanlagentypus eine außerordentlich expansive Entwicklung vorhergesagt. Diese Einschätzung beruhte auf dem bereits langjährigen Erfolgskurs von Science Centern und Visitor Attractions in der britischen und nordamerikanischen Freizeitwirtschaft. Konzeptionell ist dies auch kaum zu bestreiten, denn diese Form der modernen Präsentation trägt der zunehmenden Erlebnisorientierung unserer Gesellschaft Rechnung. Doch zeigte sich auch, dass die Realisierungsparameter in Deutschland andere sind als im angloamerikanischen Raum. So ist beispielsweise die Sponsoringbereitschaft von deutschen Unternehmen geringer ausgeprägt, während vor allem in den USA gerade diese Finanzierungsform eine Vielzahl von Science Centern ermöglichte. Hierzulande scheiterten viele geplante Projekte insbesondere an der nicht zustandegekommenen Finanzierung. Positiv betrachtet hat eine überschaubare Entwicklungsdynamik jedoch auch Vorteile gegenüber Boomphasen, wie sie beispielsweise im Kinomarkt erfolgten, dem nach Aufkommen der Multiplex-Filmtheater der sogenannte Overscreening-Effekt einen abrupten Einbruch bescherte.

Edutainment-Center in ihren vielfältigen Erscheinungsformen und Ausprägungen zählen auch weiterhin zu den sich expansiv entwickelnden Freizeitanlagen in Deutschland. Hierfür spricht ihr hoher Zuspruch auf Seiten der Nachfrage wie auch verschiedenste Motivationen auf Seiten der Initiatoren für ein Engagement in diesem Marktsegment, denn: mit diesem Anlagentypus können die unterschiedlichen Zielsetzungen von Akteuren der Immobilienwirtschaft, Markenartiklern und Kommunen erreicht werden.

Grundsätzlich bieten Edutainment-Center aufgrund der überschaubaren Investitions- und Betriebskosten bei gleichzeitig relativ hohen Besuchs- und Erlöspotenzialen erhebliche Chancen. Beispielhaft können folgende Zielsetzungen genannt werden:

Operative Zielsetzungen

- Verwertung von Grundstücken oder Gebäuden
- Profitabilität
- Generierung von Frequenzen
- Quantitative und qualitative regionalwirtschaftliche Effekte

Strategische Zielsetzungen

- Profitierung vom expansiven Freizeitanlagenmarkt
- Multiplizierbarkeit an verschiedenen Standorten
- Strukturwandel in strukturschwachen Regionen

Weitere Projekte sind in Planung bzw. in der Realisierung, so u.a. das Deutsche Fußballmuseum des Deutschen Fußball-Bundes (DFB) in Dortmund, das Haus des Waldes in Hamburg-Wilhelmsburg, das Europäische Hansemuseum in Lübeck wie auch diverse Science Center im gesamten Bundesgebiet.

11. Freizeitparks

11.1 Definition

Im allgemeinen Sprachgebrauch wird der Begriff Freizeitpark für eine Vielzahl von freizeitorientierten Anlagen verwendet. So kann auch eine öffentliche Grünfläche bereits als Freizeitpark wahrgenommen werden, wenn dort Spiel- und Aktivitätsmöglichkeiten (Spiel- und Sportplätze, Grillstationen etc.) geboten werden. Im Freizeitmarkt gelten nur diejenigen Anlagen als Freizeitparks, deren Betrieb unter gewerblichen Gesichtspunkten erfolgt.

Als Organ der deutschen Freizeitparks liefert der Verband Deutscher Freizeitparks und Freizeitunternehmen e.V. (VDFU) in seiner aktuellen Satzung folgende Definition für diesen Anlagentyp: *„Freizeitparks und Freizeitunternehmen (...) sind alle Gewerbebetriebe, die an einem Ort auf freiem Gelände dauerhaft fest installierte Anlagen unterhalten, in denen gegen Entgelt Spiel- und Sporteinrichtungen, Großmodelle, Tiere, Grünanlagen, technische und kulturelle Einrichtungen entweder zusammen oder in Teilen zur Schau* *gestellt oder zur Benutzung überlassen werden, wobei Einrichtungen auch in festen Gebäuden untergebracht sein können. In derartigen Anlagen können außerdem Gastronomiebetriebe und Verkaufseinrichtungen sowie Hotels und Beherbergungsbetriebe eingegliedert sein."* (Quelle: Satzung VDFU vom 9.2.2010). Hinzu kommt, dass eine ordentliche Mitgliedschaft im Verband eine Besuchszahl von mindestens 100.000 pro Jahr voraussetzt.

Freizeitparks können demnach von frei zugänglichen, öffentlichen Spiel- und Sporteinrichtungen abgegrenzt werden. Vielmehr ist das Freizeitangebot in einem nach außen abgeriegelten Gelände konzentriert, welches nur gegen Zahlung eines Eintrittsentgeltes genutzt werden kann. Ein weiteres wichtiges Unterscheidungsmerkmal ist die feste Installation an einem Ort, denn dadurch grenzen sich Freizeitparks wiederum von temporären Volksfesten und Jahrmärkten ab, die zum überwiegenden Teil mit den gleichen Attraktionen, den Fahrgeschäften, agieren. In ihrer traditionellen Ausprägung sind Freizeitparks Outdoor-Angebote, d.h. Angebote, die unter freiem Himmel stattfinden. Demzufolge sind die meisten Anlagen in Deutschland Saisonbetriebe, die ihre Tore in der Zeit von ca. Mitte März bis Mitte Oktober öffnen. Das Winterhalbjahr wird u.a. für Reparatur- und Attraktivierungsmaßnahmen genutzt. Gleichzeitig ist ein Trend zu mehr Witterungsunabhängigkeit zu beobachten, z.B. durch den Einbau von Fahrgeschäften in geschlossene Gebäude.

Weltweit operieren Freizeitparks nach den gleichen Grundprinzipien. Dennoch gibt es Unterschiede, die zum Teil in der historisch unterschiedlichen regionalen Entwicklung dieser Anlagen begründet sind. In Skandinavien ist beispielsweise die Sonderform der Tivoli- oder Luna-Parks verbreitet. Der wohl bekannteste Vertreter dieser Gattung ist das Tivoli in Kopenhagen. Diese Anlagen können als fest installierte Jahrmärkte bezeichnet werden, die integrierten Angebote sind einfach aneinandergereiht aufgestellt und nicht thematisiert. Die Bezahlung erfolgt in einer Kombination aus Parkeintritt und separater Zahlung der genutzten Angebote („pay-as-you-go"-System). In Deutschland hat sich das Prinzip des einmaligen, zentralen Eintrittsentgeltes („pay-one-price"-System) durchgesetzt. Mit Gastronomie, Shop und Automaten können alle Angebote des Parks beliebig genutzt werden, nachdem am Eingang ein einmaliger Eintrittspreis entrichtet wurde.

Die Idee des Themenparks als weitere Sonderform des Freizeitparks wurde 1955 in Kalifornien geboren, wo Walt Disney mit dem weltweit ersten Disneyland neue Maßstäbe in Sachen Freizeitpark setzte. Zum ersten Mal wurden in einem Freizeitpark in mehreren räumlich voneinander getrennten Bereichen verschiedene Themen konsequent umgesetzt, um somit Illusionen und Träumereien beim Besucher auszulösen bzw. zu verstärken. In diesen in sich geschlossenen Welten wurden alle Einrichtungen (Fahrgeschäfte, Shops, Restaurants und andere Bauten) konsequent anhand eines Leitthemas gestaltet (z.B. Adventure-Land, Tomorrow-Land etc.). Diese Thematisierung soll beim Besucher einen positiven emotionalen Effekt auslösen. Die Kombination mehrerer Themenbereiche zu einem Parkkonzept ließ schließlich den Themenpark entstehen. An dieser Betriebsform orientierten sich viele in der Folgezeit entstandenen Freizeitparks.

11.2 Marktsituation

Ohne Berücksichtigung der historischen Vorläufer begann die Zeit der uns heute bekannten Freizeitparks in Deutschland in den Zeiten des wirtschaftlichen Wiederaufbaus nach dem Zweiten Weltkrieg. Insbesondere die 1970er Jahre können als Boomphase und Geburtsstunde vieler Anlagen bezeichnet werden. In dieser Zeit wandelten sich viele Märchenparks/-gärten oder Tier-/Wildgehege zu Freizeitparks. Schausteller und Zirkusunternehmer wurden sesshaft, indem sie ihre Attraktionen an einem Ort dauerhaft installierten, sodass noch heute viele Parks von Schausteller- oder Zirkusfamilien geführt werden.

Aktuell sind im Branchenverband VDFU 71 Freizeitparks organisiert. Sie verkörpern im engeren Sinne den Markt der bundesdeutschen Freizeitparks. In anderen Quellen werden Zahlen von um die 200 Freizeit- und Erlebnisparks in Deutschland genannt. Die Differenz erklärt sich durch die Tatsache, dass im VDFU nur Anlagen mit einer jährlichen Mindestbesuchszahl von 100.000 vertreten sind, kleinere Anlagen sind demnach nicht berücksichtigt. Des Weiteren ist es wie bei anderen Freizeitanlagentypen, eine eindeutige Abgrenzung und Zuordnung der Anlagen zu einem Freizeitanlagensegment ist schwierig.

Insgesamt zeigt Deutschland eine gute und flächendeckende Versorgung mit Freizeitparks. Eine Ausnahme bilden die Neuen Bundesländer, in denen nur wenige Anlagen vertreten sind, was auf die 40-jährige deutsche Teilung zurückzuführen ist. Zwar wurden seit der Wiedervereinigung diverse Planungen in den östlichen Bundesländern verfolgt, die meisten jedoch aufgrund schwieriger Marktrahmenbedingungen (geringe Bevölkerungsdichte, Abwanderungstendenzen, niedrige Kaufkraft) wieder verworfen. Mit dem südlich von Leipzig gelegenen Freizeitpark Belantis eröffnete 2003 der bedeutendste neue Freizeitpark, der mit stabilen Jahresbesuchszahlen über 500.000 zu den mittelgroßen Parks in Deutschland zu zählen ist.

Der mit Abstand besucherstärkste deutsche Freizeitpark ist der Europa Park in Rust. In den letzten Jahren konnten dort jährlich über 4 Mio. Besucher verzeichnet werden. Der Park wurde 1975 gegründet und erstreckt sich auf einer Fläche von 85 Hektar. Er ist gegliedert in 13 europäische Themenbereiche, in die über 100 Attraktionen und Shows integriert sind. Er kann als der am konsequentesten thematisierte deutsche Freizeitpark bezeichnet werden. In der Hauptsaison beschäftigt die Anlage über 3.000 Mitarbeiter. Im Jahr 1995 eröffnete der Europa Park sein erstes parkeigenes Hotel, das El Andaluz. Weitere drei Hotels und ein Gästehaus folgten, das fünfte Hotel befindet sich aktuell in der Umsetzung. Dies belegt einen bedeutenden Entwicklungstrend der Branche, die Weiterentwicklung vom Tagesausflugsziel zum Übernachtungs- oder Kurzurlaubsziel. Mittlerweile verfügen die meisten der größeren Freizeitparks in Deutschland über eigene Übernachtungsangebote. Auch der Trend zu mehr Witterungsunabhängigkeit lässt sich am Europa Park aufzeigen, er ist der einzige Park mit einer zeitlich begrenzten Winteröffnung.

Trotz des Kurzurlaubscharakters sind die Parks abhängig vom Einwohnermarkt und damit verbunden von einer hohen Wiederholungsbesuchsquote. Um Jahr für Jahr Gäste wiederholt anlocken zu können, bedarf es Neuerungen. Demzufolge unterliegen die Anlagen einem hohen Investitionsdruck, denn es bedarf permanenter Reinvestitionen, um Gäste mit dem neuesten und noch attraktiveren Angebot erneut für einen Besuch zu mobilisieren. Entsprechend kumulieren sich diese permanenten Investitionen im Zeitablauf zu beträchtlichen Summen, die bei den größeren Anlagen im oberen dreistelligen Millionenbereich liegen. Für neue Anlagen erschwert dies den Markteintritt erheblich, denn es wären enorme Investitionen zu tätigen, um aus dem Stand heraus zu den etablierten, gewachsenen Anlagen konkurrenzfähig zu sein. Dies ist wahrscheinlich der wesentlichste Grund, wieso in Deutschland kaum mehr Freizeitparks der klassischen Ausprägung geplant werden.

Eine Alternative zum Neubau eines Freizeitparks ist die Übernahme eines bestehenden Parks. So ging die Branche noch vor gut zehn Jahren davon aus, dass sich der deutsche Freizeitmarkt durch den Eintritt internationaler Freizeitkonzerne stark verändern wird. In Teilen ist dies auch zu beobachten gewesen, im Wesentlichen durch die Expansion des britischen Unternehmens Merlin Entertainments Group, das sich nach dem Disneykonzern als weltweit zweitgrößter Betreiber von Freizeitanlagen etabliert hat. Der Fokus dieses Unternehmens lag in der Vergangenheit auf der Expansion von Besucherattraktionen oder Edutainment-Centern der konzerneigenen Marken Sea Life, The Dungeons etc. Mit der Übernahme der ebenfalls britischen Tussauds Group wurde Merlin auch Freizeitparkbetreiber in Deutschland, denn Tussauds hatte im Jahr 2001 den Heide-Park in Soltau gekauft. Mit der Übernahme der dänischen Legoland-Parks fand auch das Legoland in Günzburg den Weg in den Merlin-Konzern. Dies sind bisher jedoch die einzigen beiden Beispiele für den Markteintritt eines internationalen Akteurs in Deutschland geblieben.

11.3 Standort- und Gebäudeanforderungen

Die Standorte der Freizeitparks befinden sich nicht zuletzt aufgrund der umfangreichen Flächen, die diese Anlagen benötigen, außerhalb der Ballungszentren. Umso wichtiger ist eine gute Verkehrserschließung. Die größeren Parks liegen deshalb in der Regel in der Nähe von Autobahnen, denn der Pkw ist das mit Abstand wichtigste Verkehrsmittel – meist liegt der Anteil der Gäste, die mit dem Pkw oder Bus anreisen, bei um die 80 Prozent oder darüber.

Im Wesentlichen können die Standortanforderungen wie folgt zusammengefasst werden:

- Umfangreiche Flächenverfügbarkeit (mehrere Hektar, je nach Konzept)
- Erweiterungsflächen für Expansionen im Zeitablauf
- Gute überregionale Verkehrsanbindung, Nähe zu Autobahn
- Landschaftlich reizvolle Lage mit Freizeitwert
- Hohe Einwohnerdichte im Einzugsgebiet, Nähe zu Ballungsräumen
- Nähe zu touristischen Frequenzpunkten bzw. hohes Nachfragepotenzial an Touristen im näheren Einzugsbereich

11.4 Konzeptionelle Erfolgsfaktoren

Zu den Kernangeboten von Freizeitparks zählen:

- Technische Fahrgeschäfte/Fahrattraktionen
- Spielplätze und mechanische Spielgeräte
- Shows (Live-Entertainment)
- Mediale oder multimediale Darbietungen (z.B. 3D oder 4D Filme)
- Gastronomie
- Shops

Je nach Ausrichtung, Konzept und Größe gibt es weitere Angebote, wie u.a.

- Hotels oder Beherbergung
- Tagungsarrangements
- Tiere
- Sportanlagen
- Grünanlagen
- Modelle

Freizeitparks in Deutschland zeichnet aus, dass sie die genannten Angebote innerhalb eines Areals bündeln. Der Gast zahlt einmal Eintritt und kann diese Angebote beliebig nutzen (ausgenommen Verzehr und Einkäufe). Im Grundsatz sind Freizeitparks Freiluftangebote und werden entsprechend unserer mitteleuropäischen Witterungsverhältnisse saisonal betrieben. Die Wetterbedingungen innerhalb der Saison im Zeitraum März bis Oktober haben deshalb Jahr für Jahr Einfluss auf die Besucherzahlen. Ein weiterer wesentlicher Erfolgsfaktor ist die Generierung einer hohen Quote an Wiederholungsgästen. Daraus ergibt sich die Anforderung für die Betreiber dieser Anlagen, zu jeder Saison Neuerungen zu präsentieren.

Zusammenfassend sind folgende Erfolgsfaktoren im Markt der Freizeitparks von besonderer Relevanz:

- Angemessenes Preis-Leistungsverhältnis
- Hohe Servicequalität
- Hohe Anforderungen an die Sicherheit der Gäste
- Sauberkeit des gesamten Parkgeländes
- Angebotsmix für alle Altersgruppen
- Spektakuläre Fahrgeschäfte
- Regelmäßige Neuerungen in Form von neuen Attraktionen, neuen Shows, wechselnden Veranstaltungen
- Parkeigene Übernachtungsmöglichkeiten, die dem Freizeitparkcharakter folgen
- Witterungsunabhängigkeit durch Besatz mit Indoor-Angeboten

11.5 Wirtschaftlichkeit

Nahezu alle Freizeitparks in Deutschland werden von einem privatwirtschaftlichen Betreiber als Gewerbebetrieb geführt. Es handelt sich also im Wesentlichen um kommerzielle Angebote, deren Betrieb unter Profitabilitätsgesichtspunkten möglich ist. Zu beachten ist die historisch gewachsene Struktur im deutschen Freizeitparkmarkt. Die meisten Anlagen haben ihre Angebotsstruktur im Zeitablauf ausgeprägt und konnten sich demnach erst nach vielen Jahres der Weiterentwicklung zu den uns heute bekannten Anlagen qualifizieren. Die Pro-Kopf-Umsätze liegen in den mittelgroßen bis großen Parks zwischen 20 und 30 Euro. Entsprechend werden bei Besuchszahlen von mehreren 100.000 oder gar mehreren Millionen Gästen hohe Umsätze erwirtschaftet. Demgegenüber stehen jedoch ebenso hohe Betriebskosten, deren bedeutendste laufende Position die Personalkosten sind. Hinzu kommt der periodisch anfallende Investitionsdruck.

Von Insolvenzen blieb der deutsche Freizeitparkmarkt bisher weitgehend verschont. Die bestehenden Parks bewegen sich in einem recht stabilen Marktumfeld, größere Besucherschwankungen verursacht maximal schlechtes Wetter innerhalb einer Saison. Der Wettbewerbsdruck ist dennoch als hoch einzustufen.

11.6 Entwicklungstendenzen

Beim deutschen Freizeitparkmarkt handelt es sich nicht um einen expansiven Markt. Zu schwierig sind die Markteintrittsbedingungen aufgrund der vorhandenen etablierten Angebote, die eine bereits gute Versorgung mit dieser Angebotsform leisten. Als bedeutende Neueröffnungen innerhalb der letzten zehn Jahre sind deshalb auch nur zwei Anlagen zu nennen: Zum einen Legoland Günzburg (2002) sowie zum anderen Belantis in der Nähe von Leipzig (2003). Wie bereits erwähnt haben sich die größeren Anlagen zum Kurzreiseziel gewandelt, indem sie parkeigene Übernachtungsangebote etabliert haben. Dieser Trend ist ungebrochen, so wird beispielsweise im Europa Park aktuell am bereits fünften Themenparkhotel gebaut. Nach wie vor unverändert ist auch der Trend zu immer spektakuläreren Fahrgeschäften, nach dem Motto: höher, weiter, schneller. Insbesondere Aufsehen erregende Achterbahnen haben die Neuerungen in den Parks in den letzten Jahren dominiert. Auch reagieren die Parks auf den demografischen Wandel, indem sie ihre Angebote für ältere Zielgruppen stärken.

Nachdem kaum zu erwarten ist, dass in Deutschland ein Großpark internationalen Formats neu gebaut wird, stellt sich die Frage nach marktverträglichen kleineren Parks. Hier zeigt sich eine gewisse Tendenz zu Indoor-Spieleparks, die bei Wachstum im umgebenden Außengelände auch den Charakter kleinerer Freizeitparks erlangen können. So hat die Merlin Entertainments Group mit dem Produkt der Lego Discovery Center eine innerstädtische Attraktion im Portfolio, die eine Mischung zwischen Kinderspielhalle und Indoor-Park verkörpert. Zwei dieser Anlagen sind in Deutschland bereits realisiert, weltweit wird dieses Angebot vom Unternehmen multipliziert. Auch die Zoos haben die Wirkungsmöglichkeiten einer Thematisierung erkannt und nähern sich mit ihrem Wandel zu Erlebniszoos immer mehr den Freizeitparks an.

12. Hallenspielplätze

12.1 Definition

Hallenspielplätze existieren in Deutschland in Größen von wenigen hundert Quadratmetern bis über 6.000 Quadratmeter großen Hallen, die mit Spielgeräten unterschiedlicher Art ausgestattet sind. Neu an diesen Spielplätzen in der Halle sind die so genannten softmodularen Spielgeräte, die zum Standardprogramm der meisten Spieleinrichtungen gehören. Es handelt sich dabei um Klettergerüste (auch Funcenter, Funparks oder Funboxen genannt), die aus mit Kunststoff umwickelten Metallstangen bestehen und würfelartig verschraubt sind. Diese Bausteine können neben und übereinander beliebig zusammengesetzt und weitgehend individuell gestaltet werden. In diesen würfelartigen

Konstruktionen können die Kinder klettern, kriechen, balancieren, schwingen, sich verstecken und rutschen. Gemäß unseren Umfragen zur Beliebtheit bilden Hüpfburgen, Trampoline und Klettermodule die Top Drei der Skala.

Den Ursprung nahm die Entwicklung der „Family Fun Centers" oder „Children Entertainment Center" genannten überdachten Spielplätze in den USA, die dort seit einem Vierteljahrhundert existieren. Als Pionier kann das „Chuck E. Cheese's" angeführt werden. Die Gruppe CEC Entertainment Inc. aus Irving, die hinter diesem Konzept steht, eröffnete anfangs jährlich circa 30 neue Restaurant-Entertainment-Center. In Europa erfolgte im Segment Hallenspielplätze eine im Freizeitmarkt durchaus übliche Entwicklungsrichtung von Freizeittrends und -angeboten. Ausgehend von England (Indoor Playgrounds) wurden Hallenspielplätze auf dem europäischen Festland zuerst in den Niederlanden heimisch und anschließend im angrenzenden Bundesland Nordrhein-Westfalen sowie Niedersachsen. Der Rückgang von Sportarten wie Tennis und Squash und infolgedessen leer stehender Hallen begünstigte die Entwicklung der Hallenspielplätze in Deutschland. Diese Nutzung stellt eine adäquate Nachnutzung für Immobilien von Rückschlagsportarten und Industriehallen dar.

12.2 Marktsituation

Die Struktur des Marktes für Hallenspielplätze wurde von der Vota Marktforschung in den Jahren 2005 bis 2011 mehrfach durch bundesweite Befragungen der Eigentümer und Betreiber dieser Einrichtungen erfasst. Mit Stand von Juni 2011 sind es über 360 Hallenspielplätze, die bundesweit über Recherchequellen wie Internet und Printmedien nachweisbar sind. Eine teilweise überhitzte, expansive Entwicklung mit Steigerungsraten von bis zu 140 Prozent der Eröffnungen bezogen auf den Gesamtbestand des Vorjahres hat sich auf ein realistisches, gesundes Wachstum von fünf bis zehn Prozent eingependelt.

Steigerungsraten der Anlagenzuwächse		
von 2000 und früher	**bis 2001**	**Steigerung um 100 %**
2001	2002	66 %
2002	2003	140 %
2003	2004	66 %
2004	2005	27 %
2005	2006	11 %
2006	2007	12 %
2007	2008	10 %
2008	2009	5 %
2009	2010	7 %

Quelle: Recherchen und Berechnungen Vota GmbH 2011

Kein anderes Freizeitanlagensegment hat sich in den vergangenen Jahren derart schnell entwickelt wie das der Hallenspielplätze. Um die Sättigung eines Marktsegmentes abzuschätzen, kann die Dichte der jeweiligen Anlagen bezogen auf die Einwohnerzahl betrachtet oder das freie Nachfragepotenzial im Einwohner- und Touristenmarkt berechnet werden. Nimmt man die erste Bemessungskennzahl als Basis, können einige Bundesländer demnach als noch unterversorgt eingestuft werden. So sind in den östlichen Bundesländern Brandenburg, Thüringen und Sachsen sowie Bayern und Hamburg verschiedene Regionen noch vergleichsweise gering mit Hallenspielplätzen besetzt. Allerdings gilt für Hamburg, dass die Verflechtung mit Schleswig-Holstein berücksichtigt werden muss. Für die Bundesrepublik prognostiziert Vota im Stadium einer verträglichen Marktsättigung insgesamt rund 400 Hallenspielplätze, die in ca. 2 Jahren erreicht sein könnten.

12.3 Standort- und Gebäudeanforderungen

Die Anforderungen an Gebäude für Hallenspielplätze sind im Vergleich zu anderen Freizeitanlagen niedrig. Es können einfach hergestellte Hallen für diese Nutzung in Betracht gezogen werden. Dementsprechend wurden Tennishallen oder ehemalige Lagerhallen, die aus den 1970er oder 1980er Jahren stammen, mit dieser Nutzung belegt. Bei der Auswahl einer geeigneten Halle ist insbesondere auf folgende Faktoren zu achten:

- Gut sichtbares Gebäude mit der Möglichkeit zur Ausschilderung
- Schnell auffindbarer und ausreichend großer Eingangsbereich
- Geradliniger Flächenzuschnitt
- Ausreichende Deckenhöhe, optimal 6 – 7 Meter
- Ausreichender Tageslichteinfall
- Nebenflächen für Funktionsbereiche wie Verwaltung, Sanitäranlagen und Geburtstagsfeiern
- Erweiterungsflächen
- Zustand von „Dach und Fach" (Isolierung und Belüftung)
- Effizientes Energiesystem

Des Weiteren sind das Vorhandensein von Infrastruktur für Gastronomie wie Ver- und Entsorgung (Fettabscheider), Ausstattung wie Herd oder Kühlräume vorteilhaft für eine rasche Betriebsaufnahme. Der Flächenbedarf für Hallenspielplätze ist recht unterschiedlich und sollte sich nach den erreichbaren Besuchszahlen beziehungsweise dem vorhandenen Bevölkerungspotenzial im relevanten Einzugsgebiet richten. Die Erhebungen der Vota zeigen, dass Größenordnungen zwischen 1.500 und 2.500 Quadratmeter überwiegen. Eine Großzahl der Hallenspielplätze ist als Folgenutzung verwaister Tennis- und Industriehallen in dieser Flächenausdehnung mit einer Deckenhöhe zwischen vier und sieben Metern in der lichten Höhe vorzufinden.

Nur rund elf Prozent der Hallenspielplätze weisen Flächen auf, die kleiner als 1.000 Quadratmeter groß sind, circa acht Prozent der deutschen Hallenspielplätze sind über 3.500 Quadratmeter groß. Der konkrete Flächenbedarf an einem Planungsstandort lässt sich vom prognostizierbaren Jahresbesuchspotential ableiten. So kann es wirtschaftlich sinnvoll sein, an einem Standort mit wenig Potenzial auf eine größere Fläche zu verzichten, da

Miete, Personal- und Betriebskosten in der Regel mit der Hallengröße ansteigen und halbleere Hallen auf den Besucher abschreckend wirken können.

12.4 Konzeptionelle Erfolgsfaktoren

Im Allgemeinen können sich Hallenspielplätze mit einem attraktiven und standortadäquaten Angebotskonzept besser im Markt behaupten und höhere Gästezahlen erzielen. Hierbei sind allgemein folgende Kriterien bei der Realisierung oder Optimierung eines zugkräftigen Spiel- und Erlebniskonzeptes zu beachten:

- Abgrenzung zu Spielplätzen: Hallenspielplätze müssen konkurrierende öffentliche Spielplätze an Attraktivität, Erlebnisintensität und Faszinationskraft deutlich überbieten.
- Attraktivierung / Erneuerung: Ständige Optimierungen des Innen- (und ggf. Außenbereichs) unterstützen die Gästebindung und Weiterempfehlung des Hallenspielplatzes sowie eine Einbindung dieser Maßnahmen in die Pressearbeit.
- Positionierung: Alleinstellung ist durch inhaltliche, thematische Abgrenzung zu anderen Hallenspielplätzen anzustreben (Wettbewerbsdifferenzierung).
- Thematisierung: Eine durchgängige Gestaltung der Spielanlage erlaubt ein „Eintauchen des Gastes" in eine außergewöhnliche, faszinierende Welt. Hierzu können bestimmte Themen (z.B. Märchen oder Comics) in der Anlage profilgebend umgesetzt werden.
- Standortbezug: Falls möglich, sind thematische oder bauliche Besonderheiten des Standortes konzeptionell aufzugreifen.
- Veranstaltungen: Events, Animations- und Veranstaltungsprogramme (z.B. Filmvorführungen, Geschichtenerzählen, Malwettbewerbe, Sommerfeste) und Angebote für Kindergeburtstage sind zwingende Angebotsergänzungen.
- Interaktivität / Multisensualität: Stimulierung von Aktivität, Spieltrieb und Motorik durch entsprechende Attraktionen (d.h. passive Angebote vermeiden) und Ansprache möglichst vieler Sinne.
- Wettkampfgedanke: Spiel- und Sportangebote mit Wettkampfmöglichkeit (z.B. Mannschaftsturniere) sollten vorgesehen sein.
- Edutainment: Verbindung von Lernen und Unterhaltung (= spielerische Wissensvermittlung), z.B. durch spezielle Veranstaltungen/ Kurse.
- Risikostreuung: Verschiedene Betriebsmodule / Profitcenter (Spielbereich, Gastronomie, Shop, Veranstaltungen) ermöglichen eine wirtschaftliche Risikoreduktion.
- Servicequalität: Ausreichende (kostenfreie) Serviceangebote, wie z.B. Sanitäranlagen, Garderobe, Information und Freundlichkeit des Personals sind sicherzustellen.
- Sicherheit: Zum einen muss das Spielangebot so ausgelegt sein, dass kein Verletzungsrisiko besteht und eine Aufsicht gewährleistet ist. Zum anderen muss durch intelligente Zugangssysteme sichergestellt sein, dass Kinder die Anlagen ausschließlich gemeinsam mit ihren Begleitpersonen verlassen.

- Verweildauer / Reichweite: Über eine große Angebotsvielfalt und hohe Attraktivität ist ein großräumiges Einzugsgebiet zu erschließen.
- Örtliche Partner: Bei einer Kooperation mit örtlichen Partnern (Gemeinde, Unternehmen, Sponsoren) können ggf. Synergien im Konzept- und Marketingbereich erzielt werden.

Die nachfolgende Liste zeigt die Reihenfolge der Zielgruppen in ihrer Wichtigkeit und dazugehörige beispielhafte Angebotsbausteine:

- Kinder bis 12 Jahre: Diverse Spiel- und Tobeangebote, wie z.B. Trampolin, Hüpfburg, Rutsche, Klettermodul, Kleinkindbereich
- Erwachsene Begleitpersonen: Café, Leseecke, Fernsehecke, Internetterminals, Mitspielmöglichkeiten, Beauty- und Wellnessangebote, Aktivsport etc.
- Schulklassen / Kindergärten: Gruppentaugliche Paketangebote wie z.B. Aktionsprogramm, Sportturnier, Essen/Spielen/Unterricht
- Kinder von 12 bis 15 Jahren und Erwachsene: z.B. Kletterwand, Hochseilgarten, Fußball, Basketball, Beachball, Skating, Minigolf, Pit-Pat,...
- Jugendliche über 15 Jahre: Diese Altersgruppe stellt keine Kernzielgruppe von Hallenspielplätzen dar. Der Besuch von Jugendlichen führt oftmals zu Zielgruppenkonflikten sowohl mit den kleineren Kindern als auch mit erwachsenen Begleitpersonen. Nutzungen für diese Altersgruppe sollten deshalb möglichst räumlich/zeitlich getrennt angeboten werden.

Es sind neben den vielfältigen Angeboten für Kinder auch ansprechende Bereiche für die begleitenden Erwachsenen vorzuhalten. Neben dem Innenbereich kann in den Sommermonaten ein Außenbereich die Attraktivität der Anlage erhöhen. Allerdings ist der wirtschaftliche Erfolg eines Außenbereiches unter den Betreibern höchst umstritten. Im Planungsprozess oder bei Angebotsoptimierungen sind durch Marktbeobachtung Anregungen von Vergleichs- und Referenzanlagen, aber auch innovative Konzeptmöglichkeiten (z.B. Eigenanfertigung von Spielgeräten) einzuholen. Übergeordnete Zielsetzung ist der Aufbau und die Pflege von Stammpublikum, Wiederholungsgästen und Multiplikatoren durch ein vom Wettbewerbsumfeld differenziertes und attraktives Gesamtkonzept.

12.5 Wirtschaftlichkeit

Aufgrund saisonal und wochentäglich starker Schwankungen im Besuchsaufkommen ist für den wirtschaftlichen Erfolg eines Hallenspielplatzes ein rigoroses Kostenmanagement genauso wichtig wie ein effizientes Marketing und eine sukzessive Weiterentwicklung der Anlage. In diesem Zusammenhang ist die Unterteilung in fixe und variable Betriebskostenpositionen entscheidend. Die wirtschaftlichen Risiken können in nachfrageschwachen Zeiten durch einen hohen flexiblen Kostenanteil abgefedert werden. Die nachfolgende Ausführung nimmt eine grobe Zuordnung in fixe und flexible Kostenpositionen vor. Als überwiegend fixe (Besucherzahl unabhängige) Kosten können neben den Finanzierungskosten und Abschreibungen auch Kostenpositionen wie Miete, Heizung, Gas, Wasser, Strom, Versicherung, Beiträge, Abgaben und ein Großteil der sonstigen (Büro-/Verwaltungs-)Kosten und Fremdleistungen eingestuft werden.

Zins, Tilgung und etwaige Leasingraten sind fixe Kosten und unabhängig von der erreichten Besuchszahl eines Hallenspielplatzes. Durch einen möglichst hohen Eigenkapitalanteil kann die Annuitätsbelastung reduziert werden. Die Miete wird in der Regel als erfolgsunabhängige, fixe Miete pro Quadratmeter vereinbart. Bei Neuprojekten können von Betreiberseite umsatzabhängige Mietanteile (Risikoteilung mit dem Vermieter) angestrebt werden, um den Anteil der variablen Kosten zu erhöhen und so eine Senkung der Mietbelastung in Schwachlastzeiten zu erreichen. Die Mieten für Hallenspielplätze liegen generell zwischen drei und sechs Euro netto pro Quadratmeter. Diese Ansätze gelten für Nachnutzungsobjekte, die mit (teilweise zu) wenig Aufwand baulich hergerichtet und mit Spielgeräten ausgestattet werden. Verbrauchskosten wie Heizung, Gas, Wasser und Strom sind überwiegend von Parametern wie eingesetzter Technik, Dämmung, Energiekosten oder Öffnungszeiten und in einem geringeren Maße von der Besuchszahl abhängig.

Bei den sonstigen (Büro-/Verwaltungs-)Kosten und Fremdleistungskosten können durch einen hohen Eigenleistungsanteil sowie Preisvergleiche und Verhandlungen mit Zulieferern Kostensenkungspotenziale genutzt werden. Die folgenden Betriebskosten variieren (zumindest teilweise) mit dem Besuchsaufkommen oder können durch entsprechende Entscheidungen des Betreibers gesenkt werden: Zu den wichtigsten variablen Kostenpositionen gehört der Wareneinsatz. Da der Wareneinsatz primär mit den abgesetzten Gastronomie- und Shop-Produkten schwankt, sind die Wareneinsatzkosten als (nahezu) vollständig variable Kosten einzustufen. Somit ist von einer deutlichen Reduzierung der absoluten Kostenwerte in besucherschwachen Zeiten auszugehen (Einkaufsverhalten, Vorratshaltung). Die Personalkosten sind zwar ebenfalls teilweise variabel (z.B. Aufsichtspersonal), es wird aber von der jeweiligen Personalpolitik abhängen, inwieweit variable Potenziale genutzt werden können. Wichtige Personaleinsatzbereiche – welche sich selbstverständlich von Anlage zu Anlage unterscheiden – sind:

- Management (Betrieb, Personal, Finanzen, Marketing)
- Center-Manager (Wartung, Reinigung, Aufsichtsteam)
- Gastronomie (Café, Küche, Bistro, SB-Tresen, Gastro-Team)
- Kundenservice (Eingang, Kasse, Telefon, Veranstaltungen)
- Verwaltung (Back-Office, Gruppen, Buchhaltung)

Die Kostenposition Werbung und PR-Kosten umfasst die oben beschriebenen Marketingmaßnahmen. Es ist darauf zu achten, dass gerade diese Maßnahmen zu einer Steigerung der Besuchszahl führen (sollen). Insofern besteht hier in schwierigen, besucherschwachen Zeiten ein Konflikt zwischen der Notwendigkeit, Kosten zu senken, und der Notwendigkeit über ein intensiviertes Marketing höhere Besuchszahlen und somit Erlöse zu erzielen. Die Kostenposition Reparatur/Instandhaltung hat gerade im interaktiven Bereich der Spielanlagen eine variable Komponente. Mit zunehmender Besucherfrequenz nimmt die Belastung der Betriebs- und Geschäftsausstattung (insbesondere der Spielgeräte) zu und führt zu höheren Reparatur- und Instandhaltungsaufwendungen.

Bei den Reattraktivierungs- und Erneuerungkosten gelten ähnliche Argumente wie beim Marketing, nur mit einer längerfristigen Perspektive. So sind Angebotsoptimierungen und Erneuerungen zur Stabilisierung und Erhöhung der Besuchszahlen notwendig. Die eingesetzten Mittel sind von der Entscheidung der Betreiber (bzw. Investoren) des Hallenspielplatzes abhängig und stellen keine fixe Kostenposition dar. Zur Bestimmung der Netto-Eintrittserlöse sind die Eintrittsanteile aus Kindergeburtstagen und Veranstaltungen, welche in der Regel ebenfalls an der Eingangskasse (anteilig) als Eintritt (z.B. Konto „Interne Veranstaltungen") erfasst werden, einzurechnen. Die Veranstaltung von Kindergeburtstagen ist eine signifikante Erlösquelle. Vom Spitzeneintrittspreis für Kinder und den Eintrittspreisen für Erwachsene werden in Hallenspielplätzen oftmals Ermäßigungen für Gruppen, Mehrfachbesuche, werktägliche Besuche, Senioren, Geburtstagsarrangements etc. gewährt. Neben den Eintrittserlösen stellt die Gastronomie die zweite große Erlösquelle von Hallenspielplätzen dar. Die Gastronomieumsätze korrelieren mit der durchschnittlichen Verweildauer der Gäste in der Anlage. Selbstverständlich hängen die Gastronomieerlöse von der Qualität der Restauration (Produktqualität, Gestaltung, Thematisierung) und der vom Betreiber umgesetzten Gastronomiepolitik (Abläufe, Preispolitik, Selbstbedienung, Eigenverpflegung, Außenumsätze durch frei zugängliche Gastronomie) ab. Die sonstigen Erlösquellen sind stark standort- und anlagenabhängig und können folgende Positionen umfassen:

- Merchandising, Shop
- Münzgeräte (z.B. Mini-Karts) und Automatenverkäufe
- Fotos (durch Mitarbeiter oder Fotobox)
- Guidebooks, Broschüren, Kataloge
- Kleinutensilien (Anstecker, Aufkleber)
- Garderobe und Schließfächer
- Parkgebühren (kritisch wegen Besuchsbarriere)
- Vermietungen außerhalb der regulären Öffnungszeiten (z.B. Betriebsfeste)
- Sponsoring: Namensrechte, Produktshows/-werbung, Attraktionssponsoring
- Externe Aktivitäten: Verleih von Spielgeräten, Betrieb von Ständen oder Einzelattraktionen außerhalb des Hallenspielplatzes

Der Investitionsbedarf für Freizeiteinrichtungen unterteilt sich in der Regel in die Investition für Um- oder Neubau sowie in die Ausstattungsinvestition. Bei vielen Anlagen wird die Investition in die bauliche Hülle vom Eigentümer oder Vermieter getragen. Die Investition in die Ausstattung leisten die Betreiber. Der Durchschnittswert der Anfangsinvestition in die Ausstattung eines Hallenspielplatzes beträgt bei Größen von 1.500 bis 2.500 Quadratmeter entsprechend unserer Erhebungen circa 300.000 Euro. Den Schwerpunktbereich der Investitionen (40 % aller erhobenen Anlagen) liegt bei über 400.000 Euro. Circa 22 Prozent der befragten Hallenspielplätze haben zwischen 200.000 und 300.000 Euro in die Ausstattung investiert.

12.6 Entwicklungstendenzen

Durch ein stetiges Marktmonitoring wird sichtbar, wie sich qualitativ mittel- bis hochwertige Hallenspielplätze in direkter Wettbewerbssituation langfristig gegenüber Billiganbietern durchsetzen. Auch hier zeigt sich die Schere, die im Freizeitanlagenmarkt häufig zu beobachten ist: es boomt was billig und was exklusiv ist; das Mittelfeld hat es am schwersten, bestehen zu können. Hallenspielplätze haben sich als fester Bestandteil des Freizeitmarktes und der Freizeitinfrastruktur von Städten und Gemeinden etabliert. Eine mittlerweile über vierzehnjährige Entwicklungshistorie belegt, dass es sich längst nicht mehr um einen kurzfristigen Modetrend handelt. Auf Basis unserer langjährigen Erfahrung im Freizeitmarkt sehen wir folgende Zukunftstrends und Entwicklungsmöglichkeiten für die Hallenspielplätze in Deutschland (Anm.: Die Trends sind alphabetisch und nicht nach Wichtigkeit aufgelistet):

- **Anlagengröße**: Es entstehen immer mehr großflächige Einrichtungen, zum Teil durch Erweiterung und Anlage eines Außenbereichs. So ist es nicht nur möglich, großräumige Attraktionen in den Spielplatz zu integrieren (z.B. Mehrzweckfelder, Mini-Achterbahn, Boots-Teich), sondern auch Angebote aus anderen Freizeitsegmenten, womit sich einige Anlagen konzeptionell den Freizeitparks annähern.
- **Angebotsergänzung**: Stärkere Durchmischung der reinen Spielnutzung mit Angeboten aus anderen Freizeitsegmenten. Innovative Betreiber setzen bereits heute auf Angebote aus dem Bildungsbereich für Kinder (siehe Edutainment), ergänzende Sport- oder Veranstaltungsflächen und attraktive Zusatzangebote für die Begleitpersonen (Wellness, Unterhaltung, Information).
- **Edutainment**: In einigen Kinder-Spielhallen werden neben den Spielattraktionen interaktive Exponate, wissenschaftliche Workshops oder Ateliers geboten, die ähnlich wie in den Science Centern das spielerische Lernen (Edutainment) fördern. Die pädagogische Ausrichtung unterstützt den Ruf nach mehr Bildung und stellt eine ideale Ergänzung zum Schul- und Kindergarten-Alltag dar.
- **Erlebnisorientierung**: Zunahme der Erlebnisorientierung, Thematisierung und Gestaltungsintensität von Hallenspielplätzen (z.B. Toverland, Sevenum, NL). Hierbei wird zunehmend auf die Gestaltungsprinzipien und Thematisierungsmöglichkeiten aus etablierten kommerziellen Freizeitsegmenten, wie z.B. Freizeit- und Erlebnisparks, zurückgegriffen.
- **Gesundheitsorientierung**: Stärkere Einbindung gesundheitsorientierter Kursangebote, z.B. für Problembereiche wie Fettleibigkeit oder Störungen der Motorik von Kindern. Eine Einbindung in die Programme von Krankenkassen und Gesundheitsträgern ist denkbar und wird praktiziert.
- **Integrierte Lösungen und Hallenneubauten**: Integration von Hallenspielplätzen in frequenzstarke Umgebungen (insb. Einzelhandelsumfeld oder in bestehende Sportanlagen, auch in Nachbarschaft zu Besucherattraktionen oder als Schlechtwetterangebot im Kontext von Ferienwohnanlagen). Zunehmender gezielter Neubau von Hallen für Spielanlagen an geeigneten Standorten (keine Standortkompromisse gegenüber Nachnutzung bestehender Hallen).
- **Kinderbetreuungsfunktion**: Stärkere Übernahme von Kinderbetreuung in Hallenspielplätzen. Hierbei wird durch geschultes Personal die Funktion von Kindergärten und privaten Bildungseinrichtungen übernommen. Es kann auch zu einer stärkeren Zusammenarbeit mit öffentlichen Einrichtungen (Kindergärten, Schulen) kommen.
- **Kommunale Anlagen**: Stärkeres Engagement der öffentlichen Hand (auch PPP-Projekte) in der Umsetzung und dem Betrieb von Hallenspielplätzen im Rahmen von:
    a) Nachnutzung städtischer Immobilien (z.B. Stadthalle, Hallenbad, Sporthalle)
    b) Infrastrukturverbesserungen
    c) Tourismusprojekten

- **Professionalisierung**: Zunahme der Professionalisierung, des Organisationsgrades und der Transparenz des Marktes für Hallenspielplätze durch Kooperationen, Zusammenschlüsse, Kettenbetriebe sowie die Zusammenarbeit mit Sponsoren / Markenartiklern und Verbänden. Zudem ist zukünftig mit der Etablierung von Mindeststandards hinsichtlich Service und Angebotsqualität zu rechnen.
- **Regionale Entwicklungen**: Manche Regionen verfügen trotz hoher Nachfragepotenziale noch über ein geringes Angebot an Hallenspielplätzen, während in anderen Regionen eine Überhitzung und erheblicher Wettbewerb feststellbar ist.

Da es sich bei dem Angebot Hallenspielplätze um ein vergleichsweise junges Freizeitmarktsegment handelt, ist die maximale Nutzungsdauer schwer bestimmbar. Einige „Anlagen der ersten Stunde", die vor über 15 Jahren in Deutschland eröffnet wurden, mussten bereits wieder schließen, wurden grundsaniert oder modernisiert. Falls der Aufwand der Modernisierung zu groß war, wurden Betriebsverlagerungen vorgezogen. Da Spielen für Kinder eine elementare Beschäftigung darstellt, sind Hallenspielplätze zu einem festen Bestandteil der Freizeitinfrastruktur geworden. In Städten wie Hamburg wird die kommunale Versorgung mit Spielflächen übernommen. Die Weiterverwendung einer Halle, die als Indoor-Spielplatz genutzt wurde, ist verhältnismäßig unproblematisch, da die Spielgeräte abgebaut und die Halle dann als Kartbahn oder wieder als gewerbliche Halle genutzt werden kann.

13. Fitness

13.1 Definition

Unter Fitness versteht sich an dieser Stelle der nicht-vereinsgebundene Sport mit den Komponenten Kraft, Ausdauer und Beweglichkeit in kommerziellen Fitness-Studios oder -Clubs. Die Anfänge reichen zurück auf die Licht- und Luftbäder mit dem Kerngedanken der Bewegung an der frischen Luft, die Ende des 19. Jahrhunderts als Gegenentwurf zur Industrialisierung zumeist in Sanatorien entstanden. Im weiteren Verlauf wurden die ersten Fitnessgeräte, wie zum Beispiel Ruder- und Fahrradgeräte, konstruiert. Die Fitnessbewegung in ihrer heutigen kommerziellen Ausprägung nahm ihren Ursprung in den USA und begann im Verlauf der 1960er Jahre, sich in Deutschland zu etablieren. Neben den „Muckibuden" starteten in den 1970er Jahren mit Aerobics auch Fitnesskurse. Ein Wandel setzte in den 1980er Jahren ein, seither professionalisierte sich der Markt und es bildeten sich ab den 1990er Jahren zunehmend Kettenbetriebe und Franchiseunternehmen.

Neben kleineren Clubs von weniger als 250 Quadratmetern bieten nach Recherchen der Adam & Partner Unternehmensberatung viele Anlagen Flächen von +/- 1.000 Quadratmetern, seit Ende der 1990er Jahre sind jedoch auch viele Clubs mit Flächen von 3.000 und bis zu 14.000 Quadratmetern entstanden. Stand ursprünglich das Kraft- und Hanteltraining im Vordergrund, so nehmen heute Ausdauergeräte und Kursangebote einen hohen Stellenwert ein. Zudem bieten viele Clubs Sauna- und/oder Wellnessbereiche mit Massagen und Treatments, Pools, Physiotherapie, Ernährungsberatung etc. Das Gastronomieangebot reicht von der Fitnessbar bis hin zu Vollgastronomie(en). Gerade auch durch die Kettenbildung zeigte sich, wie auch in anderen Lebensbereichen, der sogenannte

„Verlust der Mitte", das heißt den Premiumangeboten einerseits stehen inzwischen auch viele Billiganbieter gegenüber.

13.2 Marktsituation

Nach wie vor ist der Fitnessmarkt eine Boom-Branche mit nahezu kontinuierlichen Wachstumsraten: Nach der aktuellsten Studie „Der Deutsche Fitnessmarkt 2011" von Deloitte/DSSV existierten in Deutschland Ende 2010 insgesamt 7.114 Fitnessstudios mit rd. 7,31 Mio. Mitgliedern. Damit übersteigt die Anzahl der Fitnessmitglieder diejenige der im größten deutschen Verein, dem DFB (Deutscher Fußball-Bund), organisierten Mitglieder von 6,75 Mio. erstmals und deutlich. Ketten mit mindestens drei Anlagen und 5.000 Mitgliedern (kumuliert) stellen zwar nur einen Anteil von 19 Prozent am Studiobestand, binden jedoch rund 40 Prozent der Gesamtmitglieder. Dies ist einerseits auf das verstärkte Wachstum der Discountketten und andererseits auf die steigende Bildung regionaler Zusammenschlüsse zurückzuführen.

Knapp 30 Prozent der Fitness-Mitglieder sind dem Discountbereich mit Monatsbeiträgen unter 30 Euro zuzurechnen, rund 55 Prozent entfallen auf das Mediumsegment mit Monatsbeiträgen zwischen 30 und 60 Euro und gut 15 Prozent zählen zu den Premiumanlagen mit mehr als 60 Euro Monatsbeitrag. Bezogen auf die Reaktionsquote, dem Anteil von Fitnessmitgliedern am Gesamt der bundesdeutschen Bevölkerung, ist ebenfalls ein deutliches Wachstum zu verzeichnen, der Wert liegt aktuell bei 8,9 Prozent. Gerade der Fitnessmarkt profitiert von der erhöhten Eigenverantwortung des Einzelnen in Bezug auf die Gesundheit. Ein Indikator hierfür ist das gestiegene Durchschnittsalter, das in den Studios inzwischen bei über 40 Jahren liegt. Aber auch die neuen Volksleiden, wie Diabetes, Herz-/Kreislauferkrankungen, Fettleibigkeit und Rückenbeschwerden, sowie der demografische Wandel begünstigen dabei die Erfolgsgeschichte der Fitness-Studios. Von einer weiterhin steigenden Nachfrage ist auszugehen. Das Angebot hat sich in den vergangenen zehn Jahren bereits stark ausdifferenziert und wird dies auch weiterhin tun.

13.3 Standort- und Gebäudeanforderungen

Die Standortanforderungen für Fitness-Clubs sind so vielfältig wie die Branche und die jeweiligen Unternehmensphilosophien. Großflächige Premiumclubs, wie z.B. MeridianSpa oder Holmes Place, verstehen sich als Metropolkonzepte. Spezialisierte Filialisten mit kleinteiligeren Angeboten besetzen hingegen auch Standorte in Städten mit 20.000 Einwohnern. Neben bevorzugten Lauflagen werden jedoch auch B-Lagen oder Standorte in Gewerbegebieten erschlossen. Während der Ketten- bzw. Filialaufbau zu Beginn noch nach dem „Schrotflinten-Prinzip" erfolgte, wird inzwischen Wert auf den systematischen und strategischen Standortfaktor gelegt. Genügend Parkflächen und eine gute ÖPNV-Anbindung bilden weitere Erfolgskriterien. Entsprechend heterogen zeigen sich die Gebäudeanforderungen, die unter anderem durch den Mietzins determiniert werden. Neben Industrie- oder Gewerbebauten werden auch Obergeschosse von Einzelhandelsflächen oder in Einkaufszentren bis hin zu „Hinterhofgebäuden" akzeptiert. Je nach Philosophie gilt für die einen gute Einsehbarkeit, für die Anderen exakt das Gegenteil. Wichtig sind zusammenhängende Flächen mit entsprechenden Nassräumen, die sich auf bis zu drei Etagen erstrecken können. Ebenfalls konzeptabhängig sind die Anforderungen an

Freiflächen, so legen einige Anbieter mit Sauna-, Pool- oder Wellnessbereichen Wert auf hinreichend Außenflächen, die entweder durch einen Garten oder großzügige (Dach-)Terrassen abgedeckt werden. Im Grundsatz gilt nach wie vor die Regel: Pro Mitglied ein Quadratmeter Fläche, in Budgetclubs wird dieser Wert jedoch unter-, in Premiumclubs überschritten.

13.4 Konzeptionelle Erfolgsfaktoren

Fitness-Studios müssen ihren Mitgliedern angesichts des hohen Wettbewerbs und des damit einhergehenden Anspruchsdenkens der Nutzer über das reine Sportangebot hinaus Mehrwerte bieten. Diese Mehrwerte differieren je nach Anbieter und Philosophie. McFit als Billiganbieter definiert sich beispielsweise klar über den Preis, Kieser Training über gezieltes Rückentraining, Premiumanbieter über ihre Exklusivität. Fitness First hat seine Clubs nach Ausstattung in drei Kategorien differenziert und bietet zudem separate Frauenclubs. Killer Sports vermarktet über eine Thematisierung der Clubs Mehrwerte.

Ein wesentlicher Erfolgsfaktor des Fitnessmarktes besteht in der preispolitischen Zuverlässigkeit. Selbstverständlich sind Aktionen mit geringeren Aufnahmegebühren oder Schnupper-Abos über einen begrenzten Zeitraum probate Mittel zur Neuakquisition von Mitgliedern. Kontraproduktiv sind jedoch temporäre „Kampfpreise", wie sie zum Beispiel ein Premium-Kettenbieter auflegte. Anstelle eines regulären Clubbeitrages von 89 Euro wurden während Aktionszeiten Mitgliedschaften für 39 oder sogar 19 Euro mit ein- bzw. zweijähriger Bindung aufgelegt. Effekt: Die regulären Mitglieder kündigten und der Premiumclub hatte kein Premiumklientel mehr. Zur Auslastung von Schwachlastzeiten werden häufig attraktive Mitgliedschaften für Studenten, Mütter und Senioren angeboten, die jedoch tageszeitlich begrenzt sind und das Wochenende exkludieren. In vielen Clubs gibt es zudem kostenlose Kinderbetreuung. Je nach Konzept und Philosophie kann eine Bindung der Mitglieder über ein aktives Clubleben gelingen. Dies ist aber eher bei inhabergeführten Einzelclubs der Fall, Filialisten vermögen dies in der Regel nicht zu leisten.

13.5 Wirtschaftlichkeit

Investitionskosten für Fitnessclubs sind mit mindestens 450 Euro pro Quadratmeter zu veranschlagen, in Premiumclubs liegt dieser Wert jedoch deutlich darüber und kann sich auf 1.600 Euro oder sogar noch mehr steigern. Die Fitnessbranche verfügt einerseits über eigenkapitalschwache und andererseits über eigenkapitalstarke Unternehmen, wobei die letztgenannten einen höheren Anteil einnehmen als in vielen anderen Branchen. Der Verschuldungsgrad hat sich insgesamt verringert. Fortschritte sind in der Branche in den letzten Jahren beim Abbau der Verschuldung zu konstatieren. Gerade für großflächige Premiumclubs werden häufig Investitionsmieten vereinbart, so dass das Invest vermieterseitig getragen wird. Insgesamt lassen sich durch Fitness-Studios jedoch mit Werten zwischen sechs und 13 Euro pro Quadratmeter keine hohen Mieten erzielen, die durchschnittliche Nettokaltmiete beträgt 4,86 Euro pro Quadratmeter. Der Branchenumsatz wurde für das Jahr 2010 auf insgesamt rd. 3,81 Milliarden Euro beziffert, daran haben die Discounter einen Anteil von rund 14 Prozent. Der durchschnittliche Mitgliedsbeitrag über das Gesamt aller Fitness-Clubs liegt bei 46,80 Euro, dabei generieren die Kettenbetreiber aufgrund der hohen Anzahl an Discountern durchschnittlich nur 38,72 Euro. Der Gesamtumsatz der Branche verteilt sich zu knapp zwei Dritteln auf die Einzelanbieter und zu rund einem Drittel auf Kettenbetreiber. Rund 74 Prozent der Fitness-Clubs erzielen einen Umsatz von bis zu 250.000 Euro pro Jahr, hierbei handelt es sich vorwiegend um kleine bis mittlere Einzelanbieter. Weitere gut 16 Prozent der Anbieter erwirtschaften Jahresumsätze bis zu 0,5 Millionen Euro und knapp drei Prozent noch zwischen 1,0 und 5,0 Millionen Euro pro Jahr. Lediglich 0,2 Prozent der (großen Premium-) Fitness-Studios generieren jährlich mehr als 5,0 Millionen Euro. Trotz steigender Nachfrage führen Wettbewerbs- und Preisdruck zu geringeren bzw. sogar sinkenden Umsatzsteigerungen pro Mitglied.

13.6 Entwicklungstendenzen

Der Fitnessmarkt ist nach wie vor ein Wachstumsmarkt und stark positiv beeinflusst durch das gesamtgesellschaftlich gestiegene (und weiterhin steigende) Gesundheitsbewusstsein – trotz Wirtschaftskrise. Mehr als 70 Prozent der Betreiber erwarteten im Jahre 2010 einen wirtschaftlichen Aufwärtstrend für das Folgejahr. Insgesamt zeigt sich eine weiter zunehmende Professionalisierung der Branche, auch bei Einzelanbietern. Dennoch werden die Fitnessketten weiter zu Lasten der kleinen (und häufig unrentablen) Clubs wachsen. Es ist davon auszugehen, dass gerade in Klein- und Mittelstädten weitere Zuwächse erfolgen.

Die Schaffung eines Mehrwertes wird sich zunehmend auf demografische Segmentierungsmerkmale konzentrieren, wie sie heute bereits in Ansätzen erkennbar sind. Insbesondere der Alterungsprozess der Bevölkerung wird hierbei Berücksichtigung finden, u.a. auch durch die entsprechend barrierefreie Ausstattung der Clubs und spezifische Programme zur Aufrechterhaltung der Motorik. Den Volkskrankheiten, die sich inzwischen durch alle Altersschichten ziehen, bzw. deren Prophylaxe ist ebenfalls Rechnung zu tragen, beispielhaftes Stichwort: Kinder mit Adipositas und/oder Haltungsschäden. In diesem Zusammenhang dürfte weiter verstärkt um das Segment der Firmenfitness geworben werden. Nach Einschätzung der Fitnessbetreiber wird auch die Nachfrage nach einem variantenreichen Kursangebot mit einem Schwerpunkt u.a. auf fernöstlichen Lehren, wie zum Beispiel Yoga oder Pilates, aber auch nach Wellnessangeboten weiter steigen. Die qualitativ sehr gute Betreuung und entsprechende Services bilden hierfür Grundvoraussetzungen. Die Fitnessbranche wird weiter wachsen und sich gleichzeitig noch stärker ausdifferenzieren und professionalisieren. Die Differenzierung zwischen Discount- und Premiumsegment wird sich dabei zu Lasten der Mediumanbieter (gerade auch der Einzelanlagen) vollziehen, ein weites Wachstum der Fitnessketten ist vorhersehbar.

14. Öffentliche Bäder

14.1 Definition

Die Geschichte der Bäder reicht zurück bis in die Antike. Neuzeitliche Ausprägungen im Sinne der heutigen öffentlichen Bäder entstanden mit den Volksbadeanstalten ab 1855. Der Goldene Plan der DOG (Deutsche Olympische Gesellschaft) zur Versorgung der bundesdeutschen Bevölkerung mit Schwimmstätten wurde 1962 vorgelegt und in der Folge entstand eine Bäderlandschaft mit der weltweit höchsten Bäderdichte. Nach der deutsch-

deutschen Wiedervereinigung wurde zudem ein Goldener Plan Ost erarbeitet, der auch in den Neuen Bundesländern zu Verdichtungen in der Bäderlandschaft führte. Öffentliche Bäder zeigen eine sehr heterogene Ausprägung, die sich ganz grundsätzlich durch ihre saisonale Nutzung unterscheiden. Hallen- und Kombibäder stehen in der Regel ganzjährig, Freibäder lediglich saisonal zur Verfügung. Die ganzjährig nutzbaren Bäder können wie folgt differenziert werden: Monofunktionale Wasserfreizeitanlagen legen ihre nutzungsbezogene Ausrichtung ausschließlich auf jeweils einen der drei Bereiche Sport, Gesundheit oder Spaß. Sportbäder dienen der Grundversorgung (Bevölkerung, Schul-, Vereinsschwimmen) und weisen in der Regel ein funktionales Angebot auf. Sie verfügen über (kombinierte) Sportbecken mit 25m- oder 50m-Bahnen zur Ausübung sport- oder fitnessorientierten Schwimmens (50m-Becken i.d.R. als Leistungszentren). Sprunganlagen und/oder Lehrschwimmbecken sind häufig Bestandteil dieses Bädertyps. Spaß- oder Erlebnisbäder verfügen je nach Erstellungszeitpunkt i.d.R. über mindestens ein organisch geformtes Becken, dessen Nutzung sich vorrangig auf spannungsgeladene, spaß- bzw. vergnügungsorientierte Aktivitäten konzentriert. Entsprechend dieser Ausgestaltung der Wasserflächen werden als Besucher überwiegend Eltern oder Großeltern mit Kindern, Jugendliche und junge Erwachsene angesprochen. Gesundheitsbäder, wie z.B. Sole-thermal- und Thermalbäder, werden für ruhige, entspannungsorientierte Aktivitäten und/oder medizinisch-therapeutische Anwendungen genutzt. Reine Gesundheitsbäder, z.B. in Kurorten, sind i.d.R. funktional gestaltet, das Angebot wird überwiegend (von älteren Zielgruppen) zu Kur-, Therapie- und Rehabehandlungen eingesetzt. Je nach Erstellungszeitraum sind Zusatzangebote, wie Gastronomie (oft nur als Automaten), Sauna oder Massage, sowie atmosphärische Komponenten in monostrukturierten Bädern extrem funktional gehalten.

Multifunktionale Wasserfreizeitanlagen hingegen verknüpfen die Bereiche Sport, Erlebnis und Gesundheit in unterschiedlicher Zusammensetzung und weisen damit eine breitere Zielgruppenansprache auf. Je nach Erstellungszeitpunkt verfügen diese Anlagen über freizeitorientierte Ausstattungselemente. Die kombinierten Anlagentypen werden wie folgt typisiert:

- Sport- und Spaßbäder
- Sport- und Gesundheitsbäder
- Spaß- und Gesundheitsbäder
- Sport-, Spaß- und Gesundheitsbäder

Zusatzangebote multifunktionaler Bäder sind je nach Erstellungszeitraum und Konzept häufig großzügig und atmosphärisch ansprechend gestaltet. Teilweise generieren sie als Profit-Center nicht unerhebliche Zusatzerlöse und stützen so die Wirtschaftlichkeit des Bades. Insbesondere Sauna, Wellnessanwendungen, Gastronomieangebot(e) oder Fitness spielen hier eine große Rolle.

14.2 Marktsituation

Nach aktuellen Schätzungen der Adam & Partner Unternehmensberatung existieren in Deutschland derzeit rd. 7.200 öffentliche Hallen- und Freibäder, davon etwa 400 mit freizeit- und nachfrageorientierter Ausrichtung. Der Gesamtbestand entwickelt sich aufgrund der Finanznot der Kommunen seit einigen Jahren rückläufig, obwohl das Schwimmen nach wie vor zu den beliebtesten Sportarten der Deutschen zählt. Schätzungen zufolge verzeichnen die Bäder jährlich rd. 600 Mio. Besuche. Für die einzelnen Bädertypen, die statistisch differenziert werden, zeigen sich quellenabhängig unterschiedlich hohe durchschnittliche Besuchszahlen pro Jahr, die sich jedoch kaum validieren lassen und daher lediglich Orientierungswerte bilden:

- Hallenbäder: 81.500 bis 95.200
- Kombibäder: 151.700 bis 200.700
- Freibäder: 55.500 bis 63.100
- Freizeitbäder: 204.600 bis 305.700

Die derzeitigen quantitativen und qualitativen Nachfrageaspekte lassen sich lediglich aus der Demografie (Stichworte: Bevölkerungsrückgang, Überalterung und Versingelung der Gesellschaft) sowie dem allgemeinen Verbraucherverhalten (Hochpreis- versus Niedrigpreissegment) und der bereits erkennbaren Forderung nach Nachhaltigkeit ableiten. Aber: Die Bevölkerung ist zu mehr Eigeninitiative bezüglich der Gesundheitsprophylaxe aufgefordert, nicht zuletzt in Folge der verschiedenen Stufen der Gesundheitsreform (entsprechende „Belohnungsprogramme" seitens der Versicherungsanstalten tragen diesem Aspekt Rechnung). Dies führt zu einer entsprechenden Nachfrage nach öffentlichen Bädern, die ihre Kernkompetenzen teilweise bereits um Kurs- oder Sportangebote erweitert haben. Einen Boom erlebten in den vergangenen Jahren auch die den Bädern angegliederten Saunen, die sich teilweise als eigenständige Landschaften mit umfangreichen Massage- und Treatmentprogrammen positionieren. Im Kontext der Gastronomie, aber auch der Sportprogramme werden zudem zunehmend Ernährungskompetenzen aufgebaut (dies entspricht auch der gesellschaftlichen Entwicklung: „Fit" steht hier „fett" gegenüber). Aktuell bestehen gerade bei erlebnis- und wellnessorientierten, attraktiven Bädern zunehmend Planungen zur Etablierung von Hotels bzw. zur Umwandlung in Resorts.

Der Betrieb der öffentlichen Bäder erfolgt zu knapp 85 Prozent durch Anbieter der öffentlichen Hand, zu rd. 9 Prozent durch private Investorengruppen und zu etwa sechs Prozent durch Vereine. Der Ruf nach dem Betrieb durch „Private" ist in den vergangenen Jahren deutlich lauter geworden. In diesem Kontext soll die Problematik der Public-Private-Partnership kurz angesprochen werden, denn es gibt nur sehr wenige Beispiele öffentlicher Bäder, die ohne kommunale Unterstützung (= Zuschusszahlung) betrieben werden. Nach wie vor gilt der Grundsatz: „Mit Bädern lässt sich kein Geld verdienen". Das wirtschaftliche Risiko liegt in jedem Fall bei der Kommune. Ganz pauschal ist festzustellen, dass privatwirtschaftliche Anbieter, aber zunehmend auch einige Kommunen bzw. Einrichtungen der öffentlichen Hand „ihre" Bäder im Sinne eines modernen, marktwirtschaftlich orientierten Managements führen. Allzu oft jedoch werden Bäder nach wie vor (und zum Teil mehr schlecht als recht) verwaltet. Die hohen Standzeiten vieler Bäder von teilweise bis zu 50 Jahren in Kombination mit unzureichenden Investitionen in den Bestand führten zu einem Sanierungsstau, der für alle Anlagen auf acht bis 15 Milliarden Euro geschätzt wird. Damit stehen die Kommunen vor der großen Herausforderung, nicht nur die Zuschüsse zu decken sondern darüber hinaus in den Erhalt (oder einen Neubau) zu investieren. Auch heute noch bilden die Zusammenschlüsse benachbarter Kommunen zur Strukturierung ihrer Bäder absolute Einzelfälle, deren Realisierung oft genug am politischen Konsens scheitern („Kirchturmpolitik").

14.3 Standort- und Gebäudeanforderungen

Insbesondere bei neu entstehenden Bädern mit Ansprache von freizeit- bzw. wellnessaffinen Zielgruppen bildet die Standortqualität einen zentralen Erfolgsfaktor. Die sehr gute Erreichbarkeit vor allem für den motorisierten Individualverkehr bildet dabei ebenso eine Prämisse wie die Bereitstellung ausreichender Parkflächen. Die Nachfrage muss sich zwingend aus dem Einwohnermarkt speisen, nur bei Ausprägung des Bades als Destination, z.B. für Wellness-Kurzurlaube, in Verbindung mit adäquater Hotellerie und Gastronomie ist die Lage in touristischen Zielgebieten sinnvoll. Der Mikrostandort sollte einen hohen Naturbezug haben, da Freizeitbäder in der Regel weite Außenflächen vorhalten.

Der Flächenbedarf moderner multifunktionaler Bäder einschließlich Grundstücks- und Nebenflächen liegt bei rund vier Hektar. Das Verhältnis von Wasser- zu Trockenflächen beträgt in nachfragegerechten Anlagen inzwischen eins zu fünf, mit steigender Tendenz. Gebäude müssen bereits bei der Planung auf eventuelle spätere Erweiterungsstufen ausgelegt sein und erfordern somit eine hohe Planungsintelligenz. Eine mehrgeschossige Gebäudestruktur ist die Regel, muss aber ebenfalls sehr sorgfältig abgewogen werden. Zudem betrifft eine weitere, wesentliche Anforderung die Barrierefreiheit, auch angesichts der alternden Bevölkerung. Bei Neuplanungen gibt es gegenläufige Trends: Transparenten, großzügigen Lösungen einerseits stehen kleinteiligere „kuschelige" Raumeinheiten mit Rückzugsnischen andererseits gegenüber. Grundsätzlich ist beobachtbar, dass authentische Gestaltungsansätze, natürliche Materialien und „high touch" statt „high tech" zu den Erfolgskriterien erfolgreicher neuer Bäder zählen. Die Lage an einem natürlichen Gewässer zahlt sich ebenfalls positiv aus.

14.4 Konzeptionelle Erfolgsfaktoren

Wie bei allen Freizeitanlagen spielt die Fokussierung auf die identifizierbaren Zielgruppen auch bei freizeitgerechten Bädern eine tragende Rolle. So ist das Einzugsgebiet u.a. zwingend auf Über- und Unterrepräsentanzen von Altersgruppen zu untersuchen. Eine Bewertung der Positionierungsansätze von den in der Regel zahlreichen Mitbewerbern zeigt zudem lohnende Marktnischen auf. Die Realität sieht häufig jedoch ganz anders aus: In den vergangenen 20 Jahren ist – auch aufgrund der politischen Einflussnahme – in einem Wettrüsten um lohnende Standorte häufig „die eierlegende Wollmilchsau" entstanden: Das Freizeitbad für Alle. Aus Kostengründen wurden dabei die unterschiedlichen Angebotsbereiche Sport, Spaß und Gesundheit/Wellness oft auf relativ engem Raum untergebracht, so dass Zielgruppenkonflikte auftraten. In neuen Bädern finden sich teilweise stark spezialisierte Anbieter, zumeist jedoch klarere Angebotsabgrenzungen. Auch bei Bädern gibt es Thematisierungsstrategien, die jedoch oft genug „aus dem Bauch heraus" entwickelt werden. Eine systematische Prüfung glaubwürdiger Anknüpfungspunkte erfolgt in der Regel nicht. Gerade in Bädern hat sich gezeigt, dass eine „künstliche Überdekoration" nur bedingt den Nachfragenerv trifft. Authentizität und Natürlichkeit sowie gekonnte Rauminszenierungen spielen heute eine tragende Rolle in der Bäderkonzeption. Ein weiterer wesentlicher Erfolgsfaktor kommt der aktiven Bespielung des Bades zu, um Wiederholungsbesuche zu generieren. Je nach Ausrichtung des Bades können dies z.B. Kurskonzepte (Sportbereich), Abenteuernachmittage (Spaßbereich) oder Entspannungsrituale bzw. Saunaevents (Erholungsbereich) sein. Diese Aktivitäten müssen Bestandteil einer aktiven und systematischen Marketingpolitik sein, die in der Praxis jedoch nur von weniger als zehn Prozent der Badbetreiber erarbeitet und umgesetzt wird, und eine entsprechend professionelle Betriebsführung voraussetzen.

14.5 Wirtschaftlichkeit

Investitionen in öffentliche Bäder sind nicht zuletzt aufgrund der anspruchsvollen Technik, die immer höheren Anforderungen genügen muss, hoch. Sanierungen bestehender Anlagen erfordern je nach Wartungszustand sehr hohe Aufwendungen und können sich auf bis zu 15 Millionen Euro belaufen, Neubauten funktionaler Sportbäder können ab etwa vier Millionen Euro realisiert werden. Für neue multifunktionale Bäder beträgt das Invest ab zehn Millionen Euro, nach oben sind dabei die Grenzen offen. So wurden beispielsweise in die Therme Erding seit ihrer Eröffnung im Jahre 1999 nach Betreiberangaben knapp 100 Millionen Euro investiert (davon Anfangsinvest: 25 Millionen Euro). Der operative Betrieb öffentlicher Bäder ist, wie bereits angemerkt, bis auf sehr wenige, vereinzelte Ausnahmen ein Zuschussbetrieb. Wie schon bei den Besuchen erläutert, existieren auch bezüglich der Zuschüsse keine validen Kennzahlen, so dass im Folgenden lediglich Orientierungswerte angegeben werden können. Das operative Betriebsergebnis ohne Kapitalkosten beträgt für die unterschiedlichen Bädertypen:

- Hallenbäder: -619.400 EUR (= -5,21 EUR pro Besuch), Kostendeckungsgrad: 45 %
- Kombibäder: -599.600 EUR (= -3,52 EUR pro Besuch), Kostendeckungsgrad: 48 %
- Freibäder: -252.200 (= -4,52 EUR pro Besuch), Kostendeckungsgrad: 32 %
- Freizeitbäder: -466.800 EUR (= -1,62 EUR pro Besuch), Kostendeckungsgrad: 82 %

Damit ist evident, dass sich die Kapitalkosten in der Regel nicht erwirtschaften lassen.

Bezüglich der durchgehend negativen Betriebsergebnisse im Marktsegment der öffentlichen Bäder erschöpfte sich die Kreativität häufig im Kostensparen „auf Teufel komm raus", intelligente Lösungen zur Erlössteigerung werden in die Überlegungen nur bedingt einbezogen. Hier liegen noch erhebliche Optimierungspotenziale brach, die angesichts der allseits leeren Kassen nicht nur genutzt werden sollten, sondern zwingend genutzt werden müssen. Ein erstes Umdenken erfordert die Erkenntnis, dass öffentliche Bäder Freizeitanlagen und damit Managementimmobilien sind. Nur ein an den Erfordernissen des Marktes ausgerichtetes, aktives Management sowie ein offensives und professionelles Marketing werden zukünftig über die Bäderlandschaft entscheiden. Und zwar ungeachtet der Tatsache, ob es sich „nur" um funktionale oder aber um freizeitorientierte Bäder handelt.

14.6 Entwicklungstendenzen

Der Bädermarkt in Deutschland ist trotz aller Problemstellungen spannend – und ein beachtlicher Wirtschaftsfaktor! Die „mit deutscher Gründlichkeit" geschaffene, nahezu flächendeckende Versorgung mit Bädern ist weltweit einzigartig, führt angesichts der defizitären Haushaltslagen jedoch zunehmend zu kritischen Diskussionen. Aus der historischen Betrachtung fällt auf, dass sich hinsichtlich einer Vielzahl an Fragestellungen und inhaltlichen Themenansätzen über einige Jahrzehnte eine nur geringe Lernfähigkeit hinsichtlich der Bäderpolitik ausgeprägt hat. Unbestritten ist, dass Bäder eine wesentliche

Infrastruktureinrichtung darstellen und ihnen in vielerlei Hinsicht eine elementare Bedeutung zukommt. Unbestritten ist aber auch, dass in Zeiten leerer Kassen adäquat (mit Steuergeldern) gewirtschaftet werden muss. Provozierend müssen in einem steten Prozess zur notwendigen Optimierung der bundesdeutschen Bäderlandschaft viele Fragen gestellt werden, zum Beispiel:

- Warum hat das im Zeitablauf gewandelte Nachfrage-, Freizeit- und Mobilitätsverhalten der Bevölkerung nicht zu Korrekturen in der Bäderpolitik geführt?
- Wie viel Daseinsvorsorge müssen, wie viel können Kommunen noch leisten? Welche Alternativen gibt es?
- Müssen Eintrittspreise auch heute noch – zu Lasten der Allgemeinheit – so stark subventioniert werden?
- Warum wird der Handlungsspielraum kommunaler Anbieter zur Erwirtschaftung adäquater Betriebsergebnisse zunehmend eingeschränkt?
- Können Bäder von der vielfachen „kommunalen Pflichtaufgabe" zur marktwirtschaftlich orientierten „Kür" erhoben werden – einschließlich der damit verbundenen Zugangsvoraussetzungen (Stichworte: Expertenwissen, Management, Marketing, Erfolgsabhängigkeit, etc.)?
- Ist „Kirchturmpolitik" heute noch opportun? Warum bestehen nicht mehr Initiativen zur Schaffung (über)regionaler Verbünde oder Zweckgemeinschaften zum gemeinsamen Betrieb oder zumindest der Vermarktung von Bädern?

Gewinnen werden diejenigen Badbetreiber, die die Zeichen der Zeit erkennen, sich den Marktgesetzen stellen, ihre Kompetenzen zielgerichtet einsetzen bzw. ausbauen und aktiv agieren, statt nur zu reagieren.

15. Literaturverzeichnis

Adam & Partner Unternehmensberatung „Freizeitbäder 2020 – Visionen und Wahrscheinlichkeiten" in European Waterpark Association (Hrsg.): Baden in Erlebniswelten, Nürnberg 2010, und „Ist-Situation der Bäder" in Landessportbund Hessen (Hrsg.): Erhalt von Schwimmbädern – Zukunftsorientierte Sportstättenentwicklung Band 15, Frankfurt am Main 2007

Altenburg Unternehmensberatung GmbH (Hrsg.): Altenburg BäderReport 2010, Düsseldorf 2010

Bienert, Sven (Hrsg.): Bewertung von Spezialimmobilien-Risiken, Benchmarks und Methoden, Wiesbaden 2005

Creditreform Wirtschaftsforschung (Hrsg.): Branchenreport 2011, Neuss 2011

Deloitte/DSSV (Hrsg.): Der deutsche Fitnessmarkt 2011, Düsseldorf 2011

Deutsche Gesellschaft für das Badewesen e.V. (Hrsg.): ÜberÖrtlicher BetriebsVergleich Bäderbetriebe (ÜÖBV) – Report 2010, Essen 2011

DSSW – Deutsches Seminar für Städtebau und Wirtschaft (Hrsg.): Trends des innerstädtischen Freizeitmarktes, Berlin 2004

Falk, Bernd/ Falk, Momme Torsten (Hrsg.): Handbuch Gewerbe- und Spezialimmobilien, Köln 2006

Neubauer, Hendrik (Hrsg.): Erlebnis Wissen. Die besten Erlebnismuseen und Science Center. Der Reiseführer, Pulheim 2006

Opaschowski, Horst W.: Kathedralen des 21. Jahrhunderts. Erlebniswelten im Zeitalter der Eventkultur, Hamburg 2000

Opaschowski, Horst W./Pries, Michael/Reinhardt, Ulrich (Hrsg.): Freizeitwirtschaft. Die Leitökonomie der Zukunft, Hamburg: 2006

Verband Deutscher Freizeitparks und Freizeitunternehmen e.V. (VDFU) (Hrsg.): Satzung vom 9. Februar 2010, Berlin 2010

Vota Freizeit und Spezialimmobilien GmbH (Hrsg.): Marktbericht für Hallenspielplätze in Deutschland 2011, Hamburg 2011

II. Ärztehäuser und Medizinische Versorgungszentren

Dr.-Ing. Dagmar Joeris

1. Definition

Ärztehäuser sind seit langem bewährte Immobilien. Es handelt sich um Gebäude, die konzeptionell so gestaltet sind, dass sich Ärzte verschiedener Fachrichtungen dort niederlassen können. Teils verfügen sie über einen zentralen Empfang und die Möglichkeit, teure Apparate gemeinsam zu nutzen. Ebenso ist das übergreifende Marketing häufig anzutreffen. Zu den Komplementäreinrichtungen gehören in der Regel eine Apotheke, aber auch ein Sanitätshaus und weitere Geschäfte aus dem medizinischen Bereich wie Reformhäuser oder Optiker; die gewerbliche Abrundung mit Gastronomie und Kinderbetreuung liegt im Trend.

Medizinische Versorgungszentren (MVZ) wurden erst 2004 im Rahmen der Gesundheitsreform mit dem Gesundheitsmodernisierungsgesetz als besondere Organisations-/Kooperationsform eingeführt. Es handelt sich hierbei um einen neuen Typ von Ärztehaus für die ambulante und stationäre Versorgung mit Gesundheitsleistungen. Vorläufer sind die Polikliniken, die nach dem Krieg flächendeckend in der DDR eingerichtet wurden. Wie diese sollen sie eine integrierte Versorgung anbieten. Ihre Hauptaufgabe besteht darin, kostengünstige und effiziente Versorgungsprozesse in möglichst geschlossenen Strukturen zu erbringen – unter dem Motto „Alles aus einer Hand". MVZ sind in § 95 Sozialgesetzbuch (SGB) V definiert. Danach sind MVZ fachübergreifende ärztlich geleitete Einrichtungen, in denen Ärzte als Angestellte oder Vertragsärzte tätig sind. Ausschlaggebend für ein MVZ ist, dass ein gemeinsamer Träger die Einrichtung verwaltet, eine ärztliche Leitung die Führung der Mediziner übernimmt und das MVZ unter einer Adresse firmiert. Die Größe und Bandbreite der angebotenen medizinischen Leistungen sind gesetzlich nicht geregelt. Bei größeren Objekten reicht das medizinische Angebot von Allgemeinmedizin über Dermatologie und plastische Chirurgie bis zur Zahnheilkunde. Die kleinstmögliche Form besteht aus zwei Ärzten.

Seit dem 1.1.2012 haben sich die gesetzlichen Vorschriften zur Gründung und Rechtsform von MVZ geändert (GKV-Versorgungsstrukturgesetz). Bis zu diesem Zeitpunkt konnten sich die MVZ aller zulässigen Organisationsformen bedienen. Jetzt sieht § 95 (1a) SGB V als abschließende Rechtsform nur noch die Personengesellschaft, eingetragene Genossenschaften und GmbHs vor. Nicht mehr in Frage kommen somit insbesondere Aktiengesellschaften. Auch der Kreis der möglichen MVZ-Gründer wurde mit der Reform deutlich eingeschränkt. Vorher konnten MVZ von jedem zugelassenen Leistungsträger, der auf Grund von Zulassung, Ermächtigung oder Vertrag an der medizinischen Versorgung der Versicherten teilnahm, gegründet werden. Nicht als Träger zugelassen waren z.B. Privatkrankenanstalten, pharmazeutische Unternehmer oder Krankenkassen; Einzelheiten dazu waren im Vertragsarztrechtsänderungsgesetz vom 1.1.2007 festgelegt. Seit Januar 2012 können MVZ nur noch von zugelassenen Ärzten, von zugelassenen Krankenhäusern, von Erbringern nichtärztlicher Dialyseleistungen oder von gemeinnützigen Trägern, die aufgrund von Zulassung oder Ermächtigung an der vertragsärztlichen Versorgung teilnehmen, gegründet werden. Ziel ist es, den Einfluss von Kapitalinteressen auf medizinische Entscheidungen zu verringern. Die Zulassung von MVZ, die am 1.1.2012 bereits zugelassen sind, gilt unabhängig von der Trägerschaft und der Rechtsform des MVZ unverändert fort. Gründer sind in der Praxis vorwiegend Vertragsärzte und Krankenhäuser. Zwischen den Krankenkassen und dem Träger des MVZ werden entsprechende Kooperationsverträge geschlossen. Ein MVZ ist damit nichts anderes als eine gesetzlich begründete, besondere Kooperationsform, die teilnimmt an der ärztlichen Versorgung der gesetzlichen Krankenversicherung.

Strukturell lassen sich die MVZ unterscheiden in MVZ mit und ohne Krankenhausträgerschaft. Letztere definieren sich dabei eher als „Ärztehaus".

Neben den Bezeichnungen „Ärztehaus" und „MVZ" werden für Immobilien vergleichbarer Art auch Begriffe wie **Poliklinik, Gesundheitshaus, Gesundheitszentrum** etc. verwendet.

Gesundheitshäuser haben lt. Wikipedia die Aufgabe, das öffentliche Gesundheitssystem durch bürgerfreundliche Beratungs- und Serviceleistungen attraktiver zu machen. Da dieser Begriff nicht geschützt ist, fungieren unter dem Namen „Gesundheitshaus" auch häufiger Apotheken, Sanitätshäuser oder Zusammenschlüsse von Arztpraxen. Nach ihrem Konzept lassen sich **zwei Typen** unterscheiden:

- Das Gesundheitshaus als gemischt-genutzte Themenimmobilie (stand alone) aus den beiden Welten „Gesundheit" und „Handel". Es befriedigt die steigende Nachfrage nach Gesundheitsleistungen im weitesten Sinne. In Abgrenzung zum klassischen Ärztehaus finden sich dort neben Praxen teils eine Vielzahl weiterer Dienstleistungs- und Handelsangebote. Der Mietermix ist entsprechend breit.

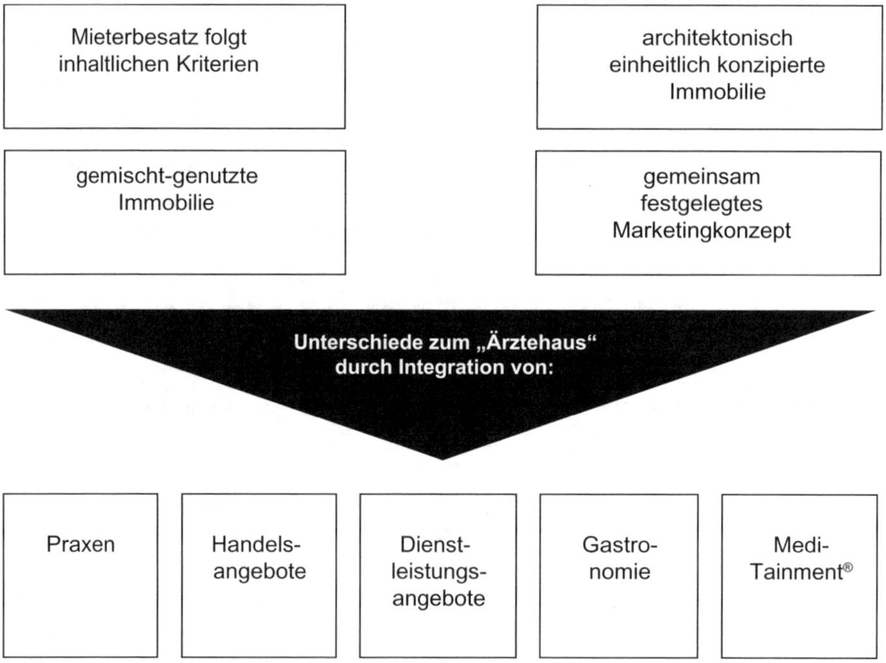

Abb. 1: Das Gesundheitshaus als Stand-alone – Unterschiede zum „Ärztehaus"
Quelle: www.care-estate.de

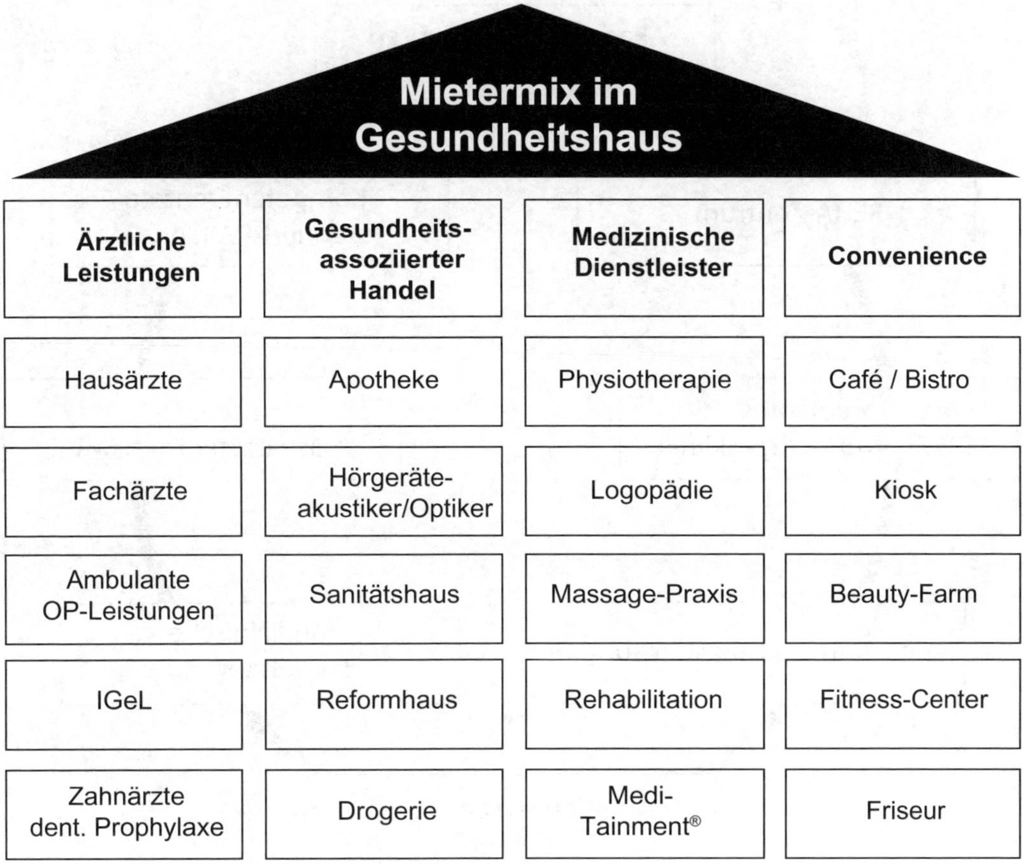

Abb. 2: Das Gesundheitshaus als Stand-alone – Mietermix
Quelle: www.care-estate.de

- Das Gesundheitshaus in räumlicher und inhaltlicher Anbindung an stationäre Einrichtungen wie Krankenhäuser und Reha-Einrichtungen. Mit einer solchen Einrichtung sollen zur Erhöhung der medizinischen Kompetenz des Krankenhausstandortes komplementäre Fachärzte und weitere Leistungen wie z.B. das ambulante Operieren auf den „Krankenhaus-Campus" geholt werden.

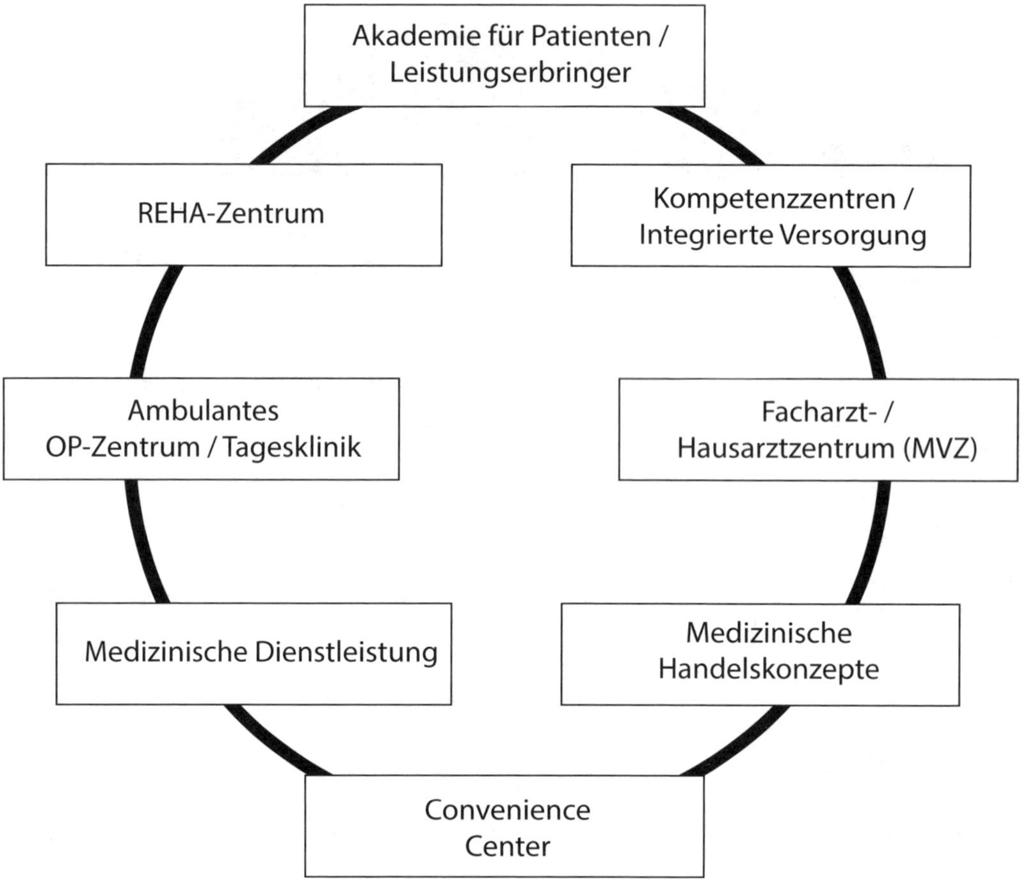

Abb. 3: Gesundheitszentrum am Krankenhaus – Leistungsangebote
Quelle: www.care-estate.de

Für Gesundheitshäuser des Typs „stand alone" wird z.B. mit folgendem Konzept geworben:

Dienstleistungen rund um die Gesundheit:

- Büro-, Handels-, Praxen- und Dienstleistungsnutzungen aus den Bereichen Gesundheit, Wellness und Fitness unter einem Dach
- Verbesserung der medizinischen Versorgung der Patienten durch Kooperation und Vernetzung
- Nutzung von Synergien mit Gesundheitshandelskonzepten und Gesundheitsdienstleistungen

Es soll der äußere Rahmen für das gesundheitspolitische Konzept der integrierten Versorgung dargestellt werden und dieser Gedanke soll noch durch weitere gesundheitsbezogene Dienstleistungs-, Handels-, Gastronomie- und Erlebniskonzepte ergänzt werden.

Immobilien dieser Art werden konzipiert in Anlehnung an „Health Care Malls" nach amerikanischem Muster. Das verfolgte wirtschaftliche Ziel einer solchen Immobilie wird z.B.

folgendermaßen formuliert: „Eine optimale Verknüpfung von Standort, Projektidee und Kapital, so dass eine wirtschaftliche wettbewerbsfähige und rentable gesamtwirtschaftlich verträgliche Immobilie geschaffen und langfristig erhalten werden kann."

Der Branchen- und Mietermix wird hierzu sehr weit ausgedehnt; auch Dienstleistungen wie Reisebüro für Gesundheitsreisen, Bank, Kindergarten und Videothek sollen integriert werden.

2. Markttrends

Der demographische Wandel ist in aller Munde. Die Entwicklung der Alterspyramide zeigt den wachsenden Anteil älterer Menschen in der Gesellschaft. Entsprechend befinden sich die sozialen Systeme in Deutschland zurzeit im Wandel. Insbesondere auch im Gesundheitswesen wird sich der veränderte Altersaufbau massiv bemerkbar machen. Außerdem liegen Gesundheit, Wellness und Fitness bereits seit geraumer Zeit im Trend. Dies hat auch eine steigende Nachfrage nach Leistungen aus diesen Bereichen zur Folge, die nicht im Leistungskatalog der gesetzlichen Krankenkassen enthalten sind. Von diesen verschiedenen Entwicklungen sind die Ärzte und arztverwandten Dienstleistungen erheblich betroffen: Spezialisierung und Qualitätsansprüche steigen. Zusammenschlüsse von Ärzten und medizinischen Dienstleistern im weitesten Sinne sind daher naheliegend. Tatsächlich haben Ärztehäuser und insbesondere MVZ zurzeit Konjunktur. Immer mehr Ärzte schließen sich in Großpraxen, Ärztehäusern, MVZ o.ä. zusammen. Gesundheitshäuser in unterschiedlichster Couleur entstehen in der ganzen Republik. MVZ als Versorgungsform in der ambulanten ärztlichen Versorgung haben sich mittlerweile etabliert. Bis Ende 2005 wurden 270 der erst seit 2004 gesetzlich möglichen MVZ gegründet. Gegen Ende 2011 waren es bereits ca. 1.800; eine Liste mit aktuellen Standorten findet sich z.B. unter www.mvz.de.

Die Fakten im Überblick: Aktuelle Entwickung der MVZ im 4. Quartal 2011		
	Anzahl der Zulassungen	1.814
	Gesamtzahl der im MVZ tätigen Ärzte	10.020
	Vertragsärzte	1.385
	Ärzte im Angestelltenverhältnis	8.662
	MVZ-Größe	∅ 5,5 Ärzte
	vorwiegende Gründer	Vertragsärzte und Krankenhäuser
	Anteil Vertragsarztträgerschaft	41,4 Prozent
	Anteil Krankenhausträgerschaft	37,3 Prozent
	vorwiegende Rechtsformen	GmbH, GbR
	Am häufigsten beteiligte Facharztgruppen	Hausärzte und Internisten

Abb. 4: MVZ-Gesamtkennzahlen im 4. Quartal 2011 – Quelle: www.kbv.de//8791.html

Die Standorte befinden sich nicht nur in den Ballungsräumen. Auch im ländlichen Raum sind Gesundheitshäuser „im Kommen"; Gegen Ende 2011 befanden sich ca. 14,7 Prozent der MVZ in ländlichen Gemeinden. Stark verbreitet sind sie beispielsweise in den Flächenländern Bayern und Niedersachsen. Mit ihrer Hilfe soll hier die ambulante medizinische Versorgung gewährleistet werden. Nach dem 2004 entwickelten und 2009 fortgeschriebenen Leitbild für die Region Mecklenburgische Seenplatte sollen „zentrale Gesundheitshäuser für den ländlichen Raum" – insbesondere auch als MVZ – in den zentralen Orten der Region entstehen. Dazu war vorgesehen, dass die Gemeinden für ein Gesundheitshaus geeignete Immobilien zu günstigen Konditionen anbieten (ungenutzte Schulen, Kindergärten etc.).

Von Fachleuten wird ein zunehmender Wettbewerb zwischen niedergelassenen Ärzten, Kliniken und ambulanten Zentren erwartet; in diesem sehen sie – ebenso wie das BMG – einen Wettbewerbsvorteil für die MVZ: Zum einen durch die gemeinsame Nutzung von Technik, Räumen und Verwaltung, zum anderen durch die Kooperationsverträge zwischen Krankenkassen und MVZ.

Die Ärztehäuser, MVZ und Gesundheitshäuser werden zum Teil in Altimmobilien eingerichtet, beispielsweise in leerstehenden ehemaligen Büroobjekten oder auch Schwesternwohnheimen am Krankenhaus. Zunehmend werden hierfür jedoch neue, größere Häuser errichtet. Diese sind z.Z. bei institutionellen Anlegern beliebt. In 2009 aufgelegte Fonds – wie beispielsweise der offene Fonds „Fokus HealthCare" – investieren nach eigenen Angaben in ein diversifiziertes Portfolio von gut vermieteten Gesundheitsimmobilien. Der Handel mit insbesondere älteren Bestands-Gesundheitsimmobilien weist dagegen oft Besonderheiten auf: Solche Ärztehäuser werden seit einigen Jahren oft in Immobilienpaketen am Markt angeboten – teils etwas „versteckt". Häufig ist die öffentliche Hand beteiligt – zum Beispiel als Verkäufer älterer Objekte vom Typ „Poliklinik". Verkauft wird zunehmend im Bieterverfahren.

Der Erfolg der Ärztehäuser ist allerdings erheblich gekoppelt an die Auswirkungen der Gesundheitsreform. Bleibt die durch das Gesundheitsmodernisierungsgesetz eingeführte „besondere Kooperationsform" MVZ in dieser Form erhalten? Das macht den Markt mit dieser Art von Immobilien vergleichsweise risikoreich.

3. Wertermittlung

3.1 Flächenbedarf

Ärztehäuser bzw. MVZ gibt es je nach Standort und insbesondere Konzept in unterschiedlichster Größe. In kleineren, meist älteren Ärztehäusern sind häufig nur etwa 3 bis 6 Ärzte zu finden. An zentralen Orten sind es in den neu konzipierten Häusern jedoch regelmäßig deutlich mehr – 15 bis 75 Ärzte werden genannt. Für die MVZ nennt die Statistik für 2009 eine durchschnittliche Größe von 5,5 Ärzten.

Da sich bei den modernen MVZ das Leistungsspektrum über die bisherigen Kernelemente erweitert hat, ist der erforderliche Flächenbedarf für ein solches Zentrum nicht unerheblich.

Für die einzelnen Leistungsangebote kann lt. DEGI von folgendem Flächenbedarf ausgegangen werden:

Kernleistungen	2.500 m² bis	3.500 m²
Erweiterungsleistungen	1.000 m² bis	2.000 m²
Ergänzungsleistungen	1.000 m² bis	2.000 m²
Einzelhandelsangebote	500 m² bis	2.500 m²
Gesamt	**5.000 m² bis**	**10.000 m²**

Je nach Konzeption kann ein MVZ demnach durchaus 10.000 m² benötigen. Es werden allerdings aktuell auch bereits Gesundheitshäuser errichtet, die noch darüber hinausgehen; hier beträgt die Mietfläche rd. 12.000 m². Es wird aus Arztkreisen aber auch die Ansicht vertreten, die optimale Arzthausgröße läge zwischen 3.500 und 6.000 m² – weniger bringe nicht die richtige Mischung und mehr sei schwer überschaubar: Entscheidend ist, dass sich das Konzept der integrierten Versorgung auch im Raumkonzept wiederfindet, denn der medizinische Vorteil eines MVZ besteht in der Integration verschiedener Fachgebiete.

3.2 Gebäudeanforderungen

Grundriss

Geworben wird mit und gewünscht werden „für jede Arztpraxis beziehungsweise Gesundheitsdienstleistung maßgeschneiderte Räumlichkeiten". Folglich muss der Grundriss in erster Linie flexibel sein – nicht zuletzt um ihn bei Mieterwechsel anpassen zu können. Insofern stellt ein Ärztehaus an den Grundriss die gleichen Anforderungen wie ein Bürohaus. Klassische Ärztehäuser kommen daher in der Regel auch gut in umgenutzten ehemaligen Büroimmobilien zurecht. Bei neu erbauten Gesundheitshäusern sollten die Gebäudetiefen bei 12 bis 15 Metern liegen; damit lassen sich auch vielfältige Bürokonzepte realisieren. Für eine flexible Aufteilung besitzen sie – neben der Ausführung der Wände in Leichtbauweise – meist mehrere Treppenhäuser sowie mehrere Sanitäreinheiten je Etage. Auch wenn möglichst ein repräsentativer Eingangsbereich geschaffen werden sollte, darf der Anteil der Verkehrsflächen insgesamt nicht zu hoch sein. Bei modernen Gebäuden liegt der Anteil von Verkehrs- und Funktionsfläche an der Nettogrundfläche bei etwa zehn bis 20 Prozent.

Verteilung der Nutzungen

Für die Verteilung der Nutzungen auf die einzelnen Ebenen hat sich die folgende klassische Aufteilung bewährt:

- EG: Foyer, Handelsflächen (wie z.B. Apotheke, Sanitätshaus oder auch Bio-Supermarkt)
- OG: Praxen und sonstige Gesundheitsdienstleistungen wie z.B., Fitness-Studio, Massage-Praxis oder auch Nagelstudio
- OG: Praxen
- ab 3. OG: Büroflächen

Rohbau

Um dem „Thema" dieser Immobilienart gerecht zu werden, sollten bei der Bauweise soweit möglich ökologische Kriterien beachtet werden. Bei konsequentem Einsatz ökologisch vertretbarer Materialien kann dann gegebenenfalls. – wie dies bereits praktiziert wird – mit einem „Öko-Gebäudepass" geworben werden.

Ausstattung

Neue Gesundheitsimmobilien weisen meist hochwertige, moderne und gut belichtete Räumlichkeiten auf. Eine behindertengerechte Ausstattung gehört ebenso zum Standard wie – je nach Größe des Hauses – mehrere Fahrstühle, von denen zumindest einer auch den Liegendtransport ermöglichen sollte sowie eine ausreichende Elektroinstallation und insbesondere eine problemlose PC-Verkabelung. MVZ mit umfangreichen „Spezialnutzungen" – wie sie insbesondere bei an Krankenhäuser angegliederten Gesundheitshäusern vorkommen – benötigen darüber hinaus in Teilen eine besondere Ausstattung. So müssen Räumlichkeiten für Radiologie, Strahlentherapie oder auch Nuklearmedizin besondere Anforderungen hinsichtlich Strahlenschutz erfüllen. Die technischen Einrichtungen entsprechen dem in modernen Büro- und Geschäftshäusern üblichen Standard. So sollten Sprinkler-/ Brandmeldeanlage, Notstromaggregat und Blitzschutzanlage ebenso vorhanden sein wie ggf. eine Rufanlage für Behandlungsräume, Lautsprecheranlagen in Wartebereichen und Videoüberwachung für die Eingangsbereiche. Parkmöglichkeiten sollten im Hinblick auf die „Nutzer" der Häuser möglichst im oder unmittelbar am Objekt in ausreichendem Maße vorhanden sein.

3.3 Gesamtnutzungsdauer

Die Zeit wird immer schnelllebiger. Dies macht sich auch bei den üblichen Gesamtnutzungsdauern von Immobilien generell bemerkbar. So wurden in der Literatur und in den Richtlinien die Empfehlungen zur Gesamtnutzungsdauer (GND) in den letzten Jahren durchweg herabgesetzt. Dort, wo in größerem Umfang neue moderne Ärztehäuser errichtet werden, veralten die Bestandsimmobilien besonders schnell. Dies ist vornehmlich in den Großstädten und an bevorzugten Standorten der Fall. Die GND orientiert sich an der dominierenden Nutzung bzw. ist abhängig vom Nutzungsmix innerhalb der Immobilie. Bei einem hohen Anteil „kurzlebiger" Nutzungen muss im Mittel von einer kurzen GND für das Gesamtobjekt ausgegangen werden. Für den Normalfall, mit überwiegend gängigen Praxen und guter Drittverwendungsfähigkeit, kann von einer GND von etwa 50 bis 60 Jahren ausgegangen werden – vergleichbar dem Erfahrungswert für die GND von Bürogebäuden. Gegebenenfalls ist jedoch bei Ansatz dieser längeren GND ein zusätzlicher Ansatz für ein Modernisierungs- bzw. Revitalisierungsrisiko erforderlich, um die sich immer schneller wandelnden Anforderungen der Nutzer an die Gebäudeeigenschaften zu berücksichtigen.

3.4 Mietansätze

Die den Mietpreis bestimmenden Eigenschaften einer Gesundheitsimmobilie können insbesondere je nach

- Standort
- Branchen- und Mietermix
- Größe
- Flächeneffizienz
- Alter
- Ausstattung

sehr unterschiedlich ausfallen. Es kann daher nicht von einer einheitlichen Bandbreite der Nettokaltmieten ausgegangen werden. Bei der Bewertung einer Gesundheitsimmobilie werden regelmäßig Mietansätze für Praxen, Läden sowie Dienstleistungen unterschiedlichster Art benötigt. Als Quellen können die gängigen Mietwertübersichten für gewerbliche Mieten herangezogen werden. **Praxen** bilden in diesen Mietwertübersichten allerdings keine eigene Kategorie. Sie werden, falls sie überhaupt genannt werden, bei den Büromieten geführt. Die Erfahrung zeigt, dass sich die erzielbaren Mietpreise für Praxen speziell in einem Ärztehaus bzw. MVZ zwar an denen für Büros orientieren – sie jedoch unter Umständen über denen liegen, die für „Einzelpraxen" gezahlt werden. Bezahlt wird insbesondere für eine „maßgeschneiderte Planung", die optimale Raumgrößen und Organisationsabläufe gewährleisten kann. Beeinflusst werden die Praxismieten unter Umständen auch von der Existenz spezieller Kooperationsverträge eines MVZ mit einer Krankenkasse. Auch die **Ladenmieten** in den MVZ können aufgrund von Synergieeffekten, die bei der Konzeption einer Gesundheitsimmobilie regelmäßig angestrebt werden, über den ansonsten üblichen Marktmieten für Ladenflächen liegen. Allerdings gilt dies nur für ausgewählte Laden- und Dienstleistungsnutzungen wie beispielsweise Apotheken oder Sanitätshäuser. Die Auswertung von Mietverträgen verschiedener neu errichteter, moderner Gesundheitsimmobilien – sowohl Gesundheitshäuser vom Typ „stand alone", als auch solche mit Anbindung an Krankenhäuser – hat im Einzelnen ergeben, dass die für die Praxen vereinbarten Mieten hier rund zehn bis 30 Prozent über den lokalen Gewerbemietübersichten zu entnehmenden Büromieten-Obergrenzen liegen. Und auch die Ladenmieten liegen im Bereich der ansonsten erzielbaren Spitzenmieten für vergleichbar große Geschäftslokale. Allerdings handelte es sich bei den ausgewerteten Mieten um solche, die bei der Erstvermietung der Objekte erzielt wurden. Es wird sich erst noch zeigen, ob dieses hohe Niveau gehalten werden kann, ob es sich hierbei also um „marktüblich erzielbare Netto-Kaltmieten" im Sinne des Ertragswertverfahrens handelt. Bei alten, nicht mehr zeitgemäßen Ärztehäusern können sich die Mieten allerdings auch im unteren Bereich der Büromieten bewegen. Dies insbesondere bei schlechter Flächeneffizienz – meist bedingt durch zu große Gebäudetiefen mit ungünstigen Grundrissen und den typischen „großzügigen" Warteräumen und –fluren, die so heute nicht mehr benötigt werden, aber auch kaum anderweitig genutzt werden können.

3.5 Bewirtschaftungskosten

Für die Höhe der Bewirtschaftungskosten in Gesundheitsimmobilien sind die gleichen Faktoren maßgebend wie bei üblichen Büro-/Geschäftshäusern.

So sind die **Verwaltungskosten** erfahrungsgemäß umso höher, je kleinteiliger eine Immobilie vermietet ist. Auch die mietvertraglichen Regelungen sind – wie grundsätzlich bei Gewerbeimmobilien – von besonderer Bedeutung: Zuweilen wird mietvertraglich die Umlage der Verwaltungskosten vereinbart, so dass im „Extremfall" keine Verwaltungskosten anfallen – allerdings empfiehlt es sich in einem solchen Fall, die Verwaltungskosten „zur Sicherheit" noch mit 0,5 Prozent der Einnahmen anzusetzen. Der Literatur sind allgemein für Gewerbeimmobilien Verwaltungskosten zwischen 0,15 und 0,25 Euro pro Quadratmeter monatlich bzw. drei bis sechs Prozent der Nettokaltmiete zu entnehmen – wobei bei einem hohen Rohertrag auch durchaus ein geringerer Prozentsatz für die Personalkosten zur Verwaltung der Immobilie ausreichen dürfte. Da es Ärztehäuser und MVZ unterschiedlichster Größe und Struktur gibt, und auch die mietvertraglichen Vereinbarungen das „ganze Spektrum abdecken", ist die gesamte genannte Spanne denkbar.

Dies gilt auch für die **Instandhaltungskosten**, da es bei Gesundheitsimmobilien eine sehr große Spannbreite gibt hinsichtlich Alter, Ausstattung, Bauweise und Unterhaltungszustand. Orientierungshilfe geben auch hier die der Literatur zu entnehmenden Erfahrungswerte für Büro- und Handelsimmobilien. Allerdings gilt auch für diese Position der Bewirtschaftungskosten, dass die mietvertraglichen Vereinbarungen – hier darüber, wer welche Instandhaltungskosten zu tragen hat – entscheidend sind für die Höhe der anzusetzenden Kosten. Trägt der Vermieter nur die „Instandhaltung von Dach und Fach", wie es erfahrungsgemäß meist der Fall ist, liegen die im Ertragswertverfahren anzusetzenden Instandhaltungskosten nur etwa zwischen 5 und 7,5 Euro pro Quadratmeter Nutzfläche – für hochwertige Gesundheitsimmobilien trifft allerdings eher der Oberwert zu.

Die Höhe des bei Gesundheitshäusern und MVZ anzusetzenden **Mietausfallwagnisses** hängt, wie grundsätzlich bei gewerblichen Objekten, neben der Lage, dem Branchenmix und der Gebäudequalität auch maßgeblich von der Vermietungssituation ab: Anzahl und Bonität der Mieter sowie die Qualität der Mietverträge sind entscheidend verantwortlich für Umfang und Dauer des zu erwartenden Mietausfalls. Vier bis acht Prozent des Jahresrohertrages können hier als Erfahrungswert genannt werden.

Hinzu kommt, dass heute bereits bei der Bewertung einer Reihe von Spezialimmobilien berücksichtigt wird, dass die üblicherweise angesetzte Gesamt- und Restnutzungsdauer nur dann realistisch ist, wenn über die bloße Instandhaltung hinaus in gewissen Zeitabständen das Objekt durch zusätzliche Modernisierungsmaßnahmen an die sich immer schneller wandelnden Anforderungen des Immobilienmarktes angepasst wird. Hierzu wird meist ein so genanntes **Modernisierungs- oder Revitalisierungsrisiko** angesetzt – kalkuliert über die vermutlich erforderlichen Kosten für die notwendigen Anpassungsmaßnahmen.

Bei neuen, modernen Immobilien können bei entsprechender Mietvertragsgestaltung und Mietniveau die Bewirtschaftungskosten durchaus in der Summe zum Beispiel bei nur rund 12 bis 15 Prozent liegen. Bei älteren Objekten können sich aber auch durchaus 25 bis 30 Prozent ergeben.

3.6 Liegenschaftszinssatz/Diskontierungszinssatz

Liegenschaftszinssätze speziell für MVZ oder Ärztehäuser sind in den klassischen Quellen, wie den Grundstücksmarktberichten der Gutachterausschüsse für Grundstückswerte, soweit bekannt nicht zu finden – vermutlich unter anderem, weil die Fallzahl für eine eigene Auswertung zu klein ist. Selbst in Berlin, mit einer vergleichsweise großen Anzahl an Verkäufen von MVZ wird vom Gutachterausschuss kein solcher Liegenschaftszinssatz veröffentlicht. Es bleibt daher nur die Möglichkeit, als Ausgangsgröße den möglichst aus dem örtlichen Markt abgeleiteten Liegenschaftszinssatz für Büro-/Geschäftshäuser heranzuziehen. Dieser ist dann, wie es regelmäßige Praxis sein sollte, an die Eigenschaften des Bewertungsobjektes anzupassen. Entscheidende Parameter für die Höhe des objektspezifischen Zinssatzes sind auch bei Gesundheitsimmobilien in erster Linie:

- die Lage
- die Gestaltung der Mietverträge/die Bonität der Mieter
- die Gebäudekonzeption
- die Restnutzungsdauer
- die Größe des Objektes
- die allgemeine Situation auf dem entsprechenden Teilmarkt

Gegebenenfalls ist darüber hinaus durch einen Zuschlag am Zinssatz zu berücksichtigen, dass die Gesundheitsimmobilie – je nach Ausprägung – durchaus Züge einer Betreiberimmobilie aufweisen kann und sie in diesem Fall mit den für Immobilien dieser Art typischen besonderen Risiken behaftet ist.

Für Büro-/Geschäftshäuser sind in den Marktberichten überwiegend Zinssätze zwischen rund sechs und sieben Prozent angegeben. Für typische Betreiberimmobilien wie Hotel oder Freizeitimmobilien liegen die empfohlenen Zinssätze bei rund sieben bis neun Prozent. Für Gesundheitsimmobilien dürfte daher – je nach Risiko – meist ein Liegenschaftszinssatz zwischen ca. 6 und 7,5 Prozent anzusetzen sein.

3.7 Renditen

Umfangreichere Erfahrungswerte zur üblichen Netto-Anfangsrendite von Ärztehäusern oder MVZ liegen – soweit bekannt – nicht vor. Nach Einschätzung der DEGI aus 2008 ist je nach Standort und inhaltlicher Konzeption eines MVZ eine „Rendite" zwischen acht und zehn Prozent darstellbar. Dies scheint jedoch im Hinblick auf – allerdings nur wenige – von der Verfasserin ausgewertete, neu errichtete Gesundheitshäuser mit deutlich darunter liegenden Netto-Anfangsrenditen von ca. 5,5 bis 6,5 Prozent allenfalls unter günstigen Umständen erzielbar. Institutionelle Investoren auf dem Markt mit Gesundheitsimmobilien werben damit, dass die Entwicklungen des Gesundheitswesens (Demografie, allgemeines Gesundheitsbewusstsein) langfristig stabile Renditen garantieren. Der offene Fond Focus HealthCare prognostiziert als Zielrendite 5-6 Prozent p.a. – berechnet nach der „BVI Methode", einer Methode zur Berechnung der Fondsrendite; hierbei werden auch die Kosten auf Fondsebene berücksichtigt. Rendite ist eben nicht gleich Rendite. Die in allgemeinen Markteinschätzungen veröffentlichten Aussagen zur Rendite sind oft schon deshalb wenig brauchbar, weil der verwendete Renditebegriff nicht genannt wird; häufig wird nicht einmal angegeben, ob es sich um Brutto- und Nettorendite handelt.

3.8 Leerstand

Der Leerstand in den klassischen Ärztehäusern ist – im Vergleich zu anderen Gewerbeimmobilien – vergleichsweise gering. Kommen – wie es in den Gesundheitshäusern der Fall ist – risikoreichere Nutzungen wie Handel und spezielle Dienstleistungen hinzu, wächst das Leerstandsrisiko entsprechend. Aber auch die Praxisflächen in neu errichteten Gesundheitshäusern können nur dann gefüllt werden, wenn die ortsansässigen Ärzte zum Umzug bewegt werden können, denn Neugründungen von Praxen sind oft aufgrund von Zulassungsbeschränkungen und fehlenden Facharztstellen kaum realistisch.

3.9 Drittverwendungsfähigkeit

Hinsichtlich der Drittverwendungsfähigkeit gehen die Meinungen bei den Fachleuten weit auseinander – von fehlender Drittverwendungsfähigkeit bis guter Drittverwendungsfähigkeit. Die Drittverwendungsfähigkeit hängt grundsätzlich maßgeblich von den bautechnischen und standortspezifischen Rahmenbedingungen ab. Sind diese günstig, so kann ein MVZ, auch wenn es Züge einer Betreiberimmobilie aufweist, durchaus eine gute Drittverwendungsfähigkeit besitzen. Dies belegt auch die Tatsache, dass sich unter günstigen Rahmenbedingungen Bestandsbüroobjekte zu MVZ umwidmen lassen.

MVZ gibt es aber nun mal in unterschiedlichster Konzeption mit gängigen aber auch zum Teil sehr spezifischen Gebäudeeigenschaften und sowohl in flexibel konzipierten Neubauten als auch in alten, notdürftig umgebauten und umgenutzten „ehemals öffentlichen Gebäuden". Von daher ist im Einzelfall auch die Diagnose „fehlende Drittverwendungsfähigkeit" durchaus möglich.

3.10 Besonderheiten

Gesundheitsimmobilien sind – auch im Vergleich zu vielen anderen Sonderimmobilien – besonders stark abhängig von gesetzlichen Rahmenbedingungen; die Betreiber von Ärztehäusern, MVZ etc. sind eng gekoppelt an die Auswirkungen der jeweiligen Gesundheitsreformen auf ihre potenziellen Mieter. So wurde beispielsweise ab dem 1.7.2011 für Ärzte in Berufsausübungsgemeinschaften und MVZ die Höhe des Zuschlags auf ihr Regelleistungsvolumen abhängig vom Kooperationsgrad (Gesetz zur nachhaltigen und sozial ausgewogenen Finanzierung der gesetzlichen Krankenversicherung vom 22.12.2010). Schnell ändern können sich auch die allgemeinen gesetzlichen Vorschriften im SGB für die „besondere Kooperationsform MVZ". Dies hat auch die Reform des § 95 SGB V von 2012 gezeigt, die Zulassungs- und Gründungsvoraussetzungen für MVZ eingeschränkt hat, um „dem Einfluss von Kapitalinteressen auf medizinische Entscheidungen zu begegnen". Aber auch im Einzelfall können sich die rechtlichen Rahmenbedingungen ändern; so wenn der zwischen einem MVZ und der Krankenkasse geschlossene Kooperationsvertrag gekündigt wird – wie beispielsweise in 2006 beim ATRIO-MED in Hamburg geschehen.

Aktuell machen auch Zulassungsbeschränkungen und fehlende Facharztstellen Neugründungen schwierig. Das Dilemma lautet: „In die Provinz will niemand, und die Städte sind dicht". Hinzu kommt, dass es für den Inhaber einer Arztpraxis weit schwieriger ist, einen Ortswechsel vorzunehmen, als beispielsweise für einen Rechtsanwalt. Patienten wünschen meist räumliche Nähe zu ihrem Arzt – und ziehen eben nur selten mit um. Als grundsätzliche Vorbehalte von Investoren und Finanzierungsinstituten gegenüber MVZ werden häufig die klassischen Negativ-Punkte von Betreiberimmobilien angeführt wie:

- fehlende Drittverwendungsfähigkeit
- Unwägbarkeit bei Betreibungsgesellschaften
- enges Marktsegment
- fehlende Fungibilität

Dabei ist für den Erfolg einer Gesundheitsimmobilie von großer Bedeutung, dass der Ärzte- bzw. Branchenmix gut abgestimmt und zur vorhandenen Klientel passen muss – aber das ist für eine Betreiberimmobilie eigentlich keine Besonderheit.

4. Hinweise

Literatur

Dröge, F., Handbuch der Mietpreisbewertung für Wohn- und Gewerberaum, Luchterhandverlag, 3. Auflage, 2005, S. 489 und 498 ff.

DEGI, Medizinische Versorgungszentren – alter Wein in neuen Schläuchen?, Kundenmagazin inform, 01/06

DEGI, Thema des Monats März 2006, MVZ Medizinische Versorgungszentren: eine Chance für die Immobilienwirtschaft?

Euroforum-Seminar, Ärztehäuser und Gesundheitszentren, Erfolgsrezept für Krankenhäuser und niedergelassene Ärzte, Veranstalter: Euroforum GmbH, 22. November 2005, Berlin

Ritt, Stephan, Health-Care Immobilien – Gesundheitsimmobilien: Etablierung neuer Assetklassen in der Immobilienwirtschaft, Diplomica Verlag, 2011

Links

www.bmg.bund.de

www.kbv.de

www.bmvz.de

www.mvz.de

www.aerzteblatt.de

www.kv-thüringen.de

www.care-estate,de

www.euroforum.de

III. Krankenhäuser und Kliniken

Marcel Köhler

1. Einleitung

Vor dem Hintergrund der Gesundheitsstrukturreform befindet sich die Krankenhausbranche seit Jahren in einem wirtschaftlichen Umbruch, denn im Rahmen der Neuorientierung im Vergütungssystem von Akutkrankenhäusern wurden ab 2004 die diagnosebezogenen Fallpauschalen (Diagnosis Related Groups-DRG) eingeführt, die seit Beginn 2007 für alle Krankenhäuser verbindlich sind. Allgemein wird erwartet, dass durch diesen Schritt mehr Transparenz bei der Beurteilung der medizinischen Leistungen entsteht, vermutete Überkapazitäten abgebaut werden und Krankenhäuser gezwungen werden durch professionelles Management wirtschaftlicher zu handeln. Das schließt die Notwendigkeit zur Kostensenkung mit ein, z.B. durch Senkung der Patienten-Verweildauern, prozessorientierte Umgestaltung der Aufbau- und Ablauforganisation und eine möglichst weitgehende Standardisierung von Diagnostik und Behandlung. Es besteht jedoch die Gefahr, dass die diesbezüglichen Spar- und Optimierungsanstrengungen zu Lasten der Patienten gehen. Der Großteil der Bestandsimmobilien im Krankenhaussektor entspricht nicht mehr den gestiegenen krankenhausspezifischen Anforderungen. Der sich daraus ergebende hohe Modernisierungsbedarf speziell im Bereich Baukonzeption, Ausstattung und Technik (hochtechnologische Intensivmedizin) zwingt die Betreiber zu Investitionen, um zukunftsgerechte Konzepte einzuführen. Nach Angaben der Deutschen Krankenhausgesellschaft hat sich bei den Bestandsimmobilien ein Investitionsstau von rund 12 Milliarden Euro aufgetürmt.

Obwohl öffentlich–rechtliche und freigemeinnützige Krankenhäuser dem Krankenhausfinanzierungsgesetz unterliegen und somit Anspruch auf öffentliche Fördermittel für die Errichtung, Erstbeschaffung und Wiederbeschaffung von Krankenhausanlagen haben, sind die öffentlichen Töpfe jedoch immer häufiger leer, so dass die staatliche Förderung ausbleibt. Auch in Zukunft scheint es keine Aussicht auf Erholung zu geben, anders lautende Prognosen weisen weitere Fördermittelausfälle um jährlich steigende fünf Prozent aus. Daher dürfte aus Sicht finanzierender Banken hinsichtlich möglicher Kreditvergabeentscheidungen für Investitionsaufwendungen die Bewertung eines Akutkrankenhauses oder einer Klinik immer häufiger in den Fokus treten. Der Sachverständige muss also in Zukunft die geänderten Kriterien bei seiner Bewertung berücksichtigen. Allein die Erstellung eines Stärken-Schwächen-Profils oder eine Markt-Umfeld-Analyse können nach Auffassung des Verfassers nicht ausreichend sein, um die Nachhaltigkeit einer derart speziellen Immobilie zu bewerten.

2. Wirtschaftliche Lage

Eine wirtschaftliche Erholung der Krankenhäuser zeichnete sich bis zum Jahr 2006 ab, da Optimierungsmaßnahmen der Aufbau- und Ablauforganisation für eine wettbewerbsintensivere Zukunft zu wirken schienen. Allerdings stellte sich 2008 eine spürbare Verschlechterung der wirtschaftlichen Lage ein. Bedingt durch Belastungen aus stärker wachsenden Kosten bei gedeckelten Budgets war die Finanzierungslücke 2008 erheblich. Als Kostentreiber haben Tariflohnerhöhungen, steigende Sachkosten sowie ein höherer Personal- und Sachmittelbedarf wegen steigender Patientenzahlen erheblich dazu beigetragen. Durch das Krankenhausfinanzierungsreformgesetz (KHRG) 2009 wurde der Krankenhaussektor mit zusätzlichen 3,5 Milliarden versorgt. Auf diese Weise konnten die Krankenhäuser vorerst ihr Rating verbessern und Finanzierungslücken schließen. Dennoch werden das Problem der überholten Versorgungsstrukturen und die Auswirkungen der Finanzkrise die Gesundheitswirtschaft weiterhin belasten und bedingt durch weiteren Kostendruck, Überkapazitäten bei gleichzeitigen Kosteneinsparungen die Privatisierung einzelner öffentlich-rechtlicher Krankenhäuser und der Konzentration von Leistungen auf spezialisierte Zentren weiter beschleunigen. Im Zeitraum von 1996 bis 2007 sank die Zahl der öffentlichen Krankenhäuser um 31 Prozent, die der freigemeinnützigen um rd. 19 Prozent, während die Zahl der gewinnorientierten, privaten Krankenhäuser um rund 41 Prozent anstieg. Neben der Privatisierung erwarten Experten für freigemeinnützige Einrichtungen ein erhöhtes Tempo der Konsolidierung, d.h. Verbund – oder Kettenbildung. Grundsätzlich lassen sich durch diese Entwicklung drastische Veränderungen am deutschen Krankenhausmarkt verfolgen. Dabei sank die Zahl der Krankenhäuser von 1991 – 2010 von 2.411 auf 2.083 Einrichtungen und entspricht einem Minus von rund 14 Prozent. Vergleichbare Entwicklungen sind bei der Anzahl der Betten (- 24 Prozent) und der Verweildauer (- 42 Prozent) zu beobachten. Die durchschnittliche Verweildauer betrug 1991 noch rund 14 Tage, 2010 nur noch 8,1 Tage.

Dagegen stieg im gleichen Zeitraum die Zahl der vollstationären Fälle um rund 20 Prozent und kann als Indiz für eine Effizienzsteigerung gedeutet werden. Die Fallzahlsteigerung kann im Gegenzug jedoch nicht die Rationalisierungsfortschritte voll kompensieren, sodass die Kapazitätsauslastung um rund acht Prozent sinkt. Nach Augurzky ist die rückläufige Krankenhauszahl jedoch nicht zu vergleichen mit der Zahl von tatsächlichen Krankenhausschließungen, sondern ist zu 90 Prozent auf Fusionen zurückzuführen. Mit Blick auf das Jahr 2008 dürfte der Anteil der Krankenhäuser mit erhöhter Insolvenzgefahr auf 27 Prozent angestiegen sein, gegenüber 16 Prozent im Vorjahr. Daher dürften etwa die Hälfte aller Krankenhäuser 2008 einen Jahresverlust ausgewiesen haben. Auf Grund der Zusatzmittel aus dem KHRG und dem Konjunkturpaket II dürfte in 2009 die Ausfallwahrscheinlichkeit wieder auf 15 Prozent sinken. Dennoch könnte ohne Produktivitätsfortschritt oder Marktbereinigung der Anteil bis 2020 auf 29 Prozent ansteigen. Der zentrale Indikator zur Beurteilung der wirtschaftlichen Lage eines Krankenhauses ist die Ausfallwahrscheinlichkeit (Probability of default, PD) nach Augurzky. Die durchschnittliche PD betrug in einer Studie des ADMED GmbH und RWI Essen – Krankenhaus Rating Report 2007 bis 1,3 Prozent und liegt nur leicht über der von Pflegeheimen, dennoch bleibt die Ertragslage der Krankenhäuser vergleichsweise schlecht. Freigemeinnützige Einrichtungen sowie Häuser in wachstumsstarken Regionen weisen eine geringere Ausfallwahrscheinlichkeit auf. Dennoch soll entsprechend der Prognosemodelle der PD in 2020 bei 5,7 Prozent liegen.

Kennzahlen für den deutschen Krankenhausmarkt 2010					
	Kranken-häuser	Bettenan-zahl	Fallzahlen	Verweil-dauer	Auslastung
1991	2.411	665.565	14.580.000	14,0	84,1 %
2010	2.083	503.360	17.520.000	8,1	77,4 %
Diff.	- 13,6 %	- 24,4 %	+ 20,2 %	- 42,1 %	- 8,0 %

Quelle: Statistisches Bundesamt 2010, eigene Darstellung

Umsatzentwicklung privater Klinikbetreiber

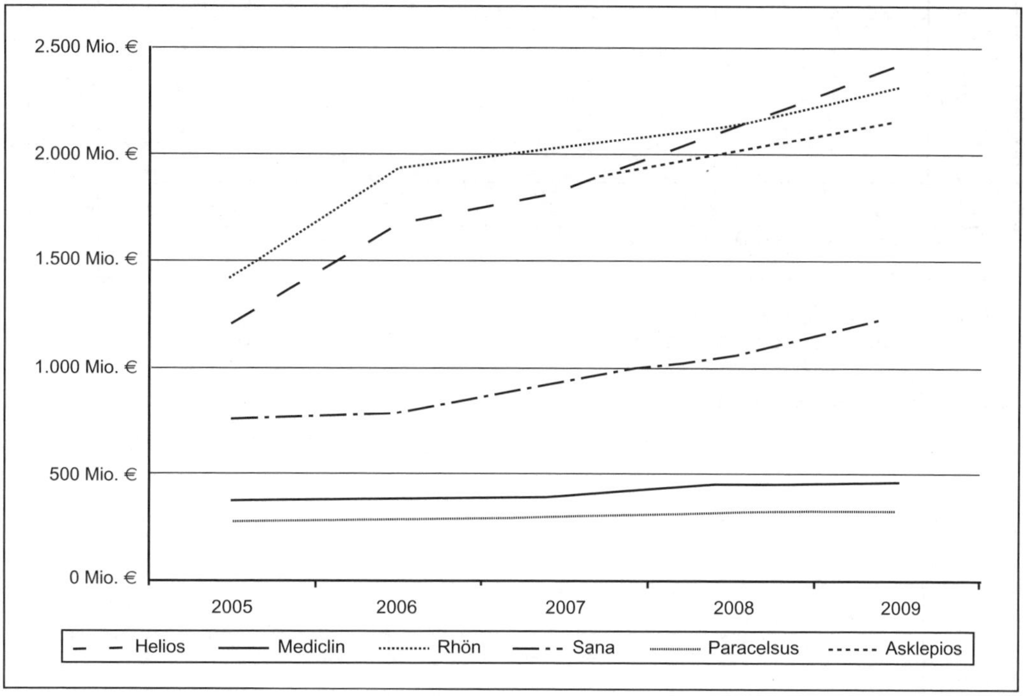

Abb. 1: Umsatzentwicklung privater Klinikbetreiber
Quelle: Geschäftsberichte der Klinikbetreiber, eigene Darstellung

Entwicklung der Materialkosten

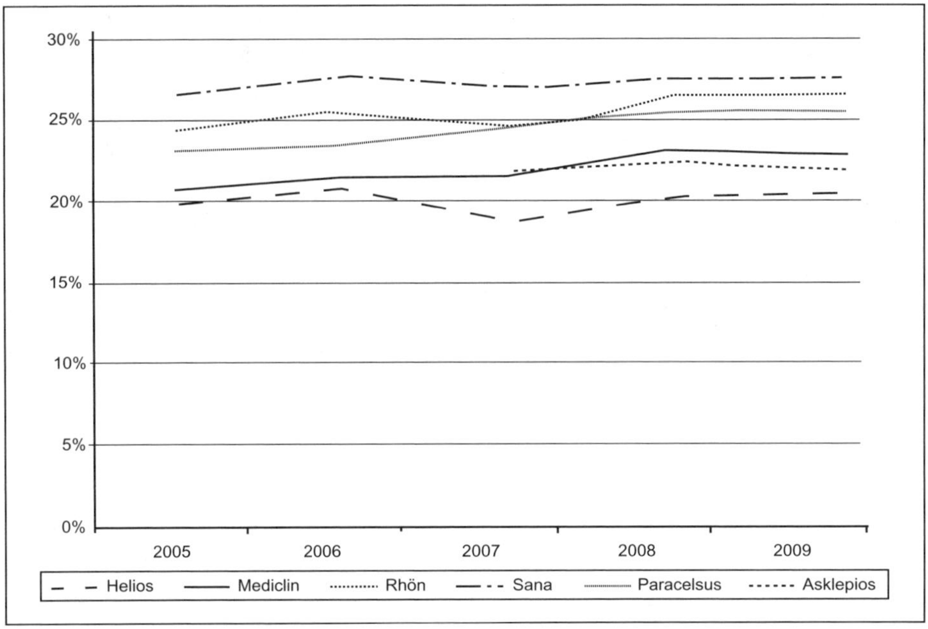

Abb. 2: *Entwicklung der Materialkosten*
Quelle: Geschäftsberichte der Klinikbetreiber, eigene Darstellung

Entwicklung der Personalkosten

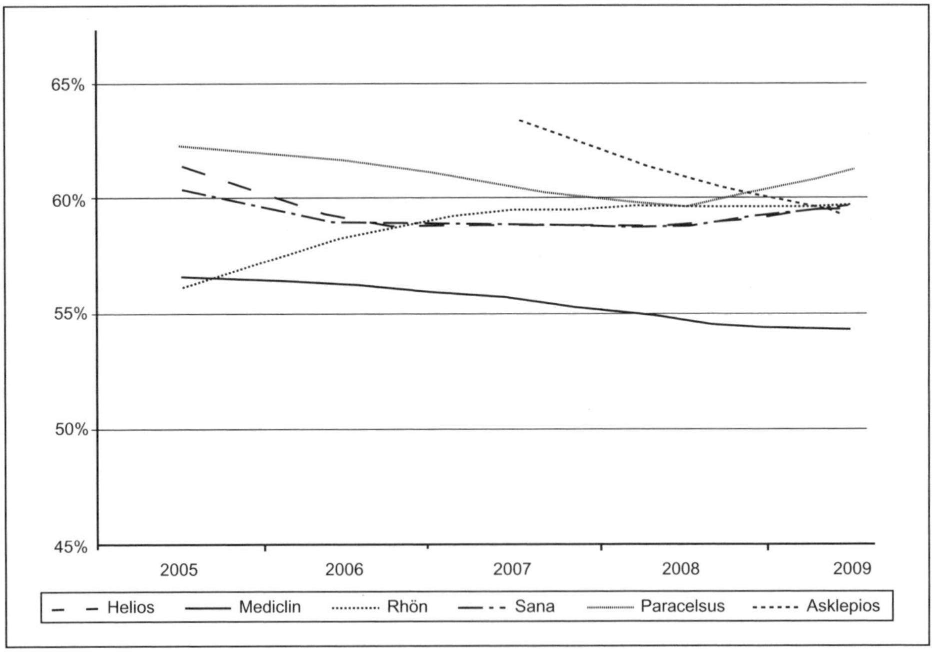

Abb. 3: *Entwicklung der Personalkosten*
Quelle: Geschäftsberichte der Klinikbetreiber, eigene Darstellung

3. Definitionen und begriffliche Abgrenzungen

3.1 Branchendefinition

Gemäß § 2 KHG – Krankenhausfinanzierungsgesetz sind Krankenhäuser

„Einrichtungen, in denen durch ärztliche und pflegerische Hilfeleistungen Krankheiten, Leiden oder Körperschäden

- festgestellt, geheilt oder gelindert werden sollen oder
- Geburtshilfe geleistet wird und
- in denen die zu versorgenden Personen untergebracht und verpflegt werden können"

Dabei wird die Krankenhausbehandlung vollstationär, teilstationär, vor- und nachstationär sowie ambulant erbracht. Zu den allgemeinen Krankenhäusern zählen, gem. § 108 SGB V, die Universitätskliniken, Plankrankenhäuser sowie Krankenhäuser mit einem Versorgungsvertrag und sind gekennzeichnet durch

- die Aufnahme im Krankenhausplan eines Landes – ein Rechtsanspruch für KH besteht allerdings nicht
- den Fördermittelanspruch gem. § 8 I KHG
- die Ausstattung mit einem Versorgungsvertrag und der Zulassung für die Dauer des Vertrages zur Krankenhausbehandlung
- die Verpflichtung zur Krankenhausbehandlung der Versicherten

Unter wertermittlungsrelevanten Gesichtspunkten werden zwei Hauptformen von Krankeneinrichtungen unterschieden. Zum einen die „Allgemeinen Krankenhäuser" sowie die Krankenhäuser mit ausschließlich psychiatrischen oder neurologischem Behandlungsschwerpunkt (§ 107 Nr. 1 SGB V) und zum anderen die Vorsorge- und Rehabilitationseinrichtungen (§ 107 Nr.2 SGB V). In Abhängigkeit der medizinischen Leistungserbringung und der Vorhaltung diagnostischer und therapeutischer Kapazitäten werden folgende Versorgungsstufen im deutschen Krankenwesen voneinander unterschieden:

- Grund- und Regelversorger
- Schwerpunktversorgung
- Maximalversorgung
- Supramaximalversorgung* – z.B. Unikliniken

* Die Bezeichnung „Supramaximal" existiert in den Krankenhausbedarfsplänen nicht. Dennoch beanspruchen Universitätskliniken diese Bezeichnung für sich und kennzeichnen Einrichtungen mit Bewältigungspotential für Massenanfall von Verletzten und Erkrankten. Daher wird auch von den 3 (+1) Versorgungsstufen gesprochen. Nach der Art des Trägers und der Rechtsform sind Krankenhäuser wie folgt zu unterscheiden:

- Öffentliche Einrichtungen (öffentlich-rechtliche oder privat-rechtliche Form)
- Freigemeinnützige Einrichtungen (kirchliche Träger, Wohlfahrtsverbände)
- Private Einrichtungen (Fresenius, Rhön Kliniken)

Seit 1991 sind wesentliche Veränderungen der Marktanteile der Krankenhäuser in Deutschland nach Trägerschaften zu beobachten. Deutlich wird, dass der Anteil öffentlicher Trägerschaften sinkt und der Anteil privater Trägerschaften gleichzeitig steigt. Der Markt verändert sich weg von der öffentlichen Hand hin zur Privatisierung und bestätigt die steigende Wettbewerbsorientierung, da öffentliche Träger unrentable Häuser an private Träger verkaufen, um dessen Rentabilität aufgrund strategischer Vorteile zu steigern.

Entwicklung der Krankenhäuser nach Trägerschaften

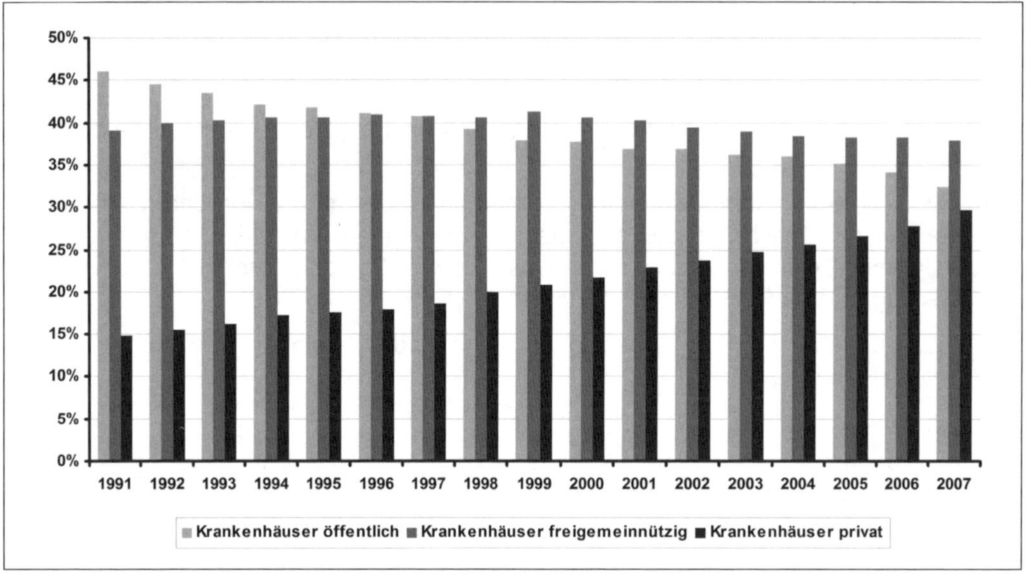

Abb. 4: Entwicklung der Krankenhäuser nach Trägerschaften
Quelle: Statistisches Bundesamt, eigene Darstellung

Die deutsche Krankenhausfinanzierung wird bestimmt durch die Regelungen des KHG nach dem Prinzip der dualen Finanzierung, welches eine Trennung der Investitionskosten (d.h. Fördermittelgewährung für Investitionen durch Bund und Länder) von den laufenden Betriebskosten (d.h. Finanzierung durch die gesetzlichen und privaten Krankenkassen oder der Patienten direkt) vorsieht.

Duale Krankenhausfinanzierung

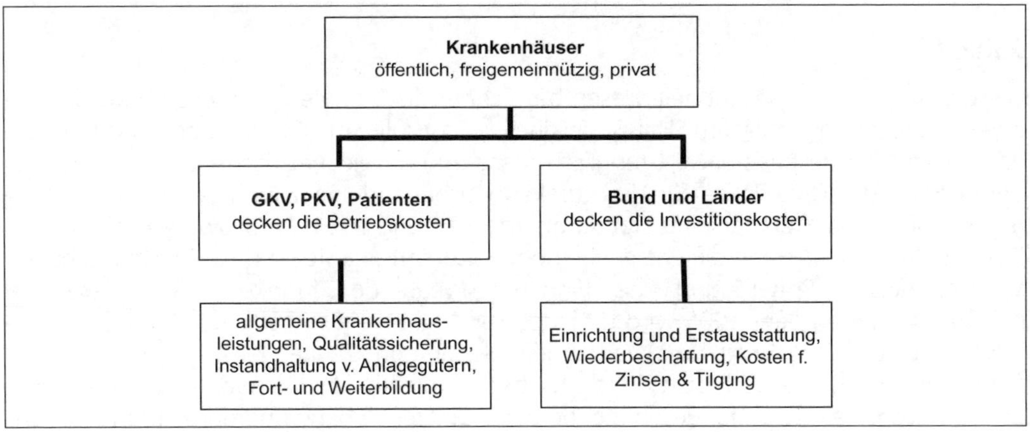

Abb. 5: Duale Krankenhausfinanzierung
Quelle: eigene Darstellung

3.2 Diagnosis Related Groups (DRG)

Das DRG-orientierte Vergütungssystem stellt das neue Finanzierungsprinzip dar. Die bisherige Abrechnung der Behandlungskosten pro Patient über Tagespflegesätze (je nach Aufenthaltsdauer), Fallpauschalen und Sonderentgelte (für einige Diagnosen und Prozeduren) wurde durch ein nahezu 100prozentiges Fallpauschalen-System abgelöst. Hintergrund für das neue Vergütungssystem war die sehr ineffiziente Krankenhausvergütung, bei der sich die Finanzierung der Krankenhausleistungen vorrangig an den Kosten der Vergangenheit orientiert. De facto bestand bis dato eine Art Selbstkostendeckungsprinzip, also ein Prinzip, bei dem die Kosten der wesentliche Maßstab für das Finanzierungsvolumen darstellten. Das neue Vergütungssystem soll dagegen weitestgehend dem Prinzip gleicher Preis für gleiche Leistung Rechnung tragen. Für definierte Fallgruppen (z.B. Blinddarmoperation) soll in allen Krankenhäusern dieselbe Vergütung gezahlt werden. In den DRGs werden Diagnosen und Prozeduren (Untersuchungen, Operationen etc.) zu Behandlungsfallgruppen (aktuell 23 Hauptdiagnosen) zusammengefasst, die klinisch und aufwandsbezogen möglichst einheitlich sind. Die Krankenkassen erstatten die Behandlungskosten dann mittels einer Pauschale für die jeweilige Fallgruppe. In Deutschland konnten die Krankenhäuser ab 2004 das neue System probeweise einführen, ab 2007 ist die Teilnahme verpflichtend. 2007-2009 erfolgte bis zum Ende 2010 eine sog. Konvergenzphase, in der die krankenhausspezifische Vergütungshöhe schrittweise an ein landesweites Vergütungsniveau (einheitlicher Basisfallwert je Bundesland) angepasst wurde. Die internationale Entwicklung von DRGs ist inzwischen fast 30 Jahre alt. Zunächst wurden DRGs als betriebswirtschaftliches Steuerungsinstrument entwickelt. Es folgte die Verwendung als Vergütungssystem im Medicare-Bereich der USA. Zwischenzeitlich wird das Instrumentarium in mehr als 20 Ländern mit ganz unterschiedlichen Gesundheitssystemen angewendet.

3.3 Fallzahl/ Basisfallwert

Fallzahl

Diese Basisgröße im Gesundheitswesen bezeichnet die Summe aller Abrechnungsfälle in einem Abrechnungszeitraum. Hausindividueller Basisfallwert (IBFW), Landesbasisfallwert (LBFW) und Bundesbasisfallwert (englisch: Baserate) bezeichnet den Betrag, der bei der Berechnung der DRG-Preise für die Krankenhausbehandlung zugrunde gelegt wird. Er drückt somit den Preis für eine standardisierte Leistung mit dem Schweregrad 1,0 aus. Der Basisfallwert ist somit die entscheidende Preisdeterminante im DRG – Fallpauschalen-System, dessen Entwicklung das Einnahmeniveau der Krankenhäuser wesentlich bestimmt. Seit dem Jahr 2005 wird für jedes Bundesland ein einheitlicher Landesbasisfallwert (§ 10 Abs.1 bis 4 KHEntgG) verhandelt. Neben den krankenhausindividuellen Basisfallwerten (IBFW), die auch als Wirtschaftlichkeitsindikator dienen, werden jährlich durch die Vertragsparteien auf Bundesebene, der GKV-Spitzenverband und der Verband der privaten Krankenversicherung die landeseinheitlichen Basisfallwerte (LBFW) vereinbart. Seit 2010 haben die Vertragsparteien auf Bundesebene, der GKV-Spitzenverband und der Verband der privaten Krankenversicherung gemeinsam mit der Deutschen Krankenhausgesellschaft gemäß § 10 Absatz 9 Krankenhausentgeltgesetz (KHEntgG) einen einheitlichen Basisfallwert, den so genannten Bundesbasisfallwert, und einen einheitlichen Basisfallwertkorridor zu vereinbaren. Mit Kalkulation des Bundesbasisfallwertes für das Jahr 2011, ergeben sich für den Bundesbasisfallwert und die beiden Korridorgrenzen folgende Werte:

- Bundesbasisfallwert 2011: 2.963,82
- Obere Korridorgrenze: 3.037,91
- Untere Korridorgrenze: 2.926,77

Landesbasisfallwerte 2010/ 2011				
Bundesland	LBFW 2010		LBFW 2011	
	ohne Ausgleich	mit Ausgleich	ohne Ausgleich	mit Ausgleich
Baden – Württemberg	2.977,75 €	2.962,81 €	-	-
Bayern	2.982,60 €	2.982,50 €	2.982,60 €	2.982,60 €
Berlin	2.927.50 €	-	-	-
Brandenburg	2.893,00 €	-	-	-
Bremen	2.991,00 €	2.991,00 €	-	-
Hamburg	2.975,00 €	2.975,00 €	-	-
Hessen	2.968,56 €	2.952,06 €	2.977,15 €	2.959,65 €
Mecklenburg – Vorpommern	2.855,00 €	2.855,00 €	-	-
Niedersachsen	2.923,03 €	2.909,23 €	2.922,63 €	2.905,00 €
Nordrhein – Westfalen	2.895,00 €	2.895,00 €	-	-
Rheinland – Pfalz	3.120,00 €	3.120,00 €	3.120,00 €	3.120,00 €
Saarland	3.068,56 €	-	-	-
Sachsen	2.864,00 €	2.864,00 €	-	-
Sachsen – Anhalt	2.884,00 €	2.884,00 €	-	-
Schleswig – Holstein	2.855,49 €	2.855,49 €	2.884,86 €	2.884,86 €
Thüringen	2.867,40 €	2.834,23 €	-	-

Quelle: AOK – Bundesverband (Stand: 10.01.2011)

3.4 Konvergenz der Fallpauschalen bis 2014

In Deutschland wurde mit der GKV-Gesundheitsreform 2000 und mit Inkrafttreten des 2. Fallpauschalenänderungsgesetzes (DRG-basiertes Vergütungssystem) in den Jahren 2005 bis 2009 – der sog. Budget-Konvergenzphase – die Krankenhausvergütung auf Fallpauschalen umgestellt und in ihrer Höhe schrittweise auf ein einheitliches Niveau (Bundeslandebene) gebracht. Seit 2010 ist für alle Krankenhäuser der landeseinheitliche Basisfallwert verbindlich und bestimmt die Ausgaben des Krankenhauses, d.h. gleiche Vergütung für vergleichbare Leistungen. Nach wie vor bestehende Ungleichgewichte werden durch Zu- und Abschläge ausgeglichen. Nach einer Studie des WIdO – Krankenhausreport 2010 – besitzen 2008 rund 67 Prozent der Krankenhäuser einen individuellen Basisfallwert unterhalb und 33 Prozent (NRW 74/26 Prozent) oberhalb des Landesbasisfallwertes. Krankenhäuser deren Basisfallwert zum Ende der Konvergenzphase oberhalb des LBFW liegen, dürften hinsichtlich Kostenstruktur einen sehr hohen Anpassungsbedarf haben, da sie Erlöse verlieren. Diese Krankenhäuser werden in der Branche zu den künftigen „Verlierern" der Systemeinführung gezählt. Dagegen zählen Krankenhäuser deren Basisfallwert unterhalb des LBFW liegt zu den künftigen „Gewinnern", da diese Krankenhäuser Erlöse hinzu gewinnen, obwohl die Leistungsstärke (Fallschwere) die gleiche bleibt. In einer weiteren Konvergenzphase sollen die bundesweit unterschiedlichen Landesbasisfallwerte von 2010 bis 2014 schrittweise an einen einheitlichen Bundesbasisfallwert angeglichen (§ 10 Abs. 8 KHEntgG) werden, und sich dann innerhalb eines definierten einheitlichen Basisfallwertkorridors bewegen. Die obere Korridorgrenze liegt 2,5 Prozent über dem BBFW, die untere 1,25 Prozent darunter. Unter Berücksichtigung dieser Voraussetzungen werden Krankenhäuser aus Rheinland-Pfalz, Saarland, Berlin und Bremen bis 2014 mit weiteren Erlöseinbußen zu rechnen haben. Dagegen können Einrichtungen aus Thüringen, Nordrhein-Westfalen, Sachsen, Mecklenburg-Vorpommern und Schleswig-Holstein mit Erlöszunahmen rechnen. Der Bundesbasisfallwert folgt somit dem zuvor genannten Motto „gleiche Vergütung für vergleichbare Leistungen". Jedoch mahnen Kritiker, dass auf Grund erheblicher struktureller Unterschiede zwischen den einzelnen Bundesländern nicht von gleicher Leistung gesprochen werden kann und staatlich regulierte Einheitspreise fehlgeleitete Anreize liefern. Die Regulierung des deutschen Gesundheitswesens mittels Einheitspreisen kann nach Ansicht der Kritiker keinen Fortschritt bringen, sondern dürfte sich in Effizienzverlust widerspiegeln. Demnach dürften Einheitspreise mit Mindest- und Höchstpreisen bestenfalls als Richtwerte ausgegeben werden und gleichzeitig sollte eine flexible Preisbildung innerhalb dieser Richtwerte unter Berücksichtigung der regionalen Lage, der zeitlichen Verfügbarkeit, der Qualität der Leistung und der Leistungsmenge ermöglicht werden, um den gewünschten Wettbewerb zu stärken.

Case Mix (CM)/CMI

Case Mix (CM)

Der Case Mix stellt als ökonomischer Fallmix die Summe der Relativgewichte aller innerhalb einer Zeiteinheit erbrachten DRG`s und bezeichnet den Kostenaufwand der Behandlung einer bestimmten Fallgruppe als Verhältnis zur Basisgröße 1 (durchschnittlicher Kostenaufwand aller Behandlungsfälle bundesweit). Ermittlung der Fallerlöse durch Multiplikation des Relativgewichts mit dem Basiswert (Baserate).

Case-Mix-Index (CMI)

Der Case-Mix-Index beschreibt die durchschnittliche Schwere der Patientenfälle resultierend aus einer beliebigen Anzahl von Fällen für eine Einrichtung (eines Krankenhauses, einer Abteilung, einer Station). Durch Addition der Relativgewichte aller Behandlungsfälle, dividiert durch die Gesamtanzahl der Behandlungsfälle ergibt sich der Case-Mix-Index (CMI) eines Krankenhauses. Er stellt ein Maß für den Gesamt-Ressourcenaufwand der behandelten Krankenhausfälle dar. Der CMI beschreibt damit eine Patientenfallgruppe eines Krankenhauses, Abteilung oder Einrichtung in medizinisch-ökonomischer Hinsicht und soll den Aufwand und die damit verbundenen Kosten widerspiegeln. Dadurch wird auch der rein medizinische Schweregrad, unter der Annahme, je aufwändiger und teurer, desto schwerer krank, dargestellt. Der CMI spiegelt jedoch nur Durchschnittsverhältnisse wieder. Er sagt nichts über den individuellen Fall bzw. Patienten und dessen Krankheit aus. Der CMI soll als Instrument zum Vergleich der durchschnittlichen Ressourcenintensität verschiedener Versorgungseinheiten (zwischen Krankenhäusern oder einzelnen Fachabteilungen) dienen und soll somit Effizienzunterschiede offenbaren.

CMI Unterschiede nach Bettenanzahl

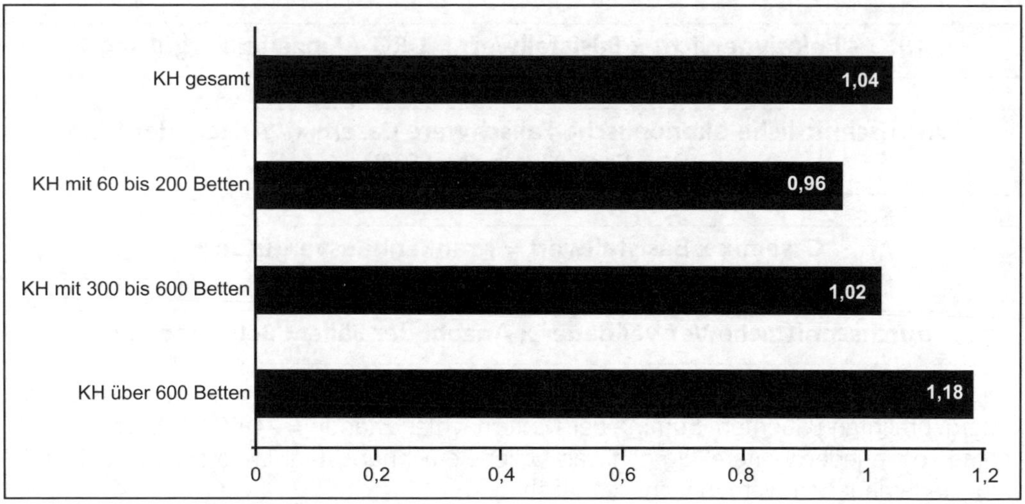

Abb. 6: CMI Unterschiede nach Bettenanzahl
Quelle: InEK, eigene Darstellung

Länderunterschiede beim Case Mix Index (CMI)

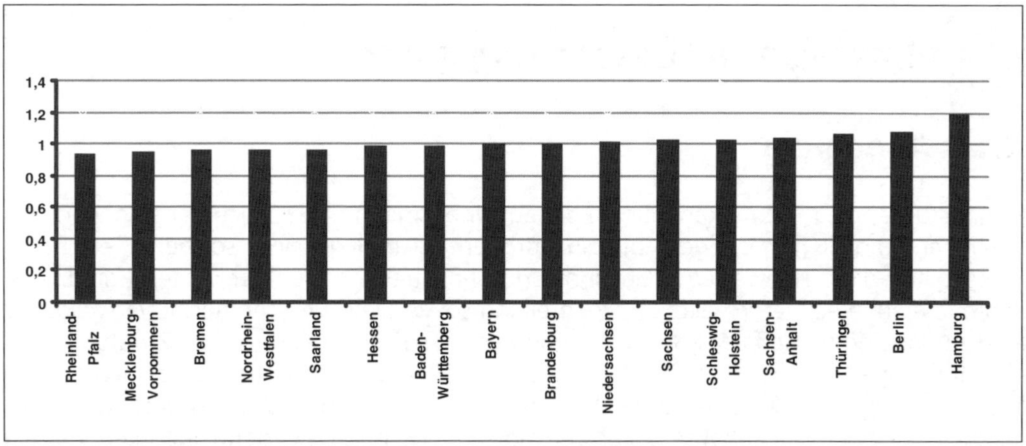

Abb. 7: Länderunterschiede beim Case Mix Index (CMI)
Quelle: InEK, eigene Darstellung

Institut für das Entgeltsystem im Krankenhaus (InEK)

Das Institut für das Entgeltsystem im Krankenhaus (InEK) wurde 2001 durch die Spitzenverbände der Krankenkassen, den Verband der Privaten Krankenversicherung und die Deutsche Krankenhausgesellschaft gegründet. Das Institut unterstützt die Vertragspartner der Selbstverwaltung und die von ihnen gebildeten Gremien bei der gesetzlich vorgeschriebenen Einführung und kontinuierlichen Weiterentwicklung und Aktualisierung des DRG-Systems/ Fallpauschalen-Katalogs auf der Grundlage des § 17 b KHG.

3.5 DRG – Rechengrößen

DRG – Relativgewicht x Basisfallwert = DRG – Einzelfallvergütung

Durchschnittliche ökonomische Fallschwere Casemix / Anzahl der Fälle = Case Mix Index (CMI)

Casemix x Basisfallwert = Krankenhausvergütung

durchschnittliche Verweildauer x Anzahl der Fälle = Belegungstage

Die Zahl der Berechnungs- und Belegungstage entspricht der Summe der vollstationär untergebrachten Patienten (Summe der Mitternachtsbestände = 24:00 Uhr). Der Aufnahmetag sowie jeder weitere Tag zählt als voller Berechnungstag. Entlassungs- und Verlegungstage dagegen werden nicht mitgezählt.

Belegungstage / (aufgestellte Betten x Kalendertage) x 100 = durchschnittliche Bettenauslastung

4. Hinweise zur Bewertungspraxis

4.1 Allgemein

Grundstücke, die mit Krankenhäusern bebaut sind, sind in den Bereich der so genannten Betreiberimmobilien (Management) einzuordnen. Grundlage einer solchen Wertermittlung sollten die ausgewerteten Gewinn- und Verlustrechnungen der letzten (mind. 2-3) Jahre, die abgerechneten Fälle je Fachabteilung sowie die durchschnittliche Verweildauer und Auslastung gemäß DRG-Belegungsübersicht des Krankenhauses sein. Zusätzlich sind die krankenhausindividuellen Basisfallwerte der letzten drei Jahre zur Analyse heranzuziehen. Weiterhin sind die vorliegenden Versorgungsverträge hinsichtlich der dort aufgeführten Bereiche des Krankenhauses zu prüfen. Sofern für das zu bewertende Krankenhaus ein Versorgungsauftrag besteht, stehen dem Versorger gemäß § 25 KHG Fördermittel zur wirtschaftlichen Sicherung und zur Erfüllung des Versorgungsauftrages zu. Fördermittel, die im Fall einer Privatisierung oder eines Betreiberwechsels unter Umständen an das Land zurückzuführen sind, sind als Vorlasten zu betrachten. Auf eine ausreichende Stellplatzversorgung sowie die angemessene Erreichbarkeit mit dem öffentlichen Personennahverkehr ist zu achten. Aus Sicht von Patienten sind das Image (medizinische Leistungsfähigkeit) und die Patientenfreundlichkeit ausschlaggebend für die Wahl eines Krankenhauses. So können in einem japanischen Medical Center bereits heute die Patienten vom hochmodernen Krankenhausbett per Touchscreen kurz vor der Entlassung den heimischen Einkauf erledigen. Die bauliche und technische Ausstattung der Gebäude sollte den gesetzlichen Anforderungen (gem. BauO NRW, KhBauVO, ArbStättV, DIN 13080, etc.) entsprechen. Speziell der bauliche Brandschutz ist auf Grund von häufig vorhandenem Instandhaltungs- und

Modernisierungsstau als Achillesferse derartiger Immobilien anzusehen. Defizite beim Bau- und Unterhaltungszustand sind ggf. zu dokumentieren.

4.2 Bodenwert

Bei der Bodenwertermittlung ist entsprechend planungs- und nutzungsbezogener Gegebenheiten der Verkehrs-/ Entwidmungswert im Sinne des § 194 BauGB zu ermitteln. Dabei ist zwischen bleibenden Gemeinbedarfsflächen (gewidmet), abgehenden Gemeinbedarfsflächen und privatrechtlich genutzten Flächen (entwidmet und Gewinn erzielend) zu unterscheiden. In der Regel muss für die Ermittlung des Bodenwertes als Indikation für den Wert des Grund und Bodens auf die Ertragskraft des Bewertungsobjektes abgestellt werden, da in den seltensten Fällen ein adäquater Bodenrichtwert verfügbar sein wird. Üblicherweise werden für vergleichbare Objekte in ähnlichen Lagen Bodenwertanteile am Verkehrswert von 10 bis 15 Prozent erreicht.

4.3 Bauwert

Im Rahmen der Bauwertermittlung werden keine tatsächlichen Reproduktionskosten, sondern Kosten vergleichbarer wirtschaftlicher Ersatzbauten zu Grunde gelegt. In Anlehnung an die WertR 2006 werden für allgemeine Krankenhäuser durchschnittliche wirtschaftliche Gesamtnutzungsdauern bei ordnungsgemäßer Instandhaltung mit 40 bis 60 Jahren angegeben.

Das Baukosteninformationszentrum Deutscher Architektenkammern (BKI) weist für Krankenhäuser entsprechende Bauwerte bezogen auf den Bruttorauminhalt und die Nutzfläche aus. Ergänzend können die NHK 2000 und das Hochschulbaufördergesetz herangezogen werden. Die durchschnittlichen Baunebenkosten liegen bei 17 Prozent (Spanne: 14 bis 22 Prozent an Kostengruppe 300 + 400) und für Außenanlagen von 5 Prozent (Spanne: 4 bis 7 Prozent an Kostengruppe 300 + 400). Vermeintlich betriebsnotwendige fest mit dem Gebäude verbundene medizinische Geräte und Anlagen sind bei einer Wertermittlung nicht zu berücksichtigen.

4.4 Pachtwert

Datengrundlage für Bewertungen

Für die Bewertung von Krankenhäusern ist es notwendig und wesentlich folgende Kennzahlen in Erfahrung zu bringen:

- Anzahl der Fachabteilungen
- Anzahl der abgerechneten DRG-Fälle
- Durchschnittliche Relativgewichte je Fachabteilung
- Anzahl der Zimmer (Einzelzimmer, Doppelzimmer, 3-Bettzimmer, Sonstige)
- Anzahl der Betten
- Durchschnittliche Verweildauer
- Belegungstage

- Bettenauslastung
- Nutzfläche
- Personalkosten (Absolut und Anteil am Gesamtumsatz p.a.)

Basisfallwert

Der individuelle Basisfallwert des Krankenhauses (IBFW) je DRG-Fall ist zu erfragen und mit dem Landesbasisfallwert NRW (LBFW) und dem Bundesbasisfallwert zu korrelieren um Aussagen zur zukünftigen Kostenstruktur geben zu können.

Umsatz- und Pachtwertermittlung

Für die Ermittlung der fachabteilungsbezogenen Umsätze sind ausschließlich abgerechnete DRG-Fälle eines Geschäftsjahres zu Grunde zu legen, interne Verlegungen bleiben unberücksichtigt. Für die Umsatzermittlung ist nachfolgende Formel zielführend:

Anzahl der DRG-Fälle x Relativgewicht x LBFW = Umsatz/ Budget je Fachabteilung

Ein Beispiel für eine fachabteilungsbezogene Umsatzermittlung ist der Tabelle zu entnehmen.

Fachabteilungsbezogene Umsatzermittlung						
	Fachabteilung	DRG-Fälle KH	Relativgewicht	Σ der (CM) Relativgewichte	LBFW	Umsatz/ Abteilung € p.a.
1.	Innere Medizin	2.247	0,9151	2.056	2.895,- €	5.952.120,- €
2.	Kardiologie	983	1,0691	1.051	2.895,- €	3.042.645,- €
3.	Pädiatrie	1.933	0,5931	1.146	2.895,- €	3.317.670,- €
4.	Allgemeine Chirurgie	1.670	1,1989	2.002	2.895,- €	5.795.790,- €
5.	Gefäßchirurgie	533	1,8428	982	2.895,- €	2.842.890,- €
6.	Urologie	1.416	0,8127	1.151	2.895,- €	3.332.145,- €
	Summe	8.782	∅ 0,9552	8.388		
Gesamtumsätze des KH * nach LBFW in € p.a. gerundet						24.283.260,- €

*) Abkürzung für Krankenhaus

Unter Zugrundelegung eines angenommenen landeseinheitlichen Basisfallwertes, der Fallzahl- und Case Mix Entwicklung kann die theoretische Entwicklung des Umsatzes ermittelt werden. Aus Gründen der Qualitätssicherung schreibt der Gesetzgeber Mindestmengen je DRG vor, d.h. ein Krankenhaus darf nur eine Leistung durchführen und abrechnen, wenn es innerhalb eines Jahres die definierte Mindestmenge für diese Leistung erbringt (vgl. § 137 SGB V.).

Daher sollte die Ermittlung der Erlöse auf der Ebene der Fachabteilungen durchgeführt werden, um die unterschiedlichen Entwicklungen innerhalb der Abteilungen zu berücksichtigen. Für die Zeit nach Ablauf der Konvergenzphase müsste in der Rechnung der LBFW durch den Bundesbasisfallwert ersetzt werden. Unter der Annahme, dass sich die Umsatzermittlungsparameter bis 2014 nicht wesentlich ändern, könnte der mögliche Gesamtumsatz bei gleich bleibendem durchschnittlichen CMI und DRG-Fallzahlen mittels einer Vergleichsrechnung grob überschlägig ermittelt werden.

Vergleichsrechnung mit den gleichen Beispielwerten wie zuvor und dem Bundesbasisfallwert:

8.782 DRG – Fälle x 0,9552 (CMI) x 2.963,- (BBFW 2011) = 24.855.322,- (Umsatz p.a.)

Der Jahresumsatz könnte daher nach Ende der Konvergenzphase um rund 0,6 Millionen Euro steigen. Darf den allgemeinen Analysen und Prognosen geglaubt werden, dürfte dieses Beispiel-Krankenhaus als Regelversorger zu den „Gewinnern" der Systemeinführung für landeseinheitliche Fallpauschalen-Vergütung zählen, da das Krankenhaus für die gleiche Leistung höhere Erträge erzielt. Auf Grund von Schwerpunkt- und Maximalversorgung entstehen dagegen in Lehrkrankenhäusern und Unikliniken höhere Kosten die allerdings mit dem gleichen Basisfallwert wie für Regelversorger abgerechnet werden. Die derzeitige Planung der Regierung sieht hierfür Ausgleichsbeträge vor, um das Vakuum zu füllen. Jedoch sind diese Beträge nicht ausreichend.

Bleibt die Frage, ob dieses neue transparente Vergütungssystem nachteilige Folgen für den Patienten mit sich bringt? Um die Gesamtheit der anzusetzenden Umsätze eines Krankenhauses zu ermitteln sind zum o.a. Beispielumsatz noch zusätzliche Umsätze hinzuzuaddieren. Diese Position setzt sich in der Regel zusammen einerseits aus Wahlleistungen, ambulanten Leistungen bzw. Nutzungsentgelten der Ärzte, Zusatzentgelte aus KHEntgG und Tagesklinikbetrieb sowie sonstigen Erlösen. Die sonstigen Erlöse des Krankenhauses können sich dabei z.B. aus Einnahmen wie einem Besucher-Cafe, einem Kioskbetrieb, „Essen auf Rädern", externer pharmazeutischer Versorgung anderer Stellen durch hauseigenen Apothekenbetrieb, Verkauf von Blutkonserven, Sterilisation, Wäscherei, etc. zusammensetzen. Auf die Höhe der Erlöse aus Krankenhausleistungen können Krankenhäuser aufgrund der Budgetierung nur in geringem Maße Einfluss nehmen. Anders verhält es sich bei den Erlösen aus Wahlleistungen, da diese Leistungen vom Patienten optional in Anspruch genommen werden. Der Planung der nichtärztlichen Wahlleistungen fällt somit ein besonderes Gewicht zu, da es hier dem Krankenhaus möglich ist, in einem budgetfreien Raum Erträge zu generieren. Gegebenenfalls sind von dieser Summe der Umsätze noch Pauschalen für unrentierliche Baukonzeptionen sowie besonderen Unwirtschaftlichkeiten zum Abzug zu bringen.

Zur Ermittlung des für die Ertragswertermittlung notwendigen Rohertrages aus der sich ergebenden Gesamtsumme ist ein branchenüblicher Pachtwertansatz zu wählen. Nach Auswertungen privater Betreibergesellschaften liegt dieser bei Objekten dieser Art üblicherweise in einer Spannbreite von 5 bis 12 Prozent. Dabei liegen der durchschnittliche Kostenanteil für Personal bei 55 bis 60 Prozent und der Anteil für Aufwendungen und Material bei 20 bis 30 Prozent. Bei einzeln betriebenen Krankenhäusern liegt der Personalkostenschlüssel in der Regel bei rund 70 Prozent. Tatsächlich gezahlte Pachten liegen bei bis zu 15 Prozent, üblicherweise sind hierin allerdings 15 bis 20 Prozent für Einrichtung und Ausstattung enthalten. Im sich so ergebenden Pachtwert enthalten ist die Nutzung sämtlicher zum Betrieb gehörender Nebenräume (u.a. Foyer, Verkehrsflächen, Büro-, Sozial-, Therapie-, Allgemein- und Technikräume) sowie der Pkw-Stellplätze.

Ineffizienzabschläge

Der Ineffizenzabschlag berücksichtigt negative Baukonzeptionen, wie z.B. einen überdurchschnittlichen Anteil an Basisräumen und Fluren, komplizierte Anordnungen und Verschachtelungen von diversen Baukörpern, überlange Wege und negative Raumorganisationen, die die Rentabilität des Objektes beeinflussen, sowie betriebliche Unwirtschaftlichkeit, wie zum Beispiel unüblich hohe Personalkosten, fehlende Qualität, etc.. Die Pauschale wird an Hand eines Kriterienkataloges – siehe nachfolgende Tabelle – gewichtet ermittelt und als prozentualer Abschlag in Ansatz gebracht.

Der maximale Abschlag für das Funktionskonzept sollte bei 2 Prozent, für die Baukonzeption bei 15 Prozent, für den Bereich Management bei 9 Prozent und für Sonstiges bei 5 Prozent liegen.

	Kriterium	Negativausprägung	Folge
Funktionskonzept	Verstreute Einzelgebäude auf großem KH-Areal (Bj. Ende 19. Jh.)		lange Wege, hoher Personal- und Marterialaufwand
	Überkompaktes Funktionshaus (Bj. in den 70-iger)		behindert Arbeitsabläufe (Bsp.: Uniklinikum Marburg, Münster, Aachen) zu eng, unübersichtlich
	Neues (oder besteh.) Funktionsgebäude mit baulichen Schwächen	z.B. schlechte Fassadengestaltung – Vollverglasung von Pflege-, Intensiv- und OP-Bereichen, schwaches optisches Erscheinungsbild	hohe Reinigungskosten, Schaufensterwirkung, hohe Raumtemperaturen, bei zus. fehlender Klimatisierung und sommerl. Wärmeschutz, patienten- und besucherunfreundlich
	Neues (oder besteh.) Funktionsgebäude mit funktionalen Schwächen	z.B. überlange Wege, Schwesterndienstplatz innerhalb einer Station nicht zentral gelegen, Funktionsflächen nicht in zentraler Position, fehlende Zusammenhänge von Funktionsbereichen, uneffektive Größe einer Normalpflegestation	lange Wege, hoher Personal- und Marterialaufwand, behindert Arbeitsabläufe

	Kriterium	Negativausprägung	Folge
Baukonzeption	Brandschutz	≠ § 10 KhBauVO – wenn Brandabschnitte > 30 m, Brandschau	hohe Investitionskosten
	barrierefrei und behindertengerecht	≠ DIN 18 024/ 18025	hohe Investitionskosten, höherer Personalaufwand, behindert Arbeitsabläufe
	Treppen, Rampen und Treppenräume	≠ § 14+15 KhBauVO ≠ Brandschutz	baulich schwierig zu beheben, kostenintensiv
	Flure	≠ § 13 KhBauVO – wenn Flurbreite < 2.25 m ≠ Brandschutz	baulich i.d.R. nicht zu beheben
	Türen	≠ § 16 KhBauVO – wenn Türbreite < 1.25 m und nicht schwellenlos ≠ Brandschutz	
	Bettenzimmer	≠ § 27 KhBauVO – wenn 1-Bettzim. < 10 m²/ Patient 2-Bettzim. < 8 m²/ Patient	höherer Personalaufwand, behindert Arbeitsabläufe, patienten- und besucherunfreundlich
	Funktionsflächen	zu geringer Funktionsflächenanteil bezogen auf die Betten einer Normalpflegestation (z.B. Station 22-35 Betten benötigt ca. 800 m² Funktionsflächen	

	Kriterium	Negativausprägung	Folge
Management	Image	fehlender Ruf des Krankenhauses oder des medizinischen Personals (z.B. Hygiene, Kompetenz, Kunstfehler, s. auch Brandschutz)	Patienten und Angehörige wählen eine andere Einrichtung = Patientenschwund
	Versorgung	fehlende integrierte Versorgung, kein Systemanbieter, kein med. Versorgungszentrum	
	Angebot	Kein Tagesklinikbetrieb	wichtige Einnahmen bleiben aus, da diese Betriebsform zukunftsweisend ist
	Zusatzdienste	eigenbetriebene Wäscherei oder Sterilisation	hohe Betriebskosten, höherer Personalaufwand
Sonstiges	Personalkosten	Personalkostenanteil am Gesamtumsatz liegt strukturell bedingt über Vergleichswerten	Wettbewerbsnachteile

Quelle: Eigene Darstellung

5. Wertermittlung eines Fallbeispiels

5.1 Allgemein

Nachstehend erfolgt die beispielhafte Verkehrs- und Beleihungswertermittlung eines in Nordrhein-Westfalen ansässigen Krankenhauses. Grundlage dieser Wertermittlung sind die ausgewerteten Gewinn- und Verlustrechnungen der Jahre 2008 bis 2010, die abgerechneten Fälle je Fachabteilung, die durchschnittliche Verweildauer und Auslastung gemäß DRG-Belegungsübersicht des Krankenhauses. Die individuellen Basisfallwerte des Objektes wurden analysiert und mit dem Landesbasisfallwert abgeglichen. Das Beispielobjekt zählt zu den öffentlichen Schwerpunktversorgern und ist als akademisches Lehrkrankenhaus anerkannt, darüber hinaus stehen dem Krankenhaus gemäß § 25 KHG Fördermittel zur wirtschaftlichen Sicherung und zur Erfüllung des Versorgungsauftrages zu. Zusammen mit einem in direkter Nachbarschaft befindlichen Ärzte- und Gesundheitshaus bildet das Krankenhaus ein überregionales Versorgungszentrum, das mit neuen Behandlungs- und Organisationsformen eine ganzheitliche Patientenbetreuung bietet. Auf dem Gelände sind Stellplätze in ausreichender Anzahl vorhanden. Die Verkehrslage ist als gut zu bezeichnen. Das Lehrkrankenhaus wurde in den fünfziger Jahren als T-Form und so genanntem Horizontaltyp konzipiert und in den darauf folgenden Jahrzehnten um weitere Funktionsgebäude erweitert. Für die Fertigstellung des letzten Erweiterungsbaus sind noch 1.7 Millionen Euro aufzuwenden. Im Rahmen einer langfristig angelegten Zielplanung werden seit einigen Jahren Flächendefizite und Betriebsabläufe der medizinischen Versorgung durch baukonzeptionelle Änderungen optimiert, um Effizienzen zu mobilisieren. Bettenaufzüge sind in ausreichender Anzahl vorhanden und sämtliche Krankenhausbereiche sind behindertengerecht bzw. mindestens barrierefrei ausgestattet. Die Krankenhausgebäude befinden sich entsprechend der doch sehr unterschiedlichen Baujahre in einem durchschnittlichen bis guten Bau- und Unterhaltungszustand.

5.2 Bodenwertermittlung

Speziell für den betreffenden Bereich ist lt. Richtwertkartenauskunft des Gutachterausschusses folgender Richtwert ausgewiesen:

- für Wohnbauflächen 255,- €/m² (ebf)
- für Mischgebietsflächen 400,- €/m² (ebf), GFZ 1.1; IV-geschossig
- für Gewerbeflächen 110,- €/m² (ebf)

Da sonstige Richtwerte nicht verfügbar sind, wurde auf Grund der Lage und der Nutzung des Bewertungsobjektes für die Bewertung daher ein Wert in Höhe von 110,- Euro pro Quadratmeter (ebf) als angemessen angehalten.

Bodenwertermittlung					
	Bezeichnung	**Fläche**	**€/m²**	**Zustand***	**Wert**
1	Gebäude- und Betriebsfläche	82.639 m²	110,-	ebf	9.090.260,- €
	zur Rundung				-90.290,- €
	Bodenwert	**Σ 82.639 m²**			**9.000.000,- €**

*) ebf = erschließungsbeitragsfrei; u = unrentierliche Flächen

Grundbucheintragungen

Alle Eintragungen in Abteilung II und III sind nicht wesentlich wertbeeinflussend.

5.3 Sachwertermittlung

Das Hauptgebäude des Krankenhauses wurde in den fünfziger Jahren in Betrieb genommen und in den folgenden Jahrzehnten ständig erweitert und modernisiert. Das daraus resultierende fiktive Baujahr von 1980 errechnet sich aus flächenanteiligen Gewichtungen. Das BKI (Baukosteninformationszentrum Deutscher Architektenkammern) nennt für Krankenhäuser durchschnittliche Baunebenkosten von 17 % (Spanne: 14 – 22 % an Kostengruppe 300 + 400) und für Außenanlagen von 5 % (Spanne: 4 – 7 % an Kostengruppe 300 + 400), hier wurden die Ansätze von 17 % für Baunebenkosten und 5 % für Außenanlagen gewählt.

Bauwertermittlung

Bauwertermittlung								
	Bezeichnung	**Baujahr (fikt./ tat.)**	**GND Jahre**	**NF m² lt. GIF**	**€/m²**	**Neuwert €**	**WM linear**	**Zeitwert €**
1.	KH Hauptgebäude	1980	60	33.260	2.500	83.150.000,- €	45 %	45.732.500,- €
2.	Neubauteil	2005	60	4.400	2.800	12.320.000,- €	3 %	11.968.733,- €
3.	Pavillionbauten	1997	40	600	1.000	600.000,- €	25 %	450.000,- €
4.	Gebäudeteil 2	1975	60	7.070	1.650	11.665.500,- €	53 %	5.482.785,- €
5.	Gebäudeteil 3	1965	60	3.080	1.500	4.620.000,- €	70 %	1.386.000,- €
6.	Gebäudeteil 4	1965	60	500	1.500	750.000,- €	70 %	225.000,- €
7	Küche	1985	60	2.500	720	1.800.000,- €	37 %	1.134.000,- €
8	Verwaltung	1980	60	4.180	1.250	5.225.000,- €	45 %	2.873.750,- €
9	Technikzentrale	2001	40	450	500	225.000,- €	15 %	191.250,- €
Zwischensumme				**56.040**		**120.355.500,- €**		**69.444.018,- €**
Außenanlagen und besondere Bauteile 5 %							+	3.472.200,- €
Baunebenkosten 17 %							+	12.395.757,- €
Abschlag für restliche Fertigstellungskosten							-	1.700.000,- €
zur Rundung							-	11.975,- €
Bauwert (inkl. 19 % MwSt.)								**83.600.000,- €**

Sachwertermittlung		
	Bauwert	83.600.000,- €
	Bodenwert	9.000.000,- €
	Sachwert	**92.600.000,- €**

Bei der Objektbesichtigung waren augenscheinlich kein wesentlicher Instandhaltungsrückstau oder andere Bauschäden erkennbar, daher müssen derzeit auch keine Abschläge berücksichtigt werden.

Pachtwertermittlung

Datengrundlage Fallbeispiel

Kennzahlen				
Zimmer	EZ	DZ	3-BZ	Sonstige
	135	129	86	24
Betten	vorhanden		angehalten	
	747		735	
∅ Verweildauer	6,33 Tage			
Belegungstage	166.381			
Bettenauslastung	64 %			
Nutzfläche KH *	55.600 m²			
Materialkosten p.a.	27.6 Mio € (~ 29 % Umsatz p.a.)			
Personalkosten p.a.	59.5 Mio € (~ 62 % Umsatz p.a.)			

*) Abkürzung für Krankenhaus

Umsatz- und Pachtwertermittlung

Fachabteilungsbezogene Umsatzermittlung						
	Fachabteilung	DRG – Fälle KH	Relativgewicht	Σ der (CM) Relativgewichte	LBFW	Umsatz/ Abteilung € p.a.
1	Innere Medizin	1.643	1,0342	1.699	2.895,- €	4.918.605,- €
2	Kardiologie	3.518	1,2139	4.271	2.895,- €	12.364.545,- €
3	Onkologie	2.409	0,8206	1.977	2.895,- €	5.723.415,- €
4	Gastroenterologie	1.688	0,8127	1.372	2.895,- €	3.971.940,- €
5.	Pädiatrie	3.096	0,5705	1.766	2.895,- €	5.112.570,- €
6	Neonatologie	291	2,7090	788	2.895,- €	2.281.260,- €
7	Allgemeine Chirurgie	2.899	1,3941	4.041	2.895,- €	11.698.695,- €
8	Unfallchirurgie	1.964	1,0977	2.156	2.895,- €	6.241.620,- €
9	Gefäßchirurgie	954	1,8343	1.750	2.895,- €	5.066.250,- €

Fachabteilungsbezogene Umsatzermittlung						
	Fachabteilung	**DRG – Fälle KH**	**Relativ-gewicht**	**Σ der (CM) Relativge-wichte**	**LBFW**	**Umsatz/ Abteilung € p.a.**
10	Urologie	2.150	1,0920	2.348	2.895,- €	6.797.460,- €
11	Frauenheilkunde	3.953	0,8024	3.172	2.895,- €	9.182.940,- €
12	Neurologie	1.682	1,0310	1.734	2.895,- €	5.019.930,- €
13	Sonst. Fachbereiche	18	1,0315	19	2.895,- €	55.005,- €
	Summe	26.265	∅ 1,032			
Gesamtumsätze des KH* nach LBFW in € p.a. gerundet						**78.400.000,- €**

*) Abkürzung für Krankenhaus

Erlöse aus Krankenhausleistungen KHEntgG

Erlöse aus Krankenhausleistungen KHEntgG			
Umsätze	> DRG – Erlöse		78.400.000,- €
	> Zusatzentgelte aus KHEntgG, Tagesklinik		8.100.000,- €
Zusätzliche Umsätze p.a.	> Wahl- u. ambul. Leistungen/Nutzungsentgelte	7 %	7.400.000,- €
	> sonstige Erlöse (1)	8 %	8.000.000,- €
	Gesamtumsatz p.a.		101.900.000,- €
Ineffizienz – Abschläge	> Pauschale für unrentierliche Baukonzeption und Unwirtschaftlichkeit	- 12 %	-12.228.000,- €
	Gesamtsumme		**89.672.000,- €**
	Branchenüblicher Pachtwertansatz	7 %	6.277.040,- €
Jahresrohertrag in €	pro Jahr rd.		**6.277.000,- €**
	pro Monat		**523.000,- €**
Mietwert je m² NF mtl.	523.000,- €/ 55.600 m² = 9,9640 €/ m²		**rd. 9,40,- €/m²**

(1) Die sonstigen Erlöse eines Krankenhauses setzen sich i.d.R. aus Einnahmen durch Besucher – Cafe, den Kioskbetrieb, „Essen auf Rädern", externe pharmazeutische Versorgung anderer Stellen durch hauseigenen Apothekenbetrieb, Verkauf von Blutkonserven, etc. zusammen.

Die Umsätze ergeben sich aus der Anzahl der abgerechneten DRG- Fälle, dem durchschnittlichen Case Mix und dem aktuellen Landesbasisfallwert (LBFW). Die Ermittlung der Erlöse wurde auf der Ebene der Fachabteilungen durchgeführt, um unterschiedliche Entwicklungen innerhalb der Abteilungen zu berücksichtigen. Im Pachtwert enthalten ist die Nutzung sämtlicher zum Betrieb gehörender Nebenräume (u.a. Foyer, Verkehrsflächen, Büro-, Sozial-, Therapie-, Allgemein- und Technikräume) sowie der Pkw-Stellplätze. Bezogen auf die Anzahl der angehaltenen Betten beträgt der erzielte Umsatz je Bett und Tag rd. 380,- /Bett/ Tag.

Auf die Höhe der Erlöse aus Krankenhausleistungen können Krankenhäuser aufgrund der Budgetierung nur in geringem Maße Einfluss nehmen. Anders verhält es sich bei den Erlösen aus Wahlleistungen, da diese Leistungen vom Patienten optional in Anspruch genommen werden. Der Planung der nichtärztlichen Wahlleistungen fällt somit ein besonderes Gewicht zu, da es hier dem Krankenhaus möglich ist, in einem budgetfreien Raum Erträge zu generieren.

5.4 Plausibilitätsprüfung

In der vom InEK veröffentlichten Auswertung der Datenbereitstellung gem. § 21 KHEntgG zum Zweck der Begleitforschung gem. § 17b Abs. 8 KHG (Anzahl der Krankenhäuser mit Datenübermittlung 1.645 bis Datenjahr 2008) können zur Beurteilung eines Krankenhauses verschiedene Daten entnommen werden. Nachfolgend beispielhaft eine nicht vollständige Übersicht hierzu nachfolgende Tabelle.

Vergleichszahlen InEK			
Vollstationäre Versorgung in Hauptabteilungen nach Größenklassen (Bettenanzahl)/ Bundesland			
	∅ DRG – Fallzahl	**∅ Verweildauer**	**∅ Case Mix Index**
Beispiel KH vorhanden	**26.265**	**6,33**	**1,032**
KH Deutschland gesamt	**10.039**	**8,50**	**1,097**
KH NRW 1)	**10.667**	**8,00**	**1,081**
KH Deutschland – Bettenstufe 600 bis 799 Betten 2)	23.846	7,30	1,100
KH NRW – Bettenstufe 600 bis 799 Betten 3)	22.532	7,60	1,107

Quelle: InEK, eigene Darstellung
1) Anzahl KH 360; 2) Anzahl KH 63; 3) Anzahl KH 14

Aus den Veröffentlichungen des Statistischen Bundesamtes können ergänzende Vergleichswerte herangezogen werden.

Vergleichszahlen DESTATIS					
Vollstationäre Versorgung					
	∅ DRG Fallzahl	∅ VWD	∅ BT *	∅ Ausl.	∅ P-Ko **
Beispiel KH vorhanden	**26.265**	**6,33**	**166.381**	**64 %**	**62 %**
KH Deutschland 2008	8.410	8,10	68.400	77 %	---
KH Nordrhein – Westfalen	9.800	8,30	81.430	76 %	---
KH mit 600 bis 799 Betten	24.820	7,90	195.250	79 %	---

Quelle: Statistisches Bundesamt 2008, eigene Darstellung
**) Belegungstage*
***) Personalkosten*

5.5 Verkehrswert- und Beleihungswertermittlung

Verkehrswertermittlung

In Anlehnung an die WertR 2006 wird für Sozialimmobilien eine Spannbreite des Liegenschaftszinssatzes von 6,5 bis 8,5 Prozent angegeben. Im Rahmen der nachstehenden Ertragswertermittlung wurde ein angemessener Liegenschaftszinssatz von 6,5 Prozent zu Grunde gelegt. Die Bewirtschaftungskosten verteilen sich auf 3 Prozent für Verwaltungskosten, 10 Prozent für Instandhaltungskosten, das entspricht rund 11,30 Euro pro Quadratmeter NF, und 7 Prozent für das Mietausfallwagnis. Die Spannbreite für Bewirtschaftungskosten für Krankenhäuser liegt üblicherweise je nach Restnutzungsdauer zwischen 18 und 28 Prozent.

Ertragswertermittlung VWT				
	Bezeichnung	**Nutzfläche**	**Mietwert / m²**	**Rohertrag mtl.**
1	Krankenhausbetrieb	55.600 m²	9,40 €/m²	522.640,- €
Zwischensumme – monatlicher Rohertrag				522.640,- €
Jahresrohertrag				**6.271.680,- €**
./. Bewirtschaftungskosten Ansatz **-20 %** des JRoE				-1.254.336,- €
Jahresreinertrag				**5.017.344,- €**
./. Bodenverzinsung **LZ 6,5 %** von rentierlichem Bodenwert: **9.000.000,- €**				- 585.000,- €
Gebäudereinertrag				**4.432.344,- €**
Vervielfältiger bei einer RND von ∅ **30 Jahren** und **LZ 6,5 % = 13,06**				

Ertragswertermittlung VWT				
	Bezeichnung	**Nutzfläche**	**Mietwert / m²**	**Rohertrag mtl.**
Kapitalisierter Gebäudereinertrag				57.886.412,- €
Zu-/ Abschläge restliche Fertigstellungskosten				-1.700.000,- €
Gebäudeertragswert				56.186.412,- €
Bodenwert				9.000.000,- €
Ertragswert				**65.186.412,- €**
zur Rundung				+ 13.588,- €
Verkehrswert				**65.200.000,- €**

Der ermittelte Verkehrswert entspricht dem 10,4-fachen des Jahresrohertrages. Übliche Spannbreite des Rohertragsvervielfältigers für Kliniken bzw. Rehakliniken liegt zwischen dem 9 und -12fachen. In eigenen nicht repräsentativen Auswertungen von Akutkrankenhäusern lag der Rohertragsvervielfacher zwischen dem 10,0 bis 10,7–fachen.

5.6 Beleihungswertermittlung

Die folgende Beleihungswertermittlung erfolgte auf Basis der derzeit gültigen Beleihungswertermittlungsverordnung (BelWertV – Stand: 16.09.2009). Hiernach sind die Bandbreiten für Bewirtschaftungskosten, für Kapitalisierungszinssätze und Nutzungsdauern baulicher Anlagen zu berücksichtigen. Grundlage der Bewirtschaftungskosten sind die Ansätze für Verwaltung, Instandhaltung und Mietausfall aus der Verkehrswertermittlung, da diese BelWertV konforme Ansätze darstellen. Zusätzlich ist gem. BelWertV ein Modernisierungsrisiko zu berücksichtigen. Das Modernisierungsrisiko wird für Immobilien dieser Art als sehr hoch eingestuft, daher sind Modernisierungskosten in der Bandbreite von 0,75 bis 3 Prozent der Herstellungskosten (ohne Baunebenkosten und Außenanlagen) zu berücksichtigen. Für die weitere Wertermittlung wurde ein Ansatz von 0,75 Prozent gewählt. Das entspricht einem Modernisierungsrisiko von rund 14 Prozent des Jahresrohertrages. Für die Kapitalisierung wurde ein Zinssatz von 7,5 Prozent berücksichtigt.

Ertragswertermittlung BLW	
Jahresrohertrag aus der Verkehrswertermittlung übernommen	**6.271.680,- €**
./. Bewirtschaftungskosten Ansatz **-34 %** des JRoE	-2.132.371,- €
Jahresreinertrag	**4.139.309,- €**
./. Bodenverzinsung **KapiZi 7,5 %** von rentierlichem Bodenwert: **9.000.000,- €**	- 675.000,- €
Gebäudereinertrag	**3.464.309,- €**
Vervielfältiger bei einer RND von ∅ **30 Jahren** und **KapiZi 7,5 % = 11,81**	

Kapitalisierter Gebäudereinertrag i.S.d. BelWertV	40.913.489,- €
Zu-/ Abschläge restliche Fertigstellungskosten	-1.700.000,- €
Gebäudeertragswert	39.213.489,- €
Bodenwert	9.000.000,- €
Ertragswert i.s.d. BelWertV	**48.213.489,- €**
zur Rundung	-13.489,- €
Beleihungswert	**48.200.000,- €**

6. Fazit

Grundsätzlich ist bei der Bewertung von Krankenhäusern neben den Objekteigenschaften die wirtschaftliche Lage, Trägerstruktur, politische Entwicklungen und eine Vielzahl von Gesetzen zu berücksichtigen, die bei der Wertableitung mitunter erhebliche Probleme bereiten können. Die Frage nach dem am Markt am nächsten kommenden Verkehrswert ist und bleibt schwierig, da gerade auch vertragliche Inhalte bei Verkäufen den Kaufpreis erheblich beeinflussen und für den Sachverständigen oftmals intransparent bleiben. Auch die Frage nach der Beleihungsfähigkeit im Sinne der BelWertV kann nicht final beantwortet werden, da gerade gesetzliche Unsicherheiten (s. Konvergenz), Ausfallwahrscheinlichkeiten von Krankenhäusern und Zusammenlegung einzelner Abteilungen oder ganzer Krankenhäuser zu Problemen führen. Dennoch ist hier eine Abgrenzung erforderlich und je nach Einzelfall zu prüfen, da Ausfallwahrscheinlichkeiten bei Betreiberketten wie beispielsweise Fresenius oder Rhön Kliniken im Vergleich zu öffentlichen oder freigemeinnützigen Einrichtungen eher unwahrscheinlich sind. Betreiberketten sind wesentlich professioneller aufgestellt und haben in der Vergangenheit bereits gezeigt, dass Krankenhäuser in der Lage sind, wirtschaftlich zu arbeiten. Weitere Unsicherheiten ergeben sich aus der aktuellen Diskussion über die überholte dualistische Krankenhausfinanzierung und der damit verbundenen ineffizienten Verteilung der beschränkten Kapitalressourcen. Denkbar wäre eine monoistische Krankenhausfinanzierung, ähnlich wie bei Rehakliniken. Hierzu wurde die InEK beauftragt eine bundesweit einheitliche Systematik zur pauschalen Vergabe von Investitionsmitteln zu erarbeiten.

IV. Reha-Kliniken

Wolfgang Jahn

1. Einleitung

Die Bewertung von Reha-Kliniken ist eine seltene und aufgrund ihrer besonderen Randbedingungen schwierige Aufgabe. Wie auch bei der Bewertung von Alten- und Pflegeheimen ist eine gründliche Recherche hinsichtlich der Konkurrenzsituation, der Finanzierung und der Pflegesätze mit ihren Bestandteilen erforderlich. Frühere Abhandlungen (z.B. Gustav Weyers über Kurkliniken) stützten sich noch auf Daten vor Einführung der Gesundheitsreform des Jahres 1996, infolge deren Einführung viele Betten abgebaut und etliche Kur-Kliniken geschlossen wurden. Die Konsolidierung der wenigen von Kur- zu Reha-Kliniken umwandelbaren Häuser ist lange abgeschlossen. Auch der eigene Artikel aus dem Jahr 2002 zur Bewertung von Reha-Kliniken ist aufgrund der geänderten Situation auf dem Gesundheitsmarkt in Teilen nicht mehr zutreffend. Daher wurden die aktuellen Erkenntnisse in den nachfolgenden Beitrag einbezogen.

2. Klinikarten

Bei Kliniken ist nach der Nutzung zu unterscheiden. So gibt es Kur-Kliniken, Akut-Kliniken und Reha-Kliniken.

- In **Kur-Kliniken** werden überwiegend gesundheitserhaltende Maßnahmen durchgeführt (d.h. vorbeugende Maßnahmen). Aufgrund der Reduzierung der Kurdauer im Rahmen der Gesundheitsreform 1996 um 25 Prozent von vier auf drei Wochen sowie weiterer Maßnahmen ist die Nachfrage im Bereich der vorbeugenden Kuren 1996 sehr stark eingebrochen und hat zu Bettenreduzierungen und Schließungen eines Großteils der reinen Kur-Kliniken geführt.
- **Akut-Kliniken** sind öffentliche oder private Krankenhäuser, deren Finanzierung anders geregelt ist als bei den meist privat finanzierten Kur- und Reha-Kliniken. Krankenhäuser werden auf der Basis des Krankenhausfinanzierungsgesetzes mit staatlichen Mitteln erstellt. In den Tagespflegesätzen ist daher kein Anteil für die Finanzierung und Instandhaltung der Baulichkeiten enthalten.
- **Kliniken zur Rehabilitation** (kurz: Reha-Kliniken), in denen Maßnahmen zur Wiederherstellung der Gesundheit von Personen durchgeführt werden (Anschlussheilbehandlungen z.B. nach Hüftgelenksoperationen, Herzinfarkten, Schmerztherapie etc.).
- Im Rahmen dieser Abhandlung werden ausschließlich Reha-Kliniken behandelt.

3. Wirtschaftliche Grunddaten

Die Reha-Klinken hatten im Zuge der Gesundheitsreform 1996 und der sie begleitenden Maßnahmen erhebliche Rückgänge der Belegung zu verzeichnen. Dies lag zu einem daran, dass in diesen Häusern teilweise auch gesundheitserhaltende Kuren angeboten wurden, die im Zuge der Gesundheitsreform seitens der Kassen nur noch zurückhaltend bewilligt wurden. Zudem führte die Überwälzung der Kosten weiterer Anwendungen auf die Patienten dazu, dass die Kuren nicht mehr in ausreichender Zahl nachgefragt wurden. Zum anderen lag es daran, dass bisherige Kur-Kliniken teilweise in Reha-Kliniken umgewandelt wurden. Dies hat bei einem Teil der Kliniken, die die Gebäude nur gemietet oder gepachtet haben, zu einer deutlichen Minderung der Mieten bzw. Pachten geführt, da die vor der Gesundheitsreform gezahlten Beträge nicht mehr erwirtschaftet werden konnten. Das gilt auch für Einrichtungen, bei denen die Immobilien einer Muttergesellschaft der betreibenden Klinik gehören. Der Sachverständige, der mit der Aufgabe der Bewertung einer Klinik beauftragt ist, sollte daher besonders darauf achten, ob der vorgelegte Miet-oder Pachtvertrag entsprechend der geänderten Grundbedingungen angepasst (ggf. reduziert) wurde, da eine Miete oder Pacht in unangemessener Höhe nicht Basis für die Verkehrswertermittlung sein kann. Im Rahmen seiner Wertermittlung ist die Nachhaltigkeit der gegenwärtig vereinbarten Pachthöhe anhand der realen Umsätze zu plausibilisieren und gegebenenfalls an die marktübliche Höhe anzupassen. Inzwischen hat sich der Markt der Reha-Kliniken auf der Basis einer Kapazitätsreduzierung wieder konsolidiert. Recherchen des Verfassers (u.a. Auskünfte AOK-Niedersachsen, BKK Baden-Württemberg, LVA Hessen u.a.) ergaben, dass die Fallzahlen für Reha-Kliniken kontinuierlich zugenommen haben und das Auslastungsniveau von 1996 teilweise übertroffen wird. Im Bereich der nicht akut erforderlichen Behandlungen (wie z.B. Herzinfarkt, Schlaganfall o.ä.) bestehen heute teilweise wieder Wartezeiten.

Die Konzeption älterer Häuser wies überwiegend Doppelzimmer und Mehrbettzimmer und nur relativ wenige Einzelzimmer auf. Infolge der Strukturänderung und auch der an die Klinikbetreiber gestellten Anforderungen und Erwartungen der Patienten, ist heute eine Unterbringung in Einzelzimmern die Regel, was eine gegenüber den früheren Jahren erheblich reduzierte Fallzahl für die Kliniken bedingt. Dies könnte sich im Zuge der Kosteneinsparungen im Gesundheitswesen jedoch auch wieder umkehren, da die Kostenträger weniger Mittel zur Verfügung haben und die Patienten eher bereit sein könnten, ein Doppelzimmer zu belegen als eine erhöhte Zuzahlung in Kauf zu nehmen. Gegenwärtig zeichnet sich jedoch kein Trend in dieser Hinsicht ab, zumal auch die Kassen entsprechende Vorgaben machen.

Für Reha-Kliniken ist es von Vorteil im Verbund mit Akut-Kliniken bzw. Krankenhäusern zu arbeiten, die eine Empfehlung bzw. Überweisung für die Anschlussheilbehandlungen erteilen. Auch untereinander ist die Kooperation sinnvoll, da ggf. bestehende Überhänge an Nachfragen durch Weiterleitung an Partnerkliniken innerhalb des Verbundes gehalten werden können.

Gegenüber der früheren Praxis, in der die Kosten für Pflege, Unterkunft und Verpflegung sowie Investitionskosten einzeln mit den Kostenträgern verhandelt wurden, erfolgt heute überwiegend eine Ausschreibung von zu belegenden Reha-Plätzen in den entsprechenden Indikationen. Die Betreiber geben dann ein Angebot als Gesamtkostensatz in Verbindung mit dem jeweiligen Reha-Konzept ab. Da die Einzelsätze (Pflege, U+V, Investkosten) nicht mehr ausgewiesen werden, wird die Bewertung für den Sachverständigen gegenüber der früheren Praxis wesentlich erschwert. Das liegt nicht zuletzt daran, dass sich die Klinikverwaltungen nicht in die Karten schauen lassen und ungern die tatsächlichen Kosten offenlegen. Zu den wenigen Ausnahmen der pauschalen Vergabe der Reha-Plätze an die Kliniken gehören die Reha-Kliniken mit der Indikation Neuro-Chirurgie (z.B. Apallisches Syndrom, Schlaganfall, unfallbedingte Hirnschädigung u.ä.), da in diesem Bereich eine durchschnittliche Verweildauer nicht vorhersehbar ist. In diesen Fällen wird noch eine taggleiche Abrechnung vereinbart, die auf verhandelten Kostensätzen beruht.

4. Berechnungsgrundlagen

Im Gegensatz zu staatlich finanzierten Krankenhäusern (Akut-Krankenhäuser), bei denen die Finanzierung gesplittet ist (die Baukosten werden komplett von der öffentlichen Hand getragen) und die Behandlungskosten und Betriebskosten von den jeweiligen Trägern gezahlt werden (Krankenkassen, Rentenkassen), werden bei der Berechnung der Pflegesätze in den in der Regel privat betriebenen Reha-Kliniken die Baukosten und Instandhaltungskosten der Immobilie bei der Berechnung der Tagespflegesätze berücksichtigt.

Die angemessene Pacht für einen Klinikbetrieb wurde früher als pauschaler prozentualer Anteil vom Gesamtumsatz berechnet, da nähere Angaben für den in den Tagespflegegeldern enthaltenen Anteil für die Immobilie in der Regel nicht vorlagen. Der Pachtanteil für Kur-Kliniken lag laut Angabe in der Literatur in der Regel bei rund 15 bis 20 Prozent des Umsatzes, zuzüglich der gesetzlichen Mehrwertsteuer. Die Pachthöhe war dabei abhängig von der Größe des Objektes (Bettenzahl) und der Art der Behandlungen im Klinikbetrieb. Dieser pauschale Ansatz war und ist nicht als sachgerecht zu unterstellen, zumal die in der Fachliteratur veröffentlichten Sätze infolge der Gesundheitsreform überholt sind und überdies weitgehend „frei" geschätzt wurden. Tatsächlich kommt der Indikation (Art des zu behandelnden Krankheitsbildes) mit mehr oder weniger großem Pflege- und Geräteaufwand die wesentliche Rolle bei der Höhe des Pachtansatzes zu. Die Zuzahlungen der Patienten (Eigenanteil) an die Klinik, sind nicht in die Erlöse der Klinik einzurechnen, da sie einen Anteil der Gesamtkosten darstellen und an den Kostenträger zurückfließen, bzw. auf die Zahlungen der Kostenträger angerechnet werden. Eine Abschätzung der Auswirkung der jeweiligen Behandlung auf den Ertrag der Einrichtung, kann durch einen Sachverständigen, der die hierfür notwendigen Kenntnisse in der Regel nicht besitzt, nicht erfolgen. Hier ist es hilfreich zu wissen, wie sich das Tagespflegegeld errechnet, bzw. welche Anteile darin enthalten sind. Grundsätzlich setzt sich das Tagespflegegeld wie bei Pflegeheimen aus den Komponenten Pflege, Unterkunft und Verpflegung (U+V) sowie dem Entgelt für Investitionsaufwendungen zusammen. Anders als bei Pflegeeinrichtungen werden diese Teilbereiche aber nicht getrennt ausgewiesen, sondern zu einem Betrag verschmolzen, so dass nach außen keine Differenzierung erkennbar ist. Hierbei ist zu beachten, dass die Erträge der Bereiche Pflege und U+V wie bei den Pflegeeinrichtungen nicht für artfremde Leistungen verwandt werden dürfen, also auch nicht für die Miete/Pacht oder die Instandhaltung, da der zweckentfremdete Anteil nicht mehr für die eigentliche Aufgabe zur Verfügung stehen würde und die Leistungen nicht mehr im vereinbarten Umfang erbracht werden könnten.

Für die immobilienbezogene Ertragswertberechnung ist daher ausschließlich der auf die baulichen Anlagen und das Grundstück entfallende Anteil des Tagespflegegeldes in

Ansatz zu bringen. Wie bereits vorgehend erläutert, werden die Tagessätze für das Entgelt der Investitionsaufwendungen überwiegend nicht mehr konkret verhandelt, sondern sind in dem zwischen den Kostenträgern und den Klinikbetreibern pauschal vereinbarten Gesamttagessätzen enthalten. Dies erschwert dem Sachverständigen die Bestimmung des angemessenen Kostensatzes, da auch die Klinikbetreiber ungern konkrete Zahlen herausgeben. Genaue Zahlen sind in der Regel nur den Personen der Klinikverwaltung bekannt, die die Kostenermittlung im Wege der Ausschreibung der Reha-Plätze durchgeführt haben. Durch entsprechendes (hartnäckiges) Nachfragen bei den Klinikbetreibern kann der Sachverständige diese Zahlen in Erfahrung bringen. Selbst wenn diese nur als ungefähre Angaben seitens der Betreiber genannt werden, kann die darauf aufbauende Bewertung schlüssiger und sachgerechter durchgeführt werden, als wenn alle Erträge für eine pauschalierte Pachtannahme herangezogen werden.

Hilfreich ist die Kenntnis aus früheren Jahren, in denen die Kostensätze noch verhandelt wurden. Aus Bewertungen von Kliniken sind dem Verfasser die seinerzeitigen Kostenanteile für die Investkosten bekannt. Dabei spielt die Abhängigkeit von der Art der Indikation eine wesentliche Rolle. Die betragsmäßig niedrigsten Tagessätze sind im Bereich der Indikation der Behandlung von psychosomatischen Erkrankungen anzutreffen. In den Tagessätzen von insgesamt um ca. 100,- €/Tag und Patient sind nach Kenntnis des Verfassers Investkosten von ca. 13,50 € bis 17,50 € enthalten. Diese betragsmäßig niedrigsten Sätze sind gleichzeitig die prozentual höchsten Sätze aller Indikationsarten (um 15 % ± 2,5 %).

Im Mittelfeld der Investkosten liegen die Indikationen für Kardiologie, Orthopädie, Behandlung von chronischen Erkrankungen (Rheuma, Schmerz u.a.), die zwischen etwa 20,- €/Tag und 27,5 €/Tag liegen. Bezogen auf die Gesamttagessätze liegen die Kostenanteile für das Entgelt der Investitionskosten prozentual zwischen ca. 10 % und 15 %.

Eine genaue Eingrenzung der Zahlen ist kaum möglich, da die Ausschreibungen zwangsläufig das „freie Spiel des Marktes" widerspiegeln und die Zahlen entsprechend schwanken. Die betragsmäßig höchsten Gesamttagessätze werden im Bereich der Neuro-Chirurgie gezahlt, die bis zu über 450,- € je Tag und Patient liegen können. Der Anteil der Investkosten beträgt hierbei ca. 30,- € bis 40,- € je Patient und liegen mit deutlich unter 10 % wesentlich unter den Werten der übrigen Indikationen.

Hintergrund dieser Kostensätze sind die unterschiedlichen baulichen Anforderungen und des jeweils behandlungsbedingten Personaleinsatzes (Pflegepersonal bis hin zu Fachärzten). Bei Kliniken zur Behandlung von psychosomatischen Erkrankungen sind wenig Pflegepersonal und aufgrund der häufig angewandten Gruppentherapien auch relativ wenig Fachpersonal (Ärzte, Therapeuten) erforderlich. Die baulichen Anforderungen liegen ebenfalls verhältnismäßig niedrig, da auch wenig indikationsbezogene spezielle Baulichkeiten erforderlich sind.

Dagegen ist der Personalaufwand aufgrund der Art der Indikation bei neurochirurgischen Kliniken sowohl bei dem Pflegepersonal (überwiegend examinierte Kräfte) als auch bei dem spezialisierten Ärztepersonal enorm hoch. Zudem sind baulichen Anforderungen gegeben, die auch die Baukosten in die Höhe treiben. Hierzu gehören ggf. OP-Räume, um Akutfälle behandeln zu können, spezielle Therapieräume und bauliche Einrichtungen (Tretbecken, Bewegungsbecken usw.). Den „Löwenanteil" machen in diesen Fällen die Personalkosten aus. D.h., dass mit steigenden Personalkosten die Baukosten anteilmäßig geringer ausfallen.

Wichtig ist die Erkenntnis, dass nicht so sehr die Klinikgröße, sondern die jeweilige Indikation die wesentliche Rolle für den Ansatz der Investkosten spielt. Weiter ist zu beachten, dass der Anteil der Investkosten an den Gesamttagessätzen mit deren zunehmender Höhe sinkt. Die in anderen Veröffentlichungen vertretene These, dass der prozentuale Anteil mit der Höhe der Investkosten ebenfalls steigt, führt zu fatalen Fehlbewertungen.

Weiter ist festzuhalten, dass das Kostenniveau aufgrund der mit der Ausschreibung der Reha-Plätze einhergehenden Konkurrenzsituation seit Anfang der 2000er Jahre nur gering gestiegen ist. Hierüber klagen nahezu alle Klinikbetreiber. Die tatsächlichen Überschüsse werden aber nicht veröffentlicht, so dass der mit der Bewertung einer Reha-Klinik befasste Sachverständige kaum allgemein gültige Ansätze zugrunde legen kann. Vielmehr ist die individuelle Bewertung der jeweiligen Klinik unter Abwägung der Marktrisiken durchzuführen.

Nachfolgend wird in einem Bewertungsbeispiel, dass aus der Praxis abgeleitet ist, die Berechnungsmethodik nebst weiterer Erläuterungen dargestellt.

4.1 Bauliche Randbedingungen

In den Jahren vor der Gesundheitsreform wurden die Kliniken aufgrund der immensen Nachfrage und Auslastungen mit über 100 Prozent[1] und den damit verbundenen Erträgen vor allem in Hinblick auf ein repräsentatives Erscheinungsbild erstellt. Kostengesichtspunkte traten dabei in den Hintergrund. Da die Reha-Kliniken in der Regel auch zu einem erheblichen Teil durch Kur-Maßnahmen ausgelastet waren und die Nachfrage aufgrund der Maßnahmen in Rahmen der Gesundheitsreform ab 1996 schlagartig fast vollständig zusammenbrach und auch die Nachfrage nach Reha-Maßnahmen zeitweise stark zurückging, fiel die Auslastung teilweise bis auf weit unter 50 Prozent ab. Hierdurch entstand ein großes Überangebot an Betten, was dazu führte, dass die damals überwiegend vorhandenen Doppelzimmer nur noch als Einzelzimmer genutzt werden konnten. Dies führt heute bei Neubauten zu einer wesentlich ökonomischeren Bauweise als vor Durchführung der Gesundheitsreform. Die so genannten Klinik-Paläste stammen fast ausnahmslos aus der Zeit vor 1996 und wären heute nicht mehr finanzierbar. Darüber hinaus werden Klinikneubauten nicht nur in baulicher Hinsicht, sondern auch in Hinsicht auf eine optimale Betriebsführung erstellt. Die früheren Klinikbauten waren aufgrund der häufig durchgeführten Erweiterungen nicht immer optimal gestaltet.

4.2 Auslastung

Grundsätzlich ist für den Betrieb einer Klinik eine behördliche Betriebsgenehmigung erforderlich, die unter anderem auch die maximal mögliche Bettenzahl enthält. Unabhängig hiervon ist ein Versorgungsvertrag beziehungsweise Belegungsvertrag mit den Kostenträgern erforderlich. Dieser Vertrag wird in der Regel mit einem federführend tätigen Kostenträger (z.B. AOK) abgeschlossen, dem sich eine Reihe weiterer Kostenträger anschließt. Für alle Vertragspartner gilt, dass stets nur Tagessätze in gleicher Höhe abgerechnet werden dürfen. Das gilt auch für später hinzukommende Kostenträger, die die Klinik belegen. Eine Bele-

1 Die Auslastungsquote mit über 100 % lag u.a. darin begründet, dass An- und Abreisetag jeweils voll bezahlt wurden und somit an den Übergabetagen eine Doppelbelegung gegeben war. Eine derartige Abrechnungspraxis ist heute rechtlich nicht mehr zulässig, d.h., dass der Abreisetag oder der Anreisetag dann nicht gerechnet werden dürfen, wenn das Bett am gleichen Tage wieder belegt wird.

gungsgarantie ist mit den Belegungsverträgen in der Regel nicht verbunden, es besteht jedoch eine Aufnahmeverpflichtung im Rahmen der vereinbarten Bettenzahl. Von Privatpatienten darf dagegen unabhängig von der Belegungsvereinbarung abgerechnet werden. Allerdings ist der Anteil der Privatpatienten mit Ausnahme einiger Spezialkliniken nicht wesentlich für die Bewertung der Immobilie, zumal meist auch ein entsprechend aufwändigerer Service geboten wird. Während bis Mitte der 1990er Jahre Auslastungen um 100 Prozent oder auch darüber üblich waren, ging diese bei entsprechend reduzierter Bettenzahl deutlich zurück. Je nach Indikation, Lage und bestehenden Verträgen liegt die Auslastung nach Angaben von diversen Betreibern zwischen 80 und etwa 95 Prozent. Entsprechend den Auskünften von diversen Betreibern sind Auslastungsquoten von unter 75 Prozent in der Regel langfristig nicht kostendeckend. Längerfristig rechnen die Kostenträger aufgrund der im Fallpauschalengesetz vorgesehenen Fallpauschalen beziehungsweise der zwischenzeitlich eingeführten DRG [2] mit einer etwas verbesserten Auslastung der Reha-Kliniken mit entsprechender Ausrichtung, da die Krankenhäuser bestrebt sind, die Patienten möglichst rasch zu entlassen. Nach Ansicht der Kostenträger wird dies wegen der häufig noch nicht erfolgten vollständigen Ausheilung nach Operationen zu einer verstärkten Nachfrage von Reha-Maßnahmen führen. Hier ist jedoch zu beachten, dass Akutkrankenhäuser zunehmend bestrebt sind, selber eine Anschlussheilbehandlung in einer unmittelbar angeschlossenen Einrichtung durchzuführen, um die auf deren Sektor verringerten Belegungsquoten (durch verkürzte Verweildauer) zu verbessern.

4.3 Tagessätze

Die Auswirkung der jeweiligen Behandlung auf den Ertrag der Einrichtung, kann durch einen Grundstückssachverständigen, der die hierfür notwendigen Kenntnisse in der Regel nicht besitzt, kaum eingeschätzt werden. Hier ist es hilfreich zu wissen, wie sich das Tagespflegegeld errechnet, beziehungsweise welche Anteile darin enthalten sind. Die Tagespflegesätze enthalten die Komponenten Pflege, U+V (Unterkunft und Verpflegung) sowie den Kostenanteil für die Refinanzierung der Immobilie nebst Grundstück (Investitionsfolgekosten). Diese Werte werden zu einem Tagessatz verschmolzen, so dass nach außen nicht erkennbar ist, wie hoch der Anteil für die Refinanzierung ist. Daher sind intensive Recherchen vor allem bei dem Betreiber zwingend erforderlich. Allerdings hüten die Betreiber die tatsächliche Höhe der jeweiligen Anteile wie einen Goldschatz. Erst durch beharrliches Nachhaken und gute Argumente werden Daten zur Verfügung gestellt. Weiter kommt erschwerend hinzu, dass die Tagessätze heute überwiegend nicht mehr verhandelt werden, sondern Kostenangebote für Fallpauschalen seitens der Kostenträger bei den Klinikbetreibern angefordert und nicht mehr nach Einzelposten verhandelt werden. Die Vereinbarung von Fallpauschalen bedeutet für die Klinikbetreiber, dass Sie bestrebt sein müssen, die Reha-Maßnahmen möglichst zügig durchzuführen. Jeder Tag, den ein Patient früher entlassen werden kann bedeutet einen Gewinn, jeder Tag, den der Patient länger bleibt, bedeutet Verlust. Erst wenn eine wesentlich längere Verweildauer des Patienten medizinisch begründet werden kann, kann „nachgelegt" werden.

2 Die Dauer der Verweiltage der Patienten im Krankenhaus wird je nach Indikation für eine bestimmte Anzahl von Tagen festgelegt. Verbleibt der Patient kürzer in Behandlung, ist dies für das Krankenhaus (oder die Klinik) von Vorteil.

Taggleiche Abrechnungen gibt es nur noch für die Indikationen, bei denen die Verweildauer nicht vorhersehbar ist. Dies trifft vor allem für die neurologisch ausgerichteten Kliniken zu, da bei Patienten mit Schädelverletzungen, Wachkomapatienten und Schlaganfallpatienten eine klare oder statistisch ausreichend abgesicherte Prognose der Verweildauer nicht möglich ist. Nach Auskunft einiger Kostenträger würden die Kostensätze für die Refinanzierung von Kliniken mit der Indikation Orthopädie und Kardiologie je nach Alter und Bauweise in einer Spanne von rund 20,50 bis 28,50 Euro pro Patient und Tag bei einer angenommenen Auslastung von 95 Prozent nicht überschritten werden.[3] Bei der Berechnung dieses Anteils setzt der Kostenträger üblicherweise einen Eigenkapitalanteil von mindestens 30 Prozent voraus. Dieser Eigenkapitalanteil wird vorausgesetzt, da nach Ansicht der Kostenträger sonst keine ausreichende Wirtschaftlichkeit angenommen werden kann. Die Fremdfinanzierungsmittel werden bei der Berechnung des Tagessatzes mit dem marktüblichen Zinssatz berücksichtigt, während der Eigenkapitalanteil mit einem Zinssatz für Anlagen geringer angesetzt wird. Nach Kenntnis des Verfassers liegen die meisten Tagessätze bei den genannten Indikationen auch tatsächlich innerhalb der angeführten Spanne.

Vergleiche hierzu auch Ausführungen auf S. 174.

4.4 Mietvertragsbedingungen

In früheren Jahren waren die Investoren auch Betreiber der Kliniken. Gegebenenfalls wurde der Betrieb vor allem aus steuerlichen Gründen in Tochtergesellschaften ausgegliedert. Zwischenzeitlich hat sich der Markt für Kliniken dahingehend geändert, dass immer mehr Kliniken als Immobilie veräußert werden, der Betrieb jedoch unter gleicher Regie weiterläuft. Hier besteht eine Analogie zu den Alten- und Pflegeheimen, bei denen der Trend ebenfalls zu Investoren geht, die die Immobilie vermieten. Dies trifft sowohl für Neubauten zu, als auch für Bestandsimmobilien. Die Mehrzahl der Miet- oder Pachtverträge weist lange Vertragslaufzeiten auf. Überwiegend werden Laufzeiten von 15 bis 25 Jahren mit üblicherweise zwei mal fünf Jahren Option vereinbart. Die Anpassungsvereinbarungen zur Mietwertsicherung beinhalten häufig eine gegenüber der Indexentwicklung zurückfallende Mietanpassung (z.B. Anpassung um 60 bis 70 Prozent der Indexsteigerung). Die Vertragsbedingungen sichern sowohl Mieter als auch Vermieter in ausreichender Weise ab (langfristige Vermietung, Sicherheit vor überzogenen Mietanpassungen etc.). Hinsichtlich der Instandhaltungsverpflichtung war vor der Gesundheitsreform deren Übernahme bis einschließlich Dach und Fach oft anzutreffen. Eine solche Regelung ist heute am Markt aber kaum noch durchzusetzen und deutet regelmäßig darauf hin, dass ein Mutter/Tochter-Mietverhältnis vorliegt. Überwiegend ist eine Rückgabe des Vertragsgegenstandes in betriebsbereitem, gut erhaltenem bis neuwertigem Zustand vereinbart. Dies trifft auch auf die überwiegend mitvermietete Erst-Ausstattung zu. In den Fällen, in denen der Eigentümer die Immobilie veräußert, den Betrieb aber weiterführt, wird die Ausstattung in der Regel nicht mitveräußert und ist bei Vertragsende auf Verlangen gegen eine angemessene Entschädigung (meist der Zeitwert) an den Vermieter/Verpächter zu übergeben. Gelegentlich werden Vereinbarungen getroffen, die eine Abhängigkeit der Miete von der Auslastung beinhaltet. Dies ist vor allem für die „pre-opening"-Phase üblich. Häufig übernimmt der Verpächter dann auch eine Anschubfinanzierung in Form von Mietnachlässen oder einer realen Zahlung.

3 Dem Verfasser sind aus diversen Bewertungen durchaus von den o.a. Sätzen abweichende Beträge bekannt. Gleichwohl können die Angaben als grobe Richtschnur angenommen werden.

5 Wertermittlung

Die angemessene Pacht für einen Klinikbetrieb wurde früher als prozentualer Anteil vom Gesamtumsatz berechnet, da nähere Angaben für den in den Tagespflegegeldern enthaltenen Anteil für die Immobilie in der Regel nicht vorlagen. Der Pachtanteil für Kur-Kliniken wird in der gängigen Literatur [4] in der Regel mit 15 bis 20 Prozent des Umsatzes angegeben (ggf. zzgl. der Mehrwertsteuer). Die Pachthöhe ist dabei vor allem von der Größe des Objektes (Bettenzahl) und der Art der Behandlungen im Klinikbetrieb abhängig. Dabei kommt der Art der Behandlungen mit mehr oder weniger großem Pflege- und Geräteaufwand entgegen der vorgehenden Ausführungen keine wesentliche Rolle bei der Höhe des Pachtansatzes zu. Die Auswirkung der jeweiligen Behandlung auf den Ertrag der Einrichtung, kann durch einen Grundstückssachverständigen, der die hierfür notwendigen Kenntnisse in der Regel nicht besitzt, kaum eingeschätzt werden. Hier ist es hilfreich zu wissen, wie sich das Tagespflegegeld errechnet, beziehungsweise welche Anteile darin enthalten sind. Auch wenn die Gefahr der Kürzung der Tagespflegesätze bei bestehender Quersubventionierung nur noch für die anhand der Einzelkosten verhandelten Werte besteht, sollte grundsätzlich darauf geachtet werden, das keine überhöhten Mieten oder Pachten zur Basis der Grundstückswertermittlung herangezogen werden, da auch die gegenüber den Kostenträgern nicht offen gelegten „Marktpreise" die üblichen Refinanzierungskosten als Basis haben.

PRAXISHINWEIS:

Für die immobilienbezogene Ertragswertberechnung ist daher ausschließlich der auf die baulichen Anlagen und das Grundstück entfallende Anteil des Tagespflegegeldes in Ansatz zu bringen. Dieser Anteil ist in der Regel nur den Personen der Klinikverwaltung bekannt, die die Pflegesatzverhandlungen mit den Kostenträgern geführt haben. Durch entsprechendes (hartnäckiges) Nachfragen bei den Klinikbetreibern und bei den Kostenträgern kann der Sachverständige diese Zahlen in Erfahrung bringen. Selbst wenn diese nur als ungefähre Angaben seitens der Kostenträger genannt werden, kann die darauf aufbauende Bewertung schlüssiger und sachgerechter durchgeführt werden, als wenn alle Erträge für eine pauschalierte Pachtannahme herangezogen werden.

Die Zuzahlungen der Patienten (Eigenanteil) an die Klinik, sind nicht in die Erlöse der Klinik einzurechnen, da sie einen Anteil der Gesamtkosten darstellen und an den Kostenträger zurückfließen, beziehungsweise auf die Zahlungen der Kostenträger angerechnet werden. Ebenso sind die durch Privatpatienten erzielten Erlöse mit Vorsicht anzusetzen, da der Anteil der Privatpatienten in den meisten Fällen stark schwankt und schwer zu bestimmen ist. Auch daher ist es sinnvoll, sich eine Auslastungsstatistik der letzten Jahre vorlegen zu lassen. Nachfolgend wird in einem Bewertungsbeispiel, das aus der Praxis abgeleitet ist, die Berechnungsmethodik nebst Erläuterungen dargestellt. Es ist zu beachten, dass das im Beispiel gewählte Entgelt für Investitionsaufwendungen nicht als allgemeingültig anzusehen ist, sondern sich nur auf diesen Fall bezieht. Die Höhe der in den Tagespflegesätzen enthaltenen Entgelte für Investitionsaufwendungen ist vor allem von der Art der Indikation abhängig (Behandlungsfelder wie Psychosomatik, Orthopädie, Kardiologie, Neurolo-

4 Z.B. Gustav Weyers in GuG 4/97, Seite 218 ff. u.a.

gie u.a.). Die Spanne reicht von ca. 13,- Euro pro Patient und Tag bei Kliniken mit der Indikation Psychosomatik bis zu 40,- Euro pro Patient und Tag für Behandlungen in einer modernen und gut ausgestatteten neurologischen Klinik. Grundsätzlich gilt, dass der prozentuale Anteil für die Refinanzierung der Baulichkeiten (und des Grundstücks) mit der Höhe der Tagespflegesätze sinkt und nicht etwa umgekehrt!!! Ursache hierfür ist, dass die Höhe der Behandlungskosten gegenüber den Investitionen für die Baulichkeiten überproportional mit den Anforderungen steigt.

BEISPIEL

Hinweis: Das nachfolgende Bewertungsbeispiel einer verpachteten Klinik beschränkt sich auf die wesentlichen Grunddaten. In der Praxis ist der Sachverständige gehalten, sämtliche erforderlichen Unterlagen einzusehen, wozu auch die betrieblichen Daten sowie die Angaben der Kostenträger und behördliche Genehmigungen zählen.

Grundbuchdaten:

Amtsgericht: Kurstadt

Grundbuch von: Kurstadt, Blatt 1234

lfd.-Nr.	Gemarkung	Flur	Flurstück	Wirtschaftsart und Lage	Fläche (m²)
1	Kurstadt	1	12/34	Gebäude- und Freifläche,	22.000
2	Kurstadt	1	12/37	Grünfläche Erholungsfläche	13.000
Gesamtfläche					**35.000**

Ermittlung des Bodenwertes

Es ist zu unterstreichen, dass die Grundstücksnutzung durch Kliniken auch aufgrund des Baurechtes zumeist eine Drittverwendungsmöglichkeit ausschließt oder nur bedingt zulässt. Dies hat dahingehend Auswirkungen, dass der Bodenwert im Wesentlichen nicht nach der hohen Rentierlichkeit des Objektes ausgerichtet sein sollte, sondern sich eher an Gewerbebauland mit Dienstleistungscharakter zu orientieren hat. Bei der Ertragswertermittlung fällt der Bodenwert in der Regel nicht sonderlich ins Gewicht. Bei einer Wiederverwertung eines Klinikgeländes nach der Schließung einer Klinik, wird jedoch bestenfalls ein Preis in der Höhe des Gewerbebaulandes (für den bebaubaren Teil) als nachhaltig erzielbar zu unterstellen sein. Die Bodenrichtwertkarte (Stand 31.12.2002) weist für die Richtwertzone, in der sich das Objekt überwiegend befindet, einen Bodenrichtwert von 120,- Euro pro Quadratmeter inklusiv der vorhandenen Erschließung für baureifes Wohnbauland bei einer GFZ von 0,60 für den Geschoßwohnungsbau aus. Das Gesamtgrundstück ist nutzungstypisch gering ausgenutzt und weist große Grünflächen (Parkanlage mit Rasen, Büschen und Baumbestand) auf. Auf die Berechnung der GFZ wurde verzichtet. Die vorhandene Grundstücksgröße beträgt insgesamt 35.000 Quadratmeter. Die Flächen des Klinikgeländes bestehen zu rund 22.000 Quadratmeter aus Bauland und circa 13.000 Quadratmeter aus geringwertigem Gartenland (Parkanlage). Unter Berücksichtigung von Lage und Ausnutzung, wird dem Hauptgrundstück mit der aufstehenden Bebauung ein Bodenwert in Höhe des Richtwertes von 120,- Euro pro Quadratmeter inklusiv der vorhandenen Erschließung als realistisch zugewiesen. Für geringwertiges Grünland (Parkanlagen) wird ein Wert von 10,- Euro pro Quadratmeter als angemessen zugrunde gelegt. Bei dem Ansatz dieses Wertes ist berücksichtigt, dass eine Teilfläche als Parkanlage mit Baumbepflanzung, Wegen und Rasenflächen für die Patienten zur Verfügung steht.

Bodenwertermittlung

Bezeichnung	Fläche (m²)	€/m²	Grundstückswert in €
Gebäude- und Freifläche	22.000	120,00	2.640.000,00
Grünflächen	13.000	10,00	130.000,00
Bodenwert (gerundet)	35.000	79,14	2.770.000,00

Massen und Flächen

Den hier dargestellten Massen und Flächen liegt eine ausführliche Berechnung des Architekten zugrunde. Eine Plausibilisierung wurde durchgeführt.

Bebaute Gebäude	Breite (m)	Länge (m)	Grundfläche (m²)	Höhe (m)	BRI (m³)
Haus 1	1974		ohne Angaben	ohne Angaben	36.000
Haus 2	1978 Erweiterung 1982				8.000
Haus 3	1982 Umbau/ Erweiterung 1989				16.000
Haus 4	1987				13.500
Haus 5	1996				21.000
Werte gesamt					**94.500**

Wohn- und Nutzflächen, Zimmerzahl: (Angaben des Auftraggebers, als korrekt unterstellt)

Nettogrundfläche (NGF) ca.	25.700 m²
Bruttogrundfläche (BGF) ca.	29.540 m²
Zimmerzahl Klinik (vertraglich vereinbart)	260 Stück
Nutzfläche anteilig je Zimmer ca.	76 m²
BRI anteilig je Zimmer ca.	363 m³

Begründung des Liegenschaftszinssatzes (vereinfacht)

Der Liegenschaftszins für gewerblich genutzte Grundstücke liegt je nach Nutzungsart und Lage in der Regel zwischen 6 und 8,5 Prozent. Eine rechnerische Bestimmung des Liegenschaftszinses ist nicht möglich, vielmehr ist dieser insbesondere bei Spezialobjekten, wie dem hier zu bewertenden Klinikgrundstück, nach Erfahrungswerten zu bestimmen. Die Höhe des angemessenen Liegenschaftszinses sollte mit Blick auf die vorgehend erläuterten Risiken mit Augenmaß gewählt werden. Der für die nächsten Jahre erwarteten Zunahme der Nachfrage aus der früheren Verlegung von den Akut-Kliniken in die Reha-Kliniken in Höhe von bis zu fünf Prozent stehen die Risiken aus der demographischen Entwicklung (starke Verringerung der Bevölkerung im reha-relevanten Alter ab 45 Jahren) sowie weitere erwartete Kostensenkungsmaßnahmen im Gesundheitswesen gegenüber. Aus meiner Sicht wird sich der Wettbewerb in den nächsten zehn Jahren aufgrund des Kostendrucks nicht zuletzt wegen der Neigung der Kostenträger, die Tagespflegesätze zu pauschalisieren (d.h., z.B. ohne Berücksichtigung der tatsächlichen Kostenverteilung), verstärken. Daher ist meine Empfehlung, die sich mit den Empfehlungen von mit Klinikbetrieben befassten Experten decken, den Liegenschaftszins nicht unter 7,5 Prozent anzusetzen. Nur in Sonderfällen sollte hiervon abgewichen werden, wie zum Beispiel bei einer bestehenden under-rented Miete. Objektbezogen wird ein Liegenschaftszins in Höhe von 7,5 Prozent als angemessen angesehen.[5]

Sachwert

Auf die Darstellung des Sachwertes wird im Rahmen dieses Beispiels verzichtet. Hier sei darauf hingewiesen, dass der Sachwert insbesondere bei älteren Bestandsobjekten häufig wesentlich über dem ermittelten Ertragswert liegt. Dies ist für ältere Bestandsobjekte durchaus typisch, da die Bauweise in den Jahren der großen Nachfrage bei Kur- und Reha-Kliniken aufgrund der seinerzeit sehr guten Ertragslage sehr aufwendig und großzügig war. Früher wurden die Zimmer überwiegend als Doppelzimmer oder Mehrbettzimmer erstellt.

Ertragswertermittlung

Das im Rahmen dieser Wertermittlung zu bewertende Grundstück ist nach dem Ertragswertverfahren zu bewerten, da die Erzielung eines Ertrages aus Vermietung, beziehungsweise aus der Nutzung im Vordergrund der wirtschaftlichen Betrachtungen steht. Daher bestimmt der nachfolgend ermittelte Ertragswert im Wesentlichen den Verkehrswert. Das Grundstück ist mit insgesamt fünf Bauabschnitten bebaut, die ab 1974 nach und nach erstellt, erweitert und modernisiert wurden. Die Nutzung der Gebäude erfolgt durch die Patientenzimmer, Gemeinschaftsräume, Behandlungsräume, Therapieräume, Speisesaal, Küche. Alle Flächen werden durch den Klinikbetrieb eigengenutzt. Die überwiegende Zahl der Zimmer eignet sich für die Aufnahme einer Begleitperson. Aufgrund der veränderten Angebotslage sind Doppelzimmer am Markt nur schwer unterzubringen, daher muss davon ausgegangen werden, dass auch in Spitzenzeiten zwar die volle Zimmerzahl (260) genutzt werden kann, eine Erhöhung der Auslastung durch Nutzung der Räume als Doppelzimmer mit wenigen Ausnahmen (z.B. Begleitpersonen, Mutter/Kind oder Ehepaare) nicht unterstellt werden kann. Aufgrund des Kostendrucks im Gesundheitswesen könnte sich hier längerfristig eine Umkehrung des Trends einstellen, so dass wieder mehr Doppelzimmer belegt werden könnten. Dies würde jedoch nicht automatisch eine höhere Auslastung bedeuten, da sich die Anzahl der Patienten insgesamt nicht unbedingt verändern würde. Bezogen auf das Bewertungsobjekt erscheint ein Tagessatz unter Berücksichtigung der unterschiedlichen Baujahre und der regelmäßig im Zuge der Erweiterungen erfolgten Sanierungen und Modernisierungen der älteren Baulichkeiten zwischen 23,00 und 25,55 Euro pro Patient und Tag, abzüglich des Anteils für die Erstausstattung beziehungsweise die nicht der Immobilie zuzurechnenden Technik als realistisch.

5 Z.B. Stannigl/Kremer/Weyers: Hotels mit 6,5-7 % Liegenschaftszins, S. 478 und 860; VdH: 03.06.1998: Kliniken / Reha-Einrichtungen mit 6,8-8,5 % LZ; Kleiber/Simon/Weyers: Verkehrswertermittlung von Grundstücken 4. Auflage, S. 2415

PRAXISHINWEIS:

Grundsätzlich setzt eine Wertermittlung die behördliche Genehmigung (Konzession) zum Betrieb einer Privatkrankenanstalt als gegeben voraus. Die hierfür notwendigen Verträge beziehungsweise Konzessionen sind einzusehen. Gegebenenfalls ist im Gutachten darauf hinzuweisen, dass die notwendigen Unterlagen nicht vorlagen, sondern die Wertannahmen auf den Angaben des Auftraggebers beruhen.

Nachfolgend werden die Vertragsbedingungen in stark vereinfachter tabellarischer Form wiedergegeben, um einen groben Überblick zu ermöglichen.

Pächter	Reha-Klinik Kurstadt GmbH & Co. K.G.
Pachtgegenstand	Reha-Klinik mit 260 Betten
Betriebspflicht	wurde für die Dauer des Mietvertrages vereinbart
Pachtdauer	seit 1994, Restlaufzeit bis zum 31.10.2019; wird der Mietvertrag bei Auslauf der Hauptpachtzeit nicht gekündigt, tritt jeweils eine Verlängerung um 5 Jahre ein. Nach Eintritt der Verlängerung kann jede Partei das Mietverhältnis mit einer Frist von einem Jahr zum Ablauf der 5-Jahresfrist schriftlich kündigen.
Optionen	2 x 5 Jahre
Pacht(netto)	€ 187.500,00 p.m.
(informatorisch)	vereinbarter Tagessatz = € 165,-/Patient
Nebenkosten	die Nebenkosten und die Betriebskosten sind in vollem Umfang durch den Mieter zu tragen
Wertsicherung	Preisindex für die Lebenshaltung aller privaten Haushalte Basisjahr: 1985 = 100 Steigerung: > 10 % gegenüber Ausgangsjahr 1994 Anpassungssatz: 70 % der Steigerung
Instandhaltungsregelung	Instandhaltung von Dach und Fach ist Verpächtersache; sämtliche übrigen Instandhaltungskosten einschließlich der technischen Installationen sind Sache des Mieters. (Diese Regelung ist angemessen, da die technischen Einrichtungen bzw. Einbauten im Eigentum des Betreibers stehen.)
Unterverpachtung	ist bewilligt für einen Klinikbetreiber aus dem gleichen Verbund; sonst nur mit Einwilligung des Verpächters
Konkurrenzschutz	keine Vereinbarung
bauliche Veränderungen	nur mit schriftlicher Genehmigung des Verpächters; Bauliche Veränderungen, die durch den Mieter nach Einwilligung des Vermieters erfolgen, gehen bei Beendigung des Mietverhältnisses entschädigungslos auf den Vermieter über.

Rückgabe der Pachtsache	Einbauten werden nicht entschädigt (Vermieter kann Wiederherstellung des Ursprungszustandes verlangen); auf Verlangen des Verpächters kann dieser die gesamte Ausstattung gegen Zahlung des Zeitwertes übernehmen

Auslastung der Klinik

Die Reha-Klinik Kurstadt wies 1995 eine durchschnittliche Belegung von 360 Betten pro Tag auf. Darin sind die Belegungen der Zimmer als Doppelzimmer enthalten. Aufgrund der Sparmaßnahmen im Zuge der Gesundheitsreform brach im Laufe des Jahres 1996 die Nachfrage zusammen und betrug 1997 nur noch 150 Betten je Tag. Ab 1998 begann sich die Auslastung wieder zu verbessern. Für 1999 wird die Belegung mit 217 Betten pro Tag, für 2000 mit 233 Betten pro Tag und für 2001 mit 245 Betten pro Tag angegeben. Die Auslastung für 2001 entspricht rund 94 Prozent der maximal vereinbarten Auslastung. Längerfristig rechnen die Kostenträger aufgrund der im Fallpauschalengesetz vorgesehenen Fallpauschalen beziehungsweise der DRGs allgemein mit einer etwas verbesserten Auslastung der Reha-Kliniken mit entsprechender Ausrichtung, da die Krankenhäuser bestrebt sein werden, die Patienten möglichst rasch zu entlassen. Nach Ansicht der Kostenträger wird dies wegen der häufig noch nicht erfolgten vollständigen Ausheilung nach Operationen zu einer verstärkten Nachfrage von Reha-Maßnahmen führen. Hier ist jedoch zu beachten, dass Akutkrankenhäuser zunehmend bestrebt sind, selber eine Anschlussheilbehandlung in einer unmittelbar angeschlossenen Einrichtung durchzuführen, um die auf deren Sektor verringerten Belegungsquoten (durch verkürzte Verweildauer) zu verbessern. Als Folge der vorgehend genannten Maßnahmen, die zum Stichtag bereits abzusehen waren und daher in dieser Wertermittlung zu beachten sind, wird eine Auslastung längerfristig bis zu 95 Prozent für erreichbar gehalten. Zur Berücksichtigung der erheblichen Marktrisiken wird im Rahmen der Ertragswertermittlung jedoch ein Ansatz von 90 Prozent gewählt.

Pflegesatz

Unter Berücksichtigung der in unterschiedlichen Baujahren erstellten Bauabschnitte des Bewertungsobjektes und der bei den jeweiligen Erweiterungen durchgeführten Sanierungs- und Modernisierungsmaßnahmen an den Bestandsbauten sowie der Auskünfte der Kostenträger, kann in diesem Fall ein Tagessatz von rund 26,- Euro je Person als realistisch angesehen werden. Zur Berücksichtigung des Anteils für die technische Ausrüstung (s.o.) wird der gewählte Tagessatz in Übereinstimmung mit den Auskünften eines Kostenträgers um rund 15 Prozent gemindert und ergibt sich somit zu abgerundet circa 22,10 Euro je Person und Tag. Das vereinbarte Tagespflegegeld beträgt rund 165,-Euro pro Tag und beinhaltet alle drei bereits erläuterten Kostenanteile. Bei Gegenüberstellung der in der Literatur[6] angeführten vereinfachten Bewertung unter Ansatz eines Pachtanteiles von 15 bis 20 Prozent des Gesamtumsatzes einer Klinik, wurde erkennbar, dass sich der oben genannte Satz von circa 22,10 Euro pro Tag noch unter dem genannten Minimalwert von 15 Prozent von circa 165,- Euro pro Tag, was 24,75 pro Tag entspricht, liegt. Der obere Satz der in der Literatur genannten Spanne der vereinfachten Berechnung ergäbe einen Tagessatz von 20 Prozent von 165,- Euro pro Tag oder 33,- Euro pro Tag. Die Spanne zwischen 15 und 20 Prozent macht deutlich, dass die Ertragswertermittlung auf der Basis einer pauschalierten Miete auch in Hinblick auf den zu wählenden Prozent-Ansatz Pro-

6 Z.B. GuG 4/97, Seite 218 ff u.a.

bleme aufwirft, auch wenn davon ausgegangen wurde, dass der Ansatz ähnlich wie bei Hotelbetrieben mit zunehmender Größe steigt. Einem Grundstücksachverständigen stehen zum einen in der Regel nicht die notwendigen Betriebszahlen (Umsatzgrößen, Bettenauslastung, Bettentage p.a. etc.) zur Verfügung und zum anderen würde sich bei der Anwendung eines pauschalierten Ansatzes eine Vermischung aus Betriebsbewertung und Immobilienbewertung ergeben, da alle Einnahmen „in einen Topf geworfen" werden, das heißt auch die Einnahmen, die ausschließlich für die Aufrechterhaltung des Klinikbetriebes gezahlt werden (Pflege und U+V).

Ertragswertermittlung

Die Gegenüberstellung der Pachthöhe mit der tatsächlich in den Tagespflegegeldern für die Immobilie enthaltenen Anteilen zeigt, dass die vereinbarte Pacht über dem Anteil für Investitionsaufwendungen liegt. Daher ist nicht die Pacht, sondern der als nachhaltig unterstellte niedrigere Investitionskostenanteil der Tagespflegegelder für die Bewertung zugrunde zu legen

Nutzfläche	**Zimmer**	**€/Tag**	**Auslastung**	**€/Monat*)**
Reha-Klinik	260	22,10	90 %	157.297
Zwischensumme Miete p.a.	260			157.297 1.887.564
Bewirtschaftungskosten (s. Nachweis unten) 17 %				– 320.886
Zw.-Summe				1.566.678
Bodenwert			2.770.000	
Bodenverzinsung		7,5 % von	2.770.000	– 207.750
Reinertrag Ertragswert bei 40 Jahren Restnutzungsdauer = Reinertrag x V (s.u.) = 14,15				1.358.928 19.228.831
Gebäudeertragswert gesamt (gerundet)				19.229.000
Zzgl. Bodenwert				2.770.000
Ertragswert insgesamt				**21.999.000**

*) Die Monatspacht errechnet sich aus der Jahrespacht dividiert durch 12 Monate

Laufzeit (Jahre)	Zinssatz	Vervielfältiger (V)
40	7,50 %	12,59

Bei der Bewertung ist unbedingt zu beachten, dass in den Bundesländern unterschiedliche Regelungen gelten, was insbesondere für die neuen Länder zutrifft. Während die Reha-Kliniken sowie Alten- und Pflegeheime in den alten Bundesländern bereits seit längerem nur zu einem geringen Anteil mit öffentlichen Mitteln finanziert werden, bestehen in den neuen Ländern andere Förderbedingungen, die den Investor im entsprechenden Fall geradezu zwingen, öffentliche Mittel in Anspruch zu nehmen, da das Entgelt für Investitionsaufwendungen in jedem Falle so bemessen wird, als sei eine Förderung gewährt worden. Das heißt, dass bei einer frei finanzierten Einrichtung kein höheres Tagespflegegeld gezahlt wird, als für eine voll geförderte Einrichtung. Dies hat beispielsweise bei Alten- und Pflegeheimen in den neuen Ländern zu einem durchschnittlichen (realen) Pachtansatz von 10,- Euro pro Person und Tag geführt, während in den alten Ländern ein Ansatz von 15,- Euro pro Person und Tag üblich ist. Hier zeigt sich, dass der Markt tatsächlich auf die vorgenannten Randbedingungen reagiert. In der Veröffentlichung über die Bewertung von Alten- und Pflegeheimen in der GuG 5/2000 habe ich in einer Randnotiz darauf hingewiesen, dass die dort vorgestellte Bewertungsmethodik nicht unmittelbar auf die neuen Länder zu übertragen ist und die dort bestehenden Förderrichtlinien zu beachten sind. Dies gilt grundsätzlich auch für Reha-Kliniken.

Aufschlüsselung der nicht umlagefähigen Bewirtschaftungskosten

Mieteinnahmen aus der Reha-Klinik insgesamt p.a.	€ 1.887.564
Verwaltungskosten für die gewerbliche Nutzung ca. 1,5 %	€ 28.313
Betriebskosten: Alle Nebenkosten werden auf den Mieter umgelegt. Zur Sicherheit im Falle von veränderten Mietmarktbedingungen bei evt. Mieterwechsel 1,0 % der Nettokaltmiete angesetzt.	1,0 % der Mieteinnahmen € 18.876
Instandhaltungskosten (objektbezogen geschätzte Werte) Σ NF 25.700 m² × 7,50 = 192.750 150 Parkplätze × 25,00 = 3.750	€ 196.500
Mietausfallwagnis 4 % von 1.887.564,00 = 75.503	€ 75.503
Summe Bewirtschaftungskosten (BWK)	319.192
Bewirtschaftungskosten (BWK) in Prozent ca.	16,91 %
BWK gerundet	17,00 %

Kliniken sind als Ertragsobjekte zu betrachten. Daher bestimmt der zuvor ermittelte Ertragswert im Wesentlichen den Verkehrswert. Lagequalität, Markteinfluss sowie Performancerisiken wurden im Ansatz des Liegenschaftszinssatzes berücksichtigt. Unter Berücksichtigung der vorhandenen Bebauung, der laufend getätigten Investitionen, des Erschließungszustandes des Grundstücks, der vorhandenen Infrastruktur mit sehr gutem Anschluss an den öffentlichen Nah- und Fernverkehr sowie der sich abzeichnenden Entwicklung auf dem Sektor des Reha-Bereiches, wird der Ertragswert als Basis der Verkehrswertbestimmung zugrunde gelegt.

Den Verkehrswert der Reha-Klinik „Kurstadt" wird wie folgt festgestellt:

€ 22.000.000

11,66-facher Jahresrohertrag

Anmerkungen:

Dieses Beispiel ist nur als Orientierungshilfe gedacht und ersetzt nicht die notwendigen Recherchen im Einzelfall, da die zugrunde zu legenden immobilienbezogenen Anteile in den Tagespflegegeldern von Bundesland zu Bundesland und auch von Reha-Klinik zu Reha-Klinik nicht einheitlich sind. Gegebenenfalls zu einem späteren Zeitpunkt eintretende gesetzliche Veränderungen lassen sich grundsätzlich nicht voraussehen. So könnten die anrechenbaren Kosten bei der Feststellung des auf die Baulichkeiten entfallenden Anteils der Tagespflegegelder im Zuge knapper werdender Mittel „gedeckelt" werden. Zudem besteht die Möglichkeit, dass sich der Trend zu Einzelzimmern durch eine sich verschärfende Kostensituation und eine stärkere Patientenbeteiligung umkehrt und eventuell mehr Doppelzimmer nachgefragt werden. Derartige Dinge lassen sich jedoch nicht mit ausreichender Genauigkeit vorhersagen, so dass letztlich von der gegenwärtigen (Rechts-) Situation ausgegangen werden muss. Infolge des Trends der Kostenträger, die Tagessätze nicht mehr wie früher zu verhandeln, sondern stattdessen in Ausschreibungen von den untereinander konkurrierenden Kliniken anbieten zu lassen, sind die in den Tagespflegegeldern enthaltenen Investitionsentgelte für den Grundstückssachverständigen nicht mehr eindeutig nachvollziehbar. Dies erschwert die Bewertung von Kliniken erheblich, da die Klinikbetreiber die Kalkulationsdaten als Betriebsgeheimnis schützen, wie den „Goldschatz von Fort Knox". Daher ist es notwendig, die Klinikbetreiber dazu zu bewegen, die für die Bewertung unbedingt erforderlichen Grundzahlen zumindest als Näherungswert zur Verfügung zu stellen.

PRAXISHINWEIS:

Eine Bewertung gleichermaßen nach dem Vergleichs-, Sach- oder Ertragswertverfahren ist nicht möglich. Das Sachwertverfahren ist deshalb nicht anwendbar, weil die unterschiedlichen Anforderungen an die verschiedenen Klinikkonzepte (Psychosomatik, Herz-Kreislauf, Orthopädie, Neurologie, Schmerztherapie etc.) sehr unterschiedliche Baukosten verursachen. Für einen Sachverständigen ist die Abschätzung der Baukosten nach Art der Indikationen in der Regel nur schwer möglich. Bei älteren Kliniken, die vor der Gesundheitsreform erstellt wurden, wird nicht umsonst von „Klinik-Palästen" gesprochen, deren immenser Sachwert nicht Basis des Verkehrswertes sein kann. Das Vergleichswertverfahren scheidet in der Regel mangels unmittelbar vergleichbarer Objekte ebenfalls aus. Bei der Anwendung des Pachtwertverfahrens (GOP-Methode) besteht die Gefahr, dass der Sachverständige nicht die Immobilie einschätzt, sondern gleichzeitig auch den Wert des Klinikbetriebes. Genau dies ist nicht Aufgabe der Verkehrswertermittlung von Grundstücken. Die Bewertung sollte eine Trennung zwischen der Immobilie und dem Klinikbetrieb vornehmen. Dies ist dann möglich, wenn es gelingt, die Kosten der Refinanzierung für die Baulichkeiten oder die in den Tagespflegegeldern alternativ enthaltenen Anteile für die Pacht der Gebäude zu isolieren. Grundgedanke sollte hier sein, dass die Gebäude auch bei Ausfall eines Klinikbetreibers zum Beispiel infolge Insolvenz durch einen anderen Betreiber genutzt werden können. Dies trifft besonders dann zu, wenn kein Mutter – Tochter Verhältnis zwischen Klinikbetreiber und Vermieter besteht.

V. Autohäuser

Frank Pfaff

1. Das deutsche Kraftfahrzeuggewerbe

Das Kraftfahrzeuggewerbe in Deutschland ist weiterhin durch schwierige Rahmenbedingungen geprägt. Der Bestand an Kraftfahrzeugen in Deutschland stellt sich im Jahr 2013 wie folgt dar:

Kraftfahrzeuge 2012: Zulassungen/Bestand

Pkw und Pkw-Kombi	
Neuzulassungen	3.082.504 (-2,9%)
Verkauf Auto Handel (Stück)*	2.077.608 (-4,0%)
Durchschnittspreis Neuwagen inkl. Mehrwertsteuer	26.780 (-2,2%)
Besitzumschreibungen	6.883.498 (+1,1%)
- davon Markenhandel	2.409.224 (+1,1%)
- davon Gebrauchtwagenhandel	1.652.039 (+20,8%)
Durschnittspreis Gebrauchtwagen	9.150 (-6,0%)
Lkw	
Neuzulassungen	268.320 (-7,1%)
Besitzumschreibungen	291.505 (-3,3%)
Bestand am 1. Januar 2013	
Gesamt	52.391.012 (+1,3%)
Krafträder	3.582.578 (+1,9%)
Pkw und Pkw-Kombi	43.431.124 (+1,2%
Kraftomnibusse	76.023 (0,0%)
Lkw	2.578.567 (+2,0%)
Zugmaschinen**	2.052.739 (+1,2%)
Übrige Kraftfahrzeuge	269.581 (+1,1%)

Quelle: KDA, Deutsche Autombil Treuhand (DAT), ZDK - vorläufige ERbenisse
() Veränderung zum Vorjahr
* 33,9 % der Neuwagen wurden direkt vom Hersteller verkauft
** Sattelzugmaschinen, Geräteträger, Ackerschlepper und gewöhnliche Straßenzumaschinen
Stand 13. März 2013

Abb. 1: Kraftfahrzeugbestand 2012
Quelle: Pressemitteilung des Deutschen Kraftfahrzeuggewerbes

Der Umsatz verteilte sich im Jahr 2012 auf die einzelnen Bereiche wie folgt:

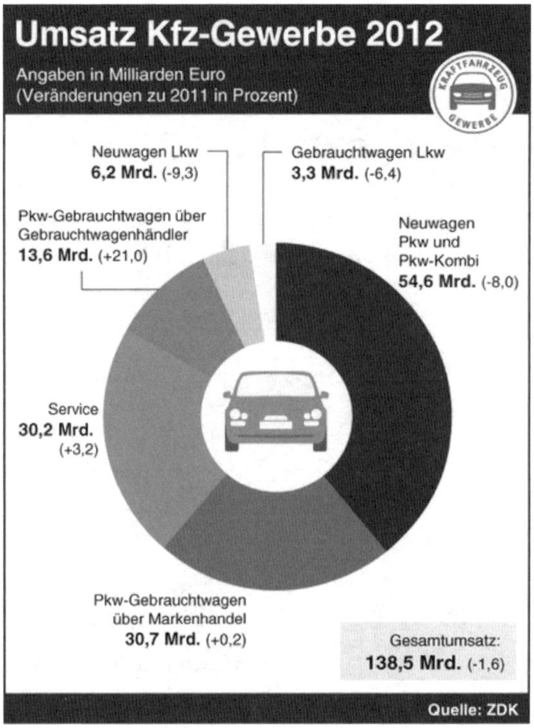

Abb. 2: Umsatz Kfz-Gewerbe 2012
Quelle: ZDK bzw. Pressemitteilung des Verbands des Kfz-Gewerbes

Insbesondere die Veränderungen in der Betriebsstruktur sind dabei von Bedeutung. Von den aktuell 37.800 Betrieben waren 17.500 Betriebe fabrikatsgebunden und 20.300 freie Werkstätten. Weiterhin ist kontinuierlich ein Rückgang der Betriebsstätten in Deutschland festzustellen. Seit 2007 ist ein Rückgang um nahezu 2.000 Betriebe festzustellen. Auch im Jahr 2012 hielt dieser Trend an. Weiterhin ist die Anzahl der Beschäftigten in den vergangenen fünf Jahren um über 14.000 Mitarbeiter zurückgegangen. Die aktuelle Übersicht sieht wie folgt aus:

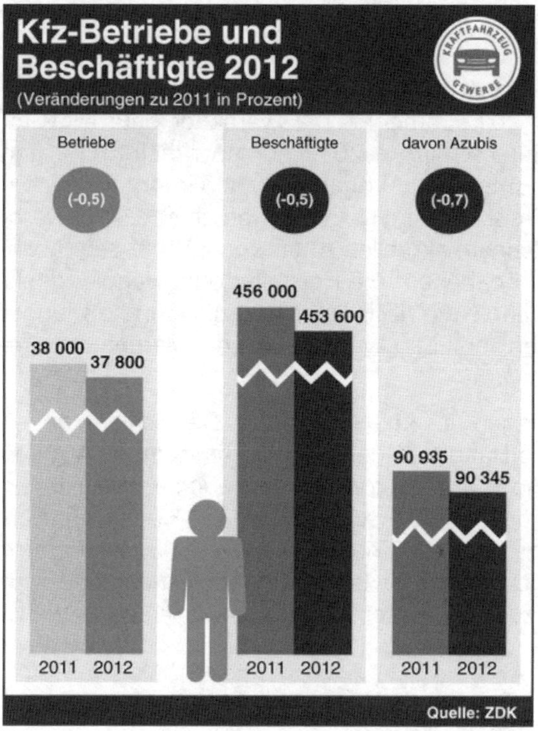

Abb. 3: *Kfz-Betriebe und Beschäftigte 2012*
Quelle: ZDK bzw. Pressemitteilung des Verbands des Kfz-Gewerbes

Immer noch haben insbesondere kleine Betriebe zunehmend Schwierigkeiten sich am Markt durchzusetzen. So ist der Vormarsch von großen Mehrmarken-Betrieben in Vertrieb und insbesondere im Service unverändert zu beobachten. Vielfach können kleine Ein-Marken-Betriebe keine Auslastung ihrer Service-Kapazitäten mehr erreichen. Auch die großen Fahrzeughersteller präferieren zunehmend ein zentralisiertes Vertriebsnetz mit wenigen großen Händlern in einer Region.

Ein weiterer Faktor, der den kleinen Händlern mit ihren Service-Bereichen zunehmend Probleme bereitet, ist die hochwertige technische Ausstattung der heutigen Fahrzeuge. Kleine Betriebe sind finanziell gar nicht mehr in der Lage, die hochtechnischen Ausrüstungen, die die Werkstätten zur Wartung und Instandsetzung der elektronisch gesteuerten Fahrzeuge benötigen, zu erwerben. Die kleinen Händler sind dadurch gezwungen, mit Großbetrieben zu kooperieren, um alle Serviceleistungen überhaupt anbieten zu können. Gleichzeitig werden die Händler von ihren Lieferanten gezwungen, im Rahmen des Corporate-Design ihre Autohäuser markengerecht umzubauen und oftmals sogar die Verkaufsbereiche nach Marken zu trennen. Ist ein Händler nicht in der Lage, diese Vorgaben zu erfüllen, werden ihm die Zulieferverträge gekündigt. Die Margen der Händler werden durch die Überproduktionen der Hersteller ebenfalls immer geringer.

Der Verband des KFZ-Gewerbes machte in diesem Zusammenhang aber darauf aufmerksam, dass inzwischen das Servicegeschäft die tragende Säule des KFZ-Gewerbes darstellt. Die 37.800 KFZ-Betriebe wickelten im Jahr 2012 insgesamt 74,3 Millionen Wartungs- und

Reparaturaufträge ab, das stellte eine durchschnittliche Frequenz von ca. 1.966 Kundenaufträgen pro Betrieb dar.

Die Marktanalysen des Verbands des KFZ-Gewerbes haben bei den Fachbetrieben ergeben, dass die momentane Situation im Jahr 2012 immer noch als verhalten beurteilt wird. Die Rendite der Betriebe lag im Händlerdurchschnitt in 2012 nur noch bei 1,4 % und damit nochmals um 0,6 Prozentpunkte unter dem Vorjahreswert. Grund für diesen Abwärtstrend ist dabei hauptsächlich der Preiskampf im Neuwagengeschäft. Der gewerbliche Anteil in diesem Teilsegment liegt mit einem aktuellen Anteil von 61,8 % sehr hoch, etwas mehr als 900.000 Fahrzeuge wurden dabei auf die Hersteller oder Händler direkt zugelassen. So müssen dann viele dieser Fahrzeuge nach einer Kurzzulassung als junger Gebrauchtwagen mit hohen Preisabschlägen veräußert werden, was die Margen entsprechend drückt.

Unter diesen allgemeinen Rahmenbedingungen des Kfz-Gewerbes in Deutschland haben sich die Renditen, insbesondere für kleinere Händler zunehmend verschlechtert. Aus den Umsatzrenditen mit durchschnittlich nur noch 1,4 % können notwendige Investitionen und Mitarbeiterfortbildungen nicht mehr durchgeführt werden. Gemäß KFZ-Gewerbeverband sind sogar Umsatzrenditen zwischen 2 und 4 % notwendig. Deshalb stehen auch weiterhin immer öfter Autohäuser im Blickpunkt von Bewertungen. Zunehmend sind auch Insolvenzen in diesem Teilmarkt festzustellen, insbesondere bei kleineren Betriebsstrukturen.

2. Grundlagen für Kfz-Betriebe

2.1 Lagemerkmale

Makrolage

Autohäuser werden gemäß den Vorgaben der BauNVO üblicherweise in Gewerbe- und Industriegebieten angesiedelt. Zunehmend ist die Konzentrierung solcher Kfz-Betriebe auf so genannten „Automeilen" festzustellen, die es den Kaufinteressenten ermöglichen, eine Vielzahl von Informationen und Vergleichsangeboten auf kurzen Wegen zu erhalten.

Wichtig ist eine Lage an einer Durchgangs- oder Hauptstraße mit guter Verkehrsanbindung für die Kunden und guter Einsichtbarkeit wegen der Werbewirksamkeit eines solchen Standorts. Positiv ist auch eine Nahverkehrsanbindung die der Kunde nutzen kann, wenn er z.B. sein Fahrzeug zur Reparatur abgibt.

Grundstückssituation

Die Grundstücke weisen i.d.R. in Bezug auf ihre Bebauung eine nur mäßige bauliche Ausnutzung auf, da die Ausweisung von Freiflächen zum Abstellen und Präsentieren von Fahrzeugen einen wichtigen Faktor für einen Autohändler darstellt. Insofern sind solche Grundstücke in Relation zur Umgebungsbebauung oftmals unterproportional ausgenutzt, was bei der Bewertung entsprechend zu berücksichtigen ist. Die Flächen sind größtenteils asphaltiert, teilweise sind auch Überdachungen zum Schutz der Fahrzeuge installiert. Hier sollte für die weitere Bewertung zwischen betriebsnotwendigen Freiflächen und sonstigen Grün- und Freiflächen unterschieden werden.

2.2 Rohbausituation

Autohäuser weisen vielfach eine einfache bauliche Struktur auf. Eine Unterkellerung ist selten gegeben, die Gebäude weisen i.d.R. eine 1- bis maximal zweigeschossige Bauweise auf.

Die Werkstatthallen sind in solchen Fällen üblicherweise in Industriebauweise errichtet, die Ausstellungsbereiche oftmals in Metall-Leichtbauweise mit großen Schaufensteranlagen. Ggf. sind die Büro- und Wohnbereiche massiv gebaut. Dies hängt vom Einzelfall ab und ist vom Sachverständigen vor Ort entsprechend zu prüfen.

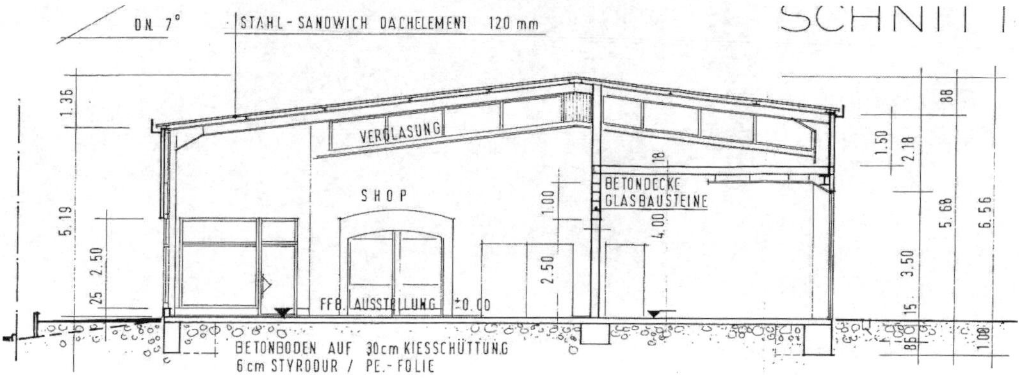

Abb. 4: Schnitt durch eine typische Werkstatthalle

2.3 Bauliche Sondersituationen

In fast jedem Autohaus ist ein Werkstattbereich vorhanden. Dieser Bereich ist auch unter den schwerwiegenden und komplexen Umweltauswirkungen eines Kfz-Betriebes zu betrachten. Zur Übersicht der umweltrelevantesten Aspekte hat die DEKRA-Umwelt GmbH folgende Übersicht im Internet zur Verfügung gestellt:

Abb. 5: Umweltauswirkungen eines Kfz-Betriebes
Quelle: DEKRA Umwelt GmbH

Beim Ortsbesichtigungstermin sind deshalb auf entsprechende Einrichtungen zum Umweltschutz zu achten. Ein wichtiger Umweltfaktor stellt dabei der Abwasser- und Grundwasserschutz dar. Die Abwässer können in einem Autohaus u.a. mit Benzin, Öl oder Schwermetallen verunreinigt werden. Deshalb ist auf entsprechende Schlammfänge und Benzinabscheider zu achten, die gemäß den gültigen DIN-Normen installiert sein müssen. Auch bei der Lagerung und Parkierung von Kfz-Fahrzeugen sind diese Auflagen zu beachten, da z.B. bei defekten Fahrzeugen Flüssigkeiten austreten können, welche in den Boden eindringen und diesen verschmutzen. So sollten auch in solchen Freibereichen flüssigkeitsdichte Oberflächen gegeben sein, welche das Niederschlagswasser in entsprechende Ölabscheider zuführen und eine Verunreinigung des Grundwassers verhindern.

Im Bereich der Werkstätten fallen dagegen entsprechende Motor- und Getriebeöle an, die in entsprechenden Auffangbehältern gelagert werden müssen. Bei der Lagerung dieser Materialien sind die entsprechenden baulichen Auflagen zu beachten. Dies gilt auch für besondere brennbare bzw. umweltgefährdende Materialien wie z.B. Batterien, Lacke usw. Auch für solche Materialien müssen Räumlichkeiten mit speziellen baulichen Anforderungen vorgehalten werden. So müssen Lacke in entsprechend explosionsgeschützten Räumen gelagert werden, die aber i.d.R. keine entsprechende Drittverwendung aufweisen, außer als einfache Lagerfläche. Die baulichen Auflagen führen aber zu entsprechenden Mehrkosten bei der Herstellung dieser Spezialräumlichkeiten bzw. technischen Ausstattungsgegenständen.

2.4 Grundriss- und Nutzungssituationen

Autohäuser sind durch ihre verschiedenen Nutzungsstrukturen in Bezug auf die Grundrissgestaltung geprägt. So setzt sich ein solcher Betrieb oftmals aus folgenden Teilbereichen zusammen:

- Ausstellungshallen/Schauräume
- Empfangs- und Serviceannahme
- Büro- und Sozialbereiche
- Werkstatt- und Wartungshallen, in Einzelfällen Lackierereien
- Lager- und Nebenflächen
- Große Freiflächen zur Präsentation der Fahrzeuge
- Tankstellen und Waschanlagen
- Betriebsleiterwohnungen

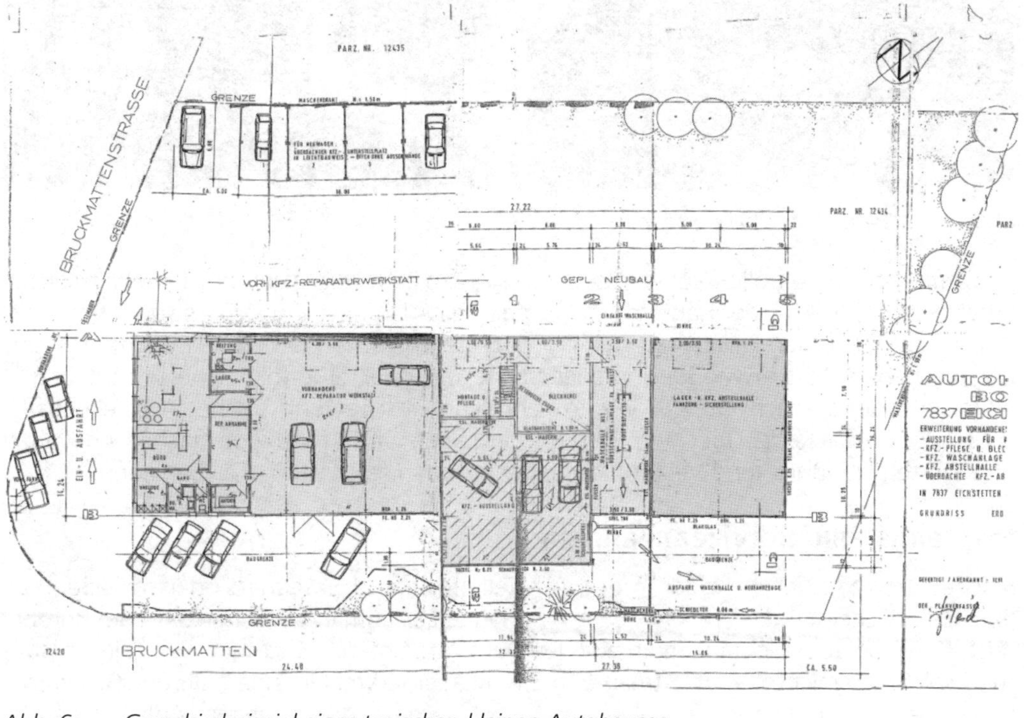

Abb. 6: Grundrissbeispiel eines typischen kleinen Autohauses

Diese Vielzahl von verschiedenen Nutzungsarten ist aber eine der Hauptproblematiken bei der Bewertung solcher Spezialimmobilien. Die Gebäudestruktur ist sehr differenziert, was die grundsätzliche Drittverwendungsfähigkeit einschränkt. Neben oftmals technisch hochwertigen Teilbereichen sind gleichzeitig auch sehr einfache Gebäudestrukturen gegeben. Diese Besonderheiten werden jetzt im Einzelnen noch detailliert betrachtet.

Ausstellungshallen/Schauräume

Ausstellungshallen und Schauräume werden in der Regel an der exponiertesten und am besten einsichtbaren Stelle des Gesamtgebäudes untergebracht. Sie sind geprägt durch großzügige Schaufensterflächen, welche es ermöglichen, die Fahrzeuge entsprechend zu präsentieren. Weiterhin handelt es sich in den meisten Fällen um großzügige, stützenfreie Räume, welche gefliest bzw. mit einem Natursteinboden versehen sind und entsprechend befahrbar sein müssen.

Die Räume müssen auch durch größere Fahrzeuge befahren werden können, entsprechende Zufahrtstore müssen gegeben sein. Positiv sind entsprechende Raumhöhen, um die Fahrzeuge besser zur Wirkung zu bringen. In der Bewertungspraxis sind Ausstellungshallen zwischen fünfzig und bis zu mehreren hundert Quadratmetern anzutreffen.

Abb. 7: Beispiel Ausstellungsräume

Problematisch im Hinblick auf die Bewertung ist die Drittverwendungsfähigkeit solcher Bereiche. Die Struktur der Räume lässt oftmals keine Umnutzung in Büro- oder Verkaufsflächen zu. In solchen Fällen lässt sich nur durch entsprechende Umbauinvestitionen eine entsprechende Drittverwendung wieder darstellen, oder es erfolgt eine Umnutzung in einfache Lagerräumlichkeiten. Die werttechnische Einschätzung solcher Ausstellungsflächen liegt in der Regel über den Werten von Lager- und Produktionsflächen und unter den Werten von Büro- und Verkaufsflächen von Ladengeschäften in Nebenlagen.

Empfangs- und Serviceannahmen

Solche Bereiche sind entweder in den Ausstellungsbereich integriert oder schließen sich als Nebenflächen an die Werkstätten an. Es handelt sich im eigentlichen Sinn um Bürobereiche, welche aber nicht in einem eigenen Bürotrakt untergebracht werden. Die Ausstattung solcher Bereiche hängt oftmals von ihren Lagemerkmalen innerhalb des Gesamtgebäudes ab. Grundsätzlich ist aber festzustellen, dass dieser ersten Anlaufstelle der Kunden zunehmend Bedeutung beigemessen wird. So sind heutzutage neben den Arbeitsplätzen für die Mitarbeiter immer öfter Serviceflächen für die Kunden vorzufinden, um diese entsprechend betreuen zu können. So gehören Besprechungsecken und Serviceküchen heute zu den festen Bestandteilen eines solchen Empfangsbereichs. Kaffee und Getränke gehören heute zum Standardangebot für ihre Kunden, egal ob im Servicebereich oder im Verkauf.

Abb. 8a: Serviceannahme

Abb. 8b: Bewirtungsbereich

Die Bewertung solcher Flächen orientiert sich an den Werten für die Ausstellungsbereiche oder an denen von Büroflächen, abhängig von der Lage innerhalb des Gebäudes.

Büro- und Sozialbereiche

Üblicherweise stellen die Büro- und Sozialbereiche nur eine untergeordnete Teilfläche des Gesamtanwesens dar, natürlich abhängig von der Gesamtgröße des Anwesens bzw. des Gesamtbetriebes. In vielen Fällen ist aber festzustellen, dass die Ausstattung dieser Räume für die Eigentümer/Pächter nur von untergeordneter Bedeutung ist. Die Funktionalität steht im Vordergrund, hochwertige Einrichtungen sind nur selten festzustellen.

Abb. 9a: Beispiel Büroraum

Abb. 9b: Beispiel Empfang

Bei den Sozialflächen sind die Aufenthalts- und Waschräume zu berücksichtigen, die oftmals bei sonstigen Gewerberäumen in dieser Form nicht gegeben sind. Gerade aber im Werkstattbereich sind entsprechende Räumlichkeiten Voraussetzung für die Gewerbenutzung. Aber auch hier ist bei kleinen Betrieben in vielen Fällen eine verbrauchte Ausstattungsstruktur zu erkennen, da diese Räumlichkeiten für die Eigentümer nur von untergeordneter wirtschaftlicher Bedeutung sind und von den Kunden nicht besucht werden.

Abb. 10: Beispiele Sozialräume

Bei der Bewertung ist bei Büroflächen in der Regel von einem einfachen bis mittleren Standard auszugehen. Höhere Ansätze sind auch aufgrund der Flächenrelationen zum Gesamtgebäude kaum zu vertreten. Die Sozial- und Nebenflächen orientieren sich aufgrund ihrer Nutzungszuordnung in ihrer Wertigkeit an den Werten der Werkstattbereiche. Abhängig sind die Ansätze von den Lagemerkmalen innerhalb des Gesamtgebäudes, Werkstatt- und Wartungshallen.

Ein zentraler Bereich eines Autohauses sind die Werkstatt- und Wartungshallen zur Reparatur von Kraftfahrzeugen. Die Zufahrt ist in den meisten Fällen mit automatischen Sektionaltoren gesichert, die Werkstattbereiche selber sind baulich einfach gehalten. Die Böden sind üblicherweise betoniert bzw. mit einem Industrieestrich versehen. Die Hallen werden oftmals nur eingeschränkt belichtet, entweder über Oberlichter oder Industrieverglasung. Zu beachten sind in diesem Zusammenhang die inzwischen zunehmend höheren Umweltanforderungen an die technische Einrichtung solcher Werkstattbereiche. So müssen z.B. Ölabscheider installiert oder getrennte Abwassersysteme installiert werden. Weiterhin muss durch den Sachverständigen auf die werkstattspezifischen technischen Betriebseinrichtungen hingewiesen werden. Die Bewertung solcher technischen Spezialeinrichtungen erfordert entsprechende Fachleute, die bei Bedarf hinzu gezogen werden müssen.

Abb. 11a: Sektionaltor Werkstattbereich *Abb. 11b: Blick in die Werkstatthalle*

Lager- und Nebenflächen

Jedes Autohaus benötigt für die Lagerung von Ersatzteilen und Reifen entsprechende Nebenflächen. Diese schließen sich teilweise unmittelbar an die Werkstattflächen an, oder befinden sich oftmals auch in eingezogenen zweiten Ebenen oder in Nebengebäuden. Diese Räume sind meistens fensterlos und weisen einen sehr einfachen baulichen Standard auf. Der Bewertungsansatz orientiert sich im unteren Segment der örtlichen gewerblichen Mieten. Dabei sind stets die Drittverwendung dieser Räume in Bezug auf Raumhöhe, Belichtung usw. zu berücksichtigen.

Abb. 12: Beispiel Reifenlager eines Autohauses

Freiflächen

Von zentraler Bedeutung sind die Freiflächen eines solchen Autohauses, die üblicherweise zur Präsentation von Gebraucht- und Neuwagenfahrzeugen dienen. Aus diesen Gründen sind diese Freiflächen in Relation zur überbauten Grundstücksfläche oftmals überproportional groß. Dies ist insbesondere beim Bodenwert zu berücksichtigen. Die Flächen sind üblicherweise asphaltiert oder in Verbundsteinpflaster angelegt. Grün- oder Nebenflächen sind üblicherweise von absolut untergeordneter Bedeutung. Durch den Sachverständigen sollte der betriebsgenutzte Freiflächenanteil am Grundstück ermittelt werden, um ggf. auch diese Fläche werttechnisch berücksichtigen zu können.

Abb. 13: Beispiel Ausstellungsflächen

2.5 Tankstellen und Waschanlagen

Vielfach sind Autohäuser mit Kleinsttankstellen und eigenen Waschanlagen ausgestattet, welche zur Pflege und zum Unterhalt der Fahrzeuge dienen. Die Wertigkeit solcher Spezialbereiche leitet sich vom Umsatz und von der eingesetzten Waschtechnik ab. Im Rahmen der Drittverwendung ist eine alternative Nutzung zu hinterfragen, welche sich auf die Wertigkeit entsprechend auswirkt.

Abb. 14a: Waschstraße für PKW

Abb. 14 b: Manuelle Waschanlage

Betriebsleiterwohnungen

Gerade bei kleineren Autohäusern ist zu beachten, dass neben dem Betriebsgebäude auf dem Gelände oftmals eine Betriebsleiterwohnung eingerichtet ist. In diesem Zusammenhang sind die Vorgaben der §§ 8 und 9 der BauNVO zu berücksichtigen, die die freie Nutzung bzw. Vermietung einer solchen Wohnung entsprechend einschränken. So sind in diesen Gebieten die Wohnungen nur einem eingegrenzten Nutzerkreis vorbehalten. Solche Wohnungen weisen oftmals, aufgrund der Nutzung durch den Betriebsinhaber, einen gehobenen Standard auf, der nicht im Einklang mit der umgebenden Gewerbebebauung steht. Dies ist insbesondere im Hinblick auf die Drittverwendung eines solchen Gebäudes von Relevanz.

2.6 Drittverwendungsfähigkeit/Nutzungsalternativen

Im Rahmen mehrerer Bewertungen von Autohäusern, insbesondere auch für Kreditinstitute stellte sich in vielen Fällen die Frage der Drittverwendungsfähigkeit. Hierbei ergab sich in der Praxis, dass die unterschiedliche Gebäudestruktur der schwierigste Faktor bei einer Drittverwendung darstellt. Reine Lager- oder Werkstattflächen lassen sich auf verschiedene Weisen nutzen und sind damit auch für andere Marktteilnehmer interessant.

Bei einem Autohaus stellen sich insbesondere die Werkstattflächen als problematisch für eine andere Nutzung heraus. Der Autor hat in seiner Bewertungspraxis vier Nutzungsalternativen für Autohäuser-/Kfz-Werkstätten kennengelernt:

- Übernahme des Autohauses durch einen anderen Autohändler. Dieser Sachverhalt stellt natürlich die beste Option im Hinblick auf die Gebäudestruktur dar. Sämtliche Teilbereiche können weiterhin genutzt werden, Einschränkungen und Umbaumaßnahmen müssen nur im geringem Umfange vorgenommen werden.
- Beibehaltung der bisherigen Gebäudestruktur und Nutzung der Werkstatt- und Ausstellungsflächen als einfache Lagerflächen. Dies hat zur Folge, dass der Erwerber/ Neue Nutzer nur geringfügige Umbaukosten hat, die Nutzung der Gebäude aber nicht mehr den früher gestellten Anforderungen entspricht.
- Umnutzung des Gebäudes und völliger Umbau des gesamten Areals und Beibehaltung lediglich von Dach und Fach bei der Gebäudestruktur. Dies hat zur Folge, dass die spezifische Ausstattung zurückgebaut und nicht mehr nutzbar ist. Entsprechend wirkt sich ein solcher Umstand auf die Wertigkeit aus. Der Kaufpreis wird vom Erwerber entsprechend gemindert, da dieser seine Umbau- und Herstellungskosten mit in die Kalkulation einfließen lässt. Das unten aufgeführte Beispiel zeigt ein ehemaliges Autohaus, welches komplett entkernt und zu einem Verkaufsgeschäft für Gartenmöbel und Küchen umgebaut wurde. Die Außenanlage wurde als Freiverkaufsfläche aufgewertet. Bei einer solchen Lösung ist aber zu beachten, dass die Umbau- und Neugestaltungskosten nur geringfügig unterhalb von Neubaukosten liegen, da außer der Grundkonstruktion in diesem Fall nichts erhalten geblieben ist.

Abb. 15: Umnutzung eines Autohauses in ein Verkaufsgeschäft

- In einem aktuellen Beispiel wurde ebenfalls ein Autohaus durch den Erwerber umgenutzt. Dabei wurden
  - die Werkstattflächen in ihrer Grundkonstruktion und ihrer baulichen Beschaffenheit erhalten und lediglich die werkstattspezifischen Ausstattungsgegenstände entfernt. Diese Fläche wurde anschließend als einfache Lagerfläche vermietet.
  - Kleinere Werkstattbereiche wurden beibehalten.
  - Die Büroflächen entkernt und als Büro- und Ausstellungsflächen ausgebaut.
  - Die Ausstellungsflächen als Einzelhandelsflächen umgebaut.

Die Grundrisssituation stellte sich daraufhin wie folgt dar:

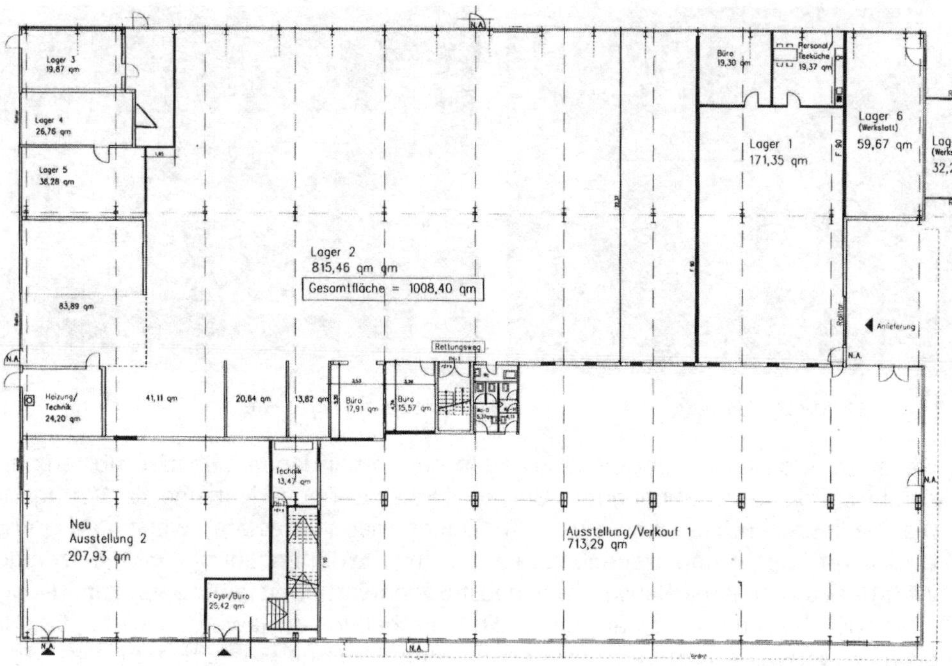

Abb. 16: Grundrisssituation nach der Umnutzung

Durch die Erhaltung der Grundstruktur halten sich die Umbaukosten in Grenzen. Die Wertigkeit wird aber durch eine erneuerte Ausstattung wesentlich verbessert.

Abb. 17: Bürobereich vor Umbau und nach der Neuausstattung

Die Ausstattungsbereiche wurden komplett neu gestaltet, auch die Fassade wurde der neuen Nutzung angepasst. So entsteht optisch ein völlig neues Gebäude, obwohl an der Grundstruktur nichts verändert worden ist.

Abb. 18: Fassade vor Umbau und nach der Aufbesserung

- Als letzte Alternative steht die Liquidation der vorhandenen Gebäudesubstanz und Zuführung des dann unbebauten Geländes zu einer neuen Nutzung zur Verfügung. Dies ist insbesondere dann für einen Eigentümer interessant, wenn der Grundstückswert durch eine Neubebauung, z.B. mit Wohnbebauung, den derzeitigen Wert der vorhandenen Bausubstanz nebst Bodenwert übersteigt. Dann kann es ggf. eine mögliche Alternative darstellen, seinen Betrieb in ein Gewerbegebiet mit niedrigeren Bodenwerten zu verlegen und das Autohaus neu zu errichten. Das unten gezeigte Bild zeigt den Rückbau eines ehemaligen Autohauses in einem Wohngebiet.

Abb. 19: Autohaus nach Rückbau

Alle diese Nutzungsalternativen müssen im Einzelfall betriebswirtschaftlich analysiert und im Einzelfall entschieden werden, was als Bewertungsgrundlage heran gezogen werden kann. Abhängig ist dies im Einzelfall von einer Vielzahl von verschiedenen Faktoren und Marktbegebenheiten, insbesondere aber von den Lagemerkmalen und den baurechtlichen Möglichkeiten.

3. Wertermittlungsverfahren

3.1 Verfahrenswahl

Gemäß den Vorgaben der ImmoWertV und der Fachliteratur ist der Sachverständige grundsätzlich frei in der Wahl seines Wertermittlungsverfahrens. Der Gutachter muss sich aber den allgemein anerkannten Regeln der Wertermittlungslehre bedienen, bzw. die im gewöhnlichen Geschäftsverkehr bestehenden Gepflogenheiten und der sonstigen Umstände des Einzelfalls wählen. Die Wahl ist zu begründen.

Unter Berücksichtigung der im gewöhnlichen Geschäftsverkehr bestehenden Gepflogenheiten, eignet sich fast ausschließlich das Ertragswertverfahren für die Ermittlung des Verkehrswertes eines Autohauses, da es dazu dient, nachhaltig Erträge aus dem Objekt zu erzielen. Dem Käufer eines solchen Grundstücks und einer solchen Immobilie kommt es nämlich in erster Linie darauf an, welche Verzinsung ihm das investierte Kapital einbringt. Der Sachwert interessiert bei Renditeobjekten erst in zweiter Linie und dient in solchen Fällen nur der Plausibilisierung der Erträge.

3.2 Bodenwertgrundlagen

Gemäß § 16 der ImmoWertV ist der Bodenwert eines solchen Grundstücks, ohne Berücksichtigung der vorhandenen baulichen Anlagen, vorrangig im Vergleichswertverfahren, § 15 ImmoWertV, zu ermitteln. Findet sich keine ausreichende Anzahl an Vergleichspreisen, kann der Bodenwert auch auf der Grundlage geeigneter Bodenrichtwerte ermittelt werden. Maßgebend für den Bodenwert sind neben dem Entwicklungszustand des Grundstücks gemäß § 5 der ImmoWertV, die weiteren Grundstücksmerkmale, wie die Art und das Maß der baulichen Nutzung, wertbeeinflussende Rechte und Belastungen, der abgabenrechtliche Zustand des Grundstücks, die Lagemerkmale usw. gemäß § 6 der ImmoWertV.

3.3 Baurechtliche Grundlagen

Üblicherweise liegen Grundstücke von Autohäusern in Gewerbe- bzw. Industriegebieten gemäß der BauNVO, welche folgende Regelungen beinhalten:

GE: Gewerbegebiet gemäß § 8 der BauNVO

(1) Gewerbegebiete dienen vorwiegend der Unterbringung von nicht erheblich belästigenden Gewerbebetrieben.

(2) Zulässig sind:

- Gewerbebetriebe aller Art, Lagerhäuser, Lagerplätze und öffentliche Betriebe,
- Geschäfts-, Büro- und Verwaltungsgebäude,
- Tankstellen,
- Anlagen für sportliche Zwecke.

(3) Ausnahmsweise können zugelassen werden:

- Wohnungen für Aufsichts- und Bereitschaftspersonen sowie für Betriebsinhaber und Betriebsleiter, die dem Gewerbebetrieb zugeordnet und ihm gegenüber in Grundfläche und Baumasse untergeordnet sind,
- Anlagen für kirchliche, kulturelle, soziale und gesundheitliche Zwecke,
- Vergnügungsstätten.

GI: Industriegebiet gemäß § 9 der BauNVO

(1) Industriegebiete dienen ausschließlich der Unterbringung von Gewerbebetrieben und zwar vorwiegend solchen Betrieben, die in den anderen Baugebieten unzulässig sind.

(2) Zulässig sind:

- Gewerbebetriebe aller Art, Lagerhäuser, Lagerplätze und öffentliche Betriebe,
- Tankstellen,

(3) Ausnahmsweise können zugelassen werden:

- Wohnungen für Aufsichts- und Bereitschaftspersonen sowie für Betriebsinhaber und Betriebsleiter, die dem Gewerbebetrieb zugeordnet und ihm gegenüber in Grundfläche und Baumasse untergeordnet sind,
- Anlagen für kirchliche, kulturelle, soziale und gesundheitliche Zwecke.

Im Rahmen eines rechtskräftigen Bebauungsplans wird dann das Maß der baulichen Nutzung gemäß § 16 der BauNVO in Bezug auf

- die Grundflächenzahl oder die Größe der Grundflächen der baulichen Anlagen,
- der Geschoßflächenzahl oder der Größe der Geschossfläche, der Baumassenzahl oder der Baumasse
- der Zahl der Vollgeschosse
- der Höhe der baulichen Anlagen

festgelegt.

4. Wertfestsetzung Bodenwert

Vergleichspreise für entsprechende Grundstücke von Autohäusern liegen bei den Gutachterausschüssen in den meisten Fällen nicht vor. Gerade in kleineren Städten und Gemeinden liegen kaum entsprechende Auswertungen von verkauften Grundstücken dieser Art vor. Aber auch in größeren Städten ist die Anzahl der Verkaufsfälle solcher Spezialgrundstücke äußerst gering, so dass es kaum zu angemessenen Vergleichspreisen kommt, welche als Grundlage eines orts- und marktüblichen Bodenwertes herangezogen werden können. Gemäß § 16 Abs. 4 der ImmoWertV ist bei einem erheblichen Abweichen der tatsächlichen von der planungsrechtlichen Nutzung ggf. dieser Sachverhalt bei der Ermittlung des Bodenwertes zu berücksichtigen

Deshalb muss üblicherweise auf die Bodenrichtwerte des örtlichen Gutachterausschusses zurückgegriffen werden, um einen angemessenen Bodenwert zu ermitteln. Anhand der besonderen nutzungstechnischen Rahmenbedingungen eines Autohauses muss z.B. eine GFZ-Anpassung des Bodenrichtwertes hinterfragt werden, da dieser Sachverhalt auch für jedes andere Autohaus zutrifft und die entsprechenden Freiflächen von besonderer Bedeutung für ein Autohaus sind. Insofern muss gerade bei diesem Punkt der Sachverständige die Rahmenbedingungen des einzelnen Grundstücks sehr genau prüfen und den Bodenrichtwert entsprechend anpassen. Zu prüfen ist, abhängig vom individuellen Gutachtenauftrag, die Drittverwendungsfähigkeit eines solchen Grundstückes. Ist diese aufgrund der planungsrechtlichen Rahmenbedingungen, der tatsächlich vor Ort vorgefundenen Verhältnisse oder sonstigen Sachverhalten nicht oder nur eingeschränkt gegeben, sind entsprechende Anpassungen vorzunehmen, ansonsten orientieren sich die Grundstückspreise wiederum an den Bodenrichtwerten für vergleichbar genutzte Grundstücke.

In einigen, dem Sachverständigen vorliegenden Fällen, lagen die Autohäuser aber aus historischen Gründen nicht in einem Gewerbe- oder Industriegebiet, sondern im Ortskern eines Dorfes oder innerhalb von Bereichen, die von Wohnbebauung umgeben waren. Dies hängt damit zusammen, dass der Standort für das Autohaus bereits gewählt worden war, bevor entsprechende Flächennutzungspläne oder Bebauungspläne aufgestellt worden sind. In solchen Fällen stellen die Bodenrichtwerte keinen angemessenen Anhaltspunkt dar. Entweder müssen in einem solchen Fall die Bodenrichtwerte der sonstigen gewerblichen Grundstücke innerhalb der Gemeinde oder entsprechende Marktanpassungsabschläge vorgenommen werden.

Eine andere Überlegung stellt bei einem solchen Standort eine alternative Nutzung dieser Grundstücksflächen dar, da gerade diese Standorte in einem Ortskern oder in einem Wohngebiet keine weiteren Arrondierungsflächen zur Erweiterung des Autohauses bieten können. Dann ist durch den Eigentümer zu prüfen, ob eine Standortverlegung nicht eine wirtschaftliche Alternative darstellt. Dies ist insbesondere dann der Fall, wenn sowieso eine Sanierung/Modernisierung des Betriebes notwendig ist und wenn der Bodenwert der freigelegten Flächen wesentlich höher anzusetzen ist, wie die ggf. neuen Bodenflächen des Autohauses in einem Gewerbegebiet. In einem solchen Fall ist die Anwendung des Liquidationsverfahrens gemäß § 16 Abs. 3 der ImmoWertV zur Ermittlungsgrundlage heranzuziehen.

4.1 Sachwertverfahren

Im Rahmen der Wertermittlung eines Autohauses stellt das Sachwertverfahren nur eine untergeordnete Rolle dar. Ausgangspunkt für die Ermittlung des Sachwertes sind die gewöhnlichen Kosten, die unter Berücksichtigung der am Wertermittlungsstichtag vorherrschenden wirtschaftlichen Rahmenbedingungen, für die Neuerrichtung einer baulichen Anlage ersatzweise aufzubringen wären. Insoweit definieren sich die zur Ermittlung der „gewöhnlichen" Herstellungskosten herangezogenen Normalherstellungskosten, für bauliche Anlagen älterer Baujahrklassen, nicht als „Rekonstruktionskosten", sondern als die (gewöhnlichen) Herstellungskosten, die am Wertermittlungsstichtag, nach wirtschaftlichen Gesichtspunkten, unter Berücksichtigung technischer Entwicklungen, aufzubringen wären, um zu einem mit dem älteren Gebäude vergleichbaren Bauwert zu gelangen. Insoweit geht das Sachwertverfahren nicht von Rekonstruktionskosten, sondern von neuzeitlichen Ersatzbeschaffungskosten aus.

Grundlage für die Ermittlung dieser Herstellungskosten sind i.d.R. die Normalherstellungskosten 2000 (NHK 2000) des Bundesministeriums für Verkehr, Bau- und Wohnungswesen gemäß den Wertermittlungs-Richtlinien des Bundes und dem Runderlass des Bundesministeriums. Wie bereits dargestellt, setzt sich ein Autohaus oftmals aus verschiedenen Gebäudetypen zusammen. Entsprechend sind auch bei der Ermittlung des Sachwertes verschiedene Gebäudetypen zu berücksichtigen, so u.a.

- Industriegebäude/Werkstätten mit und ohne Büro- und Sozialtrakt Typ 30/1 oder 30/2
- Lagergebäude gemäß Typ 31.1 – 31.3
- Parkhäuser, Kfz-Stellplätze usw. gemäß den Gebäudetypen 28 oder 29
- Wohn- und Geschäftshäuser gemäß Typ 4

Auch in den NHK 2010 sind die Darstellungen in diesem Sonderbereich kaum mehr differenziert. Zwar werden dort Autohäuser unter Punkt 13 aufgeführt, aber auch hier nur als Autohaus ohne Werkstatt- oder Lagerbereiche. Insofern muss auch hier ein Mix aus Autohaus, Werkstattgebäude (Typ 15) und Lagergebäude (Typ 16) herangezogen werden.

Deshalb ist der Sachverständige i.d.R. gezwungen, mehrere Gebäudetypen heranzuziehen, je nach Zusammenstellung der individuellen Gebäudestruktur des einzelnen Autohauses. Bei in Industriebauweise errichteten Autohäusern müssen im Einzelfall die NHK-Werte angepasst werden, da diese oftmals für reine Industriegebäude recht hoch angesetzt sind. Auch die Baunebenkosten sind entsprechend anzupassen. Eine Alternative stellen in solchen Fällen die statistischen Kostenkennwerte des BKIs (Baukosteninformationszentrum Deutscher Architektenkammern) dar. In diesen Ausarbeitungen stehen auch durchschnittliche Kostenkennwerte von Autohäusern zur Verfügung. Diese Zahlen sind oftmals genauer als die doch recht pauschalen Ansätze der NHK 2000 bzw. der NHK 2010.

Die Gesamtnutzungsdauer eines solchen Autohauses sollte üblicherweise bei rund 40 Jahren liegen, ansonsten ist von keiner wirtschaftlich angemessenen Bausubstanz mehr auszugehen. Natürlich sind Modernisierungen/Sanierungen die zwischenzeitlich durchgeführt worden sind, bei der Ansetzung der wirtschaftlichen Restnutzungsdauer zu berücksichtigen.

Wichtig ist bei der Bewertung darauf hinzuweisen, ob die technischen Betriebsausstattungen im Sachwert berücksichtigt worden sind oder nicht. Sollte der Sachverständige nicht in der Lage sein, diese Ausstattungsgegenstände zu beziffern (z.B. Hebebühnen), müssen weitere Fachleute hinzugezogen werden.

Besonders zu berücksichtigen sind bei der Sachwertberechnung auch noch die Außenanlagen, welche aufgrund der angelegten Freiflächen für die Fahrzeuge oftmals im Sachwert einen überproportionalen Anteil darstellen. Ansonsten sind die allgemein üblichen Ansätze und Korrekturfaktoren noch in die Berechnung einzubeziehen. Bei der Wertermittlung zu berücksichtigen ist oftmals die Tatsache, dass der Sachwert deutlich höher als der Ertragswert liegt.

4.2 Ertragswertverfahren

Beim Ertragswertverfahren spielt eine Vielzahl von Komponenten eine Rolle, die bei der Ermittlung der angemessenen orts- und marktüblichen Werte und Ansätze zu berücksichtigen sind. Folgende Punkte sind bei der Ertragswertermittlung zu berücksichtigen:

Jahresrohertrag

Durch den Sachverständigen sind zuerst die entsprechenden Nutzflächen zu ermitteln. Dies kann anhand vorliegender Flächenberechnungen eines entsprechenden Fachmannes, oder mittels vorliegenden Planunterlagen erfolgen. Beide Grundlagen sind aber nochmals vor Ort genau zu überprüfen, da in der Praxis in vielen Fällen Anbauten, zweite Ebenen oder Umbaumaßnahmen seit Erstellung der Pläne oder der Flächenberechnungen erfolgt sind.

Die Flächen sind dann nach ihren Nutzungsarten zu sortieren, da bei einem Autohaus sehr unterschiedliche Wertigkeiten in Bezug auf die jeweiligen Räumlichkeiten gegeben sind. Dies reicht von sehr hochwertigen Büro- und Ausstellungsflächen bis zu einfachsten Kaltlagerbereichen.

Für die Ermittlung des Rohertrages ist nicht von den etwa tatsächlich erzielten Mieten, sondern von den ortsüblich und nachhaltig erzielbaren Mieteinnahmen auszugehen. Dies gilt insbesondere dann, wenn die tatsächlich erzielten Erträge von der ortsüblichen Vergleichsmiete wesentlich abweichen. Allerdings muss das jeweilige Mietvertragsverhältnis mit seinen Konditionen und Fristen ebenfalls in die Wertansätze einfließen. Viele Autohäuser werden jedoch vom Eigentümer selbst betrieben, so dass keine Mieterträge generiert werden.

Aus diesem Grund müssen i.d.R. durch den Sachverständigen die orts- und marktüblichen Mieten ermittelt werden. Dazu sind die entsprechenden Branchen- und Vergleichszahlen für gewerbliche Immobilien in der jeweiligen Region zu ermitteln. Dazu gehören die Vergleichszahlen für Büros, Werkstätten, Lager- und Freiflächen. Diese werden anhand von durchschnittlichen Quadratmeterpreisen für die jeweiligen Flächen abgeleitet. Daneben sind folgende Faktoren zu beachten:

- Die zum Bewertungsstichtag allgemeinen wirtschaftlichen Rahmenbedingungen.
- Die wirtschaftlichen Rahmenbedingungen der jeweiligen Region.
- Die Lagemerkmale des jeweiligen Anwesens innerhalb einer Region und innerhalb des Ortes.
- Die Größe der jeweiligen Flächen.
- Die Art und Ausstattung der jeweiligen Räumlichkeiten.
- Das Baualter und der jeweilige Zustand der einzelnen Räumlichkeiten.
- Die Funktionalität und Ausstattung der Freiflächen.

Anhand der Branchen- und Kennzahlen und unter Berücksichtigung der oben genannten Parameter muss durch den Sachverständigen nun die Wertigkeit der einzelnen Flächen analysiert und zugeordnet werden. Dies hängt individuell von vielen Faktoren ab und kann nicht generell vorgegeben werden. Üblicherweise bewegen sich aber die Spannen innerhalb der Vergleichsmieten von Gewerbeobjekten gleicher Struktur, wie z.B. Lagerhallen, Produktionsgebäuden oder Bürogebäuden. Auch bei den Objekten, die umgenutzt worden sind, lag das Mietniveau in der üblichen Spanne von Büro-, Laden-, oder Lagerflächen. Insofern stellen diese Ansätze in der Bewertungsregion einen wichtigen Anhaltspunkt dar.

Ein weiterer Mietansatzpunkt kann die Verzinsung des Bodenwertes sein, da ja das Objekt üblicherweise über sehr große Freiflächen verfügt, welche spezifisch durch ein Autohaus als Präsentations- bzw. Abstellflächen für Fahrzeuge genutzt werden. Hier hat sich anhand vorliegender Mietverträge teilweise der Sachverhalt ergeben, dass auf Basis der Bodenrichtwerte eine angemessene Verzinsung (z.B. abgeleitet aus ortsüblichen Erbbauzinsen) als Grundlage für einen Mietansatz dieser Freiflächen herangezogen worden ist.

Exkursion Sondernutzungen

Zu den Sondernutzungen eines solchen Anwesens gehören z.B. Waschanlagen in Form von Waschhallen oder SB-Waschanlagen, die das Angebot eines Autohauses abrunden. Bei SB-Waschanlagen ist z.B. zu beachten, dass keine Flächen zur Verfügung stehen, die zur Ermittlung eines Wertansatzes im herkömmlichen Sinne herangezogen werden können. Üblicherweise wird eine solche Einrichtung als Pachtobjekt angesehen. Die zu erzielende Pacht ergibt sich aus den erzielten Umsätzen eines solchen Betriebs. Sollten dabei keine aktuellen Zahlen vorliegen, ergeben sich die Zahlen die als Grundlagen herangezogen werden können, aus den branchenüblichen Umsatz- und Pachtzahlen.

Bei solchen Objekten muss der Sachverständige Branchendurchschnittswerte aus dem Betriebsvergleich des Bundesverbandes Tankstellen und Gewerbliche Autowäsche Deutschland e.V. (BTG) entnehmen, bzw. mit Fachfirmen, welche solche Anlagen vertreiben, Kontakt aufnehmen. Anhand dieser Informationen und Branchendurchschnittszahlen kann ein Rohertrag abgeleitet werden, der sich aus diesen Zahlenmaterial ergibt, welcher aber auf die individuelle Situation der jeweiligen Anlage abgestimmt werden muss. Der gleiche Sachverhalt ist auch auf Betriebstankstellen anzuwenden.

Exkursion Betriebsleiterwohnungen

Es ist grundsätzlich zu beachten, dass eine Vielzahl von Autohäusern in einem Industriegebiet gemäß § 9 der BauNVO oder in einem Gewerbegebiet gemäß § 8 der BauNVO liegen. Nur ausnahmsweise können Wohnungen für Aufsichts- und Bereitschaftspersonen bzw. Betriebsinhaber genehmigt werden, die dem Gewerbebetrieb zugeordnet und ihm gegenüber in Grundfläche und Baumasse untergeordnet sind. Verschärft wird diese Regelung oftmals durch Baulasten, welche sich die Gemeinde eintragen lässt, um eine nicht genehmigte Nutzung von vornherein auszuschließen. Eine separate Veräußerung der Wohnung oder eine Vermietung an Personenkreise die nicht in der BauNVO aufgeführt sind, ist in solchen Fällen ausgeschlossen. Dies ist durch den Sachverständigen individuell vor Ort zu prüfen. Entsprechend ist in einem solchen Fall der Kreis der potentiellen Nutzer eingeschränkt, was sich üblicherweise auf das Vermarktungsrisiko und damit auch auf den Mietzins auswirkt. Weiterhin ist die Qualität einer solchen Wohnung im Hinblick auf das Umfeld und die hinzunehmenden Immissionen eingeschränkt.

Bewirtschaftungskosten

Nach § 19 der ImmoWertV ist bei der Ermittlung des Ertragswertes der baulichen Anlagen von dem nachhaltig erzielbaren Jahresreinertrag auszugehen. Dieser ergibt sich aus dem Rohertrag (Grund- bzw. Nettokaltmiete; § 18) abzüglich der Bewirtschaftungskosten. Diese sind nach § 19, die bei gewöhnlicher Bewirtschaftung nachhaltig entstehenden

- Verwaltungskosten,
- Betriebskosten,
- die Instandhaltungskosten
- das Mietausfallwagnis und
- die Abschreibung.

Hierbei sind bei einem Autohaus folgende grundsätzlichen Überlegungen zu berücksichtigen:

Verwaltungskosten sind die Kosten der zur Verwaltung des Grundstücks einschließlich seiner baulichen Anlagen erforderlichen Arbeitskräfte und Einrichtungen, die Kosten der Aufsicht sowie die Kosten für die gesetzlichen und freiwilligen Prüfungen des Jahresabschlusses und der Geschäftsführung.

Die Fachliteratur nennt für Gewerbegrundstücke pauschalierte Verwaltungskosten von 3 bis 5 % der Nettokaltmiete. Üblicherweise ist davon auszugehen, dass ein Grundstück mit einem Autohaus nur mit dessen Gebäudestruktur bebaut ist. Nur selten befinden sich auch noch andere Gebäude auf einem solchen Gelände, insbesondere da große Flächen zur Präsentation und Lagerung der Fahrzeuge benötigt werden. Da i.d.R. ein Autohaus nur von einem Nutzer betrieben wird, brauchen die Verwaltungskosten nicht am oberen Bereich der genannten Spanne angesiedelt werden.

Betriebskosten sind die Kosten, die dem Eigentümer durch das Eigentum am Grundstück oder durch den bestimmungsgemäßen Gebrauch des Grundstücks sowie seiner baulichen und sonstigen Anlagen laufend entstehen.

Im Regelfall sind die Betriebskosten vom Mieter zu tragen und bleiben deshalb unberücksichtigt. Insbesondere bei gewerblich genutzten Grundstücken ist dieser Sachverhalt meistens so geregelt, dass der Mieter für sämtliche Betriebskosten aufzukommen hat. Durch den Sachverständigen ist dies aber im Einzelfall anhand des Mietvertrages zu prüfen, welche Vereinbarungen im Hinblick auf das Bewertungsobjekt getroffen worden sind.

Instandhaltungskosten sind die Kosten, die während der Nutzungsdauer, zur Erhaltung des bestimmungsgemäßen Gebrauchs der baulichen Anlagen aufgewendet werden müssen, um die durch Abnutzung, Alterung, Witterungs- und Umwelteinflüsse entstehenden baulichen Schäden ordnungsgemäß zu beseitigen bzw. gesetzliche Auflagen zu erfüllen und damit die Qualität und die Ertragsfähigkeit des Renditeobjektes zu erhalten. Für Gewerbeimmobilien nennt die WertR keine Erfahrungssätze. Die Fachliteratur geht davon aus, dass der Vermieter von gewerblichen Einheiten nur die Instandhaltung von „Dach und Fach" trägt, dabei werden Instandhaltungspauschalen zumeist zwischen 5,00 und 7,50 Euro pro m² Nutzfläche angesetzt. Ein weiterer Anhaltspunkt für Gewerbeimmobilien nennt die Anlage 1 BelWertV:

Kalkulationsbasis sind die Herstellungskosten pro m² Wohn- oder Nutzfläche (ohne Baunebenkosten und Außenanlagen). Die untere Grenze der Bandbreite muss in der Regel für neue, die obere Grenze für ältere Objekte angemessen sein. Objektzustand, Ausstattungsgrad und Alter sind bei der Bemessung der Instandhaltungskosten zu berücksichtigen:

a) z.B. Lager und Produktionshallen mit Herstellungskosten von 250,00 bis 500,00 €/m²	0,8 – 1,2 % absolute Untergrenze: 2,50 €/m²
b) z.B. hochwertige Büro- und Handels- und andere gewerbliche Objekte mit Herstellungskosten von mehr als 2.000,00 €/m²	0,4 – 1,0 % absolute Untergrenze: 9,00 €/m²
c) z.B. Wohngebäude und gewerbliche Gebäude mit mittlerem Standard und Herstellungskosten von mehr als 1.000,00 €/m²	0,5 – 1,0 % absolute Untergrenze: 7,50 €/m²
d) Garagen und Tiefgaragenstellplätze	30 – 80 € je Stellplatz

Insbesondere bei einem Autohaus ist eine Vielzahl von verschiedenen Gebäudetypen zu berücksichtigen. Dies gilt in diesem Zusammenhang auch für die Instandhaltungskosten, die je nach Nutzungsart zu differenzieren sind. So ist bei den Ausstellungs- und Büroflächen ein höherer Ansatz zu wählen, als z.B. bei den einfachen Lagerflächen. Voraussetzung hierfür ist jedoch, dass durch den Sachverständigen die Nutzflächen vorher genau differenziert worden sind.

Mietausfallwagnis ist das Risiko einer Ertragsminderung, die durch Mietminderung, uneinbringliche Zahlungsrückstände oder Leerstehen von Raum, der zur Vermietung bestimmt ist, entsteht. In Anlehnung an § 29 Satz 1 II BV sind auch Rückstände von Pachten, Vergütungen und Zuschlägen dem Mietausfallwagnis einzurechnen. Des Weiteren umfasst das Mietausfallwagnis die uneinbringlichen Kosten einer Rechtsverfolgung auf Zahlung, Aufhebung eines Mietverhältnisses oder Räumung.

Die WertR Anlage 3 nennt für Geschäftsgrundstücke einen Erfahrungswert von 4 v.H. der Nettokaltmiete. Bei diesem Ansatz ist im Einzelfall zu hinterfragen, ob er überhaupt ausreichend ist. Die Drittverwendung eines Autohauses ist aus Sicht des Autors sehr eingeschränkt. Entweder übernimmt ein Mitbewerber ein solches Objekt, oder es muss umstrukturiert werden, um es einer neuen Verwendung zuführen zu können. Entsprechend steigt das Risiko.

Liegenschaftszins

Der Liegenschaftszins wird zur Verzinsung des Bodenwertes und im Zusammenhang mit der Restnutzungsdauer des Gebäudes als Vervielfältiger für den Reinertrag der baulichen Anlagen herangezogen und ist somit von entscheidender Bedeutung bei der Wertermittlung.

Der Begriff des Liegenschaftszinses nach § 14 der ImmoWertV soll aber verdeutlichen, dass für Liegenschaften ein besonderer, vom Kapitalmarkt regelmäßig abweichender Zinssatz maßgebend ist. Liegenschaften werfen im Verhältnis zu anderen Kapitalanlagen in aller Regel eine geringere Verzinsung ab, weil der Grund und Boden gegenüber dem Geldvermögen als wertbeständiger angesehen wird. Liegenschaftszinssätze unterliegen auch weitaus geringeren Schwankungen als Zinssätze auf dem Kapitalmarkt. Der Liegenschaftszinssatz lässt sich also auch als immobilienspezifischer Kapitalmarktzinssatz erklären, der die immobilienspezifischen Besonderheiten, wie z.B. das mit der Immobilie verbundene Risiko, die zu erwartende Geldentwertung, aber auch die zukünftige Entwicklung der Mieteinnahmen in sich vereint.

Grundsätzlich soll der Liegenschaftszinssatz anhand geeigneter Kaufpreise und der ihnen entsprechenden Reinerträge für gleichartig bebaute und genutzte Grundstücke unter Berücksichtigung der Restnutzungsdauer der Gebäude nach den Grundsätzen des Ertragswertverfahrens ermittelt werden. Dabei soll auf die Werte des örtlichen Gutachterausschusses zurückgegriffen werden. Hier ergibt sich aber die Problematik, dass solche Spezialobjekte nur sehr selten am Markt gehandelt werden und damit den örtlichen Gutachterausschüssen keine ausreichenden Datenmengen zur Verfügung stehen, um angemessene örtliche Liegenschaftszinssätze herausbilden zu können. Deshalb kann der Sachverständige in den meisten Fällen nur auf die allgemeinen Hinweise in der Fachliteratur zurückgreifen.

So nennt z.B. die Anlage 3 zu § 12 BelWertV Regelbandbreiten für Liegenschaftszinssätze (Kapitalisierungszinssätze) für

Wohnhäuser	5,00 % – 8,00 %
Büro- und Geschäftshäuser	6,00 % – 7,50 %
Lagerhallen	6,50 % – 9,00 %
Produktionsgebäude	7,00 % – 9,00 %

Auch die Fachliteratur (Kleiber/Simon 6. Auflage 2010) nennt für gewerbliche Grundstücke Regelbandbreiten in einer Spanne zwischen 6 % und 9 %.

Bei einem Autohaus sind verschiedene gewerbliche Gebäudestrukturen zu beachten, aber gerade diese sehr unterschiedlichen Nutzungsstrukturen erschweren auch die Drittverwendung eines solchen Objektes. Zu viele Bereiche eines Autohauses sind auf die Nutzung eines solchen Kfz-Betriebes zugeschnitten. Ein Dritter, welcher nicht aus dieser Branche kommt, hat für viele der Spezialbereiche keine adäquate Verwendung und kann lediglich eine Lagernutzung daraus ableiten. Entsprechend sind aus Sicht des Autors die Risiken einer solchen Immobilie einzuschätzen. Ein Liegenschaftszins sollte deshalb nicht unter 7 % angesetzt werden, je nach Lage, Alter und Ausstattung muss der Wert entsprechend nach oben korrigiert werden.

Bei der wirtschaftlichen Gesamtnutzungsdauer ist aus Sicht des Autors maximal von einer Zeitspanne von 40 Jahren auszugehen. Eine längere Gesamtnutzungsdauer erscheint nicht vertretbar, da das Modernisierungsrisiko und die Ausstattung einer Werkstatt i.d.R: keine längeren Nutzungsfristen zulässt. Auch die Markenproduzenten verlangen heute von ihren Händlern moderne und angemessene Ausstellungs- und Werkstatträume.

5. Fazit

Der angemessene Marktwert eines Autohauses leitet sich vom Ertragswert einer solchen Spezialimmobilie ab. Hierbei sind die unterschiedlichen Gebäudestrukturen mit deren verschiedenartigen Wertigkeiten eines der Hauptmerkmale einer solchen Immobilie. Weiterhin sind die Besonderheiten in der Grundstücksausnutzung bei der Bodenwertermittlung zu berücksichtigen. Aufgrund der strukturellen Probleme der Kfz-Branche müssen im Einzelfall auch Handlungsalternativen als Lösungsansatz untersucht werden, da eine Weiternutzung der vorhandenen Gebäudestruktur oftmals gar nicht mehr darzustellen ist. Deshalb kann die Wertermittlung eines Autohauses oder Kfz-Betriebes nicht schematisch dargestellt werden, da zu viele Sonderfaktoren die jeweilige Situation vor Ort immer wieder anders darstellen. Hier wird jeder Sachverständige gefordert sein, sich ganz individuell in seiner Wertermittlung für den jeweiligen Verfahrensweg zu entscheiden.

VI. Automeilen

Frank Peter Unterreiner

Eine neuartige Welt des Automobils eröffnete am 10. Juli 2004 in Düsseldorf. Die Automeile Höherweg überträgt das Erfolgskonzept einer Ladenpassage auf das Auto. Auf einem 150.000 Quadratmeter großen, aus einem Guss entwickelten Areal bekommt der Besucher 20 Auto- und eine Motorradmarken nebst zahlreichen Dienstleistungen rund ums Auto präsentiert. Das war und ist immer noch einmalig in Deutschland, vielleicht sogar in Europa, und orientiert sich an Vorbildern aus den USA.

Die architektonische Geschlossenheit des Areals, die durchdachte Wegeführung, die funktionale Aufteilung und einheitliche Präsentation hat einen Grund: mutige und namhafte Autohandelsunternehmen haben sich unter der Federführung der LEG Standort- und Projektentwicklung Essen, einer Tochtergesellschaft der LEG Nordrhein-Westfalen, mit der Gottfried-Schultz-Gruppe zusammengeschlossen und gemeinsam das Konzept entwickelt. Wie alle guten Ideen erscheint auch die Automeile im Nachhinein naheliegend und simpel, doch der Weg dahin war beschwerlich, da ohne Vorbild[1].

Nur ein ausreichend großes, abwechslungsreiches Angebot zieht genügend kaufwillige Klientel an. Diese Weisheit hat sich längst auch bei den Autohändlern herumgesprochen und zu einem teils zufälligen, teils beabsichtigten Nebeneinander an Ausfallstraßen und Gewerbegebieten geführt. Nahezu alle großen Städte haben solche Beispiele aufzuweisen.

1. Einheitlicher Auftritt

Das Neben- zu einem Miteinander werden zu lassen war folgerichtig. Die Automeile Höherweg lässt sich am besten mit einem Einkaufszentrum vergleichen. Es gibt eine Betreibergesellschaft, gemeinsame Infrastruktureinrichtungen, verbindliche Öffnungszeiten, einen einheitlichen Werbeauftritt und gemeinsame Veranstaltungen. Möglichst viele Angebote und Dienstleistungen rund um das Automobil sollen möglichst viele Menschen aus unterschiedlichen Gründen anlocken und zu einer langen Verweildauer einladen. Auch an Gastronomie wurde gedacht.

Anders als bei einem Einkaufszentrum gibt es aber verschiedene Grundstückseigentümer, verschiedene Investoren und mehrere eigenständige Gebäude. Die Trennung in Einzel- und Gemeinschaftseigentum, eine Betreiber-GmbH unter Einbindung aller Akteure, eine strenge wie stringente Gestaltungs- und Nutzungssatzung lösten das Problem – ein Sahnestückchen für Juristen und Immobilienexperten.

1 Unterreiner, Frank Peter, Immobilienmarkt-Verlagsbeilage „Immobilieninnovation Automeile" der Frankfurter Allgemeinen Zeitung vom 09.07.2004

Abb. 1: Das Konzept Automeile Höherweg – klar gegliedert und aus einem Guss wie ein Einkaufszentrum
Quelle: LEG NRW

Autohäuser werden, auch auf Drängen der Hersteller, seit Jahren immer prächtiger und zu Tempeln für des Deutschen liebstes Kind. Showrooms in den Innenstädten, wie in der Berliner Friedrichstraße oder von Mercedes-Benz am Salzufer in Berlin, wurden und werden viel bestaunt, sind laut Insidern aufgrund der hohen Kosten aber nur von den Herstellern selbst zu unterhalten. Innovativ ist die Immobiliengattung Autohaus spätestens mit der Automeile Höherweg geworden. Dass seither keine weitere Projekte dieser Art gefolgt sind, ist aufgrund des Erfolgs verwunderlich, wahrscheinlich aber am ehesten mit dem Fehlen geeigneter und bezahlbarer Grundstücke sowie dem Fehlen eines „Machers" zu erklären, der sich ein solches Projekt zu eigen macht.

Am Höherweg präsentieren sieben Autohändler auf mehr als 30.000 Quadratmetern Showroom-Fläche: Volkswagen Pkw, Volkswagen Nutzfahrzeuge, Bentley, Skoda, Lexus, Toyota, Renault Pkw, Renault Nutzfahrzeuge, Nissan, Dacia, Infinity, Honda, Ford, Volvo, Fisker, Hyundai, Kia, Citroën, Peugeot Pkw und Peugeot Nutzfahrzeuge. Ferner Honda-Motorräder. Das Straßenverkehrsamt mit Zulassungsstelle, der ADAC, der TÜV und die Dekra sowie zwei Autovermieter haben sich angesiedelt. Die prognostizierte Steigerung auf 30 Automarken bis 2011 ist jedoch nicht eingetreten.

2. 50 Prozent Marktvolumen

Über 800 Arbeitsplätze wurden geschaffen, zirka 150 Millionen Euro investiert. Etwa 11.000 Neu- und 9.000 Gebrauchtfahrzeuge werden jährlich verkauft, das sind fast 50 Prozent des Düsseldorfer Marktvolumens. Rund 500 Neu- und über 1.000 Gebrauchtwagen sind zu sehen, die mit Abstand größte Schau in der Region. Die Automeile Höherweg entstand auf einem ehemaligen Betriebsgrundstück der Stadtwerke Düsseldorf in Flingern, einem Stadtteil mit besonderem Erneuerungsbedarf. Als Vorteil sehen die Autohändler die gute Lage an. Die Automeile befindet sich rund zwei Kilometer vom Düsseldorfer Hauptbahnhof entfernt, der Bus hält direkt davor, U- und S-Bahn in einer Seitenstraße. Auch zur Autobahn sind es nur wenige Fahrminuten. Stolz ist die LEG NRW darauf, dass die Neubauten auf der Automeile zuzüglich Infrastruktur in nur zwei Jahren realisiert wurden.

Noch ist die Automeile Höherweg einzigartig in Deutschland, vielleicht sogar in Europa. Ist der Erfolg in anderen Städten duplizierbar? Die Nachfrage nach Parzellen auf der Automeile war letztendlich größer als das Angebot, berichtete der damalige LEG-Geschäftsführer Ulrich Tappe. 15 Hektar sieht er als Untergrenze für solch ein komplexes Produkt. Um ein solches Projekt zu wiederholen ist ein hinreichend großes und verkehrsgünstig im Marktgebiet gelegenes Grundstück zu vertretbarem Preis notwendig.

3. Hohe Einstiegshürde

Doch große Autohäuser sind stärker an ihren Standort gebunden als Einzelhändler, die in einem neuen Einkaufszentrum schnell ein weiteres Ladenlokal beziehen können. Das liegt vor allem in der notwendigen Investitionssumme von mehreren Millionen Euro. Eine neue Automeile lässt sich also nur dann realisieren, wenn mehrere Händler zeitgleich einen neuen Standort suchen beziehungsweise mit dem alten so unzufrieden sind, dass sie die Mühe und die Kosten eines Umzugs nicht scheuen. Und es bedarf einer Persönlichkeit, welche die Federführung übernimmt, berichten die Autohändler in Düsseldorf unisono. Bei einem Einkaufszentrum wäre dies der Entwickler. Auch am Höherweg wurde überlegt, unter dem Dach einer Leasinggesellschaft alle Gebäude aus der Hand eines Investors erstellen zu lassen. Davon wurde schließlich Abstand genommen, zu unterschiedlich waren die Vorstellungen der einzelnen Unternehmen.

„Wir sind gemeinsam zum Erfolg verdammt", lautete das anfängliche Fazit eines der Autohändler, die aufgrund des hochwertigen Konzepts und des eigenen Anspruchs an eine automobile Erlebnis- und Einkaufswelt mehr Geld als üblich in die Hand genommen haben.

4. Die Gestaltungs- und Nutzungssatzung

Um das Konzept der Automeile zu ermöglichen und zu sichern, ging die LEG Standort- und Projektentwicklung auch bei der vertraglichen Ausgestaltung neue Wege. Der Clou: im Prinzip ist die Automeile wie eine Wohnungseigentümergemeinschaft organisiert. Es gibt Allein- und Gemeinschaftseigentum. Am Gemeinschaftseigentum sind die einzelnen

Akteure auf der Automeile – sie werden Konsorten genannt – über eine GmbH beteiligt. Zum Gemeinschaftseigentum gehören neben den Parkplätzen und der Promenade auch die Straßen auf dem Areal.

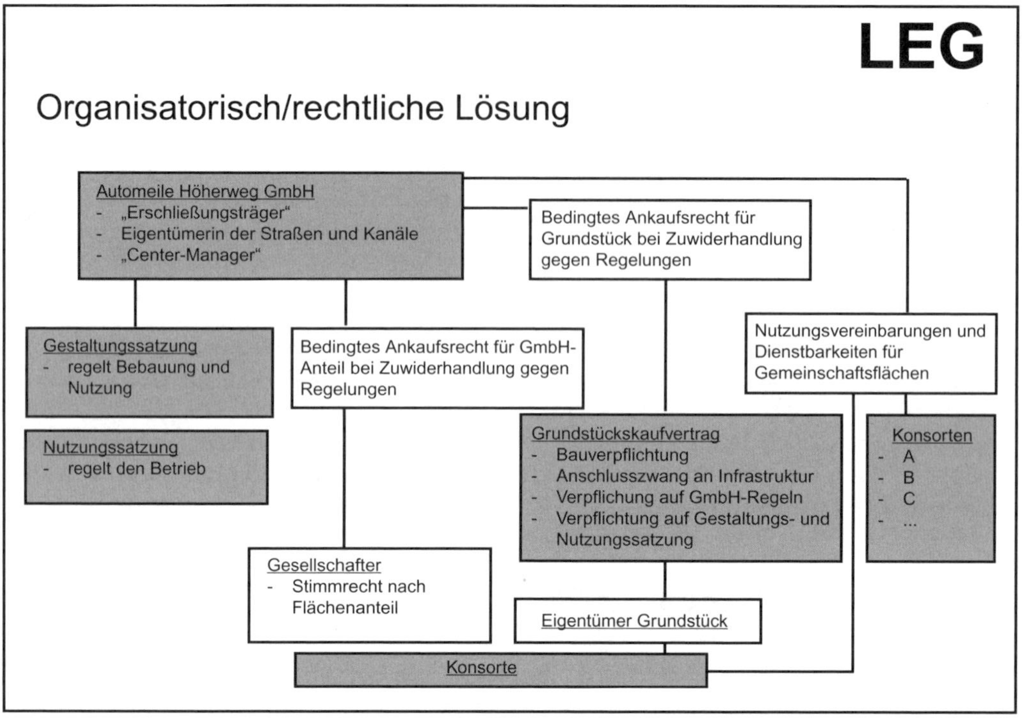

Abb. 2: Das rechtliche Konstrukt der Automeile – ein Sahnestückchen für Juristen
Quelle: LEG NRW

Die Betreibergesellschaft „Automeile Höherweg GmbH" sorgt für das Management der Automeile und achtet auf die Einhaltung der Gestaltungs- und Nutzungssatzung, welche sich die Konsorten gegeben haben. Beides sind privatrechtliche Regelungen zwischen den Konsorten und der Betreibergesellschaft. Die Gestaltungssatzung ist wie ein privater Bebauungsplan aufgestellt, die Nutzungssatzung entspricht einer Gemeinschaftsordnung und regelt den laufenden Betrieb.

5. Gestaltungssatzung

Alles ist penibel geregelt: Die Neigung der Dächer ebenso wie die Größe auskragender Bauteile, die Mindestbautiefen und die Traufhöhe, die Lage der Grundstückszufahrten, die Materialien für die Hofbefestigung sowie Anzahl und Art der Bäume, die bei den Stellplätzen gepflanzt werden müssen. Die Gestaltungssatzung definiert als verbindlicher Leitfaden die Bebauung und sogar Nutzung der einzelnen Konsortialgrundstücke, ebenso die Bebauung der Gemeinschaftsflächen. Die gesamte Automeile ist zoniert. Es gibt beispielsweise Zonen für „Autohaus und Servicebereich", für die Fußgängerpromenade und für den Gebrauchtwagenbereich. In der Zone „Autohaus und Servicebereich" dürfen nur Ausstellungs- und Verkaufsflächen für Neu- und Jahreswagen, Büro- und Sozialbereiche, Neuwagen-Übergabeplätze und Reparaturstände gebaut werden.

Jedes Gebäude musste von der Runde der Konsorten genehmigt werden. Zuvor jedoch wurde der Entwurf von dem für die Automeile GmbH tätigen Architekturbüro Schormann, dem auch die Centerverwaltung unterliegt, geprüft, ob alle Kriterien der Gestaltungssatzung erfüllt sind. „Über kein Autohaus ist im ersten Durchgang entschieden worden", erinnert sich Ulrich Tappe. Jeder Bauherr musste sich Abweichungen genehmigen lassen – oder davon Abstand nehmen. „Trotzdem wurde alles im Konsens entschieden".

6. Nutzungssatzung

Die Nutzungssatzung regelt den laufenden Betrieb, die Rechte und Pflichten der einzelnen Konsorten und der Betreibergesellschaft. Wie bei einem Einkaufszentrum sind den einzelnen Autohäusern verbindliche Kernöffnungszeiten vorgegeben. Die Gesellschafter sind verpflichtet, alle Dienstleistungen sowie Wärme und Strom gemeinsam zu beziehen. Die GmbH kümmert sich um die Bewachung der Automeile ebenso wie um die Reinigung der Straßen, die Abfallbeseitigung und die Instandsetzung des Gemeinschaftseigentums. Geregelt wird in der Satzung neben der Nutzung der Parzellen – nur für Zwecke des Kraftfahrzeuggewerbes – auch die Anbringung von Werbung und das Abstellen von Unfallfahrzeugen sowie die Beleuchtung der Autohäuser außerhalb der Öffnungszeiten.

Dutzende von Sitzungen waren notwendig, um alles zu definieren, erinnern sich Tappe und die Konsorten, die im Wesentlichen aus den Autohändlern bestehen. Es sei schließlich Neuland betreten worden. Und es gab nicht immer einheitliche Vorstellungen. Vor allem wenn es um die Kosten ging – beispielsweise bei der Bepflasterung der Wege – gingen die Meinungen deutlich auseinander.

7. Die einzelnen Elemente

Das Layout der Automeile erinnert an ein Messegelände: aus einem Guss mit getrennter Verkehrsführung für Autos und Fußgänger, großen Parkplätzen, einem zentralen Platz und einer Architektur, die bei aller Unterschiedlichkeit der Gebäude in sich schlüssig ist.

Zwischen Höherweg und den Autohäusern befindet sich fast über die gesamte Front der Automeile ein großer Parkplatz, der von allen gemeinsam genutzt wird. Ein Fußgänger-Boulevard durchzieht das Gelände. Auf der einen Seite der Flaniermeile befinden sich die Ausstellungsgebäude für die Neuwagen, auf der anderen Seite werden die Gebrauchtfahrzeuge angeboten. Eine Straße durchzieht ringförmig die zehn Hektar des neuen Teils der Automeile, insgesamt ist das Areal 15 Hektar groß.

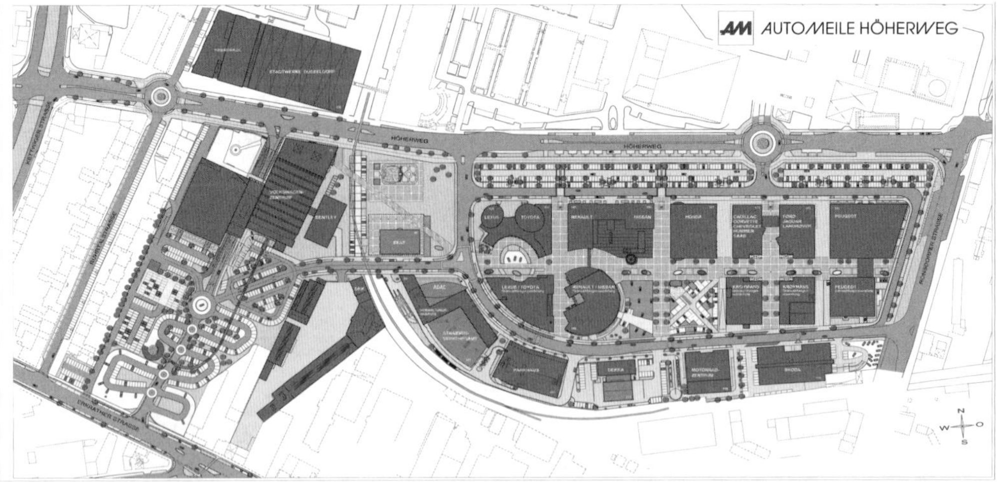

Abb. 3: Masterplan
Quelle LEG NRW

8. Ein breites Angebot rund um das Automobil

Reparaturannahme und Werkstätten sind bei den einzelnen Autohäusern vorhanden, doch dürfen nur einfache Arbeiten ausgeführt werden. Vereinfacht gesagt: alles was Krach macht und unschön aussieht, ist verboten. Dazu gehören beispielsweise Karosseriearbeiten oder das Abstellen von Unfallfahrzeugen. Die Straßen sind im Eigentum der Betreibergesellschaft und müssen von ihr selbst unterhalten werden. Dafür sind dort jederzeit Veranstaltungen möglich und die Mitarbeiter der Autohäuser können ohne Kennzeichen fahren. 19 Meter hohe Steelen mit dem Logo der Automeile an der Spitze wurden errichtet; sie sind nachts beleuchtet.

8.1 Unternehmensgruppe Gottfried Schultz

Ohne Robert Rademacher würde es die Automeile am Höherweg nicht geben, da sind sich alle Beteiligten einig. Rademacher, inzwischen Mitglied des Verwaltungsrates von Gottfried Schultz, Präsident des Deutschen Kraftfahrzeuggewerbes und immer noch Geschäftsführer der Betreibergesellschaft Automeile Höherweg, war damals Vorsitzender der Geschäftsführung des Autohauses Gottfried Schultz und ist eine Autorität unter seinen Düsseldorfer Kollegen. Gottfried Schultz betreibt als größter deutscher Vertragspartner des Volkswagenkonzerns in der Region Rhein-Ruhr dreißig Betriebe mit 1.850 Mitarbeitern. Das Volkswagenzentrum Nordrhein ist das größte in Deutschland. Es ist zudem die Urzelle der Automeile und mit allein fünf Hektar der mit Abstand größte Betrieb.

Das Autohaus Gottfried Schultz ist seit vielen Jahrzehnten am Höherweg vertreten. Zuerst mit einem Lager, seit den sechziger Jahren mit Verkaufsräumen. „Die Ausstellungsfläche war damals 3.000 Quadratmeter groß, eine Sensation" erinnert sich Rademacher. Der VW-Konzern forderte in den sechziger Jahren von seinen Händlern 300 Quadratmeter

Ausstellungsfläche, was viele schon für überzogen hielten, denn Autos wären damals noch zugeteilt worden.

Heute ist Gottfried Schultz mit den Marken Volkswagen, Skoda, Audi und Bentley auf der Automeile vertreten. Die Erweiterungspläne von Gottfried Schultz auf dem ehemaligen Stadtwerkeareal waren es dann auch, die letztendlich zur Automeile führten.

Mit einem „Drive in" hat der VW-Händler nach eigenem Bekunden sehr gute Erfahrungen gemacht. Über das Freigelände schlängelt sich ein breiter asphaltierter Weg, auf dem die Besucher an den ausgestellten Gebrauchtwagen vorbeifahren können. Die Preisschilder sind so groß, dass sie auch vom Wageninneren aus gelesen werden können.

8.2 Peugeot

Der französische Automobilkonzern Peugeot hat am Höherweg sein bis dato größtes Autohaus in Europa realisiert. Rund 5.000 Quadratmeter Hallenfläche stehen für die Präsentation von Neu- und Gebrauchtwagen zur Verfügung. Um auf der Automeile bauen zu dürfen, musste Peugeot sein sonst streng eingehaltenes Gestaltungskonzept modifizieren. „Das Grundkonzept der Blue Box sind kleine Schaufenster, um Kunden interessiert zu machen", erklärt Peugeot-Projektleiter Manfred Wiehe. Doch damit war die Gemeinschaft der Händler nicht einverstanden. Jetzt strömt durch große Fensterflächen viel Licht in die Verkaufsräume. Der Vorstand kam aus Paris angereist und hat sich die Immobilie angeschaut.

Auch Gebrauchtwagen in einer Ausstellungshalle zu präsentieren, hat sich für Peugeot als lukrativ erwiesen. Pro Wagen werden so rund 500 Euro mehr erlöst als bei einem Verkauf unter freiem Himmel. Allerdings sind die Präsentationskosten auch höher. Peugeot war zuvor zehn Jahre lang an der Erkrather Straße in Düsseldorf angesiedelt. Durch den Umzug auf die Automeile und die Vergrößerung stieg auch die Zahl der Beschäftigten deutlich von einst 66 auf über 180.

8.3 Citroën

Um den wirtschaftlichen Schwierigkeiten zu begegnen, wurde das anfänglich für Peugeot-Gebrauchtwagen genutzte separate Süd-Gebäude mit gut 3.000 Quadratmetern Verkaufsfläche ab 2009 auf die Schwestermarke Citroën umgewidmet.

8.4 Lexus und Toyota

Ende August 2003 eröffnete Carlos Levy als erster auf der Automeile sein Toyota- und Lexus-Autohaus. Die Nobelmarke Lexus präsentiert er in einem Rundbau, der mit seinen Schaukästen an die Architektur mancher Juweliere erinnert. Nur, dass die präsentierten Kostbarkeiten mit einem Gewicht von rund zwei Tonnen eine völlig andere Größenordnung darstellen. Levy hat auch ein öffentliches Bistro installiert.

8.5 Renault, Nissan und Dacia

Durchsetzungsvermögen gegenüber seinen Lieferanten benötigte auch der Renault- und Nissan-Händler Preckel & Arians. Sein französisches und japanisches Autohaus sind zwar im Erdgeschoss getrennt und haben entsprechend auch zwei Eingänge, doch in der zweiten Etage sind die Häuser verbunden. Das war ein Novum, das von den beiden Herstellern immer noch kritisch beobachtet wird. Im Renault-Teil kam später noch Dacia unter. Die Grundmauern eines Gasometers des ehemaligen Kraftwerks ließ der Händler stehen und integrierte darin sein Gebrauchtwagenzentrum. Die Niederlassung am Höherweg ist eines der größten Renault-/Nissan-Autohaus in Deutschland.

8.6 Honda

Zum ersten Mal in Deutschland trat der Honda-Importeur selbst als Bauherr auf. Eröffnet wurde dieser für Honda-Automobile wie für Honda-Motorräder zuständige Betrieb, der von der Neusser Autohandelsgruppe Dreesen geführt wird, Anfang der Jahres 2004. Der Motorrad-Betrieb ist einer der erfolgreichsten in Deutschland.

8.7 Kroymans

Die niederländische Autohandelsgruppe Kroymans mit Hauptsitz in Hilversum, die zur Jahrtausendwende sehr stark in den deutschen Markt expandierte, war zunächst auch auf der Automeile Höherweg vertreten. Sie errichtete dort vier Gebäude, in denen die Marken Cadillac, Corvette, Chevrolet, Hummer, Opel, Ford, Jaguar, Landrover und Saab angeboten wurden.

Die an zu vielen Standorten zu schnell vorangetriebene Expansion und der Rückgang des deutschen Automarktes führten zur Insolvenz von Kroymans, wovon auch die angeblich gut laufenden Betriebe auf der Automeile Höherweg betroffen waren. Binnen Jahresfrist hatten alle Gebäude jedoch neue Eigentümer und neue Nutzer gefunden.

8.8 NRW-Garage

Zu diesen neuen Eigentümern gehört eine Tochterfirma des weltgrößten Ford-Händlers, der Schwabengarage in Stuttgart, die zwei der vier Gebäude erworben hat. In einem dieser Gebäude vertreibt eine Schwabengarage-Tochter, die NRW-Garage, die Fabrikate Ford, Volvo und Fisker. Das andere Gebäude ist an den nicht zur Schwabengarage gehörenden Hyundai-Händler „Autohaus 4-Rad" vermietet, der aus einer Stadtrandlage auf die Automeile umgezogen ist.

8.9 Infinity und Kia

Die Eigentümerin der beiden weiteren früheren Kroymans-Gebäude ist eine Tochterfirma des Renault-Nissan-Händlers Preckel & Arians. In einem dieser Gebäude wird die zu Nissan gehörende Oberklasse-Marke Infinity angeboten, in dem anderen die koreanische Marke Kia.

8.10 ADAC und Dekra

Einer der größten Einzelinvestoren auf der Automeile ist der ADAC. Der Automobilklub baute für rund 15 Millionen Euro ein Verwaltungsgebäude, ein Parkhaus und ein Prüfzentrum für die Dekra. Inklusive Grundstück beträgt das Gesamtinvestment 24 Millionen Euro. Die drei Gebäude sind mit 14,50 Meter höher als die Autohäuser mit zehn Metern und bilden einen trennenden Riegel zur Industriebebauung dahinter. „Die Gebäude werden über ihre äußere Gestaltung – Materialien, Gebäudehöhen, Ansichtsabwicklungen – als eine Einheit gelesen, wenngleich das Verwaltungsgebäude schon allein in der Ausformung der Fassaden eine Sonderrolle einnimmt", meint der Architekt Antonio Quintiliani.

In das Verwaltungsgebäude zog auch der Automobilklub ein. Die sechs Meter hohe Glasellipse beherbergt auf 600 Quadratmetern die Düsseldorfer Niederlassung. Hauptmieter ist jedoch das Straßenverkehrsamt auf 3.000 Quadratmetern. Für die Automeile ist das Straßenverkehrsamt der ideale Frequenzbringer, zusammen mit TÜV und Dekra zieht es täglich 1.000 Besucher an. Im Erdgeschoss befinden sich die so genannten Zulassungshallen für den Kundenverkehr, darüber auf zwei Etagen die Büros. Ferner eröffnet im Erdgeschoss eine Cafeteria, über dem Foyer ist Platz für Schilderprägedienste. Hinzu kommt eine Tiefgarage mit 120 Stellplätzen. Büromieter beim ADAC ist auch der TÜV Rheinland und das benachbarte Autohaus Gottfried Schultz.

Auch die Dekra musste sich den Gestaltungsrichtlinien beugen und auf die sonst übliche silbergraue Fassade verzichten. Das Gebäude mit zwei Prüfstraßen für Autos und einem für Lastwagen sowie einem Leistungsprüfstand ist nun braun. 70 Mitarbeiter, davon 50 Prüfingenieure und zehn Meister, führen auch für den ADAC Dienstleistungen durch.

Das Parkhaus schließlich, zwischen Verwaltungsgebäude und Dekra gelegen, ist zur Straßenfront hin verglast. So soll das Gebäudeensemble einen geschlossenen Eindruck vermitteln. Die 430 Stellplätze auf fünf Etagen werden vom ADAC selbst bewirtschaftet. Im Erdgeschoss befindet sich zudem je ein Ladenlokal der beiden Autovermieter Europcar und Enterprise, die rund um die Uhr geöffnet haben.

8.11 Auto Becker wollte bauen

Zehn Hektar der heutigen Automeile wurden teils von den Stadtwerken als Betriebshof genutzt, teils waren gewerbliche Nutzungen untergebracht. Mit der Realisierung der neuen Hauptverwaltung auf der gegenüberliegenden Straßenseite wollten die Stadtwerke das Areal veräußern und beauftragten die LEG Standort- und Projektentwicklung mit der Entwicklung der Fläche.

Eine Idee war, das Gelände für Gewerbeansiedlungen zu parzellieren und kleinteilig zu verkaufen, erinnert sich Ulrich Tappe. Doch dann hätte ein Bebauungsplanverfahren eingeleitet werden müssen. Dann kamen Anfragen aus dem Automobilbereich und 1999 verfestigte sich die Idee, ein entsprechendes Cluster zu etablieren. 2002 war dann das Gelände geräumt.

Auch das inzwischen Konkurs gegangene Unternehmen Auto Becker war an dem Standort interessiert. Unter Einbindung einer Großbank und eines namhaften Projektentwicklers wollte Becker eine Einkaufsmeile für Autos mit einem hohen Anteil an Unterhaltungselementen entwickeln. Das Investitionsvolumen hätte bei mehr als 200 Millionen Euro gelegen. Doch dazu kam es dann nicht.

„Die Stadtwerke waren sehr kooperativ", lobt Tappe seinen Auftraggeber. Allerdings hätte das Unternehmen durch den Verkauf des gesamten Areals auch profitiert, eine kleinteilige Veräußerung hätte länger gedauert. Heute arbeitet die Automeile mit den Stadtwerken über Versorgungsverträge zusammen, und die Stadtwerke haben sich neben anderen Dienstleistern um das Facility Management der Automeile beworben, haben den Auftrag aber letztendlich nicht erhalten.

9. Die Entwicklung des Standorts

Wo heute die Automeile Höherweg steht, war früher der Hinterhof von Flingern. Und Flingern selbst ist schon kein Vorzeigestadtteil. Es ist vielmehr der Düsseldorfer Bezirk mit dem geringsten Grünflächenanteil, mit viel maroder Bausubstanz und ungeordneten Gewerbegebieten. Die Müllverbrennung und ein Kraftwerk prägen das Bild. Düsseldorf stuft Flingern als Stadtteil mit besonderem Erneuerungsbedarf ein. Doch nun hat der Hinterhof eine attraktive Insel: das Areal der Stadtwerke und die Automeile.

Der Neubau der Stadtwerke am Höherweg bildet eine spannende Komposition aus den Altbauten des ehemaligen Kraftwerks mit fast schon musealem Charakter und gläsernen Büroneubauten. Die Turbinenhalle von 1912 ist der Mittelpunkt des Komplexes. Im Untergeschoss ist das Kundencenter der Stadtwerke, darüber befindet sich ein Kunst- und Veranstaltungszentrum mit Vortragssaal. Veranstaltungen mit bis zu 615 Personen sind möglich, es gibt eine Bühne, einen Cateringbereich und Künstlerräume.

9.1 Zeugen der Vergangenheit

Es war eine Vorgabe des Landesdenkmalamtes, die Geschichte des Kraftwerks und die Arbeitsabläufe dort für die Nachwelt zu erhalten. Das geschieht in der Turbinenhalle, aber auch in den drei verglasten Innenhöfen des vom Düsseldorfer Architekturbüro Ingenhoven, Overdiek und Partner entworfenen Neubaus. Hier steht ein halber, aufgeschnittener Kessel und ein Kohleelevator. Zudem bietet sich aus den Büros ein Blick auf die alten Kühltürme.

1996 fiel bei den Stadtwerken der Entschluss, die ursprünglich drei Standorte in Düsseldorf zu konzentrieren. Der Höherweg bot sich an, denn hier waren zum einen die Wurzeln der Stadtwerke, zum anderen ging das Kraftwerk mit Kokerei und Gasometer bereits in den siebziger Jahren vom Netz und verfiel. Durch die Zusammenlegung wurde zudem die Nutzfläche um die Hälfte reduziert.

Der Verkauf des knapp 10 Hektar großen Grundstücks für die Automeile auf der anderen Straßenseite wiederum trug mit dazu bei, die Sanierung der Backsteingebäude von 1889 und den Ingenhoven-Neubau mit 8.750 Quadratmetern zu finanzieren. 115 Millionen Euro investierten die Stadtwerke. Rund 2.000 Mitarbeiter, davon 800 in den Neubauten, arbeiten auf dem 170.000 Quadratmeter großen Grundstück. Insgesamt stehen 27.500 Quadratmeter Gebäudefläche zur Verfügung.

Fünf Etagen sind die Neubauten hoch und in Riegelstruktur angelegt. Jeweils zur Stirn- und zur Kopfseite haben die Räume Vollverglasung, so kann Tageslicht eindringen und die Mitarbeiter blicken entweder nach draußen oder auf einen der Innenhöfe. Die vier Gebäudeteile entstanden auf dem Gelände des Kesselhauses und sind über Stahlbrücken miteinander verbunden. Eine voll verglaste Stahlbrücke führt auch über eine stillgelegte Eisenbahnlinie hinüber zu einem alten Backsteingebäude, in dem heute die Mitarbeiterkantine untergebracht ist. Früher war hier die Autowerkstatt.

Innenhöfe als Pausenzonen

Die Innenhöfe der Neubauten sorgen nicht nur für Aufenthaltsqualität in den Pausen, sie sind auch Teil des Belüftungskonzepts. Die warme, verbrauchte Luft zieht durch Flügelfenster in die Innenhöfe, von wo aus sie nach draußen abgesaugt wird. Die Innenhöfe erhalten ihre Frischluft durch Lamellenfenster. Eine Begrünung unterstützt das Mikroklima. Mit dem Neubau belegten die Stadtwerke den zweiten Platz beim Mipim-Award im Bereich Büroneubau 2002. Der Mipim-Award ist der wohl begehrteste internationale Immobilienpreis und wird jedes Jahr im März in Cannes vergeben.

9.2 Verkehrsaufkommen steigt

Rund 25.000 Autos befahren täglich den Höherweg. Zusammen mit der Entwicklung des Internationalen Handelszentrums in der Nachbarschaft trug die Automeile zur Imageverbesserung des gesamten Viertels bei ansiedlungswilligen Unternehmen und Investoren bei. So hat sich sehr viel in Flingern, dessen nördlicher Teil inzwischen mit vielen Restaurants und Kunstgalerien als Szene-Stadtteil gilt, getan.

In Sichtweite der Automeile Höherweg haben sich auch noch verschiedene Autobetriebe, beispielsweise Auto-Teile-Unger, angesiedelt. Unmittelbar südlich an die Automeile angrenzend werden derzeit die Thompson-Werke, eine früher zum Henkel-Konzern gehörende chemische Fabrik, unter dem Namen „Schwanenhöfe" zu Lofts, Büros, Ausstellungsflächen und Restaurants umgebaut. Fertigstellung noch 2013. Das alles hat sich auch auf die Grundstückspreise ausgewirkt. Während 1996 noch rund 100 Euro für den Quadratmeter bezahlt werden mussten, schnellte der Grundstückspreis auf nunmehr zirka 250 Euro hoch.

10. Autohäuser als Investitionsobjekte

Autohäuser als Investmentobjekte forciert die LEG Nordrhein-Westfalen. Ulrich Tappe verglich sie mit Fachmarktzentren. Er sieht Parallelen bezüglich Bauweise und Standort, aber auch bei der Rendite. Für Peugeot trat die LEG auf der Automeile als Investor auf – erstmals in diesem Segment. Rund 12 Millionen Euro kostete das Autohaus, davon betrafen 10,8 Millionen Euro die Immobilie inklusive Grundstück. Auf rund acht Prozent beziffert Tappe die Rendite. Er veräußerte die Immobilie zusammen mit zwei anderen an ein Versorgungswerk. Mieterin des Autohauses ist Peugeot Deutschland.

Einen langfristigen Mietvertrag über mindestens fünfzehn Jahre, am besten mit dem Hersteller selbst, und einen erstklassigen Standort an einer Ausfallstraße, bezeichnet Tappe als Kriterium für ein Engagement der LEG. Allerdings hat er sich zumindest in einem Fall –

dem Peugeot-Autohaus in Köln – auch schon mit einem zehnjährigen Mietvertrag zufrieden gegeben. Da die Zweitverwertung eingeschränkt sei, setzt er auf einen hohen Grundstücksanteil von 30 bis 40 Prozent am gesamten Investitionsvolumen. Dieser würde an guten Lagen eher steigen, so dass damit ein beträchtlicher Teil des Investments abgesichert sei. Und an guten Standorten wäre es eher möglich, entsprechend den Gestaltungsrichtlinien der Autohäuser – Peugeot setzt auf eine blaue Außenfront – die Hülle umzuändern und dann an einen anderen Händler zu vermieten. Für die Automeile beispielsweise sieht Tappe für eine eventuelle Neuvermietung keine Probleme.

Die LEG erkannte damals bundesweit einen Bedarf an Autohäusern. Dadurch, dass alle Händler jetzt grundsätzlich alle Marken anbieten könnten und auch die Autohersteller selbst auf weniger, dafür aber größere Händler setzen, wäre ein Neubaubedarf da. Dieser werde aufgrund der höheren Investitionssumme aber auch wegen einer anderen Einstellung zum Immobilienbestand immer weniger vom Händler oder Hersteller vorgenommen. Die Lösung sah Tappe in einer Finanzierung durch Investoren. Interessant hält er Autohäuser für Pensionskassen und Stiftungen, für Privatpersonen, aber auch für geschlossene Immobilienfonds.

In den vergangenen 15 Jahren haben immer wieder Hersteller versucht, mit Hilfe von Investoren ein flächendeckendes Händlernetz aufzubauen und scheiterten daran, sagte Lutz Behrend, zum Zeitpunkt der Eröffnung der Automeile Investmentberater bei Atisreal. So zum Beispiel Smart. Das Problem sei immer der Grundstückskauf gewesen. Dieser müsste bezahlbar sein und in guten Sichtlagen an Ausfallstraßen liegen. „Hier hat der Eigentümer in der Vergangenheit meist auf eine höherwertige Nutzung spekuliert – wie Hotel, Einzelhandel oder gar Büro – und dann lieber vorübergehend das unbebaute Grundstück an einen Gebrauchtwagenhändler vermietet", meinte Behrendt.

Für ihn ist es entscheidend, wer der Vertragspartner des Investors wird, der Automobilkonzern selbst, die Deutschland-Gesellschaft oder der Vertragshändler vor Ort. Denn mit fallender Bonität müsse die Rendite steigen. Und es müsste geklärt sein, wer Spezialeinbauten wie Ölabscheider im Eigentum hat, sie wartet und dafür haftet.

An eine spürbare Verbreitung des Produkts Autohäuser als Kapitalanlage glaubte Lutz Behrendt wegen der Grundstücksproblematik nicht. „Als Einzelinvestment ist das Produkt meiner Ansicht nach für größere Portfolios ungeeignet", urteilte er. Das Problem sei, dass spezielle Kenntnisse in der Akquise, im Abschluss und vor allem in der späteren Objektverwaltung benötigt würden. Ein weiteres Hindernis sei der niedrige Kaufpreis. Portfoliomanager würden für die gleiche Summe lieber ein Einkaufszentrum erwerben als zahlreiche Autohäuser. „Damit fallen alle institutionellen Investoren als Käufer weg", urteilte Behrendt. Autohäuser seien damit ein Nischenprodukt für Privatinvestoren.

„Sicherlich können Autohäuser ein interessantes Investment darstellen", sagte Volker Krämer, Geschäftsführer von Colliers, Bräutigam & Krämer. „Die langfristigen Mietverträge machen im Wesentlichen ihre Attraktivität aus. Laufzeiten zwischen zehn und 15 Jahren, davon können heute andere Immobilieneigentümer nur träumen." Würde die Verzinsung stimmen und sei der Standort erstklassig, gebe es auch Interessenten. Doch aufgrund der kleinen Volumina kämen nicht alle üblichen Investoren in Frage, meint auch er. Ein richtiger Markt, wie für Logistikimmobilien, werde sich daher nicht entwickeln können. „Autohäuser werden kleine Spezialprodukte bleiben", meint Krämer.

Einige der auf der Automeile vertretenen Händler halten aus einem ganz anderen Grund nichts davon, sich bei einem fremden Investor einzumieten: sie befürchten, damit langfristig zu wenig Einfluss auf die Standortwahl zu haben. Nach Auslaufen des Mietvertrags und eventueller Verlängerungsoptionen könnte der Vermieter schließlich auch einem anderen Autohaus den Vorzug geben oder zu hohe Mietpreisforderungen stellen. Sie bevorzugen daher einen langlaufenden Leasingvertrag mit Ankaufsrecht zu definierten Bedingungen oder finanzieren die Immobilie allein oder mit Dritten aus dem Privatvermögen. Die Betriebsgesellschaft wird dann Mieter.

11. Weitere Projekte

Das Konzept der Automeile Höherweg ist in Deutschland – vielleicht sogar in Europa – bisher noch einzigartig. Es wurde strategisch als Ganzes geplant, die Beteiligten haben sich in einer gemeinsamen Gesellschaft organisiert, in welcher es für alle verbindliche Vorgaben gibt

Bereits bestehende Ansammlungen von Autohäusern sind meist zufällig zustande gekommen und wurden bestenfalls später von der örtlichen Wirtschaftsförderung unterstützt, so beispielsweise an der Heilbronner Straße in Stuttgart, der Vahrenwalder Straße in Hannover oder der Hanauer Landstraße in Frankfurt. Auch in vielen kleineren Städten sind so an Ausfallstraßen Cluster von Autohäusern entstanden. Was hingegen zunehmend aus der Mode kommt, sind Autohäuser in abseits gelegenen Gewerbegebieten.

Die Firmengruppe Gottfried Schultz, die bereits die treibende Kraft bei der Entwicklung der Automeile Höherweg in Düsseldorf war, war anschließend bereits damit befasst, zusammen mit Thyssen-Krupp Real Estate im citynah gelegenen Krupp-Gürtel eine „Automeile Essen" zu planen. Dort hatte Gottfried Schultz bereits ein Audi Zentrum und ein Porsche Zentrum gebaut. Zudem lag benachbart ein großer Betrieb des Mercedes-Händlers Lueg. Mit einer Fläche von 20 Hektar wäre die Automeile Höherweg in Düsseldorf noch übertroffen worden. Das Projekt „Automeile Essen" kam dann aber nicht zustande, weil sich der Thyssen-Krupp-Konzern entschloss, seinen Hauptsitz von Düsseldorf nach Essen zu verlegen und die Gebäude seiner neuen Hauptverwaltung ausgerechnet auf dem Gelände zu bauen, welches für die Essener Automeile in Aussicht genommen war. Gottfried Schultz konnte lediglich so viel Gelände für sich retten, dass neben dem Audi- und dem Porsche-Zentrum noch ein Volkswagen- und ein Skoda-Zentrum gebaut werden konnten, also in Summe eine kleine „VW-Konzern Automeile". Dieses Beispiel zeigt einmal mehr, dass die Entwicklung von Erfolg versprechenden Automeilen mit dem richtigen Grundstück steht und fällt.

VII. Baumärkte

Andreas Borutta

Wenn es um die Frage geht: „Was ist bei der Bewertung eines Baumarktes zu berücksichtigen?", dann lohnt es sich, zunächst einmal einen eingehenderen Blick auf dieses spezielle Marktsegment zu werfen.

1. Begriffsklärung

In Deutschland gibt es über 2.300 Baumärkte. Nach Definition des Branchenverbandes BHB gelten als Bau- und Heimwerkermärkte Einzelhandelsstandorte mit mindestens 1.000 Quadratmeter Verkaufsfläche und einem breiten Sortiment der Warengruppen Baustoffe, Holz, Eisenwaren, Werkzeuge und Malerbedarf. Neben diesen obligatorischen Warengruppen führen viele Baumärkte auch Artikel aus den Bereichen Garten, Tierbedarf und Autozubehör. Baumärkte gelten aufgrund ihrer Großflächigkeit als Auslöser der Ansiedlung von Einzelhandelsbetrieben an den Stadträndern („auf der grünen Wiese").

Die Entwicklung der Baumärkte in Deutschland setzte in den 1960er Jahren ein. Die Baumärkte bündelten erstmals ein breites Sortiment unter einem Dach. Vorher war es üblich, Bau- und Heimwerkerbedarf in Fachbetrieben der jeweiligen Branchen zu erwerben (zum Beispiel Farbe und Tapeten im Farbenfachgeschäft, Werkzeug im Eisenwarengeschäft). Der erste deutsche Baumarkt wurde 1960 von Heinz G. Baus, dem Gründer des Unternehmens Bauhaus, eröffnet. Im Jahr 1968 eröffnete Hornbach den ersten kombinierten Bau- und Gartenmarkt, der heutige Branchenführer Obi folgte im Jahr 1970.

2. Markttrends

Mit einem Jahresumsatz von 18,6 Milliarden Euro in 2012 stellt die Baumarktbranche in Deutschland einen wichtigen Wirtschaftsfaktor dar. Dabei sind innerhalb der letzten zehn Jahre die Umsätze um rund elf Prozent gestiegen. Mit einem leichten Umsatzminus von 0,5 Prozent zwischen 2011 und 2012 schrumpfte der Baumarkthandel jedoch leicht im Gegensatz zum Einzelhandel insgesamt, der dagegen auf ein Plus von rund ein Prozent kam. Insgesamt ist die Anzahl der Baumärkte in Deutschland seit rund 15 Jahren rückläufig, wobei die Gesamtverkaufsfläche nach wie vor zunimmt. Der Anteil der neun größten Baumarktketten am Gesamtmarkt nimmt weiter zu.

Die nachfolgende Tabelle und Grafik zeigen die Entwicklung des Branchenumsatzes in Deutschland in den Jahren 2000 bis 2012.

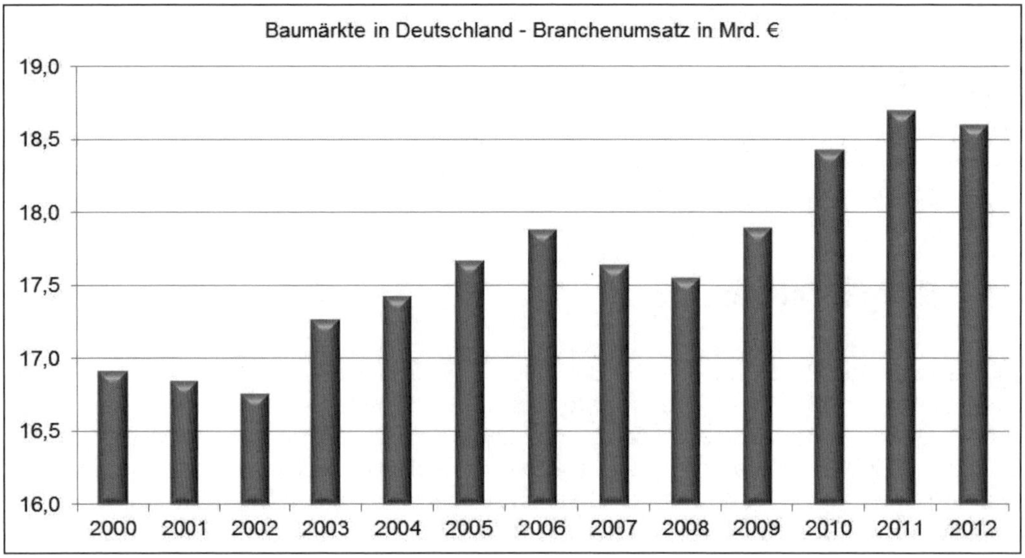

Abb. 1: Baumärkte in Deutschland – Branchenumsatz in Milliarden Euro
Quelle: BHB / GfK-Report

3. Dominanz der großen Handelsketten

Die Handelslandschaft im DIY-Segment (Do It Yourself) ist stark von den großen Handelsketten geprägt. Marktführer in Deutschland ist das zur Tengelmann-Gruppe gehörende Unternehmen Obi, das sowohl im Hinblick auf die Anzahl der Filialen als auch beim Umsatz an erster Stelle steht. Mit rund 345 Filialen liegt Obi mit deutlichem Abstand vor toom Baumarkt, die auf rund 316 Standorte in Deutschland kommen. Während Obi durch kontinuierliche Ausweitung des eigenen Filialnetzes von innen heraus gewachsen ist, hat toom vor allem durch Zukäufe die Anzahl der Standorte ausgeweitet. Hierzu gehörten die Götzen Bau- und Gartenmärkte im Jahr 1998 (52 Standorte), die Stinnes Baumärkte 1999 (138 Märkte) sowie die Übernahme der Marktkauf-Baumärkte im Jahr 2007 (133 Standorte). Hagebau und Praktiker gehören mit rund 295 respektive 197 Standorten ebenfalls noch zu den großen Unternehmen der Branche, während Bauhaus, Hornbach, Hellweg, Max Bahr und Globus mit 56 bis 127 Standorten deutlich kleiner aufgestellt sind.

Die nachfolgende Tabelle und Grafik zeigen die Entwicklung des Filialnetzes der wichtigsten Baumarkt-Betreiber in Deutschland von 2007 bis 2012.

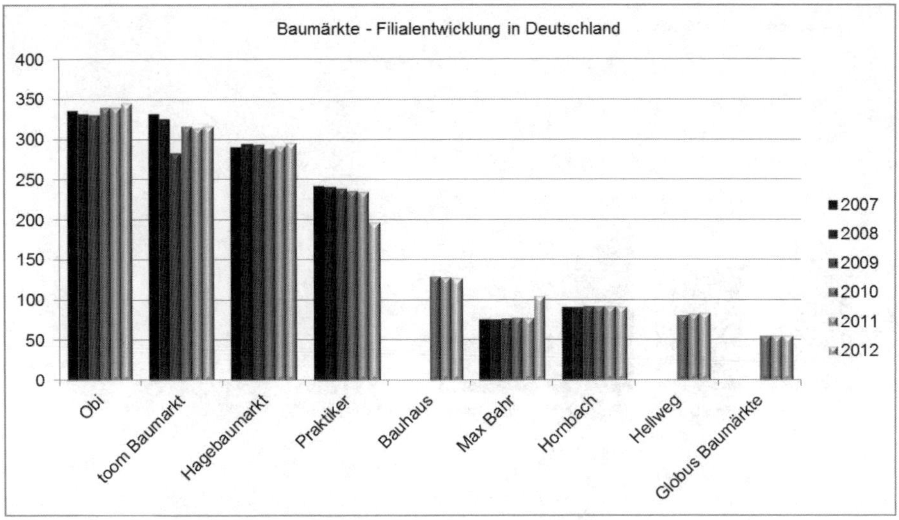

Abb. 2: Baumärkte in Deutschland – Filialentwicklung
Quelle: Geschäftsberichte, Statista, Internet

Anders stellt sich die Rangfolge beim deutschlandweiten Jahresumsatz dar. Mit 3,62 Milliarden Euro (2011) ist Obi auch in dieser Kategorie Marktführer. Toom Baumarkt kommt trotz ebenfalls hoher Anzahl an Filialen (316) auf 1,90 Milliarden Euro, während Hornbach mit 91 Filialen, allerdings überdurchschnittlich großen Standorten fast den gleichen Umsatz, nämlich 1,73 Milliarden Euro, erreicht. Hellweg und Max Bahr gehören mit Umsätzen von 600 bis 690 Millionen Euro zu den kleineren Unternehmen der Branche. Bauhaus, Globus und Hagebau veröffentlichen keine Kennzahlen für den nationalen Umsatz im DIY-Segment. Obi und allen voran Hornbach konnten zwischen 2010 und 2011 Umsatzzuwächse zwischen 0,6 Prozent und 3,8 Prozent verbuchen, während Praktiker und Hellweg einen Rückgang von 10,1 bzw. 4,8 Prozent zu verzeichnen hatten.

Die nachfolgende Tabelle und Grafik zeigen die Umsatzentwicklung (soweit veröffentlicht) der wichtigsten Baumarkt-Betreiber in den Jahren 2007 bis 2011.

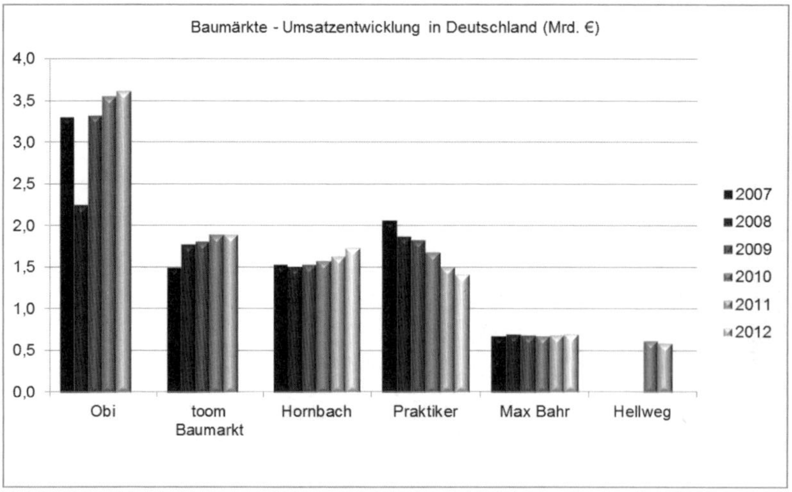

Abb. 3: Baumärkte in Deutschland – Umsatzentwicklung in Deutschland in Milliarden Euro
Quelle: Geschäftsberichte, Statista, Internet

3.1 Regionale Unterschiede

Die regionale Marktpräsenz der Baumärkte in Deutschland ist sehr unterschiedlich ausgeprägt. Zwar gibt es kein Bundesland, in dem die großen Handelsunternehmen nicht vertreten sind, die regionale Präsenz sowohl der Baumärkte allgemein als auch der großen Player der Branche ist jedoch äußerst unterschiedlich. Betrachtet man die Bundesländer, in denen die großen Baumarktketten am häufigsten und zweithäufigsten vertreten sind, ist Nordrhein-Westfalen bei sieben der neun Unternehmen präsent. Dort gibt es mit 345 Standorten der Top neun Unternehmen auch absolut gesehen die meisten Filialen. Das Schlusslicht in diesem Vergleich bildet das Saarland mit lediglich zwölf Standorten. Die Standortstrategien und regionalen Schwerpunkte der einzelnen Baumarktketten unterscheiden sich dabei erheblich.

Bauhaus ist mit Ausnahme von Thüringen in allen Bundesländern vertreten, der Schwerpunkt liegt in Baden-Württemberg und Nordrhein-Westfalen. Globus Baumärkte sind am häufigsten in Bayern und Rheinland-Pfalz vertreten, während Bremen, Hamburg und Niedersachsen nicht vom Filialnetz abgedeckt sind. Hagebau ist ebenfalls nicht in Bremen und Hamburg präsent und hat in Niedersachsen und Nordrhein-Westfalen seinen Standortschwerpunkt. Hagebau ist in Niedersachsen das mit Abstand am häufigsten vertretene Unternehmen der Top neun Baumärkte. Hellweg ist nur in neun der sechzehn Bundesländer am Markt präsent. Der Schwerpunkt liegt hier in Nordrhein-Westfalen. Hornbach ist, außer in Mecklenburg-Vorpommern, in allen Bundeländern mit Schwerpunkten in Baden-Württemberg und Nordrhein-Westfalen, vertreten. Baumärkte der Marke Max Bahr finden sich ebenfalls in allen Bundesländern mit einem Schwerpunkt im Norden Deutschlands. In Hamburg ist Max Bahr mit zwölf Filialen der mit Abstand am häufigsten vertretene Baumarkt. Obi ist, entgegen der sonst flächendeckenden Präsenz, nicht im Saarland aktiv. Der regionale Schwerpunkt liegt in Bayern und Nordrhein-Westfalen. In Bayern ist Obi mit 78 Filialen der mit Abstand am häufigsten vertretene Baumarkt der Top neun. Bei Praktiker ist mit Ausnahme von Bremen das gesamte Bundesgebiet vom Filialnetz abgedeckt. Der Schwerpunkt liegt in Nordrhein-Westfalen, wo Praktiker in Bezug auf die Anzahl der Standorte knapp hinter dem regionalen Marktführer toom liegt. Toom Baumarkt hat seinen Schwerpunkt neben Nordrhein-Westfalen in Baden-Württemberg. Das Saarland ist auch bei toom nicht vom Filialnetz abgedeckt. Durch die Insolvenz und damit verbundene Schließung der Praktiker-Baumärkte wird sich kurzfristig die Baumarkt-Landschaft verändern. Im Zuge der Neuausrichtung des Praktiker Konzerns wurden verschiedene Filialen auf die Marke Max Bahr umgeflaggt. Wahrscheinlich ist, dass zumindest ein Teil dieser Baumärkte nach der zwischenzeitlichen Insolvenz von Praktiker und Max Bahr auch zukünftig weiter betrieben werden kann.

Aussagekräftiger als die absolute Häufigkeit der Baumärkte ist die relative Markt-Dichte im Hinblick auf die Einwohnerzahl. Hier liegt das Saarland mit 0,21 Quadratmeter Verkaufsfläche pro Einwohner deutlich über dem bundesweiten Durchschnitt von 0,17 Quadratmeter, obwohl das Saarland absolut gesehen über die wenigsten Baumärkte verfügt und zudem bei vielen der Top 9 Unternehmen ein "weißer Fleck" auf der Landkarte ist. Eine ähnlich hohe Baumarktdichte haben ansonsten nur Schleswig-Holstein sowie alle neuen Bundesländer. Spitzenreiter ist hier Sachsen-Anhalt mit einer Baumarkt-Verkaufsfläche von 0,26 Quadratmeter pro Einwohner. Die Bundesländer mit hoher Bevölkerungsdichte wie Nordrhein-Westfalen und die Stadtstaaten Berlin, Bremen und Hamburg sind mit Werten zwischen 0,12 und 0,18 Quadratmetern Verkaufsfläche pro Einwohner hingegen scheinbar unterdurchschnittlich mit Baumärkten versorgt. Dennoch sind in diesen Bundesländern aufgrund der insgesamt hohen Filialdichte die Wege zum nächstgelegenen Baumarkt deutlich kürzer als in den dünn besiedelten Flächenländern wie Brandenburg und Mecklenburg-Vorpommern.

In Bezug auf die Anzahl der Einwohner pro Baumarkt liegt Sachsen-Anhalt an der Spitze, wo lediglich 22.243 Einwohner auf einen Baumarkt entfallen. Die anderen östlichen Bundesländer erreichen ähnliche Werte. In Berlin kommen dagegen auf einen Baumarkt 68.664 Einwohner, im bundesweiten Durchschnitt sind es 34.388. Ein umgekehrtes Bild zeigt sich bei der durchschnittlichen Verkaufsflächengröße der Baumärkte. Während die östlichen Bundesländer mit Werten zwischen 5.120 und 6.090 Quadratmetern eher über kleinteiligere Märkte verfügen, liegen die westlichen Bundesländer mit Werten zwischen 5.220 und 9.110 Quadratmetern im Mittel höher. Spitzenreiter sind wieder Berlin und das Saarland, wo die Baumärkte im Mittel über Verkaufsflächen von 8.750 bis 9.110 Quadratmetern verfügen. Die Ursache hierfür liegt darin, dass das Filialnetz in den östlichen Bundesländern mehrheitlich den Stand der 1990er Jahre wiederspiegelt, als die durchschnittliche Verkaufsfläche noch deutlich geringer war. Neueröffnungen haben aufgrund der hohen Versorgungsdichte in den vergangenen Jahren kaum noch stattgefunden. In den westlichen Bundesländern hingegen sind in den letzten Jahren zahlreiche neue Standorte hinzugekommen oder bestehende Filialen erweitert worden. Der Trend zu großflächigeren Outlets macht sich deshalb deutlich bemerkbar.

3.2 Expansion und Marktbereinigung

Die Handelsunternehmen setzen sowohl bei der Expansion als auch im Immobilienbereich auf unterschiedliche Strategien. Niederlassungen werden bei einigen Unternehmen im Franchise-System geführt, bei anderen wiederum über Regionalgesellschaften gesteuert. Die von den Unternehmen genutzten Immobilien werden je nach Strategie entweder angemietet oder im Auftrag errichtet und im Eigenbestand gehalten. Die Expansionsdynamik der großen Baumarktketten in Deutschland hat in den letzten Jahren deutlich an Schwung verloren. Aufgrund der bereits hohen Filialdichte in Ostdeutschland bieten derzeit nur die westlichen Bundesländer noch signifikante Spielräume zur Ausweitung des Filialnetzes. Insgesamt sind die Unternehmen jedoch zurückhaltend was die nationale Expansion angeht.

Praktiker ist schon länger das Sorgenkind der Branche gewesen und hat nach Marktinformationen seit geraumer Zeit Verluste gemacht. Ursache war neben einem schwachen Auslandsgeschäft auch seine Marketingstrategie. Um seinen Ruf als günstiger Anbieter zu festigen, hatte das Unternehmen jahrelang mit dem Slogan „20 Prozent auf alles – außer Tiernahrung" geworben. In der Folge waren die Märkte zwischen den regelmäßig wiederkehrenden Aktionen schlecht frequentiert. Ein konsequentes Sparprogramm sollte das Unternehmen wieder auf Kurs bringen. Unrentable Filialen wurden geschlossen und die Firmenzentrale mit jener von Max Bahr in Hamburg zusammengelegt. Zudem wurden Filialen von Praktiker umgebaut und unter der Marke Max Bahr weiterbetrieben. Bemerkenswert war, dass Praktiker trotz seiner Tiefpreis-Strategie in der Gunst der Kunden nicht gut dastand. In einer von TÜV NetResearch durchgeführten Verbraucherbefragung unter den Kunden von 13 großen deutschen Baumarktketten landete Praktiker bei der Gesamtzufriedenheit abgeschlagen auf dem zwölften Rang. Sieger waren Globus Baumarkt, gefolgt von Bauhaus und Hornbach. Lediglich im Segment Preiszufriedenheit schnitt Praktiker besser ab, allerdings auch hier nur als Fünftplatzierter.

Wie Praktiker bieten auch die anderen großen Unternehmen der Branche eine große Produktauswahl für preissensible Kunden, allerdings wird dies weniger stark als Marketinginstrument eingesetzt. Hornbach hat sich beispielsweise die Philosophie auf die Fahne geschrieben, den Kunden bei seinen "Projekten" vom Anfang bis zum Ende durch ein besonders breites und tiefes Sortiment, gute Qualität und eine hochwertige Beratungsleistung optimal zu unterstützen. Hornbach verzichtet dabei auf Rabattaktionen und Schnäppchenangebote. Toom Baumarkt bietet als besondere Serviceleistungen Wohnraumberatung, Handwerkerservice und Gartenplanung an, die dem Kunden von der ersten Idee bis zum Abschluss des Projektes zur Seite stehen und in vergleichbarer Form bei den Wettbewerbern so nicht angeboten werden.

4. Anforderungen

Einige Anforderungen an einen zeitgemäßen Baumarkt haben sich im Verlauf der Zeit geändert. Hierzu zählen zum Beispiel die notwendige Mietfläche (überdacht, Freifläche, Gartencenter), die ausreichende Anzahl an Stellplätzen oder schlicht die lichte Höhe der Märkte. Dies ist den sich ändernden Konzepten der Baumarktbetreiber geschuldet. So hat sich die Fläche eines modernen Baumarktes in den letzten Jahrzehnten stetig erhöht.

Neben der Ausweitung der Warensortimente kommen auch neue Konzepte wie „Drive-in"-Bereiche hinzu. Im Nachfolgenden sind einzelne Kriterien beispielhaft erläutert.

4.1 Standort

Baumärkte befinden sich – dies ist bereits der schieren Größe geschuldet – in der Regel am Stadtrand, in Gewerbegebieten oder „auf der grünen Wiese". Doch egal, wo genau der Baumarkt gelegen ist, wichtig ist, dass es sich um eine bereits frequentierte Lage handelt. Ein Baumarkt in einem bereits stark frequentierten Gewerbegebiet (zum Beispiel in Kombination mit einem Verbrauchermarkt oder Möbelmarkt) verstärkt in der Regel die eigene Frequenz. Ein Baumarkt im Nirgendwo ist nur in den seltensten Fällen in der Lage, eine nicht vorhandene Frequenz nachhaltig zu erhöhen. In nur sehr wenigen Fällen ist dies gelungen. Hierbei hat es sich dann aber zumindest um stark frequentierte Straßen (Autobahnzubringer o. ä. im direkten Umfeld) gehandelt. Für die Ansiedlung oder den erfolgreichen Betrieb eines Baumarktes ist eine entsprechend hohe Frequenz an Kunden (oder potenziellen Kunden) erforderlich.

4.2 Grundstück

Die großen Baumarkt-Ketten haben sehr klare Vorstellungen, welche Bedingungen ein Grundstück im Hinblick auf eine Expansion, sprich die Eröffnung eines neuen Baumarktes, erfüllen muss. Je nach Betreiber werden Grundstücke zwischen mindestens 15.000 Quadratmetern (Obi), mindestens 30.000 Quadratmetern (Hornbach) und mindestens 40.000 Quadratmetern (Bauhaus) gefordert. Zusätzlich zum Baumarkt müssen auf dem Grundstück Stellplätze in ausreichender Zahl möglich sein. Als Anhaltspunkt kann ein Stellplatz je circa 30 Quadratmeter Verkaufsfläche angesetzt werden. Neben dieser Bedarfsgröße sind behördliche Auflagen zum Stellplatznachweis zu berücksichtigen. Hinzu kommen als Einzugsgebiet Ballungsräume und Städte mit mindestens 100.000 Einwohnern, eine sehr gute Verkehrsanbindung und gerne auch bereits vorhandene Handelsobjekte, wie zum Beispiel ein SB-Verbrauchermarkt in der direkten Nachbarschaft. Zwar treffen diese Kriterien nicht auf alle Bestandsobjekte gleichermaßen zu, jedoch lässt sich an ihnen ablesen, welche Bestandsobjekte langfristiges Potenzial haben – und welche nicht. Bei der Beurteilung der Zukunftsfähigkeit eines bestehenden Objektes sollten diese genannten Kriterien ebenso angelegt werden. Denn insbesondere spätestens bei Mietobjekten stellt sich mit Auslauf des Mietvertrages für den Mieter die Frage nach dem Verbleib an dem bestehenden oder dem Umzug an einen neuen (besseren) Standort.

4.3 Gebäudeanforderungen

Die Anforderungen an das für einen Baumarkt erforderliche Gebäude haben sich seit den Anfangsjahren dieses Marktsegmentes bis zum heutigen Tag geändert. Angepasst an die sich wandelnden Erfordernisse der Baumarkt-Betreiber, wie zum Beispiel die Ausweitung des Warensortiments mit dem damit verbundenen erhöhten Flächenbedarf, energetische Anforderungen, Effizienzsteigerungen in der Distribution u.v.m., haben sich auch die Anforderungen an die Gebäude geändert. Während es in der Vergangenheit oft Baumärkte in ehemaligen Lagerhallen oder Werkstattflächen gab, so unterscheiden sich die

Neubauten hiervon grundlegend. Für alle Baumärkte ist es gleichermaßen wichtig, dass sie über ausreichende Möglichkeiten verfügen, sich selbst – und damit vor allem ihre Marke – werblich darzustellen. Jede Marke hat aufgrund ihres firmeninternen Corporate Designs eindeutige Anforderungen. Bei manchen Unternehmen handelt es sich um die farbliche Darstellung (Fassadenfarbe, Logo), bei manchen Unternehmen gehen die Anforderungen weiter (zum Beispiel spezielle Gestaltung des Eingangsbereichs). Für alle gilt, dass eine gute Sichtanbindung an den Individualverkehr gegeben sein muss.

In modernen Baumärkten werden – im Gegensatz zu klassischen Verbrauchermärkten – die Lagerbestände weitgehend am Verkaufsplatz gelagert. Und zwar horizontal oberhalb der eigentlichen Verkaufsregale. Dies gilt von der Schraube über die Leuchte bis zu Brettern für weite Teile des Sortiments. Um hohe und stabile Regalsysteme einbauen zu können bedingt dies für die Hallenflächen eine entsprechend notwendige Höhe. Die Gänge zwischen den Regalen sowie die Vor- und Nachkassen-Zonen sind so dimensioniert, dass sich Kunden auch mit großen und schwer beladenen Einkaufs- und Transportwagen problemlos bewegen können.

Viele Baumärkte verfügen mittlerweile über angeschlossene Gartencenter. Bei diesen handelt es sich in aller Regel um Hallenflächen aber auch um Freiflächen. Die Freiflächen werden benötigt und genutzt um Waren für den Außenbereich (Zaunsysteme, Gartenhäuser, größere Pflanzen) auszustellen und lagern zu können. Bei großen Baumärkten und bei Neubauten werden seit einiger Zeit zusätzliche Flächen für einen "Drive-in-Bereich" benötigt. Hier wird es dem Kunden ermöglicht, mit dem Auto direkt in einen bestimmten Bereich des Baumarktes zu fahren und dort (i.d.R. sperrige) Waren einzuladen und direkt zu bezahlen. Bei diesen Waren handelt es sich um Waren wie zum Beispiel Bauholz, Zement und andere Baustoffe, Gipskartonplatten, Pflaster usw. usw. Dieser „Drive-in-Bereich" ist separat vom eigentlichen Baumarkt organisiert und mit diesem nur über zusätzliche Eingänge/Zugänge verbunden.

Die Parkplatzflächen müssen ausreichend Rangierplatz bieten, damit auch PKW mit Anhängern oder Kleintransporter problemlos parken und Ware aufnehmen können. In diesem Zusammenhang ist es erforderlich, dass die Ein- und Ausfahrten zum Baumarkt-Parkplatz so dimensioniert sind, dass auch bei einem starken Andrang eine zügige Zu- oder Abfahrt sichergestellt wird. Aus diesem Grund findet man insbesondere bei großen Baumärkten mit einer entsprechend hohen Anzahl an Parkplätzen mehr als eine Zufahrt vor. In den Bereichen vor dem Baumarkt sind ausreichend Flächen für die Präsentation von Mustern (Saisonware, Gartenmöbel, Pflaster oder Dacheindeckungen etc.) notwendig. Diese Flächen dienen gleichermaßen der Werbung, der Darstellung des Baumarktes und in Teilen seines Warenangebotes.

5. Wertermittlung

Wie bei Einzelhandelsimmobilien üblich ist auch bei Baumärkten die Qualität und Laufzeit der Mietverträge das entscheidende Werteinflusskriterium bei der Ermittlung des Marktwertes. Da Baumärkte aber, anders als Einkaufszentren oder Geschäftshäuser, in der Regel Single-Tenant-Objekte sind, kommt dem Mietvertrag eine noch höhere Bedeutung zu. Zieht der Mieter aus einem Baumarkt aus, sind langfristige Leerstände zu erwarten. Befindet sich die Immobilie möglicherweise auch noch in einem schlechten Zustand oder in einer weniger nachgefragten Lage, erhöht sich das Wiedervermietungsrisiko. Der nachhaltige Wert eines Baumarktes ist daher gründlich zu prüfen. Neben dem klassischen Wertfaktor „Lage" spielt bei der Werthaltigkeit eines solchen Objektes der Mietvertrag (mit dem dahinter stehenden Mieter) eine entscheidende Rolle. Ein „gutes" Objekt in einer „guten" Lage lässt sich mit hoher Wahrscheinlichkeit auch bei Auszug des Mieters zu wirtschaftlichen Konditionen für den Eigentümer nachvermieten. Entspricht das Objekt nicht den aktuellen Anforderungen oder noch schlimmer, ist die Lage für die übrigen Wettbewerber nicht von Interesse, ist der Wert im Grunde alleine auf die Werthaltigkeit des laufenden Mietvertrages abgestimmt. Und die kann sich im Laufe seiner Laufzeit bekanntlich nachhaltig ändern.

5.1 Wertermittlungsverfahren

Entsprechend den Gepflogenheiten im gewöhnlichen Geschäftsverkehr und der sonstigen Umstände des Einzelfalls (vgl. § 8 Abs. 1 Satz 2 Immobilienwertermittlungsverordnung – ImmoWertV) ist der Verkehrswert eines Baumarktes mit Hilfe des Ertragswertverfahrens (gem. §§ 17-20 ImmoWertV) zu ermitteln, weil für Baumärkte der marktüblich erzielbare Ertrag bei der Kaufpreisbildung im Vordergrund steht. Der Ertragswert ergibt sich als Summe von Bodenwert und Ertragswert der baulichen und sonstigen Anlagen. Hierbei sind besondere objektspezifische Grundstücksmerkmale zu berücksichtigen. Dazu zählen in diesem Fall Abweichungen vom normalen baulichen Zustand infolge unterlassener Instandhaltungsaufwendungen oder Baumängel und Bauschäden, soweit sie nicht bereits durch den Ansatz eines reduzierten Ertrags oder durch eine gekürzte Restnutzungsdauer berücksichtigt sind. Ebenfalls zu berücksichtigen sind Abweichungen in der Grundstücksgröße, insbesondere wenn Teilflächen selbständig verwertbar sind. Die Anwendung des Sachwertverfahrens ist bei einem Baumarkt nicht zielführend. Die Anwendung des Ertragswertverfahrens ist bekannt, weshalb hier auf eine detaillierte Beschreibung verzichtet wird.

5.2 Wertparameter

Der wichtigste Wertparameter für die Bewertung eines Baumarktes ist der Mietertrag. Der Mietertrag basiert auf dem Mietvertrag. Also gilt es in einem ersten Schritt, diesen Vertrag zu prüfen. Hierbei sind unter anderem Dinge wie

- Mieter und dessen Bonität
- Miete und zugrundeliegende Flächen
- Umlagefähigkeit von Betriebskosten
- Kostentragung für Instandhaltungsmaßnahmen
- Laufzeit und Indexierung

zu prüfen. Basis für den Mietvertrag waren Verhandlungen zwischen Mieter und Vermieter. Hierbei fließen einerseits die Umsatz- und Ertragserwartungen des Mieters betreffend den Standort ein, und andererseits die Kosten- und Ertragserwartungen des Vermieters betreffend die Baulichkeiten. Verschiedentlich kann an bestimmten Klauseln in einem Mietvertrag (zum Beispiel die Übernahme der Betriebskosten durch den Mieter ganz oder nur teilweise) die unterschiedliche Stärke der Verhandlungspositionen erkannt werden. Ist ein Objekt/Standort nur eingeschränkt oder wenig nachgefragt, ist der Vermieter eher bereit (gezwungen) Zugeständnisse in Bezug auf Kostenübernahme oder Miethöhe zu machen.

Für den Mieter resultiert die Kalkulation der Umsatz- und Ertragserwartung aus den soziodemografischen Daten des Umfelds. Hierzu werden Daten aus dem möglichen Einzugsgebiet des Baumarktes herangezogen. Zu diesen Daten gehören Informationen zur Bevölkerung (zum Beispiel Anzahl, Einkommens- und Altersstruktur, Größe der Haushalte) sowie der Bebauung (zum Beispiel Einfamilienhäuser, Mehrfamilienhäuser, Eigentum, Miete, Altersstruktur der Häuser). Vereinfacht gesagt, versucht der Baumarktbetreiber zu schätzen, wie viele und welche Bewohner welchen Bedarf decken wollen und welcher Umsatz generiert werden kann. Dieses geschätzte Umsatzpotenzial ergibt dann die Einschätzung für die umsatzverträgliche Miete. Da sich im Rahmen einer Bewertung diese Zahlen und Daten nur sehr schwer beschaffen lassen und darüber hinaus die richtige Verwendung dieser Zahlen ein sehr spezialisiertes Fachwissen erfordert, wird an dieser Stelle nicht explizit darauf eingegangen. Im Rahmen einer üblichen Bewertung eines Baumarktes sollten die bereits früher aufgeführten Anforderungen an einen Baumarkt geprüft werden und die Miete anhand von Vergleichsobjekten plausibilisiert werden.

Wesentlichen Einfluss auf den Wert hat die Bausubstanz. Der bauliche Zustand eines Baumarktes fließt immer in eine Bewertung mit ein. Als wesentliche mögliche Kostentreiber sind hier zu nennen: Alter und Zustand des Daches (zum Beispiel Flachdach, Foliendach, Bitumeneindeckung, Dämmung usw.), Alter und Zustand der technischen Ausstattung (zum Beispiel Heizungsanlage, Sprinkler, Lüftung), Alter und Zustand des Baukörpers (zum Beispiel Konstruktion, Flexibilität, Fußböden, Dämmung) sowie die Außenanlagen (zum Beispiel Parkflächen, Pflaster oder Asphalt). Je nach Art und Zustand sind im Rahmen einer Wertermittlung unterschiedlich hohe notwendige Kosten für die laufende Instandhaltung oder auch die Instandsetzung zu kalkulieren und zu berücksichtigen.

Flächenbedarf

Innerhalb der vergangenen 30 Jahre haben sich die Flächenanforderungen von Baumärkten stark verändert. Während im Jahr 1982 die durchschnittliche Verkaufsfläche bei 1.750 Quadratmeter pro Betrieb lag, sind es im Jahr 2013 bereits rund 6.000 Quadratmeter pro Baumarkt. Dies entspricht einer Zunahme um den Faktor 3,4. Hinzu kommen Außenflächen (insbesondere für Parkplätze), die je nach Betriebsgröße und Betreiber eine Grundstücksfläche von 15.000 bis 40.000 Quadratmeter erforderlich machen. Dieser immer höhere Flächenbedarf hat zur Folge, dass geeignete Standorte für Baumärkte zunehmend schwieriger zu finden sind, insbesondere in den dicht besiedelten Ballungsräumen. Die nachfolgende Grafik zeigt die Entwicklung der durchschnittlichen Verkaufsfläche je Baumarkt in Deutschland von 1982 bis 2013.

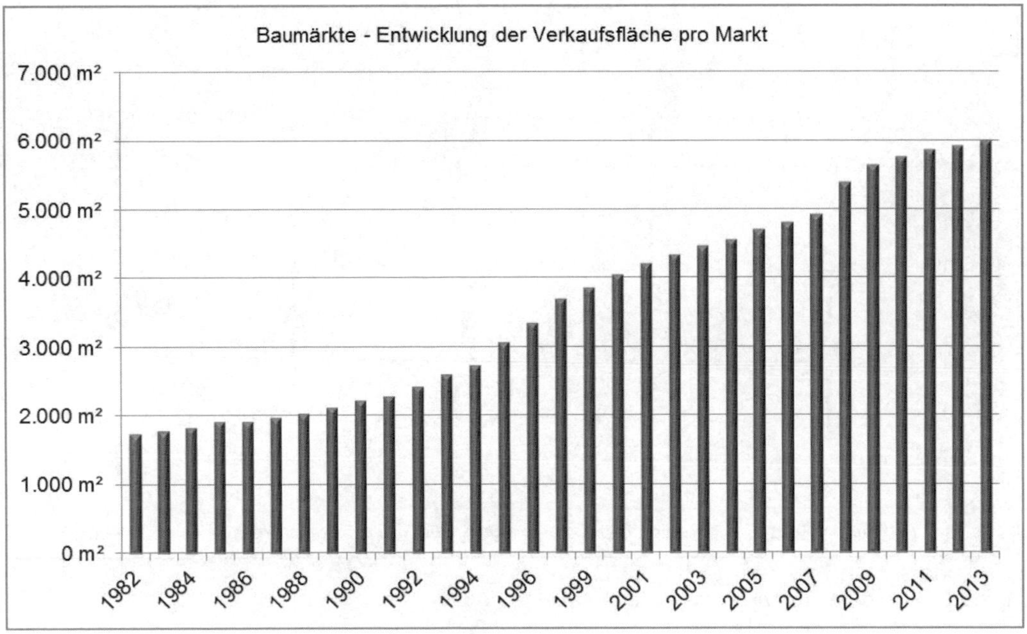

Abb. 4: Baumärkte – Entwicklung der Verkaufsfläche pro Markt
Quelle: gemaba

Mietansätze

In einer Studie hat DIWG|STIWA im Jahr 2012 unter anderem die Mietpreise von Baumärkten untersucht. Diese bewegten sich in einer Spanne zwischen 3,00 und 12,83 Euro pro Quadratmeter. Im Durchschnitt belief sich der Mietzins auf 7,84 Euro pro Quadratmeter. Dabei zeigten sich regionale Unterschiede. Die höchsten Durchschnittsmieten wurden mit 8,17 Euro pro Quadratmeter in der Region Ost gefunden, die niedrigsten mit einem Durchschnitt von 7,19 Euro pro Quadratmeter in der Region Nord. Auch die Spannen der ermittelten Mieten waren sehr unterschiedlich. Die mit Abstand größte Mietpreisspanne gab es in der Region Ost, die geringste in der Region Süd. Die Höhe des ermittelten Mietpreises hing insbesondere vom Zustand und Flächenzuschnitt der Immobilie sowie der Qualität des Standortes ab. Durch die steigenden Anforderungen an die Größe der Verkaufsfläche von Seiten der Baumarktbetreiber geraten die Mietpreise für ältere Objekte, die nicht mehr den neuesten Anforderungen entsprechen, zunehmend unter Druck. Aufgrund der eingeschränkten Drittverwendungsfähigkeit ist es für die Eigentümer essentiell, die bestehenden Mieter im Objekt zu halten. Im Zuge der Verlängerung von Mietverträgen sind unter Umständen auch Zugeständnisse beim Mietzins erforderlich, je nachdem wie attraktiv sich Immobilie und Umfeld für Mieter aus dem DIY-Segment darstellen. Die nachfolgende Grafik zeigt die ermittelten Mietpreisspannen in den einzelnen Regionen Deutschlands.

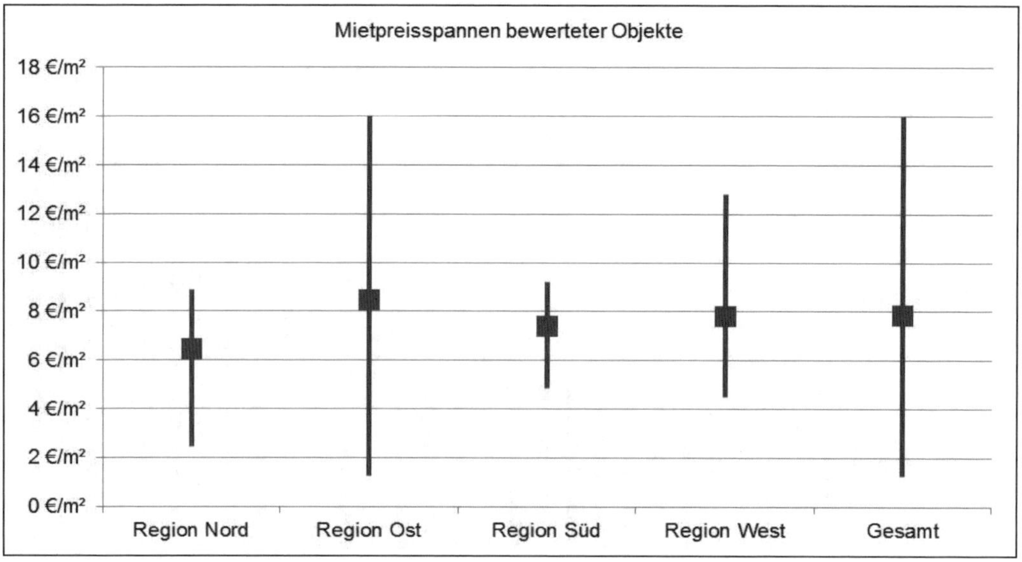

Abb 5: *Mietpreisspannen bewerteter Objekte*
Quelle: DIWG | STIWA

Liegenschaftszinssatz/Diskontierungszinssatz

Liegenschaftszinssätze können bei den örtlichen zuständigen Gutachterausschüssen abgefragt werden. Da der Markt für Baumärkte jedoch ein eher enger Markt ist, ist zu erwarten, dass in aller Regel der jeweilige Gutachterausschuss keinen direkt auf einen Baumarkt passenden Liegenschaftszins zur Verfügung stellen kann. Hier besteht die Möglichkeit, den Liegenschaftszins für „vergleichbare Objekte", wie zum Beispiel Fachmärkte oder Fachmarktzentren, zugrunde zu legen und daraus abzuleiten. Die Liegenschaftszinssätze für Baumärkte bewegen sich üblicherweise (vgl. Verkehrswertermittlung von Grundstücken, Kleiber) in einer Bandbreite von 6,0 bis 8,5 Prozent. Um einen Diskontierungszinssatz ermitteln zu können, empfiehlt sich ein ähnliches Vorgehen. Auf Basis von vergleichbaren Transaktionen (auch hier beispielsweise für Fachmärkte, vergleichbare Mikrolagen) sind die jeweiligen Parameter (Lage, Größe, Zustand, Mieter, etc.) zu würdigen und im Ergebnis ein marktkonformer Diskontierungszinssatz anzusetzen.

Netto-Anfangsrenditen

Bezüglich der Renditen für Baumärkte sind – aufgrund des geringen Marktvolumens – kaum aussagekräftige Marktinformationen vorhanden. Vielmehr empfiehlt es sich, diese in Anlehnung an Renditen für Fachmärkte und Fachmarktzentren abzuleiten. Baumärkte sind häufig Teile von Fachmarktzentren, so dass der Trendverlauf der jeweiligen Renditen sich ähnlich darstellen dürfte. Bezogen auf den Zeitraum von 2005 bis 2012 haben sich die Spitzenrenditen für Fachmärkte in einer Wellenbewegung entwickelt. Bedingt durch die große Nachfrage in den Jahren 2005 bis 2007 sind die Renditen deutlich gefallen. Im Zuge der sich anschließenden Finanzmarktkrise sind dann die Renditen wieder stark gestiegen und bewegen sich seit 2010 wieder nach unten. Im langfristigen Mittel dürften Spitzenrenditen um die sieben Prozent für einzelne Fachmärkte und um die 6,5 Prozent für Fachmarktzentren angemessen sein. Für Baumärkte sind – bedingt durch die speziellen Risiken – Aufschläge auf die jeweiligen Renditesätze üblich. Die nachfolgende Grafik zeigt die Entwicklung der Spitzenrenditen für Fachmärkte und Fachmarktzentren in den Jahren 2005 bis 2012.

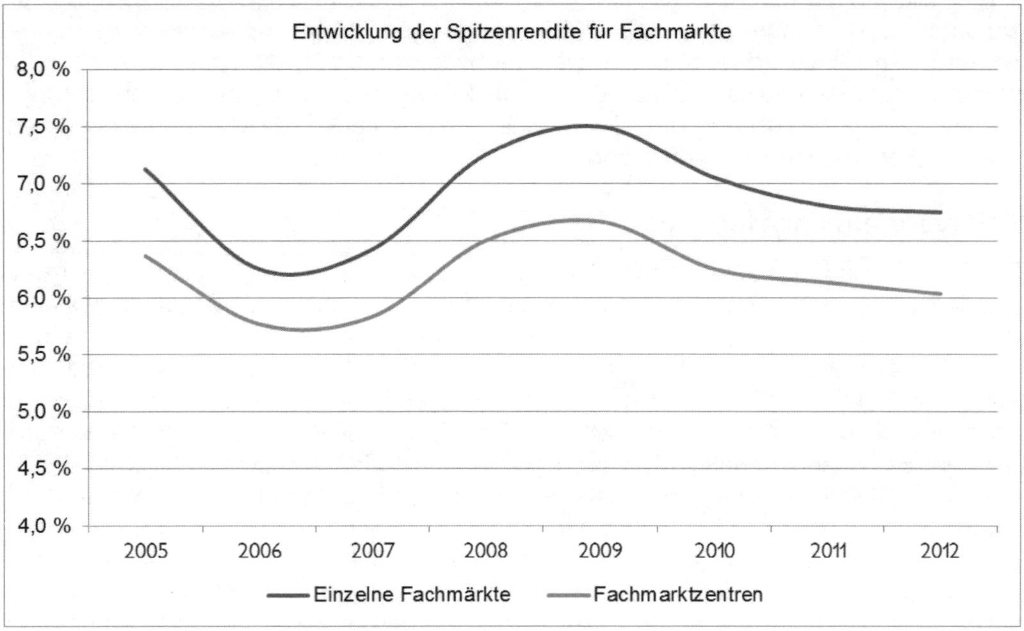

Abb. 6: Entwicklung der Spitzenrendite für Fachmärkte
Quelle: DIWG | STIWA

5.3 Besonderheiten

Auch moderne Baumärkte stellen aufgrund ihrer Größe sowie der eingeschränkten Drittverwendungsfähigkeit einen besonderen Typus der Einzelhandelsimmobilie dar. Vergleichbar sind sie, was die Größe der Verkaufsfläche betrifft, lediglich mit SB-Warenhäusern, wie sie beispielsweise von real, Globus oder Kaufland betrieben werden. Doch liegen sie überwiegend in Gewerbegebieten und an Stadträndern "auf der grünen Wiese". Im Detail unterscheiden sich beide Immobilientypen jedoch stark voneinander, beispielsweise was die Höhe der Verkaufsräume angeht. So haben Baumärkte aufgrund der vertikalen Lagerung andere Ansprüche als der großflächige Lebensmitteleinzelhandel.

Leerstand

Steht ein Baumarkt leer, hat der Eigentümer in aller Regel ein Problem. Wie bereits geschildert, sind an moderne Baumarktflächen besondere Anforderungen zu stellen. Erfüllt ein leer stehender Baumarkt diese Anforderungen nicht, dann ist eine Nachvermietung schwierig, wenn nicht gar unmöglich. Hinzu kommt, dass in aller Regel die Bausubstanz eines Baumarktes für eine Drittverwendung/andersartige Vermietung nur eingeschränkt nutzbar sind. Ein weiteres Handicap kann das Baurecht sein. In vielen Fällen sind für Baumärkte (auch im Zusammenhang mit Fachmarktzentren) Sortimentsbeschränkungen im Bebauungsplan festgelegt. Eine Änderung der Nutzung „Baumarkt" in „Lebensmittelhandel" oder andere Nutzungen ist im günstigsten Fall mit Aufwand und Zeit verbunden. Im schlechtesten Fall wird einem solchen Ansinnen durch die Genehmigungsbehörden nicht stattgegeben. Stimmen Standort und Objekt ist eine Nachvermietung in aller Regel schwierig, da die großen Baumarktketten nahezu in allen Landesteilen vertreten sind und die Expansionsbestrebungen der meisten Ketten derzeit gering sind. Im Falle eines Leerstandes ist auf jeden Fall zu prüfen, ob eine Nachvermietung realistischer Weise möglich ist. In einem solchen Fall sind Leerstandskosten sowie Kosten für Umbau- und Modernisierungsmaßnahmen zu kalkulieren. Hinsichtlich einer anzusetzenden Marktmiete ist die Anlehnung an Vergleichsmieten zielführend.

Drittverwendungsfähigkeit

Die Drittverwendungsfähigkeit von Baumärkten ist in aller Regel begrenzt. Zwar ist ein (moderner) Baumarkt auch für einen anderen Baumarktbetreiber nutzbar, aber eine alternative Nutzung zum „Baumarkt" wird durch Faktoren wie Mietfläche, lichte Höhe oder auch das vorhandene (spezielle) Baurecht eingeschränkt. Moderne Baumärkte haben Verkaufsflächen bis zu 15.000 Quadratmetern. Eine ähnliche Größenordnung haben nur noch Möbelhäuser oder Warenhäuser. Eine Teilung der Fläche und damit Nutzung durch mehrere Einzelhandelsmieter ist baulich zwar in vielen Fällen machbar. Allerdings stellt sich in aller Regel die Frage, ob dies an dem jeweiligen Standort überhaupt wirtschaftlich sinnvoll ist. Wie bereits früher dargestellt, befinden sich Baumärkte in aller Regel an Stadträndern oder in Gewerbegebieten. Falls der Baumarkt bereits Bestandteil einer Fachmarktagglomeration ist, dann sind die notwendigen alternativen Nutzer bereits vor Ort vertreten und können nur selten dazu bewegt werden, in eine suboptimale Immobilie umzuziehen. Darüber hinaus besteht für zahlreiche Baumärkte ein spezielles Baurecht, wonach abweichende Warensortimente in aller Regel ausgeschlossen sind.

6. Fazit

Baumärkte sind ein Spezialsegment im Bereich der Einzelhandelsimmobilien. Aufgrund ihrer Größe, Lage und Gebäudestruktur bieten leer stehende Baumärkte nur in einigen Fällen ein ausreichendes Potenzial für eine Drittverwendungsfähigkeit. Eine eingeschränkte Drittverwendungsfähigkeit bedingt, dass umso mehr der bei einem im Betrieb befindlichen Baumarkt zugrunde liegende Mietvertrag den ausschlaggebenden Faktor für den Wert des Objektes darstellt. Der Ertragswert ergibt sich aus dem Ertrag – und dieser resultiert bei einem Baumarkt stärker aus der Bonität des Mieters beziehungsweise dem Umsatzpotenzial des Standortes, als dies bei den meisten anderen Einzelhandelsimmobilien der Fall ist. Dies alles ist bei der Bewertung zu würdigen.

VIII. Factory Outlet Center

Dr. Joachim Will

Seit nun knapp 30 Jahren befinden sich in Europa Factory Outlet Center in Betrieb. Insofern stellen diese Fabrikverkaufszentren keine ganz neue Vertriebsform mehr dar, was vielleicht überraschen mag, wenn manche Diskussionen um Outlet Center verfolgt werden. Auch liegen zwischenzeitlich hinreichende Erfahrungen und Kenntnisse zur den spezifischen Standortanforderungen, den konzeptionellen und funktionalen Besonderheiten ebenso wie zu den wirtschaftlichen Möglichkeiten (z.B. Mietpreise, Flächenproduktivität, Renditen) vor, so dass eine weitgehend treffsichere Bewertung und Einschätzung von Standorten, Konzepten sowie der mit dieser Vertriebsform verbundenen Auswirkungen auf Aspekte des Städtebaus und der Raumordnung möglich ist, wobei letzteres zumindest in Deutschland im Rahmen der Genehmigungsverfahren von besonderer Relevanz ist.

1. Definition

Bei Factory Outlet Center handelt es sich um eine organisierte und einheitlich geplante Agglomerationsform des Handels. In der Abgrenzung zu Shoppingcenter, Fachmarktzentren, Off-Price-Center und auch bestimmten Agglomerationen von Outlet Stores (z.B. Herzogenaurach, Rottendorf, Ratingen) können Factory Outlet Center wie folgt definiert werden:

> Factory Outlet Center (FOC) sind eine Agglomeration vieler Ladeneinheiten innerhalb eines geplanten Gebäudekomplexes oder einer räumlich zusammenhängenden Anlage mit einer gesamten Verkaufsfläche von mindestens 5.000 Quadratmetern (= ca. 6.000 Quadratmeter GLA) und mit mehr als 20 Outlet Stores, in der Hersteller und vertikal integrierte Einzelhändler Auslaufmodelle, Zweite-Wahl-Produkte, Überschussproduktionen etc. unter Umgehung des Einzelhandels an Endverbraucher absetzen. Alle Waren werden mit einem Preisabschlag von mindestens 25 Prozent verkauft, wobei eine doppelte Preisauszeichnung („High Street Price"/„Outlet Price") mietvertraglich vorgeschrieben ist. Die Koordination, Organisation und das Marketing erfolgt durch ein Centermanagement.

Bei Zugrundelegung dieser Definition sind z.B. die Outletcity Metzingen, das Seemaxx Factory Outlet Center Radolfzell, der 50-Factory-Store in Aosta (I) oder The Mall in Leccio Reggello (I) nicht als FOC einzustufen. Die Aufnahme einer Flächenschwelle von mindestens 5.000 Quadratmeter Verkaufsfläche in die Definition dient vor allem dazu, kleindimensionierte Objekte welche nicht einmal annäherungsweise eine vergleichsweise räumliche Ausstrahlung wie FOC erreichen und so meist nur eine lokale oder auf die nähere regionale Umgebung beschränkte Bedeutung besitzen, von den professionell konzipierten und geführten modernen Fabrikverkaufszentren zu unterscheiden.

Land[1]	Anzahl der Standorte		Gesamte Verkaufsfläche in m²		Ø Verkaufsfläche in m² pro Center		Verkaufsfläche in m² pro 1.000 Einwohner		Anzahl der geplanten Standorte	Mittelfristiger Trend[2]
	IN BETRIEB									
	2003	2013	2003	2013	2003	2013	2003	2013		
UK	36	35	438.530	515.275	12.180	14.720	8,3	8,4	3	↘
Italien	4	23	74.700	491.875	18.680	21.385	1,4	8,2	8	↗
Frankreich	12	17	198.400	255.750	16.530	15.045	3,6	4,1	10	↑
Spanien	9	16	93.850	207.300	10.430	12.955	2,5	4,4	1	→
Deutschland	3	9	31.230	126.600	10.410	14.065	0,4	1,5	17	↑
Polen	1	9	8.100	133.500	8.100	14.835	0,2	3,5	2	↗
Schweiz	4	6	37.530	87.500	9.380	14.585	5,7	11,4	1	↘
Russland	-	3	-	70.000	-	23.335	-	0,7	4	↑
Griechenland	-	3	-	45.500	-	15.165	-	4,0	-	→
Irland	-	3	-	22.800	-	7.600	-	5,4	-	→
Niederlande	2	3	24.320	69.145	12.160	23.050	1,7	4,2	2	↗
Portugal	1	3	22.500	82.350	22.500	27.450	2,4	7,8	1	→
Österreich	1	3	18.000	75.035	18.000	25.010	2,5	8,9	-	→
Schweden	3	3	37.550	37.200	12.520	12.400	4,7	4,0	-	→
Tschechische Republik	-	2	-	38.500	-	19.250	-	3,7	1	→
Belgien	2	2	23.670	32.000	11.840	16.000	2,6	3,0	-	↗
Ungarn	-	2	-	29.500	-	14.750	-	2,9	-	→
Kroatien	-	1	-	15.050	-	15.050	-	3,4	-	→
Rumänien	-	1	-	14.500	-	14.500	-	0,7	-	→
Bulgarien	-	1	-	13.000	-	13.000	-	1,7	-	→
Serbien	-	1	-	13.000	-	13.000	-	1,4	1	↗
Litauen	-	1	-	12.700	-	12.700	-	3,8	-	→
Norwegen	-	1	-	11.000	-	11.000	-	2,3	-	→
Dänemark	-	1	-	10.000	-	10.000	-	1,8	3	↗
Slowakei	-	-	-	-	-	-	-	-	2	↗
Ukraine	-	-	-	-	-	-	-	-	1	↗
Estland	-	-	-	-	-	-	-	-	1	↗
Insgesamt	78	149	1.008.380	2.409.080	12.930	16.170	-	-	58	↗

(1) Reihung in absteigender Folge nach Anzahl der in Betrieb befindlichen Standorte
(2) Einstufung des mittelfristigen Trends in der Entwicklung der Anzahl der Outlet Standorte und der FOC-Verkaufsflächenausstattung in den entsprechenden Ländern von ↑ (= stark wachsend) bis ↓ (= stark rückläufig)
Quelle: ecostra-Grundlagenforschung, Stand: Juni 2013

Tab. 1: Die Situation und Entwicklungsperspektiven der Outlet Center in den Ländern Europas 2013

Festzustellen ist, dass die führenden FOC-Entwickler und -Betreiber in jüngerer Zeit in der Benennung ihrer Center von der Bezeichnung „Factory" Outlet Center abrücken und nur noch von Outlet Center oder Outlet Village sprechen. Dies kann als Indikator dahingehend gesehen werden, dass diese Vertriebsform zwischenzeitlich bereits einen gewissen „Reife"-Prozess durchlaufen hat, der sich neben einer Professionalisierung des Managements, der Integration moderner Marketingmethoden in die Absatzpolitik v.a. auch in einem gestalterischen und konzeptionellen „trading up" bemerkbar gemacht hat und sich nun die Outlet Center von den klassischen Fabrikverkaufsstandorten ebenso wie von den ersten Ausprägungen dieser Vertriebsform emanzipiert haben.

2. Markt und aktuelle Entwicklungstrends in Europa

2.1 Entwicklung der Standorte und der Flächenausstattung in den Märkten Europas

In der Tat hat in Europa in den vergangenen 30 Jahren nicht nur die Anzahl der FOC-Standorte ein enormes Wachstum gezeigt, sondern diese Vertriebsform hat in dieser Zeit bereits einen beachtlichen Wandel durchlaufen. So stieg in der quantitativen Betrachtung im Zeitraum zwischen den Jahren 2003 und 2013 in Europa

- die Zahl der in Betrieb befindlichen FOC von 78 auf 149 Standorte (= +91 Prozent),
- die gesamte FOC-Verkaufsflächenausstattung von ca. 1,0 Millionen auf ca. 2,4 Millionen Quadratmeter (= +139 Prozent),

wobei je nach Land die Entwicklung mehr oder weniger unterschiedlich verlaufen ist und sich die aktuelle Situation und zukünftige Entwicklungsperspektive des jeweilig nationalen FOC-Marktes entsprechend differenziert darstellt:

- Mit aktuell 35 in Betrieb befindlichen FOC und einer gesamten Verkaufsfläche von etwa 515.000 Quadratmeter gilt das Vereinigte Königreich als „gesättigter Markt". Zwar werden nach wie vor noch vereinzelte FOC-Standorte neu entwickelt, jedoch geschieht dies im Wesentlichen in der Form einer Verdrängung gegenüber schwächeren Standorten und Konzepten. In den vergangenen fünf Jahren wurden hier per Saldo mehr Standorte geschlossen, als neue FOC eröffnet haben.
- Eine ähnliche Entwicklung ist für die Schweiz feststellbar. Sättigungstendenzen zeigen auch der österreichische und der italienische Markt, wobei v.a. letzterer in den vergangenen Jahren eine stürmische Entwicklung erlebt hat.[1]
- Entwicklungspotenziale zur Ansiedlung weiterer FOC zeigt neben Frankreich insbesondere auch Deutschland, welches einen noch vergleichsweise geringen FOC-Besatz hat und eindeutiges Expansionsziel der Markenhersteller ist.
- Ab dem Jahr 2000 rückten aufgrund einer gestiegenen Kaufkraft und einer z.T. bereits gut ausgeprägten Markenorientierung der Verbraucher auch die mittel- und

1 Zwischen den Jahren 2003 und 2013 erhöhte sich die Zahl der FOC-Standorte in Italien von 4 auf 23 (= +475 %) und die gesamte FOC-Verkaufsfläche von ca. 74.700 auf ca. 491.875 (= +558 %).

osteuropäischen Länder (MOEL) stärker in den Fokus der FOC-Entwickler. Neben Polen wurden Standorte in der Tschechischen Republik, Ungarn, Kroatien, Rumänien und Bulgarien realisiert, wobei sich diese jeweils im unmittelbaren Umfeld der bevölkerungsstarken Metropolen befanden. Der „credit crunch" des Jahres 2008 hat jedoch dazu geführt, dass mit Ausnahme von Polen weitere FOC-Projekte in diesen Ländern kaum mehr eine Bankfinanzierung bekommen und viele Markenhersteller ihre Standortexpansion in diesen Ländern stark zurückgefahren haben; diese Situation hat sich bis zum heutigen Zeitpunkt nicht wesentlich geändert. Eine weitere Ausnahme stellt hier die Russische Föderation dar, welche über eine vergleichsweise hohe Zahl an Millionenstädten mit einer wachsenden Mittelschicht und somit über ein nicht zu vernachlässigendes Potenzial verfügt.[2] Durchaus bemerkenswert ist in diesem Zusammenhang, dass sich die FOC-Betreiber und –Entwickler, welche zu den erfahrensten und leistungsstärksten in Europa zählen, bislang von einem Engagement in den MOEL ferngehalten und diese Märkte weitgehend anderen Akteuren überlassen haben.

Aktuell befinden sich in Europa etwa 58 FOC-Projekte in einem mehr oder weniger konkreten Planungsstadium, wobei der größte Anteil auf Deutschland entfällt. Wie viele dieser Planungen letztlich realisiert werden, lässt sich derzeit kaum verlässlich einschätzen.

2 Allerdings stellen in Russland Korruption, die Interessensphären von lokalen und regionalen Oligarchen sowie die spezifischen Vertriebsstrukturen vieler Markenherstellern nicht zu unterschätzende Entwicklungshemmnisse gerade für internationale FOC-Betreiber und -Entwickler dar. So befinden sich die Lizenzrechte zum nationalen Vertrieb vieler Marken bei einem Oligopol bestehend aus 4 Unternehmen – der Crocus Gruppe, Mercury, Jamilco / LBV sowie Bosco di Ciliegi. Es ist davon auszugehen, daß FOC-Entwickler, welche nicht mindestens eines dieser Unternehmen für eine Kooperation gewinnen, gewisse Probleme in der Vermietung ihrer Anlagen haben werden; vgl. hierzu WILL. J. & SCHWARZE, J.: Factory Outlet Centers. A Catch-Up-Race begins in Germany. In Clifford Chance (eds): Real Estate Newsletter. Autumn 2009, S. 3

	Center der 1. Generation Erstmals realisiert in Frankreich 1983		Center der 2. Generation Erstmals realisiert in UK 1992	Center der 3. Generation Erstmals realisiert in UK 1995	Center der 4. Generation Erstmals realisiert in UK in den späten 1990ern
Marketing Strategie	• Geringe Einflußnahme der Entwickler auf das Centermanagement • Heterogenes Angebot • Fehlende Transparenz bei der Produktherkunft • Geringe Wahrnehmbarkeit der Marken • Zufällige Preisreduktionen • Keine „zusätzlichen" Dienstleistungen • Werbung basiert auf Mundpropaganda	**Restrukturierung der Branche und Ankunft von spezialisierten Entwicklern**	• Starke Einflußnahme der Entwickler auf das Centermanagement • Restriktivere Markenauswahl (mittel- bis hochpreisig) • Bewerbung der Marken • Festgelegte Preisreduktionen • Relativ begrenztes Dienstleistungsangebot • Medienwerbung	• Verbesserte Markenauswahl • Verstärkte Bewerbung der Marken • Verbesserte Einkaufsqualität • Bestrebungen zur Erhöhung der Kundenbindung in einem hochkompetitiven Markt	• Hochpreisige und Luxusmarken • Erlebniseinkauf • Thematisierte Center • Verbessertes Dienstleistungsangebot
Architektur	• Fabrikhallen-Ambiente • Sachliche Ladengestaltung und -möblierung		• Anspruchsvollere Architektur • Ladenlayout identisch wie bei „traditionellen" Geschäften	• „Village" Stil • Höherer Anspruch an Architektur und Qualität des Raumes	• „Village" Stil
Standort	• Traditionelle Fabrikationsstandorte • Ballungsräume		• Traditionelle Fabrikationsstandorte • Ballungsräume	• Tourismusgebiete oder Standorte an den Achsen des touristischen Fernreiseverkehrs • Ballungsräume	• Tourismusgebiete oder Standorte an den Achsen des touristischen Fernreiseverkehrs • Ballungsräume
Zielgruppen	• Überwiegend lokale Kunden		• Überwiegend lokale Kunden • Größere Einzugsgebiete	• Große Einzugsgebiete • Fokus auf Touristen	• Große Einzugsgebiete • Fokus auf Touristen

Tab. 2: Die Evolution einer Vertriebsform in Europa: Vom FOC zum Outlet Village Quelle: Lamy, C.: From Factory Outlet Centres to Outlet "Villages". 25 Years Development and still numerous Growth Forecasts in France. In ecostra (ed.): The big ecostra Outlet Centre Handbook Europe 2011. Wiesbaden, 06 / 2011, S. 19; ecostra-Überarbeitung

2.2 Dynamische Weiterentwicklung der FOC-Konzepte

Neben dem Wachstum der Standorte und Flächen haben FOC – als ein ursprünglich in den USA entwickeltes Vertriebskonzept – nach ihrer Ankunft in Europa einen beachtlichen Wandel durchlaufen. Dieser Wandel macht sich u.a. insofern bemerkbar, dass in einem Zeitraum von nur 20 Jahren bereits vier „Generationen" mit unterschiedlichen Konzeptmerkmalen unterschieden werden können, wobei sich diese Betriebsformendynamik vor allem in einem organisatorischen und angebotsbezogenen „trading-up" und damit einer

Verfeinerung der Vertriebsformel sowie einer stärkeren Fokussierung auf touristische Kundenzielgruppen bzw. Kunden aus räumlich größeren Distanzen ausdrückt. Inspiriert waren diese Maßnahmen dabei insbesondere auch durch Erfahrungen und Kenntnisse, welche die US-amerikanischen Betreiber in ihrem Heimatmarkt gewinnen konnten, wo zur selben Zeit eine Marktbereinigung stattfand, bei der v.a. ältere, kleiner dimensionierte Projekte in weniger günstigen Standortlagen durch moderne Konzepte verdrängt wurden.[3] Insofern stellen die ab etwa 1995 in Europa realisierten Outlet Villages originär eigentlich eine US-amerikanische und keine europäische (Weiter-) Entwicklung dar.

2.3 Betreibermarkt

Auch der Betreibermarkt hat seit der Entwicklung der ersten Standorte in Europa eine merkliche Veränderung erfahren. Ende der 1990er Jahre gab es etwa drei bis vier Betreiber, welche überhaupt jeweils mehr als drei Outlet Center im Management hatten, ansonsten war der Betreibermarkt in hohem Maße fragmentiert und von „Einzelkämpfern" geprägt. Das Leasing und Management vieler Center zeigte in seiner Qualität eine entsprechend große Spannweite. Die zum damaligen Zeitpunkt bedeutenden Betreiber, welche auch gleichzeitig die expansivsten Entwickler neuer Center waren, zählen heute meist zu den Etablierten der Branche. Im Einzelnen handelt es sich hierbei um

- McArthurGlen (USA/GB)[4]
- Value Retail (USA/GB)[5]
- Realm Outlet Centre Management (GB)[6]
- Concepts & Distribution (F)[7]

Während McArthurGlen nach wie vor ein hohes Expansionstempo fährt und versucht in verschiedenen europäischen Ländern weitere Standorte zu entwickeln oder bestehende

---

3 Vgl. Will J. (2007): op.cit., S. 248

4 Das Unternehmen (www.mcarthurglen.com) bestand bis Ende 2002 aus einem Joint Venture aus der British Airport Authority (BAA) und McArthurGlen Europe, ein Tochterunternehmen der US-amerikanischen McArthurGlen Realty. Ende 2001 wurde ein Joint Venture mit Richardson Developments gebildet. Seit dem Jahr 2004 kooperiert McArthurGlen mit Henderson Global Investors, in dessen Fonds (European Outlet Mall Fund) die meisten von McArthurGlen entwickelten Projekte überführt werden. McArthurGlen expandiert v.a. in Kontinentaleuropa mit Schwerpunkten in Frankreich und Italien. Nach dem Rückzug vom deutschen Markt im Jahr 2002 erfolgte 2006 der Wiedereintritt mit der Übernahme des Managements des „Berlin Designer Outlet Centers" (ehem. „B5 Outlet Center" in Wustermark). In jüngster Zeit laufen Standortplanungen v.a. in Deutschland, Frankreich und der Türkei. Bei der Expansion in den kontinentaleuropäischen Ländern setzt McArthurGlen seit dem Jahr 2000 zunehmend auf die Integration lokaler bzw. nationaler Partner.

5 Bei Value Retail (www.valueretail.com) handelt es sich um ein Anglo-Amerikanisches Joint Venture zwischen SD Malkin Properties, London & Metropolitan, Argent Group und The Chelsea/GCA Realty. Eine Besonderheit bei Value Retail liegt in der Finanzierung der Center, wobei die Investoren für jedes Projekt als „limited partners" zusammengestellt werden und einen Prozentsatz der Gesamtumsätze des jeweiligen Centers erhalten; entsprechend können sich die Projektpartner von Standort zu Standort z.T. deutlich unterscheiden. Diese Objekte erscheinen aufgrund der spezifischen Finanzierungsstruktur auch kaum auf dem Transaktionsmarkt. Value Retail verfolgt die Strategie, sich im hochpreisigen Marktsegment mit Betonung auf Designermarken und internationale Hersteller zu positionieren.

6 Realm Ltd. (www.realm.ltd.uk) betreibt FOC, die meist im Eigentum der MEPC stehen, einer der größten Immobilienentwickler und -investoren in Großbritannien (gegr. 1946). Im Jahr 2003 wurde MEPC von Hermes übernommen, die Outlet Center wurden in das Portfolio von Hermes übertragen. In 2004 kaufte Hermes verschiedene FOC-Standorte des Betreibers Freeport plc., wobei aber mehrere heute „notleidend" sind bzw. einzelne bereits geschlossen wurden bzw. an einem Relaunch gearbeitet wird.

7 Die Ursprünge des Unternehmens (www.marquesavenue.com) liegen in einer Anfang 1990 bestehenden Partnerschaft zwischen Christian Liagre und Alain Salzmann zur Gründung der Societe des Gestion des Outils Commerciaux (SGOC). Im Jahr 1996 erfolgte der Kauf der restlichen SGOC-Firmenanteile durch Alain Salzmann und die Einbringung der Anteile in die Concepts & Gestion, welche eine 100 %ige Tochterfirma von Concepts & Distribution ist. Das Unternehmen ist heute FOC-Marktführer in Frankreich mit einer Positionierung v.a. mittelpreisigen Markensegment.

zu erweitern, sind bei Value Retail derzeit kaum solche Aktivitäten erkennbar. Nach dem Scheitern des Versuchs im niedersächsischen Bispingen eine Baugenehmigung zu erhalten, gibt es Anzeichen, dass sich Value Retail nun v.a. dem chinesischen Markt zuwendet. Nach vorliegenden Informationen hat der Betreiber Realm vor dem Hintergrund der Marktsättigung und des Verdrängungswettbewerbs im britischen Heimatmarkt die Standortexpansion weitgehend eingestellt und arbeitet eher an der Konsolidierung seines Standortportfolios. Auch Concepts & Distribution – als einziger der „etablierten" Betreiber in seinen Aktivitäten ausschließlich auf den (französischen) Heimatmarkt beschränkt – zeigte in den vergangenen Jahren nur noch sporadische Expansionsaktivitäten.

Die wesentlichste Veränderung des Betreibermarktes ab etwa dem Jahr 2000 stellte das Erscheinen neuer Akteure dar, welchen es gelungen war, sich das spezifische Know-how zum Betrieb eines Outlet Centers anzueignen. Diese „Newcomer" können in vier Gruppen eingeteilt werden:

- Projektentwickler, welche aus dem gewerblichen Immobilienbereich kommen (u.a. Fachmarktzentren, Shoppingcenter). Beispiele hierfür sind Stable International (NL), Neinver (E) und Promos Srl. (I)
- Dienstleister, welche bislang u.a. in der Vermietung von Outlet Stores gerade auch für etablierte FOC-Betreiber tätig waren. Beispiele hierfür sind Maklerhäuser wie GVA Grimley[8] (GB), CB Richard Ellis (GB, D, F u.a.) und Jones Lang LaSalle (GB, F, E, HU u.a.)
- Neugründungen durch ehemalige Mitarbeiter von FOC-Betreibern. Beispiele hierfür sind BVS Outlet Villages[9] (B, GB), ROS Retail Outlet Shopping (A) und Pantheon Retail (GB, I)
- Shoppingcenter-Betreiber wie z.B. Unibail Rodamco (F / NL), Segece (F) und Inter IKEA Centre Development (S, PL, CH u.a.).

Insgesamt ist somit nicht nur eine Ausdifferenzierung, sondern gleichzeitig auch eine weitere Professionalisierung des europäischen FOC-Betreibermarktes festzustellen. Dies macht sich auch durch Verschiebungen in der Marktbedeutung der Betreiber deutlich. So nimmt der spanische Betreiber Neinver – als „Newcomer" – bezogen auf die im Management befindliche Outlet-Fläche hinter McArthurGlen zwischenzeitlich den zweiten Rang ein und hat damit so etablierte Firmen wie Value Retail, Realm oder Concepts & Distribution überrundet. Gleichzeitig finden sich in diesem Markt nun auch eine Reihe weiterer Dienstleister, welche als Spezialisten auftreten und zum Beispiel

- spezifische, auf Outlet Center zugeschnittene Vermietungsdienstleistungen anbieten, z.B. One Outlet Services (NL), 1A-Outlet (D), RDG Retail Development Group (D) und SJ International Outlet Solutions (D)[10]
- als Architekten entsprechende Leistungen spezifisch für Outlet Center erbringen, z.B. Holder Matthias Architects (UK), ATP Achammer, Tritthart & Partner (A), Kroh &

---

8 Weitgehend das gesamte Team von GVA Outlet Services, welches bei dem internationalen Maklerhaus GVA für das Leasing und Management von Outlet Centern zuständig war, wechselte im Jahr 2010 zur Fashion House Gruppe (B / UK). Ob GVA weiterhin im Management von Outlet Centern tätig ist, ist derzeit nicht eindeutig erkennbar.

9 BVS Outlet Villages hat sich wieder aufgelöst, nachdem die ING Real Estate als Eigentümer des Outlet Centers "Alpenrhein Outlet Village" in Landquart (CH) aufgrund eines nicht zufriedenstellenden Vermietungsfortschritts das Mandat zum Management des Centers entzogen hatte.

10 Vgl. zu One Outlet Services http://www.oneoutletservices.com/, zu 1A-Outlet http://1aoutlet.de/, zur Retail Development Group http://www.retaildevelopmentgroup.com/ und zu SJ International Outlet Solutions http://www.sj-international.de/

Partner (A). Hierbei handelt es sich um Architekturbüros, welche zwar grundsätzlich Leistungen für alle Agglomerationsformen an Handelsimmobilien anbieten (z.B. Shoppingcenter, Fachmarktzentren), bezogen aber auf Outlet Center sich eine spezifische Kompetenz erarbeitet haben.

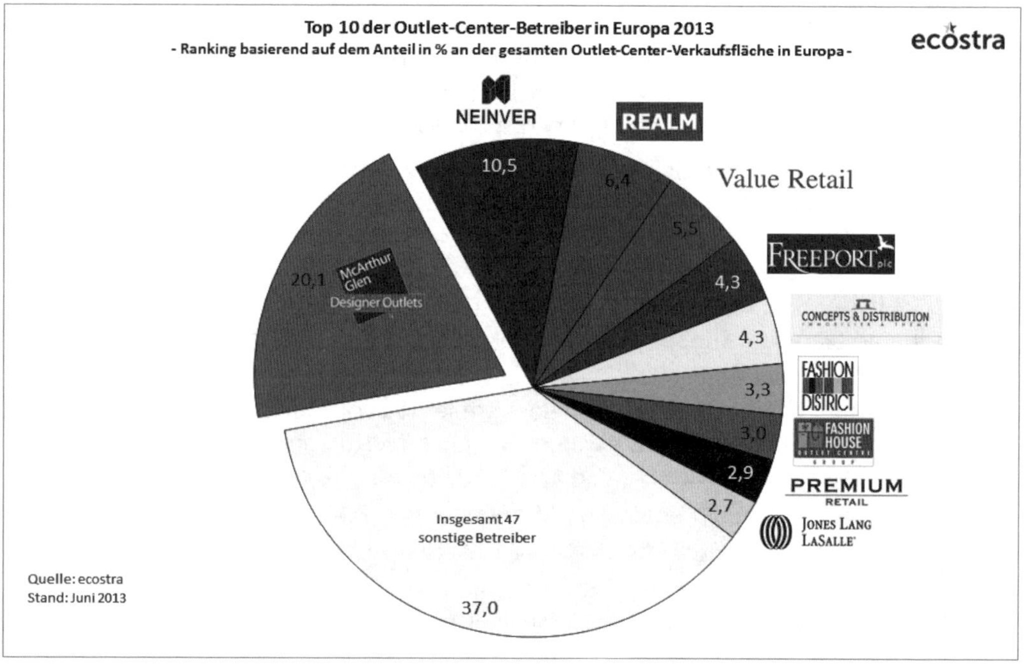

Abb. 1: Die größten Betreiber von Outlet Centern in Europa auf Basis der in Betrieb befindlichen Outlet Fläche.

2.4 Investoren

Lange Zeit zeigten sich Banken und institutionelle Investoren bei der Finanzierung von bzw. der Veranlagung in Outlet Centern sehr zurückhaltend. Handelte es sich doch um ein Immobilienprodukt, zu dem kaum Erfahrungen und Benchmarks vorlagen und das sich in wesentlichen Aspekten (z.B. Vorvermietungsquoten, Laufzeiten der Mietverträge, Umsatzmieten, Incentives) von vergleichbaren Handelsimmobilien (z.B. Shoppingcenter) unterscheidet. Insofern erfolgte bis in die 1990er Jahre hinein die Finanzierung von Outlet Centern v.a. durch privates Eigenkapital. Teilweise ist dies auch nach wie vor der Fall. Mit Berichten zum ökonomischen Erfolg der Outlet Center in verschiedenen europäischen Ländern, Informationen zu den hier erzielten Umsätzen und Miethöhen sowie einer relativen Resistenz dieser Vertriebsform gegenüber konjunkturellen Zyklen stieg auch das Interesse von Investoren und Finanzdienstleistern.[11]

11 Hierbei ist zu beachten, dass Outlet Center – anders als vielfach behauptet – sich in ihrer wirtschaftlichen Performance nicht antizyklisch verhalten, sondern lediglich eine höhere Krisenresistenz haben, d.h. Phasen eines konjunkturellen Abschwungs und eine damit häufig parallel laufende Konsumzurückhaltung der Verbraucher haben zunächst kaum Rückwirkungen auf Outlet Center, während andere Vertriebsformen des Einzelhandels mit Umsatzrückgängen konfrontiert sind.

Im Bereich der institutionellen Investoren erwarb z.B. im Jahr 2006 die DEGI Deutsche Gesellschaft für Immobilienfonds mbH (heute: Aberdeen Asset Management PLC) das zwischen Florenz und Rom gelegene Valdiciana Outlet Village für den DEGI International Fonds. Die ING Real Estate (NL) kaufte z.B. im Jahr 2007 das französische Center „Marques Avenue Romans" für einen seiner Fonds und im Jahr 2009 das Schweizer Center „Alpenrhein Outlet Village" bei Chur. Der ebenfalls niederländische Investor Corio N.V. übernahm im Jahr 2010 einen Anteil von 75 Prozent an dem sich noch in der Phase der Projektentwicklung befindlichen Center „Moulin de Nailloux" bei Toulouse in Frankreich; das Center wurde im November 2011 eröffnet. Bei allen diesen Beispielen handelt es sich um gemischte Portfolien. Bis heute gibt es nur wenige Spezial-Fonds, welche ausschließlich oder auch nur zu wesentlichen Teilen in Outlet Center investiert sind; zu nennen sind hier:

- European Outlet Mall Fund (EOMF), welcher von Henderson Global Investors (GB) im Februar 2004 aufgelegt wurde und zwischenzeitlich ein Portfolio mit einem Volumen von fast 1,5 Milliarden Euro verwaltet und im Mittel eine Eigenkapitalrendite (IRR) von circa 13 Proze erwirtschaftet.[12] Der europäische FOC-Marktführer McArthurGlen kooperiert in seiner Expansion mit Henderson Global Investors. Der EOMF hat derzeit direkt und indirekt in elf Outlet Center von McArthurGlen investiert.[13]
- IRUS European Retail Property Fund, welcher von dem spanischen Betreiber und Entwickler Neinver im Jahr 2007 mit einem Volumen von ca. 1,4 Milliarden Euro aufgelegt wurde. Dieser Fonds dient wesentlich dazu die europäische Expansionsstrategie von Neinver im Bereich der Outlet Center, aber auch bei anderen Einzelhandelsimmobilien, abzusichern.
- Polonia Property Fund I & II, welche zusammen ein Volumen von ca. 650 Mio. abbilden und u.a. in drei Outlet Center des Betreibers Fashion House Management in Polen investiert haben. Bis zu Beginn des Jahres 2012 wurden Anteile dieses Fonds u.a. von der Allied Irish Banks plc. (AIB) gehalten.

Insofern kann festgestellt werden, dass Outlet Center zwischenzeitlich zu einer eigenen Asset-Klasse geworden sind. Jedoch handelt es sich auch hier um einen Nischenmarkt. Das Hauptproblem aus Sicht der Investoren ist relativ simpel: in Europa gibt es bislang insgesamt nur relativ wenige Transaktionen von Outlet Centern. Auch Hypothekenbanken sind nach einigem Zögern zwischenzeitlich dazu übergegangen, Projektentwicklungen von Outlet Centern zu finanzieren oder sich bei Umfinanzierungen von in Betrieb befindlichen Objekten zu beteiligen; jedenfalls sofern es sich um Standorte in Westeuropa handelt.[14]

---

12 Vgl. Williams, D.: Outlet Centres. An attractive asset class for investors? In ecostra (ed.): The big ecostra Outlet Centre Handbook Europe 2011. Wiesbaden, 06 / 2011, S. 58

13 Dies sind die Objekte Neumünster (D; Eröffnung 2012), Berlin / Wustermark (D), Roermond (NL), Messancy (B), Parndorf (A), Serravalle (I), Barberino (I), Rom / Castel Romano (I), Cheshire Oaks / Ellesmere Port (UK), Bridgend (UK) und Swindon (UK):

14 So finanzierte die Eurohypo AG – eine 100 %ige Tochter der Commerzbank – im Jahr 2011 die Realisierung des Outlet Centers in Soltau (D). Im Konsortium mit drei weiteren Banken stellte die Landesbank Hessen-Thüringen (Helaba) im Jahr 2011 die Finanzierung zur Erweiterung des Outlet Centers La Vallée Village bei Paris (F) zur Verfügung. Im selben Jahr finanzierte ebenfalls ein deutsches Konsortium von Hypothekenbanken eine Umschuldung des Wertheim Outlet Village bei Würzburg (D), im Jahr 2012 stellte dann eine Gruppe bestehend aus der Westdeutschen Immobilien Bank AG, Pramerica, HSH Nordbank und Hypo Noe ein Darlehen über 110 Mio. zur Refinanzierung von Ingolstadt Village zur Verfügung. Ebenfalls im Jahr 2012 beteiligte sich die Deutsche Pfandbriefbank an der Umfinanzierung des La Roca Outlet Village, nördlich von Barcelona (E). Diese Beispiele deutscher Hypothekenbanken können auch auf Banken anderer europäischer Länder übertragen werden (z.B. die österreichische Raiffeisen Bank, welche Outlet Center in Ungarn und Italien finanzierte).

Investoren und Finanzdienstleister haben zwischenzeitlich erkannt, dass bei geeigneten Standorten, professionellen Konzepten und einem entsprechenden Management von Outlet Centern üblicherweise Renditen erzielt werden können, welche – z.T. deutlich – über den Vergleichswerten aus dem jeweiligen nationalen Markt für Shoppingcenter liegen.

2.5 Mieter

In der Warendistribution der meisten Hersteller besitzt der klassische stationäre Einzelhandel allein schon hinsichtlich des hier abgesetzten Volumens nach wie vor die größte Bedeutung. Gleichwohl haben in den vergangenen Jahren nahezu alle Markenhersteller im Rahmen der Vorwärts-Vertikalisierung neben eigenen Ladengeschäften (Flagship-Stores, Markenstores) und dem Aufbau eines Online-Shops eine „Outlet Strategie" entwickelt.[15] Entsprechend hat die Zahl der Markenhersteller – unabhängig von deren Preislage und Markenimage – mit Ladeneinheiten in Outlet Centern erheblich zugenommen. Auslistungsdrohungen des Einzelhandels – sofern überhaupt noch vorhanden – verfangen bei den Herstellern zwischenzeitlich kaum noch. Gleichwohl ist das Bemühen auf Seiten der Hersteller erkennbar, soweit möglich „Störungen" oder „Irritationen" auf Seiten bestehender Vertriebsstrukturen zu vermeiden, was dazu führt, dass weiterhin ein gewisser räumlicher Abstand zu wichtigen Vertriebspartnern im stationären Einzelhandel eingehalten wird (sog. „retail sensitivity"), auch wenn diese „retail sensitivity" in jüngerer Zeit in ihrer Bedeutung bei Standortentscheidungen deutlich zurückgegangen ist. Allgemein erfährt dieser Absatzkanal bei den Herstellern zwischenzeitlich eine hohe Akzeptanz, welche nicht nur aus der Funktion als Ventil zur Lagerbereinigung resultiert, sondern vielmehr von Aspekten des ökonomischen Ertrages und der Markenpositionierung getragen wird. Eine Untersuchung aus Großbritannien kommt hier zu folgendem Fazit:

> *„There is universal acceptance of the usefulness of the Outlet channel to clear excess stock and support the main business activities. Although many tenants are initially pushed into the channel to solve a physical stock problem they invariably increase their level of commercialization as they respond to the effects of opportunism, the experience curve and potential economies of scale. Furthermore, the well documented strengths of the Outlet channel are increasingly complemented by additional benefits which only emerge over time as the Outlet portfolio is increased. Nevertheless, it is clear that many tenants will continue to resist full blown commercialisation for reasons related to brand sensitivity, other business priorities and prohibitive levels of investment."*[16]

Aktuelle empirische Befragungen zeigen, dass die Bedeutung der Outlet Stores innerhalb der Multi-Channel-Strategie der Hersteller zugenommen hat und diese von einer auch zukünftig weiteren Bedeutungszunahme dieses Vertriebskanals ausgehen.[17] Anders als

15 Beispielhaft kann hier der Modekonzern Hugo Boss angeführt werden, welcher im Jahr 2009 ca. 33 % des Umsatzes durch eigene Geschäfte erzielte. Bei der Hauptversammlung 2009 erläuterte der Vorstandsvorsitzende Claus-Dietrich Lahrs, daß bis 2015 *„knapp die Hälfte des Konzernumsatzes in eigenen Modegeschäften und im Online-Handel erwirtschaftet werden"* sollen. *„Gerade in der Wirtschaftskrise im vergangenen Jahr, als die Geschäfte mit dem Großhandel um 15 Prozent zurückgingen, seien die Umsätze in den eigenen Shops um 13 Prozent gewachsen. (...) Außerdem seien die eigenen Läden profitabler als das Geschäft mit dem Großhandel."*; vgl. *„Hugo Boss: Lahrs setzt auf eigene Läden"*, Artikel in „Die Welt", 22.06.2010

16 Jones, R. O.: An examination of tenant evolution within the UK Factory Outlet Channel. MBA-Thesis. University of Stirling. 10 / 2005, S. 79

17 ECOSTRA & MAGDUS: Factory Outlet Centre Performance Report Europe 2012. Wiesbaden / Troyes (F), 12 / 2012, S. 41 ff.

bei (Full-Price)-Markenstores der Hersteller ist die mögliche Zahl an Outlet Stores begrenzt; als „Daumenregel" kann auf Basis von Angaben von verschiedenen Vertriebs- und Expansionsleitern der Markenartikelindustrie davon ausgegangen werden, dass mindestens sieben Full-Price-Stores einer Marke erforderlich sind, um einen Outlet Store mit Fabrikverkaufswaren versorgen zu können. In diesem Zusammenhang ist die Expansions- und Standortstrategie der meisten Markenhersteller geprägt von einer weitgehenden Fokussierung auf Regionen, weniger konkrete Standortlagen oder Center; d.h. Outlet Stores sind nur begrenzt multiplizierbar und wettbewerbsorientierte Entscheidungsparameter (Marktbesetzungsstrategien, Aufbau einer Marktposition gegenüber Konkurrenten etc.) spielen hier – anders als im klassischen Einzelhandel – kaum eine Rolle.[18]

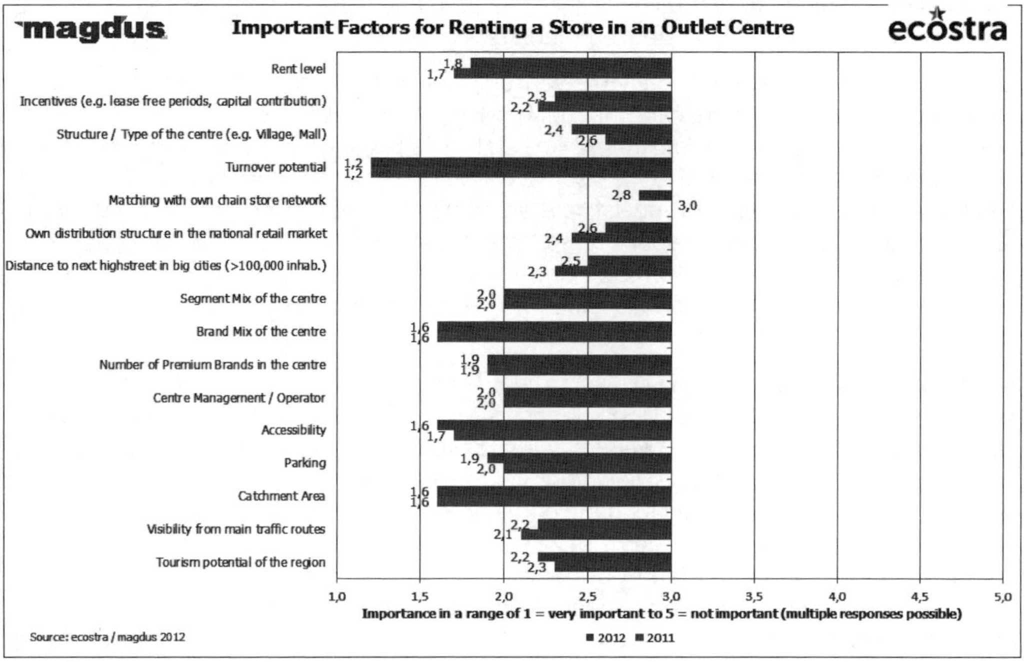

Abb. 2: Relevante Entscheidungsfaktoren aus Sicht der Markenhersteller bei der Anmietung einer Ladeneinheit in einem Outlet Center

In Zusammenhang mit Outlet Centern wird häufig davon ausgegangen, dass Markenhersteller die Mieter stellen, was in dieser Form nicht ganz korrekt ist. Markenhersteller lassen ihre Stores in einem Outlet Center häufig auch durch Dritte betreiben, wobei allerdings eine Lizenzierung oder eine sonstige vertragliche Bindung an den jeweiligen Hersteller Voraussetzung ist. Hierbei können drei Fallkonstellationen unterschieden werden:

- Hersteller/Markeninhaber – hierbei mietet und betreibt der Hersteller/Markeninhaber selbst eine Ladeneinheit im FOC; entsprechend sind Shop-Manager und andere

18 Entsprechend finden sich hier Aussagen von Expansionsleitern der Markenartikelindustrie dahingehend, dass in einer bestimmten Region ein – und nicht zwei oder mehr – Outlet Stores benötigt werden. Dies hat natürlich zur Konsequenz, dass in einem dichter werdenden Markt der Wettbewerb zwischen den Outlet Centern um (kunden-) attraktive Mieter besonders intensiv geführt wird.

Beschäftigte direkt Angestellte des Herstellers; die Darstellungsform erfolgt im Rahmen von Markendächern[19]

- Franchisenehmer – der Hersteller mietet eine Ladeneinheit im FOC und beauftragt einen Dritten – den Franchisenehmer – unter Ausschließlichkeitsbindung mit dem Betrieb des Outlet Stores; die mietvertraglichen Verpflichtungen des Herstellers werden entsprechend weitergegeben. Die Darstellung erfolgt im Rahmen von Markendächern
- Lizenznehmer – ein Einzelhändler erhält die Lizenz eines oder mehrerer Hersteller zum Vertrieb der Waren in einem FOC. Auf Grundlage dieser Lizenzen besteht das Mietverhältnis direkt zwischen dem Einzelhändler und dem FOC-Betreiber. Die Darstellung kann im Rahmen von Markendächern ebenso erfolgen, wie im Rahmen von Sortimentsdächern (bei Lizenzen mehrerer Hersteller)

Als Vertragspartei im Rahmen der mietvertraglichen Vereinbarung mit dem Eigentümer/ Betreiber des Outlet Centers kann hierbei der Hersteller selbst ebenso wie auch der vom Hersteller eingesetzte Dritte auftreten; im letzten Fall allerdings nur sofern diesem eine Berechtigung (Lizenz) des Herstellers zum Vertrieb der Waren erteilt wurde. Daneben ist erkennbar, dass auch Einzelhandelsfilialisten Stores in Outlet Centern eröffnen, wobei augenscheinlich nicht unmittelbar die Sortimentsbereinigung an den bestehenden Filialstandorten, sondern vielmehr Umsatz- und Ertragsaspekte sowie ggf. auch die Positionierung als (Handels-)Marke innerhalb eines von Herstellermarken geprägten Umfeldes die wesentliche Rolle spielt.

Aufgrund der noch geringen FOC-Dichte, der hohen Kaufkraft und der Markenorientierung der Verbraucher steht v.a. Deutschland im Fokus der Expansionsplanungen von Markenherstellern zur Anmietung weiterer Outlet Stores; bei den Befragungen des Jahres 2011 und 2012 nannten jeweils zwei von drei Markenherstellern Deutschland als Zielland für ihre weitere Expansion. Bereits deutlich dahinter kamen Länder wie Frankreich, Österreich, Italien und Polen.[20] Allgemein zeigt sich in Europa, dass es „no shortage of tenants"[21] gibt; bei gut im Markt positionierten Outlet Centern mit entsprechend attraktivem Markenbesatz besteht sogar eine „Warteliste" mit Mietinteressenten. Vermietungsprobleme haben verschiedene weniger attraktive Anlagen, weniger leistungsfähige Betreiber bzw. solche ohne bereits bestehende andere eigene FOC (als Referenzobjekte) und Objekte in einzelnen mittel- und südosteuropäischen Reformstaaten (z.B. Kroatien, Rumänien). Allerdings ist bei FOC-Betreibern auch ein intensiver Wettbewerb um die zahlenmäßig eher geringen Designer- oder A-Marken erkennbar, wobei sich ein eindeutiger Trend herausgebildet hat: die „Top-Marken" belegen (bzw. mieten) weitestgehend nur Outlet Stores in den „Top-FOC-Standorten". Insofern ist eine qualitative Ausdifferenzierung bereits des Vermietungsmarktes erkennbar.

---

19 Bei sog. „Markendächern" (auch „Company Stores" genannt) erfolgt die Präsentation und der Verkauf der Waren von nur einer Marke bzw. eines Herstellers in der jeweiligen Ladeneinheit. Entsprechend ist auch die Firmierung (Namen und Logo) des jeweiligen Outlet Stores sowie die Ladengestaltung analog zum Corporate Identity der Marke gehalten. Von den „Markendächern" können die sog. „Sortimentsdächer" unterschieden werden, d.h. innerhalb eines Outlet-Stores erfolgt die Präsentation und der Verkauf von Waren einer Art (z.B. Schuhe) verschiedener Marken oder Hersteller unter einem nicht mit einer Marke verbundenen Namen (z.B. Designer Shoes); vgl. Will, J.: op.cit., S. 259

20 Vgl. ECOSTRA & MAGDUS (2012): op.cit., S. 35f

21 MINTEL (Hrsg.): Factory Outlet Centres. London, 2001, S. 59

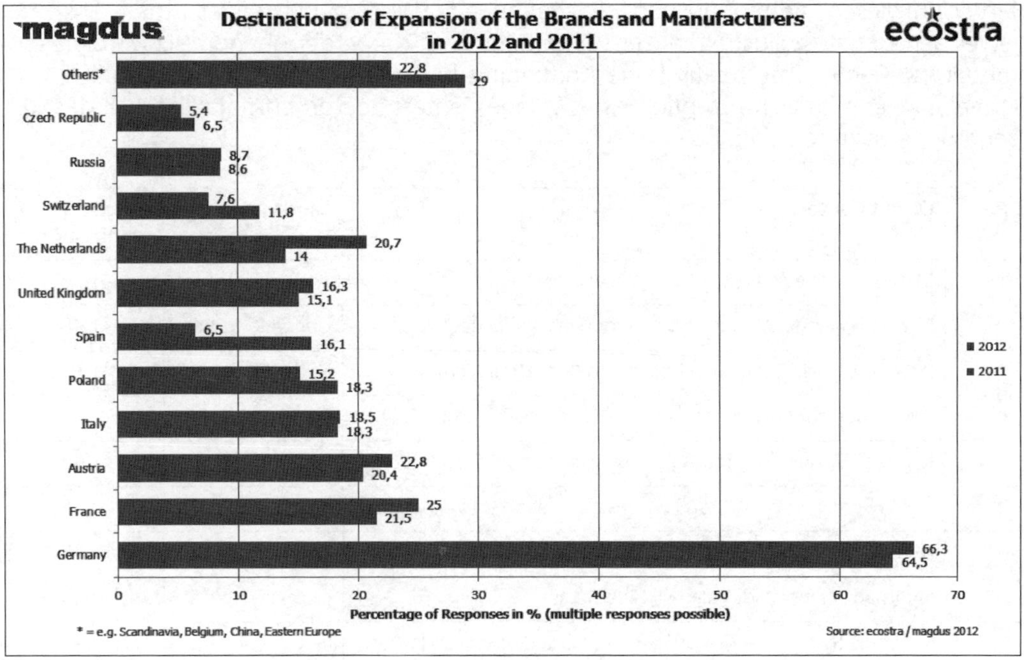

Abb. 3: Zielländer für Markenhersteller zur Anmietung von Outlet Stores

2.6 Gewinner und Verlierer

Der Umstand, dass mit Factory Outlet Center eine neue Vertriebsform das Spektrum der Handelsimmobilien erweiterte, wurde von Projektentwicklern ebenso wie auch von kommunalen Entscheidungsträgern nicht nur in Deutschland mit großem Interesse registriert. Hat sich doch hier die Chance geboten, innerhalb eines häufig bereits dicht besetzten Einzelhandelsmarktes notleidende Immobilien und brachliegende Grundstücke (die sog. „sauren Wiesen") einer neuen, renditeträchtigen Nutzung zuzuführen bzw. die eigene Stadt oder Gemeinde innerhalb des interkommunalen Wettbewerbs als weiträumig ausstrahlende Einkaufsdestination neu zu positionieren und die lokale Wirtschaft durch eine frequenzstarke Nutzung zu befruchten.

Informationen zu gut und weniger gut performenden Outlet Center waren lange Zeit nur über die „Buschtrommeln" der Branche und gelegentliche Berichten in der Fachpresse erhältlich. Hierbei handelte es sich immer um Bewertungen von einzelnen oder nur ganz wenigen Centern. Eine systematisierte Gesamtschau einer größeren Anzahl von Objekten fehlte völlig. Im Jahr 2008 wurde gemeinsam von CB Richard Ellis und der ecostra GmbH erstmals die Leistungsfähigkeit ausgewählter FOC in Europa untersucht, wobei Markenhersteller und Lizenznehmer zu Umsatzleistung, Expansionszielen und –strategien befragt wurden.[22] Seit 2008 wurde jährlich eine Aktualisierung der Befragungsergebnisse durchgeführt und die Zahl der untersuchten Objekte von 50 auf heute 132 erweitert, so dass sich zwischenzeitlich alle Outlet Center in Europa mit einer Betriebszeit von mehr als zwei

22 Vgl. ECOSTRA & CBRE: Factory Outlet Centre Performance – European Report 2009. Wiesbaden & Frankfurt am Main, 07 / 2009

Jahren in diesem Befragungsportfolio befinden.[23] Die Ergebnisse der Studie (inkl. der jeweiligen Updates) illustrieren, dass innerhalb der Gruppe der ökonomisch erfolgreichsten Outlet Center eine relativ hohe Kontinuität herrscht. Außerdem wird deutlich, dass Outlet Center mit der Konzeption eines Village Centers überproportional stark in der Spitzengruppe vertreten sind.

Rang	Outlet Center	Land	Durch-schnittsnote*
1	Marne la Vallée / Chessy - La Vallée Village (Value Retail)	France	1.36
2	Bicester - Bicester Village Outlet Shopping (Value Retail)	United Kingdom	1.46
3	Roermond - McArthurGlen Roermond (McArthurGlen)	Netherlands	1.47
4**	L'Ile Saint Denis - Marques Avenue (Concepts & Distribution)	France	2.00
4**	Romans-sur-Isere - Marques Avenue (Concepts & Distribution)	France	2.00
4**	Castel Romano - McArthurGlen Castel Romano (McArthurGlen)	Italy	2.00
4**	La Roca del Valles - La Roca Village (Value Retail)	Spain	2.00
8	Ingolstadt - Ingolstadt Village (Value Retail)	Germany	2.03
9	Serravalle Scrivia - McArthurGlen Serravalle (McArthurGlen)	Italy	2.11
10**	Wertheim - Wertheim Village (Value Retail)	Germany	2.13
10**	Ellesmere Port - McArthurGlen Cheshire (McArthurGlen)	United Kingdom	2.13
12	Parndorf - McArhurGlen Parndorf (McArthurGlen)	Austria	2.21
13	Fidenza - Fidenza Outlet Village (Value Retail)	Italy	2.22
14	Street - Clarks Village Outlet Shopping (Realm)	United Kingdom	2.25
15	Zweibrücken - The Style Outlets (Neinver)	Germany	2.26
16	Las Rozas - Factory Madrid Las Rozas (Neinver)	Spain	2.33
17	South Normanton - McArthurGlen East Midlands (McArthurGlen)	United Kingdom	2.40
18	Wustermark - McArthurGlen Berlin (McArthurGlen)	Germany	2.42
19	Mendrisio - FoxTown Factory Stores (Studio Silvio Tarchini)	Switzerland	2.50
20**	Portsmouth - Gunwharf Quays (Lordland International)	United Kingdom	2.56
20**	York - McArthurGlen York (McArthurGlen)	United Kingdom	2.56

* aus einem Bewertungsspektrum von 1 (= deutlich überdurchschnittlich) bis 5 (= deutlich unterdurchschnittlich)
** Die gleiche Bewertung mit anderen FOC führte zu einer doppelten Belegung in der Rangfolge
Quelle: ecostra / magdus 2012

Tab. 3: FOC Performance 2012 – Top 20 Outlet Center

Die Zahl der Standorte, an denen sich die Erwartungen nicht erfüllt haben und wo die hier entwickelten Outlet Center aufgegeben bzw. geschlossen werden mussten, ist in jün-

23 Seit dem Jahr 2012 wird diese Untersuchung von ecostra gemeinsam mit der französischen Forschungseinrichtung „magdus" (www.magdus.fr) durchgeführt.

gerer Zeit deutlich angestiegen. Wie ecostra-Recherchen in den Märkten Europas gezeigt haben, summiert sich die Zahl der gescheiterten FOC-Objekte auf mindestens 21 Standorte. In Bezug gesetzt zu der aktuell in Betrieb befindlichen Zahl von 149 Outlet Center in Europa stellt eine hieraus resultierende Quote von rund 14 Prozent einen überraschend hohen Wert für die „gescheiterten" Center dar. Dies unterstreicht, dass gerade Outlet Center besondere Anforderungen an die Standortselektion, die konzeptionelle Ausgestaltung und das Management stellen. Eine besondere Problematik eines Scheiterns am Markt besteht bei Outlet Centern darin, dass die Drittverwendungsmöglichkeit aufgrund der spezifischen baulichen Struktur und der Standortlage meist stark eingeschränkt ist. Häufig ist an solchen Standorten, sofern sich diese in einiger Entfernung von einwohnerstarken Verdichtungsräumen befinden, eine Nachnutzung mit herkömmlichen Einzelhandelsnutzungen nicht möglich. Entsprechend stehen heute viele der „gescheiterten" Objekte leer.

Land	Standort	Bezeichnung	Gründe des Scheiterns / ergänzende Infos
Österreich	Leobersdorf	Leoville Premium Outlet	• Unerfahrener Betreiber • Intensive Wettbewerbsverflechtungen mit nahegelegenem Designer Outlet Parndorf • Umnutzung in Freizeit- / Themencenter geplant
Österreich	Vösendorf	Sale City Süd	• Unerfahrener Betreiber (Kenntnisse nur im Shoppingcenter-Bereich) • Falsche Standortwahl, ungeeignet für ein FOC • Intensive Wettbewerbsverflechtungen mit nahegelegenem Designer Outlet Parndorf
Schweden	Arlandastad	Arlandastad Outlet Village	• Unerfahrener Betreiber (dies war eines der ersten Projekte von OCI Outlet Centres International • Falsche Standortwahl, ungeeignet für ein FOC
Schweden	Södertalje	Festival Park Södertalje	• Unerfahrener Betreiber
Vereinigtes Königreich	Dundee	City Quays	• Unerfahrener Betreiber • Falsche Standortwahl, ungeeignet für ein FOC • Fehlender Markenbesatz • Objekt soll einen Relaunch als Freizeit- und Modezentrum erfahren
Vereinigtes Königreich	Haydock	Rolling Stock	• Intensive Wettbewerbsverflechtungen mit anderen FOC
Vereinigtes Königreich	West Calder	Freeport Designer Outlet West Calder	• Intensive Wettbewerbsverflechtungen mit dem nahegelegenen FOC Designer Outlet Livingston
Vereinigtes Königreich	Hornsea	Freeport Hornsea Outlet Village	• Objekt hatte keine ausreichend „kritische Masse" • Intensive Wettbewerbsverflechtungen mit anderen Outlet Center
Vereinigtes Königreich	Hartlepool	Jacksons Landing	• Unerfahrener Betreiber • Objekt hatte keine ausreichend „kritische Masse" • Intensive Wettbewerbsverflechtungen mit anderen Outlet Center

Land	Standort	Bezeichnung	Gründe des Scheiterns / ergänzende Infos
Vereinigtes Königreich	Alexandria	Loch Lomond Factory Outlet	• Objekt hatte keine ausreichend „kritische Masse" • Intensive Wettbewerbsverflechtungen mit anderen Outlet Center
Vereinigtes Königreich	Westwood	Freeport Scotland Outlet Village	• Objekt hatte keine ausreichend „kritische Masse" • Intensive Wettbewerbsverflechtungen mit anderen Outlet Center • Standort soll revitalisiert werden
Vereinigtes Königreich	Aldershot	The Galleries	• Intensive Wettbewerbsverflechtungen mit anderen Outlet Center
Ungarn	Budaörs	M1 Outlet Center	• Unerfahrener Betreiber • Falsches Konzept (inkl. Drogeriemarkt etc.) • Intensive Wettbewerbsverflechtungen mit dem benachbarten Premier Outlet Center
Ungarn	Törökbalint	GL Outlet Center	• Nur wenig attraktiver Markenbesatz • Intensive Wettbewerbsverflechtungen mit dem benachbarten Premier Outlet Center • Gegenüber Premier Outlet Center deutlich schlechtere Standortfaktoren
Schweiz	Rümlang	Foxtown Factory Outlet Center Rümlang	• Falsche Standortwahl, ungeeignet für ein FOC • Falsches Konzept (inklusive Supermarkt) • Objekt wurde einem Relaunch als klassisches Shoppingcenter unterzogen
Schweiz	Wettingen	FOC Wettingen	• Unerfahrener Betreiber • Objekt verfügte nicht über die erforderliche „kritische Masse"
Italien	Santhia	Fashion District Santhia	• Projekt wurde gebaut aber aufgrund einer mangelnden Mieternachfrage nie eröffnet • Objekt steht heute leer!
Spanien	Alcorcón	Alcor Plaza Factory Outlet	• Unerfahrener Betreiber
Belgien	Verviers	Ardennes Outlet Center	• Anhaltende Vermietungsprobleme bzw. hohe Leerstandsquote • Intensive Wettbewerbsverflechtungen mit dem FOC Maasmechelen Village • Unerfahrener Betreiber • Standort wird nun mit einem Decathlon-Sportfachmarkt nachgenutzt
Deutschland	Hermsdorf	A2 Outlet Center	• Anhaltende Vermietungsprobleme bzw. hohe Leerstandsquote • Unerfahrener Betreiber • Gesamtobjekt (inkl. EKZ Elbe Park) wurde 2012 von Modepark Röther übernommen und einem Relaunch als fashionorientiertes Einkaufszentrum unterzogen

Land	Standort	Bezeichnung	Gründe des Scheiterns / ergänzende Infos
Kroatien	Donja Zelina	Outlet Center Sveta Helena	• Unerfahrener Betreiber • Ungeeigneter Standort • Anhaltende Vermietungsprobleme bzw. hohe Leerstandsquote

Tab. 4: Schließungen und Aufgaben – gescheiterte FOC-Entwicklungen in Europa
Quelle: ecostra-Grundlagenforschung; Stand: Juni 2013

Zusammenfassend kann festgestellt werden, dass die häufigsten Ursachen des Scheiterns einer FOC-Entwicklung in der mangelnden Erfahrung des Betreibers / Projektentwicklers mit dieser spezifischen Vertriebsform, einer falschen Standortwahl, einer zu geringen „kritischen Masse" der Flächendimensionierung und dem Wettbewerbsdruck von konkurrierenden Outlet Centern zu sehen sind.

3. Standort, Konzept, Organisation und Vermietung

3.1 Standortanforderungen

Outlet Center sind Handelsimmobilien. Insofern sind grundlegende Standortanforderungen im Wesentlichen identisch zu jenen anderer organisierter und gemeinsam geplanter Agglomerationsformen des Einzelhandels. Es sind aber auch deutliche Unterschiede erkennbar. Allgemein können die Standortanforderungen von FOC wie folgt beschrieben werden:

- Die direkte Auseinandersetzung mit dem Facheinzelhandel in größeren Städten beziehungsweise Agglomerationen wird vermieden, da von diesen Standorten aus die Potentiale aus größeren Distanzen erschlossen werden sollen. Und dies auch nicht im Interesse der Hersteller (als potentielle Mieter in einem FOC) liegt. Deshalb kommen vorzugsweise kleinere und mittlere Städte im weiteren Umfeld von Ballungsräumen in Betracht, wobei eine sehr gute verkehrliche Erreichbarkeit erforderlich ist, da sich das Einzugsgebiet gegenüber anderen Einzelhandelsbetrieben auf deutlich größere Distanzen erstreckt und das Besucherverhalten in hohem Maße autoorientiert ist.
- Weitgehend ebenerdiges Stellplatzangebot (aufgrund eines sehr hohen PKW-Kundenanteils).
- Innerhalb einer PKW-Fahrdistanz von mindestens ca. 30 Minuten sollte noch kein regional dominierendes bzw. bereits gut im Markt positioniertes Outlet Center in Betrieb sein.
- Als Standortlage werden Gewerbegebiete bevorzugt; häufig werden auch teilintegrierte und in Einzelfällen sogar städtebaulich integrierte Standortlagen realisiert, sofern dort die verkehrlichen und flächenmäßigen Ansprüche befriedigt werden können; zentrale Innenstadtlagen kommen dagegen kaum in Betracht. Die Grundstücksfläche sollte mindestens 60.000 Quadratmeter betragen und – nach Möglichkeit – Erweiterungsoptionen bis auf 100.000 Quadratmeter oder auch mehr beinhalten.

- In zumutbarer Entfernung muss ein ausreichendes Bevölkerungspotenzial erschließbar sein. Lange Zeit galt diesbezüglich die Faustregel, dass innerhalb einer PKW-Fahrdistanz von rund einer Stunde ein Potential von circa drei Millionen Einwohnern mit einem zumindest durchschnittlichen Kaufkraftniveau vorhanden sein sollte; ein Wert, welcher vor dem Hintergrund neuer Erkenntnisse deutlich nach unten zu korrigieren ist.[24]
- Nutzung des touristischen Potenzials bestehender Freizeiteinrichtungen am Standort oder im näheren Umfeld bzw. Abschöpfung der Touristenströme auf den Verkehrsachsen in die Feriengebiete. Aus diesem Grund suchen Factory Outlet Center die Nähe stark frequentierter touristischer Einrichtungen (z.B. Freizeitparks) bzw. Räume mit ausgeprägter touristischer Positionierung.
- Nach Möglichkeit direkte Einsehbarkeit des Standortbereiches von einer Hauptverkehrsachse; insbesondere auch wenn diese mit Strömen des touristischen Fernverkehrs belegt ist.
- Nach Möglichkeit Sonntagsöffnung (zumindest an einer gewissen Zahl von Sonntagen im Jahr; dabei gilt: je mehr desto besser!)

Nur wenige der bislang in Europa realisierten FOC-Standorte erfüllen gleichzeitig sämtliche dieser Standortbedingungen. Während die gute verkehrliche Erreichbarkeit bei nahezu allen diesen Standorten gegeben ist, sind an verschiedenen Standorten keine wesentlichen touristischen Potenziale zu erkennen. Darüber hinaus kann festgestellt werden, dass eine Standortlage unmittelbar an oder zumindest in der Nähe einer Autobahnabfahrt unzweifelhaft die Marktbearbeitung erleichtert. Auf der anderen Seite belegen aber auch mehrere ökonomisch sehr erfolgreiche FOC in Europa aufgrund bereits nicht geringer Distanzen (ca. 5 bis 30 km) zu den nächstgelegenen Autobahnanschlüssen, dass bei einem guten Ausbauzustand der zuführenden Verkehrswege und ansonsten geeigneten Standortfaktoren auch solche, von den Hauptverkehrsachsen räumlich etwas abgesetzte Standorte erfolgreich betrieben werden können.

3.2 Einzugsgebiete und Marktdurchdringung

Nicht zuletzt aufgrund des Umstandes, dass der Einkauf in FOC nicht allein unter Versorgungsgesichtspunkten zu sehen, sondern wesentlich auch von einkaufstouristischen Elementen geprägt ist, können FOC räumlich sehr weitgefasste Einzugsgebiete erschließen. Erst die Bereitschaft der Verbraucher zum Einkauf in FOC auch größere Distanzen zurückzulegen (geringere Distanzempfindlichkeit) ermöglicht eine Standortwahl und ökonomische Tragfähigkeit von FOC abseits von großen Ballungszentren.

Professionell konzipierte und organisierte Outlet Center können je nach Standort, Wettbewerbssituation und Mieterbesatz Einzugsgebiete bis zu rund 90 PKW-Fahrminuten – z.T. auch noch darüber hinaus – erschließen. Die jeweilige räumliche Besucherzusammen-

24 Wie Erfahrungen der letzten Jahre belegen, können auch bei einer deutlich niedrigeren Einwohnerzahl innerhalb eines solchen Raumes FOC ökonomisch erfolgreich betrieben werden. Als neuer Benchmark gilt hier eine Einwohnerzahl von mindestens 1,5 Mio. innerhalb einer PKW-Fahrdistanz von ca. 60 Minuten.

setzung ist unter anderem wesentlich auch von den Siedlungsstrukturen beziehungsweise der räumlichen Verteilung der Einwohnerpotenziale im Einzugsgebiet abhängig.[25]

PKW-Fahrzeit	Ingolstadt(1)	Roermond(2)	Wertheim(4)	Zweibrücken(3)	Wolfsburg(2)
< 30 Minuten	32,1 bzw. 29,6	13,8	29,5 bzw. 26,0	33,0	51,6 (< 50 km)
31 – 60 Minuten	25,1 bzw. 25,3	30,4	15,7 bzw. 20,6	31,5	27,7 (51-100 km)
61 – 90 Minuten	19,7 bzw. 17,8	20,6	19,2 bzw. 18,4	35,5	10,0 (101-200 km)
> 90 Minuten	23,1 bzw. 27,3	35,2	35,6 bzw. 35,0		10,7 (>200 km)
Insgesamt	100,0 %	100,0 %	100,0 %	100,0 %	100,0 %

(1) Der erstgenannte Wert bezieht sich auf Juni 2008, der zweite Wert auf August 2008
(2) Stand: 2009; die Angaben für Wolfsburg basieren auf Distanzen und NICHT auf PKW-Fahrzeiten und sind insofern nicht direkt vergleichbar!
(3) Stand: 2011
(4) Der erstgenannte Wert bezieht sich auf Juni 2012, der zweite Wert auf August 2012

Tab. 5: Die prozentuale räumliche Besucherzusammensetzung bei ausgewählten Outlet Center in Deutschland und den Niederlanden im Vergleich
Quelle: ecostra-Zusammenstellung auf Basis von Betreiberangaben und verfügbaren Fremdstudien

Die vorliegenden empirischen Ergebnisse aus Untersuchungen von in Betrieb befindlichen FOC illustrieren – auch bei Berücksichtigung von gewissen Streubreiten – dass FOC

- einerseits gegenüber anderen Agglomerationsformen des Einzelhandels eine deutlich höhere Absatzreichweite, entsprechend räumlich deutlich weiter gefasste Einzugsgebiete und damit eine größere Raumwirkung haben
- andererseits für eine ökonomische Tragfähigkeit doch wesentlich auch auf Einwohner- und damit Kaufkraftpotenziale angewiesen sind, welche zumindest innerhalb einer PKW-Fahrdistanz von circa einer Stunde lokalisiert sein müssen.[26]

Während die Absatzreichweite bei Outlet Center räumlich somit vergleichsweise sehr weit gefasst ist, ist die Marktdurchdringung (Kaufkraftabschöpfungsquote) innerhalb eines solchen Einzugsgebietes vergleichsweise niedrig. Dies ist insbesondere auch auf die unvollständige sowie weder breite noch tiefe Sortimentsstruktur eines Outlet Centers zurückzuführen, was zur Konsequenz hat, dass Zielkäufe kaum möglich sind und das Einkaufsverhalten wesentlich von Elementen der Schnäppchenjagd und der „Preiserotik"[27] bestimmt wird. Auf Basis von ecostra-Berechnungen ist davon auszugehen, dass auch bei einem zukünftig entwickelten FOC-Markt in Deutschland mit circa 20 bis 25 in

25 So wurden in der Vergangenheit bei im Rahmen von Genehmigungsverfahren zur Ansiedlung von Outlet Centern erstellten Auswirkungsanalysen immer wieder solche Daten zur räumlichen Besucherherkunft als Analogieverfahren von einem Standort auf einen anderen übertragen. Dies führte nicht immer zu einer sachgerechten und realistischen Bewertung des jeweiligen Vorhabens.

26 Hier gilt – wie bei anderen Vertriebsformen des Einzelhandels auch – das sog. „Cappuccino-Prinzip", d.h. die wirtschaftliche Grundlage („der Kaffee") muß allein schon durch die Einwohner- und Kaufkraftpotenziale im Einzugsgebiet gesichert sein, zusätzliche Einnahmequellen durch Touristen oder Einwohner von außerhalb des abgegrenzten Einzugsgebietes wirken lediglich ertrags- und renditesteigernd („die Sahne auf dem Kaffee"), sind aber für die Sicherung der ökonomischen Tragfähigkeit nicht erforderlich.

27 Dieser Begriff ist auf einen Vortrag von Joachim Zentes zum Thema „Innenstädte. Wirtschaftszentren oder Museen. Ein apokalyptisches Szenario", gehalten auf der GMA-Fachtagung am 28.10.1997 in Ludwigsburg zurückzuführen; vgl. hierzu Vogels, P.-H. & Will, J.: Raumordnerische und städtebauliche Auswirkungen von Factory Outlet Center. Basel/Boston/Berlin, 1999, S. 42

Betrieb befindlichen FOC-Standorten das über Outlet Center erwirtschaftete Umsatzvolumen einen Anteil von ca. 0,6 Prozent am gesamten nationalen Einzelhandelsmarkt nicht überschreiten wird. In der regionalen Betrachtung ist eine deutlich höhere Marktwirkung zu erwarten, wobei die Korrelation von Umsatz- und Marktdaten bei in Betrieb befindlichen Outlet Centern in Europa zeigt, dass im näheren regionalen Umfeld (bis ca. 30 PKW-Fahrminuten) eines FOC-Standortes und hier im Kernsortiment Bekleidung (Haka, DOB, KiKo, Wäsche / Dessous) auch sehr groß dimensionierte Center eine Kaufkraftabschöpfung in den relevanten Sortimentsbereichen von maximal zehn Prozent erreichen. Bei kleiner dimensionierten Centern liegt diese Kaufkraftabschöpfungsquote aufgrund der geringeren Breite und Tiefe des Sortiments meist deutlich niedriger. Die für eine ökonomische Tragfähigkeit erforderliche weiträumige Ausstrahlung wird als begrenzender Faktor auf die Zahl der möglichen FOC wirken; hier gilt wie bei anderen Einzelhandelsobjekten auch: bei zunehmender Wettbewerbsdichte werden sich leistungsfähige Betreiber an geeigneten Standorten gegenüber weniger leistungsfähigen Betreibern an weniger geeigneten Standorten durchsetzen.

3.3 Bau- und Nutzungskonzeption

In der baulichen Struktur eines FOC können in Europa v.a. drei unterschiedliche Center-Typen differenziert werden:

- das „Strip-Center". Bei dieser Form sind die Ladeneinheit linear, in L-Form oder auch in der Form eines Hufeisens an oder um einen Parkplatz angeordnet.
- das „Mall-Center". Bei dieser Konzeption handelt es sich um eine geschlossene Bebauung, die mehrere Etagen (zumeist jedoch maximal zwei Etagen) haben kann und einem klassischen Shoppingcenter ähnelt.
- das „Outlet-Village". Der Village-Stil kopiert die Form eines gewachsenen Dorfes (oder Marktplatzes), indem die Ladenlokale um zusammenhängende kleinere Plätze oder nachgebaute Dorfstraßen gruppiert werden. In diesem Zusammenhang werden architektonisch zumeist regionale und landestypische Merkmale in den Baustil einbezogen.

Wie aktuelle Untersuchungen zeigen, sind die im sog. „Village Stil" errichteten Outlet Center eindeutig der ökonomisch erfolgreichste bauliche Typ der FOC. Von den Top zehn der im Jahr 2012 wirtschaftlich erfolgreichsten FOC-Standorte in Europa entsprachen neun dem baulichen Typ des Outlet Village und nur ein Standort war als Mall-Center konzipiert.[28]

Während die gesamte Flächendimensionierung sowie die einheitliche Planung (Architektur, Funktionskonzept etc.) eines FOC durchaus den Shoppingcentern vergleichbar ist, wird allerdings bereits aus der Flächenkonzeption der verschiedenen Centertypen von FOC ein bedeutendes Unterscheidungsmerkmal erkennbar. Anders als bei Shoppingcentern fehlen bei einem FOC meist Betriebseinheiten, welche innerhalb der Anlage eines FOC selbst das Merkmal der Großflächigkeit erfüllen. Bei einem Shoppingcenter besitzen diese sog. Anker- oder Magnetbetriebe im Rahmen des Betriebstypenmix eine wesentliche Bedeutung für die Funktionsfähigkeit des gesamten Centers; in einem FOC findet

28 Vgl. ECOSTRA & MAGDUS (2012): op.cit.

sich demgegenüber zumeist nur ein Betriebstyp: Das herstellerbetriebene Fachgeschäft (Outlet Store). Die (Kunden-) Attraktivität eines FOC und damit dessen räumliche Ausstrahlung basiert auf der sog. „collective pulling power" der Bündelung vieler Ladeneinheiten innerhalb der Anlage, wobei dem Markenangebot und der Markenqualität und hier einzelnen Premiummarken (bzw. Top- oder A-Marken) eine besondere Bedeutung zukommt.[29]

Von Bedeutung für die Funktionsfähigkeit eines FOC ist (neben den Standortfaktoren) weiterhin, dass die Gesamtverkaufsfläche wie auch die Anzahl der einzelnen Ladeneinheiten eine gewisse „kritische Masse" besitzt. Aufgrund bislang vorliegender Erfahrungen ist hierbei davon auszugehen, dass diese „kritische Masse" als Mindestgröße in etwa eine gesamte Verkaufsflächendimensionierung in einer Größenordnung von 8.000 bis 9.000 Quadratmetern (ca. 9.000 – 11.000 m² GLA) bzw. eine Gesamtzahl von ca. 35 – 40 Outlet Stores umfasst.[30] In der Literatur finden sich hierzu auch Angaben, welche eine „kritische Masse" bei einer flächenmäßigen Mindestgröße von ca. 14.000 Quadratmetern GLA sehen.[31] Üblicherweise wird ein FOC in verschiedenen, zeitlich versetzten Bauphasen realisiert, wobei bereits die erste Phase die oben genannte „kritische Masse" umfassen muss. Entsprechend der genehmigten Gesamtfläche sowie der Mieternachfrage[32] erfolgt dann in diesen Phasen ein weiterer Ausbau des Angebotes; in diesen zeitlich nachgelagerten Bauphasen finden dann verstärkt auch Freizeit- und Gastronomieangebote Berücksichtigung.[33]

3.4 Sortimentskonzeption und Preisgestaltung

In der Sortimentskonzeption und Preisgestaltung liegt einer der wesentlichen Unterscheidungsmerkmale von Outlet Centern zu anderen Vertriebsformen des Einzelhandels. Hieraus beziehen die Outlet Center auch ihre spezifische Unique Sellling Proposition (USP). Abgesehen von gewissen standort- und betreiberspezifischen Abweichungen ist die Sortimentskonzeption von FOC weitgehend identisch; ca. 60 bis 70 Prozent der Verkaufsflächen sind mit Bekleidungssortimenten (inkl. Sportartikel) belegt, ca. 10 bis 20 Prozent entfallen auf Schuhe und Lederwaren während die restlichen Flächen zumeist mit Heimtextilien, Glas/Porzellan/Keramik, Spielwaren, Schmuck, Haushalts- und Drogeriewaren belegt sind. Flächenmäßig kleinere FOC haben üblicherweise einen höheren Sortimentsanteil im Bereich Bekleidung/Sportartikel, während mit zunehmender Flächengröße dieser Anteil zurückgeht. Allgemein ist bei FOC ein Trend zur Ausweitung des Branchenmix erkennbar, wobei zwar nach wie vor der Sortimentsschwerpunkt im Bekleidungsbereich

29 In verschiedenen FOC in Europa finden sich auch einzelne Ladeneinheiten, welche über der Schwelle zur Großflächigkeit liegen. Dies ändert jedoch nichts an dem Umstand, dass solche großflächigen Ladeneinheiten für die betriebliche Funktionsfähigkeit eines (konzepttreuen) FOC grundsätzlich nicht erforderlich sind.

30 Bei einem besonders hohen Anteil von Premiummarken (bzw. Top- oder A-Marken) kann die Größenordnung dieser „kritische Masse" auch in gewissem Umfang niedriger liegen.

31 O'Reilly, B.: An examination of operational management within the UK Factory Outlet Sector. MBA-Thesis. University of Stirling. 10 / 2006, S. 52

32 Anders als vielfach behauptet, ist der Umstand, dass bei der Eröffnung eines FOC noch nicht sämtliche Ladeneinheiten belegt sind, kein Indiz für eine mangelnde Mieternachfrage. Eine Belegungsquote von ca. 70 % bei Eröffnung ist als durchaus marktüblich zu sehen, da erfahrene FOC-Betreiber bewusst Flächen vorhalten, um diese kurzfristig attraktiven Markenherstellern (als potentielle Mieter) anbieten zu können

33 vgl. MINTEL (2001): op.cit., S. 58

liegt, jedoch zunehmend auch andere Sortimente – u.a. auch Lebensmittel[34] – aufgenommen werden.

Bei den in einem FOC angebotenen Waren handelt es sich vor allem um

- Produkte des Vorjahres bzw. der vorigen Saison („past season")
- Zweite-Wahl-Produkte mit kleinen Fehlern („irregular" oder „factory seconds")
- Produkte mit größeren Fehlern („damaged")
- Produkte zu Markttestzwecken („sample")
- Exklusiv für den Fabrikverkauf hergestellte Produkte („compare at")
- Restposten oder Auslaufmodelle („discontinued")
- Artikel aus Überschussproduktionen („over run").

Darüber hinaus finden sich im Sortiment auch ständig verfügbare Waren, das heißt sogenannte „never out of stock"-Produkte (NOS). Weiterhin werden in einem FOC regelmäßig nicht die ganze oder auch nur die überwiegende Sortimentspalette der Hersteller angeboten. Die Sortimentszusammensetzung unterliegt v.a. auch hinsichtlich der verfügbaren Größen, Farben einem hohen Maß an Zufälligkeit. Insofern ist bei einem Outlet Store eines FOC die Sortimentsstruktur weder breit noch tief. Diese spezifische Absatzpolitik der Mieter in den FOC wird zumeist durch Hinweisschilder in den Outlet-Stores kommuniziert.

Sämtliche Artikel werden mit einem Preisabschlag von mindestens 25 bis 30 Prozent auf den üblichen Ladenverkaufspreis angeboten; dieser Preisabschlag ist mietvertraglich festgelegt und muss vom Mieter eingehalten werden. Sämtliche Waren werden gleichzeitig mit dem (empfohlenen) Ladenverkaufspreis und dem „Outlet-Preis" ausgezeichnet, damit dem Kunden der Preisabstand transparent wird. Die Pflicht zur doppelten Preisauszeichnung ist ebenfalls in den Mietverträgen fixiert. Diese Preisreduktionen bilden den Kern des Marketingkonzeptes eines FOC (Markendiscount), wobei auch hier Erfahrungen aus der Praxis – unter anderem in Europa – zeigen, dass zumindest bei einzelnen Herstellern (als Mietern) bzw. Outlet Stores kein realer Preisvorteil gegenüber anderen Anbietern im traditionellen Einzelhandel gegeben ist.[35]

3.5 Organisation und Centermanagement

In der Vermietung und dem Management von Outlet Center gibt es ebenfalls merkliche Unterschiede zu jenem von Shoppingcenter. Ein Shoppingcenter-Manager hat – etwas reduziert ausgedrückt – im Wesentlichen die Funktion eines Verwalters, d.h. dieser muss das Center sauber und sicher halten, die Mietergesellschaft organisieren, die betriebswirtschaftlichen Abläufe (Umsatzmeldungen, Nebenkostenabrechnungen, Einzug der Mieten etc.) durchführen; es ist jedoch im Allgemeinen nicht die Aufgabe eines Shoppingcenter-

34 Hierbei handelt es sich allerdings um spezialisierte Sortimente, wie z.B. regionale Lebensmittelspezialitäten, Feinkost, Schokolade oder ähnliches.

35 V.a. größere Einzelhandelsfilialisten erzielen durch ein entsprechendes Einkaufsvolumen günstigere Einkaufskonditionen, welche dann – auch außerhalb der Schlussverkaufszeiten – an die Kunden weitergegeben werden. Der Glaube des Verbrauchers an die Preiswürdigkeit stellt das wesentliche Positionierungsmerkmal von FOC dar – insofern ist der Umstand, dass in verschiedenen Fällen kein wirklicher Preisabstand gegeben ist, für FOC in höchstem Maße problematisch.

Managers dafür zu sorgen, dass Mieter wie Peek & Cloppenburg oder Media Markt eine geeignete Sortimentsplanung oder attraktive Warenpräsentation vornehmen. In einem Outlet Center ist es jedoch eine der Kernaufgaben des Centermanagements, die Mieter in ihrer Arbeit zu unterstützen, da in einem FOC die Mieter üblicherweise keine Retailer, sondern Hersteller sind. Hersteller haben im Allgemeinen eine ausgeprägte Kompetenz in der Produktentwicklung, im Herstellungsprozess, ggf. auch in der Logistik, aber kaum „Retail-Erfahrung".

Markenhersteller als Mieter in einem Outlet Center benötigen häufig Hilfe und Unterstützung für ihre Einzelhandelstätigkeit. Aus diesem Grund ist die „Service Charge" in einem FOC üblicherweise auch deutlich höher als in einem Shoppingcenter. Vielfach werden den Store Managern der einzelnen Ladeneinheiten von den Unternehmenszentralen keine Umsatzziele gesetzt (klassische Funktion als Abflusskanal von Zweite Wahl); anstelle dessen setzt das Centermanagement eines FOC nun diese Umsatzziele und arbeitet mit den Storemanagern, falls die Ziele nicht erreicht werden. Nicht zuletzt auch deshalb steht das Centermanagement in einer äußerst engen Kommunikation mit den Store Managern. Dies macht sich in der Organisation des Centermanagement u.a. dahingehend bemerkbar, dass neben dem Centermanager noch ein „Retailmanager" vorhanden ist, welcher die dargestellten Unterstützungsmaßnahmen für die Mieter durchführt.

3.6 Vermietung

Die Projektentwicklung und Positionierung eines FOC folgt – zumindest bei erfahrenen internationalen Betreibern – klar definierten Entwicklungsschritten, wobei ausgehend von intensiven Marktforschungsaktivitäten versucht wird insbesondere auch das FOC-Konzept des Betreibers (mit den jeweils ggf. erforderlichen nationalen oder regionalen Ausprägungen) als Marke zu positionieren.[36] Die Vermarktung des Centers im Sinne der Kunden- wie auch Mieteransprache erfolgt – soweit möglich – auch international, durch Einbindung in das bereits bestehende Netzwerk von FOC-Standorten des jeweiligen Betreibers.

In der Vermietung der Outlet-Stores wird hierbei v.a. auf internationale Hersteller/Marken in anderen, bereits bestehenden FOC eines Betreibers zurückgegriffen, wobei versucht wird, den Markenbesatz um jeweils andere nationale Marken zu ergänzen. Neben der Offenhaltungspflicht, der Betreibungspflicht, Ausschluss des Wettbewerbsschutzes und der Verpflichtung zum Beitritt in die Werbegemeinschaft des Centers sind bei einem Mietvertrag für eine Ladeneinheit in einem FOC – anders als bei einem Shoppingcenter – üblicherweise Besonderheiten dahingehend enthalten, als der Mieter seine Waren nicht nur mit einem bestimmten Mindestpreisnachlass gegenüber dem üblichen Ladenverkaufspreis von zumeist ca. 25 bis 30 Prozent verkaufen darf, sondern dies auch durch eine doppelte Preisauszeichnung dokumentieren muss. Weiterhin werden Auflagen für den FOC-Betreiber aus B-Plan-Festsetzungen bzw. aus ggf. abgeschlossenen städtebaulichen Verträgen (z.B. kein Verkauf von aktueller Ware) in den Mietverträgen fixiert und damit an den Mieter weitergegeben. Die Mietpreisgestaltung für eine Ladeneinheit in einem FOC besteht übli-

36 An dieser Stelle wird bewusst die – gerade auch in Deutschland bedeutende – Frage der Genehmigungssituation sowie möglicher bauplanungsrechtlicher Auflagen (Festsetzungen in B-Plan, Vereinbarungen im Rahmen von städtebaulichen Verträgen) vernachlässigt.

cherweise aus einer Kombination von Basis- und Umsatzmiete[37], zuzüglich sind durch den Mieter noch eine sog. „service charge" für sämtliche Dienstleistungen (z.B. Reinigung, Bewachung, Centermanager, Schulungen) sowie eine Marketingumlage abzuführen. Üblicherweise sind in den Mietverträgen bei FOC auch sogenannnte „Radiusklauseln" enthalten, welche dem Mieter untersagen, in einem weiteren FOC in einem Radius von zum Teil bis zu 150 Kilometern direkt oder indirekt einen weiteren Outlet Store zu betreiben. In der Vermietung von Outlet Centern ist von folgenden Vorvermietungsquoten auszugehen:

- Baubeginn: 10 Prozent.
- Circa sechs Monate vor Eröffnung: 30 bis 40 Prozent.
- Circa drei Monate vor Eröffnung: 60 bis 70 Prozent.
- Eröffnung: 70 bis 80 Prozent.

In den letzten drei Monaten vor Eröffnung eines FOC steigt die Vorvermietungsquote nur noch in vergleichsweise geringem Umfang. Dies hat u.a. auch damit zu tun, dass die Mieter mindestens sechs bis acht Wochen für den Ausbau der Ladeneinheit benötigen. In der Vermietung werden Mietverträge mit einer Mietdauer beziehungsweise Laufzeit von zehn Jahren angestrebt; dies ist als Standard zu sehen, wobei aber auch von der Vermieterseite das Bestreben besteht keine längeren Laufzeiten zu vereinbaren, da bei jeder Marke die Gefahr der „Markenerosion" besteht.[38] Bei der Vermietung von neu entwickelten Standorten werden auf spezifischen Mieterwunsch auch kürzere Laufzeiten akzeptiert, da sich die Mieter meist an einem noch unprofilierten Standort noch nicht langfristig binden wollen. Mietverträge von fünf Jahren oder weniger bilden allerdings eher die Ausnahme. Die entsprechenden Mietverträge enthalten in diesem Fall meist Optionen auf eine Verlängerung des Mietvertrages. Bei Neuentwicklungen von FOC ist – als Orientierungswert – davon auszugehen, dass 90 Prozent der abgeschlossenen Mietverträge eine Laufzeit von zehn Jahren haben; nur zehn Prozent sind mit kürzeren Laufzeiten versehen.[39]

In der Vermietung der Ladenflächen kommen bei FOC in noch stärkerem Maße sog. Incentives zum Einsatz, wie bei Shoppingcenter. Dies hat u.a. seine Ursache darin, dass es zur Positionierung im Markt gerade bei einer Erstvermietung von großer Bedeutung ist, möglichst viele attraktive Marken zu gewinnen. Während Premium-Marken bei der Anmietung von Outlet Stores v.a. bei Neuentwicklungen extrem zurückhaltend sind und eine diesbezügliche Entscheidung erst nach Ablauf von ca. 6 – 12 Monaten Betriebszeit eines Center überhaupt in Erwägung kommt, kommen Incentives in dieser Phase v.a. bei der Gewinnung von „guten" Marken des gehoben Segments zum Einsatz, welche geeignet sind eine gewisse Ankerfunktion auszuüben (z.B. Sportmarken wie „Nike" bzw. „Adidas" oder Modemarken wie „Tommy Hilfiger", „Calvin Klein" bzw. „Polo Ralph Lauren"). Eine

37 Die Basismiete beläuft sich bei FOC-Standorten in Westeuropa im Durchschnitt in etwa auf 25,- bis 30,- €/m² im Monat und kann bei erfolgreichen, gut im Markt positionierten FOC auf Werte von über 60,- €/m² im Monat steigen, die Umsatzmiete bewegt sich in einer Größenordnung von ca. 8 – 12 % vom Umsatz und kommt dann zum Tragen, wenn diese den Betrag der Basismiete überschreitet. Die Basismiete erhöht sich üblicherweise durch eine mietvertraglich fixierte jährliche Indexierung (z.B. 2,5 % p.a.) oder um eine Anhebung auf 80 % oder 90 % der im jeweiligen Vorjahr zu zahlenden Umsatzmiete (sog. „ratchet"-Regelung), was dazu führt, dass bei FOC-Standorten in Osteuropa ökonomisch erfolgreiche Phasen sich nachhaltig auf die Höhe der Mieteinnahmen auswirken. Hier schwankt die Basismiete nach vorliegenden Informationen je nach Projekt, Mietfläche und Branche zwischen ca. 6,50 – 21,- €/m² im Monat.

38 Entsprechend sollte der Vermieter nach spätestens 10 Jahren in der Lage sein, auf Marken mit „Ablaufdatum" entsprechend zu reagieren.

39 Ein erhöhter Anteil von Mietverträgen mit kürzeren Laufzeiten als 10 Jahre führt zu mehr oder weniger deutlichen Problemen beim späteren „Exit", da dies mit z.T. erheblichen Renditeabschlägen versehen wird.

Ankerfunktion in diesem Zusammenhang ist nicht nur bestimmt durch die Kundenattraktivität der Marke und damit deren Funktion als Frequenzbringer, sondern auch durch das Markenimage, welches dem Umfeld ein gewisses Niveau verleiht (Imagetransfer). Insofern kommen Incentives bei der Mieterakquisition immer nur selektiv – und nicht in Form eines Gießkannenprinzips – zum Einsatz.[40] Direkte Incentives[41] werden üblicherweise als mietfreien Zeiten und/oder als „capital contribution" in Form von Baukosten- bzw. Ladeneinrichtungszuschüssen gewährt. Bezogen auf diese beiden Formen von Incentives ist folgendes festzustellen:

- Mietfreie Zeiten werden bei der FOC-Vermietung von Seiten der Betreiber/Eigentümer nur sehr zurückhaltend gewährt.
- Die „capital contribution" in jeder denkbaren Form ist jedoch durchaus üblich und führt in der Praxis dazu, dass teilweise erhebliche Mittel eingesetzt werden.[42]
- Mieter von Restaurants und Bistros – soweit es sich um regionale Anbieter handelt – sind üblicherweise bei einem FOC ohne Incentives zu gewinnen; diesen kommt in keiner Weise eine Ankerfunktion zu, der Beitrag von diesen zur Besucherfrequenz ist gering und von einem positiven Beitrag zu einem (Marken-) Image kann nicht die Rede sein.[43]

Insbesondere in Ländern, welche vergleichsweise „kleine" Märkte darstellen und in denen verschiedene Markenhersteller noch keine nennenswerten eigenen Vertriebsstrukturen – z.B. in Form von Lizenznehmern oder eigenen Full-Price-Stores – aufgebaut haben, bieten FOC-Betreiber im Rahmen der Vermietung häufig besondere Leistungen an. Vor diesem Hintergrund nutzen verschiedene Markenhersteller Outlet Stores in FOC als Element einer Markteintrittsstrategie. Die hier von FOC-Betreibern angebotenen Leistungen bestehen u.a. aus Unterstützungsleistungen bei

- der Gründung einer Firma nach nationalem Recht (z.B. Hilfestellungen bei Behörden, Informationen zu steuerlichen und arbeitsrechtlichen Rahmenbedingungen)
- der Personalsuche für einen Outlet Store
- der Suche nach einem ggf. geeigneten Lizenznehmer als Betreiber des Outlet Stores. Dies ist dann der Fall, falls der Markenhersteller auf einen Dritten zum Betrieb des Outlet Stores zurückgreifen will.

Aufgrund der Bedeutung des Markenangebotes und –mix für die Attraktivität und Funktionsfähigkeit des Centers sowie der spezifischen Klientel (Markenhersteller, Lizenznehmer) und der Nachfragestrukturen nach Outlet-Flächen stellt die Vermietung eines Outlet Centers besondere Anforderungen. Neben dem eigenen Vermietungsteam greifen deswegen auch selbst sehr erfahrene und bedeutende Betreiber auf die Vermietungsleistungen Dritter zurück.

40 Letztendlich handelt es sich aus Sicht der Projektfinanzierung um eine Mischkalkulation, da Incentives, welche attraktiven Mietern geboten werden (müssen), durch die Mietbeiträge anderer Mieter wieder aufzufangen sind.

41 Indirekte Incentives können auch durch niedrige Mietansätze etc. gegeben sein. Hier gilt jedoch grundsätzlich, dass der Einsatz von Incentives – wenn irgend möglich – nicht über niedrigere Mietansätze „kompensiert" werden sollte. Der Einsatz von – z.T. sehr hohen – Baukostenzuschüssen ist aus Eigentümersicht die weitaus sinnvollere Strategie, da der hieraus resultierende Hebel (Leverage-Effekt) enorm sein kann.

42 Incentives in Form von monetäre Zuschüssen in einer Höhe von 500.000,-- bis zu 1.000.000,-- € sind bei der Vermietung eines Outlet Stores an einen attraktiven und zugkräftigen Ankermieter keine Seltenheit.

43 Anders stellt sich die Sachlage bei Anbietern aus der Systemgastronomie (z.B. Nordsee, Lavazza, McDonalds) dar; hier sind mietfreie Zeiten bzw. Baukostenzuschüsse ebenfalls durchaus üblich.

3.7 Zur Unterscheidung von Outlet Centern und Shoppingcentern

Outlet Center unterscheiden sich – trotz mancher Gemeinsamkeiten – nicht nur in der Standortorientierung beziehungsweise den Standortfaktoren von Shoppingcentern. Hier sind deutliche Unterschiede u.a. in wesentlichen weiteren konzeptionellen und organisatorischen Aspekten gegeben. Eine Gegenüberstellung der wesentlichen Differenzierungsmerkmale verdeutlicht die spezifischen Anforderungen und die Funktionsweise eines Outlet Centers.

Shoppingcenter	Outlet Center
Standortorientierung	
Bevorzugte Standorte innerhalb oder in der unmittelbaren Nähe von einwohnerstarken Räumen; Potenziale werden möglichst aus der Nähe erschlossen Bevorzugte Frequenzstandorte mit vorhandenen Passanten- / Kundenfrequenzen oder frequenzintensiven Nachbarschaftsnutzungen Gute verkehrliche Erreichbarkeit (PKW, ÖPNV, fußläufig) Einsehbarkeit von Hauptverkehrsachsen Handelsbezogenes Umfeld (z.B. andere frequenzstarke Handelsnutzungen)	Bevorzugte Standorte in einer gewissen räumlichen Distanz zu einwohnerstarken Räumen; Potenziale werden aus der Distanz erschlossen Frequenz wird eigenständig geschaffen Sehr gute verkehrliche Erreichbarkeit (v.a. PKW, teilweise auch ÖPNV, fußläufig ist irrelevant) Gute Einsehbarkeit von Hauptverkehrsachsen Keine handelsbezogene Umfeldnutzung erforderlich bzw. z.T. auch nicht erwünscht. Freizeitbezogenes Umfeld (z.B. Freizeitparks, touristische Destinationen) Standorte an den Hauptachsen des touristischen Fernverkehrs oder in touristischen Zielgebieten
Flächen- und Nutzungskonzept	
Betriebstypenmix mit unterschiedlichen Vertriebsformen (z.B. Supermarkt, Warenhaus, Fachmarkt, filialisierte & inhabergeführte Fachgeschäfte) Möglichst vollständiger Branchenmix, ggf. mit gewisser Schwerpunktsetzung. Integration von Gastronomie und ergänzenden Dienstleistungen Häufig Themenbildung innerhalb des Centers Großflächige Ladeneinheiten (> 800 m² VK) als Magnetbetriebe für das Center 1 bis maximal 4 Verkaufsebenen Flächendimensionierung in Deutschland meist bis 40.000 m² GLA, in Einzelfällen bis 100.000 m² GLA bzw. in anderen Ländern bis 500.000 m² GLA Realisierung meist in einer Baustufe Parkierungsangebote bei dezentralen Standorten meist ebenerdig vorgelagert, bei sonstigen Standortlagen meist in angegliederten Parkhäusern oder in den Unter- bzw. Obergeschossen Drittverwendungsmöglichkeit ist meist gegeben	Kein Betriebstypenmix; Besatz nur mit Outlet Stores Unvollständiger Branchenmix mit eindeutiger Schwerpunktsetzung bei Bekleidung / Sportartikel. Gastronomie ist nur schwach ausgebildet, konsumnahe Dienstleistungen (z.B. Schlüsseldienst, Schuhreparatur, Reinigung, Reisebüro) meist überhaupt nicht vorhanden Keine Themenbildung innerhalb des Centers Keine großflächigen Magnetbetriebe erforderlich; räumliche Ausstrahlung wird wesentlich von der „collective pulling power" vieler Marken getragen Gebäudegestaltung häufig mit regionaltypischen Elementen und in Anlehnung an Freizeitparks 1 bis maximal 2 Verkaufsebenen Flächendimensionierung in Europa meist bis 30.000 m² GLA, in Einzelfällen bis 80.000 m² GLA Realisierung meist in verschiedenen, zeitlich versetzten Baustufen Parkierungsangebote meist ebenerdig vorgelagert Stark eingeschränkte Drittverwendungsmöglichkeit

Shoppingcenter	Outlet Center
Marketingkonzept	
Möglichst breites und tiefes Angebot, Versorgung mit Gütern und Dienstleistungen Abstufung in den Preislagen Kommunikationsort und Aufenthaltsqualität „Third Place"-Thematik, der Ort jenseits von Arbeit und Wohnen Kernzielgruppen: meist diffus oder in Abhängigkeit von den Magnetbetrieben	Deutliche Preisreduktion bei Markenwaren mit vorgegebenem Mindestabschlag Nur bedingte Abstaffelung in den Preislagen „Schäppchenjagd" und Ausflug mit Familie und / oder Freunden Destinationsmarketing (wie im Tourismus), Einbindung und Nutzung regionaler Angebote und Sehenswürdigkeiten, Integration des Centers in touristische Angebotspakete Kernzielgruppen: Frauen, Familien
Vermietung	
Diffuse Mieterstruktur (meist aber Filialisten) Laufzeit der Mietverträge in der Regel 10 Jahre (im Einzelfall auch länger) Basis- und / oder Umsatzmiete Keine Vorgaben zur Rabattierung und zur Preislage. Keine doppelte Preisauszeichnung Radiusklausel mit Wettbewerbsausschluss meist bis 5 km	Eher homogene Mieterstruktur (Markenhersteller und Lizenznehmer) Laufzeit der Mietverträge 5 bis maximal 10 Jahre (Gefahr der „Markenerosion") Basis- und Umsatzmiete, sog. „Ratchet"-Regelung Mietvertraglich festgelegte Mindestrabattierung und doppelte Preisauszeichnung Gegenüber EKZ deutlich höhere Marketingumlage und Servicecharge (u.a. für Schulungen, Mystery Shopper) Radiusklausel mit Wettbewerbsausschluß bis zu 150 km
Organisation	
Centermanagement Security soll möglichst wenig präsent sein	Centermanagement ergänzt durch speziellen „Retailmanager" zur Unterstützung der Mieter (u.a. Warenpräsentation, Sortimentsplanung) Ausgeprägt hohe Präsenz der Security
Einzugsgebiet	
Je nach Flächengröße und Konzept von 10- bis zu 60-PKW-Fahrminuten Notwendiges Einwohnerpotenzial im Einzugsgebiet (bei regional bedeutsamen Centern) mindestens 200.000 Einwohner	Mindestens 60 PKW-Fahrminuten, bei hohem Anteil von Premiummarken bis zu 120 PKW-Fahrminuten Notwendiges Einwohnerpotenzial innerhalb von 60 PKW-Fahrminuten von mindestens 1,5 Mio. Einwohnern
Marktbedeutung als Vertriebsform	
Hohe Marktdurchdringung möglich (bis ca. 30 % Anteil am nationalen Einzelhandelsmarkt; in Deutschland derzeit knapp 10 %)	Nur geringe Marktdurchdringung möglich (bis ca. 0,6 % Anteil am nationalen Einzelhandelsmarkt). Damit sind Outlet Center ein sog. „Nischenmarkt" Begrenzung der möglichen Marktbedeutung durch eingeschränkte Sortimente, notwendige weiträumige Einzugsgebiete sowie spezifische Mieterstruktur

Shoppingcenter	Outlet Center
Kundenverhalten	
Besuchshäufigkeit Ø 20 – 50 mal p.a. Einkaufsbetrag Ø ca. 25,-- € p.c. PKW-Besetzungsgrad Ø ca. 1,2 – 1,6 Personen	Besuchshäufigkeit Ø 3 – 5 mal p.a. Einkaufsbetrag Ø ca. 50,-- € p.c. PKW-Besetzungsgrad Ø ca. 2,6 – 2,7 Personen

Tab. 6: Konzeptionelle Unterscheidungsmerkmale von Shoppingcenter und Outlet Center
Quelle: ecostra-Grundlagenforschung

4. Fazit und Ausblick

Keine Vertriebsform des Einzelhandels hat bei Ansiedlungen bislang einen solch erbitterten und häufig sehr emotionalisierten Widerstand der Einzelhandelsorganisationen ausgelöst. Dieser Widerstand erfolgte unter anderem im Verbund mit Stadtplanern, Citymarketingvereinen, Umweltschützern und (überraschenderweise) den Gewerkschaften und war getragen von der Befürchtung von Geschäftsaufgaben und einem Arbeitsplatzabbau beim qualifizierten Facheinzelhandel bis hin zu einer „Verödung" der Innenstädte. Diese Befürchtungen mögen darin begründet sein, dass

- keine andere Handelsimmobilie in ihrer Konzeption bislang in dieser Form darauf angelegt war, den Einzelhandel selbst als Vertriebsstufe überflüssig zu machen (Bündelung von Direktvertriebsstellen der Hersteller)
- Markenwaren durchgehend mit einem deutlichen Preisabschlag vertrieben werden (Fabrikverkauf) und insofern das Preisniveau des Fachhandels („High Street Price") unterlaufen wird
- die Sortimentsstruktur ausschließlich aus den „zentrenrelevanten Sortimenten" besteht und
- gleichzeitig fast immer dezentrale, autokundenorientierte Standortlagen außerhalb des landesplanerisch festgelegten Systems der zentralen Orte angestrebt werden.

Dies mag aber auch darin begründet liegen, dass FOC geradezu holzschnittartig einem idealtypischen „Feindbild" von Interessensverbänden entsprechen. Damit war durch die Gegnerschaft der Verbände eine Profilierung als Interessensvertretung möglich. Schließlich erscheint der „Kampf" gegen Outlet Center erfolgversprechender zu sein, als ein Kampf gegen das – mit bau- und raumordnungsrechtlichem Instrumentarium – ohnehin kaum zu fassende Online-Shopping, das bereits heute gerade auch in den modischen Branchen eine weitaus größere Marktbedeutung besitzt, wie Outlet Center jemals haben werden.

Trotz dieses Widerstandes sind Outlet Center zwischenzeitlich zu einem Teil der europäischen – und auch der deutschen – Handelslandschaft geworden, wobei sich die Marktbedeutung je nach Land unterschiedlich darstellt und manche Länder bereits eindeutige Sättigungstendenzen zeigen. Markenhersteller haben Outlet Stores im Rahmen des Multi-Channel-Retailing in ihre Distributionsstrategie integriert und sehen diese Vertriebsform zwischenzeitlich nicht nur als Abflussventil für Retouren, Produktionsüberhänge und Zweite-Wahl-Produkte, sondern eindeutig auch unter Ertragsgesichtspunkten als Profitcenter wie auch als Showroom zur Markenpositionierung. Auch Investoren und Finanzdienstleister haben gelernt, dass Outlet Center zwar verschiedene Gemeinsamkeiten mit anderen organisierten Agglomerationsformen des Einzelhandels haben, gleichzeitig sich aber auch in wesentlichen – für eine ökonomische Bewertung wichtigen – Benchmarks unterscheiden; so sind Outlet Center zwischenzeitlich zu einer eigenen Asset-Klasse geworden bzw. werden – aufgrund des nach wie vor fehlenden Angebotes und schwachen Transaktionsgeschehens – zur Arrondierung von Portfolien mit sonstigen Handelsimmobilien genutzt. Parallel hierzu hat der Markt eine Professionalisierung erfahren, welche sich in dem Auftauchen neuer Betreiber und Dienstleister sowie damit verbundenen Marktanteilsverschiebungen ausdrückt.

Insgesamt stellen Outlet Center – auch zukünftig – eine schmale Nische innerhalb des Einzelhandelsmarktes dar, deren gesamtwirtschaftliche Bedeutung nahezu marginal ist, regionalwirtschaftlich jedoch durchaus von beachtlicher Relevanz sein kann. Im positiven wie auch im negativen Sinne: d.h. zur Schaffung einer kundenattraktiven, weiträumig strahlenden Einkaufsdestination mit entsprechenden Kundenzuführeffekten auch für innerstädtische Geschäftslagen sowie bei ungeeigneten Standorten und schwachen Konzepten als Wettbewerber, welcher die Kernkompetenz des markenorientierten Fachhandels weiter aushöhlen. Die Herausforderung für die Landes- und Regionalplanung wird v.a. darin liegen, Eignungsräume für diese Vertriebsform zu identifizieren und durch entsprechende Genehmigungsverfahren eine stadt- und raumverträgliche Ansiedlung sicherzustellen. Ein solcher vorausschauender planerischer Ansatz war bislang von wenigen Ausnahmen abgesehen in Deutschland kaum zu erkennen; als Positivbeispiel kann hier das von der niedersächsischen Landesregierung durchgeführte Verfahren zur Ansiedlung eines FOC in der Lüneburger Heide genannt werden.

Mittelfristig ist davon auszugehen, dass sich gerade auch in Deutschland der FOC-Markt weiter entwickelt und die Dichte der Standorte zunimmt, wobei aus heutiger Sicht bis zum Jahr 2020 eine Zahl von etwa 20 in Betrieb befindlichen Outlet Centern realistisch erscheint. Der Markt wird aber auch Konzeptvariationen dahingehend erleben, als konstitutive Elemente der Outlet Center – zum Beispiel doppelte Preisauszeichnung, durchgängige Rabattierung mit mietvertraglich festgelegtem Mindestabschlag – mit Elementen der Fachmarktzentren – z.B. niedrige bis mittlere Preislage, günstige Mieten und Nebenkosten, stärkere Mischung von Hersteller- und Handelsmarken, Integration des kurzfristigen Bedarfsbereichs in den Branchenmix – verknüpft werden. Unter der Bezeichnung „Value Center" finden sich hier bereits die ersten Standorte in der Entwicklung, wobei der stark steigende Revitalisierungsbedarf von bestehenden Fachmarkt- und Shoppingcentern einer der wesentlichen Triebkräfte darstellt. Und dieser Revitalisierungsbedarf stößt auf eine erkennbare Nachfrage potenzieller Mieter nach adäquaten und gegenüber den professionell konzipierten und geführten Outlet Centern deutlich preisgünstigeren Flächen. Die Zukunft im Handel bleibt ein spannendes Unterfangen.

5. Literaturverzeichnis

ecostra *(ed.): The big ecostra Outlet Centre Handbook Europe 2011. Wiesbaden, 06 / 2011*

ecostra & CBRE: Factory Outlet Centre Performance – European Report 2009. Wiesbaden / Frankfurt am Main, 07 / 2009

ecostra & magdus (eds.): Factory Outlet Centre Performance Report Europe 2012. Wiesbaden / Troyes (F), 12 / 2012

Jones, R. O.: An examination of tenant evolution within the UK Factory Outlet Channel. MBA-Thesis. University of Stirling. 10 / 2005

Lamy, C.: From Factory Outlet Centres to Outlet "Villages". 25 Years Development and still numerous Growth Forecasts in France. In ecostra (ed.): The big ecostra Outlet Centre Handbook Europe 2011. Wiesbaden, 06 / 2011, S. 18 – 26

MINTEL (Hrsg.): Factory Outlet Centres. London, 2001

O'Reilly, B.: An examination of operational management within the UK Factory Outlet Sector. MBA-Thesis. University of Stirling. 10 / 2006

Vogels, P.-H. & Will, J.: Raumordnerische und städtebauliche Auswirkungen von Factory Outlet Center. Grundlagenuntersuchung im Rahmen des Forschungsfeldes „Zentren" des experimentellen Wohnungs- *und Städtebau im Auftrag des Bundesministeriums für Raumordnung, Bauwesen und Städtebau, Bonn. Birkhäuser Verlag, Reihe Stadtforschung aktuell, Bd. 70, Basel/Boston/Berlin, 1999*

Will, J.: Wertermittlung von Factory Outlet Centern. In Bobka, G. (Hrsg.): Spezialimmobilien von A-Z. Bewertung, Modelle, Benchmarks und Beispiele. Köln, 2007, S. 243 – 270

Will, J.: Factory Outlet Center in Deutschland und Europa. In Zentes, J.; Swoboda, B.; Morschett, D. & Schramm-Klein, H. (Hrsg.): Handbuch Handel. Strategien – Perspektiven – Internationaler Wettbewerb. 2. Aufl., Wiesbaden, 2012, S. 351 – 373

Will, J. & Schwarze J.: Factory Outlet Centers. A Catch-Up-Race begins in Germany. In Clifford Chance (eds): Real Estate Newsletter. Autumn 2009, S. 2 – 5

Williams, D.: Outlet Centres. An attractive asset class for investors? In ecostra (ed.): The big ecostra Outlet Centre Handbook Europe 2011. Wiesbaden, 06 / 2011, S. 58 – 60

IX. Hotels – Spezialimmobilie mit Potenzial

Ulf Templin

1. Einleitung

1.1 Zur Entstehungsgeschichte von Hotels

Unterkünfte für Reisende gab es bereits in der Antike und wahrscheinlich auch schon früher. In der Regel waren diese an eine Schank- und Speisewirtschaft angeschlossen. Das antike Rom verfügte bereits über Herbergsverzeichnisse mit detaillierten Auskünften über die Unterbringungsmöglichkeiten sowie deren Klassifizierung. Die Bezeichnung Hotel kommt aus dem lateinischen hospitale (Gastwohnung). Zu den ersten Häusern, die unseren heutigen Vorstellungen von einem Hotel entsprechen, gehört das im Jahr 1774 im Covent Garden in London eröffnete Grand Hotel. Das 19. Jahrhundert war die Blütezeit der Kurreisen. In diesem Jahrhundert entstanden auch die ersten oft palastähnlichen Luxus- und Grand-Hotels, wie das Ritz in Paris, das Waldorf Astoria in New York, das Savoy in London und das Adlon in Berlin. Das 20. Jahrhundert hat das Reisen für alle Gesellschaftsschichten, vor allem für die Arbeiterschicht, ermöglicht. Die Einführung der ersten internationalen Hotelketten wie Hyatt, Marriott und Hilton brachte eine große Veränderung auf dem Hotelmarkt mit sich. Sie haben weltweit Standards in der Ausstattung und dem Service gesetzt und eingeführt. Zuverlässigkeit und Wiedererkennungswerte waren der primäre Werbefaktor der Kettenhotellerie. Die in den 60er und 70er Jahren des 20. Jahrhunderts in der Regel in einem kastenförmigen Stil erbauten Hotels haben sich weiter entwickelt. Heute ist die Hotellandschaft vielfältig und es gilt, je differenzierter desto besser. Um im Wettbewerb überleben und sich erfolgreich auf dem Hotelmarkt positionieren zu können, versuchen die Hoteliers neue Nischen zu besetzen und ihren Gästen Zusatzleistungen anzubieten. Was vor einigen Jahren noch als Luxus galt – zum Beispiel Wellnessangebote, ausgeprägte Gastronomie und/oder Welcome-Treatments – ist heute bereits Standard. Stadt-, Tagungs- und Ferienhotels wie auch Resorts haben neue Konkurrenten mit immer neuen, erfolgreichen Konzepten bekommen. Das heutige Hotelangebot bietet ein vielfältiges Spektrum von Budget-Design-Hotels, japanischen Kapselhotels, Kinderhotels, Patientenhotels, Hundehotels, Rotels bis hin zu Hotels aus Eis und auch Unterwasserhotels.

1.2 Künftige Entwicklung

Die Tourismusindustrie wird auch in Zukunft zu den starken Wachstumsbranchen zählen. Während in Westeuropa teilweise Angebotsüberhänge bestehen, existiert in den Hotelmärkten in Zentral- und Osteuropa noch Wachstumspotenzial. Die Dominanz international operierender Hotelkonzerne wird sich auch verstärkt auf die Hotelvertragslandschaft auswirken. Bereits heute findet eine Verlagerung vom klassischen Festpachtvertrag hin zu Verträgen, die eine stärkere Verteilung der Chancen und Risiken auf Investor und Betreiber vorsehen, statt. Der Managementvertrag, gegebenenfalls mit Garantien, aber auch der Franchisevertrag gewinnt zunehmend an Bedeutung. Die Hotellandschaft wird sich auch in Zukunft weiter nach Zielgruppen und deren Bedürfnissen differenzieren. Neben den Grundbedürfnissen nach Unterkunft und Verpflegung werden immer mehr spezielle Dienstleistungen angeboten werden. Einerseits bekommt der Unterhaltungs- und Erlebnisfaktor eines Hotels eine immer größere Bedeutung. Andererseits wird auch die Nachfrage nach preiswerten und gepflegten Hotels steigen, wie zum Beispiel das First-class-Budget-Hotel, ein Hotel mit relativ kleinen Zimmern, ohne sonstige Dienstleitungen, aber bester Ausstattung. Ein weiterer Trend ist, dass die auf Städte konzentrierte, systematisierte Budget-Hotellerie zunehmend auch die Ferienhotellerie erobert. Die zu beobachtende allgemeine Tendenz der Konzentration der Anbieter wird auch in der Hotellerie fortschreiten und Angebote für heute noch nicht vorstellbar große Reiseströme bieten. Mit der zunehmenden Standardisierung von Hotels wird aber auch das Bedürfnis nach Individualität wieder zunehmen. Dies ist das Betätigungsfeld kreativer, kleiner Betriebe (sogenannte Boutique-Hotels). Allerdings werden unprofessionell geführte und nicht klar positionierte Hotelbetriebe nicht überleben und dem Verdrängungswettbewerb zum Opfer fallen.

2. Marktüberblick

In Deutschland, wie in vielen anderen Ländern Europas, ist der Tourismus ein Wirtschaftszweig mit wachsender Bedeutung. Seit 1993 kann in Deutschland mit Ausnahme der Jahre 2001, 2002 und 2009 ein kontinuierlicher Anstieg der Gästeankünfte beobachtet werden. Seit 2003 steigt auch die Zahl der Gästeübernachtungen, bis auf einen leichten Rückgang im Jahr 2009, stetig an; im Jahr 2012 konnte mit über 400 Millionen Übernachtungen ein neuer Rekordwert verzeichnet werden. Die Hotellerie in Deutschland ist überwiegend durch klein- und mittelständische Betriebe geprägt. Im Januar 2013 gab es deutschlandweit fast 54.000 Beherbergungsbetriebe mit rund 2,9 Millionen Betten und einer durchschnittlichen Betriebsgröße von rund 54 Betten. Davon entfielen rund 40 Prozent der Betriebe und rund 48 Prozent der Betten auf Hotels und Hotel garnis.[1]

Verglichen mit den USA (70 Prozent) ist die Marktdurchdringung der Markenhotellerie in Deutschland mit rund elf Prozent der Hotels gering. Allerdings wachsen deren Marktanteile stetig, was die Anteile der Markenhotellerie gemessen an der Zimmeranzahl mit rund 38 Prozent (rund 365.000 Zimmer) im Jahr 2011 verdeutlicht. Außerdem liegt der Anteil des Netto-Umsatzes der Markenhotellerie im Vergleich zur Individualhotellerie bei über 50 Prozent und demonstriert eindrücklich die steigende Marktmacht. Insgesamt stieg die Anzahl der Hotelgesellschaften in Deutschland im Jahr 2011 von 152 auf 175. Gemessen an der Zimmeranzahl verfügten die zehn größten Gesellschaften der Markenhotellerie in Deutschland – Accor, Best Western, NH Hotels, B & B Hotels, Hospitality Alliance, Motel One, Maritim Hotels, Dorint Hotel & Resorts, Leonardo Hotels, Steigenberger Hotels – über 833 Hotels.[2] Die Weltrangliste führt InterContinental mit rund 676.000 Zimmern an, gefolgt von Hilton mit rund 652.000 Zimmern und Marriott mit rund 639.000 Zimmern. Accor belegt weltweit betrachtet Platz sechs mit rund 450.000 Zimmern.[3]

1 Statistisches Bundesamt
2 PUF hotelexperte München, Stand Mai 2013
3 MKG Hospitality: World ranking 2013 of hotel groups and brands, http://hospitality-on.com/Exclusive-MKG-Hospitality-World-ranking-2013-of-hotel-groups-and-brands

Die Hotelmärkte werden durch folgende Indikatoren geprägt:

- erzielte durchschnittliche Zimmerbelegung
- durchschnittlich erzielter Netto-Zimmerpreis
- sowie das Produkt aus beidem, dem sogenannten Revpar (Logisertrag pro verfügbarem Zimmer)

Die folgende Tabelle gibt einen Überblick über die im Jahr 2012 realisierten, durchschnittlichen Zimmerbelegungen, Netto-Zimmerpreise und Revpars einer Stichprobe von Hotels in ausgewählten deutschen Städten.

	Zimmer-Belegung %	Netto-Zimmerpreis EUR	Revpar EUR	Revpar 2012/2011 %
Berlin	77	87	68	+8
Dresden	68	71	48	-5
Düsseldorf	64	121	77	+8
Frankfurt/Main	73	95	70	-2
Hamburg	74	102	75	0
Köln	67	111	74	-1
Leipzig	58	62	36	+7
München	75	111	84	+11
Stuttgart	65	102	66	+16

Quelle: PKF Monthly German Trends

Abb. 1: Hotelmarktdaten deutscher Städte
Quelle: PKF

2012 wurden in Düsseldorf, Köln und München die höchsten durchschnittlichen Netto-Zimmerpreise erwirtschaftet. Bei der Zimmerbelegung lagen Berlin, München und Hamburg mit 74 Prozent und mehr vor den anderen Städten. Damit konnte München auch den höchsten Revpar von rund 84 Euro erzielen. Im internationalen Vergleich liegen die erzielten Netto-Zimmerpreise in deutschen Städten jedoch immer noch auf einem relativ niedrigen Niveau. Die höchsten durchschnittlichen Netto-Zimmerpreise im Jahr 2012 wurden in Paris und Genf mit jeweils über 250 Euro erzielt.[4] Trotz des im internationalen Vergleich niedrigen Preisniveaus für Hotelzimmer in Deutschland – oder vielleicht gerade deshalb – sind deutsche Hotelimmobilien zurzeit der Erstellung dieser Übersicht von internationalen Investoren stark gefragt. – wohl auch deshalb, weil sich die Hotelmärkte nach der Wirtschafts- und Finanzkrise relativ stabil im Vergleich zu anderen Märkten im Euroraum entwickelt haben. Deutschland wird daher insbesondere bei ausländischen Investoren als „safe haven" betrachtet.

4 STR Global 2012

3. Betriebsformen

Noch in den 1950er Jahren lagen Eigentum und Hotelbetrieb einer Hotelimmobilie überwiegend in einer Hand. Heute werden die Funktionen Eigentum, Betrieb, Management und Markennutzung häufig auf unterschiedliche Rechtsträger aufgeteilt. Die vorherrschende Vertragsform in Deutschland ist nach wie vor der Festpachtvertrag mit der periodischen Anpassung der Pacht an die steigenden Lebenshaltungskosten. Varianten des Festpachtvertrages sind der umsatz- und der ergebnisabhängige Pachtvertrag, in denen die Bemessungsgrundlage für die Pacht der Umsatz oder das Betriebsergebnis des Pächters ist. In vielen Pachtverträgen werden auch mehrere dieser Vergütungselemente kombiniert. Der Pachtvertrag hat dinglichen Charakter und ist an das Grundstück gebunden und nicht an die Person des Grundstückseigentümers. Die großen, international tätigen Hotelgesellschaften sind heute in der Regel nur noch zum Abschluss eines Pachtvertrags für Hotels an strategisch wichtigen und begehrten Standorten bereit und auch nur dann, wenn eine Regelung zu einer Verlustbegrenzung (cap) geschlossen wurde.

In den angelsächsisch geprägten Ländern dominierte von jeher der Managementvertrag. Darin überträgt der Eigentümer einem Hotelmanager die Betriebsführung. Der Hotelmanager führt das Hotel im Auftrag und für Rechnung des Eigentümers. Das Betriebsrisiko liegt somit allein beim Eigentümer. Aufgrund der erschwerten Finanzierung derartiger Verträge setzen sich allerdings immer mehr Managementverträge mit Garantien der Betreibergesellschaft durch. Dadurch wird ein beschränkter Ausgleich des Betriebsrisikos zwischen Eigentümer und Managementgesellschaft erreicht. Die Vergütung des Managers setzt sich in der Regel aus einer Management Fee (2,5 bis 3 % vom Umsatz) und einer Incentive Fee (8 bis 10 % vom Betriebsergebnis) zusammen. Insgesamt beläuft sich die Vergütung für den Manager dann auf rund fünf bis sechs Prozent der Hotelerträge. Der Managementvertrag ist ein Unternehmensvertrag,[5] an den verschiedene Rechtsfolgen anknüpfen, die unter anderem die Wirksamkeit solcher Verträge betreffen. Der Managementvertrag hat keinen dinglichen Charakter. Wird das Hotel vom Eigentümer veräußert, entfällt die Geschäftsgrundlage des Managementvertrages. Um dies zu verhindern, bestehen Hotelmanagementgesellschaften häufig darauf, den Vertrag als Dienstbarkeit in die Abteilung II des Grundbuchs einzutragen. In Deutschland wird die Finanzierung von Hotelprojekten, die auf der Grundlage eines Managementvertrages geführt werden sollen, von den Kreditinstituten noch sehr zurückhaltend beurteilt. Sowohl Pacht- als auch Managementverträge werden in der Regel für sehr lange Zeiträume geschlossen. Ein typisches Vertragsmodell sieht eine Grundlaufzeit von 15 bis 20 Jahren und eine ein- bis zweimalige Verlängerungsoption zu Gunsten des Pächters beziehungsweise Managers vor. Laufzeiten von über 30 Jahren haben in Deutschland keinen rechtlichen Bestand.[6] Eine weitere Betriebsform ist das international bereits weit verbreitete Franchising, das auch in Deutschland immer mehr an Bedeutung gewinnt. Mit dem Franchisevertrag sichert sich der Betreiber eines Hotels das Recht, das Haus unter einer bestimmten Marke nach festgelegten Standards zu führen. Zusätzlich bietet der Franchisegeber in der Regel auch eine leistungsfähige Verkaufs- und Marketingorganisation an. Für die Bewertung von Hotelimmobilien spielt der Hotelvertrag eine wesentliche Rolle.

5 Unternehmensvertrag in Analogie zu § 291 AktG

6 § 544 BGB (Vertrag über mehr als 30 Jahre) i.V. m. § 581 BGB (vertragstypische Pflichten beim Pachtvertrag). Die faktische Begrenzung der Laufzeit von Pachtverträgen bis 30 Jahre gilt nicht für Erbpachtverträge.

4. Das kleine 1 x 1 der Hotelbetriebswirtschaft

Die häufig und auch in diesem Beitrag verwendeten Begriffe, Standards und Kategorien aus der Hotelbetriebswirtschaft werden nachfolgend für den Leser kurz erläutert.

4.1 Hoteltypen, Kategorien und andere Differenzierungsmerkmale

Hotels werden unter anderem nach folgenden Kriterien unterschieden:

- Angebotstyp
- Angebotskategorie
- Zielgruppen und Nähe zu Nachfragegeneratoren
- Architektur und sonstige Unterscheidungsmerkmale

Angebotstyp

In den amtlichen deutschen Beherbergungsstatistiken wird nach folgenden Angebotstypen unterschieden (Definition DEHOGA Bundesverband):

Hotellerie

- **Gasthof**
  Der Gasthof ist üblicherweise ein ländlicher Gastronomiebetrieb, der Speisen und Getränke anbietet und auch einige Unterkünfte bereithält.
- **Pension**
  Eine Pension ist ein Beherbergungsbetrieb, in dem Unterkunft normalerweise für mehr als eine Nacht und Speisen überwiegend Hausgästen angeboten werden.
- **Hotel garni**
  Ein Hotel garni ist ein Hotelbetrieb, der Beherbergung, Frühstück, Getränke und höchstens kleine Speisen anbietet.
- **Hotel**
  Ein Hotel ist ein Beherbergungsbetrieb, in dem eine Rezeption, Dienstleistungen, tägliche Zimmerreinigung, zusätzliche Einrichtungen und mindestens ein Restaurant für Hausgäste und Passanten angeboten werden. Ein Hotel sollte über mehr als 20 Gästezimmer verfügen.

Sonstige Beherbergungsbetriebe:

- Erholungs- und Ferienheime
- Ferienzentren
- Ferienhäuser und Ferienwohnungen
- Boardinghäuser

Dieser Beitrag beschränkt sich auf die Bewertung von Hotels und Hotel garnis. Die übrigen Betriebe sind ein Unterfall der allgemeinen Bewertungsregeln mit Besonderheiten, auf die in diesem Beitrag nicht weiter eingegangen wird.

Angebotskategorie

Ein weiteres Unterscheidungsmerkmal ist die Angebotskategorie. Diese wird national und international in Sternen (★) dargestellt. Die deutsche Hotelklassifizierung[7] erfolgt auf freiwilliger Basis, ist kostenpflichtig und gilt für einen Zeitraum von drei Jahren. Die neueste Aktualisierung beinhaltet nicht mehr die Anforderung an Mindestgrößen der angebotenen Zimmer. Vielmehr wird zwischen Mindestkriterien und zu erreichenden Mindestpunktwerten, die für die einzelnen Kategorien verpflichtend sind, unterschieden. Allerdings beeinflusst die Zimmergröße die Anzahl der Punktevergabe maßgeblich, folglich werden mehr Punkte für größere Zimmer vergeben. Grundsätzlich gilt, je höher die Klassifizierung, desto mehr Merkmale müssen erfüllt sein.

Im Folgenden sind einige Mindestkriterien der einzelnen Sternekategorien dargestellt; dieser Kriterienkatalog gilt für den Zeitraum 2010 bis 2014:

★: Ein-Stern-Hotel (TOURIST), Unterkunft für einfache Ansprüche mit unter anderem folgenden Mindestanforderungen (mind. 90 Punkte, Superior 170 Punkte):

- alle Zimmer mit Dusche/WC oder Bad/WC
- tägliche Zimmerreinigung
- alle Zimmer mit Farb-TV und Fernbedienung

★★: Zwei-Sterne-Hotel (STANDARD), Unterkunft für mittlere Ansprüche, zusätzlich zum Ein-Stern-Angebot mit unter anderem folgenden Mindestanforderungen (mind. 170 Punkte, Superior 250 Punkte):

- Kartenzahlung
- Frühstücksbuffet
- Angebot von Hygieneartikeln
- Badetücher

★★★: Drei-Sterne-Hotel (KOMFORT), Unterkunft für gehobene Ansprüche, zusätzlich zum Zwei-Sterne-Angebot mit unter anderem folgenden Mindestanforderungen (mind. 250 Punkte, Superior 380 Punkte):

- Separate Rezeption mind. 14 Stunden besetzt und 24 Stunden erreichbar
- Eine Sitzgelegenheit pro Bett
- Internetzugang auf dem Zimmer oder im öffentlichen Bereich
- Umfangreiches Angebot an Serviceartikeln im Zimmer
- Bruttogeschoßfläche für das gesamte Hotel pro Zimmer: rund 50 bis 65 Quadratmeter

Typische Marken: Hilton Garden Inn, Holiday Inn Express, Mercure

7 Deutscher Hotel- und Gaststättenverband e.V.: Deutsche Hotelklassifizierung 2010-2014, November 2009, Auszug: http://hotelsterne.de/userfiles/Files/downloads/de/Deutsche_Hotelklassifizierung_2010-2014.pdf

★★★★: Vier-Sterne-Hotel (FIRST CLASS), Unterkunft für hohe Ansprüche, zusätzlich zum Drei-Sterne-Angebot mit unter anderem folgenden Mindestanforderungen (mind. 380 Punkte, Superior 570 Punkte):

- Rezeption mind. 18 Std. besetzt und 24 Std. erreichbar
- Gästelift (bei mehr als drei Etagen)
- Speisenangebot im Room-Service bis 22:00 Uhr, Minibar oder 24 Std. Getränke im Room-Service
- Tagesaktuelles Zeitungsangebot
- Bruttogeschoßfläche für das gesamte Hotel pro Zimmer: rund 65 bis 80 Quadratmeter
- Typische Marken: Crowne Plaza, NH, Novotel

★★★★★: Fünf-Sterne-Hotel (LUXUS) Unterkunft für höchste Ansprüche, zusätzlich zum Vier-Sterne Angebot mit unter anderem folgenden Mindestanforderungen (mind. 570 Punkte, Superior 650 Punkte):

- Rezeption 24 Std. besetzt, Concierge- und Hotelpagen-Service
- Bügelservice
- Abendlicher Turn-down-Service
- Bademantel und Hausschuhe auf dem Zimmer
- Bruttogeschoßfläche für das gesamte Hotel pro Zimmer: rund 80 bis 90 Quadratmeter

Typische Marken: Kempinski, Hilton, Marriott, InterContinental

Darüber hinaus gibt es Hotels, die weit über den Fünf-Sterne Luxus-Standard – wie von DEHOGA definiert – hinausgehen. Die Herstellungskosten liegen bei diesen Häusern weit über 500.000 Euro pro Zimmer. Die Bruttogeschossfläche des gesamten Hotels pro Zimmer beträgt in der Regel über 90 Quadratmeter und ist nach oben hin offen.

In der Praxis werden Hotels auch häufig folgenden Kategorien zugeordnet:

- Budget (Ein- bis Zwei-Sterne Standard), typische Marken sind A&O, B&B, Ibis budget
- Economy (Zwei- bis Drei-Sterne Standard), typische Marken sind MotelOne, Ibis, H2 Hotels, Express by Holiday Inn
- Mid-class (Drei- bis Vier-Sterne Standard); typische Marken sind Hilton Garden Inn, Mercure, NH, Novotel.
- First-class (Vier- bis Fünf-Sterne Standard), typische Marken sind Hilton, Marriott, Intercontinental
- Luxury; typische Marken sind Four Seasons, Mandarin Oriental und Ritz-Carlton

Im Vergleich zu den verbreiteten US amerikanischen Standards ist der DEHOGA-Standard weniger anspruchsvoll. In Europa verfügen nicht nur die Länder, sondern zum Teil auch die Regionen über Standards mit Quantitäts- und Qualitätsmerkmalen, die fünf und mehr Sternen zugeordnet werden.

Zielgruppen und Nähe zu Nachfragegeneratoren

Ein weiteres Unterscheidungsmerkmal von Hotels betrifft die angesprochenen Zielgruppen. Das sind Hotels, die ihr Einrichtungs-, Ausstattungs- und Serviceangebot konsequent an den Bedürfnissen bestimmter Zielgruppen ausrichten, wie zum Beispiel:

- Geschäftsreisende
- Teilnehmer an Kongressen, Tagungen, Konferenzen und Seminaren
- Freizeittouristen
- Urlauber
- Singles
- Patienten
- Diabetiker
- Frauen
- Kinder
- Familien
- Senioren
- Langzeitgäste

Die Diversifikation der Hotelangebote im Hinblick auf spezielle Zielgruppen und deren besondere Bedürfnisse bietet ein weiteres Entwicklungspotenzial.

Hotels werden auch nach ihrer räumlichen Nähe zu Nachfragegeneratoren unterschieden, wie zum Beispiel:

- Flughafenhotels
- Messehotels
- Bahnhofhotels
- Arenahotels
- Hafenhotels
- Autobahnhotels
- Strandhotels
- Patientenhotels (Kliniken)

Architektur und andere Unterscheidungsmerkmale

Mit der zunehmenden Sättigung der Märkte wird die Außen- und Innengestaltung der Hotels immer wichtiger. Durch eine attraktive Architektur (z.B. Design- und Themenhotels) sowie eine Hotelarchitektur, die einen „WOW-Effekt" (z.B. durch Größe, Farben, Licht und ungewöhnliche Ausstattung) beim Gast hervorruft, wird um Gäste geworben. Häufig werden Hotels im Funktionszusammenhang mit anderen Immobilien gebaut – so genannte mixed used Objekte. Hierbei werden in einem oder mehreren zusammenhängenden Gebäuden beziehungsweise Gebäudekomplexen Büros sowie Einzelhandel und Dienstleistungsgeschäfte zusammengefasst. Die einzelnen Nutzungen profitieren dabei gegenseitig voneinander. So profitiert zum Beispiel das Hotel von den Büros (Geschäftsreisende) und die Büros werden für die Büromieter attraktiver, da ein Hotel mit Gastronomie, Tagungs- und Konferenzeinrichtungen in unmittelbarer Nähe ist. Die Einzelhandelsgeschäfte profitieren wiederum von den Hotelgästen. Von Hotels der gehobenen Kategorie kann zudem ein positiver Imagetransfer auf die benachbarten Gebäude stattfinden, insbesondere wenn es sich um eine prestigeträchtige Marke wie Hilton, Ritz-Carlton oder Kempinski handelt. Unter Kalkulationsgesichtspunkten werden niedrigere Renditen für das Hotel – isoliert gesehen – in Kauf genommen und damit die Gesamtrentabilität des „Mixed-used-Komplexes" optimiert. Hotels unterscheiden sich auch in Hinblick auf die zum Standardangebot zusätzlich angebotenen Einrichtungen und Dienstleistungen. Hierzu zählen zum Beispiel:

- Spezialitätenrestaurants, Nachtclubs, Bars
- Casinos
- hochwertige Einzelhandelsgeschäfte
- Fitness- und Wellness-Einrichtungen
- Meeting-, Tagungs- und Kongressräume
- Businesscenter mit einem breiten Angebotsspektrum von Dienstleistungen für Geschäftsleute
- Angebot von Sporteinrichtungen: Golf, Tennis, Reiten

4.2 Begriffsdefinitionen

In der Bewertung von Hotels kommen immer wieder Begriffe und Kennzahlen vor, die wie folgt definiert sind:

① Zimmerbelegung (= *Occupancy*)

belegte Zimmer im Verhältnis zu der Anzahl der verfügbaren Zimmer pro Periode

② Mehrfachbelegungsfaktor (= *Multiple Occupancy Factor*)

Anzahl der Gäste im Verhältnis zu der Anzahl der belegten Zimmer pro Periode

③ Brutto-Zimmerpreis (= *Published Room Rate = Rack Rate*)

veröffentlichter Zimmerpreis (inklusive Mehrwertsteuer und gegebenenfalls Frühstück)

④ Netto-Zimmerpreis (= *Net Room Rate*)

Erträge Logis (nach Abzug des Frühstücksanteils, Mehrwertsteuer sowie gewährter Preisnachlässe) dividiert durch belegte Zimmer pro Periode

⑤ = ①x④ Erträge Logis pro vorhandenem Zimmer (= *Revenue per Available Room/Revpar = Rooms Yield*)

Zimmerbelegung multipliziert mit durchschnittlichem Netto-Zimmerpreis bzw. Erträge Logis (ohne Mehrwertsteuer, Frühstück und gewährte Preisnachlässe) dividiert durch vorhandene Zimmer pro Periode

5. Grundlagen

5.1 Vorbemerkungen

Über die Bewertung von Immobilien liegt umfangreiche Fachliteratur vor. Am bekanntesten und umfangreichsten ist das 2010 in Neuauflage erschienene Werk von Kleiber[8] mit rund 3.200 Seiten. In diesem Beitrag wird deshalb von der Darstellung der allgemeinen Bewertungsregeln für Immobilien abgesehen und der Schwerpunkt auf die Besonderheiten der Bewertung von Hotelimmobilien nach dem international üblichen DCF-Verfahren (Discounted-Cash-flow) gelegt. Die Bewertung von Hotelimmobilien ist komplex, was an den vielfältigen Werteinflussfaktoren liegt.

5.2 Eingeschränkte Transparenz der Hotelmärkte

Im Gegensatz zu Büroimmobilien und Einzelhandelsflächen, für die aktuelle Marktberichte der großen Immobilienmakler, wie zum Beispiel CB Richard Ellis oder Jones Lang LaSalle, vorliegen, sind die Informationen über Hotelmärkte spärlich. Aus zuverlässigen Quellen[9] sind nur Durchschnittswerte erhältlich, aus denen sich keine Bewertungsparameter für ein bestimmtes Hotel ableiten lassen, insbesondere da die den Durchschnittswerten zugrunde liegenden Einzelwerte (Preis und Belegung) in Abhängigkeit und aufgrund von Lage, Kategorie, Produkt und Betriebsführung sehr stark variieren können. Die amtlichen Statistiken enthalten nur stark aggregierte Zahlen des Angebots und der Nachfrage, die lediglich Tendenzen des allgemeinen Hotelmarktes einer Stadt, einer Region oder eines Landes aufzeigen können. Voraussetzung für die verlässliche Bewertung eines Hotels ist deshalb eine sorgfältige Standort- und Marktuntersuchung sowie der Zugang zu vertraulichen Hotelmarktdaten.

5.3 Maßgeblichkeit des Wertschöpfungspotenzials

Abweichend von Mietpreisen für Büroflächen, die weitgehend unabhängig von der Wertschöpfung ihrer Mieter sind, bestimmt sich der Wert eines Hotels maßgeblich aus dem Wertschöpfungspotenzial, das mit der zu bewertenden Hotelimmobilie erzielt werden kann. Dies ist auch der Grund dafür, dass die Bewertung einer Hotelimmobilie wesentliche Züge einer Betriebsbewertung aufweist. Ein Hotel ist aus Sicht der Bewertung zwar auch eine Immobilie, aber im Wesentlichen ein immobiler Betrieb. Der Erfolg einer Hotelimmobilie bestimmt sich aus der marktgerechten Verwendung der Immobilie und einer marktgerechten Hotelführung. Eine Aufteilung des Erfolges (z.B. in einen Bodenwertanteil, einen Gebäudeanteil und Anteile, die die Marke, die Einrichtung und die Betriebsführung betreffen) ist nicht möglich. Es fehlt an eindeutigen Zuordnungskriterien des erzielten Erfolges. In Kreisen der Immobiliensachverständigen wird allerdings die Meinung vertreten, auch für Hotels seien Pachten pro Zimmer für unterschiedliche Hoteltypen bekannt, aus denen in Analogie zum Vergleichswertverfahren objektspezifische Pachten

8 Prof. Wolfgang Kleiber; Verkehrswertermittlung von Grundstücken, 6. Auflage 2010.

9 Vertraulich direkt von den Hotels bzw. den Hotelgesellschaften gesammelte Hotelmarktdaten durch z.B. STR Global oder PKF.

abgeleitet werden können. Dieser Meinung kann nur bedingt zugestimmt werden. Die Methode versagt mit zunehmender Differenzierung und Angebotsqualität des Hotelproduktes. Offen bleibt immer die Frage, ob die aus bekannten Pachten abgeleitete objektspezifische Pacht vom Pächter tatsächlich verdient wird. Eine zu hohe Pacht wird nach allgemeiner Erfahrung nur kurz- vielleicht mittelfristig Bestand haben. Grundlage für eine Hotelbewertung sollte deshalb immer auch die Schätzung des erzielbaren Ergebnisses sein. Dies entspricht auch den Erfahrungen aus den Anforderungen, die Investoren und Banken zunehmend an eine Hotelbewertung stellen.

5.4 Eingeschränkte Drittverwendungsmöglichkeit

Aufgrund des Gebäudelayouts und häufig auch aus öffentlich-rechtlichen Nutzungsvorschriften und Nutzungsbeschränkungen ist die Drittverwendungsfähigkeit der Hotelimmobilie stark eingeschränkt. Auch wenn eine Umnutzung eines Hotels rechtlich möglich ist, zum Beispiel Umbau des Hotels in ein Altenheim oder Bürogebäude, ist dies in vielen Fällen mit Umbaukosten verbunden, die den Investitionskosten für einen Neubau nahe kommen. Hotels werden in der Regel entsprechend den Gebäudekonzepten der die Hotels betreibenden Hotelgesellschaften gebaut. Fällt der vorgesehene Betreiber aus, ist es problematisch einen neuen Betreiber zu gleichen Bedingungen zu finden, da dieser meist ein anderes Betriebskonzept verfolgt. Dies betrifft insbesondere die Zimmergrößen sowie das gastronomische und sonstige Angebot (z.B. Wellness, Fitness). Die eingeschränkte Drittverwendungsmöglichkeit wird immer dann bewertungsrelevant, wenn das Hotel wirtschaftlich nicht rentabel geführt werden kann oder ein Wechsel des Betreibers nach dem Bewertungsstichtag unvermeidbar werden sollte.

5.5 Wertbestimmende Hotelverträge

Langfristig abgeschlossene Pacht- und dinglich gesicherte[10] Managementverträge bestimmen maßgeblich das Ergebnispotenzial und damit den Wert der zu bewertenden Hotelimmobilie. Bewertungserheblich bei Pachtverträgen sind die Bemessungsgrundlage beziehungsweise Bemessungsgrundlagen für die Pacht, die Pachthöhe, die Pachtvertragsdauer und die Nebenverpflichtungen des Pächters, wie Instandhaltung der Hotelimmobilie und der Hoteleinrichtung sowie die Abgrenzung der zu übernehmenden Kosten zum Verpächter. Ist der Pächter verpflichtet, sämtliche mit der Immobilie zusammenhängenden Verpflichtungen zu übernehmen, wird von triple-net-Verträgen gesprochen. Dies betrifft solche Ausgaben, die üblicherweise der Verpächter trägt: Gebäudeversicherungen, Grundbesitzabgaben und die Instandhaltungsverpflichtung für Dach und Fach. Wertmindernd wirken sich Verfügungsbeschränkungen für den Verpächter aus, die die ohnehin eingeschränkte Fungibilität der Immobilie noch weiter beeinträchtigen. Bei Managementverträgen mit dinglicher Bindung an die Immobilie sind neben den vereinbarten Managementvergütungen insbesondere der Umfang der Mitbestimmungsrechte des Eigentümers (z.B. bei der Budget-Erstellung), die Voraussetzungen für die vorzeitige Kündigung des Vertrages im Falle von Missmanagement und etwaige Verfügungsbeschränkungen zu Lasten des Eigentümers werterheblich. Sowohl für den Pachtvertrag als auch für den Managementvertrag sind der Bekanntheitsgrad und das Image des Hotelbrands sowie die

10 Dinglich gesichert durch Eintragung einer Dienstbarkeit in Abteilung II des Grundbuchs

Zuverlässigkeit des Vertragspartners von wesentlicher Bedeutung. Die Bewertung von Hotels, die auf der Grundlage von Managementverträgen betrieben werden, wird dadurch erschwert, dass keine Vergleichspachten und zur Zeit noch wenige Hoteltransaktionen mit dieser Vertragskonstellation zur Plausibilisierung herangezogen werden können. Der Ansatz einer fiktiven Pacht (Pachtwertmethode) entsprechend der Bewertungspraxis nach den Vorschriften des § 194 Baugesetzbuch (BauGB) versagt in solchen Fällen vollkommen, da darin einfließende Bewertungsprämissen hinsichtlich der Zuordnung des Betriebsrisikos nicht zutreffend sind.

6. Bewertungsstandards und Methoden

Die nach deutschem Recht maßgebliche Bewertungsnorm für Immobilien – sofern die Bewertung gesetzlich vorgeschrieben ist – findet sich in § 194 (BauGB) in Verbindung mit der Immobilienwertermittlungsverordnung (ImmoWertV). Hotelimmobilien werden hier nach der Ertragswert-, Vergleichswert- oder Sachwertmethode bewertet. In der Regel steht dabei die Ertragswertmethode im Vordergrund. Ziel der Bewertung ist der sogenannte Verkehrswert, für den als Synonym auch der Begriff Marktwert steht. Dieser ist wie folgt definiert:

„Der Verkehrswert (Marktwert) wird durch den Preis bestimmt, der in dem Zeitpunkt, auf den sich die Ermittlung bezieht, im gewöhnlichen Geschäftsverkehr nach den rechtlichen Gegebenheiten und tatsächlichen Eigenschaften, der sonstigen Beschaffenheit und der Lage des Grundstücks oder des sonstigen Gegenstands der Wertermittlung ohne Rücksicht auf ungewöhnliche oder persönliche Verhältnisse zu erzielen wäre."

International und in der Regel auch national wird, soweit es bei der Bewertung um die Ermittlung der Grundlagen für eine Investitionsentscheidung für ein Hotel geht, der Marktwert aus dem Ertragswert der Immobilie nach der DCF-Methode ermittelt. Dies wird im Schrifttum im Zusammenhang mit der Ermittlung von Verkehrswerten zum Teil bestritten. Dem Verfasser ist aber – sofern die Bewertung nicht nach § 194 BauGB durchzuführen war – keine fundierte Hotelbewertung bekannt geworden, die nicht auf diesem Verfahren beruht. Aber auch die ImmoWertV schließt die Anwendung der DCF Methode grundsätzlich nicht aus.[11] Da bei Hotelprojekten in der Regel mit einer mehrjährigen Anlaufphase gerechnet werden muss, ist die DCF-Methode in diesen Fällen auch die einzig mathematisch nachvollziehbare Methode zur Ermittlung des nachhaltigen Rohertrages oder Cashflows als Basis für die Kapitalisierung.

Internationale Bewertungsvorschriften sind:

- European Valuation Standards (EVS) der European Group of Valuers' Association (TEGoVA), in der Praxis unter dem Begriff Blue Book bekannt
- Die Bewertungsstandards des Royal Institut of Chartered Surveyors (RICS), auch als sogenanntes Red Book bekannt
- International Valuation Standards (IVS), die Bewertungsstandards des International Valuation Standards Committee (IVSC) der Vereinten Nationen, das als White Book bezeichnet wird

11 § 17 ImmoWertV Abs. 3.

Während die deutschen Bewertungsvorschriften der ImmoWertV eine bis ins Detail gehende Struktur und Methode für die Bewertung vorgeben, legen die zuvor genannten international gebräuchlichen Bewertungsvorschriften lediglich Rahmenbedingungen und Begriffsdefinitionen fest, die bei einer Bewertung zu beachten sind. Einzelheiten der Bewertungsdurchführung liegen im sachgemäßen Ermessen des jeweiligen Gutachters.

6.1 DCF-Methode

Hinter der DCF-Methode stehen folgende investitionstheoretisch begründete Prämissen:

- Die Bewertung findet nicht für einen Zeitraum, sondern zu einem Stichtag, dem so genannten Bewertungsstichtag, statt.
- Der Bewertungsstichtag liegt grundsätzlich vor dem Zeitpunkt der Durchführung der Bewertung.
- Maßgeblich sind nur die dem Investor der Hotelimmobilie zufließenden Überschüsse vor Abschreibungen, Zinsen und Ertragsteuern, die Cashflows.
- Es werden nur Objektsteuern, wie die Grundsteuer berücksichtigt, da Immobilien allein nicht Gegenstand von Ertragsteuern sind (besteuert werden die Ergebnisse von steuerpflichtigen Personen oder Gesellschaften).
- Der Sachwert ist nicht bewertungsrelevant.
- Bewertungsrelevant sind nur die erwarteten Cashflows nach dem Bewertungsstichtag, die auf den Bewertungsstichtag diskontiert werden.
- Der Zinssatz ist aus den für das zu bewertenden Hotel relevanten, aktuellen Hoteltransaktionen abzuleiten.

Cashflows werden in der Regel nur bis zehn Jahre nach dem Bewertungsstichtag individuell geschätzt. Am Ende wird der Zufluss eines Restwertes unterstellt. Dieser wird in Höhe eines fiktiven Kapitals geschätzt, das bei Ansatz des marktüblichen Kapitalisierungszinssatzes in der Lage ist, eine ewige Rente in Höhe des als nachhaltig erzielbaren Cashflows zu erwirtschaften.[12]

6.2 Ermittlung relevanter Cashflows

Die Cashflows von Hotels als Basis für die Ertragswertermittlung (relevante Cashflows) werden üblicherweise entsprechend den Ausweisvorschriften nach dem Uniform System of Accounts for the Lodging Industry,[13] kurz USALI genannt, ermittelt. Die neunte Fassung des USALI liegt in einer überarbeiteten deutschen Fassung vor.[14] Nach dieser Ausweisvorschrift gliedern die internationalen Hotelgesellschaften die Ergebnisrechnungen der von ihnen geführten Hotels (neben den landesspezifischen handels- und steuerrechtli-

12 Das sogenannte Kapital einer ewigen Rente. Dabei wird der nachhaltig erzielbare Cashflow durch den Kapitalisierungszinssatz geteilt. Beispiel: Bei einem geschätzten nachhaltig erzielbaren Cashflow von 2 Mio. EUR und einem Kapitalisierungszins von 6 % ergibt sich ein Kapital in Höhe von 33,3 Mio. EUR.

13 Hotel Association of New York City, Inc: Uniform System of Accounts for the Lodging Industry, Tenth Revised Edition

14 Pannell Kerr Forster GmbH Wirtschaftsprüfungsgesellschaft: Einheitliche Betriebsabrechnung, Die Erfolgssteuerung für Hotels, 1. Auflage 2000

chen Ausweisvorschriften). Der Vorteil liegt in der Abbildung von betrieblichen Verantwortungsbereichen und branchentypischen Kennzahlen (z.B. Wareneinsatz im Verhältnis zu den Erträgen aus Speisen und Getränken) und damit der Erleichterung externer Betriebsvergleiche. Die folgende Übersicht zeigt die Struktur dieser Ergebnisrechnung:

	Erträge TEUR	Waren-einsatz TEUR	Personal-aufwend. TEUR	sonstige Aufwend. TEUR	Ergebnis TEUR
operative Abteilungen					
Logis	x	---	x	x	Σ
Speisen und Getränke	x	x	x	x	Σ
sonstige operative Abteilungen	x	x	x	x	Σ
Summe operative Abteilungen	**Σ**	**Σ**	**Σ**	**Σ**	**Σ**
Serviceabteilungen					
Verwaltung und Allgemeines			x	x	Σ
Marketing und Verkauf			x	x	Σ
Reparaturen und Instandhaltung			x	x	Σ
Energie und Wasser			---	x	Σ
+ **Summe Serviceabteilungen (Gemeinkosten)**			**Σ**	**Σ**	**Σ**
= **Betriebsergebnis nach Gemeinkosten**					**Σ**

Abb. 2: Ausweis der Hotelergebnisse nach USALI

Nach USALI werden zunächst die Erträge, getrennt nach den unterschiedlichen Hotelprofitcentern (sogenannte Hotelabteilungen), dargestellt. Dabei handelt es sich in der Regel mindestens um folgende Abteilungen:

- Logis
- Speisen & Getränke
- sonstige Abteilungen

Auf die „sonstigen Abteilungen" entfallen beispielsweise Wellnessbereich, Wäscherei und Erträge aus Telekommunikation. Von den jeweiligen Erträgen werden bestimmte, direkt zurechenbare Aufwendungen, gegliedert nach Wareneinsatz, Personalaufwand und sonstigen Aufwendungen abgezogen, um das Abteilungsergebnis zu ermitteln. Die Zusammensetzung der Erträge und das Verhältnis der Aufwendungen zu den Abteilungserträgen bilden Kennzahlen, die Rückschlüsse auf die Rentabilität des zu bewertenden Hotels zulassen. Von der Summe der Abteilungsergebnisse werden dann die Aufwendungen der so genannten Serviceabteilungen (Gemeinkosten) abgesetzt. Dies sind:

- Verwaltung und Allgemeines
- Marketing
- Reparaturen und Instandhaltungen
- Energie und Wasserversorgung und Abwasserentsorgung

Das Ergebnis ist das Betriebsergebnis nach Gemeinkosten, in der Praxis auch häufig als GOP (Gross Operating Profit) bezeichnet. Von dem Betriebsergebnis nach Gemeinkosten sind für den Fall, dass der Eigentümer das Hotel selber oder auf der Grundlage eines Managementvertrages betreibt noch folgende Aufwandsarten abzusetzen:

- Zuführung zur Rücklage für Ersatzbeschaffung und Modernisierung von FF&E sowie Dach und Fach
- Managementvergütung

- Objektsteuern und Versicherungen
- Sonstige, nicht operative Aufwendungen, zum Beispiel für das Asset Management

Die Zuführung zur Rücklage für Ersatzbeschaffungen des FF&E sowie Dach und Fach dienen dazu, die künftigen Wiederbeschaffungsausgaben auf die Abrechnungsperioden zu verteilen. Die hotelspezifische Abkürzung FF&E steht dabei für die Begriffe Fixtures, Furniture & Equipment und bezeichnet im Allgemeinen die Betriebs- und Geschäftsausstattung des Hotels, einschließlich Kleininventar, wie Geschirr, Gläser und Wäsche. Diese Rücklagen bilden das spiegelbildliche Pendant zu den Abschreibungen. Mit der Rücklagenbildung werden die künftig entstehenden Ausgaben für den Ersatz oder die Erneuerung der Wirtschaftsgüter periodengerecht auf die Jahre ihres Werteverzehrs verteilt. Die Ersatzbeschaffungen werden dann aus den Rücklagen bezahlt und belasten nicht mehr das Ergebnis der Periode, in der sie angeschafft werden. Der oft schlechte Erhaltungszustand vieler Hotels ist unter anderem darauf zurückzuführen, dass keine Rücklagen gebildet wurden und die erzielten Überschüsse an die Eigentümer ausgezahlt wurden. In zeitgemäßen Pachtverträgen wird deshalb der Pächter zur Rücklagenbildung verpflichtet, in manchen Fällen sogar dazu, die Rücklagen auf Konten zu übertragen, über die der Pächter nur zusammen mit dem Verpächter verfügen kann. Dies ist die Gewähr dafür, dass auch immer ausreichende liquide Mittel für Ersatz- und Erneuerungsinvestitionen zur Verfügung stehen. Wird das Hotel auf der Grundlage eines Pachtvertrages geführt, sind von der Pacht in der Regel noch folgende Aufwendungen abzuziehen, um zu den bewertungsrelevanten Cashflows zu gelangen:

- Zuführung zur Rücklage für Ersatzbeschaffung und Modernisierung von Dach und Fach
- Objektsteuern und -versicherungen
- Sonstige, nicht operative Aufwendungen, zum Beispiel für das Asset Management

Der Abzug entfällt, wenn diese Aufwendungen bereits vom Pächter übernommen werden (z.B. im Falle eines triple-net-Vertrages).

6.3 Diskontierungs- und Kapitalisierungszinsfuß

Der Diskontierungszinssatz dient der Abzinsung der Cashflows und des Restwertes (Terminal Value) auf den Bewertungsstichtag.

Der Diskontierungszinssatz wird in der Bewertungspraxis aus unterschiedlichen Quellen und nach folgenden Methoden abgeleitet:

- Aus Anfangsrenditen veräußerter Hotels
- Aus durchschnittlichen, gewichteten Kapitalkosten für Hotelinvestments
- Aus den Kapitalmarktverhältnissen und hoteltypischen Risikozuschlägen

Im ersten Fall wird der Diskontierungszinssatz für die marktgerechte Abzinsung der Cashflows aus der Anfangsrendite vergleichbarer Hotels abgeleitet. Die durchschnittlichen, gewichteten Kapitalkosten ergeben sich aus marktüblichen Zinssätzen für Immobilienkredite, dem marktüblichen Ansatz der Beleihungsquote und den marktüblichen „Kosten" des Eigenkapitals.

Die dritte Methode unterstellt einen Renditevergleich des Investments in das zu bewertende Hotel mit der Anlage in risikofreie Kapitalanlagen. Das höhere Risiko des Hotelinvestments wird durch einen für das Bewertungsobjekt durchschnittlichen markttypischen Risikozuschlag im Zinssatz berücksichtigt.

Alle Methoden erfordern eine langfristige Erfahrung und gute Marktkenntnisse des Hoteltransaktionsmarktes. Häufig wird der Diskontierungszinssatz durch das Abwägen der Ergebnisse zweier oder aller drei Methoden ermittelt.

Ableitung des Diskontierungszinssatzes aus Anfangsrenditen

Im Zusammenhang mit der Bewertung von Immobilien oft genannte Renditebegriffe sind die Anfangsrendite (Initial Yield) und die sogenannte Cap Rate. Beide setzen das dem Eigentümer zufließende Ergebnis einer Abrechnungsperiode ins Verhältnis zum Kaufpreis oder Wert zu einem bestimmten Stichtag. Die Anfangsrendite, wie ihre Bezeichnung schon sagt, drückt das Verhältnis des Ergebnisses der ersten Rechnungsperiode zum Kaufpreis oder Wert des Hotels aus, die Cap Rate stellt das Verhältnis des Ergebnisses der letzten Periode vor oder der ersten Periode nach dem Kauf- bzw. Bewertungsstichtag dar.

Die Renditen werden aber nicht nur hinsichtlich der Abrechnungsperiode, auf die sie sich beziehen, sondern auch hinsichtlich des Umfangs der in ihnen abgebildeten Ausgaben unterschiedlich definiert. So sagt der Begriff „Anfangsrendite" nichts darüber aus, ob diesem eine Pacht mit oder ohne immobilienrelevanten Ausgaben (Bewirtschaftungskosten) des Eigentümers oder einem operativen Ergebnis bei einem Managementvertrag zugrunde liegt, ob sie sich auf einen Zeitraum vor oder nach der Transaktion bezieht oder ob es sich vielleicht sogar um Durchschnittswerte handelt, die statisch oder dynamisch, also unter Berücksichtigung von Zins und Zinseszins ermittelt wurden. Hinsichtlich des in die Renditeberechnung einfließenden Verkaufspreises ist offen, ob in diesen die Anschaffungsnebenkosten einbezogen werden. Die „babylonische Begriffsverwirrung" der Renditebegriffe erschwert also die eindeutige Ableitung von Diskontierungszinssätzen.

Hinzu kommt, dass Cap Rates oder Anfangsrenditen nur die Rendite für einen Zeitraum direkt nach (oder auch vor) dem Verkaufstag angeben, aber offen lassen, mit welcher Entwicklung der Ergebnisse der Käufer aufgrund von hotelvertraglichen Vereinbarungen oder Marktentwicklungen gerechnet hat. Verschiedene Anfangsrenditen zweier Hotels können zum gleichen Internen Zinssatz (IRR) des Gesamtinvestments führen, gleiche Anfangsrenditen aber auch zu unterschiedlichen internen Zinssätzen.

Ganz unabhängig von der offenen Begriffsdefinition sind Anfangsrenditen von Hotels natürlich auch abhängig von der Makrolage, der Angebotskategorie und dem Wettbewerbsumfeld. Anders als beispielsweise für Bürohausobjekte, für die Anfangsrenditen von großen Maklerhäusern regelmäßig für repräsentative Lagen publiziert werden, sind Anfangsrenditen für die unterschiedlichen Hoteltypen, -ausstattungen, -kategorien und Lagen, wenn überhaupt, nur Insidern bekannt.

Ableitung des Diskontierungszinssatzes aus gewichteten durchschnittlichen Kapitalkosten (Weighted Average Cost of Capital: WACC)

Der Diskontierungszinsfuß für das zu bewertende Hotel wird nach dieser Methode beispielsweise wie folgt ermittelt:

	Anteile an der Gesamtfinanzierung	Zins	Zins Gewichtung	WACC
	(1)	(2)	(1) x (2)	
	%	%	%	%
Eigenkapital	40,0%	12,0%	4,8%	
Fremdkapital	60,0%	4,7%	2,8%	
	100,0%		7,6%	
WACC				7,6%

Abb. 3: Beispielrechnung der WACC

Das Modell unterstellt marktübliche Anteile der Objektfinanzierung durch Fremd- und Eigenkapital. Diese werden mit marktgerechten Zinsen multipliziert und daraus ein Zinssatz für das Gesamtkapital errechnet. In diesem Fall betragen die marktüblichen Fremdkapitalzinsen zum Bewertungsstichtag 4,7 Prozent per anno, die marktüblichen Erwartungen der Eigenkapitalgeber für dieses Hotel eine Eigenkapitalrendite in Höhe von zwölf Prozent pro Jahr. Daraus ergibt sich der gewichtete Durchschnittszinssatz von 7,6 Prozent pro Jahr. Diese Methode ist in Deutschland weniger gebräuchlich, bietet sich aber für die Plausibilisierung von Diskontierungszinssätzen an, die nach anderen Verfahren ermittelt werden.

Zur Anwendung kommt diese Methode immer dann, wenn subjektive Entscheidungswerte unter Berücksichtigung der Renditevorstellungen des Investors ermittelt werden sollen.

Ableitung des Diskontierungszinssatzes aus dem Kapitalmarkt und Risikozuschlägen

Die Ableitung der Zinssätze aus den Kapitalmarktverhältnissen und Risikozuschlägen zum Bewertungsstichtag zeigt folgende Abbildung:

Kalkulationsbestandteile und Ergebnis	%
Zinssatz quasi risikofreier Kapitalanlagen	4,1%
Risikozuschlag	3,5%
Diskontierungszinssatz eines bestimmten Vertragstyps	7,6%

Abb. 4: Ableitung Disk.Zinssatz aus Kapitalmarkt und Risikozuschl.

Der Zinssatz quasi risikofreier Kapitalanlagen, der sogenannte Basiszinssatz, sollte laufzeitkongruent mit der Lebensdauer des zu bewertenden Hotels sein. Da es keine Wertpapiere mit so langen Laufzeiten gibt, können die Ergebnisse der aus der Zinsstruktur abgeleiteten Renditen für Pfandbriefe mit jährlichen Kuponzahlungen zugrunde gelegt werden, die laufend von der Deutschen Bundesbank veröffentlicht werden. Die Risikozuschläge entsprechen retrograd abgeleiteten Erfahrungssätzen aus der Differenz bekannter Durchschnittsrenditen von Hotelinvestments und Zinssätzen laufzeitadäquater, quasi risikofreier Kapitalanlagen. Eine Orientierung des Risikozuschlages an empirisch ermittelten Aktienrenditen mithilfe von Kapitalmarktpreisbildungsmodellen (CAPM) scheitert daran, dass es keine Gesellschaften gibt, deren Geschäftsbetrieb sich risikoadäquat zu dem einer Hotelimmobilie verhält.

Ableitung des Kapitalisierungszinssatzes für die Berechnung des Terminal Value

Ausgangspunkt ist der Diskontierungszinssatz, von dem ein Wachstumsabschlag vorgenommen wird. Dieser richtet sich nach der Höhe der erwarteten weiteren Entwicklung der Cashflows. Für die Schätzung des künftigen nominalen Wachstums der finanziellen Überschüsse kann die erwartete Geldentwertungsrate nur ein erster Anhaltspunkt sein. Vielmehr ist im konkreten Bewertungsfall eine Annahme darüber zu treffen, ob und in welcher Höhe Preissteigerungen im Markt durchsetzbar sein werden und darüber hinaus Mengen und Strukturänderungen zu erwarten sind. Dies hängt auch wesentlich von der langfristigen Hotelvertragsgestaltung ab.

Ableitung der Zinssätze für Hotels, die „over"- oder „underrented" sind

Ist die Nachhaltigkeit der vereinbarten Pacht dadurch gefährdet, dass diese voraussichtlich nicht verdient werden kann (overrented) oder die Pacht zu überdurchschnittlich hohen Ergebnissen des Pächters führt (underrented), so kann dies mit Hilfe zweier Methoden berücksichtigt werden, die auf den Ansatz unterschiedlicher Zinssätze hinauslaufen:

- Term-and-Reversion-Methode
- Hardcore- oder Layer-Methode

Die Term-and-Reversion-Methode wendet für die Vertragslaufzeit einen anderen Zinssatz an als für die Zeit nach Ablauf des Vertrages. Die Hardcore- oder Layer-Methode zerlegt die prognostizierten Überschüsse in solche, die sicherer, und solche, die unsicherer sind, und kapitalisiert diese ebenfalls mit unterschiedlichen Zinssätzen.[15]

6.4 Abschläge vom Cash-flow basierten Ertragswert

Instandsetzungs- und Renovierungsrückstände

Das Erscheinungsbild vieler älterer Hotels leidet offensichtlich unter unterlassenen Instandhaltungs- und Erneuerungsmaßnahmen. Der Alterungsprozess ist schleichend und wirkt sich zunächst noch nicht auf den Marktauftritt aus. Der Ertragseinbruch kommt dann aber meistens abrupt: Die Gäste bleiben aus, die durchsetzbare Zimmerrate sinkt. Die Prämisse für die Schätzung der bewertungsrelevanten Cashflows ist in der Regel ein gut erhaltenes Hotel mit marktgerechtem Erscheinungsbild und in gepflegtem Zustand. Unterlassene Instandhaltungs- und Erneuerungsaufwendungen sind deshalb im Rahmen einer Bewertung nach Art, Menge und Preis zu bewerten und vom Cashflow basierten

15 Die Beschreibung der Methoden zur Ableitung des Diskontierungszinssatzes mit Fallbeispielen findet sich in: Matthias Schröder, Ulrike Schüler, Ulf Templin: Erfolgreich in Hotels investieren, Beurteilung und Bewertung von Hotels, PKF Schriftenreihe, Band 2, 2011

Ertragswert abzusetzen. Gegebenenfalls sind Behinderungen des Betriebsablaufs (Schließung des Hotels oder einzelner Teile) durch Instandhaltungs- und Reinvestitionsmaßnahmen nach dem Bewertungsstichtag bei der Schätzung der erzielbaren Cashflows zu berücksichtigen.

6.5 Berücksichtigung der Abgrenzung des Reinvestitionszyklus

Die Bewertung einer Hotelimmobilie fällt, es sei denn, der Bewertungsstichtag liegt vor der Hoteleröffnung, in unterschiedliche Zeitabschnitte der Reinvestitionszyklen der laufend zu erneuernden Wirtschaftsgüter. Die der Bewertung des Hotels zugrunde zu liegenden Cashflows enthalten nur Zuführungen zu Rücklagen für Ersatz- und Erneuerungsbeschaffungen in Höhe des den jeweiligen Perioden nach dem Bewertungsstichtag entstehenden Werteverzehrs. Von dem Ertragswert ist deshalb der Betrag einer fiktiven Rücklage abzusetzen, die in ihrer Höhe dem Werteverzehr der abnutzbaren und zu erneuernden Wirtschaftsgüter vor dem Bewertungsstichtag entspricht. Die Höhe dieses Korrekturpostens kann analog der Rückstellungsverpflichtung eines fiktiven Pächters ermittelt werden, der für Erneuerungs- und Ersatzinvestitionen im Pachtvertrag verpflichtet wird.[16]

7. Typisierte Ergebnisrechnungen

7.1 Überblick

Im Rahmen der Bewertung sollte als erstes immer die Ertragskraft des Hotels ermittelt werden. Dieser Abschnitt gibt einen Überblick über die unterschiedlichen Ergebnisstrukturen in Abhängigkeit der verschiedenen Hotelkategorien. Dabei werden die folgenden Angebotskategorien unterschieden:

Stadthotels

- Budget (Ein- bis Zwei-Sterne)
- Mid-class (Drei- bis Drei-Sterne+)
- First-class (Vier- bis Fünf-Sterne)
- Luxus
- Resort

Als besondere Ausprägung eines Hotels wird auch die Ertragsstruktur eines Resorts erläutert. Resorts sind touristische Hotelanlagen mit Sport-, Freizeit und immer häufiger aufwendigen Wellness-Einrichtungen. Die nachfolgende Tabelle zeigt beispielhaft die Ergebnisstrukturen der zuvor genannten Hotelkategorien (angelehnt an die Verhältnisse in einer deutschen Großstadt) und die eines Resorts, unabhängig von der Gestaltung des Hotelvertrages:

16 Beispiel: 300 Zimmer, Vier-Sterne-Hotel im fünften Betriebsjahr: Rückstellung bei rund 5 % der Umsätze der letzten vier Jahre, das sind rund 3,1 Mio. EUR

		Budget		Mid-Class		First-Class		Luxus		Resort First-Class	
Zimmer	Anzahl		150		250		250		250		250
Preis	EUR		65		90		130		230		160
Belegung	%		80%		70%		70%		65%		65%
		TEUR	%	TEUR	%	TEUR	%	TEUR	%	TEUR	%
Erträge											
Logis		2.847	85	5.749	68	8.304	62	13.642	55	9.490	48
Speisen & Getränke		469	14	2.536	30	4.688	35	9.921	40	7.315	37
Sonstige		33	1	169	2	402	3	1.240	5	2.966	15
gesamt		3.349	100	8.454	100	13.393	100	24.803	100	19.771	100
Abteilungsergebnisse		2.412	72	5.072	60	7.500	56	11.410	46	9.885	50
Serviceabteilungen		-603	-18	-1.691	-20	-2.813	-21	-5.457	-22	-4.547	-23
Betriebsergebnis nach Gemeinkosten (GOP)		1.809	54	3.382	40	4.688	35	5.953	24	5.338	27

Abb. 5: Typisierte Ergebnisstrukturen von Hotels

Die Ergebnisse von Hotelbetrieben eines bestimmten Standards liegen in einer weiten Bandbreite und sind insbesondere von den entsprechenden Märkten abhängig, in denen sie sich befinden. Die Tabelle eignet sich also nur zur Plausibilisierung der Ergebnisse bestimmter Hotels, nicht als Grundlage für deren Wertermittlung.

7.2 Abteilungserträge und -ergebnisse

Erträge Logis

Die Erträge Logis ergeben sich aus der Multiplikation der Anzahl der Zimmer mit der Anzahl der Öffnungstage (in der Regel 365 Tage), dem durchschnittlichen Netto-Zimmerpreis und der durchschnittlichen Zimmerbelegung. Preis und Belegung sind die wesentlichen vom Hotelmanagement direkt steuerbaren Erfolgsparameter für ein Hotel. Tendenziell nimmt die Zimmerbelegung mit steigendem Standard eher ab als zu, allerdings bestätigen Ausnahmen auch hier die Regel. Jedoch steigen mit zunehmendem Standard auch die erzielbaren Netto-Zimmerpreise. Die Bandbreite ist weit und für ein konkretes Hotel abhängig vom Standort, der Nähe zu Nachfragegeneratoren, der allgemeinen Nachfrage nach Hotelzimmern und natürlich auch vom relevanten Wettbewerb. Die Zimmerbelegung ist grundsätzlich stark von Schwankungen unter der Woche und im Jahresverlauf abhängig. Städte mit überwiegend Geschäftsleuten als Gäste leiden unter einem schwachen Wochenendgeschäft, zum Beispiel Frankfurt am Main. München verzeichnet hingegen eine gleichmäßige Belegung im Wochenverlauf, da die Hoteliers der Stadt nicht nur ein reges Geschäft in der Woche mit Geschäftsreisenden, sondern auch mit Touristen an den Wochenenden verbuchen können. Für den Wert eines Hotels sind die Parameter Preis und Belegung ausschlaggebend. Deshalb kommt der Standortuntersuchung und Beurteilung sowie der Analyse des allgemeinen und relevanten Wettbewerbs sowie eine Beurteilung des zu bewertenden Hotels im Markt eine besondere Bedeutung zu. Wichtig ist dabei auch die Berücksichtigung der sich abzeichnenden Nachfragetrends und neuer Hotelprojekte. Wie in vielen anderen Märkten sind typische Investitionszyklen zu beobachten: Ist der Hotelmarkt gut, werden neue Hotels geplant und realisiert. Viele Hotelbewertungen unterstellen, dass sich die erzielbaren Zimmerpreise jährlich entsprechend der Inflationsrate erhöhen. Dies mag langfristig durchschnittlich der Fall sein, es gibt aber auch Jahre real sinkender Netto-Zimmerpreise und andere Boomjahre, in denen Preiserhöhungen mit zweistelligen Zuwachsraten realisiert werden können.

Erträge Speisen und Getränke

Die Erlöse aus Speisen und Getränke stellen mit zunehmendem Sterne-Standard einen wachsenden Anteil an den gesamten Erträgen eines Hotels dar. In den Budget-Hotels, Hotels garnis und Boardinghäusern wird in der Regel nur Frühstück für die Hotelgäste angeboten. Die gastronomischen Einrichtungen in Hotels der Mid-class- bis Luxus-Kategorie stehen nicht nur den Hotelgästen sondern auch externen Gästen zur Verfügung. Der Anteil der nicht im Hotel wohnenden Gäste, die ein Hotelrestaurant aufsuchen, variiert je nach Standort und Qualität des Angebots stark. Externe Gastronomie ist auch für den Hotelgast, abgesehen vom Frühstück, häufig eine attraktive Alternative zum Hotelrestaurant. In Resorts ist das gastronomische Angebot am ausgeprägtesten, da die Gäste häufig das Resort nicht verlassen wollen oder können und alle Mahlzeiten im Hotel einnehmen sowie das Angebot von Speisen und Getränken in Bars nutzen. Viele Hotels weiten das Geschäft mit Speisen und Getränken auch durch einen Außer-Haus-Verkauf aus. Hotels, deren Küchenleistung über entsprechende Kapazitäten verfügen, nutzen hier ihre Chancen im oft lukrativen Cateringgeschäft aus. Dies kann die Erträge und das Abteilungsergebnis erheblich erhöhen. Das Preisniveau des gastronomischen Angebots richtet sich in der Regel nach dem Preisniveau des Hotels. Bei Projekten und sofern keine IST-Zahlen vorliegen, werden die Erträge im Wege einer Einzelkalkulation ermittelt (Anzahl der Gedecke multipliziert mit Durchschnittspreisen für Speisen und Getränke). Immer häufiger ist zu beobachten, dass Hoteliers überhaupt kein Restaurant betreiben oder Restaurants verpachten. Das ist möglich, wenn das Hotel von einer dem Hotelstandard entsprechenden gastronomischen Infrastruktur umgeben ist. Bei geschickter baulicher und organisatorischer Eingliederung eines dritten Gastronomen in das Hotel kann die Ausgliederung so gestaltet werden, dass der Hotelgast dies gar nicht bewusst wahrnimmt. Ein bekanntes Beispiel ist das Restaurant Trader Vic's im Keller des Bayerischen Hofs in München. Der Vorteil liegt darin, dass sich der Hotelmanager auf das Logisgeschäft konzentrieren und das Hotel gegebenenfalls eine höhere Rendite auf das eingesetzte Kapital erzielen kann. Nicht zuletzt profitiert häufig auch der Gast von einem attraktiveren Angebot und Service.

Erträge sonstiger Abteilungen

Je nach Bedeutung sonstiger Hotelabteilungen werden diese gesondert oder zusammengefasst ermittelt und dargestellt. Dabei handelt es sich zum Beispiel um Einnahmen aus Telekommunikation und Wellnessbereich sowie der Vermietung von Kfz-Stellplätzen, Vermietung von Einzelhandelsflächen und Vitrinen. Auch diese Einnahmen werden für Bewertungszwecke im Wege der Einzelkalkulation geschätzt.

Struktur der Erträge (Ertragsmix)

Bemerkenswert ist die unterschiedliche Ertragsstruktur in Abhängigkeit von der Hotelkategorie und des Hoteltyps. Beispielsweise beschränken sich in Budget-Hotels, Hotels garnis und Boardinghäusern die Einnahmen aus Speisen und Getränken auf die Erlöse aus Frühstück und ggf. Bar. Entsprechend klein ist der Anteil der Erträge aus Speisen und Getränken in diesen Betrieben mit rund 15 Prozent der Gesamterträge. Den höchsten

Anteil an den Erträgen für Speisen und Getränke sowie sonstigen Abteilungen weisen Resorts aus, gefolgt von Luxus-Hotels. Sofern der Anteil der Logiserträge von Stadthotels der Mid- und First-class-Hotels unter 60 Prozent liegen soll, ist dies sorgfältig zu verproben. Der Benchmark liegt zwischen 60 und 75 Prozent. Aus den gesamten Einnahmen kann auch – mit einigen Einschränkungen – der Gesamtumsatz pro Gast oder pro Zimmer errechnet werden. In Resorts und Luxus-Hotels ergeben sich zum Teil noch einmal die gleichen Erlöse wie für die Übernachtung.

Abteilungsergebnisse

Der höchste Deckungsbeitrag wird in der Abteilung Logis erzielt. Die dieser Abteilung direkt zurechenbaren Personalkosten liegen im Bereich zwischen rund 15 und 25 Prozent der Abteilungserträge, die sonstigen direkt zurechenbaren Aufwendungen (ohne Fremdleistungen für Zimmerreinigung) liegen bei acht bis zehn Prozent, so dass Abteilungsergebnisse zwischen 65 und 75 Prozent der Logiserträge erzielt werden sollten. Eine verbreitete Maßnahme die in Deutschland überdurchschnittlich hohen Personalkosten zu senken, besteht in der Fremdvergabe der Zimmerreinigung (Outsourcing). Die Ergebnisse der Abteilung Speisen und Getränke fallen sehr unterschiedlich aus. Sie liegen zum Leidwesen der Hoteliers zum Teil unter zehn Prozent der Abteilungserträge, in einigen Hotels wurden mit dieser Abteilung – isoliert gesehen – im Verlauf von Jahren große Verluste realisiert. Viele Hotels sehen aber das Restaurant nicht isoliert als Profitcenter sondern als Voraussetzung für die Vermarktung der Zimmer. Dies ist häufig auch in Luxusherbergen der Fall, die ihren Gästen eine erlesene Küchenleistung anbieten müssen („Sterne-Koch"), um wettbewerbsfähig zu bleiben. Die anteilige Höhe der Ergebnisse an den Erträgen der anderen Abteilungen fällt unterschiedlich aus, je nach Personalbedarf und sonstigen Aufwendungen.

7.3 Aufwendungen Serviceabteilungen (Gemeinkosten)

Im Verhältnis zu den gesamten Erträgen betragen die Aufwendungen der Serviceabteilungen (Gemeinkosten) zusammen zwischen 18 % und 23 %. Selten liegt der Anteil niedriger, häufig wesentlich darüber. Dies betrifft insbesondere Hotels, die unter einem Markennamen mit hohem Image geführt werden. Die Markenstandards verursachen in manchen Fällen Aufwendungen, die in keinem vertretbaren Verhältnis mehr zu den erzielbaren Erträgen stehen. Die Anteile der Aufwendungen an den gesamten Erträgen liegen in folgenden Bandbreiten:

- Verwaltung und Allgemeines: 6 bis 12 Prozent und darüber
- Marketing: 4 bis 6 Prozent und darüber
- Reparaturen und Instandhaltungen: 4 bis 5 Prozent
- Energie und Wasser: 4 bis 6 Prozent, bei Resorts in der Regel darüber

7.4 Betriebsergebnis nach Gemeinkosten (GOP)

Das Betriebsergebnis nach Gemeinkosten ist grundsätzlich unabhängig von der Art der Betriebsführung, das heißt auf der Grundlage eines Managementvertrages, Pachtvertrages oder ohne Dritte als Betreiber (Betrieb durch den Eigentümer). Je höher der Anteil der Logis-Erträge an den Gesamterträgen ist, desto besser ist in der Regel auch das Verhältnis des Betriebsergebnisses zu den gesamten Erträgen. Budget-Hotels an guten Standorten erzielen ein Betriebsergebnis nach Gemeinkosten (GOP) der bei 54 Prozent und nicht selten darüber liegt, gut geführte Luxus Hotels können in Deutschland einen GOP in Höhe von rund 25 Prozent erwirtschaften, in vielen Fällen werden die Ergebnisse aufgrund des niedrigen Zimmerpreises in Deutschland aber noch darunter liegen. Die übrigen Hotelkategorien und Resorts liegen innerhalb der aufgezeigten Bandbreite.

7.5 Cashflows in Abhängigkeit vom Betriebskonzept

Managementvertrag

Wenn das zu bewertende Hotel auf der Grundlage eines Managementvertrages geführt wird, sind nach dem GOP noch verschiedene Aufwendungen zu berücksichtigen, die nachfolgend erläutert werden.

	Budget		Mid-Class		First-Class		Luxus		Resort First-Class	
	TEUR	%	TEUR	%	TEUR	%	TEUR	%	TEUR	%
Gesamterträge	3.092	100	8.454	100	13.393	100	24.803	100	18.535	100
Betriebsergebnis nach Gemeinkosten (GOP)	keine Management-verträge üblich		3.382	40,0	4.688	35,0	5.953	24,0	5.004	27,0
Management Fee			-423	-5,0	-670	-5,0	-1.240	-5,0	-927	-5,0
Reserve FF & E + Dach & Fach			-465	-5,5	-737	-5,5	-1.488	-6,0	-1.112	-6,0
Asset Management, Sonstige			-127	-1,5	-201	-1,5	-372	-1,5	-278	-1,5
Cash-flow			2.367	28,0	3.080	23,0	2.852	11,5	2.688	14,5
Cash-flow/Zimmer			9,469		12,322		11,410		10,750	

Abb. 6: Relevante Cashflows bei Unterstellung eines Managementvertrages

Die GOP wurden aus Abbildung 5 für die unterschiedlichen Hoteltypen übernommen. Managementverträge für Budget-Hotels sind unüblich. Die Abzugsposten Management Fee sowie Aufwendungen für das Management der Immobilie (Asset Management) und sonstige Aufwendungen des Eigentümers können in der Regel bei allen Hotelkategorien im selben Verhältnis zu den Erträgen kalkuliert werden. Die Zuführungen zur Reserve FF&E und Dach und Fach liegen bei Mid- und First-class Hotels bei rund 5,5 Prozent (FF&E: 4 %; Dach & Fach: 1,5 %), bei Luxus Hotels und Resorts liegt der Anteil häufig darüber (5 % bzw. 6 %). Der Cashflow pro Zimmer ist erstaunlicherweise weniger unterschiedlich als angenommen. Erst wenn die Cashflows ins Verhältnis zu den steigenden Gesamtinvestitionskosten gesetzt werden, ergibt sich, dass mit zunehmendem Standard die laufenden Renditen tendenziell sinken.

Pachtvertrag

Die nachstehende Tabelle zeigt typisierte Ergebnisse für den Fall, dass die Hotels verpachtet werden.

	Budget		Mid-Class		First-Class		Luxus		Resort First-Class	
	TEUR	%	TEUR	%	TEUR	%	TEUR	%	TEUR	%
Gesamterträge	3.349	100	8.454	100	13.393	100	24.803	100	19.771	100
Betriebsergebnis nach Gemeinkosten (GOP)	1.809	54,0	3.382	40,0	4.688	35,0	5.953	24,0	5.338	27,0
Reserve FF & E	-134	-4,0	-338	-4,0	-536	-4,0	-1.116	-4,5	-989	-5,0
EBITDA Pächter vor Pacht	1.675	50,0	3.043	36,0	4.152	31,0	4.837	19,5	4.350	22,0
Pacht	1.116	33,3	2.029	24,0	2.768	20,7	3.224	13,0	2.900	14,7
Reserve Dach & Fach	-50	-1,5	-127	-1,5	-201	-1,5	-372	-1,5	-395	-2,0
Asset Management, Sonstige	-50	-1,5	-127	-1,5	-201	-1,5	-372	-1,5	-297	-1,5
Cash-flow	1.016	30,3	1.775	21,0	2.366	17,7	2.480	10,0	2.208	11,2
Cash-flow/Zimmer	6,773		7,101		9,464		9,921		8,831	

Abb. 7: Relevante Cashflows bei Unterstellung eines Pachtvertrages

Die Betriebsergebnisse nach Gemeinkosten (GOP) wurden aus Abbildung 5 für die unterschiedlichen Hoteltypen übernommen.

Die ermittelten, relevanten Cashflows der vorstehenden Tabelle berücksichtigen die häufig vereinbarte Aufteilung der Aufwendungen zwischen Verpächter und Pächter: Die Rückstellung für Erneuerungen FF&E wird vom Pächter getragen, die Aufwendungen für die Reservebildung Dach & Fach sowie die Grundsteuern und Gebäudeversicherungen vom Verpächter. Die Höhe dieser Aufwandsarten ist grundsätzlich konzeptunabhängig. Die angesetzten Pachten betragen 2/3 des Betriebsergebnisses nach Gemeinkosten und nach Zuführung zur Reserve FF&E. In der Hoffnung steigender Erträge und um gute Standorte besetzen zu können, sind Pächter häufig bereit, auch weitaus höhere Pachten zu vereinbaren.

7.6 Return on Investment

Die nachfolgende Tabelle zeigt ein typisiertes Bild der erzielbaren Return-On-Investments (ROI):

	Budget		Mid-Class		First-Class		Luxus		Resort First-Class	
	TEUR	%	TEUR	%	TEUR	%	TEUR	%	TEUR	%
GIK[1]/Zimmer										
Grundstück	15	20	30	25	57	25	100	25	50	20
Baukosten Hotel, turn key	60	80	90	75	170	75	300	75	200	80
gesamt	75	100	120	100	227	100	400	100	250	100
	TEUR		TEUR		TEUR		TEUR		TEUR	
ROI Managementvertrag										
Cash-flow/Zimmer			9,469		12,322		11,410		11,467	
ROI (3. Betriebsjahr)[2]				7,9%		5,4%		2,9%		4,6%
ROI Pachtvertrag										
Cash-flow/Zimmer	6,773		7,101		9,464		9,921		8,831	
ROI (3. Betriebsjahr)[2]		9,0%		5,9%		4,2%		2,5%		3,5%

Hinweise *1) GIK Gesamtinvestitionskosten*
2) Gesamtkapitalrendite vor Ertragsteuern, Abschreibungen und Zinsen (cash-flow/GIK)

Abb. 8: Gesamtinvestitionskosten und ROI von Stadthotels unterschiedlicher Kategorien und eines Resorts

Die Höhe der Gesamtinvestitionskosten (GIK) pro Zimmer variiert von Hotel zu Hotel erheblich, insbesondere mit zunehmendem Standard wird die Bandbreite des investierten Kapitals größer. Das mit 400.000 Euro kalkulierte Luxushotel liegt eher im unteren Bereich der Bandbreite bekannt gewordener Gesamtinvestitionskosten (Hotel Adlon, Berlin: über 600.000 Euro). Die Grundstückskosten wurden in der vorstehenden Beispielsrechnung für Budget Hotels und Resorts mit je 20 Prozent und für Hotels der Mid- und First-class-Kategorie mit je 25 Prozent der GIK angesetzt. Dies berücksichtigt die besonders hohen Grundstückskosten für gute innerstädtische Lagen. Die erzielten Gesamtkapitalrenditen von Hotels, die auf der Grundlage eines Managementvertrages geführt werden, liegen in diesem Modell für den Eigentümer zwischen 2,9 Prozent (Luxus) und 7,9 Prozent (Mid-class-Hotels). Die Renditen von Verpächtern liegen in vielen Fällen darunter, da der Pächter einen Teil des Ergebnisses als Risikoprämie beansprucht. Die beste Rendite kann tendenziell mit Budget-Hotels erzielt werden. Diese liegt in dem Modell bei neun Prozent. Die erzielbaren Pachten im Verhältnis zu den Gesamtinvestitionskosten führen bei First-class und Luxus-Hotels sowie Resorts zu nicht besonders attraktiven Renditen. Investoren, die in First-class und Luxus-Hotels investieren, erwarten jedoch eine erhebliche „Zusatzrendite" aus der Wertsteigerung der Immobilie. Diese Rechnung kann auch aufgehen; dabei kommt es natürlich immer auf die allgemeinen wirtschaftlichen Rahmendaten an. Wer 2007 vor Ausbruch der Wirtschafts- und Finanzkrise in deutschen Großstädten an guten Standorten ein Hotel verkauft hat, konnte mit dem 20-fachen der Pacht (und mehr!) rechnen. Vor dem Hintergrund der derzeitigen wirtschaftlichen Rahmenbedingungen sind eher das 14- bis 16-fache als realistisch anzusehen. Abschließend wird noch einmal darauf hingewiesen, dass das zuvor beschriebene Modell auf idealtypischen Annahmen beruht, die sich aus der Erfahrung einer Vielzahl von Hotels ergibt. Das Modell ist geeignet, Tendenzen aufzuzeigen, die IST-Ergebnisse von Hotels weichen sowohl nach oben wie nach unten erheblich ab. Dies gilt auch für die Investitionskosten.

Beispiel

Nach dem in den vorigen Abschnitten die Grundlagen der Bewertung einer Hotelimmobilie erläutert und typisierte Ergebnisrechnungen von Hotels unterschiedlicher Kategorien und eines Resorts dargestellt wurden, soll der Beitrag mit einem Bewertungsbeispiel aus der Praxis abgeschlossen werden.

Bewertungsaufgabe

Eine spanische Immobiliengesellschaft hält eine Beteiligungsgesellschaft (deutsche GmbH), die Eigentümerin eines in Berlin gelegenen First-class-Hotels mit 330 Zimmern und Suiten ist, das über ein marktübliches gastronomisches Angebot und sonstige Einrichtungen zur Gästeunterhaltung verfügt. Das Hotel war an eine amerikanische Hotelgesellschaft verpachtet, der Pachtvertrag lief mit Ende des Jahres 2012 aus. Die Immobilie (Grundstück, Gebäude und Einrichtungen) steht zum 31. Dezember 2012 noch mit einem Restwert in Höhe von 36.458.356,67 Euro zu Buch. Über eine Verlängerung des Pachtvertrages konnte man sich mit der bisherigen Pächterin noch nicht einigen. Der Konzernabschlussprüfer verlangt eine Bewertung der Immobilie nach internationalen Bewertungsvorschriften um zu prüfen, ob der Buchwertansatz werthaltig ist. Es wird vermutet, dass ein Abschreibungsbedarf vorliegt, da ein umfangreicher Investitionsstau (unterlassene Instandhaltungen) offensichtlich ist. Zu ermitteln ist der beizulegende Wert abzüglich Veräußerungskosten (Impairment-Test IAS 36.9), der dem market value (abzüglich Veräußerungskosten) entspricht. Daraufhin beauftragt die Eigentümerin eine Hotelberatungsgesellschaft, die Bewertungsaufgabe durchzuführen. Ausdrücklich Gegenstand des Auftrages ist auch die Bewertung der unterlassenen Instandhaltungen.

Bewertungsstichtag soll der 1. Januar 2013 sein.

Durchführung des Auftrages

Während das Hotel von einem Hotelarchitekten und einem Gebäudetechniker sorgfältig untersucht wird, beginnt der Hotelconsultant mit einer Standort- und Marktanalyse. Untersucht wird die Entwicklung des allgemeinen Hotelmarktes auf der Basis der durch das Statistische Landesamt zur Verfügung gestellten Zahlen über Gästeankünfte und Gästeübernachtungen einerseits und den Betten in bestehenden Hotels andererseits. Diese Untersuchung liefert Informationen über die allgemeine touristische Entwicklung in Berlin. Danach wird der für das Hotel relevante Wettbewerb untersucht. Identifiziert werden sechs direkte Wettbewerber (das sogenannte competitive set), die ebenfalls auf ihr Standort- und Marktpotenzial untersucht werden. Die wirtschaftlichen Kennzahlen dieser Hotels kennt das beauftragte Consultingunternehmen, da diesem im Rahmen einer Benchmark-Sammlung und Auswertung erzielte Preise und Belegungen täglich gemeldet werden. Ein Interview mit der Stadtentwicklung in Berlin darf nicht fehlen, um Informationen über Veränderungen in der näheren Standortumgebung zu erfahren. Durch Interviews mit anderen Marktpartnern wird auch in Erfahrung gebracht, welche für das zu bewertende Hotel relevanten Hotelentwicklungen vorliegen. Nach Vorlage dieser Informationen kann die Positionierung des Bewertungsobjektes im relevanten Hotelmarkt beurteilt und für ein repräsentatives Jahr auf der Preisbasis 2013 der nach Durchführung der Renovierungsarbeiten erzielbare durchschnittliche Netto-Zimmerpreis und die voraussichtliche Zimmerbelegung geschätzt werden. Danach werden die anderen Erträge geschätzt und eine Ergebnisrechnung aufgestellt. Soweit bewertungserheblich werden Erträge und Kosten durch Einzelkalkulationen und mit Hilfe branchentypischer Kennzahlen ermittelt. Das Ergebnis enthält nachfolgende Tabelle:

		Repräsentatives Jahr Preisbasis 2013		
Allgemeines				
Öffnungstage	Tage			365
Zimmer	Anzahl			330
Zimmerbelegung	%			64
Netto-Zimmerpreis	EUR			125
Yield/Revpar	EUR			80
Erträge		TEUR	%	%
Logis		9.636	66	
Speisen & Getränke		4.235	31	
sonstige Abteilungen		339	3	
Σ		14.210	100	
Ergebnis				
Erträge Logis		9.636		100
Personalaufwendungen		-1.981		-21
sonstige Aufwendungen		-963		-10
Abteilungsergebnis Logis		6.692	47	69
Erträge Speisen & Getränke		4.235		100
Wareneinsatz		-1.101		-26
Personalaufwendungen		-1.704		-40
sonstige Aufwendungen		-422		-10
Abteilungsergebnis Speisen & Getränke		1.008	7	24
Erträge sonstige Abteilungen		339		100
Personalaufwendungen		-135		-40
sonstige Aufwendungen		-34		-10
Ergebnis sonstige Abteilungen		169		50
Σ Ergebnisse operative Abteilungen		7.869	55	
Verwaltung und Allgemeines		-1.138	-8	
Verkauf und Marketing		-646	-5	
Reparaturen und Instandhaltung		-568	-4	
Energie und Wasser		-568	-4	
Σ Ergebn. Serviceabt./Gemeinkosten		-2.921	-21	
Betriebserg. nach Gemeinkosten		4.948	35	
Rücklagen für Erneuerungen		-568	-4	
Betriebsergebnis vor Pacht		4.380	31	
Pacht		-2.920	-21	
EBITDA Pächter		1.460	10	
Pacht		2.920	21	
Rücklagen für Dach & Fach		-213	-2	
Steuern, Versicherungen		-213	-2	
EBITDA Verpächter		**2.494**	**18**	

Abb. 9: Ergebnisschätzung für ein repräsentatives Jahr auf der Preisbasis 2013

Ziel dieser Berechnung ist die Schätzung der nach Abschluss der Renovierungen voraussichtlich erzielbaren Pacht. Dabei wird davon ausgegangen, dass die Pächterin einen marktüblichen Betreibergewinn von rund zehn Prozent der gesamten Erträge nach Pachtzahlung erwirtschaften möchte. Das Ergebnis der Analyse führt zu einer Pacht in Höhe von rund 2,9 Millionen Euro per anno beziehungsweise einer Pacht in Höhe von rund 8.800 Euro pro Zimmer im Jahr beziehungsweise in Höhe von rund 700 Euro pro Zimmer pro Monat. Dies sind 21 Prozent der geschätzten Erlöse. Eine Verprobung mit bekannten Pachten vergleichbarer Hotels in Berlin führt zu dem Ergebnis, dass die Pacht in einer plausiblen Bandbreite liegt. Aus der Rechnung für ein repräsentatives Jahr wird dann der Cashflow unter Berücksichtigung von Beeinträchtigungen aufgrund von Renovierungsarbeiten und einer zeitversetzten Realisierung marktgerechter Preise für die Jahre 2013 bis 2022 prognostiziert. Das Ergebnis (Entwicklung gesamte Erträge und Cashflows) enthält die nachstehende Tabelle:

	2013 TEUR	2014 TEUR	2015 TEUR	2016 TEUR	2017 TEUR	2018 TEUR	2019 TEUR	2020 TEUR	2021 TEUR	2022 TEUR
Gesamterträge	12.187	13.645	14.304	14.590	14.922	15.179	15.483	15.792	16.152	16.430
Cash-flows Pachtvertrag	2.194	2.456	2.575	2.626	2.686	2.732	2.787	2.843	2.907	2.957
Cash Flows in % der Gesamterträge bei Pachtvertrag	18,0%	18,0%	18,0%	18,0%	18,0%	18,0%	18,0%	18,0%	18,0%	18,0%

Abb. 10: Geschätzte Cashflows für die Jahre 2013 bis 2022

Die geschätzten Cashflows werden danach auf den Bewertungsstichtag diskontiert. Im zehnten Prognosejahr fließt auch das Kapital der ewigen Rente zu. Die Kapitalisierung erfolgt zu einem Zinssatz der 0,5-Prozent-Punkte unter dem Diskontierungszinssatz liegt. Dabei handelt es sich um einen Wachstumsabschlag, der das dynamische Wachstum der Überschüsse (Geldentwertung, reale Preissteigerungen) berücksichtigt.

Die nachfolgende Tabelle zeigt das Berechnungsschema:

Jahr	Cash-flows TEUR	Kapital "ewige" Rente TEUR	Einnahmen TEUR	Diskontierungs-faktor	Barwert 01.01.2013 TEUR
2013	2.194		2.194	0,9390	2.060
2014	2.456		2.456	0,8817	2.165
2015	2.575		2.575	0,8278	2.131
2016	2.626		2.626	0,7773	2.041
2017	2.686		2.686	0,7299	1.960
2018	2.732		2.732	0,6853	1.873
2019	2.787		2.787	0,6435	1.793
2020	2.843		2.843	0,6042	1.718
2021	2.907		2.907	0,5674	1.650
2022	2.957	49.291	52.249	0,5327	27.834
Summe Barwerte/Ertragswert					45.226
Ertragswert gerundet					**45.000**
Kapitalisierungszinsf.		6,0%			
Diskontierungszinsfuß		6,5%			

Abb. 11: Ermittlung des Ertragswertes

Der mit 6,5 Prozent angesetzte Diskontierungszinssatz wurde aus den im Markt in der jüngsten Vergangenheit bekannt gewordenen Vervielfältiger für Hotels vergleichbarer Lage, Ausstattung, Einrichtung und Zielgruppe abgeleitet. 6,5 Prozent entspricht einem Vervielfältiger in Höhe von 15,4. Es ergibt sich ein Ertragswert in Höhe von rund 45 Millionen Euro oder rund 137.000 Euro pro Zimmer. Der Wert für ein renoviertes Haus dieser Größe liegt im plausiblen Bereich.

	TEUR
Ertragswert	45.000
./. unterlassene Instandhaltungs-, Renovierungs- und Modernisierungsmaßnahmen	-4.200
./. Soll-Rücklagen für Ersatzbeschaffungen, Instandhaltungen, Renovierungen und Modernisierungen nach dem Bewertungsstichtag	
- FF&E	-1.100
- Dach & Fach	-1.650
modifizierter Ertragswert	38.050
market value (gerundet)	**38.000**

Abb. 12: Abschläge vom Ertragswert (fiktiv)

Die Untersuchung des Gebäudes und der Einrichtung führt zu dem Ergebnis, dass pro Zimmer mit einem Instandsetzungsaufwand von 10.000 Euro und einem Aufwand für die Erneuerung von Teilen der Haustechnik in Höhe von 900.000 Euro zu rechnen ist. Der Gesamt-Investitionsstau von 4.200.000 Euro ist in einer Summe vom Ertragswert abzuziehen. Zu berücksichtigen sind zudem die aufgelaufenen Soll-Rücklagen für den planmäßigen Reinvestitionsbedarf. Dieser wurde für das FF&E mit 1.100.000 Euro und für Dach und Fach mit 1.650.000 Euro geschätzt. Die Abzüge führen zu einem market value in Höhe von rund 38 Millionen Euro. Eine Abschreibung des Investments in der Konzernbilanz ist nicht veranlasst, da der market value (einschließlich geschätzter Veräußerungskosten = 5 % des market values) deutlich über dem Buchwert (rund 36,5 Millionen Euro) liegt.

8. Literatur

C.H. Beck Verlag (Hrsg.) Beck'scher Bilanz Kommentar, 8. Auflage , München, 2012

Deutscher Hotel- und Gaststättenverband e.V.: Deutsche Hotelklassifizierung 2010-2014, 2009, Auszug: http://hotelsterne.de/userfiles/Files/downloads/de/Deutsche_Hotelklassifi zierung_2010-2014.pdf, Abrufdatum: 28.03.2013

Hotel Association of New York City, Inc. (2006): Uniform System of Accounts for the Lodging Industry, Tenth Revised Edition, New York, 2006

Hotelverband Deutschland (IHA): Hotelmarkt Deutschland 2012, 11. Auflage, 2012

Kleiber, W. (2010): Verkehrswertermittlung von Grundstücken, 6. Auflage, 2010

MKG Hospitality (Hrsg.): World ranking 2013 of hotel groups and brands, http://hospitality-on.com/Exclusive-MKG-Hospitality-World-ranking-2013-of-hotel-groups-and-brands, Abrufdatum: 05.04.2013

PKF Pannell Kerr Forster (2000): Einheitliche Betriebsabrechnung – Die Erfolgssteuerung für Hotels – Deutsche Bearbeitung des Uniform System of Accounts fort he Lodging Industry, 1. Auflage, März 2000

PKF (UK) LLP: Monthly German Trends December 2012

Schmidt, L. (2013): EstG Einkommenssteuergesetz Kommentar, 32. Auflage, 2013

Schröder M., Forstnig J., Widmann M. (2005): Bewertung von Hotels und Hotelimmobilien, PKF Schriftenreihe Band 1, München, 2005

Schröder M., Schüler U., Templin U. (2011): Erfolgreich in Hotels investieren, Beurteilung und Bewertung von Hotels, PKF Schriftenreihe Band 2, München, 2011

Statistisches Bundesamt (Destatis): Ergebnisse der Monatserhebung im Tourismus Dezember 2012

STR Global: European Hotel Review: European Hotel Industry Performance for the Month of December 2012

X. Industrieliegenschaften

Jochen Nagel, Christian Zobel

1. Vorbemerkung

Unter dem Begriff Industrieliegenschaften subsumieren sich die Immobilien, die in erster Linie produktionsorientierten und hoch spezialisierten Betriebsabläufen dienen. Logistikimmobilien oder andere standardisierte Gewerbeobjekte zählen die Autoren ausdrücklich nicht mehr zu den Spezialimmobilien. Dabei sind grundsätzlich folgende Größenordnungen zu unterscheiden, die aufgrund ihrer unterschiedlichen Zweckbestimmungen in der Bewertung klar zu differenzieren sind. Es handelt sich um Immobilien der

- Großindustrie (z.B. internationale Großkonzerne wie BASF)
- Mittelständischen Industrie (z.B. Zweigbetriebe namhafter nationaler Firmen)
- Kleinindustrie (Zulieferer und Kleinproduktionen mit hohem Spezialisierungsgrad)

Jede dieser Betriebsgruppen stellt eigene Anforderungen an die Bewertung. Während für die Großindustrie meist Versicherungswerte (z.B. Wiederbeschaffungskosten im Rahmen einer Feuertaxe) gefordert werden, steht bei mittelständischen und kleinindustriellen Betrieben der Marktwert für bilanzielle oder Finanzierungszwecke im Vordergrund. Da der Sachverständige heutzutage überwiegend mit der Aufgabe betraut sein wird, den „Marktwert" von Industrieliegenschaften zu ermitteln und er dabei so manche wertermittlungstechnische Hürde zu nehmen hat, will der Beitrag schwerpunktmäßig zu diesem Thema Ansätze und Lösungswege aufzeigen.

Der Marktwert von Produktionsgrundstücken steht in hoher Abhängigkeit von der ausgeübten Nutzung und der Betriebsart. Industrieobjekte sind oft Prototypen! Dies führt regelmäßig zu einer sehr eingeschränkten Drittverwendungsfähigkeit. Daher kann eine Industrieimmobilie prinzipiell zwei Marktwerte aufweisen, nämlich den

- Fortführungswert (Going Concern) – Marktwert bei Fortführung der Betriebsart und den
- Zerschlagungswert (Liquidationswert) – Marktwert bei Aufgabe der Betriebsart.

Der Marktwert unter dem Gesichtspunkt der Fortführung ist in der Bewertungspraxis von Industrieliegenschaften wohl der bedeutsamere und in der Wertfindung der schwierigere. Aus diesem Grund soll der Fokus des Buchbeitrags auf den wichtigsten Grundsätzen einer marktorientierten Wertermittlung unter dem Aspekt Going-Concern liegen und hierfür Denkanstöße liefern.

2. Das Going-Concern-Prinzip

Das Fortführungsprinzip oder auch Going-Concern-Prinzip ist ein Begriff aus dem Rechnungswesen, der besagt, dass bei der Rechnungslegung von der Fortführung der Unternehmenstätigkeit auszugehen ist, also weder die Absicht noch die wirtschaftliche Notwendigkeit besteht, die Unternehmung zu beenden. Es handelt sich um einen fundamentalen Bilanzierungsgrundsatz und liegt sowohl dem HGB als auch den IAS und den US-GAAP zugrunde. Noch vor einem Jahrhundert war die Erstellung des Jahresabschlusses auf Basis von Liquidationswerten weit verbreitet. Erst ab circa 1900 setzte sich langsam eine Bilanzierung zu Fortführungswerten durch und bildete einen der Grundsätze ordnungsgemäßer Buchführung. Bei einem gesunden Unternehmen ist die Entscheidung über den Going-Concern-Status in der Regel unproblematisch. Ebenso bei einem Unternehmen, dessen Auflösung bereits beschlossen ist. Probleme hinsichtlich der Annahme der Unternehmensfortführung ergeben sich insbesondere bei einer krisenhaften Entwicklung des Unternehmens. Grundsätzlich ist von einem Going Concern eines Unternehmens auszugehen. Ein Non-Going-Concern kann dann angenommen werden, wenn einerseits der Wille beziehungsweise die Absicht der Fortführung des Unternehmens fehlt oder andererseits die notwendigen wirtschaftlichen und rechtlichen Voraussetzungen hierzu nicht nachgewiesen werden können (Prognoserechnung).

3. Der Marktwertbegriff

Die früher weit verbreitete Annahme, Industrieliegenschaften seien in erster Linie „Sachwertobjekte“, ist heute überholt. Dafür steht jetzt die wirtschaftliche Nutzung im Vordergrund, die nach dem Ertragswertverfahren zu marktnahen Werten führen soll. Der Sachverständige steht also vor der Aufgabe, das klassische Ertragswertverfahren auf moderne Industrieliegenschaften zu übertragen. Die Ermittlung des Bodenwerts, der Nutzfläche und des Sachwerts stellt dabei für den erfahrenen Gutachter in der Regel keine Schwierigkeit dar (vorausgesetzt bei Altimmobilien liegen lückenlose Dokumentationen vor). Probleme bereitet dagegen aber häufig das Eruieren von Marktmieten für Produktions- und Spezialflächen. Im Zentrum der weiteren Betrachtungen soll besonders der Marktwert von speziellen Industrieimmobilien stehen. Es wird hinterfragt, ob es sich beim Marktwert von solchen Spezialimmobilien, die baulich eng an die Produktionsabläufe gekoppelt sind, überhaupt noch um den uns vertrauten klassischen Verkehrswertbegriff nach § 194 BauGB handelt, wenn eine ertragsorientierte Drittverwendungsfähigkeit praktisch ausgeschlossen scheint. Ist die Bezeichnung [Markt]Wert bei der Bewertung von Betriebsimmobilien überhaupt mit den gängigen Definitionen vereinbar?

Die Marktwert-Definition nach IVSC/TEGoVA/RICS lautet sinngemäß:

Der Marktwert ist der geschätzte Betrag, für welchen ein Immobilienvermögen am Tag der Bewertung zwischen einem verkaufsbereiten Veräußerer und einem kaufbereiten Erwerber, nach angemessenem Vermarktungszeitraum in einer Transaktion im gewöhnlichen Geschäftsverkehr ausgetauscht werden sollte, wobei jede Partei mit Sachkenntnis, Umsicht und ohne Zwang handelt.

Sie ist inhaltlich identisch mit der Verkehrswertdefinition nach § 194 BauGB:

„Der Verkehrswert wird durch den Preis bestimmt, der in dem Zeitpunkt, auf den sich die Ermittlung bezieht, im gewöhnlichen Geschäftsverkehr nach den rechtlichen Gegebenheiten und tatsächlichen Eigenschaften, der sonstigen Beschaffenheit und Lage des Grundstückes oder des sonstigen Gegenstandes der Wertermittlung ohne Rücksicht auf ungewöhnliche oder persönliche Verhältnisse zu erzielen wäre."

Im Zusammenhang mit der Bewertung von Spezialimmobilien sollte vor allem der Begriff „gewöhnlicher Geschäftsverkehr" hellhörig machen. Gibt es denn für baulich hoch spezialisierte Industriegrundstücke überhaupt einen solchen gewöhnlichen Geschäftsverkehr? Impliziert der Begriff nicht die Marktgängigkeit einer Immobilie und darüber hinaus noch das Vorhandensein von Angebot und Nachfrage? Betrachten wir den Bedeutungsgehalt des gewöhnlichen Geschäftsverkehrs näher. Ihn kennzeichnen grundsätzlich folgende Kriterien:

- die Offenheit des Markts (der Marktzugang darf nicht durch Vorschriften oder Eingriffe beschränkt sein),
- die Freiheit der Marktteilnehmer, sich für oder gegen eine Grundstückstransaktion entscheiden zu können (die Entscheidung darf nicht unter einem zeitlichen oder wirtschaftlichen Druck oder gar einem rechtlichen Zwang stehen),
- die Möglichkeit, sich Zugang zu Informationsquellen zu verschaffen, die für die Rationalisierung einer Entscheidung erforderlich sind.

Der gewöhnliche Geschäftsverkehr ist durch bestimmte Phänomene gekennzeichnet. Auf der Anbieterseite erfolgt der Markzugang durch ein offenes oder chiffriertes Anbieten der Objekte in Zeitungen und anderen „Werbeträgern", durch Einschaltung von Maklern zur Interessentensuche oder eine sonstige gezielte Teilnahme am Geschäftsverkehr. Ähnlich verhalten sich im „gewöhnlichen Geschäftsverkehr" die „Interessenten". Der gewöhnliche Geschäftsverkehr setzt also einen funktionierenden freien Markt voraus. Mit anderen Worten: Dem Anbieter einer Immobilie muss ein Kaufinteressent gegenüberstehen. Daraus ergibt sich die Frage: Gibt es potenzielle Erwerber für Industrieliegenschaften, die in ihrer baulichen und betrieblichen Struktur durch einen Dritten in der Regel nicht verwertet werden können? Die Antwort sei vorweggenommen. Ja, es gibt sie und damit auch einen gewöhnlichen Geschäftsverkehr. Wenn wir Marktwerte ermitteln, bewegen wir uns also grundsätzlich weiterhin in vertrauten Bahnen.

Die zunehmende Bedeutung von Investments im Segment der Industrieimmobilien prägt nachhaltig die Wertigkeit dieser Liegenschaften. Der Sachverständige, der marktnahe Werte ermitteln will, sollte sich dieser Entwicklung nicht verschließen. Der Immobilienmarkt der Industrieobjekte hat sich in den letzten Jahrzehnten sehr grundlegend gewandelt. Wurden früher Industriegrundstücke zumeist als Betriebsgrundstücke entwickelt, bebaut und eigengenutzt, so wird das Marktgeschehen heutzutage von Kapitalanlagegesellschaften (Investment Fonds), Versicherungen und Leasinggesellschaften mitbestimmt. Insbesondere zukunftsweisende Erkenntnisse aus der Leasingbranche werden im Folgenden thematisiert.

4. Immobilienleasing

Mit Immobilien-Leasing wird die langfristige Nutzungsüberlassung einer Immobilie durch den Leasinggeber bezeichnet, die im Rahmen eines Leasingvertrags mit dem Leasingnehmer gegen periodische Zahlung von Leasing-Raten geregelt ist. Rechtlich kann der Leasingvertrag Elemente des Miet- oder Pachtvertrags, des Ratenkauf- und Geschäftsbesorgungsvertrags, des Nutzungsrechts sowie des Mietkaufs enthalten. Das Immobilienleasing ist im Immobilien-Leasing-Erlass geregelt. Der Immobilien-Leasing-Erlass regelt unter anderem die Gebäude-Zurechnung auf die Leasingvertragspartner, die entscheidend für die wirtschaftliche und steuerrechtliche Situation ist. Auf Grund des verhältnismäßig hohen, aus Ankauf und Vermietung der Immobilie hervorgehenden Aufwandes der Objektgesellschaft sind Engagements unter fünf Millionen Euro sowohl für den Leasingnehmer als auch für den Leasinggeber in der Regel nicht rentabel.

Im Rahmen des Immobilien-Leasings gibt es drei Vertragsvarianten: In der Praxis wird zwischen Teil- und Vollamortisationsleasing unterschieden. Teilamortisationsverträge erbringen während der Grundmietzeit keine vollständige Amortisation der gesamten Auszahlungen des Leasinggebers. Nach Vertragsende verbleibt ein Restwert. Bei der klassischen Form der Vollamortisation wird der Leasinggegenstand innerhalb der vereinbarten Vertragslaufzeit zur Gänze amortisiert. Dies bedeutet, dass die Leasing-Raten so kalkuliert und vereinbart werden, dass der Leasinggeber am Ende der Vertragslaufzeit alle Kosten und Gewinnansprüche zurückerhalten hat. In der Praxis kommt diese Leasingform allerdings äußerst selten zur Anwendung. Abgewandelte Formen sind Verträge mit und ohne Kauf- bzw. Mietverlängerungsoption.

Die Leasing-Rate ist das vom Leasing-Nehmer zumeist monatlich oder vierteljährlich zu zahlende Nutzungsentgelt für die Gebrauchsüberlassung eines Wirtschaftsgutes. Mit den Raten zuzüglich etwaiger Restwerte oder Sonderzahlungen wird der größte Teil der Investitionskosten des Leasing-Gebers amortisiert. Grundlage für die Berechnung der Leasingraten bilden der Anschaffungswert, die Vertragslaufzeit und die Bedingungen im Kapitalmarkt. Die Kundenbonität und die Werthaltigkeit des Objekts üben zusätzlich Einfluss auf die Kalkulation aus. Leasingzahlungen sind – auch im steuerlichen Sinn – sofort GuV-wirksame Betriebsausgaben.

Die Kalkulation der Leasingrate erfolgt auf Basis der Selbstkosten des Leasinggebers und umfasst Zins- und Tilgungsleistungen sowie Verwaltungskosten, Gewinn- und Risikozuschläge (Marge des Leasinggebers). Je nach Interessenlage des Leasingnehmers kann der Verlauf der Leasingraten linear oder in angemessenem Umfang progressiv (im Zeitverlauf steigende Leasingraten) gestaltet werden. Bei dieser Vertragsgestaltung wird der Bezug zwischen Sachwert und Ertragswert besonders deutlich. Der Ertrag stellt demnach eine angemessene Verzinsung der Gesamtherstellungskosten dar.

Eine Sonderform des Immobilienleasings stellen die Sale-and-lease-back-Verfahren dar. Dabei befindet sich das Objekt im Eigentum des späteren Leasingnehmers. Er verkauft das Objekt an eine Leasinggesellschaft, mietet es langfristig an und kauft es bei Vertragsende zum vertraglich festgelegten Restwert zurück. Bei der Transaktion (Verkauf des Objekts) fließt dem Leasingnehmer Liquidität zu. Liegt dann der Veräußerungspreis über dem Buchwert, wird ein Gewinn erzielt. In den Folgejahren des Leasingvertrags werden dann anstelle der Abschreibung die Leasingraten in der Erfolgsrechnung des Leasingnehmers berücksichtigt.

Der Vorteil dieser Leasing-Variante ist, dass finanzielle Engpässe durch den Verkauf der Immobilie umgangen werden können. Allerdings kann es in Einzelfällen dazu kommen, dass das Unternehmen durch zu hohe monatliche Mietzahlungen in die Insolvenz gerät. Hier muss unterschieden werden zwischen einer betriebsgerechten Miete, die sich am Ertrag einer ordnungsgemäßen Produktion orientiert und einer Miete, die sich aus dem Produktionsbetrieb langfristig nicht erwirtschaften lässt.

Der Problematik zu hoher Marktwerte von Produktionsimmobilien ist man sich auch bei den führenden deutschen Anbietern im Leasinggeschäft bewusst. Nach Aussagen von Marktexperten reagieren insbesondere die finanzierenden Banken in den vergangenen Jahren verstärkt risikobewusst auf das Thema. Deutliche Abschläge vom ermittelten Beleihungswert sind oft die Folge. In der Leasingbranche werden ebenfalls die zu hohen Marktmieten bei Spezialimmobilien als Ursache ausgemacht. Da es sich beim Immobilienleasing im Grunde um eine Art Unternehmensfinanzierung handelt, sehen auch die Leasinggeber zunehmend die Notwendigkeit, fiktive Mieten an den Betriebskennzahlen zu orientieren. Was bei Handelsimmobilien immer häufiger zu beobachten ist, nämlich eine Korrelation von Leasingrate und Marktmiete, kann man sich auch bei Unternehmen im Produktionsbereich vorstellen. Die Leasingrate als Benchmark für die Marktmiete wird in der Leasingbranche zumindest bei sehr bonitätsstarken Firmen als Alternative zum herkömmlichen Mietansatz befürwortet. In vielen Fällen kann und sollte daher die an den Betriebsgewinn gekoppelte Miete als „angemessene" Marktmiete angesehen werden. Unter dem Fortführungsaspekt stellt sich die Kosten- oder Investitionsmiete für den speziellen Produktionsablauf nämlich als objektgerecht dar. Im Hinblick auf weitere Leasingnehmer (Dritte) der gleichen Immobilie erfüllt sie auch die Definition der Ortsüblichkeit.

4.1 Markttrends im Immobilienleasing

Auch wenn Immobilien-Leasing in Deutschland mit rund 2,3 Prozent Anteil am Neugeschäft bisher ein recht kleiner Markt ist, erlebt insbesondere das Leasing-Neugeschäft von Produktionsgebäuden und Lagerhallen ein sehr deutliches Wachstum. 2012 lag diese Leasingsparte laut Angaben des Bundesverbandes Deutscher Leasing-Unternehmen mit einer Veränderungsrate nach Anschaffungswert von rund fünf Prozent gegenüber 2011 an der Spitze aller Güterarten.

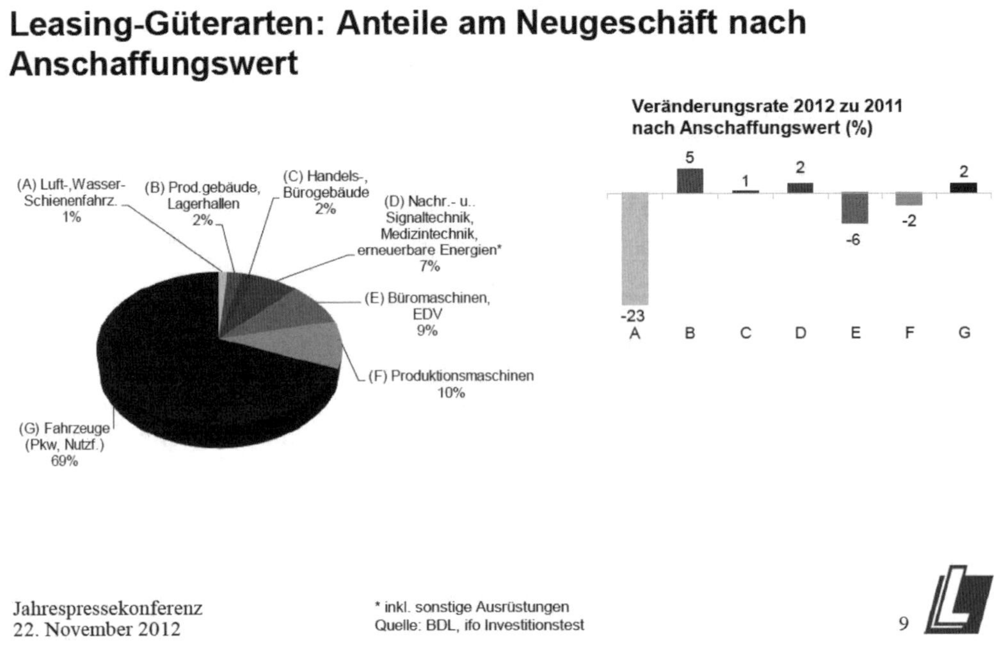

Abb. 1: Leasing-Güterarten – Anteile nach Anschaffungswert in Prozent

Obwohl die Euro-Krise auch bei den Leasing-Anbietern Besorgnis hervorruft und das Geschäft in den letzten Jahren zurückgegangen ist, bleibt die Branche vorsichtig optimistisch, denn je schwieriger die Unternehmensfinanzierung wird, desto mehr Firmen denken über Immobilienleasing nach.

Große Teile der genutzten Produktionsgebäude in Deutschland stehen heute noch im Eigentum der Unternehmen. Experten gehen davon aus, dass sich rund 70 Prozent der Immobilien in Unternehmensbesitz befinden, doppelt so viel wie bei vielen europäischen Nachbarn. Bisher gibt sich der deutsche Mittelstand allerdings eher skeptisch gegenüber Leasing-Modellen. Das könnte daran liegen, dass Gebäude jahrzehntelang als Sicherheit für Banken galten und ein gutes Argument im Kreditgespräch waren. In Zeiten von Basel II raten jedoch viele Experten, Kapital nicht durch einen großen Immobilienbestand zu binden. Im Rahmen des Sale-and-lease-back-Geschäfts wird beispielsweise nicht nur die Eigenkapitalbasis verbessert, sondern auch die Liquidität der Firma gestärkt, weil der Leasingnehmer seine Kosten über einen langen Zeitraum verteilt. Darüber ist dieses Leasingmodell bilanzneutral und wirkt sich positiv auf das Kredit-Rating aus.

Zusätzlich wird auch erwartet, dass die öffentliche Hand für das Immobilienleasing ein Impulsgeber des zukünftigen Wachstums sein kann. Mit den Bestrebungen, verstärkt im Rahmen sogenannter öffentlich-privater Partnerschaften (ÖPP) zu investieren, etabliert sich sukzessive ein neues Marktsegment, das sich aufgrund der schwierigen Finanzsituation der öffentlichen Hand weiter entwickeln wird.

4.2 Die Laufzeit von Leasingverträgen

Die Laufzeit eines Leasingvertrags orientiert sich generell an der gewöhnlichen Nutzungsdauer des Leasingobjekts (AfA-Zeit), weiter an der Nutzungsintensität, der Nutzungsnotwendigkeit und bezüglich der Zurechnung (Bilanzierung) an den Eckwerten der Leasingerlasse. Allgemein lässt sich die Laufzeit eines Leasingvertrags in zwei Teile gliedern: Die unkündbare Grundlaufzeit zwischen 40 und 90 Prozent der AfA-Zeit (wenn beim Leasinggeber bilanziert werden soll) und die mit dem Leasingnehmer darüber hinaus vereinbarte nutzungsabhängige Laufzeit. Differenzierungsmöglichkeiten bestehen dann noch zwischen den einzelnen Vertragsarten. Die Betriebsgewöhnliche Nutzungsdauer (BGN) ist in der Regel identisch mit der sich aus der amtlichen AfA-Tabelle bei einschichtiger Nutzung ergebenden Nutzungsdauer für Wirtschaftsgüter. Bei mehrschichtiger Nutzung reduziert sich die AfA-Zeit der in den Branchentabellen aufgeführten Wirtschaftsgüter.

5. Die Marktmiete

Für die Ermittlung der Marktmiete bieten sich in der Regel zwei Modelle. Zum einen die Vergleichsmiete, also die fiktive nachhaltige Miete bei einer Fremdvermietung der Nutzflächen oder die am möglichen Betriebsgewinn orientierte Miete. Beide Varianten sind grundsätzlich zielführend und sollten, wenn entsprechende Angaben zum Betriebsergebnis vorliegen, für die Plausibilisierung des Mietansatzes kombiniert verwendet werden. Die vom tatsächlichen Betriebsgewinn entkoppelte Vergleichsmiete ist zum einen aufgrund häufig eingeschränkter Datenverfügbarkeit und zum anderen aufgrund der meist nur schlecht vergleichbaren Nutzung wenig geeignet, als alleinige Quelle für die Herleitung eines objektgerechten Ertragswertes zu dienen. Die Fehlerhaftigkeit bei der Bemessung der Marktmiete für große, produktionsorientierte Nutzflächen ist oft das entscheidende Hindernis, um zu wirklich marktgerechten Werten zu gelangen. Denn Käufer und Verkäufer orientieren sich zwangsläufig immer am möglichen Betriebsergebnis. Auch Mieten, die im Vergleich mit den einschlägigen Rechercheergebnissen niedrig erscheinen, addieren sich bei sehr großen Flächen häufig zu Miethöhen, die weit außerhalb dessen liegen, was der Betrieb tatsächlich erwirtschaften kann.

Auch eine investitionskostengebundene Miete ist immer an die zu erwartende Betriebsleistung gebunden. Ob Investitionen rentabel sind, wird auf der Grundlage des prognostizierten Betriebsgewinns kalkuliert. Daher muss sich die Marktmiete, auch wenn sie Marktmiete heißt, zwingend am betriebswirtschaftlichen Ansatz ausrichten und die alleinige Marktorientierung in einem wenig vergleichsgeeigneten Markt zu Gunsten eines objektfokussierten Blickwinkels aufgeben. Das bedeutet in der Praxis nicht, dass bei der Bewertung einer Industrieimmobilie tief in die Betriebsergebnisrechnung einzusteigen ist. Aber die Beschäftigung mit den tatsächlichen Ertragsverhältnissen und die Berührung mit der Unternehmensbewertung sind in solchen Fällen nicht schädlich, sondern geradezu geboten. Wie sich ein solches Vorgehen in der Praxis darstellt, wie man letztendlich zu einem objektgerechten Mietansatz kommt und zu welchen Ergebnissen man gelangt, werden in den nächsten Kapiteln umrissen.

5.1 Die fiktive nachhaltige Miete

Industrieobjekte werden in der Regel eigengenutzt, so dass evtl. mit Ausnahme konzerninterner Mietverträge keine Mietdaten für das Bewertungsobjekt vorliegen. Bei solchen Grundstücken spielen – mehr noch als bei anderen Renditeimmobilien – wirtschaftliche Aspekte eine entscheidende Rolle. Maßstäbe für die Vertretbarkeit der Miete müssen hier mittelbar gewonnen werden.

Ein Zitat (*aus Brachmann-Holzner, Verkehrswert von Fabrikgrundstücken, 4. Auflage*) zeigt das Problem fiktiver Mieten von Produktionsanlagen deutlich auf.

Ein Wert (Mietwert) kann derartigen Objekten nur so lange zugemessen werden, wie sie den Zweck, zu dem sie bestimmt sind, erfüllen.

Im Endeffekt bleibt dem Sachverständigen meist nichts anderes übrig, als die betriebliche Nutzfläche nach Nutzungsarten aufzugliedern, für die Vergleichsmieten angesetzt werden können. In der Regel sind das Produktionsflächen, Lagerflächen, Büroflächen sowie Sanitär- und Personalräume. Für diese Nutzflächenarten gibt es unterschiedlichste Erfahrungswerte, oft sogar von den Gutachterausschüssen mit regionalem Bezug ermittelt. Diese sind für die Ermittlung von Zerschlagungswerten geeignet, können bei Fortführungsbewertungen aber nur als grober Anhalt dienen. Bei der Ermittlung des Zerschlagungswerts nach Aufgabe der Produktion sind die nachhaltigen Mieten im Hinblick auf zukünftige alternative Nutzungen zu bemessen.

Folgende Mietspannen können als allgemeiner Anhalt dienen.

	Mietwertspannen
Produktionsflächen in Hallen	
• Neubauten	2,00 – 4,10 €/m²
• Altbauten	1,50 – 2,60 €/m²
Produktionsflächen in Werkstätten	
• Neubauten	3,10 – 5,10 €/m²
• Altbauten	2,10 – 4,10 €/m²
Produktionsflächen in Obergeschossen	
• Neubauten	1,50 – 2,30 €/m²
• Altbauten	1,00 – 1,80 €/m²
• Arbeits- und Lagerfläche	1,50 – 3,10 €/m²
• Büro- und Laborflächen	4,10 – 7,20 €/m²
• Sozialräume	2,60 – 4,60 €/m²
• Lager- und Nebenflächen	1,30 – 2,60 €/m²

Tab. 1: Mietspannen für Industrieliegenschaften
Quelle: Brachmann-Holzner, Verkehrswert von Fabrikgrundstücken, 4. Auflage

Die vorgenannten Mietwertspannen stammen aus dem Jahr 1999, sind aber nach Einschätzung der Autoren auch heute noch im Wesentlichen marktgerecht.

Die nachstehende Tabelle gibt einen Überblick über das Verhältnis der Mietansätze nach üblichen Vergleichsmieten (siehe Mietniveau Brachmann-Holzner) und Mieten, die unter Berücksichtigung des Betriebsergebnisses ermittelt wurden. Grundlage der Daten sind Auswertungen eigener Bewertungsergebnisse. Um die grundsätzliche Vergleichbarkeit zu wahren, sind die Mietspannen immer auf die gleiche Betriebsart bezogen.

	Betriebsgerechte Miete	Vergleichsmiete
Produktionsflächen bis 2.000 m² NF		
• Neubauten	1,00 – 5,00 €/m²	2,00 – 4,00 €/m²
• Bestandsbauten	0,80 – 2,00 €/m²	1,50 – 3,50 €/m²
Produktionsflächen über 2.000 m² NF		
• Neubauten	1,50 – 5,00 €/m²	3,00 – 5,00 €/m²
• Bestandsbauten	1,00 – 3,00 €/m²	2,00 – 4,00 €/m²
Betriebliche Nebenflächen		
• Büro- und Laborflächen Neubau	1,50 – 5,00 €/m²	3,00 – 6,00 €/m²
• Büro- und Laborflächen Bestand	1,00 – 3,00 €/m²	2,50 – 5,00 €/m²
• Sozialräume Neubau	1,50 – 5,00 €/m²	3,00 – 5,00 €/m²
• Sozialräume Bestand	1,00 – 3,00 €/m²	2,50 – 4,00 €/m²
(Quelle: Erfahrungswerte aus der Bewertungspraxis)		

Der Vergleich zeigt, dass der betriebsgerechte Mietansatz tendenziell unter dem Vergleichsmietniveau liegt, auch wenn dieses umsichtig und bewusst objektgerecht gewählt wurde. In vielen Fällen erreicht die betriebsgerechte Miete nur 50 bis 70 Prozent des Vergleichsmietansatzes, in Sonderfällen kann sie dagegen noch deutlich darüber liegen. Das ist häufig bei hocheffizienten, gewinnbringenden Produktionsabläufen so. Die Wahrscheinlichkeit, dass sich die Vergleichsmiete der betriebsgerechten Miete annähert, steht in einem engen Zusammenhang mit den Produktionsprozessen. Je stärker die Immobilie baulich spezialisiert ist (zum Beispiel Schlachthöfe), umso höher ist in der Regel die Differenz im Mietansatz. Im Ergebnis zeigt sich nachdrücklich, dass der herkömmliche Mietansatz auf der Grundlage von Vergleichsmieten häufig zu deutlich überhöhten Roherträgen führt, die im Rahmen der ausgeübten Nutzung gar nicht erwirtschaftet werden können. Aus der Tabelle lässt sich auch ein Phänomen der betriebsgerechten Bewertung ablesen. Während die Vergleichsmieten nach Nutzungsarten differenziert sind, gilt die betriebsgerechte Miete einheitlich für den gesamten Betrieb und damit für sämtliche Produktionsflächen. Das ist im Rahmen der Ermittlung eines Fortführungswerts auch sachgerecht, beim Zerschlagungswert ist nach der Nutzungsart aufzuteilen.

Ein weiteres verbreitetes, sehr ungenaues Verfahren zu fiktiven Mieten zu gelangen, ist das Ableiten aus ortsüblichen Büromieten. Dieses Verfahren kann aber an dieser Stelle nicht weiter empfohlen werden. Die Unsicherheit und Ungenauigkeit in der Wahl der nachhaltigen Miete übersteigt noch diejenige bei einem herkömmlichen Vergleichsmietansatz.

Den Autoren ist durchaus bewusst, dass der hier aufgezeigte und empfohlene Weg zu einer betriebsgerechten Bewertung steinig ist und es in der Praxis oft viele Hindernisse zu überwinden gilt. Das beginnt damit, dass häufig kein verwertbares Betriebsergebnis vorliegt oder gar keine Betriebsdaten zur Verfügung stehen. Auch die Auswertung dieser Daten führt oft zu keinen brauchbaren Ergebnissen, wenn beispielsweise der Betrieb defizitär oder ohne nennenswerten Gewinn arbeitet. In diesen Fällen hilft nur, tiefer in die Materie der entsprechenden Branche einzudringen und sich eventuell auch interne Branchenkenntnisse vom Auftraggeber vermitteln zu lassen. Dabei sollte man sich immer bewusst sein, dass es in erster Linie um einen Abgleich der Vergleichsmiete mit spezifischen Betriebszahlen geht, also um eine Plausibilisierung von Marktdaten. Jede gezielte Recherche von wirtschaftlichen Rahmendaten kann helfen, den „richtigen" oder „richtigeren" Mietansatz zu finden, auch wenn dieser Mietteilmarkt insgesamt von hoher Intransparenz und fehlenden Informationen gekennzeichnet ist.

Ein Tipp soll in diesem Zusammenhang nicht unerwähnt bleiben. So manche Spezialimmobilie besitzt in Teilbereichen ein Fremdvermietungspotenzial, das für die Mietfindung genutzt werden kann. Beispielhaft seien hier Objekte mit großen Lagerflächen oder Speicher- und Siloanlagen genannt. Die Miete für solche Anlagen, die oft auch tatsächlich temporär vermietet werden, lässt sich beispielsweise über marktübliche Lagergeldsätze bestimmen und plausibilisieren. Auch hier hilft es, in den Wirtschaftszweig hineinzuhorchen, ihn zu verstehen und interne Branchenkenntnisse zu verwerten.

Letztendlich bleibt dem Immobilienbewerter oftmals dennoch die Unsicherheit, ob er als Branchenfremder die tatsächliche Ertragsfähigkeit der Immobilie zutreffend einschätzt oder nicht. Ob er falsch liegt, wird ihm keiner sagen. Denn Unternehmer können mit dem Begriff der nachhaltigen fiktiven Miete meist genau so wenig anfangen wie der Bewerter mit spezifischen Betriebskennzahlen. Das Marktwerte von Industrieliegenschaften oft deutlich zu hoch ermittelt werden, wird jedem geläufig sein, der tatsächliche Transaktionspreise kennt. Natürlich spielen hierbei auch die Marktgegebenheiten und ein sehr kleiner Interessentenkreis eine entscheidende preiskorrigierende Rolle.

Diese Problematik bestimmte in der Vergangenheit und bestimmt weiterhin die Arbeit des Immobilienbewerters, wenn es gilt, die richtige Marktmiete für ein Industriegrundstück zu ermitteln. Hier kann auch der Blick auf die Kostenmiete helfen, die das Simulieren tatsächlicher marktorientierter Ertragsverhältnisse erleichtert.

5.2 Die Kostenmiete

Mit Kostenmiete bezeichnet man einen Mietsatz, der zur vollständigen Deckung der laufenden Aufwendungen unter Berücksichtigung der tatsächlichen Finanzierungskosten erforderlich ist. Sie wird häufig auch als Investitionsmiete bezeichnet. Die Kostenmiete stellt für das Unternehmen die langfristig vertretbare Miete dar, sie entspricht sinngemäß also der nachhaltigen Miete. Im Leasinggeschäft bietet sich darüber hinaus die Möglichkeit, Leasingraten für unmittelbar vergleichbare Betriebe als Vergleichsmieten heranzuziehen. Dabei ist allerdings die Einflussnahme durch individuelles unternehmerisches Geschick nicht zu vernachlässigen. Letztendlich handelt es sich bei der Kostenmiete um eine spezielle Marktmiete für eine ganz bestimmte Betriebsgruppe. Ein betriebsübergreifender Vergleich verbietet sich in der Regel aufgrund abweichender Produktionsverhältnisse.

Welche Faktoren tragen nun zur Bemessung der Kostenmiete bei?

Die Leasinggesellschaft ist bei einem Neubau-Leasing naturgemäß an einem möglichst hohen Cash-Flow interessiert. Dieser wird über eine zinsindexierte Finanzmiete angestrebt, bei der sich die Renditeerwartungen erfahrungsgemäß in einem Rahmen von sieben bis acht Prozent bewegen. Die sogenannte „Vollkostenmiete" setzt sich zusammen aus:

- den Zinsen,
- der Afa (Abschreibung),
- der Gewerbesteuer,
- den Verwaltungskosten inkl. Marge (z.B. Kosten der Abschlussprüfung).

Bei einem Bestands-Leasing ist die Kostenmiete in erster Linie abhängig von der wirtschaftlichen Lage des Unternehmens. Gutgehende Betriebe finanzieren in der Regel als Leasingnehmer zu 100 Prozent. Überschuldete Unternehmen in der Krise müssen mit deutlich ungünstigeren Konditionen rechnen. Im Fazit ist davon auszugehen, dass die zuvor dargestellten fiktiven Mietansätze generell über der Kostenmiete liegen, dies umso deutlicher je neuer die Produktionsanlage und je besser die Drittverwendungsfähigkeit ist.

Im Vergleich mit der fiktiven Miete schneidet die Kostenmiete hinsichtlich des Abbildens einer „wirklich" nachhaltigen Marktmiete deutlich besser ab. Der direkte Zusammenhang mit den tatsächlichen Betriebsdaten garantiert einen angemessenen produktionsorientierten Mietansatz. Erfahrungsgemäß liegen Kostenmieten häufig unter den angesetzten fiktiven Mieten. Ein Indiz dafür, dass die angemessene Miete bei Eigennutzung eben schwer zu greifen ist und der Sachverständige mit seinen Mietansätzen oft zu optimistisch ist.

6. Die Bewirtschaftungskosten

Zu den Bewirtschaftungskosten gehören in erster Linie die Verwaltungskosten, die Betriebskosten, die Kosten der Instandhaltung und das Mietausfallwagnis. Gemeinhin wird auch die Abschreibung dazugerechnet. Die üblichen Ansätze werden kurz dargestellt. Ansonsten wird auf die einschlägige, recht umfangreiche Fachliteratur zu diesem Thema verwiesen.

6.1 Die Abschreibung

Als Abschreibung wird der Wertverlust von Unternehmensvermögen bezeichnet. Dabei kann der Wertverlust durch allgemeine Gründe wie Alterung und Verschleiß oder durch spezielle Gründe wie Schäden oder Preisverfall veranlasst sein. Die Abschreibung wird meist aus betriebswirtschaftlicher Sicht ermittelt und in der Gewinnermittlung berücksichtigt. Abschreibungen werden vorgenommen, um stets den aktuellen Wert des Betriebsvermögens aus der Buchführung ersehen zu können und den Wertverlust durch Abnutzung oder Alterung der Anlagegüter als Kosten buchhalterisch nachvollziehen und kostenrechnerisch in die Preiskalkulation einbeziehen zu können. Die betriebswirtschaftliche Abschreibung ist bis auf ganz wenige Ausnahmen nicht als realer, periodenwirksamer Abfluss an Zahlungsmitteln zu verstehen, sondern als Wertminderung der bilanziellen

Aktiva. Mit der Abschreibung wird also rechnerisch vollzogen, dass am Ende eines jeden Jahres ein bestimmter Teil des Gebäudeertrags einschließlich Zins und Zinseszins angespart wird und sich am Ende der wirtschaftlichen Nutzungsdauer theoretisch der Betrag in Höhe des Gebäudeneuwertes wieder ergibt. Im Ertragswertverfahren ist die Abschreibung im Reinertrag enthalten. Mit dem aus Kaufpreisen von Grundstücken und ihren jeweiligen Reinerträgen (einschließlich der darin enthaltenen Erneuerungsrücklage) abgeleiteten Liegenschaftszinssatz wird die Abschreibung berücksichtigt. Die von Brachmann-Holzner vertretene Ansicht, die „Wertzehrung" sei zusätzlich im Ansatz der Marktmiete, der Nutzungsdauer oder dem Liegenschaftszinssatz zu berücksichtigen, wird nicht geteilt.

6.2 Die Verwaltungskosten

Die Verwaltung von Industriegrundstücken ist meist Bestandteil der betrieblichen Verwaltung. Als Erfahrungssatz können 1 bis 1,5 Prozent angesetzt werden.

6.3 Die Betriebskosten

Die Betriebskosten sind die wiederkehrenden Kosten, die durch die Nutzung des Grundstücks laufend entstehen. Es sind nur die Betriebskosten zu berücksichtigen, die nicht auf den Nutzer umgelegt werden können. Im Regelfall trägt der industrielle Nutzer die Betriebskosten. In diesem Fall kann höchstens das Risiko eventuell beim Eigentümer verbleibender Betriebskosten erfasst werden.

6.4 Die Instandhaltungskosten

Beim Ansatz der Instandhaltungskosten ist zu berücksichtigen, dass neben der laufenden Instandhaltung im Zeitraum von fünf bis zehn Jahren größere Maßnahmen, zum Beispiel an Dächern und Fassaden, notwendig werden. Die üblichen Instandhaltungskosten liegen bei etwa 1 bis 1,5 Prozent der Neubaukosten. Bei vermieteten Objekten ist es heute üblich, dass der Vermieter lediglich die Kosten an Dach und Fach trägt. Der Ansatz kann dann auf 0,5 bis 1,0 Prozent reduziert werden.

Tipp: Da die Neubaukosten der baulichen Anlagen oft nicht bekannt sind, ist beim Ansatz von Instandhaltungskosten je Quadratmeter auch immer die Größe der Flächen und der Gesamtbetrag im Auge zu behalten. Tatsächliche Instandhaltungsaufwendungen liegen meist sehr deutlich unter den üblichen Ansätzen und Erfahrungswerten.

6.5 Das Mietausfallwagnis

Das Mietausfallwagnis von Industrieliegenschaften sollte die stark eingeschränkte Drittverwendungsfähigkeit der Gebäude, den möglichen Totalmietausfall des einzigen Mieters und die Mieterbonität angemessen würdigen. Ein Ansatz von vier bis acht Prozent des Rohertrags ist üblich, auch bei eigengenutzten Grundstücken und langfristigen Mietverträgen. Bei der Ermittlung des Zerschlagungswerts sind die nachhaltig angesetzten Mieten im Zuge der Drittverwendung durch ein erhöhtes Mietausfallrisiko gekennzeichnet. Der Zeitraum bis zur Neuvermietung muss ebenfalls angemessen berücksichtigt werden.

Dies kann im Ansatz des Mietausfallwagnisses, im Rahmen des temporären oder strukturellen Leerstands bzw. im Liegenschaftszinssatz gewürdigt werden.

6.6 Bewirtschaftungskosten bei Fortführungs-Bewertungen

Bei der Bewertung unter dem Fortführungsaspekt sind einige Besonderheiten zu beachten. Die Verwaltungskosten können generell niedriger angesetzt werden als bei einer Vermietung, da sie kostengünstig in der betrieblichen Verwaltung integriert sind. Das Risiko nicht umlegbarer Betriebskosten entfällt, so dass hierfür kein Ansatz erforderlich ist. Ein Mietausfallwagnis unter der Annahme der Betriebsfortführung ist ebenfalls nicht oder nur in sehr geringem Umfang zu wählen. Die Berücksichtigung eines solches Risikos könnte auch im Liegenschaftszinssatz erfolgen. Die Bewirtschaftungskosten bei Fortführungs-Bewertungen sollten entsprechend ihres tatsächlichen Anfalls insgesamt deutlich niedriger angesetzt werden als bei einer Drittverwendung.

7. Die wirtschaftliche Nutzungsdauer

Als wirtschaftliche Nutzungsdauer ist die Anzahl der Jahre anzusehen, in denen die baulichen Anlagen bei ordnungsgemäßer Unterhaltung und Bewirtschaftung noch wirtschaftlich genutzt werden können. Die Nutzungsdauer von Industriebauten richtet sich vorwiegend nach wirtschaftlichen Gesichtspunkten. Sie ist stark unternehmensabhängig. Auch bei solider Bausubstanz bemisst sich die Nutzungsdauer nur über den Zeitraum, in dem sie hinsichtlich der Zweckbestimmung wirtschaftlich vertretbar genutzt werden kann. Dabei wirkt die eingeschränkte Drittverwendungsfähigkeit wegen spezieller produktionsorientierter Gebäudekonzeptionen meist reduzierend auf die Nutzungsdauer.

Die wirtschaftliche Nutzungsdauer entspricht dem Zeitraum, in dem das Bauwerk im Hinblick auf die Drittverwendungsfähigkeit, die technische Entwicklung, auf Betriebsveränderungen oder Änderungen der Produktionsmethoden abgeschrieben ist. Bei modernen Industriebauten ist die Gebäudehülle nur für die Dauer konzipiert, wie sie für die Produktion voraussichtlich benötigt wird. Der Bauingenieur baut praktisch eine Hülle um die Produktionsanlagen herum. Bei älteren Gebäuden beträgt der Anteil der wirtschaftlichen an der technischen Nutzungsdauer in der Regel nur 60 bis 80 Prozent, bei neuen Bauten bis zu 100 Prozent.

Die Nutzungsdauer ist insgesamt stark unternehmensabhängig. So kann ein Betrieb, der dem Technologiewandel wenig unterworfen ist, seine Gebäude unter Umständen über die gesamte technische Lebensdauer nutzen. Es gibt Beispiele von mehr als 100 Jahre alten Gebäuden, die immer noch betriebsgerecht genutzt werden können. Andererseits sind Bauten für Branchen, die stark vom Technologiewandel betroffen sind, deutlich kurzlebiger. Die nachstehenden Erfahrungssätze üblicher Nutzungsdauern von Industriebauten sollen nur einen allgemeinen Überblick geben. Im Einzelfall hat der Sachverständige im Hinblick auf die spezielle Betriebsart individuell zu entscheiden.

Zweckbestimmung	Übliche Nutzungsdauer
• Spezielle Betriebsgebäude der Großindustrie	10 – 20 Jahre
• Sonstige Betriebsgebäude, zweckgebunden	20 – 30 Jahre
• Hallen schwerer Bauart, anpassungsfähig	40 – 50 Jahre
• Hallen in Leichtbauweise, flexibel nutzbar	40 – 50 Jahre
• Moderne Geschossbauten, flexibel nutzbar	50 – 60 Jahre

8. Der Liegenschaftszinssatz

Der Liegenschaftszinssatz ist beim Ertragswertverfahren neben dem Mietertrag eine der Einflussgrößen mit dem größten Gewicht. Er ist der Zinssatz, mit dem der Marktwert im Durchschnitt marktüblich verzinst wird (§ 14 Abs. 3 ImmoWertV). Die Bedeutung des Liegenschaftszinssatzes liegt vor allem in seiner Funktion als Marktindikator. Durch ihn findet die Marktlage Eingang in das Ertragswertverfahren. Der Liegenschaftszinssatz bestimmt sich aus dem Kaufpreis (KP), dem Jahresrohertrag (RoE) und den üblichen Bewirtschaftungskosten in Prozent (BewK%) nach folgender Beziehung:[1]

$$p = (1 - BewK\%) \times RoE/KP$$

Bei der Bewertung von eigengenutzten Industrieliegenschaften ist regelmäßig der Jahresrohertrag, also die Marktmiete, die Größe, die am schwierigsten zu fassen ist. Ist das marktgerechte Ertragsniveau bekannt, lässt sich der Liegenschaftszinssatz nach der obigen Formel leicht aus Kaufpreisen herleiten. Auch hier ist der nachhaltige Ertrag wiederum Angelpunkt jeder marktorientierten Wertermittlung.

Der Liegenschaftszinssatz wird auch durch den Kapitalmarkt beeinflusst. Die Wahl des richtigen Liegenschaftszinssatzes bereitet daher oft Probleme. Neben den allgemeinen Wertaspekten der Immobilie sind nämlich die wirtschaftliche Situation, die Konditionen am Kapitalmarkt sowie die konjunkturelle Entwicklung zu beachten. Aus diesem Grund sind regionale Abweichungen verhältnismäßig unbedeutend. Der kausale Zusammenhang von Liegenschaftszinssatz und Kapitalmarktzins ist bisher nicht eindeutig nachgewiesen. Statistischen Untersuchungen zufolge ist aber eine negative Korrelation mit einer Zeitverzögerung von fünf Jahren wahrscheinlich.

Eine individuelle Herleitung des Liegenschaftszinssatzes aus Kaufpreisen ist daher grundsätzlich zu empfehlen. Nur so lässt sich das Marktniveau wirklich zutreffend abbilden. Gerade bei eigengenutzten Produktionsgrundstücken mit eingeschränkter Drittverwendungsfähigkeit ist diese Vorgehensweise anzuraten. Im Gegensatz zu den klassischen Renditeimmobilien gehört der Liegenschaftszinssatz bei diesen Objekten jedoch nicht zu den Parametern mit der höchsten Priorität in der Herleitung. Aufgrund meist deutlich geringerer Restnutzungsdauern wirken sich Fehler im Zinssatz weit weniger aus als der falsche Mietansatz!

1 Vgl. Kleiber, Simon, Verkehrswertermittlung von Grundstücken, 5. Auflage 2007, Verlag Bundesanzeiger, Seite 1104.

Nach allgemeinen Erfahrungswerten bewegt sich der Liegenschaftszinssatz für Industrieliegenschaften, je nach Betriebsart, Lage und allgemeiner Wirtschaftslage etwa in einer Spanne von 6,0 bis 8,5 Prozent. In der Mehrzahl der Bewertungsfälle wird der Zinssatz in einem noch engeren Rahmen zwischen 6,5 und 7,5 Prozent liegen. Die Praxis zeigt: Mit einem Liegenschaftszinssatz in Höhe von 7,0 Prozent liegt man bei eigengenutzten Produktionsimmobilien mittlerer Größe nie ganz falsch. Aufwändige Ableitungen aus dem Marktgeschehen sind zwar bei günstiger Datenlage grundsätzlich zu empfehlen, aber oft nicht notwendig und in der Regel wenig ergebniswirksam.

Die Wahl des Liegenschaftszinssatzes bei Fortführungswerten stellt wiederum besondere Anforderungen. Das Risiko der nachhaltigen sicheren Ertragserzielung ist hierbei naturgemäß geringer als bei fremdvermieteten Grundstücken oder Zerschlagungsimmobilien. Mit der Annahme der Fortführung des Betriebs entfällt ein Großteil der liegenschaftsbeeinflussenden Risikoeigenschaften. Analog dazu wirkt sich dieser Umstand auch bei der Beleihung entsprechend positiv aus. Auch hier ist allerdings wieder nach der Betriebsart zu differenzieren. Unternehmen, die erfahrungsgemäß stärker dem Technologie- und Produktionswandel unterworfen sind, machen den Ansatz eines höheren Liegenschaftszinssatzes erforderlich als bei weniger entwicklungsabhängigen Branchen.

Liegenschaftszinssätze bei Fortführungswerten liegen nach Erfahrungswerten klar unterhalb des üblichen Zinssatzniveaus. In Ausnahmefällen kann hier auch ein Ansatz von 5,5 bis 6,5 Prozent durchaus marktnah und angemessen sein. Die Wahl des Liegenschaftszinssatzes sollte in diesen Fällen aber immer ausführlich begründet und der Zusammenhang mit dem Fortführungsprinzip deutlich gemacht werden.

Tipp: Das Immobilienrisiko und die deutlich eingeschränkte Marktgängigkeit mit Hilfe des Liegenschaftszinssatzes zu greifen, ist oft der falsche Ansatz. Sinnvoller, weil ergebniswirksamer, ist es, das vorhandene Risiko im Mietansatz abzubilden (vgl. dazu die Erläuterungen zur fiktiven nachhaltigen Miete).

9. Sachwert oder Ertragswert

Der Sachwert stellt die technische Wertkomponente in der Wertermittlung dar, der Ertragswert die wirtschaftliche. Auch wenn sich der Marktwert erfolgreich aus dem Ertragswert herleiten lässt, sollte auf die Ermittlung des Sachwerts nicht verzichtet werden. Auf die Zusammenhänge zwischen den Herstellungskosten und der Kostenmiete sei nochmals verwiesen. Wie es in der Regel nicht genügt, nur die Ertragswertberechnung durchzuführen, so kann auch dem Sachwert vor Marktanpassung alleine keine Marktwertqualität unterstellt werden, selbst wenn alle wertbeeinflussenden Umstände berücksichtigt wurden. Es ist zu bedenken, dass moderne Industriegebäude im Wesentlichen eine Hüllenfunktion haben und die Wirtschaftlichkeit der Immobilie im Vordergrund steht. Die Verzinsung des in Grundstück und Gebäude investierten Kapitals muss in einem wirtschaftlich vertretbaren Verhältnis zu dem Nutzen stehen, den der Betrieb aus dem bebauten Grundstück ziehen kann. Ein Unternehmer wird vernünftigerweise vor eigenen Investitionen immer erst prüfen, ob er nicht ein geeignetes Objekt günstiger anmieten kann, zumal die Investition mit dem Nachteil einer langfristigen Kapitalbindung verbunden ist. Eine wirtschaftlich sinnvolle Alternative bietet hier die zuvor ausführlich dargestellte Leasingimmobilie. Diese Abwägung zwischen Investition oder Anmietung hat auch der Sachverständige bei der kritischen Würdigung der Ergebnisse aus der Sachwert- und

Ertragswertermittlung nachzuvollziehen. Der Wert der Gesamtinvestition entspricht bei Baufertigstellung normalerweise dem Sachwert. Ist die Gesamtkonzeption wirtschaftlich sinnvoll optimiert, wird der Ertrag oder der Wert der betrieblichen Nutzung die Investition in angemessener Höhe verzinsen, das heißt, der Sachwert entspricht in diesem Fall etwa dem Ertragswert.

Der Sachwert ist eine wichtige Kontrollgröße für den ertragsorientierten Marktwert.

Der Ertragswert von Industrieliegenschaften liegt erfahrungsgemäß regelmäßig unter dem Sachwert vor Marktanpassung. Erfahrungswerte reichen dabei von 50 Prozent des Sachwerts bis hin zum vollen Sachwert. Größere Abweichungen sollten im Gutachten kommentiert werden. Liegt der Ertragswert etwa bei 80 bis 90 Prozent des Sachwerts, kann generell von einer Plausibilisierung des Ertragswerts und einer wirtschaftlich gut verwerteten Immobilie ausgegangen werden. Bewegt sich der Ertragswert zwischen 50 und 70 Prozent des Sachwerts, sind die Baulichkeiten entweder nicht optimal an die Produktionsabläufe angepasst, oder die Herstellungskosten sind aus betrieblichen Erfordernissen heraus höher als bei vergleichbaren Gebäuden. In beiden Fällen gibt der Sachwert einen Anhaltspunkt über die Wirtschaftlichkeit der Immobilie. Die Sachwertermittlung sollte daher unverzichtbarer Bestandteil eines jeden Gutachtens sein. Bei Leasingimmobilien kann der Sachwert den Buchwert in der Bilanz bestätigen. Liegt der Sachwert über dem Buchwert, lässt dies unter anderem auf besonders günstige Baukosten schließen. Ergibt sich der Sachwert unter dem Buchwert, können sich hierin betriebsspezifische Mehrkosten in der Herstellung ausdrücken.

10. Die Ableitung des Marktwerts

Der Marktwert lässt sich grundsätzlich auch wie bei der klassischen Verkehrswertableitung von Renditeobjekten direkt aus dem Ertragswert herleiten. Er ist aus dem Ergebnis des Ertragswertverfahrens unter Berücksichtigung der Marktlage zum Wertermittlungsstichtag zu bemessen. Die Anpassung an den Grundstücksmarkt erfolgt in der Regel über unmittelbar aus dem Markt hergeleitete Ansätze. Zu ihnen gehören in erster Linie die Marktmiete, die Bewirtschaftungskosten und der Liegenschaftszinssatz. Diese Daten sollten bereits als marktorientierte Ansätze in die Berechnung eingehen. Ist dies der Fall, beinhaltet das Ergebnis des Ertragswertverfahrens eine direkte Marktanpassung.

Hier ist hinsichtlich der Spezialimmobilien wieder zu hinterfragen: Sind die gewählten Ansätze, insbesondere die Marktmiete, wirklich marktgerecht?

Bei der Bewertung einer Spezialimmobilie kommen dem Standort, den relevanten Marktgegebenheiten, der rechtlichen und technischen Immobilienkonzeption sowie der Cashflow-Qualität eine zentrale Bedeutung zu. Alle diese Aspekte haben einen wesentlichen Einfluss auf die Wertfindung und die Kapitaldienstfähigkeit. Was für Renditeimmobilien im Allgemeinen gilt, trifft aber für die Industrieliegenschaft im Besonderen zu, da der individuelle Produktionsbetrieb spezifische funktionelle Anforderungen stellt und darüber hinaus auch aufgrund baulich-konzeptioneller Eigenheiten eine Drittverwendungsfähigkeit deutlich eingeschränkt ist.

Daher müssen Ertragswerte von Spezialimmobilien häufig noch eine Anpassung an die Marktlage erfahren. Die hohe Individualität solcher Liegenschaften bedingt einen sehr kleinen Käuferkreis und dementsprechend eine äußerst geringe Nachfrage. Die eingeschränkte Verkäuflichkeit kann zu einer längeren Vermarktungsphase und zusätzlich zu einer Reduzierung der Kaufpreisvorstellungen führen. Diese verringerte Marktgängigkeit wird in der Regel über eine Marktanpassung zu berücksichtigen sein.

Eine solche Marktanpassung des Ertragswerts ist bei speziellen Industrieimmobilien generell zu empfehlen. Sie wird erfahrungsgemäß häufig unterlassen. Einerseits verlässt sich der Sachverständige auf seine Ertragswertermittlung und überschätzt ihre Marktnähe, andererseits macht die Unsicherheit über die tatsächliche Marktlage die Bemessung der Marktanpassung durchaus schwierig. So wird, wenn überhaupt, die Marktanpassung meist aus der „hohlen Hand" geschätzt. Die Schätzung ist ja grundsätzlich unser aller Geschäft, aber wenn diese nicht richtig fundiert ist, kann sie unter Umständen zu unzutreffenden Werten führen.

Damit steht der Gutachter wieder vor dem Problem, den „Markt" nicht richtig greifen zu können. Auch das Vergleichswertverfahren hilft ihm da nicht immer weiter, wie im nächsten Kapitel beschrieben. Bei der Fortführungsbewertung stellt sich das Problem der Marktanpassung nur in abgeschwächter Form. Der Marktwert ist hier naturgemäß einer etwas geringeren Schwankungsbreite unterworfen als sonstige Industrieliegenschaften, da Risiken und Unwägbarkeiten für potentielle Erwerber leichter abzuschätzen sind. Bei Ansatz einer angemessenen Marktmiete kann von einer Marktanpassung in der Regel abgesehen werden, da der betriebsgerechte Ertrag unmittelbar zum Marktwert führt.

11. Plausibilisierung

Wie auch bei allen anderen Immobilienbewertungen sollte der Marktwert anhand von Vergleichswerten („Comparables") plausibilisiert werden und mit dem Marktniveau abgeglichen werden. Das Vergleichswertverfahren gestaltet sich für Industrieimmobilien allerdings meist schwierig. Die Anwendung des unmittelbaren Preisvergleichs setzt eine hinreichende Anzahl von Grundstücken voraus, die in ihrer baulichen Konzeption, Größe und Lage direkt vergleichbar sind. Dies ist eine Voraussetzung, die bei Mehrfamilienhäusern oder Eigentumswohnungen in der Regel erfüllt ist, nicht aber bei hoch spezialisierten Industrieliegenschaften. Für die Ermittlung des Bodenwerts kann das Vergleichswertverfahren dagegen meist unproblematisch herangezogen werden.

Die Transparenz auf dem deutschen Immobilienmarkt hat in den letzten Jahren deutlich zugenommen, auch wenn angelsächsische Verhältnisse wahrscheinlich noch lange Wunschdenken bleiben werden. Angebotspreise lassen sich jedoch heutzutage im Netz ohne großen Aufwand recherchieren. Somit bietet sich jedem Gutachter die Möglichkeit, die Wertergebnisse anhand von Marktwerten abzugleichen und damit zu untermauern, auch wenn die unmittelbare Vergleichbarkeit meist nicht gegeben ist. Mit dem gebotenen Sachverstand können so auch schwierige Bewertungsaufträge, zu denen Industrieimmobilien in der Regel immer zählen, mit „gutem Bauchgefühl" abgeschlossen werden. Gerade für Spezialimmobilien sollte die Werte-Plausibilisierung zum unverzichtbaren Bestandteil der Wertfindung werden, auch wenn sie mit Unwägbarkeiten behaftet ist.

12. Fazit

Die aufgezeigten Probleme bei der Bewertung von Industrieliegenschaften unter dem Fortführungsaspekt lassen sich hauptsächlich unter dem Begriff „Angemessene Marktmiete" zusammenfassen. Hier liegt eben die Hauptschwierigkeit, eigengenutzte Immobilien wertmäßig richtig zu beurteilen. Die Autoren empfehlen daher, sich verstärkt mit der unternehmerischen Seite einer solchen Immobilie zu beschäftigen. Hier bietet insbesondere das Immobilienleasing unserer Meinung nach vielfältige Lösungsansätze, um zu einer marktorientierten Bewertung zu gelangen. Einige Anregungen und Vorschläge aus der Praxis der Wertermittlung sind in diesem Artikel dargelegt worden und stehen zur Diskussion. Empirische Ableitungen von Marktdaten, insbesondere von üblichen Marktmieten für Produktionsbetriebe, stehen leider bisher nicht in einem Umfang zur Verfügung, der eine Veröffentlichung an dieser Stelle rechtfertigen würde. Die weitere Beschäftigung mit diesem Thema sollte den Handelnden ein wichtiges Anliegen sein, denn die Bedeutung wirtschaftsorientierter Bewertungen nimmt gerade bei Renditeobjekten aufgrund der Internationalisierung des Immobilienmarktes weiter beständig zu. Die Bewertung von Industrieliegenschaften wird den Immobilienbewerter auch in Zukunft besonders fordern. Nicht ohne Grund ist das Thema Marktwert in diesem Zusammenhang in der Fachliteratur bisher recht stiefmütterlich behandelt worden. Dieser Buchbeitrag soll mit dazu beitragen, dass neue Wege in der Wertermittlung beschritten werden und Anstoß zu hoffentlich fruchtbaren Diskussionen geben.

13. Literatur

Brachmann-Holzner, Bauwert von Industriebauten, Verkehrswert von Fabrikgrundstücken, Gebäude-Versicherungswerte, 4. Auflage, Theodor Opermann Verlag

DAL Deutsche Anlagen-Leasing, www.da.de

DIL Deutsche Immobilien Leasing, www.dil.de

Kleiber, Verkehrswertermittlung von Grundstücken, 6. Auflage 2010, Verlag Bundesanzeiger

LHI Leasing für Handel und Industrie, www.lhi.de

Mesenhöller – Frahm, Ermittlung von Gebäude-Versicherungswerten, 5. Auflage, Theodor Opermann Verlag

Peemöller, Praxishandbuch der Unternehmensbewertung, nwb Verlag Neue Wirtschafts-Briefe

Ross-Brachmann, Ermittlung des Verkehrswertes von Grundstücken und baulichen Anlagen, 29. Auflage, Theodor Opermann Verlag

Wulffen,Heinz A., Liegenschaften professionell verwerten, Luchterhand

XI. Konversionsgrundstücke

Gabriele Bobka

Die Stadtentwicklung der Nachkriegszeit ging mit einer stetigen Ausdehnung der Siedlungsfläche einher. Seit Mitte der 1980er Jahre werden Konzepte zur Stadtentwicklung zunehmend im Hinblick auf Nachhaltigkeit und Umweltverträglichkeit diskutiert. Die Regierung plant bis zum Jahr 2020 eine Reduzierung des derzeitigen Flächenverbrauchs von rund 74 auf 30 Hektar pro Tag. Die Reaktivierung von Brachflächen ist neben der Nachverdichtung und der Nutzung von Baulücken wesentliches Element einer Innenentwicklung zur Schonung der Ressourcen. Allerdings gestaltet sich die Folgenutzung von Brachflächen in der Regel deutlich kostenintensiver als der Neubau auf der grünen Wiese. Die Konversion von brach gefallenen Flächen bietet in Ballungszentren bedeutende Entwicklungschancen, stellt Kommunen im ländlichen Raum jedoch vor Herausforderungen. Flächenfreisetzungen und die Entstehung von Brachen sind kein neues Phänomen der Stadtentwicklung. Sie lassen sich seit Bestehen städtischer Siedlungsformen nachweisen. Allerdings ist es hier zu erheblichen quantitativen und qualitativen Veränderungen gekommen. So haben sich die Ursachen für ihre Entstehung im Verlauf der Zeiten gewandelt, der Zyklus von Brache, Revitalisierung und Neunutzung hat sich verkürzt und der räumliche Umfang solcher Brachen sowie die Vielschichtigkeit der Aufgaben zu ihrer Revitalisierung haben zugenommen.

1. Vielschichtige Ursachen einer Brachen-Bildung

Die Erfolge der weltweiten Entspannungs- und Abrüstungspolitik, der Zusammenbruch des Warschauer Paktes und die deutsche Wiedervereinigung führten seit 1991 zu einer Freisetzung von rund 50 Prozent der ehemals einen Million Hektar militärisch genutzter Areale. Hinzu kommen frühere Industrieareale sowie Grundstücke der ehemaligen Staatsunternehmen (Bahn, Post und Telekom), die für den Betrieb nicht mehr notwendig sind. Der Begriff der Brache wird dabei für höchst unterschiedliche Sachverhalte benutzt. Eine gesetzliche Definition fehlt bis heute, wenngleich das Baugesetzbuch (BauGB) den Begriff als Voraussetzung für die Anwendung des besonderen städtebaulichen Instrumentariums in § 165 ausdrücklich verwendet. Allgemein wird darunter eine minder- oder suboptimal genutzte Fläche verstanden. Begrifflich werden vor allem Industrie- und Gewerbebrachen, militärische Brachen und Infrastrukturbrachen unterschieden.

1.1 Gewerbe – und Industriebrachen

Nach der so genannten Theorie der langen Wellen kommt es in der Geschichte periodisch zu einer grundlegenden Veränderung der gesamten Produktionsstruktur. Der Wandel vom industriellen zum Dienstleistungssektor geht seit Jahrzehnten mit der Umwandlung großer, zuvor beispielsweise von der Schwerindustrie genutzter Areale einher. Als ein zentraler Bestimmungsfaktor für den Strukturwandel und damit für die Brachen-Bildung erwies sich zudem die fortschreitende internationale Arbeitsteilung. Während sich die technologieintensiven Produktionszweige mit hochqualifizierten Arbeitskräften behaupten können, sind andere Produktionszweige unter dem Druck internationaler Konkurrenz zunehmend von Auslagerungen betroffen. Besonders eindrucksvoll spiegeln sich diese Zusammenhänge in den Montanregionen des Ruhrgebietes und des Saarlandes wider.

1.2 Ehemals militärisch genutzte Flächen

Die Auseinandersetzung um die Revitalisierung von Militär-Brachen hat seit etwa 1990 eine neue Dimension erhalten. Riesige Flächenpotenziale standen plötzlich zur Verwertung an. Zu weiteren Flächenfreisetzungen führt die Bundeswehrstrukturreform. Das im Herbst 2011 veröffentlichte Konzept zur Stationierung der Bundeswehr in Deutschland und die Ankündigung des weiteren Abzugs der Gaststreitkräfte werden bis zum Jahr 2020 zur Rückgabe von über 37.000 Hektar Militärfläche führen. Allein von der aktuellen Neuausrichtung der Bundeswehr sind mehr als 120 Gebietskörperschaften, in erster Linie Städte und Gemeinden, betroffen. Der Schwerpunkt der Schließungszeitpunkte liegt nach Angaben des Bundesministeriums für Verkehr, Bau und Stadtentwicklung (BMVBS) in den Jahren 2014 bis 2016. Die vorgesehenen Rückgaben umfassen 2014 einen hohen Anteil an Dienstgebäuden, insbesondere Kreiswehrersatzämter, sowie zwei Truppenübungsplätze. Rückgaben weiterer großflächiger Konversionsgrundstücke werden schwerpunktmäßig ab 2015 folgen.

1.3 Infrastrukturbrachen

Zu dieser Kategorie von Brachen zählen Hafen- und Kaianlagen, die aufgrund gewandelter Nachfrage und Transportabläufe nicht mehr im ursprünglichen Umfang benötigt werden. Die Privatisierung ehemaliger Staatsbetriebe wie Bahn, Post und Telekom führte ebenfalls zur Freisetzung nicht mehr benötigter Flächen. Die Reduzierung des Streckennetzes mit Stilllegung einzelner Nebenstrecken, die Aufgabe von Rangier- Güter- und Verladebahnhöfen sowie die Konzentration von Personenbahnhöfen setzen vor allem in Innenstadtbereichen wertvolle Flächen frei. Diese erreichen zwar nicht den Umfang anderen Brachentypen, eröffnen aber aufgrund ihrer innenstädtischen Lage weitreichende Entwicklungschancen.

1.4 Chancen und Risiken

Die Umnutzung von Brachen bietet günstige Voraussetzungen für die Schaffung städtebaulich integrierter Standorte. Dabei können die Kommunen ihre ökologischen, sozialen und wohnungsbaupolitischen Ziele in innovative Gewerbe,- Siedlungs- und Wohnmodelle umsetzen. Brachflächenrecycling schafft neue Möglichkeiten für eine verträgliche Mischung von Wohnen, Arbeiten, Versorgung und Freizeit auf innerstädtischen Standorten. Auch Investoren finden die Flächen attraktiv, zeigen doch die restriktive Ausweisung neuer Bauflächen, das überreglementierte Baurecht und das „Herdenverhalten" institutioneller Investoren inzwischen deutliche Wirkung. Unbebaute Grundstücke mit guter Infrastruktur sind insbesondere in Ballungsgebieten knapp, die Preise stark gestiegen. Die Gebrauchsspuren im Bestand versüßen Gebäudehüllen, die mit der vorhandenen Bruttogeschossfläche (BGF) als Neubau keine Genehmigung mehr fänden, eine hohe Anzahl an Parkplätzen, eine außergewöhnlichen Architektur oder flexible Nutzungsmöglichkeiten.

Die Konversion der Flächen birgt allerdings auch vielfältige Risiken. Häufig werden zuerst Abbrucharbeiten durchgeführt und Altlasten beseitigt werden müssen. Problematisch ist zudem die umfangreiche Bausubstanz, die aufgrund der städtebaulichen Konzeption oder des vorhandenen Zustandes nicht mehr genutzt werden kann. Neu- oder Umnutzungen von Brachen stoßen bei Anwohnern zudem nicht immer auf Gegenliebe, da sie eine Beeinträchtigung der Wohnqualität befürchten. Orientiert sich die Vermarktung der Flächen in Umfang und Zeitschiene nicht sehr sensibel am vorhandenen Bedarf, droht zudem ein Kollaps der bisher weitgehend funktionierenden Immobilienmärkte.

Kontaminationen

Umweltbelastungen, die in der Vergangenheit durch Schadstoffeinträge aus Betriebsstätten und anderen Anlagen, durch Missstände bei der Abfallbeseitigung und durch vielfältige, andere Ursachen entstanden sind, erweisen sich in allen Industriestaaten als ein Umweltproblem von großer Tragweite. Das Umweltbundesamt führt im Altlastenregister allein rund 311.860 Altlastenverdachtsflächen auf (Stand 31.08.2012). Nach heutigem Wissensstand sind drei bis zehn Prozent dieser Altlastenflächen konkret sanierungsbedürftig. Eine besondere Schwierigkeit besteht darin, dass Altlasten bei bloßer Betrachtung des Grundstücks oft nicht wahrgenommen werden können. Die Konsequenzen aus dieser Umweltthematik bestehen in Haftungsfragen, Einschränkung der Nutzbarkeit und Folgekosten durch zusätzliche Sanierungsmaßnahmen. Das Bundesbodenschutzgesetz regelt sowohl die Gefahrenabwehr als auch die Risikovorsorge. Als zentraler Begriff sind in § 2 Abs. 3 die „schädliche Bodenveränderungen" als Beeinträchtigungen der Bodenfunktionen definiert, die geeignet sind, Gefahren, erhebliche Nachteile oder erhebliche Belästigungen für den Einzelnen oder die Allgemeinheit herbeizuführen. Wesentliche Kriterien zur Beurteilung sind der Schutz der Gesundheit, des Eigentums oder die verschiedenen Funktionen des Bodens. Bei Belastungen von Gebäuden, Boden und Gewässern hängt der Handlungsbedarf dabei in nicht unerheblichem Umfang sowohl von der tatsächlichen als auch von der avisierten Folgenutzung ab, da die gesetzlichen Regularien häufig die Nutzung als Parameter einer Gefährdung mit einbeziehen. Für den Käufer eines Grundstücks entstehen so zum Teil beträchtliche Risiken, die nur durch ein systematisches Altlastenmanagement kalkulierbar werden.

Sanierungspflicht kann jeden treffen

Erweist sich ein Grundstück als altlastenbehaftet, kann nach den geltenden gesetzlichen Bestimmungen der Verursacher, der Eigentümer, aber auch der Inhaber der tatsächlichen Gewalt über ein Grundstück, also der Mieter oder Pächter als Zustandsstörer oder der Verursacher als Handlungsstörer von der zuständigen Behörde zur Gefahrenabwehr herangezogen werden (§4 Abs. 3 BBodSchG). Dahinter steht der Grundgedanke, dass derjenige, der aus einem Objekt etwaige wirtschaftliche Vorteile zieht, sich ebenso für dessen Nachteile verantwortlich zeigen muss. Die Behörde hat bei der Auswahl des Sanierungspflichtigen einen Ermessensspielraum. Die Ausübung dieses Ermessens orientiert sich am Gesichtspunkt der Effektivität der Gefahrenabwehr. Dies bedeutet in der Praxis, dass die Behörde regelmäßig denjenigen zur Sanierung verpflichtet, dessen sie am schnellsten habhaft wird. Allerdings besteht zwischen denjenigen Personen, die zur Sanierung herangezogen werden können, ein Ausgleichsanspruch, der nur über entsprechende kaufvertragliche Regelungen ausgeschlossen werden kann.

2. Ehemals militärisch genutzte Flächen

Abb. 1: Wohnen und Arbeiten statt Exerzieren heißt es auf dem Areal der ehemaligen O'Brien-Kaserne in Schwabach (Bayern)
Foto: Gabriele Bobka

2.1 Vermarktung

Die frei werdenden Flächen gehen zunächst in das Eigentum des Bundes über, der seine Liegenschaften durch die Bundesanstalt für Immobilienaufgaben (BImA) managen und vermarkten lässt. Diese darf die Grundstücke nur zum vollen Verkehrswert verkaufen, der gemäß Paragraf 194 Baugesetzbuch (BauGB) stichtagsbezogen, aber dennoch zukunftsorientiert ist und maßgeblich durch die zukünftige Nutzung bestimmt wird. Diese steht bei aufgelassenen Militärflächen allerdings häufig noch gar nicht fest. Zudem muss die rechtlich als Sondergebiet ausgewiesene Militärfläche, die während der Nutzungszeit dem Fachplanungsrecht des Bundes nach § 37 BauGB unterlag, im Rahmen eines „Umwidmungsprozesses" erst noch für die Bauleitplanung frei gegeben werden, die dann wiederum in der Regel der kommunalen Planungshoheit unterliegt.

Grundlagenermittlung und Erstbewertung

Die Konversion einer ehemals militärisch genutzten Fläche ist eine sehr komplexe Aufgabe. Zunächst gilt es, die Ist-Situation der Flächen, der vorhandenen Gebäude, Freiräume und Infrastruktur, aber auch der Kontaminationen zu klären. Darauf aufbauend können erste belastbare Nachnutzungsperspektiven erarbeitet werden, die dann im Laufe des Konversionsverfahrens verfeinert werden können. Dabei ist auch die Öffentlichkeit angemessen zu berücksichtigen. Bei den Kontaminationen ist zu unterscheiden, ob es sich um gesetzlich beseitigungspflichtige Kontaminationen, wie Altlasten, Kampfmittel oder Abfälle handelt oder um Belastungen ohne gesetzliche Handlungsverpflichtungen wie Gebäudeschadstoffe oder sonstige Grundstückskontaminationen. Dabei sind auch Schadstoffe in Gebäuden zu beachten, die sich aufgrund von Modernisierungsmaßnahmen ergeben, bei denen schadstoffhaltige Baustoffe verwendet wurden.

EU-Vorschriften beim Verkauf von Liegenschaften durch die öffentliche Hand

Bei Grundstücksverkäufen der öffentlichen Hand müssen seit 1997 die Mindestanforderungen der Europäischen Kommission beachtet werden, mit denen diese staatliche Beihilfen ausschließen und einen transparenten Wettbewerb sicherstellen will. Diese sind in der Mitteilung der Kommission betreffend Elemente staatlicher Beihilfe bei Verkäufen von Bauten oder Grundstücken durch die öffentliche Hand (97/C 209/03), Amtsblatt Nr. C 209 vom 10/07/1997 S. 0003 – 0005, festgeschrieben. Dort heißt es:

Verkauf durch ein bedingungsfreies Bietverfahren

„Der Verkauf von Bauten oder Grundstücken nach einem hinreichend publizierten, allgemeinen und bedingungsfreien Bietverfahren (ähnlich einer Versteigerung) und die darauf folgende Veräußerung an den Meistbietenden oder den einzigen Bieter stellt grundsätzlich einen Verkauf zum Marktwert dar und enthält damit keine staatliche Beihilfe. Es spielt keine Rolle, ob vor dem Bietverfahren eine andere Bewertung des Gebäudes oder des Grundstücks existierte, zum Beispiel für Buchungszwecke oder um ein beabsichtigtes erstes Mindestangebot bereitzustellen.

Hinreichend publiziert ist ein Angebot dabei, wenn es über einen längeren Zeitraum (zwei Monate und mehr) mehrfach in der nationalen Presse, Immobilienanzeigern oder sonstigen geeigneten Veröffentlichungen und durch Makler, die für eine große Anzahl potenzieller Käufer tätig sind, bekanntgemacht wurde und so allen potenziellen Käufern zur Kenntnis gelangen konnte. Die Absicht, Bauten oder Areale zu verkaufen, die wegen ihres großen Wertes oder wegen anderer Merkmale typischerweise für europaweit oder sogar international tätige Investoren von Interesse sein dürften, sollten in Publikationen bekanntgemacht werden, die regelmäßig international beachtet werden. Begleitend sollten derartige Angebote durch europaweit oder international tätige Makler verbreitet werden.

Bedingungsfrei ist eine Ausschreibung, wenn grundsätzlich jeder Käufer unabhängig davon, ob und in welcher Branche er gewerblich tätig ist, das Gebäude oder Grundstück erwerben und für seinen wirtschaftlichen Zweck nutzen kann und darf. Einschränkungen aus Gründen des Nachbar- oder Umweltschutzes oder zur Vermeidung rein spekulativer Gebote sowie raumordnungsrechtliche Einschränkungen für den Eigentümer eines Grundstücks nach nationalem Recht beeinträchtigen nicht die Bedingungsfreiheit eines Angebots.

Wenn es eine Verkaufsbedingung ist, dass der künftige Eigentümer besondere Verpflichtungen erfüllen muss, die sich nicht aus dem allgemeinen nationalen Recht der Entscheidungen der Planungsbehörden ergeben, oder Verpflichtungen für den allgemeinen Schutz und die Erhaltung der Umwelt und der öffentlichen Gesundheit zugunsten der öffentlichen Hand oder der Allgemeinheit übernimmt, so ist das Angebot als bedingungsfrei im oben erwähnten Sinn nur anzusehen, wenn alle potenziellen Erwerber nicht in der Lage wären, diese Verpflichtung zu erfüllen, unabhängig von ihrer wirtschaftlichen Tätigkeit oder ob sie eine wirtschaftliche Tätigkeit ausüben oder nicht.

Verkauf ohne bedingungsfreies Bietverfahren

Wenn die öffentliche Hand nicht beabsichtigt, das bedingungsfreie Bietverfahren anzuwenden, sollte vor den Verkaufsverhandlungen eine unabhängige Bewertung durch (einen) unabhängige(n) Sachverständige(n) für Wertermittlung erfolgen, um auf der Grundlage allgemein anerkannter Marktindikatoren und Bewertungsstandards den Marktwert zu ermitteln. Der so festgestellte Marktpreis ist der Mindestkaufpreis, der vereinbart werden kann, ohne dass eine staatliche Beihilfe gewährt würde. Ein Sachverständiger für Wertermittlung ist eine Person mit einwandfreiem Leumund, die

- *einen geeigneten Abschluss an einer anerkannten Ausbildungsstätte oder eine gleichwertige akademische Qualifikation erworben hat und*
- *in der Ermittlung von Anlagevermögenswerten nach Standort und Kategorie des Vermögenswerts sachkundig und erfahren ist.*

Wenn in einem Mitgliedstaat keine geeigneten akademischen Qualifikationen erworben werden können, soll der Sachverständige für Wertermittlung

- *Mitglied eines anerkannten Fachorgans für die Ermittlung von Anlagevermögenswerten sein und*
- *vom Gericht oder einer gleichgestellten Behörde bestellt werden oder*
- *mindestens über eine abgeschlossene höhere Schulbildung und ein ausreichendes Ausbildungsniveau mit wenigstens dreijähriger praktischer Erfahrung nach dem Erwerb der Qualifikation und über Kenntnisse in der Wertermittlung von Grundstücken und Gebäuden der besonderen Lokalität verfügen.*

Der Sachverständige für Wertermittlung übt seine Aufgaben unabhängig aus, das heißt, öffentliche Stellen sind nicht berechtigt, hinsichtlich des Ermittlungsergebnisses Anweisungen zu erteilen. Staatliche Bewertungsbüros, Beamte oder Angestellte gelten solange als unabhängig, wie eine unzulässige Einflussnahme auf ihre Feststellungen effektiv ausgeschlossen ist. Unter Marktwert ist der Preis zu verstehen, der zum Zeitpunkt der Bewertung aufgrund eines privatrechtlichen Vertrages über Bauten oder Grundstücke zwischen einem verkaufswilligen Verkäufer und einem ihm nicht durch persönliche Beziehungen verbundenen Käufer unter den Voraussetzungen zu erzielen ist, wobei das Grundstück offen am Markt angeboten wurde, die Marktverhältnisse einer ordnungsgemäßen Veräußerung nicht im Wege stehen und eine der Bedeutung des Objektes angemessene Verhandlungszeit zur Verfügung steht.

Abweichungstoleranz

Erweist es sich nach vernünftigen Bemühungen als unmöglich, das Gebäude oder Grundstück zu dem festgelegten Marktwert zu veräußern, kann eine Abweichung bis zu fünf Prozent gegenüber dem festgelegten Marktwert als marktkonform betrachtet werden. Erweist es sich nach einer weiteren angemessenen Zeitspanne als unmöglich, das Gebäude oder Grundstück zum Marktwert abzüglich dieser Toleranzmarge zu veräußern, so kann eine Neubewertung vorgenommen werden, die die Erfahrungen und eingegangenen Angebote berücksichtigt.

Bewertung von Belastungen

Besondere Verpflichtungen, die mit dem Gebäude oder Grundstück und nicht mit dem Käufer oder seinen Wirtschaftstätigkeiten verbunden sind, können im öffentlichen Interesse an den Verkauf geknüpft werden, solange jeder potenzielle Käufer sie unabhängig davon, ob und in welcher Branche er gewerblich tätig ist, zu erfüllen hätte und grundsätzlich erfüllen könnte. Der wirtschaftliche Nachteil solcher Verpflichtungen sollte getrennt bewertet und kann mit dem Kaufpreis verrechnet werden. Bei der Bewertung sind Verpflichtungen zu berücksichtigen, die ein Unternehmen auch im eigenen Interesse (Werbung, (Kultur- und Sport-)Sponsoring, Image, Verbesserung des eigenen Umfelds, Erholung der eigenen Mitarbeiter) übernimmt. Die wirtschaftliche Belastung, die an Verpflichtungen geknüpft ist, die nach allgemeinem Recht jeden Grundstückseigner treffen, sind nicht vom Kaufpreis abzuziehen (Pflege und Erhaltung des Geländes im Rahmen der allgemeinen Sozialbindung des Eigentums, Entrichtung von Steuern und sonstigen Abgaben).

Kosten der öffentlichen Hand als Wertindikator

Die für die öffentliche Hand anfallenden primären Kosten des Gebäude- oder Grundstückserwerbs sind ein Indikator für den Marktwert, wenn zwischen dem Erwerb und dem Verkauf des von der öffentlichen Hand erworbenen Gebäudes oder Grundstücks nicht ein beträchtlicher Zeitraum lag. Deshalb gilt grundsätzlich, dass während eines Zeitraums von mindestens drei Jahren vor dem Verkauf von der öffentlichen Hand erworbene Bauten oder Grundstücke grundsätzlich nicht unter den eigenen Gestehungskosten verkauft werden dürfen, wenn nicht der unabhängige Sachverständige allgemein zurückgehende Marktpreise für Bauten und Grundstücke im relevanten Markt ermittelt hat."

Sicht der Bundesregierung

In einer Antwort der Bundesregierung (Drucksache 17/854) vom 16. 03. 2010 auf eine Anfrage der Fraktion Bündnis 90/Die Grünen heißt es zu den Kriterien für Veräußerungen von Konversionsgrundstücken:

„Die Bundesanstalt ist bestrebt, ehemalige Militärliegenschaften in partnerschaftlicher Zusammenarbeit mit den Kommunen und Investoren so schnell wie möglich einer zivilen Anschlussnutzung zuzuführen. Dabei verfügen die Kommunen aufgrund ihrer Planungshoheit über das wesentliche Instrument zur Steuerung der Umnutzungsplanungen. Als Planungsträger haben sie es in der Hand, selbst oder mit Unterstützung des Bundes, der Länder und von Investoren Nutzungsvorstellungen zu entwickeln und in Planungsrecht umzusetzen, das die Entwicklungsmöglichkeiten ihrer Region einbezieht. Das Verwertungsverfahren von ehemals militärisch genutzten Liegenschaften unterscheidet sich grundsätzlich nicht von dem der sonstigen Objekte, die auf dem offenen Immobilienmarkt angeboten werden. Als regelmäßige Vertriebswege werden EU-konforme Vergabeverfahren, Verkauf durch Anzeigenschaltung und Internetangebote für Konversionsflächen genutzt. Konversionsflächen werden an die Gemeinde dann direkt veräußert, wenn sie diese für Gemeinbedarf benötigt. Der Verkehrswert kann entweder durch eine offene Anbietung auf dem Immobilienmarkt (Insertion) oder durch eine förmliche Wertermittlung nach den Vorschriften der Wertermittlungsverordnung [heute ImmoWertV] und den dazu ergangenen Richtlinien ermittelt werden. Im Interesse der Markt- und Preistransparenz wird möglichst von der Insertion Gebrauch gemacht. Die Bundesanstalt setzt den Verkehrswert eigenverantwortlich fest."

Bedeutung von Nutzungskonzepten

Und weiter: *„Im Rahmen von EU-weiten Ausschreibungen bei Grundstücksverkäufen mit Bauverpflichtungen fordert die Bundesanstalt von den Kaufbewerbern grundsätzlich die Vorlage eines Nutzungskonzepts. Stellt sich bei der Auswertung der Kaufangebote heraus, dass vorgelegte Nutzungskonzepte wegen der kommunalen Vorstellungen keine Aussicht auf Realisierung haben, kommt ein Verkauf an solche Bieter nicht in Betracht. Ob Nutzungskonzepte tatsächlich umgesetzt werden, prüft die Bundesanstalt, sofern mit dem Käufer entsprechende vertragliche Vereinbarungen kaufpreisbestimmend waren und z.B. Regelungen über Art und Maß der baulichen Nutzung im Kaufvertrag getroffen wurden. In solchen Fällen ist meist eine Nachzahlungsverpflichtung des Käufers im Kaufvertrag vereinbart. Bei größeren Konversionsvorhaben werden in der Regel städtebauliche Verträge über die Erschließung und Durchführung zwischen Gemeinden und Investoren parallel zum Kaufvertrag geschlossen. Die Investoren übernehmen das Entwicklungsrisiko, einschlägige Entwicklungsverpflichtungen bis hin zu garantierten und abgesicherten Investitionssummen sowie die innere Erschließung und Durchführung der baulichen Maßnahmen. Die Überwachung der Erfüllung solcher Verpflichtungen erfolgt in diesen Fällen durch die Gemeinden.“*

Verwertungsmodelle

Erstzugriffsoption für Kommunen

Der Haushaltsausschuss des Bundestages hat in seiner Sitzung am 21.03.2012 Kommunen eine sogenannte Erstzugriffsoption eingeräumt. Danach kann die BImA einer Kommune sowie privatrechtlichen Gesellschaften, Unternehmen, Stiftungen oder Anstalten, an denen die Kommune mehrheitlich beteiligt ist, im Gemeindegebiet liegende Konversionsgrundstücke zum gutachterlich ermittelten Verkehrswert ohne Bieterverfahren verkaufen. Der Kommune steht die Erstzugriffsoption allerdings nur zu, wenn sie verbindlich gegenüber der BImA erklärt, dass der Erwerb unmittelbar der Erfüllung einer öffentlichen Aufgabe dient, zu der sie gesetzlich verpflichtet ist oder die sie auf Grundlage der jeweiligen Kommunalverfassung bzw. Gemeindeordnung des Landes wahrnimmt („Zweckerklärung“). Sobald die künftig planungsrechtlich zulässige zivile Nutzung hinreichend konkretisiert ist, zum Beispiel durch Vorlage eines Nachnutzungskonzeptes, aus dem sich alle wesentlichen und für die Wertermittlung erforderlichen Daten der geplanten zivilen Nutzung ergeben, veranlasst die BImA die Ermittlung des vollen Wertes im Sinne der Bundeshaushaltsordnung durch ein Wertgutachten eines unabhängigen Sachverständigen, d.h. eines Sachverständigen in der Regel der BImA oder eines von der BImA beauftragten Gutachters. Das Ergebnis der Wertermittlung wird der Kommune schriftlich mitgeteilt. Die Option auf den Erstzuggriff verfällt, wenn die Verkaufsverhandlungen nicht innerhalb eines Jahres nach Bekanntgabe des Wertermittlungsergebnisses zur notariellen Beurkundung eines (mindestens für die Kommune bindenden) Grundstückskaufvertrages geführt haben.

Weitere Verwertungsmodelle

Die BImA verkauft an private Investoren, die ihrerseits über den Abschluss eines städtebaulichen Vertrages mit den Kommunen die Entwicklungsverpflichtungen übernehmen. Dabei wird der Kaufpreis im Bieterverfahren auf der Grundlage künftiger Nutzungsvorstellungen der Kommunen unter Berücksichtigung unter anderem von Freilegungs-,

Erschließungs- und Vermarktungskosten ermittelt. Vorhandene Unsicherheiten werden durch Risikoabschläge berücksichtigt. Damit beteiligt sich die BImA im Sinne einer angemessenen Chancen-Risikoverteilung an den Kosten des Investors.

Die BImA bleibt Eigentümer, die Kommunen führen die Erschließung und Entwicklung durch. Hierzu schließt die BImA mit den zuständigen Kommunen einen städtebaulichen Vertrag, wonach sich die BImA an den Erschließungs- und Entwicklungskosten auf der Grundlage eines abgestimmten Planungs- und Baurechts sowie entsprechender Kosten- und Erlösprognosen beteiligt.

Die BImA ermöglicht im Einzelfall Zahlungserleichterungen, wie beispielsweise ein Hinausschieben der Kaufpreisfälligkeit oder die zinspflichtige Stundung des Kaufpreises über mehrere Jahre mit moderaten Zahlungen. Sofern ein Verkauf vor Planungsreife erfolgt, können planungsbedingte Wertsteigerungen oder -minderungen gegenüber den bei Vertragsschluss angenommenen Nutzungsmöglichkeiten durch Nachzahlungs- oder Erstattungsverpflichtungen ausgeglichen werden.

2.2 Wertermittlung

Die Sicht der Bundesanstalt für Immobilienaufgaben

Axel Kolfenbach, zuständig für Wertermittlungsfragen bei der BImA, erläutert die Grundsätze und Vorgehensweise der Bundesanstalt zur Ermittlung des Marktwertes und die Besonderheiten bei militärischen Konversionsflächen wie folgt:

„Die BImA veräußert Grundstücke gemäß Paragraf 63 Absatz 3 Bundeshaushaltsordnung (BHO) grundsätzlich zum vollen Wert. Für zu veräußernde Grundstücke ist gemäß Paragraf 64 Absatz 3 BHO eine Wertermittlung aufzustellen. Die Allgemeinen Verwaltungsvorschriften zur Bundeshaushaltsordnung (VV-BHO) konkretisieren zu Paragraf 63 Absatz 3 BHO, dass der ‚volle Wert' durch den Preis bestimmt wird, der im gewöhnlichen Geschäftsverkehr nach der Beschaffenheit des Gegenstandes bei einer Veräußerung zu erzielen wäre; dabei sind alle Umstände, die den Preis beeinflussen, nicht jedoch ungewöhnliche oder persönliche Verhältnisse, zu berücksichtigen (§ 63 Nr. 2, Satz 1 VV-BHO). Die Definition des vollen Werts entspricht materiell der Verkehrswertdefinition aus Paragraf 194 Baugesetzbuch (BauGB). Um höchstmögliche Transparenz zu erzielen, führt die BImA in der Regel Bieterverfahren durch. Das Ergebnis des Bieterverfahrens wird anhand der Wertermittlung plausibilisiert und festgestellt, ob der volle Wert nach Paragraf 63 Absatz 3 BHO erzielt wurde. Für die Ermittlung des Verkehrswerts ist aufgrund der Ermächtigung nach Paragraf 199 BauGB die Verordnung über die Grundsätze für die Ermittlung der Verkehrswerte von Grundstücken (Immobilienwertermittlungsverordnung ImmoWertV) vom 19. Mai 2010 maßgebend. Für die Bundesverwaltung sind nach VV Nr. 7 zu Paragraf 64 BHO u.a. die die ImmoWertV konkretisierenden Richtlinien für die Ermittlung der Verkehrswerte (Marktwerte) von Grundstücken (Wertermittlungsrichtlinien WertR 2006) vom 1. März 2006 zur Erstellung einer Wertermittlung nach Paragraf 64 Absatz 3 BHO verbindlich. Zur Ermittlung des Verkehrswertes stehen gemäß Paragraf 8 Absatz 1 ImmoWertV hauptsächlich drei Verfahren zur Verfügung: das Vergleichs-, das Sach- und das Ertragswertverfahren. Die normierten Verfahren sind nach der Art des Wertermittlungsobjekts unter Berücksichtigung der im gewöhnlichen Geschäftsverkehr bestehenden Gepflogenheiten und der sonstigen Umstände des Einzelfalls, insbesondere der zur Verfügung stehenden Daten, zu wählen. Gemäß Nr. 1.5.5. WertR 2006 können

neben den genannten Verfahren auch andere Wertermittlungsverfahren angewandt werden, wenn diese zu sachgerechten Ergebnissen führen und das Wertbild nicht verzerren. Dies kommt dann in Betracht, wenn keine aussagekräftigen Vergleichsdaten für die Ermittlung mit Vergleichs-, Sach- und Ertragswertverfahren vorliegen.

Militärische Konversionsliegenschaften sind Flächen, die erst mit der Aufgabe der militärischen Nutzung wieder am Marktgeschehen teilnehmen. Gemäß Nr. 5.1.2. WertR 2006 ist für den Verkehrswert von Liegenschaften, die ihre öffentliche Zweckbindung verlieren, die ausgewiesene beziehungsweise die zu erwartende privatwirtschaftliche Qualität unter Berücksichtigung der Wartezeit maßgebend. Entscheidend ist somit das Nachnutzungskonzept für die Liegenschaft, das abgesehen von Objekten, deren planungsrechtliche Qualität nach Paragraf 34 BauGB zu beurteilen ist (z.B. Bürogebäude im Siedlungsgefüge) von der Kommune planungsrechtlich abgesichert werden muss. In diesen Abstimmungsprozess bringt die BImA die Interessen als Eigentümerin entscheidend mit ein. Anders als bei typischen Immobilien sind die Preise für die meisten Konversionsliegenschaften kaum vergleichbar und damit ist eine Wertermittlung mit den klassischen drei Verfahren kaum möglich. Vielfach handelt es sich um Liegenschaften, die erst noch zu baureifem Land entwickelt werden müssen, also um Bauerwartungsland oder Rohbauland. Üblicherweise erfolgt die Wertermittlung für solche zu entwickelnden Flächen deduktiv aus dem Wert für baureifes Land auf der Grundlage des abgestimmten Nachnutzungskonzeptes. Der Wertermittlungsansatz besteht darin, Kosten (u.a. Kosten für die Erschließung, Flächenbeiträge für Erschließung, Vermarktungszeiten, Freilegungskosten etc.) unter Berücksichtigung der Chancen und Risiken von dem Preis abzuziehen, der für das vermarktbare baureife Land, für das in der Regel Vergleichspreise vorliegen, wahrscheinlich zu erzielen sein wird. Insofern wird die Herangehensweise eines gewöhnlichen Investors simuliert. Der Differenzbetrag aus potenziellem Ertrag und Kosten entspricht dann dem gesuchten Bodenwert. Dieses Verfahren bedarf wegen der ungünstigen Fehlerfortpflanzung besonderer sachverständiger Sorgfalt.

Sollten die Konversionsliegenschaft oder Teile davon weiter gemeinbedarflich genutzt werden, ist gemäß Nummer 5.1.1.1. WertR 2006 die allgemeine Situationsgebundenheit (Umgebungssituation einschließlich deren Planungsrechte, Lage, Erschließungszustand, verkehrliche Anbindung, wirtschaftlich und städtebaulich sich aufdrängende Nutzbarkeit baulicher Anlagen), die sich für das Grundstück ergibt, maßgebend (Aktualisiertes Beschaffungswertprinzip). Der Sachverständige muss also einschätzen, wie sich die Liegenschaft privatwirtschaftlich weiter entwickelt hätte und ermittelt dann mit dem oben beschriebenen Verfahren den Verkehrswert."

Probleme in der Praxis

Eine zivile Anschlussnutzung durch Dritte (gegebenenfalls auch durch den Bund, sofern er Eigentümer bleibt) bedarf anschließend der Abstimmung mit den kommunalen Planungsträgern. Die Wartezeit beeinflusst den Marktwert ebenso wie mögliche Freilegungskosten von Gebäuden, die Beseitigung von Altlasten, vorhandener Denkmalschutz und die Situation auf dem regionalen Immobilienmarkt. Für die Wertermittlung ist die geplante, vom Stadt- oder Gemeinderat beschlossene Nachnutzung der zentrale Orientierungspunkt. „Ist die von der Kommune beabsichtigte Nachnutzung geringwertiger als die bereits baurechtlich zulässige Nutzung oder als die mit hinreichender Sicherheit zu erwartende Nutzung, bilden diese höherwertigen Nutzungen die Grundlage für die Wertermittlung" heißt es in dem vom BMVBS herausgegebenen „Praxisratgeber Militärkonversion". Für

Kommunen mit schrumpfenden Bevölkerungszahlen und einem Überangebot an Flächen dürfte dies zu massiven Problemen führen. In der Praxis führen die Preisverhandlungen daher immer wieder zu heftigen Diskussionen. Neben der Feststellung des „richtigen" Wertes geht es dabei vor allem darum, wem die „planungsbedingten Wertsteigerungen" zustehen, die sich aus der Umwandlung der Flächen in Bauland ergeben. Dieser Konflikt ist bei der Übernahme durch Kommunen besonders sensibel, da sich auf beiden Seiten Vertreter der öffentlichen Hand befinden. Um an möglichen Wertänderungen, die sich aus Nachbesserungen des kommunalen Nutzungskonzeptes ergeben, zu partizipieren, vereinbart die BImA in der Regel Nachbesserungsklauseln, die Wertsteigerungen bis zu 20 Jahren nach dem Verkauf berücksichtigen. Für private Investoren, die häufig als weiterer Partner direkt oder indirekt im Spannungsdreieck von BImA und Kommunen stehen, gilt es den Spagat zwischen Wirtschaftlichkeit und Anforderungen der öffentlich-rechtlichen Parteien zu bewältigen. Um einerseits die Verpflichtung, Vermögensgegenstände nur zum Marktwert zu verkaufen zu erfüllen und andererseits die Erwerber im Sinne einer gewünschten Folgenutzung zu entlasten, hat der Bund inzwischen jedoch zahlreiche Verbilligungstatbestände bis hin zum Verkauf der Grundstücke zum entwicklungsunbeeinflussten Grundstückswert geschaffen. Zudem erfolgt die Ermittlung des Verkehrswertes in der Praxis häufig über eine offene Anbietung auf dem Immobilienmarkt.

Beispiel[1]

Vereinfachtes Beispiel der Kaufpreisfindung

Mit der aufgeführten Tabelle soll die dargestellte Findung des Kaufpreises anhand eines fiktiven und vereinfachten Beispiels verdeutlicht werden. Es handelt sich bei dem angenommen Fall um eine Fläche von 70.000 m². Die im Nachnutzungskonzept definierte Flächenaufteilung sieht eine Nutzung von 20.000 m² als Grünland und 50.000 m² als Bruttobauland vor. Das Bruttobauland setzt sich zusammen aus 42.500 m² Nettobauland, davon 38.250 m² Gewerbe und 4.250 m² Gemeinbedarf sowie 7.500 m² Erschließungsflächen. Auf der Basis der Annahme eines Vergleichswertes von 1,50 Euro je m² Grünland und 200 Euro je m² Nettobauland wird ein Bodenwert von 8.530.000 Euro errechnet. Nach dem deduktiven Verfahren in Anlehnung an das gif-Verfahren werden von diesem Bodenwert die geschätzten Erschließungskosten von 1.200.000 Euro (160 Euro / m²) und die erwarteten Abbruchkosten von 500.000 Euro abgezogen. Da die Liegenschaft zum Zeitpunkt des Verkaufs durch die BImA noch nicht die Qualität hat und eine tatsächliche Bebaubarkeit noch einige Jahre dauert, ist der ermittelte Bodenwert auf den heutigen Tag abzuzinsen. Der Abzinsung werden die Barwertfaktoren nach ImmoWertV zugrunde gelegt. Sie richtet sich nach dem Zeitraum (Annahme hier: fünf Jahre) und dem jeweiligen Liegenschaftszinssatz (hier: 7,5 %). Nach Abzug dieser Abzinsung verbleibt ein möglicher Verkaufspreis von 4.757.495,46 Euro. Für wertbeeinflussende Tatbestände können Nachzahlungsoptionen vereinbart werden.

1 Praxisratgeber Konversion, BMVBS, S. 88

Flächenbilanz	Grünland/m²	Bruttobauland/m²			Summen
	20.000 m²	50.000 m²			
		davon Nettobauland: 85 % = 42.500 m²		davon Erschließung: 15 % = 7.500 m²	
		davon Gewerbe: 90 % = 38.250 m²	davon Gemeinbedarf: 10 % = 4.250 m²		
Bodenrichtwert- bzw. Vergleichswert/m²	1,50	200,00	200,00		
Bodenwert	30.000,00	7.650.000,00	850.000,00		8.530.000,00
Erschließungskosten/m²				160,00	- 1.200.000,00
Abbruchkosten laut Gutachten					- 500.000,00
Zwischensumme					6.830.000,00
Abzinsung wegen Wartezeit					2.072.504,54
Möglicher Verkaufspreis					**4.757.495,46**

Tab. 1: Vereinfachtes Beispiel der Kaufpreisfindung einer ehemals militärischen Liegenschaft
Quelle: Praxisratgeber Konversion, BMVBS, S. 88

3. Konversion ehemaliger Bahnliegenschaften

Abb. 2: Auf dem ehemaligen Güterbahnhof in Frankfurt-Gallus entsteht mit dem Europaviertel ein neues Stadtquartier
Foto: Aurelis Real Estate

Mit dem Gesetz zur Neuordnung des Eisenbahnwesen (ENeuOG) wurde am 27. Dezember 1993 die Grundlage für die Aufteilung der Immobilien zwischen dem Bundeseisenbahnvermögen und der Deutschen Bahn AG geschaffen. Das Gesetz entstand aus der Notwendigkeit, die EG-Richtlinie 91/440 „Zur Entwicklung der Eisenbahnunternehmen der Gemeinschaft" umzusetzen. Ein Immobilienpaket im Wert von rund 6,7 Milliarden Euro verblieb im Eigentum des Bundeseisenbahnvermögens. Diese Liegenschaften wurden entwickelt oder veräußert. So kaufte die 2002 gegründete Bahn-Tochter Aurelis Real Estate ein Portfolio von 30,4 Millionen Quadratmeter ehemals bahngenutzter Flächen, die Bahnflächenentwicklungsgesellschaft NRW (BEG) erwarb rund 1.600 Hektar Liegenschaften, circa 500 Empfangsgebäude wurden an die First Rail Property veräußert. Im Jahr 2007 übernahm ein Konsortium aus Hochtief Solutions (damals Hochtief Projektentwicklung) und Redwood Grove International zu je 50 Prozent die Anteile von Aurelis Real Estate.

3.1 Planungsrechtliche Besonderheiten

Zur Konversion geeignet sind lediglich nicht mehr betriebsnotwendige Bahnflächen. Diese unterliegen zunächst dem Fachplanungsrecht der Bahn. Erst wenn das Eisenbahn-Bundesamt (EBA) diese förmlich entwidmet hat, tritt die Planungshoheit der Kommune in Kraft. Dabei steht gemäß Paragraf 23 des Allgemeinen Eisenbahngesetzes (AEG) das Antragsrecht auf Entwidmung neben dem Eisenbahninfrastrukturunternehmen auch dem

Eigentümer des Grundstücks und der Gemeinde zu, auf deren Gebiet sich das Grundstück befindet. Voraussetzung für die Entwidmung ist, dass kein Verkehrsbedürfnis mehr besteht und langfristig keine Nutzung der Infrastruktur im Rahmen der Zweckbestimmung mehr zu erwarten ist.

3.2 Wertermittlung

Ähnlich wie bei ehemals militärisch genutzten Flächen bestimmt sich auch bei ehemaligen bahneigenen Liegenschaften der für die Verkehrswertermittlung maßgebliche Entwicklungszustand nach der künftigen Nutzbarkeit. Planungsrechtlich sind dabei je nach Lage und Umgebungsbebauung der Grundstücke Einstufungen in den Außenbereich nach Paragraf 35 Baugesetzbuch (BauGB) ebenso denkbar wie die Einstufung als Innenbereich gemäß Paragraf 34 BauGB. Maßstab für die Verkehrswertermittlung von Flächen, die nicht für eine Gemeinbedarfsnutzung vorgesehen sind, ist die vorgesehene Nachnutzung, die Wartezeit sowie mögliche Freilegungskosten von Gebäuden, die Beseitigung von Altlasten, vorhandener Denkmalschutz, vorhandene Immissionen und die Situation auf dem regionalen Immobilienmarkt.

Für die Wertermittlung ehemaliger Bahnliegenschaften, die vor der Entwidmung dem gewöhnlichen Geschäftsverkehr entzogen waren, kommt Paragraf 1 Absatz 2 Immobilienwertermittlungsverordnung (ImmoWertV) zur Geltung: „*Die nachfolgenden Vorschriften sind auf grundstücksgleiche Rechte, Rechte an diesen und Rechte an Grundstücken sowie auf solche Wertermittlungsobjekte, für die kein Markt besteht, entsprechend anzuwenden. In diesen Fällen kann der Wert auf der Grundlage marktkonformer Modelle unter besonderer Berücksichtigung der wirtschaftlichen Vor- und Nachteile ermittelt werden.*“

Je nach Zeitpunkt der Wertermittlung ist darauf zu achten, ob der Wertermittlungsstichtag dem Qualitätsstichtag entspricht. Paragraf 4 Absatz 1 ImmoWertV definiert den Qualitätsstichtag als „*den Zeitpunkt, auf den sich der für die Wertermittlung maßgebliche Grundstückszustand bezieht. Er entspricht dem Wertermittlungsstichtag, es sei denn, dass aus rechtlichen oder sonstigen Gründen der Zustand des Grundstücks zu einem anderen Zeitpunkt maßgebend ist.*“

Der Zustand eines Grundstücks bestimmt sich gemäß Absatz 2 „*nach der Gesamtheit der verkehrswertbeeinflussenden rechtlichen Gegebenheiten und tatsächlichen Eigenschaften, der sonstigen Beschaffenheit und der Lage des Grundstücks (Grundstücksmerkmale). Zu den Grundstücksmerkmalen gehören insbesondere der Entwicklungszustand (§ 5), die Art und das Maß der baulichen oder sonstigen Nutzung (§ 6 Absatz 1), die wertbeeinflussenden Rechte und Belastungen (§ 6 Absatz 2), der abgabenrechtliche Zustand (§ 6 Absatz 3), die Lagemerkmale (§ 6 Absatz 4) und die weiteren Merkmale (§ 6 Absatz 5 und 6).*“

Neben dem Entwicklungszustand (§ 5) ist bei der Wertermittlung gemäß Absatz 3 „*insbesondere zu berücksichtigen, ob am Qualitätsstichtag*

1. eine anderweitige Nutzung von Flächen absehbar ist,

2. Flächen auf Grund ihrer Vornutzung nur mit erheblich über dem Üblichen liegenden Aufwand einer baulichen oder sonstigen Nutzung zugeführt werden können,

3. Flächen von städtebaulichen Missständen oder erheblichen städtebaulichen Funktionsverlusten betroffen sind,

4. Flächen einer dauerhaften öffentlichen Zweckbestimmung unterliegen,

5. Flächen für bauliche Anlagen zur Erforschung, Entwicklung oder Nutzung von Erneuerbaren Energien bestimmt sind,

6. Flächen zum Ausgleich für Eingriffe in Natur und Landschaft genutzt werden oder ob sich auf Flächen gesetzlich geschützte Biotope befinden."

Problematisch gestaltet sich die Einordnung des Entwicklungszustandes ehemaliger Bahnliegenschaften unmittelbar nach der Entwidmung, sofern die Folgenutzbarkeit planungsrechtlich noch unklar ist. Die Festlegung des Entwicklungszustandes des Grundstücks gemäß Paragraf 5 ImmoWertV, die sich am Stand der Bauleitplanung orientiert, ist damit nicht klar eingrenzbar.

„§ 5 Entwicklungszustand

(1) Flächen der Land- oder Forstwirtschaft sind Flächen, die, ohne Bauerwartungsland, Rohbauland oder baureifes Land zu sein, land- oder forstwirtschaftlich nutzbar sind.

(2) Bauerwartungsland sind Flächen, die nach ihren weiteren Grundstücksmerkmalen (§ 6), insbesondere dem Stand der Bauleitplanung und der sonstigen städtebaulichen Entwicklung des Gebiets, eine bauliche Nutzung auf Grund konkreter Tatsachen mit hinreichender Sicherheit erwarten lassen.

(3) Rohbauland sind Flächen, die nach den §§ 30, 33 und 34 des Baugesetzbuchs für eine bauliche Nutzung bestimmt sind, deren Erschließung aber noch nicht gesichert ist oder die nach Lage, Form oder Größe für eine bauliche Nutzung unzureichend gestaltet sind.

(4) Baureifes Land sind Flächen, die nach öffentlich-rechtlichen Vorschriften und den tatsächlichen Gegebenheiten baulich nutzbar sind."

Verfahrenswahl

Die ImmoWertV sieht in Paragraf 8 folgende Verfahren zur Ermittlung des Verkehrswerts vor:

„(1) Zur Wertermittlung sind das Vergleichswertverfahren (§ 15) einschließlich des Verfahrens zur Bodenwertermittlung (§ 16), das Ertragswertverfahren (§§ 17 bis 20), das Sachwertverfahren (§§ 21 bis 23) oder mehrere dieser Verfahren heranzuziehen. Die Verfahren sind nach der Art des Wertermittlungsobjekts unter Berücksichtigung der im gewöhnlichen Geschäftsverkehr bestehenden Gepflogenheiten und der sonstigen Umstände des Einzelfalls, insbesondere der zur Verfügung stehenden Daten, zu wählen; die Wahl ist zu begründen. Der Verkehrswert ist aus dem Ergebnis des oder der herangezogenen Verfahren unter Würdigung seines oder ihrer Aussagefähigkeit zu ermitteln."

Entscheidend für die Verfahrenswahl sind somit die Gepflogenheiten des gewöhnlichen Geschäftsverkehrs. Der Wert von baulichen Anlagen entspricht bei ehemaligen Bahnliegenschaften dem anderer Objekte. In der Regel kommt hier das Sach- oder Ertragswertverfahren zur Anwendung. Schwierigkeiten kann auch hier die Definition der zulässigen oder einer künftig möglichen Nutzung bereiten. Zu den besonderen objektspezifischen Grundstücksmerkmalen können neben einer wirtschaftlichen Überalterung, mangelnde energetische Ausstattung, Kontaminationen oder Lärmimmissionen gehören. Diese sind gemäß Paragraf 8 Absatz 3 ImmoWertV *„durch marktgerechte Zu- oder Abschläge oder in anderer geeigneter Weise"* zu berücksichtigen.

Bei der Ermittlung des Bodenwertes stellt die ImmoWertV vorrangig auf das Vergleichswertverfahren (§ 15) ab. Dabei ist auch eine Wertermittlung über Bodenrichtwerte zulässig. Da ehemalige Bahnliegenschaften zuvor dem gewöhnlichen Geschäftsverkehr entzogen waren, wird es kaum eine ausreichende Anzahl von Vergleichswerten geben. Zudem ergeben sich, wie zuvor ausgeführt, schon Schwierigkeiten bei der Klassifizierung des Grundstückszustands. Hilfsweise könnten daher deduktive Verfahren wie das Residualwertverfahren herangezogen werden.

3.3 Konversion aus Sicht der Praxis

Die ehemalige Bahn-Tochter Aurelis Real Estate verfügt über langjährige Erfahrung in der Konversion von aufgegebenen Bahnarealen. Geschäftsführer Joachim Wieland erläutert im Interview die Vorgehensweise und die Erfolgsfaktoren solcher Umnutzungen:

„Bis aus einer nicht mehr betriebsnotwendigen Bahnfläche ein vermarktungsfähiges Baugrundstück wird, sind viele Schritte notwendig. Welche Phasen kennzeichnen den Prozess der Landentwicklung?

Wieland: Bevor der Prozess der Landentwicklung beginnt, berechnen wir auf Basis der Barwertmethode, ob es wirtschaftlicher ist, aus dieser Brache erschlossenes Bauland zu entwickeln und zu veräußern, das Grundstück zu vermieten oder unter Nutzung eines bestehenden Baurechtes ein Hochbauprojekt zu realisieren. Ergibt unsere erste Berechnung ein Ergebnis, das für eine Flächenentwicklung spricht, so beginnt ein komplexer Prozess, der sich je nach Größe des Areals und Komplexität der Entwicklungsaufgabe bis zu 15 Jahre erstrecken kann. Er besteht aus den vier Phasen „Umwandlung der Bahnfläche in Bauerwartungsland", „Entwicklung des Masterplans", „Prozess der Bauleitplanung" und der „Erschließung".

Wie sehen die Aufgaben und Abläufe konkret aus?

Wieland: Zunächst werden der Planungsprozess und die Bebaubarkeit des jeweiligen Areals vorbereitet. Dies beinhaltet in Zusammenarbeit mit der Deutschen Bahn AG den Rückbau oder die Verlagerung der bahnbetrieblichen Anlagen und die Beantragung der Flächenfreistellung beim Eisenbahnbundesamt. Nach der sogenannten Entwidmung geht die Fläche in die Planungshoheit der Kommune über. Zudem gilt gemeinsam mit der Deutschen Bahn die Altlastensituation zu klären. Die Böden werden untersucht und in Abstimmung mit den lokalen Umweltbehörden gegebenenfalls vorab saniert. Der nächste Schritt ist der verhandlungsintensivste, da hier die Weichen für die Nutzungsarten und die zu erzielende Ausnutzung gestellt werden.

Inwiefern verhandlungsintensiv?

Wieland: Am Anfang steht eine Markt- und Standortanalyse für das Areal und die Beauftragung der für die Entwicklung notwendigen Gutachten, wie schalltechnische Untersuchungen und Verkehrsgutachten. Diese Erkenntnisse fließen in ein erstes Konzept ein, das mit den Verwaltungsorganen der Kommune besprochen und im Dialog zur Festlegung eines Lastenheftes führt. Dieses bildet die Grundlage für die anschließende Durchführung eines städtebaulichen Wettbewerbsverfahrens. Bereits in diesem Stadium empfiehlt es sich, in den Dialog mit Bürgern und anderen Stakeholdern einzutreten und deren Interessen im Rahmen des Wettbewerbsverfahrens zu berücksichtigen. Bei erfolgreichem Abschluss dieser Phase liegt ein zwischen den Beteiligten abgestimmter Masterplan als Grundlage für die Durchführung des Bauleitplanverfahrens vor, das mit einem rechtskräftigen Bebauungsplan endet. Parallel verhandeln und vereinbaren wir mit den Kommunen städtebauliche Verträge und Erschließungsverträge, die die Verteilung der Rechte und Pflichten zwischen Grundstücksentwickler und Kommune festlegen. Die Verträge werden in der Regel vor der Offenlage unterzeichnet. Anschließend beginnen wir mit der technischen Umsetzung der Erschließung, also dem Bau von Versorgungsleitungen, Kanalisation sowie Straßen, Wegen und Plätzen bis hin zur Gestaltung von Grünflächen. Gleichzeitig setzen wir in Kooperation mit den Naturschutzbehörden die vorher konzipierten Ausgleichsmaßnahmen um.

Verursacht dieser zeitintensive Prozess nicht erhebliche Vorlaufkosten?

Wieland: Durchaus. An jedem Projekt sind eine Vielzahl von Partnern aus Politik, Verwaltung, Wirtschaft, Städtebau, Immobilienwirtschaft sowie weitere Institutionen und Verbände beteiligt. Die manchmal gegensätzlichen Interessen all dieser Beteiligten müssen aufgenommen, koordiniert und in Kompromissvorschläge eingearbeitet werden, die von allen getragen werden. Zudem sind die Investitionssummen hoch. Aurelis trägt die Kosten für Planung und Gutachten, für Erschließungsmaßnahmen, soziale Infrastruktur und öffentliche Grünflächen. Dennoch muss das Projekt über die gesamte Laufzeit ökonomisch sinnvoll und tragbar sein. Dies erfordert Transparenz und eine sorgfältige, ausgewogene kaufmännische Steuerung. Das bedeutet, dass wir in jeder Phase des Projektes fortlaufend die Auswirkungen der Planung auf die Wirtschaftlichkeit überprüfen und auch transparent machen, wenn die formulierten Anforderungen und Wünsche durch das Projekt nicht mehr getragen und finanziert werden können. Ohne die stabilen Cashflows unserer vermieteten Grundstücksflächen und Gebäuden, mit denen wir überdurchschnittliche Renditen erzielen, wäre dies nur schwer zu überbrücken.

Neben Altlasten erweist sich beim Brachflächenrecycling häufig die umfangreiche Bausubstanz, die aufgrund der städtebaulichen Konzeption oder des vorhandenen Zustandes nicht mehr genutzt werden kann, als Risiko. Wie geht Aurelis mit diesen Belastungen um?

Wieland: Unserer Erfahrung nach wird dieses Risiko häufig überschätzt. Umfangreiche Gutachten zur Altlasten- und Abfallsituation gehören immer zu unseren ersten Schritten. Ergeben sich aus den Gutachten notwendige Sanierungsmaßnahmen, so wird auf der Basis vertraglicher Regelungen die Entsorgung der Altlasten von der Deutschen Bahn umgesetzt. Die Bahninfrastruktur, also Gleise, Schotter, Masten und Leitungen, werden ebenfalls von ihr zurückgebaut oder verlagert. Lediglich das Risiko einer Belastung von Gebäuden wie Güterhallen, Zollamtsgebäuden oder Bahnbetriebswerkstätten obliegt uns. Die erkannten Risiken werden in unseren Kalkulationen vollständig berücksichtigt. Oftmals stecken in dieser Bausubstanz jedoch auch Chancen. So haben wir mit Refurbishment-Maßnahmen an mehreren Standorten Objekte – nach Abschluss von langfristigen Mietverträgen – zu architektonisch anspruchsvollen Gebäuden umgewandelt. Durch den identitätsstiftenden Charakter der historischen Gebäude wurde der gesamte Standort als Quartier aufgewertet.

Aus welchen Faktoren setzt sich die Kalkulation des Landentwicklers beziehungsweise der Marktwert des verkaufsbereiten Baulandes zusammen?

Wieland: Wir orientieren uns bei unseren Berechnungen an der deduktiven Bodenwertermittlung und versetzen uns zunächst in die Situation unserer Kunden, den Projektentwicklern und Bauträgern. Wir gehen von den Marktmieten und Verkaufspreisen aus, die mit der geplanten Nutzung zu erzielen sind. Dabei kommt es natürlich auf eine sorgfältige eigene und durch Externe erstellte Marktanalyse an. Hiervon ziehen wir die nach unserer Einschätzung erforderlichen Investitionen für den Hochbau ab, um zu ermitteln, welchen Grundstücksanteil ein bestimmtes Gebäude bei üblicher Marge für den Bauträger tragen kann. Unsere Marge hingegen ergibt sich aus der Differenz des Verkaufspreises für das baureife Grundstück zu unseren Aufwendungen für die Baureifmachung zuzüglich unseres Einstandspreises für das Grundstück. In der Regel bestehen die Kosten für die Baureifmachung neben unseren Eigenleistungen und Planungskosten aus Abbruchkosten für Gebäude, Erschließungskosten, ökologischen Ausgleichsmaßnahmen und weiteren Verpflichtungen aus städtebaulichen Verträgen, beispielsweise Aufwendungen für soziale Infrastruktur und Abgabe von Flächen an die Kommune. Die maßgeblichen Faktoren unserer Kalkulation ergeben sich im Projektablauf, im Planungsprozess und werden durch die Verhandlung mit der Kommune präzisiert. Das Geschäftsmodell eines „Landentwicklers" wird dadurch – positiv formuliert – spannend, da die Beeinflussbarkeit der Kosten eines Gesamtprojektes im Vergleich zu einem Hochbau bei festgelegtem Baurecht, sehr hoch ist. Die Projektlaufzeit bis zum rechtskräftigen Bebauungsplan berücksichtigen wir insofern, als wir mit einem Diskontierungssatz kalkulieren, der unseren Kapitalkosten (WACC) entspricht, um die Investitionsentscheidung treffen zu können.

Die Proteste um Stuttgart 21 haben gezeigt, wie wichtig die Zusammenarbeit und Kommunikation aller Beteiligten ist. Wie gestaltet sich der Kooperationsprozess im Rahmen einer Umnutzung?

Wieland: Grundlage unserer Kommunikation ist – parallel zu den Gesprächen mit der Verwaltungsebene – die frühzeitige Einbindung der politischen Vertreter und ihrer Gremien. Dies ist die erste Schnittstelle zum Bürger. Denn in erster Linie sollte die Beteiligung von Bürgern an politischen Entscheidungsprozessen – wie es einer parlamentarischen Demokratie entspricht – über Wahlen und die entsprechenden Mehrheiten gewährleistet sein. Im nächsten Schritt ist eine direkte Kommunikation zwischen Politik, Verwaltung und Unternehmen sowie den Bürgern notwendig. An dieser Stelle haben sich die Anforderungen erhöht: Anlieger, Multiplikatoren, Medien, Verbände und Organisationen möchten heute im Dialog erfahren, was an ihrem Standort passiert und wollen ihre Standpunkte einbringen. Große Bau- und Infrastrukturprojekte können künftig vermutlich nur noch dann durchgesetzt werden, wenn sie in dialogorientierten Verfahren transparent gemacht und mit den Stakeholdern vorab, am besten bereits vor dem Masterplanverfahren, diskutiert werden.

Und damit lässt sich ein Konsens mit allen Gruppen herstellen?

Wieland: Ein Standardrezept für Bürgerbeteiligung gibt es nicht. Jedes Projekt verdient eine individuelle Vorgehensweise. Wichtig ist es zunächst, gemeinsam mit der Verwaltung alle Beteiligten und Betroffenen zu identifizieren und nicht nur Aktivisten zu erreichen, die sich grundsätzlich gegen ein Projekt aussprechen, sondern die interessierte Allgemeinheit. Ihr müssen die Rahmenbedingungen für Projekte von Beginn an dargelegt werden und zwar offen, verständlich und bevor irgendeine Entscheidung getroffen wurde. Wir haben gute Erfahrungen damit gemacht, eine Gesprächsplattform aus mehrstufigen öffentlichen Veranstaltungen zu schaffen. Die lassen wir von professionellen externen Moderatoren begleiten. Wir scheuen uns auch nicht davor, die wirtschaftlichen Parameter zu erläutern, denn jede Maßnahme und jede Anforderung wirkt sich auf Kosten und Erlöse und damit auf die wirtschaftliche Machbarkeit aus.

Besitzt die Brache als Altstandort nicht erst einmal einen Standortnachteil gegenüber der grünen Wiese?

Wieland: Natürlich sind die Anforderungen an die stadträumliche Integration bei innerstädtischen Brachflächen höher. Die Flächen müssen saniert, baureif gemacht und erschlossen und das Stigma der Brachfläche ersetzt werden durch ein schlüssiges, zukunftsorientiertes Marketingkonzept, das die Vorzüge und Chancen der neuen Nutzung beschreibt. Als Standortnachteil würde ich das dennoch nicht bezeichnen. Denn die Nachnutzung innerstädtischer Brachflächen hat klare Vorteile gegenüber dem Bauen auf der grünen Wiese: Wir versiegeln keine neuen Flächen, die Nachfrage nach Wohnraum in der Innenstadt ist stark gestiegen und auch im Einzelhandel geht der Trend zur Stärkung der Innenstädte.

Um sich im härter werdenden Wettbewerb behaupten zu können, benötigen Kommunen und Projektentwickler für Revitalisierungen ausgefeilte Nutzungskonzepte. Wie sehen deren Erfolgsfaktoren aus?

Wieland: Einer der wichtigsten ist ein robustes städtebauliches Konzept, das über den gesamten Entwicklungszeitraum die Chance zulässt, auf veränderte Situationen und Markterfordernisse flexibel reagieren zu können. Denn nur ein Quartier, das vom Markt angenommen wird und sich mit Leben füllt, entwickelt die Sogkraft und Dynamik, die dem Standort nützt. Gleichzeitig muss ein neues Viertel die städtebaulichen Strukturen der Umgebung aufnehmen und dabei eigene Akzente setzen. Eine lebendige Nutzungsmischung von Wohnen und Arbeiten ist ein weiterer maßgeblicher Aspekt im gelungenen Städtebau. Monofunktionale Gebiete entsprechen nicht mehr den heutigen Anforderungen. Moderne städtebauliche Planungen sehen außerdem in Wohnvierteln ein vielfältiges Angebot an Bebauungsstrukturen und unterschiedlichen städtebaulichen Modellen mit verschiedenen Haustypen vor, die die differenzierten Raum- und Wohnbedürfnisse von heute befriedigen können.

Mit Blick auf eine große leere Fläche fällt es Investoren sicher nicht leicht, sich das geplante lebendige urbane Quartier vorzustellen, das darauf entstehen soll.

Wieland: Das ist richtig. Daher versuchen wir, schon in einem frühen Stadium soziale Einrichtungen wie Kindergärten oder Schulen ebenso wie Nahversorgungsmöglichkeiten zu realisieren. Oft gelingt es uns auch, mit den Kommunen zu organisieren, dass unsere Areale vor Beginn der Hochbaumaßnahmen an den ÖPNV angebunden werden. Wichtig für die Attraktivität und damit die Akzeptanz ist außerdem die Herausbildung von identitätsstiftenden Elementen, die das Profil des Quartiers schärfen. Dieses Profil kann durch eine besondere Qualität des öffentlichen Raumes, also durch einen Platz, einen Straßenzug oder öffentliches Grün gebildet werden. Möglich ist dies auch durch besondere Nutzungen, also eine Einkaufsstraße, einen kulturellen Bezugspunkt, ein gastronomisch interessantes Gebiet oder Ähnliches. Bei revitalisierten Brachflächen können solche charakteristischen Merkmale auch aus bestehenden Nachbarschaften auf das neue Quartier ausstrahlen.

Stichwort Nachhaltigkeit: Wie lassen sich Ökonomie und Ökologie bei der Umnutzung von Brachflächen vereinen?

Wieland: Diese beiden Aspekte sind kein Gegensatz. Eine nachhaltige Quartiersentwicklung muss ökologische, ökonomische, städtebauliche, stadtsoziologische und architektonische Faktoren berücksichtigen. Nur so wird sie auf lange Sicht erfolgreich sein und damit einen Wertzuwachs für alle Beteiligten schaffen. Grundsätzlich entsprechen unsere Revitalisierungsprojekte in vielem ökologischen Anforderungen: Mit der Nachnutzung unserer Brachflächen helfen wir Kommunen dabei, die Versiegelung neuer Flächen zu vermeiden und die entsprechenden Anforderungen des Bundes zur Reduktion des Flächenverbrauchs umzusetzen. Die von uns angestoßenen Bodensanierungen tragen zur Verbesserung der Standorte bei. Der Grundsatz einer Nutzungsmischung in den Quartieren fördert die „Stadt der kurzen Wege" und vermindert so den Pendelverkehr. Wir schaffen die Voraussetzungen für ökologische Energieversorgung im Hochbau. Und zu guter Letzt verlagern wir vor den Rück- und Tiefbaumaßnahmen geschützte Flora und Fauna auf eigens dafür angelegte Habitate.

XII. Hauptbahnhöfe – Shoppingcenter von morgen

Klaus Belgardt, Jochen Nagel

1. Definition

Bahnhöfe sind Bahnanlagen mit mindestens einer Weiche, wo Züge beginnen, enden, kreuzen, überholen oder mit Gleiswechsel wenden dürfen.

Umgangssprachlich versteht man unter einem Hauptbahnhof (Hbf.) in der Regel eine Anlage, an der Reisende Züge besteigen oder verlassen dürfen (also auch einen Haltepunkt), Güter auf Züge ver- oder von diesen entladen oder Züge neu zusammengestellt oder umgruppiert werden. Häufig wird darunter auch nur das Bahnhofsgebäude selbst verstanden, das jedoch in der Fachsprache als Empfangsgebäude bezeichnet wird und Gegenstand unserer Betrachtung ist.

Historie

Zusammen mit der allmählichen Erkenntnis, dass der Abstieg der Eisenbahn in die Bedeutungslosigkeit nicht wünschenswert ist, verlangsamt, oder gar umgekehrt werden sollte, verstärkte sich im letzten Viertel des 20. Jahrhunderts auch wieder das Interesse an Bahnhöfen. Neubauten größerer Bahnhöfe gab es zwar nur wenige; sie erfolgten meistens an neuen Strecken des Hochgeschwindigkeitsverkehrs oder an Flughäfen. Häufiger waren es Ersatzneubauten an Stelle alter Gebäude, häufig unter Einbeziehung historischer Bausubstanz. Die mit Abstand häufigste Baumaßnahme ist die (finanziell meistens extrem aufwendige) Grundsanierung historischer Bahnhöfe, meistens unter völliger Entkernung, die mit einem Neubau vergleichbar ist. Nach Jahrzehnten der Unterfinanzierung wurde in den 1990ern und Anfang des 21. Jahrhunderts in zahlreichen Ländern eine beispiellose Reihe von Kraftakten unternommen, um den Investitionsrückstau zu beseitigen. Bei Neubauten oder Sanierungen werden in Bahnhöfen nahezu immer große Vermarktungsflächen im Bereich der Empfangshallen geschaffen. In Extremfällen wie zum Beispiel beim Leipziger Hauptbahnhof, wurden Bahnhöfe von Einkaufszentrenbetreibern übernommen. Die Entwicklung in der Fläche ist von Rationalisierungsmaßnahmen geprägt. Besonders bei privatisierten Eisenbahnen (z.B. DB), werden die Gleisanlagen vieler Bahnhöfe stark verkleinert, beziehungsweise vom Bahnhof zum Haltepunkt zurückgebaut. Die Besetzung von Bahnhöfen mit Personal endet häufig durch den Anschluss von Strecken an zentral gesteuerte elektronische Stellwerke. Fahrkarten werden danach ausschließlich von Automaten verkauft, wenn überhaupt; Sicherheit und Sauberkeit sollen durch Videoüberwachung gesichert werden. Auf der anderen Seite werden auch und gerade in der Fläche mit enormem Aufwand Bahnhöfe saniert. Dabei werden Bahnsteige auf Standardhöhe gebracht, um den niveaugleichen Einstieg in Niederflurfahrzeuge zu ermöglichen, Aufzüge oder Flachrampen werden gebaut, um die Bahnsteige barrierefrei zugänglich zu machen, und wo es vorher höhengleiche Gleisquerungen gab, werden neue Unterführungen gebaut.

Entwicklungen

Der Betrieb von Eisenbahnen war lange Zeit vorwiegend durch hoheitliche Gesichtspunkte geprägt und wurde entsprechend durch den Staat in Eigenregie betrieben. Dies hatte unter anderem zur Folge, dass die Eisenbahnen nicht nur Eigentümer der für den Eisenbahnbetrieb unmittelbar erforderlichen Immobilien waren, sondern zudem eine große Anzahl von Immobilien im Rahmen der Versorgung der Beschäftigten in ihrem Eigentum hatten (z.B. Wohnungen, Sportstätten, Kleingärten). Mit der Bahnreform Stufe 1 im Jahre 1994 wurde ein erster Schritt unternommen, bahnnotwendige von nichtbahnnotwendigen Immobilien zu trennen. Die Immobilien wurden zwischen Bund und Bahn auf Basis der damals bekannten Informationen anhand von Nutzungskriterien aufgeteilt. Die gesetzlich vorgeschriebene Bahnreform Stufe 2 des Jahres 1999 brachte mit der Überführung der Deutschen Bahn AG in eine Konzernstruktur (DB AG Holding und 5 Aktiengesellschaften) auch eine entsprechende Aufteilung des Immobilieneigentums der Bahn und damit eine Steigerung der Komplexität des ganzheitlichen Managements dieser Immobilien mit sich. Mit zunehmender Transparenz über den Liegenschaftsbestand wurde ein an den Erfordernissen des Bahnbetriebs ausgerichteter Arrondierungsprozess zwischen Bahn und Bund eingeleitet, der aufgrund der komplexen technischen Zusammenhänge und der Größe des betroffenen Portfolios bis heute andauert. Zudem führt die unternehmerisch ausgerichtete Zielstellung der Bahn zu einem verstärkten Druck, sich von Immobilien zu trennen, die nicht mehr für das Kerngeschäft im Eigentum gehalten werden müssen. Ob dies in Zukunft auch den Bereich der Handelsflächen in den Empfangshallen der Hauptbahnhöfe betrifft, kann aus heutiger Sicht nicht gesagt werden. Die „Attraktivität" dieser Flächen provoziert jedoch den Versuch, sie wertmäßig zu erfassen.

Auswirkung der ersten Stufe der Bahnreform auf die Liegenschaften

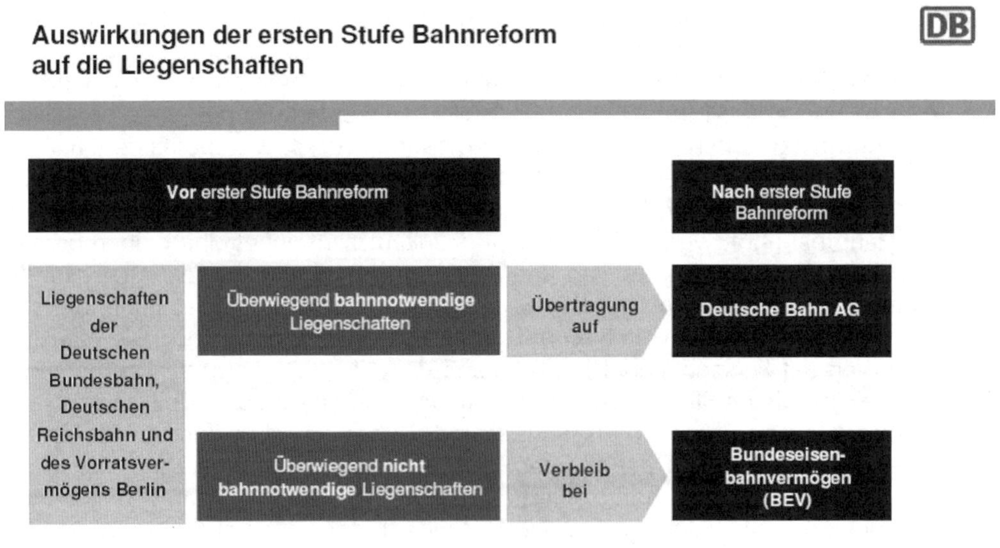

Abb. 1: Auswirkungen der ersten Stufe der Bahnreform

Die zweite Stufe der Bahnreform

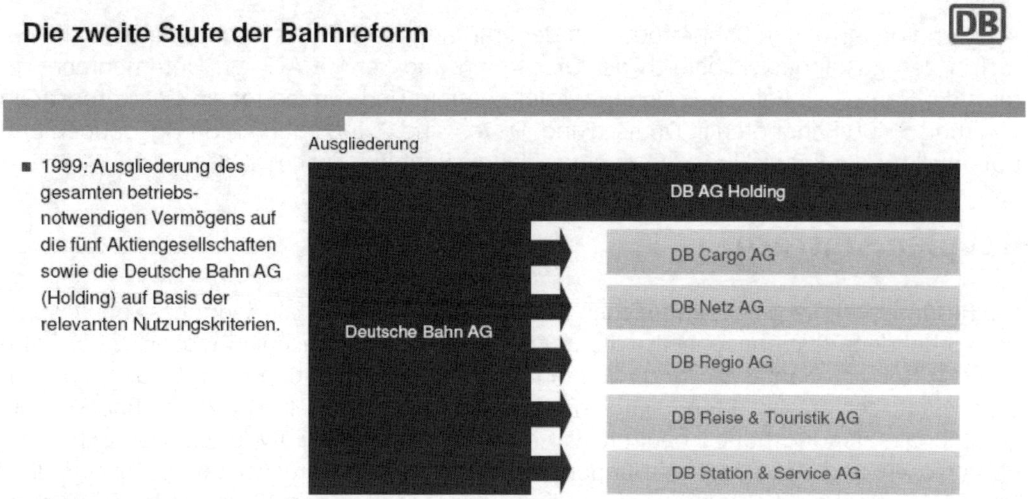

Abb. 2: Die zweite Stufe der Bahnreform

Auswirkung der zweiten Stufe der Bahnreform auf die Liegenschaften

Abb. 3: Auswirkungen der zweiten Stufe der Bahnreform auf die Liegenschaften
Quellen: DB AG, Berlin Dezember 2006

2. Rechtliche Situation

Aufgrund der erfolgten Bahnreform fällt der Empfangsbereich des Hauptbahnhofes Frankfurt in den Zuständigkeitsbereich der DB Station und Service AG, ein Unternehmensbereich der Deutschen Bahn AG. Der entwickelt, betreut und vermarktet ein Gesamtportfolio von rund 5.400 Bahnhöfen in Deutschland. Davon sind 2.400 mit Empfangsgebäuden und potentiell für die Entwicklung „Shopping-Erlebnis-Bahnhof" angedacht.

Bauplanungsrecht

Die Besonderheit liegt bei Bahnflächen im Fachplanungsvorbehalt darin, dass die ansonsten vorhandene Planungshoheit der Kommunen hinter das Fachplanungsrecht der Bahn zurücktritt. Die Planfeststellung übernimmt das Eisenbahnbundesamt. Bahnanlagen unterliegen der privilegierten Fachplanung (§ 38 BauGB anstelle §§ 29-37 BauGB). Die kommunale Planungshoheit beginnt demnach erst nach der Entwidmung entbehrlicher Bahnflächen und der damit verbundenen, zukünftigen privatwirtschaftlichen Nutzung. Da die Hauptbahnhöfe als bahnnotwendige Liegenschaften der DB AG definiert werden, liegt die planungsrechtliche Zuständigkeit somit beim Eisenbahnbundesamt.

Beispiel

Frankfurt

Allgemein

Abb. 4: Der Frankfurter Bahnhof früher und heute

Der Hauptbahnhof von Frankfurt am Main ist Drehscheibe des Verkehrs im Rhein-Main-Gebiet und zusammen mit dem Leipziger und dem Züricher Bahnhof einer der größten Bahnhöfe Europas. Bezogen auf das Verkehrsaufkommen ist er mit etwa 350.000 Fahrgästen täglich nach dem Hauptbahnhof in Hamburg der zweitgrößte Personenbahnhof Deutschlands und teilt sich diesen Platz mit dem Münchener Hauptbahnhof. Der Bahnhof liegt im Frankfurter Gallusviertel am Alleenring. Teile des Gebäudes liegen unterhalb des Bahnhofsviertels. Das Gebäude wird im Süden durch die Mannheimer Straße, im Norden durch die Poststraße und im Osten durch den Platz Am Hauptbahnhof begrenzt. Im Westen des Kopfbahnhofs liegt das Bahnhofsvorfeld. Die Zahl der täglich Reisenden und Besuchern aus dem In- und Ausland zeugen von der Bedeutung des Hauptbahnhofes als wichtigem Knotenpunkt.

Lage

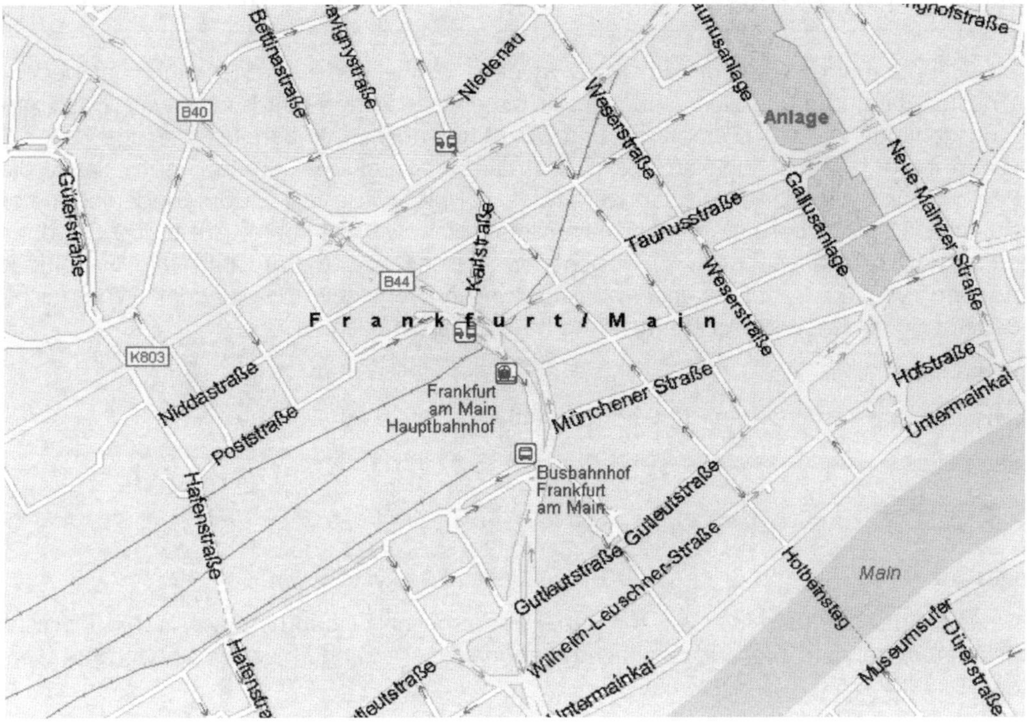

Abb. 5: Lageplan Hauptbahnhof Frankfurt

Die Zentralität des Bahnhofes gewährleistet kurze Wege zur Messe, ins Bankenviertel und zur Innenstadt (Einkaufsstraße Zeil, Schiller Straße, Freßgasse).

Daten + Fakten

Züge Fernverkehr täglich	342
Züge Nahverkehr täglich	290
S-Bahnen täglich	1.100
Reisende und Besucher täglich	**350.000**
Aufzüge	36
Geschäfte und Gastronomie	**70**
Anzahl der Bahnsteige	15
Fläche der Bahnsteige	60.873 m²

Fläche Vermietung	**9.000 m²**
DB Automaten	62
Schließfächer	956
Parkplätze	**1.135**
Parkplätze Fahrrad	50

Der Hauptbahnhof Frankfurt am Main ist nach Größe und Kapazität einer der bedeutendsten Bahnhöfe und die wichtigste Drehscheibe im Zugverkehr bundesweit. Das Empfangsgebäude ist 270 Meter breit und 30 Meter hoch. Der Bahnhof verfügt über 25 Gleise in fünf Bahnsteighallen. Der Hauptbahnhof verbindet Europa, Deutschland, die Region und Teile der Stadt. So verbindet beispielsweise der 300 Stundenkilometer schnelle ICE 128 International die Main-Metropole mit Amsterdam. Auf 9.000 Quadratmetern Verkaufsfläche präsentiert sich den Reisenden und Besuchern ein vielfältiges Angebot von Gastronomie über Dienstleistungsgewerbe bis Einzelhandel. Wesentliche Bedeutung innerhalb dieser Betrachtung haben die Kennzahlen

Verkaufsfläche	9.000 m²
Reisende und Besucher täglich (Frequenzzahl)	350.000
Parkplätze	1.135
Geschäfte	70

Umsätze

Direkte Umsatzgrößen werden für den Handelsbereich Hauptbahnhof Frankfurt nicht bekannt gegeben. Aufgrund der nachfolgenden Tabelle kann er jedoch eingeordnet werden.

		Bahnhöfe	
Frequenzklasse	1	2	3
	(n = 23)	**(n =29)**	**(n =13)**
Umsatz je Bahnhof in €* / Jahr	3.984.000	10.259.000	36.887.000
Umsatz je Bahnhof pro Tag in €	10.900	28.100	101.100
Umsatz je Besucher in €	0,65	0,54	0,50
Besucherzahl täglich			
Frequenzklasse 1	**bis zu 30 000 Besuchern**		
Frequenzklasse 2	30 000 bis zu 100 000 Besuchern		
Frequenzklasse 3	über 100 000 Besuchern		
n =Anzahl			

Tab. 1: Ausgewählte Leistungskennziffern von Bahnhöfen in Deutschland nach Frequenzklassen
Quelle: GuG 2001,176

Der Frankfurter Hauptbahnhof gehört mit 350.000 Besuchern täglich in die Frequenzklasse 3. Der prognostizierte ca. Umsatz beträgt somit:

350.000 Besucher / täglich × 0,50 = 175.000

Dies entspricht einem monatlichen circa Umsatz von **5.250.000 €**

Bei der vorhandenen Verkaufsfläche von 9.000 Quadratmetern entspricht dies einem Umsatz pro Quadratmeter von circa 580 Euro im Monat, beziehungsweise von rund **7.000 Euro pro Quadratmeter** (dabei wurde die Zuordnung nach Branchen vernachlässigt).

Flächenproduktivität

Die wichtigste Immobilienkennziffer zur Beurteilung von Einzelhandelsimmobilien ist die Flächenproduktivität (bzw. die Raumleistung). Die Flächenproduktivität korreliert mit dem regionalen Verkaufsflächenangebot. Unter Flächenproduktivität von Handelsräumen wird das Verhältnis von Umsatz pro Quadratmeter Verkaufsfläche verstanden.

	Umsatz je m² Verkaufsfläche in €	Flächengröße
Drogerie	3.200	
Foto	7.600	
SB-Geschäfte	4.900	unter 400 m²
Supermärkte	4.500	40 – 80 m²
Einzelhandelsfachgeschäfte insgesamt	4.650	

Tab. 2: Flächenproduktivität (Raumleistung) =Jährlicher Umsatz/Verkaufsfläche
Quelle: Kleiber Simon, Bundesanzeiger 5. Auflage 2007

Auch wenn bei der jährlichen prognostizierten Umsatzgröße von 7.000 Euro pro Quadratmeter für den Hauptbahnhof Frankfurt Abweichungen zu tolerieren wären, zeigt diese Kennziffer deutlich die Bedeutung des Einzelhandels für den „Hauptbahnhof" (Handelsbereich Empfangshalle). Dabei ist der vertretende Branchenmix schon lange nicht mehr nur ausschließlich auf die Bedürfnisse des Reisenden ausgerichtet.

Mietermix

Imbiss
Mode
Post
Reisebüro
Banken
Reinigung
Lotto
SB-Markt
Blumen
Gastronomie
Apotheken
Parfümerie
Feinkost
Bäcker
Metzgerei
Tabakwaren
Spielothek
Dienstleister

Die Öffnungszeiten liegen im Mittel bei 06:00 bis 20:00 Uhr täglich und somit auch am Wochenende. Einige Bereiche sind sogar bis 22:00 Uhr und länger geöffnet.

Flächenplan

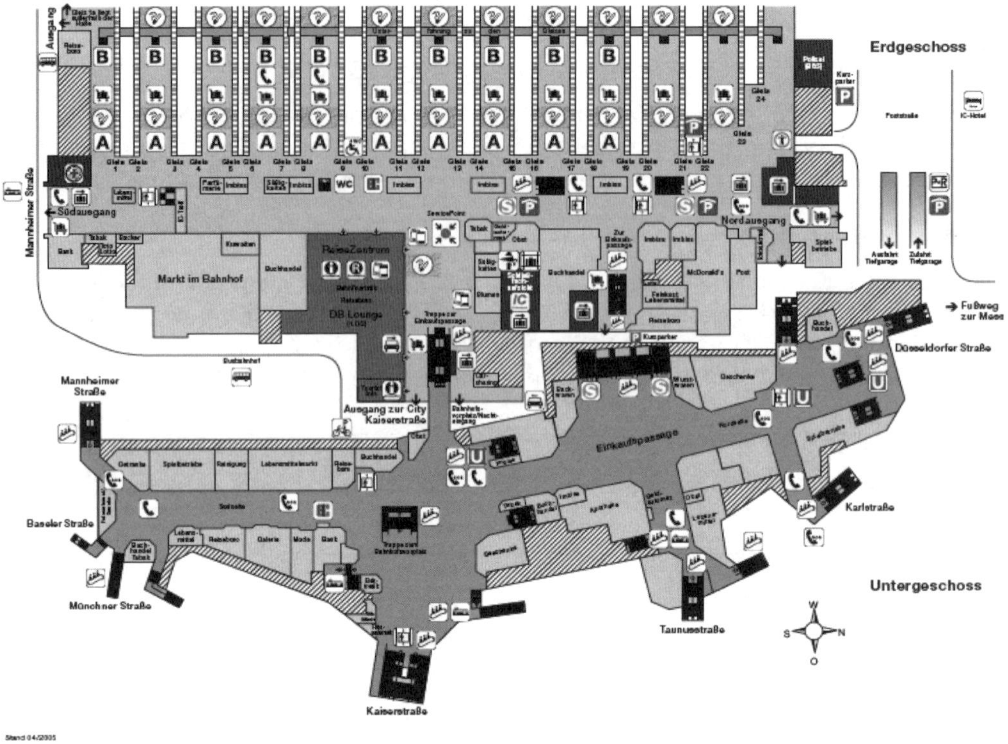

Abb. 6: Flächenplan Hauptbahnhof Frankfurt

Der Flächenplan zeigt die Anordnung der Geschäfte unter Berücksichtigung der Passantenfrequenz. Hierbei erscheint insbesondere die Lage der Flächen mit Front zu den Bahngleisen von besonderer Bedeutung. Aufgrund der Sichtbarkeit sowohl von den Bahngleisen als auch zu den Bahngleisen, kann man diese Flächen innerhalb der Gesamtverkaufsflächen als 1a Lage einstufen, da sie von einer besonderen Werbewirksamkeit profitieren.

Centermanagement

Das Management der DB Station & Service AG betreut seine Mieter in den Top-Bahnhöfen umfassend. Es erfolgen auf Wunsch Beratungen hinsichtlich Sortimentsgestaltung sowie Verkaufsförderungen. In gemeinsamen Werbegemeinschaften werden verkaufsfördernde Maßnahmen, Werbe- und PR-Aktivitäten erarbeitet. Dabei wird mit dem Motto des 3-S-Programm = Service – Sicherheit – Sauberkeit geworben.

Zusammenfassung

Folgende für den Einzelhandelsmarkt relevante Daten liegen vor:

- innerstädtische Lage
- hohe Frequenz
- verlängerte Öffnungszeiten
- überdurchschnittliche Einzelhandelsumsätze

- attraktiver Branchenmix
- Centermanagement
- Parksituation

Alle Faktoren lassen erkennen, dass am Beispiel Frankfurt-Hauptbahnhof ein wesentlicher Schwerpunkt auf den Einzelhandel gelegt wird und dabei nicht unerhebliche Erlöse erzielt werden. Unter Betrachtung der Typologie von Gewerbeimmobilien, wurde der Typ „Bahnhof" bislang als Infrastrukturimmobilie eingestuft. Aufgrund der aufgezeigten Entwicklung rückt, insbesondere bei den Hauptbahnhöfen mit der angestrebten Nutzungsänderung der Empfangshallen für den Einzelhandel, dieser Bereich immer stärker in den Vordergrund. Diese Entwicklung ist auch von der DB Station & Service AG angestrebt und so wirbt man auch ganz bewusst mit den Vorteilen des Einzelhandels am Hauptbahnhof. Die Vergleichbarkeit mit Shopping-Centern und Einkaufsgalerien ist nur bedingt gegeben. So werden Shopping-Center und Einkaufsgalerien überwiegend gezielt mit einer Kaufabsicht frequentiert. Das Sortimentangebot ist vielfältiger und beschränkt sich nicht nur auf die Deckung des täglichen Bedarfs. Trotz allem ist der Hauptbahnhof Frankfurt (Empfangshalle), aufgrund des vorhandenen Handelsbereichs unter Berücksichtigung von Angebot, Umsatzgröße und vorhandener Verkaufsfläche eher in eine Handelsimmobilie einzustufen als in eine Infrastrukturimmobilie. Für den Erfolg dieses Konzeptes sind die Eigenschaften einer Infrastrukturimmobilie zwingend notwendig und werden im angrenzenden Bereich (Bahngleise, Bahnschienen, Bahnhofsvorplatz, Grund und Boden...) zur Verfügung gestellt. Sie liegen im Zuständigkeitsbereich der DB Netz AG.

Wertigkeit der Immobilie

Bedingt durch die gute Nachfrage von Investoren nach Handelsimmobilien, wird der „Bahnhof" zukünftig sicherlich auch aus einer anderen Perspektive gesehen werden. Diese Perspektive wird von potenziellen Anlegern geprägt sein, die anhand von wertrelevanten Daten die Rentierlichkeit dieser Immobilie ermitteln wollen. Erfolgt hier eine Verkehrswertermittlung nach § 194 BauGB so sind folgende wertrelevanten Faktoren unerlässlich:

- Miete
- Bodenrichtwert
- Liegenschaftszins

Dies erweist sich jedoch in der Praxis als äußerst schwierig, zwar wird man im Rahmen einer Verkaufsabsicht die tatsächliche Miete bekannt geben, aber Bodenrichtwerte werden mangels Vergleichbarkeit vom Gutachterausschuss nicht zur Verfügung gestellt, gleiches gilt auch für den Liegenschaftszins. Hilfsweise wird versucht, diese Parameter aus vorhandenen Daten abzuleiten.

Ableitung der Parameter

Miete

Die Miete (entspricht €/m² im Monat) lässt sich recht zuverlässig aus den veröffentlichten Marktdaten der auf diesem Gebiet tätigen Marktteilnehmer ableiten. Hier werden insbesondere im Einzelhandel übliche Prozentsätze ermittelt, die die Tragfähigkeit der Miete pro Quadratmeter Verkaufsfläche und Monat dokumentieren. Sie werden in einer Spannbreite je nach Branchen ermittelt.

Branche	Umsatzmiete in %
Tabak/Zeitschrift	2,5 – 5,0
Bäckerei	4,5 – 6,0
Parfümerie	5,0 – 7,5
Lebensmittel	1,5 – 2,0

Quelle: Jones Lang LaSalle

Bei den Werten handelt es sich um bundesdurchschnittliche Untersuchungsergebnisse, die nicht schematisch auf jede Verkaufsfläche zur Anwendung kommen können. Die Spannbreite beträgt somit 1,5 bis 7,5 Prozent, aus der ein umsatzbezogener Mietpreis abgeleitet werden kann.

Beispiel Empfangsbereich Hauptbahnhof Frankfurt

Umsatz pro m² / Monat in	580 €/m²
Miete gemäß Spannbreite 1,5 % bis 7,5 %	8,70 €/m² bis 43,5 €/m²

In der folgenden Ausführung wird eine Durchschnittsmiete von 26 Euro pro Quadratmeter unterstellt.

Liegenschaftszins

Gemäß § 14 (3) ImmoWertV ist der Liegenschaftszins der Zinssatz mit dem der Verkehrswert von Liegenschaften im Durchschnitt marktüblich verzinst wird. Der Liegenschaftszinssatz ist auf der Grundlage von geeigneten Kaufpreisen und der ihnen entsprechenden Reinerträge für gleichartige bebaute und genutzte Grundstücke unter Berücksichtigung der Restnutzungsdauer der Gebäude nach den Grundsätzen des Ertragswertverfahrens (§§ 17 bis 20 ImmoWertV) zu ermitteln. Aufgrund nicht vorhandener Vergleichspreise, ist die Ableitung des Liegenschaftszinses auf Basis von Kaufpreisen, nicht möglich. Ein von der Literatur zur Verfügung gestellter Anhaltspunkt für den Liegenschaftszins liegt gemäß WertR 2002

für Geschäftsgrundstücke bei	6,5 %
BelWertV	6,5 % – 8,0 %

Diese Angaben der Literatur können jedoch nur als Anhalt dienen, im konkreten Einzelfall ist der Liegenschaftszins unter Berücksichtigung der Besonderheiten des Wertermittlungsobjektes zu ermitteln. Dazu müssen insbesondere die lagebezogenen und objektbezogenen Kriterien geprüft werden. Vor- und Nachteile sind mit entsprechenden Zu- oder Abschlägen zu berücksichtigen. Im Falle der Bewertung des Handelsbereiches vom Frankfurter Hauptbahnhof, kann aufgrund der Lage ein Abschlag auf den Liegenschaftszins von einem Prozent angemessen sein.

Bodenrichtwert

Nach § 10 ImmoWertV ist der Bodenrichtwert in der Regel durch Preisvergleiche zu ermitteln. Dazu bieten sich zwei Verfahren an:

der unmittelbare Preisvergleich mit Kaufpreisen von Vergleichsgrundstücken und

der mittelbare Preisvergleich mit geeigneten Bodenrichtwerten.

Beide Verfahren sind jedoch für die Bewertung eines Hauptbahnhofes (Handelsflächen im Empfangsbereich) ungeeignet, da diese bislang nicht am Markt gehandelt wurden und es somit keine vergleichbaren Kaufpreise gibt. Es stehen demnach keine ausreichenden Parameter zur Verfügung, um einen Verkehrswert (Marktwert) zu ermitteln. Eine Möglichkeit dennoch aufgrund der vorliegenden Mieteinnahmen einen Wert zu ermitteln, bietet das DCF – Verfahren in der nachfolgenden modellhaften Darstellung.

DCF-Verfahren

Der Discounted Cashflow (DCF) ist der Barwert der künftigen Einnahmenüberschüsse. Das DCF-Verfahren stellt eine Alternative zu dem deutschen Ertragswertverfahren dar, zählt jedoch nicht zu den nominierten Wertermittlungsverfahren. Das DCF-Verfahren erfolgt unter folgenden Annahmen:

Mietfläche	9.000 m²
Miete	(26 €/m² × 9.000 × 12)= 2.808.000 € p.A.
Bewirtschaftungskosten:	
Verwaltungskosten	1,0 %
nicht umlegbare Betriebskosten	1,0 %
Instandhaltungskosten	5,0 %
Basiszinssatz (Quelle Bundesbank):	4,0 %
+ Risikozuschlag (inkl. Inflationsabschlag, Abschreibungszuschlag, Liquiditätszuschlag)	2,0 %
= Zinssatz der ersten 10 Jahre (Diskontierungszinssatz)	6,0 %
Zinssatz der Restwertermittlung	6,0 %
Anzahl der Perioden / Jahre	10
Transaktionskosten	5,5 %

DCF-Berechnung

Initialdatum	1. Mai 2007	Initialdatum
Betrachtungshorizont	ewig	Betrachtungshorizont
Anzahl betrachtete Perioden	10 Jahre	Anzahl betrachtete Perioden
Basiszinssatz (Quelle Bundesbank)	4,00 %	Basiszinssatz (Quelle Bundesbank)
Risikozuschlag (inkl. Inflationsrate, Abschreibungszuschlag, Liquidität)	2,00 %	Risikozuschlag (inkl. Inflationsrate, Abschreibungszuschlag, Liquidität)
Initialdatum	1. Mai 2007	Initialdatum
Betrachtungshorizont	ewig	Betrachtungshorizont

	effektive Nettokaltmiete	nachhaltiger Rohertrag	Mietfläche	Prognosetyp	Nutzungstyp	Periodizität in Monaten	Fälligkeit
Handel	2.808.000	2.808.000	9.000	Prognosetyp	Handel	12	nachschüssig

	01.05.07–30.04.08	01.05.08–30.04.09	01.05.09–30.04.10	01.05.10–30.04.11	01.05.11–30.04.12	01.05.12–30.04.13	01.05.13–30.04.14	01.05.14–30.04.15	01.05.15–30.04.16	01.05.16–30.04.17	ab 01.05.17
Handel	2.808.000	2.822.040	2.836.150	2.850.331	2.864.583	2.878.906	2.893.300	2.907.767	2.922.305	2.936.917	2.951.601
Beträge diskontiert	2.649.057	2.511.606	2.381.286	2.257.729	2.140.583	2.029.515	1.924.210	1.824.369	1.729.708	1.639.959	1.554.867

Bezeichnung	**01.05.07 – 30.04.08**	**01.05.08 – 30.04.09**	**01.05.09 – 30.04.10**	**01.05.10 – 30.04.11**	**01.05.11 – 30.04.12**	**01.05.12 – 30.04.13**	**01.05.13 – 30.04.14**	**01.05.14 – 30.04.15**	**01.05.15 – 30.04.16**	**01.05.16 – 30.04.17**	**ab 01.05.17**
Mieterträge	2.808.000	2.822.040	2.836.150	2.850.331	2.864.583	2.878.906	2.893.300	2.907.767	2.922.305	2.936.917	2.951.601
Bruttoertrag vor Ausfällen	2.808.000	2.82s2.040	2.836.150	2.850.331	2.864.583	2.878.906	2.893.300	2.907.767	2.922.305	2.936.917	2.951.601
Effektiver Bruttoertrag	2.808.000	2.822.040	2.836.150	2.850.331	2.864.583	2.878.906	2.893.300	2.907.767	2.922.305	2.936.917	2.951.601
Entwicklung	100,0	100,5	101,0	101,5	102,0	102,5	103,0	103,6	104,1	104,6	105,1
Bewirtschaftungskosten	196.560	197.542	198.530	199.523	200.522	201.524	202.532	203.545	204.562	205.585	206.613
Total Betrieb und Unterhalt	196.560	197.542	198.530	199.523	200.522	201.524	202.532	203.545	204.562	205.585	206.613
Kosten gesamt	196.560	197.542	198.530	199.523	200.522	201.524	202.532	203.545	204.562	205.585	206.613
Cashflow	2.611.440	2.624.498	2.637.620	2.650.808	2.664.061	2.677.382	2.690.768	2.704.222	2.717.743	2.731.332	2.744.988
Entwicklung	100,0	100,5	101,0	101,5	102,0	102,5	103,0	103,6	104,1	104,6	105,1
Cashflow	2.611.440	2.624.498	2.637.620	2.650.808	2.664.061	2.677.382	2.690.768	2.704.222	2.717.743	2.731.332	2.744.988
Cashflow Rendite %	5,78	5,81	5,84	5,87	5,90	5,93	5,96	5,99	6,02	6,05	6,08
Abzinsfaktor (kalk.Taggenau)	0,943396	0,889996	0,839619	0,792094	0,747258	0,704960	0,665057	0,627412	0,591898	0,558395	0,526788
Cashflow diskontiert	2.463.623	2.335.794	2.214.596	2.099.688	1.990.741	1.887.448	1.789.515	1.696.662	1.608.628	1.525.161	1.446.026

Ergebnis

Das Prognoseverfahren (DCF) führt unter den zuvor genannte Annahmen zu einem Ergebnis von

42.600.000 €

Dies entspricht dem 16,3fachen der prognostizierten Nettoanfangsmiete.

Unter Würdigung der ausgewiesenen Rendite, erscheint das Ergebnis marktgerecht und könnte durchaus den Kaufpreis darstellen, den der Markt bereit ist für eine derartige Immobilie (Handelsflächen im Bahnhof) zu zahlen.

Bemerkung

Es wird ausdrücklich noch einmal darauf hingewiesen, dass es bei der vorstehenden Prognoserechnung nur um ein Fallbeispiel handelt. Das Ergebnis hat keinerlei Anspruch, den Marktwert der als Beispiel gewählten Immobilie zutreffend abzubilden.

3. Fazit

Der Trend Shopping-Center-Hauptbahnhöfe ist in Deutschland im Bereich ihrer Empfangshallen unaufhaltsam. Dafür sprechen die bereits erzielten Erfolge. Die vorhandene Innenstadtlage und die „Historische Ausrichtung" als Verkehrsknotenpunkt, sind Garant für einen anhaltenden Erfolg. Zu unterscheiden sind sicherlich die Bahnhöfe, bei denen der Handelsbereich im Laufe der Zeit gewachsen ist, oder wie am Beispiel des Leipziger Hauptbahnhofs, bei dem der Handelsbereich im Rahmen einer gezielten Baumaßnahme erstellt wurde und somit einem Shopping-Center am ehesten entspricht.[1] Zwingend erforderlich ist es dabei, auch einen Blick auf den Innenstadtbereich zu legen, insbesondere auf die dortigen Fußgängerzonen, um die Auswirkung dieser sehr großen und konzentrierten Handelsflächen im Bahnhof zu bewerten. Am Beispiel Frankfurt ist die vorhandene Handelsfläche im Bahnhof augenscheinlich keine Konkurrenz. Zu unterschiedlich ist das Angebot in den gewachsenen Einkaufsmeilen der Stadt wie „Freßgasse, Zeil, Goethestraße, Hauptwache". Auch entsteht die Besucherfrequenz überwiegend aus Kaufwilligen, die diese Standorte ganz gezielt ansteuern, während die Publikumsfrequenz im Bereich der Handelsflächen im Bahnhof überwiegend aus „Reisenden" besteht. Der Leipziger Hauptbahnhof nimmt hier sicherlich eine andere Position ein, denn sein Sortimentsangebot und die dort vertretenen Filialisten und Flächen ähneln den Geschäftslagen in der Innenstadt und sind durchaus als Konkurrenz zu sehen. Diese Entwicklung ist besonders mit Vorsicht zu betrachten, da es an möglichem Einfluss der Kommunen fehlt. Vielleicht ist die Verlängerung der Öffnungszeiten in den Einkaufsstraßen ein Mittel um einer eventuellen Gefahr für die Vereinsamung der Innenstädte entgegen zu steuern. Eine wertmäßige Erfassung dieser Immobilie (Handelsflächen im Empfangshallenbereich von Bahnhöfen) wird sicherlich erst nach einer erfolgten Entwidmung möglich sein, wenn diese Form der Immobilie am Markt gehandelt wird und entsprechende Daten für die Ermittlung des Verkehrswertes bekannt werden. Dass dies nicht unmöglich sein wird, dafür spricht die rasante Entwicklung der „Bahn" in den vergangenen Jahren und der dadurch entstandene professionelle Umgang mit der „Immobilie".

1 Der International Council of Shopping-Centers definiert ein Shopping-Center als eine Anzahl von Handels- und Dienstleistungseinrichtungen, welche als eine einheitliche Immobilie geplant, finanziert und verwaltet wird.

4. Quellen

Atisreal

BauGB

Betriebsvergleich des Einzelhandels IfH

Brockhoff & Partner

DB AG Berlin

DB Immobilien

DB Station & Service AG

GuG 2000 -2006

Gutachterausschuss der Stadt Frankfurt

ImmoWertV

Jones Lang LaSalle

Kempers

Kleiber/Simon, Verkehrswertermittlung von Grundstücken

Stadt Frankfurt – Bauaufsicht

WertR 06

XIII. Tankstellen

Dipl.-Volkswirt Joachim Schubach

1. Definition

Tankstellen sind der Gruppierung gewerblich genutzte Sonder- und Spezialimmobilien zuzuordnen. Diese Art von Immobilie wurde für einen bestimmten Nutzungszweck konzipiert. Ursprünglich wurden Tankstellen ausschließlich zum Verkauf von Treibstoffen betrieben. Daneben erwirtschaften moderne Tankstellen ihren Umsatz durch zusätzliche Standbeine (so genannter Folgemarkt) wie Shop, Werkstatt, Wagenwäsche, wobei sich die Gewichte der einzelnen Standbeine immer weiterverschieben. Tankstellen sind heute als Versorgungsstation für den motorisierten Kunden zu bezeichnen, mit Verkaufsflächen von bis zu 250 Quadratmetern. Bezogen auf den Bruttoverdienst beträgt der Anteil des Kraftstoffverkaufs lediglich noch etwa 25 Prozent, während der Shopanteil etwa 50 Prozent beträgt. Die Werkstatt spielt immer mehr eine untergeordnete Rolle.

Die folgende Tabelle beinhaltet Eckdaten der Tankstellenbranche (West):

Autobahntankstellen	**358**
Kraftstoffabsatz Liter pro Jahr	4.002.569 l
Steuerbarer Umsatz	996.008 €
davon Personalkosten	115.564 €
Provision pro Liter (Pacht-TS)	1,56 ct
Pacht pro Liter (Pacht-TS)	1,69 ct
Gewinn (Pacht-TS)	33.263 €
Waschumsatz	50.523 €
Straßentankstellen gesamt	ca. 15.000
Autobahntankstellen	358

Abb. 1: BTG-MINDEN, Jahresbericht 2009, Seite 20 f.

Nach Kleiber/Simon[1] können Tankstellen unterschieden werden nach

- ihrer Lage: Straßentankstelle, Autobahntankstelle, Supermarkttankstelle („Billigsprit")
- ihrer Ausstattung: Tankstelle mit und ohne Shopbetrieb, Autohof
- ihrer Betreiberform: Freie- und Markentankstelle

1 Kleiber, Verkehrswertermittlung von Grundstücken, Kommentar und Handbuch zur Ermittlung von Verkehrs-, Versicherungs- und Beleihungswerten, Bundesanzeiger Verlag, 6. Auflage, 2010, S. 2223 Rn. 485

Bei der Beantwortung der Frage nach dem Wert der Tankstelle ist zunächst zu klären, in welcher Funktion der Sachverständige tätig wird. Es werden drei Funktionen unterschieden:[2]

- Neutraler Gutachter: Aufgabe: objektivierte Wertermittlung als typisierter Zukunftswert, unabhängig von den individuellen Vorstellungen der betroffenen Parteien
- Berater: Aufgabe: subjektive Wertermittlung als Entscheidungswert, der zum Beispiel angeben kann, was – unter Berücksichtigung der vorhandenen individuellen Möglichkeiten und Planung – ein bestimmter Investor für die Tankstelle höchstens anlegen darf (Preisobergrenze) oder ein Verkäufer mindestens verlangen muss (Preisuntergrenze)
- Schiedsgutachter: Aufgabe: Ermittlung eines Einigungswertes in einer Konfliktsituation unter Berücksichtigung der verschiedenen Vorstellungen der Parteien

Die folgenden Ausführungen beziehen sich auf die Funktion des neutralen Gutachters, der mit nachvollziehbarer Methodik den Verkehrswert entsprechend der Definition in § 194 Baugesetzbuch als objektivierten Wert zu ermitteln hat. Der objektivierte Wert ergibt sich ohne Berücksichtigung subjektiver Wertschätzungen speziell Interessierter. Das Unternehmen wird so bewertet „wie es steht und liegt", das heißt, der objektivierte Unternehmenswert drückt den Wert eines innerhalb des vorhandenen Unternehmenskonzepts fortgeführten Unternehmens aus.

2. Markttrends

Die Anzahl der Tankstellen in Deutschland ist stabil. Zum 01. Januar 2011 sind in Deutschland 14.744 Tankstellen verzeichnet. Der Spitzenwert von 47.000 stammt aus dem Jahre 1969 und bezieht sich allein auf Westdeutschland.[3] „Im Vergleich zum Vorjahr hat die Zahl der Anlagen allerdings nur mäßig abgenommen und folgt damit dem Trend der vergangenen Jahre. Auch in Zukunft ist nur mit einem langsamen „Tankstellensterben" zu rechnen, denn es wird an der Tankstelle weiterhin so viel Geld verdient, dass ein „Weitermachen „gegenüber der kostenträchtigen Stilllegung allemal die bessere Alternative ist."[4]

---

2 IDW ES 1: Grundsätze zur Durchführung von Unternehmensbewertungen, IDW Verlag Düsseldorf, 2007, S. 5
3 Vgl. Energie Informationsdienst, EID-05-2011. Im Internet erhältlich unter: http://www.eid-aktuell.de/2011/01/31/14-744-tankstellen-in-deutschland-eid-umfrage-zum-1-januar-2011/
4 Vgl. Energie Informationsdienst 06/2007, Fakten, Argumente, Analysen, EID-Umfrage zum 01. Januar 2007, S.1.

Jahr	Straßentankstellen	Autobahntankstellen	Insgesamt
2005 (1.1.)	15.070	358	15.428
2005 (1.7.)	14.950	374	15.324
2006 (1.1.)	14.811	376	15.187
2006 (1.7.)	14.735	376	15.111
2007 (1.1.)	14.659	377	15.036
2007 (1.7.)	14.599	376	14.975
2008 (1.1.)	14.527	375	14.902
2008 (1.7.)	14.506	377	14.833
2009 (1.1.)	14.447	379	14.826
2009 (1.7.)	14.444	378	14.822
2010 (1.1.)	14.410	375	14.785
2010 (1.7.)	14.407	375	14.782
2011 (1.1.)	14.376	377	14.744

Tab. 1: Tankstellen in Deutschland [5]

Professor Schneck stellt die These auf, dass sich die Anzahl der Tankstellen einer Untergrenze genähert hat, zumal die Tankstellendichte in Deutschland eine der niedrigsten in Europa ist und Tankstellenunternehmen zunehmend ihre Geschäftsaktivitäten auf neue bzw. weitere Geschäftsfelder ausdehnen. Während rund die Hälfte aller Tankstellen in Europa über einen Shop-Betrieb verfügt, konzentrieren sich in Deutschland lediglich noch drei Prozent ausschließlich auf den Kraftstoffverbrauch. [6]

Für zum Verkauf stehende Tankstellen finden sich heute zunehmend Interessenten und Käufer, der Schrumpfungsprozess hat zu einer Qualitätssteigerung der verbliebenen Einzelstandorte geführt. Die Einführung alternativer Kraftstoffe verstärkt die Standortnachfrage.

3. Wertermittlung

Die Ermittlung des Wertes einer Tankstelle erfolgt mittels des Ertragswertverfahrens. Die zentrale Größe des Ertragswertverfahrens in Bezug auf die Bewertung von Tankstellen ist die zu kapitalisierende, nachhaltig erzielbare Pacht als kalkulatorische Größe (Pachtwertverfahren als modifiziertes Ertragswertverfahren). Bei der Schätzung dieser Ausgangsgröße stehen betriebswirtschaftliche Fragestellungen im Vordergrund, da die tragbare Pacht aus den Umsätzen abzuleiten ist. Da sich der Umsatz auf mehrere Standbeine mit sehr unterschiedlichen Gewinnspannen verteilt, sind die Pachtanteile bezogen auf die Umsätze folgender Geschäftsbereiche abzuleiten:

5 Energie Informationsdienst 05/2011, Fakten, Argumente, Analysen, Tankstellen Special, S.2.
6 Schneck, Rating: Branchenstudie Tankstellenmarkt, Reutlingen, Aktualisierung Dez. 2009, S. 13.

- Kraftstoffabsatz in Liter pro Jahr
- Shopumsatz pro Quadratmeter Verkaufsfläche
- Umsatz der Waschanlage
- Umsatz mittels Sonstiger Dienstleistungen

Der Sachverständige in seiner Funktion als neutraler Gutachter hat entsprechend der Definition des Verkehrswertes in § 194 des BauGB als Basiswert des Ertragswertverfahrens eine fiktive, objektive Pacht zu ermitteln, unter Berücksichtigung der speziellen Rahmenbedingungen der zu bewertenden Tankstelle, wie Verkehrsaufkommen, Struktur des Teilmarktes sowie Chancen und Risiken. Mithin ist zunächst die Frage zu beantworten, welcher Umsatz zukünftig von einem durchschnittlichen Tankstellenbetreiber der zu bewertenden Tankstelle erzielt wird, bezogen jeweils auf die vorgenannten vier Standbeine. Sodann ist die angemessene, nachhaltig erzielbare Pacht, wiederum bezogen auf die vier Standbeine, zu ermitteln.

Beispiel

Bei der zu bewertenden Tankstelle ist entsprechend der betriebswirtschaftlichen Auswertung der Gewinn- und Verlustrechnungen (GuV) der letzten drei bis fünf Jahre unter Eliminierung der besonderen positiven und negativen Qualitäten des bisherigen Tankstellenbetreibers und unter Berücksichtigung der speziellen Rahmenbedingungen zukünftig von folgenden Umsätzen auszugehen:

Kraftstoffabsatz:	*5.000.000 Liter pro Jahr*
Shopumsatz:	*8.000,– €/m² bei einer Shopgröße von 125 m²*
Umsatz Waschanlage:	*50.000,– € pro Jahr*
Umsatz Sonstige Dienstleistungen:	*10.000,– € pro Jahr*

3.1 Standortanforderungen

Der Standort der Tankstelle hat einen maßgeblichen Einfluss auf die zu prognostizierenden Umsätze. Folgende Standortfaktoren und Kenngrößen sind in diesem Zusammenhang maßgeblich:[7]

Mikrobereich	+ über 50 m lange Straßenfront + gut sichtbar + unproblematische Zu- und Abfahrt
Lage	+ Ausfallstraße, ausfahrend rechts + Pendlerverkehr + möglichst über 10.000 Kfz pro Tag
Einzugsbereich	+ über 10.000 Einwohner

7 Rathjen, der Grundstücksmarkt für Straßentankstellen, Besonderheiten bei der Wertermittlung, Studienarbeit SS 2003, TU Braunschweig, S. 37.

Konkurrenzsituation	+ wenige Wettbewerber + am Straßenzug die erste
Größe	+ über 800 m² Fläche, mit Dienstleistungen 2.500 bis 4.000 m², bei hohem LKW-Anteil über 5.000 m² + quadratischer Zuschnitt + Arrondierungspotenzial
Planungsrecht	+ Planungsrechtliche Freiheiten, auch in absehbarer Zukunft + keine Einschränkungen (Wasserschutzzone)

Für das Segment Shopgeschäft ist auch die Anzahl der Haushalte im fußläufigen Einzugsbereich von Bedeutung. In der Literatur führt Pohnert folgende Standortkriterien an: „Für eine Tankstelle ist ein Verkehrsaufkommen von mind. 30.000 Kfz/ 24 Std. erforderlich. Für Autohöfe sind mind. 70.000 Kfz/ 24 Std. mit einem LKW-Anteil von mind. 20 % die Richtgröße".[8] Demnach ist tendenziell der Wert einer zu bewertenden Tankstelle umso höher, je besser die Werte bezogen auf die einzelnen Standortkriterien sind.

3.2 Pachtansätze

Die Gesamtpacht setzt sich aus den vier Bereichen: Kraftstoffumsatz, Shopumsatz, Umsatz der Waschanlage und Umsatz mittels Sonstiger Dienstleistungen zusammen. Die Ermittlung der Pachtansätze beantwortet nunmehr die Frage, welche angemessene, nachhaltig erzielbare Pacht in Relation zu den ermittelten Umsatzgrößen in Bezug auf die vier Geschäftsbereiche der Ertragswertermittlung zu Grunde zu legen ist.

Bezüglich des Bereiches Kraftstoffumsatz ist im zuvor aufgezeigten Beispiel davon auszugehen, dass an der zu bewertenden Tankstelle zukünftig 5.000.000 Liter pro Jahr verkauft werden. Die durchschnittliche Pacht, welche bei einer Literzahl von 5.000.000 von den Pächtern an die Mineralölgesellschaften gezahlt wurde, beträgt im Jahr 2009 1,68 Cent/ Liter.[9] Bezogen auf eine Literzahl von 5.000.000 errechnen sich 84.000 Euro pro Jahr.

	2009		**2008**		
Umsatz in cbm	**Gesamt**	**Cent/l**	**Gesamt**	**Cent/l**	**Veränd. 09/08**
0.000 – 2.400	32.133	1,66	33.364	1,75	- 3,69 %
2.401 – 3.000	50.192	1,85	51.634	1,90	- 2,79 %
3.001 – 3.600	62.106	1,88	63.337	1,93	- 1,94 %
3.601 – 4.200	74.487	1,91	75.692	1,94	- 1,59 %
4.201 – 4.800	81.662	1,82	83.764	1,87	- 2,51 %
4.801 – 6.000	89.678	1,68	89.557	1,68	+ 0,14 %
6.001 – 8.400	97.298	1,42	102.076	1,48	- 4,68 %

8 Pohnert – Ehrenberg – Haase – Horn, Kreditwirtschaftliche Wertermittlung, Luchterhand Verlag, Neuwied, 6. Aufl., 2005, S. 400.
9 BTG Jahresbericht 2009, S. 25.

	2009		2008		
Umsatz in cbm	**Gesamt**	**Cent/l**	**Gesamt**	**Cent/l**	**Veränd. 09/08**
Über 8.400	139.374	1,37	123.742	1,23	+12,63 %
Gesamtmarkt West	**67.775**	**1,69**	**68.676**	**1,72**	**- 1,31 %**
Gesamtmarkt Ost	**49.330**	**1,25**	**47.928**	**1,21**	**+ 2,93**

Bei der Bewertung einer Tankstelle ist der ausgewiesene Wert von 1,68 Cent nicht die ausschlaggebende Größe im Rahmen der Ermittlung der angemessenen, nachhaltig erzielbaren Pacht als Basiswert (Jahresrohertrag) der Verkehrswertermittlung nach dem Ertragswertverfahren. Der Ertrag aus dem Verkauf des Kraftstoffes ist um einen Gewinnanteil der Mineralölgesellschaft zu erhöhen.

Erläuterung: Sofern zwei Mineralölgesellschaften über den Wert einer Tankstelle verhandeln, ermittelt man den Kaufpreis durch Ansatz der kalkulatorischen Pacht, unter zusätzlicher Berücksichtigung eines Anteils der internen Gewinnspanne durch die Lieferung der Litermenge an die potentiell zusätzliche Tankstelle. An dieser Stelle wird deutlich, dass bei der Bewertung von Spezialimmobilien auch Aspekte der Unternehmensbewertung einzubeziehen sind. Im Vergleich zu reproduzierbaren Wohn- und Geschäftshäusern, Mehrfamilienhäusern etc. ist eine Tankstelle nicht nur eine Immobilie, sondern sie ermöglicht dem Eigentümer, zumindest theoretisch, ein Unternehmen zu betreiben. Demnach muss der Sachverständige bei der Ermittlung des angemessenen Pachtansatzes den nachhaltig erzielbaren Ertrag des Unternehmens Tankstelle in das Kalkül einbeziehen.

Im Falle der Pachttankstelle, die sich im Eigentum einer Mineralölgesellschaft befindet, hat dies zur Konsequenz, dass die vom Pächter zu zahlende Pacht (im Beispiel 1,68 Cent / Liter) nur ein Aspekt des bei der Ertragswertermittlung bezüglich der Tankstelle einzusetzenden Pachtansatzes als Jahresrohertrag ist. Würde man lediglich die aus der obigen Tabelle in Bezug auf den Kraftstoffabsatz bezogene Pacht in Ansatz bringen, so würde dies zu einem zu niedrigen Wert der Tankstelle führen. Man stelle sich den Fall vor, ein Pächter mache der Mineralölgesellschaft als Eigentümerin den Vorschlag, die Tankstelle für die kapitalisierte tatsächliche Pacht abzukaufen. Die Mineralölgesellschaft würde sich auf diesen Vorschlag nicht einlassen, da die zu zahlende Pacht des Pächters nicht die alleinig ausschlaggebende Größe für den Wert der Tankstelle ausmacht. Anschaulich werden diese Überlegungen, wenn man bei der Wertermittlung eine Eigentümertankstelle unterstellt. Als Basiswert ist zum einen entscheidend, welcher Nettoerlös beim Verkauf eines Liters Treibstoffes insgesamt erzielt wird und zum anderen, welcher Anteil des Nettoerlöses als angemessene Pacht ermittelt wird. Man erreicht dies u.a. durch eine Analyse der betriebswirtschaftlichen Situation, anhand der Jahresabschlüsse der vergangenen letzten drei bis fünf Jahre. Für das Jahr 2009 ist von einer durchschnittlichen Marge (d.h. Verkaufspreis je Liter abzüglich Produkteinkaufskosten und Steuern) von durchschnittlich 8,46 Cent pro Liter auszugehen.[10]

Die Aufgabe des Sachverständigen besteht nun darin, durch Analyse der betriebswirtschaftlichen Daten aus den Jahresabschlüssen der letzten drei bis fünf Jahre den Anteil an dieser Marge zu bestimmen, der als Bestandteil der angemessenen nachhaltig erzielbaren Pacht in Ansatz zu bringen ist. In diesem Beispiel wird der Anteil der internen Gewinn-

10 Vgl. PSR Rating GmbH, Branchenstudie Tankstellenmarkt, 2009, S. 51.

spanne der Mineralölgesellschaften in Höhe von 1,00 Cent/ Liter als pauschale Größe angesetzt (lediglich bezogen auf die Beispielrechnung), sodass insgesamt von einem nachhaltig erzielbaren Ertrag in Höhe von 2,68 Cent/ Liter auszugehen ist. Dieser Betrag ist zu interpretieren, als jener, welchen die Mineralölgesellschaften bzw. ein Käufer einer Eigentümertankstelle bereit wären als Pacht/Liter für die baulichen Anlagen, einschließlich des Grundstücks der zu bewertenden Tankstelle zu bezahlen.

Für den **Kraftstoffumsatz** errechnet sich mithin folgender kalkulatorischer Pachtansatz pro Jahr:

5.000.000 Liter x 2,68 Cent = 134.000,00 € pro Jahr

Bereich Shopumsatz: Entsprechend dem Wert im obigen Beispiel ist davon auszugehen, dass der Shopumsatz bei der zu bewertenden Tankstelle zukünftig 8.000 Euro pro Quadratmeter und Jahr betragen wird. Bei der angenommenen Größe von 125 Quadratmeter errechnet sich ein Umsatz von 1.000.000 Euro pro Jahr. Aus der nachfolgenden Tabelle wird ersichtlich, dass der Deckungsbeitrag bei Eigentümertankstellen in Bezug auf den Shopumsatz 19,5 Prozent beträgt.[11]

	Pachttankstellen			**Eigentümer-tankstellen**
Warengruppe	**Umsatz in €**	**Deckungsbeitrag**	**Cent/Liter**	**Deckungsbeitrag**
Zubehör	8.224	8.224	36,7	0,21
Getränke, Spirituosen	127.962	34,8	3,26	36,0
Tabakwaren	425.254	7,1	10,85	9,2
Zeitschriften	48.396	20,0	1,23	23,0
Süßwaren	50.486	35,0	1,29	35,0
Fast Food	29.874	55,7	0,76	60,0
Lebensmittel	15.611	31,3	0,40	32,5
Telefonkarten	103.094	4,2	2,63	4,5
Sonstige Waren	15.526	27,5	0,40	32,0
Summe Shop	**824.427**	**16,7**	**21,16**	**19,5**

Der in der Literatur genannte Pachtansatz von drei bis vier Prozent ist wegen des hohen Deckungsbeitrages aus dem Shopumsatz bei Eigentümertankstellen auf fünf Prozent zu erhöhen. Für diesen Bereich errechnet sich mithin folgender kalkulatorischer Pachtansatz pro Jahr:

5 % von 1.000.000 € = 50.000 €/Jahr

Bereich Umsatz Waschanlage: Entsprechend dem Beispiel ist davon auszugehen, dass der Umsatz bei der zu bewertenden Tankstelle zukünftig 50.000 Euro pro Jahr betragen wird. Bezüglich des angemessenen Pachtansatzes werden in der Literatur 15 bis 20 bezie-

11 BTG-Jahresbericht 2006, S. 65.

hungsweise 30 Prozent vom Waschumsatz angegeben. Als gerundeter Mittelwert ist der Prozentsatz 25 zu wählen. Für das Standbein Nummer drei errechnet sich somit folgender kalkulatorischer Pachtansatz pro Jahr:

25 % von 50.000,– € = 12.500,– €/Jahr

Bereich Sonstige Dienstleistungen: Entsprechend dem Beispiel ist davon auszugehen, dass der Umsatz bei der zu bewertenden Tankstelle zukünftig 10.000 Euro pro Jahr betragen wird. Pohnert/Ott und Smolibowski nennen als angemessenen Pachtansatz 15 Prozent. Für das Standbein vier errechnet sich mithin folgender kalkulatorischer Pachtansatz pro Jahr:

15 % von 10.000,– € = 1.500,– €/Jahr

Zusammenstellung der Pachtansätze

Geschäftsbereich	Umsatz	Pachtansatz
Kraftstoff	5.000.000 Liter	134.000 € / Jahr
Shopumsatz	1.000.000	50.000 € / Jahr
Waschanlage	50.000	12.500 € / Jahr
Sonstige Dienstleistungen	10.000	1.500 € / Jahr
Kraftstoff		198.000 € / Jahr

Die so ermittelte nachhaltig erzielbare Pacht in Höhe von 198.000 Euro pro Jahr ist nun als Jahresrohertrag der Ausgangswert bei der Kapitalisierung im Ertragswertverfahren.

3.3 Ermittlung der Ertragskraft der baulichen Anlage:

In § 17, Abs. 1 S.1 ImmoWertV und § 18, Abs. 1 S.1 ImmoWertV ist geregelt:

Im Ertragswertverfahren wird der Ertragswert auf der Grundlage marktüblich erzielbarer Erträge ermittelt. Der Reinertrag ergibt sich aus dem jährlichen Rohertrag abzüglich der Bewirtschaftungskosten. Der Jahresrohertrag der zu bewertenden Tankstelle wurde zuvor in Höhe von 198.000 Euro pro Jahr ermittelt. Nach Pohnert/ Ott ist bei Tankstellen von folgenden durchschnittlichen Bewirtschaftungskosten auszugehen, die vom Eigentümer zu zahlen sind. Diese sind als Kostenposition vom Jahresrohertrag in Abzug zu bringen:

Verwaltungskosten:	2 bis 4 Prozent
Mietausfallwagnis:	4 bis 6 Prozent
Instandhaltungskosten:	2 bis 4 Prozent der Baukosten (abhängig von der Gestaltung des Pachtvertrages)

Im Beispiel werden die Bewirtschaftungskosten pauschal in Ansatz gebracht in Höhe von 20 Prozent vom Jahresrohertrag, mithin errechnet sich der jährliche Reinertrag wie folgt:

198.000 € – 20 % = 158.400 €

Entsprechend § 17, Abs. 3 ImmoWertV und § 20 ImmoWertV ist der um den Verzinsungsbetrag des Bodenwerts verminderte Reinertrag mittels des Vervielfältigers zu kapitalisieren, der sich aus dem Liegenschaftszins und der Restnutzungsdauer ableitet.

Liegenschaftszinssatz: Das erhöhte Risiko bei Spezialimmobilien (im Vergleich beispielsweise zu Wohn- und Geschäftshäusern) ist bei der Wahl des Liegenschaftszinssatzes zu berücksichtigen. In Bezug auf Tankstellen ist das allgemeine Branchenrisiko als hoch einzustufen. Den Liegenschaftszinssatz kann man als Spiegel des Risikos sowie als den Marktparameter im Ertragswertverfahren bezeichnet werden. In § 14 Abs. 3 S. 1 ImmoWertV ist er wie folgt definiert: „Die Liegenschaftszinssätze sind die Zinssätze, mit denen Verkehrswerte von Grundstücken je nach Grundstücksart im Durchschnitt marktüblich verzinst werden". Es ist die Frage zu beantworten, welche Verzinsung der „potenzielle Durchschnittskäufer" in Bezug auf den Kaufpreis verlangt.

Nach Kleiber ist die Höhe des Liegenschaftszinses abhängig vom Risiko zu wählen. Er bewegt sich in einer Bandbreite von 7,0 bis 8,5 Prozent. Bedenkt man die teilweise sehr unterschiedlich zu berücksichtigenden Risikofaktoren, bietet meines Erachtens die Bandbreite 6,0 bis 10,0 Prozent eine marktgerechtere Einschätzungsmöglichkeit folgender Risikofaktoren:

- Drittverwendungsmöglichkeit (Welche Alternativnutzungen sind standortbedingt vorstellbar?
- Änderung der Konkurrenzsituation (Ausbauvolumen bestehender Tankstellen, eventueller Tankstellenneubau im Einzugsgebiet der zu bewertenden Tankstelle)
- Auswirkung der Änderung von Ladenschlusszeiten (Stichwort: Supermarkt in der Nachbarschaft, der an den einnahmestärksten Zeiten bezogen auf die Tankstelle – Abendstunden, das Wochenende sowie Feiertage – demnächst eventuell geöffnet hat)
- Qualität der Lage der Tankstelle
- Altlastenrisiko (eventuell hoher Kostenfaktor)
- städtebauliche Entwicklung (Bsp.: eventuelle Änderung der Verkehrsströme)
- Tanktourismus (aktuell und zukünftig zu erwarten)

Bezüglich dieser Risikofaktoren sollten bei jeder Tankstellenbewertung entsprechend der speziellen Situation und Rahmenbedingungen Punkte zwischen eins und sechs (System Schulnote) entsprechend der Risikoeinschätzung vergeben werden, um anschließend die zu bewertende Tankstelle in die Bandbreite der Liegenschaftszinssätze sechs bis zehn Prozent einzuordnen.

Risikofaktor	1 Punkt	2 Punkte	3 Punkte	4 Punkte	5 Punkte	6 Punkte
Drittverwendungsmöglichkeit				x		
Konkurrenzsituation				x		
Ladenschlusszeiten				x		
Lage der Tankstelle			x			
Altlastenrisiko				x		
Städtebauliche Entwicklung	x					
Tanktourismus			x			

Summe der Punkte	7 – 10	11 – 14	15 – 18	19 – 22	23 – 26	27 – 30	31 – 34	35 – 38	39 – 42
Liegenschaftszins in %	6,0	6,5	7,0	7,5	8,0	8,5	9,0	9,5	10,0

Im Beispiel errechnen sich 23 Punkte, mithin wird der Liegenschaftszinssatz in Höhe von acht Prozent in Ansatz gebracht.

Restnutzungsdauer: Ausgehend von einer Gesamtnutzungsdauer von 15 bis 20 Jahren errechnet sich die Restnutzungsdauer als Differenz zwischen Gesamtnutzungsdauer und Alter, unter Berücksichtigung eines eventuell über- oder unterdurchschnittlichen Modernisierungsgrades der zu bewertenden Tankstelle, da die wirtschaftliche Restnutzungsdauer maßgeblich ist.

Im Beispiel beträgt die Restnutzungsdauer 10 Jahre

Bei einem Liegenschaftszinssatz von acht Prozent und einer Restnutzungsdauer von zehn Jahren errechnet sich nach der Formel für den Rentenbarwertfaktor der **Vervielfältiger 6,710** als Kapitalisierungsfaktor. Der Ertragswert im Beispiel errechnet sich nun wie folgt (Annahme: Bodenwert: 200.000,– €):

Jahresrohertrag:	198.000,00 €
abzüglich 20 % Bewirtschaftungskosten	39.600,00 €
Reinertrag	**158.400,00 €**
Bodenwertverzinsung 8 % von 200.000.-	16.000,00 €
Gebäudereinertrag	142.400,00 €
Vervielfältiger (bei Liegenschaftszinssatz 8 %	
und Restnutzungsdauer 10 Jahre)	6,71
Gebäudeertragswert	955.504,00 €
Bodenwert	200.000,00 €
Ertragswert	1.155.504,00 €
Verkehrswert	**1.150.000,00** €

4. Literaturhinweise

Bundesverband Tankstellen und gewerbliche Autowäsche e. V.: BTG Jahresbericht 2009

Energie Informationsdienst, Tankstellen Special, Fakten, Argumente, Analysen, Hrsg.: Elfert, Heino und Schürmann, Jürgen, 05/2011

IDW ES 1: Grundsätze zur Durchführung von Unternehmensbewertungen, IDW Verlag, Düsseldorf, 2002

Kleiber, Wolfgang: Verkehrswertermittlung von Grundstücken, Kommentar und Handbuch zur Ermittlung von Marktwerten (Verkehrswerten), Versicherungs- und Beleihungswerten unter Berücksichtigung der ImmoWertV, Bundesanzeiger Verlag, 6. Auflage, 2010

Peemöller, Volker: Praxishandbuch der Unternehmensbewertung, 2. Auflage, NWB-Verlag, Berlin, 2002

Pohnert, Fritz – Ehrenberg, Birger – Haase, Wolf-Dieter – Horn, Hans-Jörg: Kreditwirtschaftliche Wertermittlungen, Luchterhand Verlag, Neuwied, 6. Auflage, 2005

PSR Rating GmbH, Branchenstudie Tankstellenmarkt, Aktualisierung Dez. 2009

Rathjen, Holger: Der Grundstücksmarkt für Straßentankstellen, TU Braunschweig, Studienarbeit 2003.

Smolibowski, Gerhard: Fachzeitung GuG, Aspekte zur Bewertung von Tankstellen, 3/2005.

XIV. Grundstücke mit Windenergieanlagen (WEA)

Herbert Troff

1. Vorbemerkungen

Die Ereignisse von Fukushima in Japan (März 2011 – Erdbeben/Tsunami/AKW-Explosion) haben die öffentliche Diskussion um die Energiewende völlig verändert. Der Druck der Öffentlichkeit auf die Politik und die Verantwortlichen der Energiewirtschaft, den Ausstieg aus der Kernenergie zu beschleunigen, hat die bisherigen politischen Zielsetzungen um den Klimawandel und die Sicherheitsaspekte bei der Kernenergienutzung noch erhöht. Die Ziele der Bundesregierung sehen seit 2011 nach dem Erneuerbaren-Energien-Gesetz (EEG) 2012 eine Verdopplung des Anteils der regenerativen Energien am Gesamtverbrauch bis 2020 auf 35 Prozent vor. Der Anteil der Stromerzeugung aus erneuerbaren Energien soll bis 2030 [2050] sogar auf mindestens 50 Prozent [80 Prozent] steigen, so die inzwischen gesetzliche Regelung im EEG.

Diese Entwicklungen werden zu einem starken Anwachsen von Anlagen erneuerbarer Energien (Wind-, Photovoltaik, Solarthermie-, Geothermie- sowie Biogasanlagen) und somit auch zu immer mehr Wertermittlungsaufgaben von Grundstücken mit Anlagen Erneuerbarer Energien führen. Dies hat zur Folge, dass das Betätigungsfeld für Grundstückssachverständige sich wandeln wird. Die zentralen Herausforderungen im Bereich von Windenergieanlagen an Land (On-Shore) werden für den Sachverständigen im vorliegenden Beitrag dargestellt und Lösungsvorschläge zu folgenden Teilbereichen vorgeschlagen:

- Beurteilung geeigneter Modelle für eine Beteiligung der Grundstückseigentümer an der Wertschöpfung von Anlagen Erneuerbarer Energien (Umsatzbeteiligung),
- Beurteilung der Unterschiede der Betreiber und Grundstückseigentümerperspektive,
- Ermittlung der Bodenbewertung von Standort-, Zuwegungs- und umliegenden Agrarlandflächen,
- Ermittlung von Erlöspotenzialen auf Basis unterschiedlicher Normen zur Einspeisevergütung,
- Unterschiede bei der Ermittlung von einmaligen Ablösebeträgen und laufenden Nutzungsentgeltzahlungen,
- Vorgehensweise zur Aufteilung der Nutzungsentgelte zwischen den Anspruchsgruppen der betroffenen Flächen,
- Ableitung von Orientierungswerten für die Praxis,
- Wert vorhandener Windenergieanlagen,
- Auswirkungen des Einflusses der Windenergie auf umliegende Grundstücke.

In Deutschland sind bis Ende 2012 bereits 23.030 WEA (Stand: 31.12.2012) mit einer installierten Leistung von 31.307 MW (Mega-Watt) errichtet worden; dies entspricht auch der Leistung von 31 Atom-Kraft-Werken (AKW) der 1.000 MW- oder 1 GW-(Giga-Watt)-Klasse. Innerhalb Deutschlands liegen naturgemäß die Küstenländer wie beispielsweise Niedersachsen mit ihren windgünstigen Standorten an der Spitze; aber auch im Binnenland – beispielsweise im Bundesland Brandenburg – sind zunehmend WEA errichtet worden. Brandenburg nimmt im Ranking der installierten Leistung und bei der Anzahl der WEA inzwischen den zweiten Platz ein. Die Verteilung der On-Shore-WEA in den Bundesländern ergibt sich aus Tabelle 1:

Bundesland	**Anzahl**	**Leistung in MW**
Niedersachsen	5.477	7.333,47
Brandenburg	3.135	4.814,38
Sachsen-Anhalt	2.412	3.810,64
Schleswig-Holstein	2.920	3.571,42
Nordrhein-Westfalen	2.901	3.182,72
Mecklenburg-Vorpommern	1.507	1.950,33
Rheinland-Pfalz	1.245	1.927,60
Sachsen	844	1.002,54
Thüringen	641	899,59
Bayern	554	868,89
Hessen	705	802,24
Baden-Württemberg	382	501,56
Saarland	103	158,15
Bremen	77	149,01
Hamburg	58	52,75
Berlin	1	2,00
Nordsee – Offshore	46	229,50
Ostsee – Offshore	22	50,80
Gesamt	**23.030**	**31.307,60**

Tab. 1: Anzahl der WEA (Stand: 31.12.2012)
Quelle: Bundesverband WindEnergie –www-wind-energie.de

Die Tabelle 2 mit der europaweit installierten Windenergie-Leistung zeigt, dass bei der Nutzung der Windenergie Deutschland den ersten Platz einnimmt.

Land	Installierte Windenergie-Leistung in MW						
Deutschland	6.113	12.001	16.629	20.622	25.777	27.214	31.332
Spanien	2.538	4.830	8.263	11.615	19.149	20.676	22.796
Großbritannien	406	552	888	1.963	4.051	5.204	8.445
Italien	427	785	1.125	2.123	4.850	5.797	8.144
Frankreich	66	148	390	1.567	3.404	5.660	7.196
Portugal...	100	195	522	1.716	2862	3.898	4.525
Dänemark	2 364	2.880	3.117	3.136	3.465	3.752	4.162
Schweden	231	345	442	571	1.048	2.163	3.745
Polen	0	27	63	153	544	1.107	2.497
Niederlande	449	686	1.078	1.560	2.229	2.245	2.391
Rumänien	0	0	1	3	11	462	1.905
Griechenland	189	297	473	746	985	1.208	1.749
Irland	118	137	339	746	1.027	1.428	1.738
Österreich	77	140	606	965	995	1.011	1.378
Belgien	13	35	96	194	415	911	1.375
Österreich	79	139	606	965	995	1.011	1.378
Übrige Länder der EU	...	...	...	...	...	< 1.000	< 1.000
EU-27 Offshore	...	...	...	...	1.471	2.944	4.993
Europa EU 27 insgesamt	12.887	23.189	34.383	48.563	65.741	86.075	109.238

Tab. 2: In Europa installierte Windenenergie-Leistung (Stand: 31.12.2012)
Quelle: Bundesverband WindEnergie –www-wind-energie.de

2. Technische Daten

2.1 Errichtung und Technik

Einzelanlagen – Windfarm

WEA entstehen als Einzelanlagen oder in Windfarmen (auch sog. Windparks), die je nach ihrer Leistungsfähigkeit über unterschiedliche Ausmaße verfügen. Der Windenergie-Erlass von Nordrhein-Westfalen vom 03.03.2002 wurde durch Erlass vom 21.10.2005 ersetzt; der aktuelle Windenergie-Erlass NRW vom 11.07.2011 bezeichnet unter Windfarm beispielsweise die Planung oder Errichtung von mindestens drei WEA, die sich innerhalb einer bauleitplanerischen Fläche befinden, oder nahe beieinander liegen. Orientierungswert ist das Achtfache des Rotordurchmessers oder die gemeinsame Einwirkung (entsprechend Nr. 2.2 TA-Lärm[1]) auf einen Immissionsort; der größere Abstand ist maßgeblich.

Zur Errichtung einer Windenergieanlage sind umfangreiche Genehmigungsverfahren zu durchlaufen, um die planungs- und bauordnungsrechtlichen Bedingungen abzuklären. Das Bundesverwaltungsgericht hat mit Urteil vom 30.06.2004 – 4 C 9.03 – den Begriff der immissionsschutzrechtlich genehmigungsbedürftigen Windfarm neu definiert. Danach kommt es bei der Frage, ob eine Windfarm vorliegt, allein darauf an, ob drei oder mehr Windkraftanlagen einander räumlich so zugeordnet sind, dass sich ihre Einwirkungsbereiche überschneiden oder wenigstens berühren. Eine Mehrzahl von Betreibern schließt nun das Vorliegen einer Windfarm nicht aus.

Der **Typ einer Windenergieanlage** ist bestimmt durch die Typenbezeichnung, die Rotorkreisfläche, die Nennleistung und die Nabenhöhe gemäß den Angaben des Herstellers.

WEA-Typ Nennleistung	**Baujahre**	**Naben-höhe** (NH) [m]	**Rotordurch-Messer** (RD) [m]	**Durchschnittliche Energieleistung** pro Jahr am Standort in optimierter Nabenhöhe*
200/300 kW	ab 1990	40/50	30 – 33	vom 1.700-fachen [bei mäßigem Standort /Binnenland)] bis zum 3.500-fachen der Nennleistung [bei sehr gutem Standort (Küste/Bergkuppen)] **)
500/600 kW	ab 1995	50/65	40 – 45	
1.500 kW	ab 1997	65/100	65 – 70	
1.800 –2.000 kW	ab 1999	70/100	66 – 80	
2.000 – 3.000 kW	ab 2001	> 100	75 – 90	
5.000 kW	ab 2005	> 120	> 110	
6.000 – 7.500 kW	ab 2010	> 125	> 125	

*) abhängig von der Lage, Geländerauhigkeit und der Windgeschwindigkeit in Nabenhöhe
**) entspricht der Laufzeit einer WEA von 1.700 bis 3.500 Stunden pro Jahr bei Volllast der jeweiligen Nennleistung in kW; beispielsweise errechnet sich die Jahresenergieleistung einer 1.500 kW – WEA bei einer Laufzeit bei Volllast von 2.200 h folgendermaßen: 1.500 kW x 2.200 h = 3.300.000 kWh

Tab. 3: Technische Daten von WEA

2.2 Herstellungskosten/Nutzungsdauer von WEA

In der nachfolgenden Tabelle 4 werden Herstellungskosten und Nutzungsdauern von Windenergieanlagen angegeben:

1 TA-Lärm = Technische Anleitung zum Schutz gegen Lärm – TA – Lärm vom 26.08.1998 (GMBl. S. 503)

Herstellungskosten von Windenergieanlagen (WEA) in Deutschland incl. Nebenkosten für Fundamente, Anschlüsse, Straßen-/Wegebau bei On-Shore-WEA					
WEA-Typ	**Jahr der Herstellung**	**Nennleistung (NeL) in kW**	**Turmhöhe in m**	**Herstellungskosten €/kW NeL**	**Nutzungsdauer (ND) für On-Shore-WEA**
WEA mit Getriebe	1995 2000 2005 2010 2012	600 1.500 2.000 2.500 3.000 bis 7.500	60 70 90 100 135	900 1.000 1.100 1.150 1.100	20 – 25 Jahre
WEA ohne Getriebe	1995 2000 2005 2010 2012	600 1.500 2.000 2.500 3.000 bis 7.500	60 70 90 100 135	1.050 1.150 1.250 1.300 1.200	20 – 25 Jahre

Tab. 4: Herstellungskosten und Nutzungsdauern

Beispiel: Ermittlung der Herstellungskosten einer WEA

Typ Enercon E82 (getriebelos), Herstellungsjahr/Baujahr 2010, Nennleistung 2,5 MW (2.500 kW), Turmhöhe 100 m

Herstellungskosten im Jahre 2010: 2.500 kW x 1.300 €/kW = 3,25 Mio.

Im Einzelfall können die Herstellungskosten aufwandsabhängig um durchaus +/- 10 bis 15 % von den obigen Tabellenwerten abweichen.

Herstellungskosten von Off-Shore-WEA

Die Herstellungskosten von Off-Shore-WEA lagen nach den Ergebnissen der ersten Off-Shore-Windparks in der Nordsee beim 3,0 bis 3,5-fachen der obigen Tabellenwerte; beispielsweise beim ersten deutschen Off-Shore-Windpark „Alpha Ventus" in der Nordsee mit 12 WEA (mit Getriebe) von je 5 MW-Nennleistung bei 4.200 €/kW NeL.

Herstellungskosten für Kleinwindenergieanlagen

Bei Kleinwindenergieanlagen mit Nennleistungen zwischen 0,1 bis 75 kW und Rotordurchmessern zwischen 0,5 bis 15 m liegen die Herstellungkosten zwischen dem zwei- bis vierfachen (2.000 bis 4.000 €/kW NeL). Bis zur Mastenhöhe von 10 m ist die Errichtung in den meisten Bundesländern genehmigungsfrei (richtet sich nach den jeweiligen Landesbauordnungen).

Beziehungen zwischen Windenergieanlagen und Grundstückseigentümer

Die Betreiber von WEA sind in der Regel nicht die Eigentümer der Standortflächen, so dass mit den Eigentümern von Standort- und Gestattungsflächen (Baulasten-/Abstandsflächen) entsprechende vertragliche Vereinbarungen (Pachtnutzungsverträge) zur Betreibung von WEA abgeschlossen werden. Vereinbart werden Zeiträume, die sich im Idealfall über die gesamte Betriebsdauer von WEA erstrecken. Die Verträge sehen hierzu im Regelfall eine feste Laufzeit von 20 Jahren mit zwei bis zu vier Optionen für die Betreiber von je fünf Jahren vor, wodurch die maximale Laufzeit bis zu 40 Jahren betragen kann.

2.3 Planung der WEA-Standorte

Bereits mit dem Gesetz zur Änderung des BauGB vom 08.08.1996 (BGBl. I S.1189) zählen seit dem 01.01.1997 WEA zu den »privilegierten Vorhaben« im Außenbereich nach § 35 Abs. 1 Nr. 5 BauGB. In Flächennutzungsplänen können die Gemeinden nach § 5 i.V.m. § 35 Abs. 3, Satz 3 BauGB „Vorrang- oder Konzentrationszonen für WEA" festlegen.

WEA-Vorhaben können planungsrechtlich zugelassen werden

- im Geltungsbereich eines Bebauungsplanes nach § 30 BauGB mit besonderer Ausweisung als Sondergebiet „Windfarm" und auf Versorgungsflächen,
- im unbeplanten Innenbereich nach § 34 Abs. 2 BauGB und
- im Außenbereich nach § 35 Abs. 1 Nr. 1 oder Nr. 6 sowie
- über eine Umweltverträglichkeitsprüfung (UVP); UVP- pflichtige Vorhaben, siehe Anlage 1 des Gesetzes über die Umweltverträglichkeitsprüfung (UVP) vom 21. Februar 1990 (BGBl. I S.205), geändert durch Artikel 1 des Gesetzes vom 27. Juli 2001 (BGBl. I S.1950) in der Fassung der Bekanntmachung vom 24.02.2010 (BGBl. II S. 94), das wiederum durch Artikel 3 der Verordnung vom 18. 05.2011 (BGBl. I S. 892) geändert worden ist.

Die Genehmigungspflicht ist jeweils nach Landesbauvorschriften geregelt. Die Abstandsvorschriften der WEA sind abhängig von der Leistung, der Nabenhöhe und des Rotordurchmessers der WEA.

Bestimmung der Abstände von WEA zu

- Einzelgebäuden/Ortslagen,
- Nachbargrenzen und
- benachbarten WEA, siehe

  Landesrechtliche Vorschriften zur Errichtung von WEA:

  Die Länder haben für die Errichtung von Windenergieanlagen landesrechtliche Vorschriften (sog. Windenergieerlasse) erlassen, in denen Einzelheiten geregelt sind, beispielsweise:

  - Baden-Württemberg vom 09.05.2012
  - Bayern vom 20.12.2011
  - Brandenburg vom 16.09.2009
  - Hessen vom 17.05.2010
  - Niedersachsen vom 05.11.2004
  - Nordrhein-Westfalen vom 11.07.2011
  - Sachsen-Anhalt vom 07.10.2004
  - Schleswig-Holstein vom 05.04.2011

Abstand zu Einzelgebäuden/Ortslagen

Bei der Planung und Ermittlung der Abstände der WEA zu Siedlungsgebieten und zu Wohngebäuden ist grundsätzlich sicherzustellen, dass die jeweils maßgeblichen Werte der TA-Lärm eingehalten werden, damit sich Entschädigungsforderungen wegen möglicher Immobilienwertminderung außerhalb der Abstandsradien (situationsbezogen 300 m bis 750 m) nicht begründen lassen (Gebot der gegenseitigen Rücksichtnahme). Im Rahmen eines OVG-NRW-Urteils vom 30. November 2001 wurden im konkret zu entscheidenden Fall für die Ausweisung einer „Vorrangzone für Windkraftanlagen" durch die Gemeinde folgende Abstände als „nicht zu hoch gegriffen" angesehen:

- von 300 Meter zu Einzelgebäuden und Gehöften,
- von 300 bis 500 Meter zu überwiegend außerhalb des Ortszusammenhangs liegender Wohnbebauung (je nach unterschiedlichen Himmelsrichtungen), sowie
- von 500 bis 750 Meter zu überwiegend im Ortszusammenhang liegender Wohnbebauung (gleichfalls je nach unterschiedlichen Himmelsrichtungen).

Abstand zu Nachbargrenzen

Die Ermittlung der WEA-Abstände zu zustimmungspflichtigen Nachbarn (Nachbargrenzen), (H), richtet sich nach Landesbauvorschriften und wird beispielsweise

- in **Niedersachsen** nach der Formel **H = Nabenhöhe + Radius / sin (45°)** ermittelt; teilweise sind einseitig auch ½ H zulässig (Schmalseitenprivileg).

BEISPIEL

WEA-Typ: 1.500 kW-Anlage; Nabenhöhe = 86 m; Rotordurchmesser = 70 m

H = 86 m + 35 m / 0,7071 = 135,50 m

= Radius der zustimmungspflichtigen Nachbarflächen/Gestattungsflächen.

In Nordrhein-Westfalen nach Nr. 4.3.1 WEA-Erlass-(WEAErl) vom 03.05.2002 nach der Formel H = ½ Nabenhöhe + Radius (vom Rotor) ermittelt (ohne Schmalseitenprivileg).

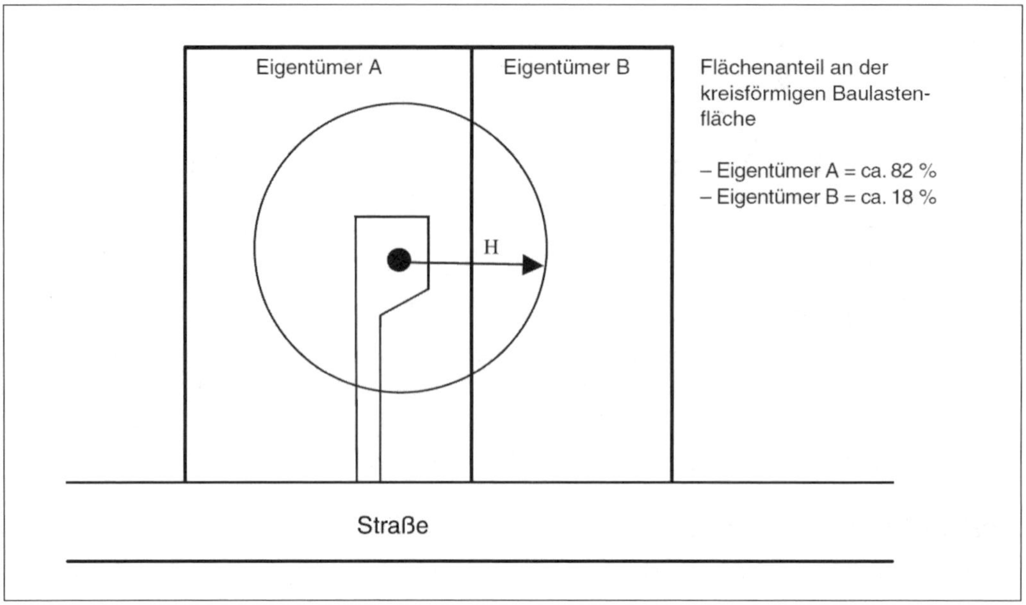

Abb. 1: WEA und benachbarte Grundstücksgrenzen
Soweit H in dem Bereich der Eigentumsfläche von B reicht, ist Eigentümer B im Baugenehmigungsverfahren zustimmungspflichtig.

Abstand zu benachbarten WEA

Die Abstände zu benachbarten WEA sind zur Vermeidung von Windabschattungen unterschiedlich. Es werden folgende Erfahrungswerte empfohlen:

- bis zum 8-fachen Rotordurchmesser (RD) in Hauptwindrichtung und
- bis zum 5-fachen Rotordurchmesser (RD) in Nebenwindrichtung.

$A_{\text{Nebenwindrichtung}} = 70\text{ m} \times 5 = 350\text{ m}$

$A_{\text{Hauptwindrichtung}} = 70\text{ m} \times 8 = 560\text{ m}$

Die Abstände der WEA in Windparks werden gelegentlich auch kleiner gewählt. Der NRW-WEA-Erlass 2002 empfiehlt zur optimalen Ausnutzung des hereinkommenden Windes und des Gebotes der gegenseitigen Rücksichtnahme, in einem Winkelbereich von plus/minus 30 Grad zur Achse der Hauptwindrichtung vor den benachbarten WEA das achtfache ihres Rotordurchmessers als Abstand einzuhalten; in allen übrigen Windrichtungen das vierfache des Rotordurchmessers.

Flächenverbrauch (F) bei Windparks

Der Flächenverbrauch für Umlageflächen (Gesamtfläche der Windfarm, die flächenhafte Nutzungsentgelte erhalten) ergibt sich nach obigem Beispiel:

zu 350 m x 560 m = 19,6 ha.

Der Flächenverbrauch wird von den WEA-Betreibern/-Planern für Windparks anlagenabhängig mit 10 bis 20 Hektar pro WEA angegeben.

Flächenverbrauch (F) bei Einzelstandorten durch Baulastenfläche

Bei Einzelstandorten wird der Flächenverbrauch für die Standort- und Abstandsflächen (Eintragung einer Baulast oder Dienstbarkeit) je nach Landesvorschrift beispielsweise mit

$F = (H)^2 \times \pi$

mit obigem Beispiel bei einer 1.500 kW-Anlage und einem Abstandsradius von H = 89 (63) Meter wie folgt ermittelt

$F_{H89m} = (89\ m)^2 \times 3{,}14 = 24.872\ m^2$ = ca. 2,5 ha

$F_{H63m} = (63\ m)^2 \times 3{,}14 = 12.463\ m^2$ = ca. 1,25ha

Für die Errichtung einer Windenergieanlage (Einzelanlage) werden als Standortfläche je nach Größe der Anlage und des erforderlichen Fundaments zwischen 150 bis 350 Quadratmeter Fläche benötigt sowie eine Zuwegungsfläche bis zur nächsten öffentlichen Strasse.

2.4 Stromeinspeisevergütung

Auf der Grundlage des Stromeinspeisegesetzes vom 7. Dezember 1990 (BGBl. I. S. 633), geändert am 19. Juli 1994 (BGBl. I. S. 1622), erhielten die Betreiber 1996 für die Lieferung von Strom aus WEA von Versorgungsunternehmen 17,21 Pfg./kWh (1997 = 17,14/kWh; 1998 = 16,78 Pfg./kWh). Nach § 7 des »Gesetzes für den Vorrang Erneuerbarer Energien« – Erneuerbare-Energien-Gesetz-**EEG 2000** vom 29. März 2000 (BGBl. I S. 305), gelten folgende Stromeinspeisevergütungen für Strom aus WEA bis zum Errichtungsjahr 2001:

17,8 Pfg/kWh - an allen Standorten für die ersten fünf Jahre,

= 9,10 Cent/kWh [2] danach standortabhängig bis max. ca. 20 Jahre bzw.

12,1 Pfg/kWh - für die restliche Betriebsdauer

= 6,19 Cent/kWh

Die Einspeisevergütung reduzierte sich in Abhängigkeit vom Errichtungsjahr der WEA bis zum 01.08.2004 (Inkrafttreten des Gesetzes zur »Neuregelung des Rechts der Erneuerbaren Energien im Strombereich« vom 21. Juli 2004 – EEG 2004 (BGBl. I S. 1918)) jährlich um 1,5 % und danach jährlich um 2,0 Prozent (vgl. Tab. 5). Seit dem 01.01.2009 (EEG 2009) beträgt die Reduktion aufgrund der Degression ein Prozent.

2 Mit Inkrafttreten des 9. Euro-Einführungsgesetzes vom 10.11.2001 (BGBl. I S. 2992)

Einspeisevergütung an Land (On-Shore)

Jahr der Errichtung der WEA	Höchster Betrag der Einspeisevergütung (Anfangsvergütung)	Niedrigster Betrag der Einspeisevergütung (Basisvergütung)	Beginn der Degression
2001	17,8 Pf. bzw. 9,10 Cent/kWh	12,1 Pf. bzw. 6,19 Cent/kWh	
2002	9,00	6,10	
2003	8,90	6,00	
2004	8,80	5,90	
2004	8,70	5,50	
2005	8,53	5,39	-2 %
2006	8,36	5,28	-2 %
2007	8,19	5,18	-2 %
2008	8,02	5,07	-2 %
2009[a]	9,20	5,02	-1%
2010[b]	9,11	4,97	-1 %
2011	9,02	4,92	-1 %
2012	8,93	4,87	-1 %
2013	8,84	4,82	-1,5 %[c]
2014	8,71	4,75	-1,5 %
2015	8,53	4,65	- 1,5 %
2016	8,41	4,58	- 1,5 %
2017	8,28	4,52	- 1,5 %

a. aufgrund der Änderungen des Erneuerbare-Energien-Gesetzes vom 25.10.2008 – **EEG 2009** – BGBl. I S. 2074). Die aufgeführten Einspeisevergütungen erhöhen sich ggf. noch um einen Repowering-Bonus (+ 0,5 Cent/kWh nach § 30 EEG) und einen Systemdienstleistungsbonus (+ 0,5 Cent/kWh nach § 29 Abs. 2, Satz 4)

b. durch Artikel 1 des 1. Gesetzes zur Änderung des Erneuerbare-Energien-Gesetzes vom 11. August 2010 (BGBl. I S. 1170) – EEG 2010 keine Änderungen der Einspeisevergütungen bei Windenergieanlagen

c. durch Artikel 1 des Gesetzes zur Neuregelung des Rechtsrahmens für die Förderung der Stromerzeugung aus erneuerbare Energien vom 28. Juli 2011 (BGBl. I S. 1634 – EEG 2012) nach § 20 Abs. 2 Nr. 7b

Tab. 5a: Einspeisevergütungen nach geltendem EEG in Abhängigkeit vom Jahr der WEA an Land (On-Shore) – Vergütungszeitraum: Errichtungsjahr + 20 Jahre

Einspeisevergütung auf See (Off-Shore)

Degression bis 2017: 0,0 %, ab 2018: 7 %;

Vergütungszeitraum 20 Jahre, beim Stauchungsmodell: 12 Jahre

Jahr der Inbetriebnahme der WEA	Erhöhte Anfangsvergütung Ct/kWh	Grundvergütung Ct/kWh	Anfangsvergütung im Stauchungsmodell Ct/kWh
2012	15,0	3,5	19,0
2013	15,0	3,5	19,0
2014	15,0	3,5	19,0
2015	15,0	3,5	19,0
2016	15,0	3,5	19,0
2017	15,0	3,5	19,0
2018	13,95	3,26	-
2019	12,97	3,03	-
2020	12,07	2,82	-

Tabelle 5b: Einspeisevergütungen nach EEG für WEA auf See (Off-Shore)

Bei der Errichtung von On-Shore-WEA vor dem 31.12.2001 betrug die Vergütung 17,8 Pf. pro Kilowattstunde (kWh) für die Dauer von fünf Jahren, gerechnet vom Zeitpunkt der Inbetriebnahme. Danach betrug die Vergütung für Anlagen, die in dieser Zeit windstandortabhängig 150 Prozent des errechneten Ertrages der Referenzanlage erzielt haben, mindestens 12,1 Pfennig pro kWh (Basisvergütung). Für WEA, deren Ertrag die 150 % des Referenzertrags unterschritten, verlängerte sich die Frist nach EEG für jedes 0,75 % unter diesem Betrag um zwei Monate. Für Altanlagen gilt nach EEG als Zeitpunkt der Inbetriebnahme der 01.04.2000. Für diese Anlagen verringert sich die Frist der erhöhten Vergütung um die Hälfte der bis zum 01.04.2000 zurückgelegten Betriebszeit; sie läuft jedoch in jedem Fall mindestens vier Jahre.

Dauer der erhöhten Anfangsvergütung

Um die Dauer der höheren Anfangsvergütung bei On-Shore-WEA zu ermitteln, kann im Internet der Windstrom-EEG Vergütungsrechner des Internationalen Wirtschaftsforums Regenerative Energien (IWR) – http://www.iwr.de/wind/eeg-rechner – genutzt werden. Unter Eingabe des WEA-typenbezogenen Referenzertrages in kWh (5-Jahreserträge eingeben), die vom Hersteller unter der vorgenannten Internetadresse für Anlagetypen mitgeteilt worden sind, und des realen 5-Jahres-Standortertrags (aus Windgutachten oder aus Vergleichsanlagen der Region), kann der Betrag der höheren Anfangseinspeisevergütung und der späteren, niedrigeren Basisvergütung ermittelt werden.

- Referenzanlage ist eine WEA eines bestimmten Typs, für die sich entsprechend ihrer von einer dazu berechtigten Institution vermessenen Leistungskennlinie an dem Referenzstandort ein Ertrag in Höhe des Referenzertrags errechnet.
- Referenzertrag ist die für jeden Typ einer Windenergieanlage einschließlich der jeweiligen Nabenhöhe bestimmte Strommenge, die dieser Typ bei Errichtung an dem Referenzstandort rechnerisch auf Basis einer vermessenen Leistungskennlinie in fünf Betriebsjahren erbringen würde. Eine Liste der Referenzerträge (5-Jahreserträge) der WEA von einzelnen Herstellern findet man jetzt unter www.wind-fgw.de (EEG/Referenzerträge).

Die Standortqualität für eine WEA ergibt sich als Quotient aus dem realen Standortertrag in kWh/Jahr und dem Referenzertrag in kWh/Jahr. Die Standortqualität bestimmt somit die Dauer der o.g. erhöhten Einspeisevergütung.

BEISPIEL: Ermittlung der Standortqualität für eine geplante WEA

$$\text{Standortqualität} = \frac{\text{Realer Standortertrag}}{\text{Referenzertrag}} = \frac{2.700.000 \text{ kWh} \times 5 \text{ Jahre}}{3.375.000 \text{ kWh} \times 5 \text{ Jahre}} = \frac{13{,}50 \text{ Mio. kWh}}{16{,}87 \text{ Mio. kWh}} = 80\ \%$$

= mäßiger Binnenlandstandort

Nach einer Auswertung des EEG-Vergütungsrechners wurde exemplarisch mit verschiedenen Standort- und WEA-Bedingungen die Dauer der erhöhten Anfangsvergütung ermittelt (Tabelle 6).

Region	Referenzertrag - Standortqualität	Dauer der erhöhten Anfangsvergütung Jahre	Volllastlaufzeit einer WEA Nabenhöhe < 100 m h/Jahr	Volllastlaufzeit einer WEA Nabenhöhe > 100 m h/Jahr
Küstenstandort	> **150,0 %** 120,0 %	5,0 11,7	~ 3.300	~ 3.900
Guter Binnenlandstandort	100,0 %	16,1	~ 2.200	~ 2.600
Mäßiger Binnenlandstandort	90,0 % < **82,5 %**	18,3 20,0	~ 1.800	~ 2.200

Tab. 6: Dauer der erhöhten Einspeisevergütung von WEA nach EEG

Die Betreiber von WEA sind entweder Eigentümer der Flächen, auf denen die Anlagen errichtet werden oder Gesellschaften, die die benötigten Standort- und Zuwegungsflächen für die Nutzungsdauer der Windenergieanlage pachten. Zur Absicherung der dem WEA-Betreiber vertraglich zustehenden Nutzungsrechte wird zu seinen Gunsten das Grundstück mit einer beschränkt persönlichen Dienstbarkeit belastet. In den Verträgen befinden sich Bestimmungen, die die Haftung des Betreibers umschreiben. Regelmäßig wird der Grundstückseigentümer von Ansprüchen Dritter freigestellt, die während des Baus, des Betriebs und der Unterhaltung einer Windenergieanlage entstehen. In den Verträgen wird in der Regel auch festgelegt, dass Flurschäden für den Fall zu ersetzen sind, dass diese während der Errichtung, der Unterhaltung und des Abbaus der Windenergieanlage entstehen. Nach Ablauf der Vertragszeit ist der Betreiber zur Beseitigung der Windenergieanlage auf eigene Kosten verpflichtet.

2.5 Repowering von WEA

Beim Repowering werden Windenergieanlagen der ersten Generationen durch moderne, effizientere Turbinen ersetzt. Bei einer Halbierung der Anlagenzahl und gleichzeitiger Verdoppelung der Leistung kann durch effizientere Nutzung der Standorte eine Verdreifachung des Ertrags erreicht werden. Moderne Windenergieanlagen nutzen das Windangebot besser aus, die Erzeugungskosten für Windstrom können so deutlich sinken.

Technisch auf dem neuesten Stand entwickelte Anlagen lassen sich sehr viel besser in das elektrische Netz integrieren – sie produzieren nicht nur konstanter mehr Energie, sondern erbringen auch Dienstleistungen im Rahmen des Gesamtsystems, insbesondere der Stromnetze. Die Zahl der Anlagen wird sichtbar reduziert. Eine große Chance besteht darin, alte Anlagen, die häufig verstreut und nahe an bebauten Gebieten stehen, abzubauen und den Neubau von Anlagen zu ordnen. Große Windenergieanlagen mit aktueller Technik verfügen außerdem über deutlich geringere Drehzahlen, sie wirken damit optisch verträglicher als die schnell drehenden Rotoren älterer Anlagen. Leisteten diese in den 1990er Jahren noch 40 bis 60 Umdrehungen in der Minute, sind es bei den Nachfolgemodellen von heute lediglich zehn bis 20 Umdrehungen. Auch beim Immissionsschutz können moderne Anlagen punkten – sie sind weniger lärmbelastend als Altanlagen. Bei der Neuplanung wird der aktuelle Stand des Immissionsschutzrechts berücksichtigt. Mögliche Konflikte mit dem Naturschutz an den alten Standorten können bei der Neuplanung ebenfalls gelöst werden. Seit dem EEG 2009 wird ein Repoweringbonus (+0,5 Cent/kWh) als Anreiz für Repowering gewährt.

Demontagekosten einer WEA

Allgemein können die Rückbau-/Demontagekosten einer WEA mit ca. 7 % der Neubauherstellungskosten angesetzt werden. Zur Sicherstellung der Ansprüche des Grundstückseigentümers auf Beseitigung und Entsorgung (Demontage) der Windenergieanlage hat der Betreiber Rücklagen zu bilden (z.B. ca. 50.000 € für eine 600 kW – Anlage und bis 100.000 € für eine 1.800 kW-Anlage).

WEA-Typ	Nabenhöhe in m	Anzahl der WEA	Demontagekosten (netto) je WEA in €
Tacke TW 600 kW	50	3	43.000
Vestas V42 – 600 kW	53	2	43.000
Wind World 750 kW	73,9	2	53.000
NEC Micon 750 kW	70	2	53.000
NEC Micon 1000 kW	70	3	63.000

Tab. 7: Demontagekosten von WEA im Jahre 2007 (kalkuliert für eine Demontage im Jahre 2010)

Restwerte („sog. Wiederverwertungserlöse") einer demontierten WEA

Technisch noch nicht abgängige WEA (10 bis 15 Jahre), die im Rahmen von Repowering (Ersatz von WEA-Altanlagen durch wenige leistungsfähigere WEA-Neuanlagen – § 30 EEG) demontiert werden, haben noch einen Restwert (Wiederverwertungserlös), der je nach Alter/technischem Zustand in ihrer Höhe am Wiederverwertungsmarkt von WEA unterschiedlich ist (Tabelle 8). Hier empfiehlt es sich bei Händlern von gebrauchten WEA entsprechende Angebote einzuholen (Adressen von Firmen im Internet).

Beispiel:

Restwerte im Jahre 2010 (Abbau im Jahre 2010)			
WEA-Typ	**Nabenhöhe in m**	**Alter der WEA**	**Restwerte (netto) je WEA in €**
Tacke TW 600 kW	50	15	60.000
Vestas V42 600 kW	53	15	90.000
Wind World 750 kW	73,9	10	90.000
NEC Micon 750 kW	70	10	120.000
NEC Micon 1000 kW	70	10	240.000

Tab. 8: Restwerte von demontierten WEA

3. Nutzungsentgelte

Bei Wertermittlungsaufgaben ist zu unterscheiden zwischen Nutzungsentgeltregelungen von Alt-WEA, die vor der Einführung des »Erneuerbare-Energien-Gesetz-EEG« vom 29 März 2000 errichtet wurden und neuen, nach dem 29. März 2000, errichteten WEA.

3.1 Nutzungsentgelte vor EEG 2000 (bis zum Jahre 2000)

Für die Bereitstellung von Flächen für den Betrieb von WEA wurden den Grundstückseigentümern – soweit sie nicht selbst Betreiber waren – standortbezogene Nutzungsentgelte gezahlt für

- die Nutzung der Standort- und Zuwegungsflächen, sowie für
- das Recht zur Betreibung einer Windenergieanlage incl. für die wirtschaftlichen Nachteile der Restflächen.

Es wurden sowohl jährlich wiederkehrende Zahlungen geleistet, als auch einmalige Ablösebeträge gezahlt. Die Höhe der Nutzungsentgelte war abhängig von

- den windabhängigen Standortbedingungen (durchschnittliche Jahreswindgeschwindigkeit), sowie
- der Leistungsfähigkeit der Windenergieanlage (Nennleistung in kW oder Jahresenergieertrag in MWh).

Die in der Tabelle 9 angegebenen Nutzungsentgeltspannen wurden aus den im nordwestdeutschen Küstenbereich gezahlten Nutzungsentgelten für Altanlagen vor dem EEG abgeleitet.

Nennleistung einer WEA in kW	Nutzungsentgelte in € pro Jahr
250/300	750 bis 2.000
500/600	2.500 bis 6.100
1.500	7.500 bis 13.000

Tab. 9: Jährliche Nutzungsentgelte von WE-Altanlagen für die Bereitstellung von Flächen zur Errichtung einer Windenergieanlage

Die Nutzungsentgeltzahlungen wurden überwiegend als jährliche Festbeträge an die Eigentümer der Standortflächen über die Laufzeit gezahlt. In den Beträgen (Tab. 9) sind bereits die Nutzungsentgelte für die wirtschaftlichen Erschwernisse der verbleibenden landwirtschaftlichen Flächen enthalten; zusätzliche Nutzungsentgelte wurden hierfür nicht vereinbart.

An windgünstigen Standorten liegen die durchschnittlichen Jahreswindgeschwindigkeiten 10 Meter über Grund (GuG 1996, S. 361) auf den Nordsee-Inseln bei 7,0 Meter pro Sekunde, im Küstenbereich bei 6,0 bis 6,5 Meter pro Sekunde, im Binnenland bei ca. 5,0 Meter pro Sekunde. Auf Bergkuppen im Binnenland bestehen ähnliche Windverhältnisse wie im Küstenbereich. Die in der Tab. 9 aufgeführten Höchstwerte wurden bis Ende der 1990-iger Jahre für gute Standorte mit ca. 6,0 m/sec durchschnittliche Jahreswindgeschwindigkeit erzielt; die niedrigeren Werte wurden in den Verträgen um 1990 vereinbart. Die durchschnittliche Jahreswindgeschwindigkeit ergibt sich aus den bereits für den Standort vorliegenden Windgutachten, die von Sachverständigen für WEA-Standorteignungsuntersuchungen angefertigt werden. Hierin ist die standortbezogene durchschnittliche Jahreswindgeschwindigkeit angegeben. Sie ist von den standortbezogenen Anströmungsverhältnissen abhängig; diese werden wiederum von den lokalen Rauigkeitsverhältnissen, den Hindernissen und orographischen Strukturen des Geländes bestimmt.

Der Deutsche Wetterdienst gibt die durchschnittliche Jahreswindgeschwindigkeit in 10 Meter über Grund an, während in den Windgutachten auch die Windverhältnisse in Nabenhöhe einer Windenergieanlage (z.B. 70 Meter ü.G.) angegeben sind. Darüber hinaus sind in den Windgutachten Energieproduktionsprognosen der Windenergieanlage für den geplanten Standort enthalten, so dass der Grundstückssachverständige sich auf diese Parameter für Wertermittlungsaufgaben beziehen kann.

3.2 Nutzungsentgelte nach EEG (seit dem Jahre 2000)

Mit den Regelungen im Erneuerbare-Energien-Gesetz-EEG vom 29.03.2000 wurden die Stromeinspeisevergütungen neu geregelt und standort- bzw. ertragsabhängige Höchstsätze für die Stromeinspeisung vom Gesetzgeber für WEA festgelegt, die bis zum 31.12.2001 ans Netz gingen.

Auch für WE-Altanlagen hat das EEG die Höchstförderung neu geregelt und begrenzt. Hinsichtlich der Dauer der Höchstförderung wird auf die Tab. 6 verwiesen. Umfragen des Verfassers bei Betreibern ergaben, dass seit der Stromeinspeise-Neuregelung durch das EEG die Betreiber von neuen WEA überwiegend jährliche, umsatz-/ertragsabhängige Nutzungsentgeltzahlungen für das Recht zur Errichtung von WEA mit den Eigentümern von Standortflächen und Umlageflächen vereinbaren, die sich über die Laufzeit auch verändern. Überwiegend vereinbaren die WEA-Betreiber mit den Eigentümern folgende Umsatzpachtsätze:

Vom 1. bis 12. Jahr (Finanzierungszeit): 4 bis 6 %, im Durchschnitt 5 %,

für die weiteren Jahre: 6 bis 10 %, überwiegend 8 %,

bzw. vier und sieben Prozent beim mäßigen Standort (80 Prozent Standortqualität).

Die Ausschreibungen seit 2009 ergaben, dass neben den obigen Regelungen auch über den gesamten Zeitraum von 25 Jahren Umsatzpachtsätze zwischen sieben und acht Prozent angeboten/gezahlt werden, ohne Absenkung um circa drei Prozent während der Refinanzierungsphase in den ersten zwölf Jahren.

3.3 Aufteilung der Nutzungsentgelte auf Standort- und Umlageflächen

Der Umsatzanteil wird nicht mehr nur für den Eigentümer des WEA-Standortes gezahlt, sondern es erfolgt eine Aufteilung der gesamten Nutzungsentgelte auf die Eigentümer von Standort- und Umlageflächen zu:

- 20 bis 25 Prozent (überwiegend 20 Prozent) auf den Eigentümer des Standortes und zusätzlich
- 75 bis 80 Prozent (überwiegend 80 Prozent) des Betrages auf die gesamte Fläche (für alle umgerechnet auf Hektar oder Quadratmeter); das heißt für Standort- und Umlageflächen

Die Regelung der 1990-iger Jahre, dass der Eigentümer des Standortes die Nutzungsentgelte zu 100 Prozent erhielt und die Eigentümer der umliegenden Flächen nicht beteiligt wurden, führte bei der Errichtung von WEA zur fehlenden Akzeptanz der „Nichtbeteiligten". Windparkbetreiber teilen die Nutzungsentgelte an die Grundstückseigentümer nach zwei Modellen auf, die im Folgenden erläutert werden:

Verteilungsmodell 1: Einzelstandortverteilungsmodell

Nur die Standort- und die baurechtlich erforderliche, kreisförmige Baulastenfläche wird als Verteilungs-(Umlage)fläche herangezogen (s. Abb. 3).

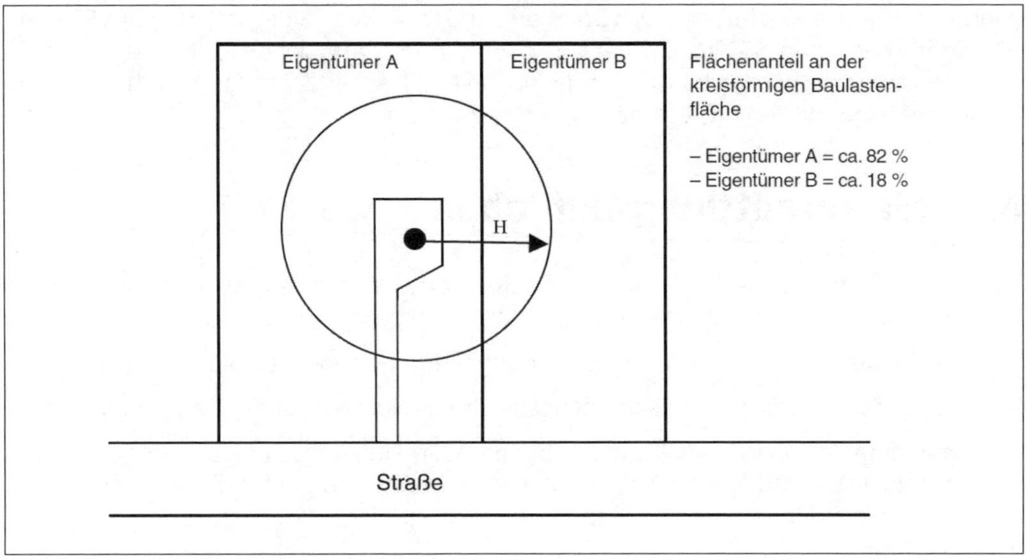

Abb. 2: Aufteilung der Pachtzahlungen (Nutzungsentgelte) auf die Standort- und Baulastenflächen (H = Abstandsbaulastradius)

Verteilungsmodell 2: Windfarmflächenverteilungsmodell (auch „Verteilungsmodell Niedersachsen" genannt)

Die gesamte Windfarmfläche wird als Verteilungs-(Umlage)-fläche der Nutzungsentgelte herangezogen (s. Abb. 4).

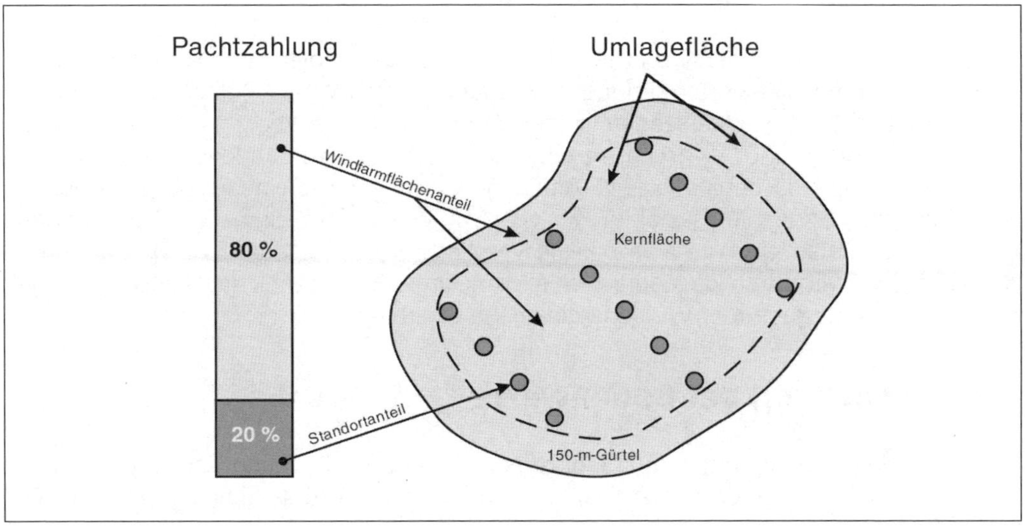

Abb. 3: Aufteilung der Nutzungsentgelte (Pachtzahlungen) in einer Windfarm auf die Eigentümer der Standort- und Umlageflächen

Als weitere Anspruchsgruppe, die im Rahmen der Nutzungsentgeltzahlungen involviert werden sollte, können die Pächter landwirtschaftlicher Flächen bei langfristigen Pachtverträgen identifiziert werden. Sind die betroffenen landwirtschaftlichen Flächen langfristig verpachtet, so werden die vorher genannten jährlich gezahlten umsatzanteiligen Nutzungsentgelte des Eigentümers des Standortes noch weiter aufgegliedert. Beim Eigentümer verbleiben dann 85 Prozent der auf den Standort entfallenden Zahlungen und 15 Prozent werden an den Pächter zur Abgeltung aller wirtschaftlichen Erschwernisse, die im Zusammenhang mit der WEA entstehen, weitergereicht.

4. Wertermittlungsaufgaben

Beim Verkauf und bei der Verpachtung von Standort-, Abstands- und Zuwegungsflächen für WEA ergeben sich folgende Wertermittlungsaufgaben: Die Ermittlung

- der Bodenwerte von Standort-, Zuwegungs- und umliegenden Agrarlandflächen,
- von Erlöspotenzialen auf Basis unterschiedlicher Normen zur Einspeisevergütung,
- von einmaligen Ablösebeträgen und laufenden Nutzungsentgeltzahlungen für das Recht zur Errichtung einer WEA, inkl. der Nutzungsentgelte für die ggf. wirtschaftlichen Erschwernisse, die durch das Vorhandensein der WEA entstehen,
- der Aufteilung der Nutzungsentgelte zwischen den Anspruchsgruppen der betroffenen Flächen,
- der Ableitung von Orientierungswerten für die Praxis,
- des Wertes vorhandener Windenergieanlagen,
- des Einflusses der Windenergie auf umliegende Grundstücke.

4.1 Wertermittlungsgrundsätze

Für die Wertermittlung des Grund und Bodens wird das Vergleichswertverfahren (§§ 15 und 16 der Immobilienwertermittlungsverordnung – ImmoWertV -)[3] herangezogen. Die Ermittlung der jährlich zu zahlenden Nutzungsentgelte für das Recht zur Errichtung einer Windenergieanlage (incl. Wirtschaftserschwernis durch das Vorhandensein einer solchen Anlage für die Restflächen) ist bei WE-Altanlagen vertraglich vereinbart; bei WE-Neuanlagen sind diese ertrags-/umsatzabhängig zu ermitteln. Sofern einmalige Ablösebeträge ermittelt werden sollen, wird – falls keine Vergleichswerte vorliegen – in Anlehnung an das Ertragswertverfahren das jährlich von dem Betreiber zu zahlende Nutzungsentgelt über die Nutzungsdauer der Windenergieanlage kapitalisiert.

4.2 Ermittlung der Bodenwerte

Die Größe der jeweils benötigten Standortfläche (oder auch Funktionsfläche genannt), ist abhängig vom Typ der Windenergieanlage und vom Projektbetreiber zu erfragen. Der

3 vom 19. Mai 2010 (BGBl. I S. 639)

Entwicklungszustand (§ 5 ImmoWertV) der Standortfläche- und Zuwegungsfläche ist entsprechend der Lage im Außenbereich (§ 35 BauGB) in der Regel als sog. *Energieland* nach § 4 Abs. 3 Nr. 5 der ImmoWertV als „Flächen für die Nutzung von baulichen Anlagen Erneuerbarer Energien" (früher: *besondere Fläche der Landwirtschaft*" nach § 4 Abs. 1 Nr. 2 der bisherigen WertV) einzustufen und entsprechend der regionalen Marktsituation nach Vergleichspreisen oder deduktiv mit dem drei- bis siebenfachen des Bodenwertes des reinen Agrarlandes anzusetzen.

4.3 Ermittlung der jährlichen, umsatzabhängigen Nutzungsentgelte

Der Betrag für das Recht zur Errichtung einer Windenergieanlage leitet sich aus der zwischen den Betreibern und Eigentümern vereinbarten energieertragsbezogenen (umsatzabhängigen) jährlichen Nutzungsentgelte ab, das in Höhe eines Pachtsatzes (in Prozent) der jährlichen Einspeisevergütung gem. § 7 (1) bis (4) EEG gezahlt wird. Inhalte der jährlichen Nutzungsentgelte sind:

die Nutzung der Standort- und Zuwegungsflächen, das Recht zur Betreibung einer Windenergieanlage, die Abgeltung der Aufwendungen für die Baulast- bzw. Dienstbarkeitseintragungen (z.B. im Land Brandenburg) sowie den Ausgleich für die wirtschaftlichen Erschwernisse/Nachteile bei landwirtschaftlichen Restflächen.

Seit der Einführung des EEG vom 29.03.2000 vereinbaren die Betreiber von Windfarmen mit den Grundstückseigentümern nicht nur standortbezogene Nutzungsentgelte, sondern eine differenzierte Standort- und Flächenzahlung im Verhältnis von 20 (für den Standort) zu 80 (für die Umlagefläche). Diese Regelung berücksichtigt auch die Beteiligung der Grundstückseigentümer in angemessener Form, die nur Abstandsflächen zur Verfügung stellen, bzw. nur innerhalb des Windfeldes liegen (Umlagefläche). Der Flächenbedarf der Windfarmen ergibt sich vorrangig aus den Abstands- und Abschattungsflächen, die sich nach den Landesbauordnungen und regionalen Besonderheiten richten.

In allgemeiner mathematischer Form lässt sich die Beteiligung der Grundstückseigentümer am Nutzungsentgelt wie folgt darstellen:

$$y = EP/a \times EV \times p$$

y = *jährliches Nutzungsentgelt in*
EP/a = *Jahresenergieleistung (Jahresproduktion) der WEA in kWh*
EV = *Einspeisevergütung gemäß EEG in /kWh, § 7 Abs. 1 und 3*
P = *Umsatzpachtsatz in Prozent, ortsüblich*

Die Nutzungsentgelte sind abhängig von der Standortqualität (mäßiger, guter Binnenlandstandort beziehungsweise sehr guter Küstenstandort) und den Zeiträumen der höchsten Vergütung der Stromeinspeisung nach EEG (auch abhängig vom Jahr der Errichtung einer WEA).

BEISPIEL

Ermittlung der jährlichen Nutzungsentgelte aus der jährlichen Energieproduktion für Standort- und Umlageflächen (Inbetriebnahme 2007)

Fallgestalltung:

- WEA als Einzelstandort
  - mit 1.500 kW Nennleistung,
  - guter Binnenlandstandort mit 3.300.000 kWh (100 % Standortqualität),
  - Zeitraum der erhöhten Einspeisevergütung mit 8,19 Cent/kWh = 16 Jahre, danach 5,17 Cent/kWh und
  - vereinbarter Umsatzpachtanteil für die ersten zwölf Jahre 5 % und für die weiteren Jahre 8 %.

Betriebsjahr		Betriebsdauer der WEA (n-Jahre	Ertrag (kWh/a)	Einspeise-vergütung (€/kWh) / Umsatzpacht (%)	jährliche Einspeisevergütung (€/a) / jährliche Nutzungsentgelte (€)
von	bis				
1	12	12	3.300.000	0,0819	270.270,00
				5 %	13.513,50
13	16	4	3.300.000	0,0819	270.270,00
				8 %	21.621,60
17	25	9	3.300.000	0,0517	170.610,00
				8 %	13.648,80
Summe:		25			

Tab. 10: Berechnung der jährlichen Einspeisevergütungen und Pachtnutzungsentgelte

Für Grundstückseigentümer, deren Flächen nur teilweise von der Windfarm oder von einer kreisförmigen Umlagefläche in Anspruch genommen werden, sind diese nur anteilig zu entschädigen.

4.4 Ermittlung eines einmaligen Ablösebetrages

In vielen Fällen vereinbaren Betreiber und Eigentümer von Stand- und Umlageflächen, dass die über die Nutzungsdauer der Windenergieanlage jährlich anfallenden Nutzungsentgelte als einmalige Zahlung (Ablösebetrag) mit der Herstellung der Anlage entrichtet werden soll. Dieser Ablösebetrag wird ermittelt, indem das jährliche Nutzungsentgelt über die wirtschaftliche Nutzungsdauer einer Windenergieanlage mit einem angemessenen Zinssatz kapitalisiert wird. Der Wert des Nutzungsrechts zur Errichtung einer Windenergieanlage entspricht somit den kapitalisierten, jährlichen Nutzungsentgelten. Hier ist zu unterscheiden, ob es sich um eine WEA handelt, die bis zum Jahre 2000 errichtet wurde (vor EEG 2000) oder um eine WEA, die nach dem Jahre 2000 (nach EEG 2000 und ff.) handelt.

Kapitalisierungszinssatz

Als Kapitalisierungszinssatz werden bei noch relativ niedrig vereinbarten jährlichen Pachtnutzungsentgelten sechs Prozent (Verhältnisse vor EEG 2000, WEA bis 1.500 kW) und um bis zu acht Prozent (Verhältnisse ab EEG 2000, WEA > 1.500 kW) bei deutlich höher vereinbarten Pachtnutzungsgelten (gestaffelte oder über die Laufzeit feste Pachtnutzungsprozentsätze) zugrunde gelegt. Bei neueren WEA der Klasse > 5 MW ist ggf. wegen des höheren Wagnisses und Risikos der Zinssatz auch noch höher anzusetzen.

Ermittlung eines Ablösebetrages (für bis 2000 errichtete WEA)

Bei Altanlagen sind die vertraglich vereinbarten jährlichen Nutzungsentgelte zu kapitalisieren, die sich in der Regel über die Laufzeit nicht verändern. Diese Verhältnisse sind bis zur Einführung des EEG im Jahre 2000 anzutreffen.

BEISPIEL

Ermittlung des Wertes des Nutzungsrechts (Ablösebetrag) zur Betreibung einer WEA bei einer WE-Altanlage

In allgemeiner Form: $y_{AB} = y_{JE} \times BF_{(ND;\,Zs)}$

y_{AB} = *Ablösebetrag/Wert des Nutzungsrechts (Barwert) zur Errichtung einer Windenergieanlage*

y_{JE} = *Jährliches Nutzungsentgelt (vertraglich vereinbart) einer Windenergieanlage*

$BF_{(ND;Zs)}$ = *Barwertfaktor aus der Barwertfaktorentabelle (Anlage 1 ImmoWertV)*

ND = *Betriebsdauer der WEA = z.B. 20 Jahre*

Zs = *Zinssatz = 6 % (siehe unten)*

Ablösebetrag/Wert des Nutzungsrechts zur Errichtung einer Windenergieanlage:

y_{AB} = 4.400 € x 11,47 = ca. **50.500 €** (einmaliger Ablösebetrag je Standort).

Ablösebetrag zur Errichtung einer Windenergieanlage (ab 2000)

Für die Ermittlung der einmaligen Ablösebeträge sind die ermittelten jährlichen Nutzungsentgelte zu kapitalisieren und auf den heutigen Wertermittlungsstichtag abzuzinsen. Kapitalisierungszeitraum ist die Laufzeit oder Restlaufzeit einer WEA. Heute kann bei der Kapitalisierung und Abzinsung von einer Betriebsdauer der Anlage von 25 Jahren ausgegangen werden.

Es wird ein vom WEA-Typ abhängiger **Kapitalisierungszinssatz** zwischen sechs bis acht Prozent angesetzt, der aus Marktbeobachtungen und Erfahrungswerten abgeleitet wurde, derselbe Zinssatz wird auch bei der Marktwertermittlung von WEA angesetzt; (6 %: Verhältnisse vor EEG 2000, WEA bis 1.500 kW und um 8 %: Verhältnisse ab EEG 2000, WEA > 1.500 kW). Bei neueren WEA der Klasse mit mehr als fünf MW ist gegebenenfalls wegen des höheren Wagnisses und Risikos der Zinssatz auch noch höher anzusetzen.

Soweit die betroffenen landwirtschaftlichen Flächen langfristig (Laufzeit > 5 Jahre) verpachtet sind, sind die ermittelten Entschädigungs-/Ablösebeträge nach derzeitigen Marktbeobachtungen aufzuteilen in 85 Prozent für den Grundstückseigentümer und 15 Prozent für den Pächter.

Ermittlung des Ablösebetrages zur Errichtung einer neuen Windenergieanlage in allgemeiner Form:

$$y_{AB} = y_{JE1} \times BF_{(n;\,Zs)} + y_{JE2} \times BF_{(m;\,Zs)} \times 1/q^{n} + y_{JE3} \times BF_{(j;\,Zs)} \times 1/q^{n+m}$$

y_{AB}	=	*Ablösebetrag in € für die angenommene Betriebsdauer*
y_{JE1} ; y_{JE2} ; y_{JE3}	=	*Jährliches Nutzungsentgelt in € (jeweils konstant für den Zeitraum)*
$BF_{(n;\,Zs)}$; $BF_{(m;\,Zs)}$; $BF_{(j;\,Zs)}$	=	*Barwertfaktor nach Anlage 1 ImmoWertV bei n, m und j Jahren mit (Zs) Kapitalisierungszinssatz*
Zs	=	*Zinssatz = 8 % bei WEA – ab EEG 2000 (WEA-Zins ist der sich aus der Gesamtrendite einer WEA ergebende Zinssatz)*
$1/q^{n}$; $1/q^{n+m}$	=	*Abzinsungsfaktoren*

BEISPIEL

- WEA-Einzelanlage (Baulasten-/Umlagefläche über zwei Flurstücke)
  - Inbetriebnahme im Jahre 2007

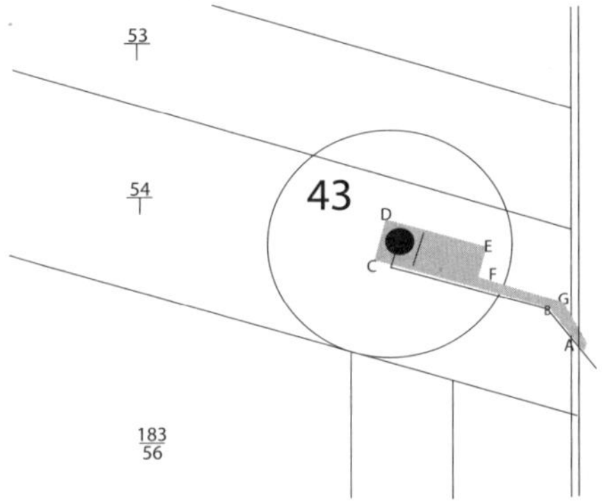

Abb. 4: Einzelanlage (Baulasten-/Nutzungsentgeltumlagefläche über zwei Flurstücke)

Flächenanteil der beteiligten Flurstücke in der kreisförmigen Gestattungs-/Nutzungsentgeltumlagefläche:

Gesamte Kreisfläche	=	$H^2 \times \pi$	= $(78\ m)^2 \times 3{,}14 = 19.104\ m^2$
davon Flurstück 54/1	=	$16.054\ m^2$	= 84 %
davon Flurstück 53/1	=	$3.050\ m^2$	= 16 %

Die Flächenanteile werden grafisch ermittelt oder von den Projektentwicklern/Planern bereitgestellt.

Berechnung der jährlichen Nutzungsentgelte und des Ablösebetrages einer Windenergieanlage bei Inbetriebnahme im Jahre 2007 (Einzelstandort):

Betriebsjahr Von	Betriebsjahr bis	Betriebszeit n-Jahre	Ertrag (kWh/a)	Einspeisevergütung (€/kWh) / Umsatzpacht (%)	Einspeisevergütung (€/a) / jährliche Nutzungsentgelte (€/a)	Barwertfaktor (n-Jahre) 8% Zinssatz	Abzinsungsjahre	Abzinsungsfaktor 8% Zinssatz (gerundet)	Ablösebetrag (€)
1	12	12	3.300.000	0,0819	270.270	7,5361	0	1,000	101.839,79
				5,00 %	13.513,50				
13	16	4	3.300.000	0,0819	270.270	3,3121	12	0,3971	28.438,70
				8,00 %	21.621,90				
17	25	9	3.300.000	0,0517	170.610	6,2469	16	0,2919	24.887,32
				8,00 %	13.648,80				

Einmaliger Ablösebetrag	**155.165 €**
20% Standortanteil	31.003 €
80% Standort- und Umlageflächenanteil	124.132 €
davon Eigentümer des Flurstücks 54/1 84 % von 124.132 €	104.271 €
davon Eigentümer des Flurstücks 53/1 16% von 124.132 €	19.861 €

Tab. 11: Aufteilung des Ablösebetrags auf zwei Grundstücke (zwei Eigentümer)

Bei einer Umlagefläche/Baulastengestattungsfläche von 19.104 Quadratmeter (zwei Eigentümer: A und B – Flurstücke 54/1 und 53/1) teilt sich der Ablösebetrag wie folgt auf:

Ablösebetrag für Eigentümer A – Flurstück 54/1 (für Standort- und anteilige Umlagefläche):

Standortablösebetrag = 31.033 €
+ anteiliger Ablösebetrag aus der Umlagefläche bei 16.054 m² =
84 % Flächenanteil 124.132 € × 0,84 = 104.271 €
= 135.304 €

+ Bodenwert der Standort- und Zuwegungsflächen
3.000 m² × 6,00 €/m² (begünstigtes Agrarland) = 18.000 €
insgesamt = **153.304 €**

Ablösebetrag für Eigentümer B – Flurstück 53/1 (nur anteilig an der Umlagefläche beteiligt):

anteiliger Ablösebetrag aus der Umlagefläche
bei 3.050 m² = 16 % Flächenanteil 124.132 € × 0,16 = **19.861 €**

Zusammenstellung der Grundsätze und Orientierungswerte

Die Ergebnisse lassen sich wie folgt zusammenfassen:

Die Höhe der Ablösebeträge (Nutzungsentgelte) sind im Wesentlichen abhängig von den Nennleistungen der WEA und den tatsächlichen Energieleistungen, die wiederum von den jeweiligen Standorten der WEA beeinflusst sind. Insofern sind die standortbezogenen Ertragssituationen unter Berücksichtigung der Dauer der Höchstförderungen zu ermitteln. Bei den Ablösevereinbarungen werden bei der Neuerrichtung seit der Neuregelung im EEG 2000 nur noch ertragsabhängige Nutzungsentgelte vereinbart, die standort- und flächenbezogen (Standort- und Umlageflächen) aufgeteilt werden; eine Aufteilung im Verhältnis von 20 Prozent auf den Standort zu 80 Prozent auf die Standort- und Umlageflächen wird überwiegend vorgenommen. Je geringer der Flächenverbrauch für die Umlageflächen in ha/WEA, desto höher sind die zu vereinbarenden Entschädigungen für die Flächenentschädigung pro Einheit (WEA/ha). Für die zu ermittelnden Ablösebeträge werden überwiegend als Parameter angehalten:

Betriebsdauer der WEA 25 Jahre

(1) WEA der Nennleistungen bis 1.500 kW und vor EEG 2000

- über die gesamte Laufzeit feste Jahresbeträge als Pachtnutzungsentgelte.
- als Kapitalisierungszinssatz 6 %

(2) WEA der Klasse Nennleistungen > 1.500 kW und errichtet nach EEG 2000

- vereinbarte Umsatzpachtzahlungen an die Grundstückseigentümer überwiegend fünf Prozent (für die ersten zwölf Jahre) und danach acht Prozent; an mäßigen Binnenlandstandorten (80 Prozent Standortqualität) vier Prozent (für die ersten zwölf Jahre) und danach sieben Prozent
- Kapitalisierungs- und Abzinsungszinssatz: um acht Prozent

(3) bei Errichtung der WEA seit 2009 (nach EEG 2009)

- die Parameter wie unter (2) bis auf die Umsatzpachtzahlungen, die zum Teil wie unter (2) und jetzt auch über 25 Jahre mit durchschnittlich 6 bis 7 % an mäßigen und 7 bis 8 % an guten bis sehr guten Binnenland-/ Küstenstandorten gezahlt werden.

Bei langfristig verpachteten Flächen (Laufzeit > 5 Jahre) sind die in den Tabellen ermittelten Orientierungswerte 2013 bzw. Ablösebeträge aufzuteilen; nach derzeitigen Marktbeobachtungen in 85 Prozent für den Grundstückseigentümer und 15 Prozent für den Pächter.

In einigen Regionen werden von den WEA-Betreibern an die WEA-Standortgemeinden sog. einmalige Strukturförderungszahlungen geleistet; um diese Beträge werden die 100prozentigen Ablösebeträge gemindert, bevor eine Aufteilung an die Grundstückseigentümer nach Standort- und Flächenanteil erfolgt. Für die praktische Handhabung in Verhandlungen zwischen den Grundstückseigentümern und Betreibern sowie für die Plausibilitätsprüfung von Wertermittlungen wurden im Rahmen von Modellrechnungen sog. Orientierungswerte 2013 für Ablösebeträge ermittelt für Windenergieanlagen, die im Jahre 2013 an den drei Modell-Standorten errichtet werden/wurden, zum einen für gestaffelte und zum anderen für feste Umsatzpachten.

Als Standortkriterien wurden gewählt:

- mäßiger Binnenlandstandort,

- guter Binnenlandstandort und
- sehr guter Küstenstandort oder auf Bergkuppen

sowie für WEA-Typen mit Nennleistungen von 500, 1.000, 1.500, 2.000, 2.500 und 5000 kW. Die Ergebnisse werden nachfolgend dargestellt.

4.5 Ablösevereinbarungen-Orientierungswerte 2013

4.5.1 Gestaffelte Umsatzpachten

Für die ersten zwölf Jahre wird eine Umsatzpacht von vier Prozent und für die Jahre 13 bis 25 eine Umsatzpacht von sieben Prozent als Jahresnutzungsentgelt vereinbart/gezahlt.

Mäßiger Binnenlandstandort mit 80 Prozent Standortqualität

Orientierungswerte 2013 bei WEA-Ablösevereinbarungen
für Standort- und Umlageflächen
Mäßiger Binnenlandstandort - 80 % Standortqualität

Rahmenbedingungen

Dauer der erhöhten Anfangsvergütung nach EEG bei einer Inbetriebnahme im Jahre 2013:
20 Jahre zu 8,80 Cent/kWh, danach 4,80 Cent/kWh

Umsatzpachtsatz an Standort- und Umlageflächen: 1. bis 12. Jahr = 4%
13. bis 25. Jahr = 7%

Aufteilung der jährlichen Umsatzpachtzahlungen bzw. Ablösevereinbarungen von jeweils
20% für die Standort
80% für die Standort- und Umlageflächen

Kapitalisierungs- und Abzinsungszinssatz 8%

Tabellenwerte enthalten 100% der ermittelten Ablösebeträge (Grundstückseigentumer)

Bei langfristiger Verpachtung (> 5 Jahre) erfolgt eine Aufteilung in
85% Grundstückseigentümer
15% Pächter

Betriebsdauer 25 Jahre

Durchschnittliche jährliche Laufzeit einer WE in der Region ~ 1.800 h Vollast

Orientierungswerte:

Windenergieanlage		Ablösebetrag gesamt	Anteil Ablösebetrag auf Standort	Anteil Ablösebetrag auf Umlagefläche				
		100%	20%	80%				
Nennleistung	Energie-Leistung			insgesamt	beim Einzelstandort Flächenverbrauch von 1,25 ha/WEA	beim Einzelstandort Flächenverbrauch von 2,5 ha/WEA	beim Windpark Flächenverbrauch von 10 ha/WEA	beim Windpark Flächenverbrauch von 20 ha/WEA
in kW	kWh	€/WEA	€/WEA	€/WEA	in €/ha	in €/ha	in €/ha	in €/ha
500	900.000	39.117	7.823	31.293	25.035	12.517	3.129	1.565
1000	1.800.000	78.233	15.647	62.586	50.069	25.035	6.259	3.129
1.500	2.700.000	117.350	23.470	93.880	75.104	37.552	9.388	4.694
2.000	3.600.000	156.466	31.293	125.173	100.138	50.069	12.517	6.259
2.500	4.500.000	195.583	39.117	156.466	125.173	62.586	15.647	7.823
5.000	9.000.000	391.165	78.233	312.932	250.346	125.173	31.293	15.647

© Troff 2013

Tab. 12: Mäßiger Binnenlandstandort mit rund 80 Prozent Standortqualität

Guter Binnenlandstandort mit 100 Prozent Standortqualität

Für die ersten zwölf Jahre wird eine Umsatzpacht von fünf Prozent und für die Jahre 13 bis 25 eine Umsatzpacht von acht Prozent als Jahresnutzungsentgelt vereinbart/gezahlt.

Orientierungswerte 2013 bei WEA-Ablösevereinbarungen

für Standort- und Umlageflächen

Guter Binnenlandstandort - 100 % Standortqualität

Rahmenbedingungen

Dauer der erhöhten Anfangsvergütung nach EEG bei einer Inbetriebnahme im Jahre 2013:

16 Jahre zu 8,80 Cent/kWh, danach 4,80 Cent/kWh

Umsatzpachtsatz an Standort- und Umlageflächen: 1. bis 12. Jahr = 5%

13. bis 25. Jahr = 8%

Aufteilung der jährlichen Umsatzpachtzahlungen bzw. Ablösevereinbarungen von jeweils

20% für die Standort

80% für die Standort- und Umlageflächen

Kapitalisierungs- und Abzinsungszinssatz 8%

Tabellenwerte enthalten **100% der ermittelten Ablösebeträge (Grundstückseigentumer)**

Bei langfristiger Verpachtung (> 5 Jahre) erfolgt eine Aufteilung in

85% Grundstückseigentümer

15% Pächter

Betriebsdauer 25 Jahre

Durchschnittliche jährliche Laufzeit einer WE in der Region ~ 2.200 h Vollast

Orientierungswerte:

Windenergieanlage		Ablösebetrag gesamt 100%	Anteil Ablösebetrag auf Standort 20%	Anteil Ablösebetrag auf Umlagefläche 80%				
Nennleistung	Energie-Leistung			insgesamt	beim Einzelstandort Flächenverbrauch von 1,25 ha/WEA	beim Einzelstandort Flächenverbrauch von 2,5 ha/WEA	beim Windpark Flächenverbrauch von 10 ha/WEA	beim Windpark Flächenverbrauch von 20 ha/WEA
in kW	kWh	€/WEA	€/WEA	€/WEA	in €/ha	in €/ha	in €/ha	in €/ha
500	1.100.000	54.362	10.872	43.490	34.792	17.396	4.349	2.174
1000	2.200.000	108.725	21.745	86.980	69.584	34.792	8.698	4.349
1.500	3.300.000	163.087	32.617	130.470	104.376	52.188	13.047	6.523
2.000	4.400.000	217.449	43.490	173.959	139.167	69.584	17.396	8.698
2.500	5.500.000	271.812	54.362	217.449	173.959	86.980	21.745	10.872
5.000	11.000.000	543.623	108.725	434.898	347.919	173.959	43.490	21.745

© Troff 2013

Tab. 13: Guter Binnenlandstandort mit rund 100 Prozent Standortqualität

Sehr guter Standort an Küsten oder Bergkuppen mit 150 Prozent Standortqualität

Für die ersten zwölf Jahre wird eine Umsatzpacht von fünf Prozent und für die Jahre 13 bis 25 eine Umsatzpacht von acht Prozent als Jahresnutzungsentgelt vereinbart/gezahlt.

Orientierungswerte 2013 bei WEA-Ablösevereinbarungen
für Standort- und Umlageflächen
Sehr guter Standort - Küsten/Bergkuppen - 150 % Standortqualität

Rahmenbedingungen

Dauer der erhöhten Anfangsvergütung nach EEG bei einer Inbetriebnahme im Jahre 2013:
5 Jahre zu 8,80 Cent/kWh, danach 4,80 Cent/kWh

Umsatzpachtsatz an Standort- und Umlageflächen: 1. bis 12. Jahr = 5%
13. bis 25. Jahr = 8%

Aufteilung der jährlichen Umsatzpachtzahlungen bzw. Ablösevereinbarungen von jeweils
20% für die Standort
80% für die Standort- und Umlageflächen

Kapitalisierungs- und Abzinsungszinssatz 8%

Tabellenwerte enthalten 100% **der ermittelten Ablösebeträge (Grundstückseigentumer)**

Bei langfristiger Verpachtung (> 5 Jahre) erfolgt eine Aufteilung in
85% Grundstückseigentümer
15% Pächter

Betriebsdauer 25 Jahre

Durchschnittliche jährliche Laufzeit einer WE in der Region ~ 3.300 h Vollast

Orientierungswerte:

Windenergieanlage: Nennleistung in kW	Windenergieanlage: Energie-Leistung kWh	Ablösebetrag gesamt 100% €/WEA	Anteil Ablösebetrag auf Standort 20% €/WEA	Anteil Ablösebetrag auf Umlagefläche 80%: insgesamt €/WEA	beim Einzelstandort, Flächenverbrauch von 1,25 ha/WEA in €/ha	beim Einzelstandort, Flächenverbrauch von 2,5 ha/WEA in €/ha	beim Windpark, Flächenverbrauch von 10 ha/WEA in €/ha	beim Windpark, Flächenverbrauch von 20 ha/WEA in €/ha
500	1.650.000	62.906	12.581	50.324	40.260	20.130	5.032	2.516
1000	3.300.000	125.811	25.162	100.649	80.519	40.260	10.065	5.032
1.500	4.950.000	188.717	37.743	150.973	120.779	60.389	15.097	7.549
2.000	6.600.000	251.622	50.324	201.298	161.038	80.519	20.130	10.065
2.500	8.250.000	314.528	62.906	251.622	201.298	100.649	25.162	12.581
5.000	16.500.000	629.056	125.811	503.245	402.596	201.298	50.324	25.162

© Troff 2013

Tab. 14: Sehr guter Standort an Küsten oder Bergkuppen mit 150 Prozent Standortqualität

4.5.2 Feste Umsatzpachten während der gesamten Laufzeit

Mäßiger Binnenlandstandort mit 80 Prozent Standortqualität

Für die gesamte Laufzeit von 25 Jahren wird eine feste Umsatzpacht von sieben Prozent als Jahresnutzungsentgelt vereinbart/gezahlt.

Orientierungswerte 2013 bei WEA-Ablösevereinbarungen
für Standort- und Umlageflächen
Mäßiger Binnenlandstandort - 80 % Standortqualität

Rahmenbedingungen

Dauer der erhöhten Anfangsvergütung nach EEG bei einer Inbetriebnahme im Jahre 2013:
20 Jahre zu 8,80 Cent/kWh, danach 4,80 Cent/kWh

Umsatzpachtsatz an Standort- und Umlageflächen: 1. bis 12. Jahr = 7%
13. bis 25. Jahr = 7%

Aufteilung der jährlichen Umsatzpachtzahlungen bzw. Ablösevereinbarungen von jeweils
20% für die Standort
80% für die Standort- und Umlageflächen

Kapitalisierungs- und Abzinsungszinssatz 8%
Tabellenwerte enthalten 100% der ermittelten Ablösebeträge (Grundstückseigentumer)
Bei langfristiger Verpachtung (> 5 Jahre) erfolgt eine Aufteilung in
85% Grundstückseigentümer
15% Pächter

Betriebsdauer 25 Jahre
Durchschnittliche jährliche Laufzeit einer WE in der Region ~ 1.800 h Vollast

Orientierungswerte:

Windenergieanlage		Ablösebetrag gesamt	Anteil Ablösebetrag auf Standort	Anteil Ablösebetrag auf Umlagefläche				
		100%	20%	80%				
Nennleistung	Energie-Leistung			insgesamt	beim Einzelstandort		beim Windpark	
					Flächenverbrauch von		Flächenverbrauch von	
					1,25 ha/WEA	2,5 ha/WEA	10 ha/WEA	20 ha/WEA
in kW	kWh	€/WEA	€/WEA	€/WEA	in €/ha	in €/ha	in €/ha	in €/ha
500	900.000	57.022	11.404	45.618	36.494	18.247	4.562	2.281
1000	1.800.000	114.045	22.809	91.236	72.988	36.494	9.124	4.562
1.500	2.700.000	171.067	34.213	136.853	109.483	54.741	13.685	6.843
2.000	3.600.000	228.089	45.618	182.471	145.977	72.988	18.247	9.124
2.500	4.500.000	285.111	57.022	228.089	182.471	91.236	22.809	11.404
5.000	9.000.000	570.223	114.045	456.178	364.942	182.471	45.618	22.809

© Troff 2013

Tab. 15: Mäßiger Binnenlandstandort mit 80 Prozent Standortqualität

Guter Binnenlandstandort mit 100 Prozent Standortqualität

Für die gesamte Laufzeit von 25 Jahren wird eine feste Umsatzpacht von acht Prozent als Jahresnutzungsentgelt vereinbart/gezahlt.

Orientierungswerte 2013 bei WEA-Ablösevereinbarungen
für Standort- und Umlageflächen
Guter Binnenlandstandort - 100 % Standortqualität

Rahmenbedingungen				
Dauer der erhöhten Anfangsvergütung nach EEG bei einer Inbetriebnahme im Jahre 2013:				
16	Jahre zu	8,80	Cent/kWh, danach	4,80 Cent/kWh
Umsatzpachtsatz an Standort- und Umlageflächen:		1. bis 12.	Jahr =	8%
		13. bis 25.	Jahr =	8%
Aufteilung der jährlichen Umsatzpachtzahlungen bzw. Ablösevereinbarungen von jeweils				
20%	für die Standort			
80%	für die Standort- und Umlageflächen			
Kapitalisierungs- und Abzinsungszinssatz		8%		
Tabellenwerte enthalten	100%	der ermittelten Ablösebeträge (Grundstückseigentumer)		
Bei langfristiger Verpachtung (> 5 Jahre) erfolgt eine Aufteilung in				
85%	Grundstückseigentümer			
15%	Pächter			
Betriebsdauer	25	Jahre		
Durchschnittliche jährliche Laufzeit einer WE in der Region ~			2.200	h Vollast

Orientierungswerte:

Windenergieanlage: Nennleistung in kW	Windenergieanlage: Energie-Leistung kWh	Ablösebetrag gesamt 100% €/WEA	Anteil Ablösebetrag auf Standort 20% €/WEA	Anteil Ablösebetrag auf Umlagefläche 80%: insgesamt €/WEA	beim Einzelstandort, Flächenverbrauch von 1,25 ha/WEA in €/ha	beim Einzelstandort, Flächenverbrauch von 2,5 ha/WEA in €/ha	beim Windpark, Flächenverbrauch von 10 ha/WEA in €/ha	beim Windpark, Flächenverbrauch von 20 ha/WEA in €/ha
500	1.100.000	76.247	15.249	60.998	48.798	24.399	6.100	3.050
1000	2.200.000	152.494	30.499	121.995	97.596	48.798	12.200	6.100
1.500	3.300.000	228.741	45.748	182.993	146.394	73.197	18.299	9.150
2.000	4.400.000	304.988	60.998	243.991	195.193	97.596	24.399	12.200
2.500	5.500.000	381.235	76.247	304.988	243.991	121.995	30.499	15.249
5.000	11.000.000	762.471	152.494	609.977	487.981	243.991	60.998	30.499

© Troff 2013

Tab. 16: Guter Binnenlandstandort mit 100 Prozent Standortqualität

Sehr guter Standort an Küsten oder Bergkuppen mit 150 Prozent Standortqualität

Für die gesamte Laufzeit von 25 Jahren wird eine feste Umsatzpacht von acht Prozent als Jahresnutzungsentgelt vereinbart/gezahlt.

Orientierungswerte 2013 bei WEA-Ablösevereinbarungen
für Standort- und Umlageflächen
Sehr guter Standort - Küsten/Bergkuppen - 150 % Standortqualität

Rahmenbedingungen

Dauer der erhöhten Anfangsvergütung nach EEG bei einer Inbetriebnahme im Jahre 2013:
5 Jahre zu 8,80 Cent/kWh, danach 4,80 Cent/kWh

Umsatzpachtsatz an Standort- und Umlageflächen: 1. bis 12. Jahr = 8%
13. bis 25. Jahr = 8%

Aufteilung der jährlichen Umsatzpachtzahlungen bzw. Ablösevereinbarungen von jeweils
20% für die Standort
80% für die Standort- und Umlageflächen

Kapitalisierungs- und Abzinsungszinssatz 8%

Tabellenwerte enthalten 100% der ermittelten Ablösebeträge (Grundstückseigentumer)

Bei langfristiger Verpachtung (> 5 Jahre) erfolgt eine Aufteilung in
85% Grundstückseigentümer
15% Pächter

Betriebsdauer 25 Jahre

Durchschnittliche jährliche Laufzeit einer WE in der Region ~ 3.300 h Vollast

Orientierungswerte:

Windenergieanlage: Nennleistung in kW	Windenergieanlage: Energie-Leistung kWh	Ablösebetrag gesamt 100% €/WEA	Anteil Ablösebetrag auf Standort 20% €/WEA	Anteil Ablösebetrag auf Umlagefläche 80%: insgesamt €/WEA	beim Einzelstandort, Flächenverbrauch von 1,25 ha/WEA in €/ha	beim Einzelstandort, Flächenverbrauch von 2,5 ha/WEA in €/ha	beim Windpark, Flächenverbrauch von 10 ha/WEA in €/ha	beim Windpark, Flächenverbrauch von 20 ha/WEA in €/ha
500	1.650.000	88.717	17.743	70.974	56.779	28.389	7.097	3.549
1000	3.300.000	177.434	35.487	141.947	113.558	56.779	14.195	7.097
1.500	4.950.000	266.151	53.230	212.921	170.336	85.168	21.292	10.646
2.000	6.600.000	354.868	70.974	283.894	227.115	113.558	28.389	14.195
2.500	8.250.000	443.584	88.717	354.868	283.894	141.947	35.487	17.743
5.000	16.500.000	887.169	177.434	709.735	567.788	283.894	70.974	35.487

© Troff 2013

Tab. 17: Sehr guter Standort an Küsten oder Bergkuppen mit 150 Prozent Standortqualität

5. Wertermittlung von Windenergieanlagen

Grundsätze

In diesem Abschnitt wird die Bewertung von vorhandenen Windenergieanlagen (WEA) behandelt, die zur Gruppe der Sonderimmobilien beziehungsweise Infrastrukturimmobilien gehören. Bei der Wahl des Wertermittlungsverfahrens zur Verkehrswert-/Marktwertermittlung von Windenergieanlagen sind grundsätzlich die Wertermittlungsverfahren nach der Immobilienwertermittlungsverordnung (ImmoWertV) das Vergleichswert-, Ertragswert- oder Sachwertverfahren oder mehrere dieser Verfahren heranzuziehen (§ 8 ImmoWertV). Veröffentlichte Marktanalysen von veräußerten WEA liegen nicht vor, so dass die Wertermittlung nach dem Vergleichswertverfahren derzeit nicht möglich ist. WEA sind Ertragswertobjekte, mit denen Betreiber und Investoren Gewinne bzw. Renditen erwirtschaften. Als bestimmendes Wertermittlungsverfahren ist somit das Ertragswertverfahren in der Ausformung

- des DCF-Verfahrens (Discounted-Cashflow-Verfahren), da über die Nutzungsdauer (Restnutzungsdauer) der WEA unterschiedliche jährliche Erträge aus Einspeisevergütungen und Bewirtschaftungskosten anzusetzen sind, sowie/oder
- das Ertragswertverfahren mit periodisch sich verändernden Erträgen (§ 17 Abs.1, Satz 2).

Als Kapitalisierungs-/Diskontierungszinssatz für die Marktwertermittlung von WEA wird ein vom WEA-Typ abhängiger Zinssatz zwischen sechs bis acht Prozent angesetzt, der aus Marktbeobachtungen und Erfahrungswerten abgeleitet wurde; derselbe Zinssatz wird auch bei der Ermittlung von kapitalisierten Nutzungsentgelten (Ablösebeträgen) angesetzt; (6 %: Verhältnisse vor EEG 2000, WEA bis 1.500 kW und 7 bis 8 %: Verhältnisse ab EEG 2000, WEA > 1.500 kW). Bei neueren WEA der Klasse von mehr als fünf MW ist gegebenenfalls wegen des höheren Wagnisses und Risikos der Zinssatz auch noch höher anzusetzen. Ergänzend wird das Sachwertverfahren herangezogen.

An einem Praxisbeispiel (mit geänderten Werten) zur Bewertung eines bestehenden Windparks mit sechs WEA (drei WEA à 750 kW und drei WEA à 1.000 kW) wird die Marktwertermittlung der WEA erläutert.

Beispiel

Ausgangssituation:

- Errichtung der WEA im Jahre 2000, Herstellungskosten insgesamt 5,8 Mio. Euro
- erstes volles Betriebsjahr 2001
- Wertermittlung im Jahre 2007, Wertermittlungsstichtag 31.12.2010
- Jahresergebnisse der Betreiber mit der G+V-Rechnung der Jahre 2001 bis 2006 und mehrere Windertragsprognosegutachten lagen vor.
- Gesamtnutzungsdauer 25 Jahre (2001 bis 2025)
- Dauer der erhöhten Einspeisevergütung 9,1 Cent/kWh bis 2020 und 6,19 Cent/kWh Basisvergütung von 2021 bis 2025

Marktwertermittlung von WEA nach DCF (Discounted-Cashflow-Verfahren)

Betriebseinnahmesituation:

Für den Zeitraum von 2001 bis 2006 sind die vorliegenden Jahresenergieerträge und die Jahreserträge zu ermitteln, um eine Energieertragsprognose für den Zeitraum 2007 bis 2025 ableiten zu können. Bei neuen WEA werden die Ertragserwartungen aus den Windgutachten herangezogen. Im Bewertungsfall lagen für die vollen Betriebsjahre 2001 bis 2006 die Jahresenergieerträge der sechs Windenergieanlagen vor, die eine Schwankungsbreite zwischen 7.550.000 bis 8.450.000 kWh aufwiesen. Der Sechsjahresmittelwert von 7.906.667 kWh repräsentierte den durchschnittlichen Jahresenergieertrag und wurde für den Prognosezeitraum bis 2025 angehalten. Bis zum Jahre 2020 war die Einspeisevergütung nach EEG für die zu bewertenden WEA mit 9,1 Cent/kWh und von 2021 bis 2025 mit 6,19 Cent/kWh anzusetzen. Zur Plausibilisierung wurden die so ermittelten Jahreserträge der Einspeisevergütungen mit den Einnahmen aus den jährlichen Gewinn-und-Verlust-Rechnungen (G+V) gegenübergestellt. Die einzelnen Ansätze sind der DCF-Berechnung zu entnehmen.

Betriebsausgabesituation:

Verwendung der Jahresergebnisse der Betreiber mit der G+V-Rechnung für die Jahre 2001 bis 2006 und mehrerer Windertragsprognosen wurden in die DCF-Berechnung übernommen. Bei der Prognose der Betriebsausgaben (2006 bis 2025) waren auch inflationsbedingte Preissteigerungen (sog. Indexierungen) zu berücksichtigen.

- Raumkosten: Die jährlichen Beträge wurden ab dem Jahre 2006 auf der Basis 2005 mit +3,0 Prozent indexiert.
- Grundstücksaufwendungen: Die vom Betreiber mit den Grundstückseigentümern vertraglich vereinbarten jährlichen Pachtnutzungsentgelte wurden für die Bereitstellung der sechs WEA-Standorte und Zuwegungsflächen in Höhe von 25.565 Euro bis zum Jahre 2020 und von 2021 bis 2025 wegen der reduzierten Einspeisevergütung mit 17.390 Euro in Ansatz gebracht.
- Versicherungen, Beiträge, Abgaben: Die jährlichen Beträge wurden ab dem Jahre 2006 auf der Basis 2005 mit +2,5 Prozent indexiert.
- Aufwendungen für Instandhaltung und Reparaturen: Die jährlichen Beträge wurden ab dem Jahre 2006 auf der Basis 2004 mit +4,0 Prozent indexiert. Der Betrag vom Jahre 2005 konnte nicht herangezogen werden, da außergewöhnlich hohe Aufwendungen angefallen sind.
- Kosten der Warenrückgabe: Die jährlichen Beträge wurden ab dem Jahre 2006 auf der Basis 2005 mit +4,0 Prozent indexiert.
- Aufwendungen für Geschäftsführung/Betriebsführung/Buchführung: Die jährlichen Beträge wurden ebenfalls ab dem Jahre 2006 auf der Basis 2005 mit +4,0 Prozent indexiert.
- Jährliche Reinerträge: Die so ermittelten jährlichen Reinerträge aus den Betriebseinnahmen abzüglich der Betriebsausgaben sind in der DCF-Berechnung abgebildet.

Zur Plausibilisierung der Betriebsausgaben wurden die tatsächlichen durchschnittlichen Betriebsausgaben in dem Beurteilungszeitraum 2002 bis 2025 zu 35,7 Prozent ermittelt und mit so genannten Benchmarken (durchschnittliche, veröffentlichte Betriebsausgaben/ Betriebskosten vergleichbarer WEA) nach Gasch und Twele[4] verglichen, die Betriebsausgaben vergleichbarer WEA in Höhe von 36 Prozent ausgewiesen haben. Die in der Wertermittlung angesetzten Betriebsausgaben waren somit plausibel. In der folgenden Tabelle wird ein Beispiel aus der Praxis (mit geänderten Werten) zur Bewertung von sechs Windenergieanlagen im DCF-Verfahren dargestellt.

4 *Gasch* und *Twele* in Windkraftanlagen – Grundlagen, Entwurf, Planung und Betrieb, 6. Auflage, Teubner-Verlag 2010, Seite 522

Discounted-Cashflow-Verfahren

Ertragswertverfahren/DCF-Verfahren Windpark ...
6 WEA/Anlagentyp: 3 WEA – 750 kW/3 WEA – 1.000 kW

Wertermittlungsstichtag	**31.12.2010**										**WE-Stichtag 31.12. 2010**
Betriebseinnahmen	**Herstellung**	**Vorliegende Ertrags- und Bewirtschaftungsdaten von 2001 bis 2006**									
Jahr	2000	2001	2002	2003	2004	2005	2006	2007	2008	2009	2010
Energiemenge in kWh/a	0	7.750.000	8.450.000	7.550.000	8.050.000	7.560.000	8.080.000	7.906.667	7.906.667	7.906.667	7.906.667
Einspeisungsvergütung 1.–... Jahr in Cent/kWh	9,10	9,10	9,10	9,10	9,10	9,10	9,10	9,10	9,10	9,10	9,10
Zinserträge		0,00	11.500,00	9.500,00	6.600,00	4.900,00	5.145,00	6.274,17	6.274,17	6.274,17	6.274,17
Einnahmen aus Einspeisevergütung in €/Jahr	**0**	**705.250**	**780.450**	**696.550**	**739.150**	**692.860**	**740.425**	**725.781**	**725.781**	**725.781**	**725.781**
Vergleich: Ergebnis aus G+V-Rechnung		703.500	783.000	693.000	733.866	694.000					
Betriebsausgaben (ohne AfA u. Kapitaldienst)											
ordentliche betriebliche Aufwendung lt. G+V-Rechnung		wird 2001 nicht betrachtet									
Raumkosten	0	0	2.900	2.900	2.900	2.900	2.987	3.077	3.169	3.264	3.362
Grundstücksaufwendungen/Pachtnutzungsentgelt	0	0	25.565	25.565	25.565	25.565	25.565	25.565	25.565	25.565	25.565
Versicherungen, Beiträge, Abgaben 2,5–3 % (+ 2,5 % indexiert)	0	0	18.000	26.000	19.000	19.000	19.475	19.962	20.461	20.972	21.497
Instandhaltung u. Reparaturen ca. 6 % (+4 % indexiert)		0	27	42.392	46.077	72.304	49.837	51.830	53.904	56.060	58.302
verschiedene betriebliche Kosten											
Geschäftsführung/Betriebsführung/Buchführung (4 % index.)			68.000	61.000	66.000	71.000	73.840	76.794	79.865	83.060	86.382
Summe betriebliche Aufwendungen	**0**	**0**	**114.492**	**157.857**	**159.542**	**190.769**	**171.703**	**177.277**	**182.963**	**188.921**	**195.108**
Betriebsausgaben in %	0,0	0,0	14,7	22,7	21,6	27,5	23,2	24,4	25,2	26,0	26,9
Mittel in den Blöcken	0,0		18,7		21,6					27,0	
Jährlicher Reinertrag der 6 WEA in € (ohne Kapitaldienst)	**0**	**0**	**665.958**	**538.693**	**579.608**	**502.091**	**568.722**	**548.554**	**542.817**	**536.860**	**530.673**

Diskontierungszinssatz (ggf. mit Zu-/Abschlag)
Diskontierungszeitraum (Anzahl der Jahre)
Abzinsungsfaktor (AF)
auf WE-Stichtag diskontierte Reinerträge
Barwert der auf den Wertermittlungsstichtag diskontierten Jahresreinerträge (= Ertragswert)

Tab. 18a: Bewertung von sechs Windenergieanlagen (Windpark) nach dem DCF-Verfahren

DCF-Betrachtung ab 1.1.2011 bis 31.12.2025										**Prognose: Einspeisevergütung > 20 Jahre – 25 Jahre**					
2011	**2012**	**2013**	**2014**	**2015**	**2016**	**2017**	**2018**	**2019**	**2020**	**2021**	**2022**	**2023**	**2024**	**2025**	
7.906.667	7.906.667	7.906.667	7.906.667	7.906.667	7.906.667	7.906.667	7.906.667	7.906.667	7.906.667	7.906.667	7.906.667	7.906.667	7.906.667	7.906.667	
9,10	9,10	9,10	9,10	9,10	9,10	9,10	9,10	9,10	9,10	6,19	6,19	6,19	6,19	6,19	
6.274,17	6.274,17	6.274,17	6.274,17	6.274,17	6.274,17	6.274,17	6.274,17	6.274,17	6.274,17	6.274,17	6.274,17	6.274,17	6.274,17	6.274,17	
725.781	**725.781**	**725.781**	**725.781**	**725.781**	**725.781**	**725.781**	**725.781**	**725.781**	**725.781**	**495.697**	**495.697**	**495.697**	**495.697**	**495.697**	
3.463	3.567	3.674	3.784	3.897	4.014	4.135	4.259	4.387	4.518	4.654	4.793	4.937	5.085	5.238	
25.565	25.565	25.565	25.565	25.565	25.565	25.565	25.565	25.565	25.565	17.390	17.390	17.390	17.390	17.390	
22.034	22.585	23.150	23.728	24.322	24.930	25.553	26.192	26.847	27.518	28.206	28.911	29.634	30.374	31.134	
60.634	63.060	65.582	68.205	70.933	73.771	76.722	79.790	82.982	86.301	89.753	93.344	97.077	100.960	104.999	
89.838	93.431	97.168	101.055	105.097	109.301	113.673	118.220	122.949	127.867	132.982	138.301	143.833	149.586	155.570	
201.533	**208.207**	**215.138**	**222.337**	**229.814**	**237.581**	**245.647**	**254.026**	**262.729**	**271.769**	**272.984**	**282.738**	**292.870**	**303.396**	**314.330**	
27,8	28,7	29,6	30,6	31,7	32,7	33,8	35,0	36,2	37,4	55,1	57,0	59,1	61,2	63,4	
							34,5					59,2			
524.247	**517.574**	**510.643**	**503.444**	**495.967**	**488.200**	**480.134**	**471.755**	**463.052**	**454.012**	**222.713**	**212.959**	**202.826**	**192.301**	**181.367**	
6	6	6	6	6	6	6	6	6	6	6	6	6	6	6	
1	2	3	4	5	6	7	8	9	10	11	12	13	14	15	
0,943396	0,889996	0,839619	0,792094	0,747258	0,704961	0,665057	0,627412	0,591898	0,558395	0,526788	0,496969	0,468839	0,442301	0,417265	
494.573	**460.639**	**428.745**	**398.775**	**370.615**	**344.162**	**319.316**	**295.985**	**274.080**	**253.518**	**117.322**	**105.834**	**95.093**	**85.055**	**75.678**	**4.119.391 €**
DCF-Betrachtung vom 1.1.2011 bis 31.12.2025															Summe 2011–2025
4.119.391 €	Barwert der diskontierten Reinerträge = Marktwert der WEA nach DCF														

Tab. 18 b: Bewertung von sechs Windenergieanlagen (Windpark) nach dem DCF-Verfahren (Forts.)

Die Summe der auf den WE-Stichtag (31.12.2010) diskontierten jährlichen Reinerträge ist der Ertragswert/Barwert der Windenergieanlagen am Wertermittlungsstichtag. Als Diskontierungszinssatz wurde ein Zinssatz angehalten, der bei der Ermittlung von Ablösebeträgen bei Pachtnutzungsentgelten und bei der Ertragswertberechnung von gewerblichen baulichen Anlagen angewandt wird. Bei WEA im Errichtungszeitraum bis zum Jahre 2000

(Altanlagen) werden Zinssätze von sechs Prozent angehalten und veröffentlicht; bei neueren WEA (> 2.000 kW Nennleistung) bis zu acht Prozent (hierzu verschiedene Veröffentlichungen von *Troff* [5].

Der Ertragswert der sechs Windenergieanlagen nach dem DCF-Verfahren beträgt nach den DCF-Berechnungen in der Tabelle 18 a + b 4.119.391 Euro.

Ertragswertberechnung der WEA mit peridiodisch unterschiedlichen Erträgen

Durch die Kenntnis der Ertrags- und Kostensituation nach dem DCF-Verfahren (Tabelle 18 a + b) besteht nun auch die Möglichkeit der Ertragswertermittlung nach peridiodisch unterschiedlichen Erträgen (§ 17 Abs. 1, Satz 2) durchzuführen.

Fortsetzung des vorherigen Beispiels:

Für die Einnahmesituation sind zwei Perioden vorhanden, während im Bewirtschaftungskosten-/Betriebskostenbereich hier über die gesamte Restnutzungsdauer von 15 Jahren sich die Bewirtschaftungskosten verändern (stetig erhöhen). Hier empfiehlt es sich durchschnittliche Bewirtschaftungskosten/Betriebskosten für die zwei Perioden (1. Periode: 11. bis 20. Jahr = 32,4 % bzw. 2. Periode: 21. bis 25. Jahr = 59,2 %) aus der DCF-Berechnung abzuleiten.

---

5 *Troff* in Verkehrswertermittlung von Grundstücken mit Windenergieanlagen. GuG 2003, Seite 28 ff.; *Troff* in Berwertung von Spezialimmobilien – Bienert – Gabler-Verlag 2005, Seite 606, Bewertung von Grundstücken mit Windenergieanlagen; *Troff*, s. Seite 382, 383

Durchschnittliche Bewirtschaftungskosten			
im Betriebsjahr	in Prozent		
1	0,0	noch Garantieleistung der Hersteller	
2	14,7		
3	22,7		
4	21,6		
5	27,5		
6	23,2		
7	24,4		
8	25,2		
9	26,0		
10	26,9		
11	27,8	27,8	
12	28,7	28,7	
13	29,6	29,6	
14	30,6	30,6	
15	31,7	31,7	
16	32,7	32,7	
17	33,8	33,8	
18	35,0	35,0	
19	36,2	36,2	
20	37,4	37,4	
21	55,1	**32,4**	Mittelwert 11 bis 20
22	57,0		
23	59,1		
24	61,2	**59,2**	Mittelwert 21 bis 25
25	63,4		
Mittelwert	**34,7**		
über die Jahre 2 bis 25			

Tab. 19: Ermittlung der Bewirtschaftungs-/Betriebskosten der jeweiligen Periode mit den Daten aus den Tabellen 18 a+b

Damit liegen die Daten für die Ertragswertberechnung mit peridiodisch unterschiedlichen Erträgen vor und die Ertragswertberechnung kann durchgeführt werden.

Marktwertermittlung von Windenergieanlagen nach dem Ertragswertverfahren

Ertragswertverfahren (mit periodisch sich ändernden Erträgen)			
		1. Periode	2. Periode
Jahresenergieertrag in kWh		7.906.667	7.906.667
Einspeisevergütung in Cent/kWh		9,10	6,19
Jahreserträge aus Energieeinspeisung		719.506,70	489.422,69 €
Sonstige Einnahmen (Zinserträge)		6.274,17	6.274,17
Jahreseinnahmen insgesamt		725.780,87 €	495.696,86 €
Bewirtschaftungskosten	in %	32,4%	59,2%
	in €	234.878,09 €	293.263,52 €
Jahresreinertrag/Gewinn	in €	490.902,78 €	202.433,34 €
Laufzeit der Periode	n Jahre	10.0	5,0
Kapitalisierungszinssatz	in %	6,0	6,0
Vervielfältiger		7,36	4,21
Barweit nach n Jahren	n-Jahre	3.613.044 €	852.244 €
Diskontierungszinssatz	in %	6	6
Diskontierungszeitraum	n-Jahre	0	10,0
Abzinsungsfaktor		1,000000	0,558395
Barwert		3.613.044 €	475.889 €
Sonstige wertbeeinflussende Umstände*)		0 €	0 €
	insgesamt	3.613.044 €	475.889 €
Summe der Barwerte (Ertragswert der WEA am Wertermittlungsstichtag)		4.088.933 €	
*) mit Vorzeichen eingeben gerundet		4.090.000 €	

Tab. 20: Marktwertermittlung von Windenergieanlagen nach dem Ertragswertverfahren

Das Ergebnis dieser Ertragswertberechnung mit peridiodisch unterschiedlichen Erträgen beträgt für die sechs WEA 4.090.000 Euro.

Wertermittlung nach dem Sachwertverfahren

Wie bereits im Abschnitt „Wahl des Wertermittlungsverfahrens" abgehandelt, wird die Wertermittlung der WEA nach dem Ertragswertverfahren in Form des DCF-Verfahrens oder des Ertragswertverfahrens mit peridiosch unterschiedlichen Erträgen und unterstützend nach dem Sachwertverfahren durchgeführt.

Fortsetzung des WE-Beispiels:

Die von der Betreibergesellschaft nachgewiesenen Herstellungskosten aus dem Jahre 2000 waren für den Eingang in die Sachwertberechnung auf Plausibilität zu überprüfen. Aus den bereitgestellten Unterlagen für die schlüsselfertige Errichtung, Planung und Projektierung sowie für Gutachten, Baugenehmigung und Gebühren waren 5.800.000 Euro angegeben. Bei einer Nennleistung der sechs WEA von insgesamt 5.250 kW ergaben sich Herstellungskosten pro kW Nennleistung in Höhe von 1.105 Euro /kW Nennleistung. Die

Herstellungskosten von WEA lagen zu diesem Zeitpunkt nach Marktbeobachtungen zwischen 1.000 bis 1.300 Euro/kW Nennleistung, so dass die von der Betreibergesellschaft mitgeteilten Herstellungskosten im Bereich der Spanne lagen und als Ausgangswert für die Sachwertberechnung der sechs WEA verwendet werden konnten. Unter Berücksichtigung einer Preisentwicklung und einer linearen Alterswertminderung ist am Wertermittlungsstichtag 31.12.2010 von einem Alter von zehn Jahren (Herstellungsjahr 2000) und einer gesamten Nutzungsdauer bis zum Jahre 2025 von 25 Jahren auszugehen.

Sachwert der WEA am WE-Stichtag 31.12.2010

Herstellungskosten 2000 (HK)		**5.800.000 €**	
Nennwert		5.250	kW
Vergleichsfaktor (HK/NW)		1.105	€/kWh
Herstellungskosten		5.800.000 €	
Index am WE-Stichtag		115,0	
Sachwert am WE-Stichtag		6.670.000 €	
Abschlag wegen Bauschäden/Baumängel		0 €	
Sachwert		6.670.000 €	
Gesamtnutzungsdauer	Jahre	25	
Restnutzungsdauer	Jahre	15	
Alter	Jahre	10	
Alterswertminderung (linear)	0,40	- 2.668.000 €	
Sachwert abzgl. Wertminderung wegen Alters		4.002.000 €	
Sonstige wertbeeinflussende Umstände		0 €	
Summe		4.002.000 €	
Marktanpassungsfaktor	1,00		
Marktangepasster Sachwert		**4.002.000 €**	

Tab. 21: Sachwert der WEA am WE-Stichtag 31.12.2010

Ergebnis des Beispiels:

Der Marktwert der WEA – nach dem Sachwertverfahren ergibt sich ein Betrag von 4.002.000 Euro – liegt somit erwartungsgemäß unter dem nach dem Ertragswertverfahren ermittelten Ertragswert in Höhe von 4.119.391 Euro beziehungsweise nach dem Ertragswertverfahren mit peridiodisch verschiedenen Erträgen 4.090.000 Euro.

Als Verkehrswert/Marktwert der sechs WEA wird somit 4.120.000 Euro ermittelt.

6. Einfluss von Windenergieanlagen auf umliegende Grundstücke

6.1 Allgemeines

Einen negativen Einfluss von Windkraftanlagen auf den Verkehrswert der umliegenden Wohngrundstücke und Baugrundstücke zur Wohnnutzung (sog. Wertminderungen) konnte von den Geschäftsstellen des Gutachterausschusses Aurich im Untersuchungsgebiet Ostfriesland aus Kaufpreisen bislang nicht festgestellt werden. Ostfriesland hat eine sehr hohe Anzahl von Windenergieanlagen im Vergleich zu anderen Regionen in Deutschland.

Die Genehmigung von Windkraftanlagen hat sich unter anderem auch am Bundesimmissionsschutzgesetz (BImSchG) zu orientieren. Danach dürfen Umwelteinwirkungen und sonstige Gefahren, erhebliche Nachteile und erhebliche Belastungen für die Allgemeinheit und die Nachbarschaft nicht hervorgerufen werden (§5(1)). Im Falle der Windkraftanlagen sind die in der TA-Lärm festgelegten Immissionsgrenzwerte der Lärmbelästigung einzuhalten. Je nach Anlagentyp und örtlichen Gegebenheiten ergeben sich daraus bestimmte Mindestabstände der Windkraftanlagen zur Wohnbebauung. So wird in verschiedenen gerichtlichen Entscheidungen und weiteren Veröffentlichungen ein Mindestabstand in Abhängigkeit von Anlagentyp und Art der Wohnbebauung von 300 m bis über 1000 m gefordert. Letztendlich ist jedoch in jedem Einzelfall durch eine Prognoseuntersuchung bzw. ein Lärmgutachten die Zulässigkeit einer Anlage zu prüfen. So kann man sagen, dass die bestehenden Windkraftanlagen, die die Grenzwerte der TA-Lärm einhalten und das nachbarschützende Gebot beachten müssen, zu keiner erheblichen Beeinträchtigung der Wohn- und damit der Wertqualität der umliegenden Wohngrundstücke führen dürfen.

Auf der anderen Seite stellt sich die Frage, ob ein Interessent einer Immobilie ein Wohnhaus in der Nähe einer Windkraftanlage zu den gleichen Konditionen erwirbt wie ein vergleichbares Objekt ohne Einfluss einer solchen Anlage. Bei freier Auswahl wird er sich sicher für das Objekt ohne Windkraftanlage entscheiden, es sei denn, er bekommt das Objekt mit Ausblick auf die Windkraftanlage günstiger. Damit wäre ein Einfluss von Windkraftanlagen auf den Verkehrswert der umliegenden Wohngrundstücke gegeben. Dieser Einfluss ist aber kaum nachweisbar, da nur sehr selten zwei identische Angebote mit nur einem Unterscheidungskriterium vorkommen. Auch orientiert sich der Kaufinteressent bei dem Vergleich verschiedener Objekte hauptsächlich an nur wenigen wichtigen Kriterien, wie Alter, Wohnfläche, Gesamteindruck und Lage. Kleinere Unterscheidungskriterien, wie Himmelsrichtung oder geringe Störfaktoren spielen nur eine untergeordnete Rolle und wirken sich selten wertrelevant aus.

Die subjektiv empfundene Störwirkung einer Windkraftanlage, die sich im Wesentlichen in der ästhetischen und optischen Wahrnehmung begründet, ist sehr unterschiedlich. Während es den Verfechter der Windenergie mitunter fast nicht stört, würden andere ein Objekt in der Nähe einer Anlage „nicht geschenkt" haben wollen. Auch wandelt sich das Störempfinden mit steigender Gewöhnung an eine Störquelle. Im Endeffekt ist der Einfluss einer Windkraftanlage von der Störwirkung im Einzelfall abzuleiten. Der Einfluss einer einzelnen Anlage in nördlicher Richtung (kaum Fenster, wenig Geräuschwahrnehmung) vor einem Wald ist anders zu beurteilen als ein Windpark in freier Landschaft in südlicher Richtung (viele Fenster, Terrasse). Auch spielt das Angebot an vergleichbaren Grundstücken eine wesentliche Rolle.

Abschläge für bestimmte störende Einflussgrößen sind im Allgemeinen geringer als man annimmt. So konnte eine wesentliche Wertminderung von Grundstücken in der Nähe oder unter Hochspannungsleitungen ebenso wenig festgestellt werden, wie die Berücksichtigung der Immissionen eines Militärflugplatzes bei der Preisgestaltung von benachbarten Bauplätzen. Die gezahlten Kaufpreise für Objekte mit derartigen Störfaktoren liegen innerhalb der üblichen Schwankungsbreite der Kaufpreise. Es bleibt dem Gutachter zurzeit nur seine subjektive Einschätzung des Kaufverhaltens von Immobilieninteressenten, wenn er den Einfluss einer Windkraftanlage auf die umgebene Wohnbebauung mit einem Abschlag berücksichtigen will. Ein wissenschaftliches Ergebnis aus der Analyse von Kauffällen liegt noch nicht vor. Ein nennenswerter Abschlag wäre somit nicht angebracht, da dann die Abwägung (Immissionen, nachbarschaftsschützendes Gebot) im Genehmigungsverfahren der Windkraftanlage fehlerhaft gewesen wäre. In derartigen Fällen wurde auf gerichtlichem Wege der Betrieb der Anlage untersagt.

Dem Verfasser sind auch keine einschlägigen Gutachten bekannt, die bisher begründbare Verkehrswertminderungen festgestellt haben.

In einem Fall wurde nach Korrekturen der Einheitswerte aufgrund von Windkraftanlagen in der Nachbarschaft verlangt. Einen Antrag im Jahr 2001 auf Herabsetzung des Einheitswertes hat das zuständige Finanzamt abgelehnt mit der Begründung, dass ein Abschlag vom Grundstückswert nur dann gerechtfertigt sei, wenn die bestimmungsgemäße ortsübliche Nutzung erheblich beeinträchtigt sei. Eine solche erhebliche Beeinträchtigung ist aber durch das Genehmigungsverfahren der Windkraftanlage auszuschließen.

6.2 Störgefühle von Windenergieanlagen

Dagegen zeigt eine Studie von Prof. Dr. Hilligweg der Fachhochschule Wilhelmshaven ein Befragungsergebnis von Urlaubern in der Region Ostfriesland (höchste Anzahl von WEA) aus dem Jahre 2007 folgendes Ergebnis:

Gefragt wurde …

- Nach Störgefühlen und Urlaubserleben von Windenergieanlagen in Abhängigkeit vom Alter. Das Ergebnis zeigt die nachfolgende Abb. 6, dass sich die Urlauber durch die Windenergieanlagen nicht gestört fühlten.

Störgefühle und Urlaubserleben in Abhängigkeit vom Alter

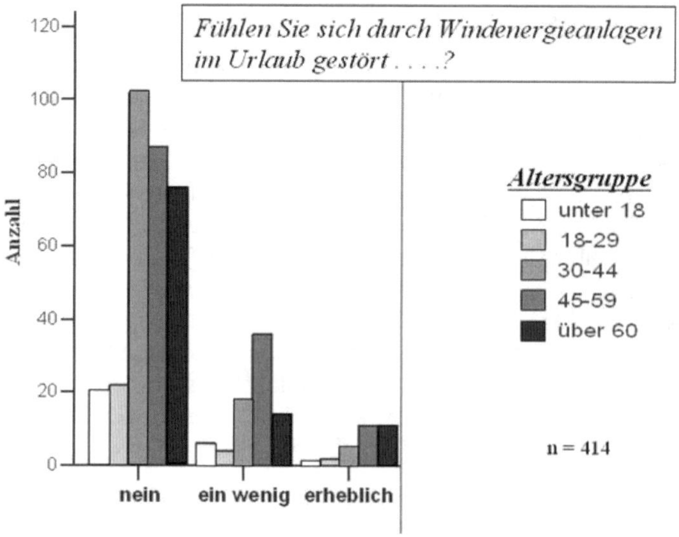

Abb. 5: *Störgefühle von Urlaubserleben durch Windenergieanlagen*

- Altersabhängiger Einfluss von Windenergieanlagen auf Urlaubsentscheidung?

In einer weiteren Befragung, ob das Vorhandensein von Windenergieanlagen die Urlaubsentscheidung beeinflussen würde, beantworteten die Befragten überwiegend mit nein.

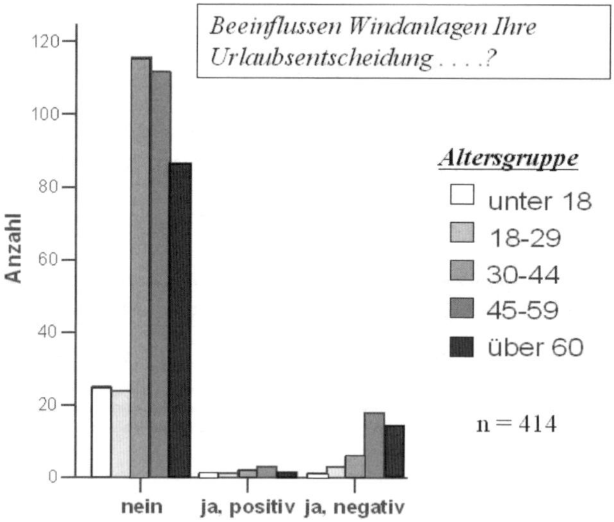

Abb. 6: *Beeinflussung von Windenergieanlagen auf Urlaubsentscheidungen*

6.3 Windenergieanlagen in der Rechtsprechung

Bischoff hat in Praxis-Info (78. Ausgabe 2007 von „Praxis der Grundstücksbewertung" – GERARDY/MÖCKEL/TROFF – OLZOG-Verlag München) zu Windenergieanlagen in der Rechtsprechung folgendes abgehandelt:

„Immer öfter finden sich Entscheidungen zum Umgang mit Windenergieanlagen, die die Zulässigkeit betreffen oder zu Störungen der Nachbarschaft sowie zu Wertminderungen und Schadensersatz durch das Vorhandensein solcher Anlagen. Nicht jedem gefallen die Windenergieanlagen durch ihren oft dominierenden Charakter im Landschaftsbild und besonders Nachbarn fühlen sich gestört. Das Bundesverwaltungsgericht (BVerwG) stellte nun einen Leitsatz (Beschluss vom 11. Dezember 2006 – 4 B 72.06, NVwZ 2007 S. 336) auf, der Elemente für die Nachbarschaftssituation beschreibt:

‚Windenergieanlagen können gegen das in § 35 Abs. 3 Satz 1 BauGB verankerte Gebot der Rücksichtnahme verstoßen, weil von den Drehbewegungen ihrer Rotoren eine optisch bedrängende Wirkung auf bewohnte Nachbargrundstücke im Außenbereich ausgeht. Ob eine derartige Wirkung anzunehmen ist, beurteilt sich nach den Umständen des Einzelfalls.'

Zur Verdeutlichung dieses Grundsatzes werden in dem Beschluss Hinweise gegeben. So wird festgestellt, dass die Baumasse nicht den optischen Eindruck alleine bestimmt, sondern insbesondere die Rotationsbewegungen zu berücksichtigen sind.

‚Ein bewegtes Objekt errege die Aufmerksamkeit in höherem Maße als ein statisches; eine Bewegung werde selbst dann noch registriert, wenn sie sich nicht direkt in der Blickrichtung des Betroffenen, sondern seitwärts von dieser befinde. Eine nur durch Phasen relativer Windstille unterbrochene ständige, nach Windstärke in der Umdrehungsgeschwindigkeit differierende Bewegung im Blickfeld oder am Rande des Blickfeldes könne schon nach kurzer Zeit, erst recht auf Dauer unerträglich werden. Ein sich bewegendes Objekt ziehe den Blick nahezu zwangsläufig auf sich. Es könne Irritationen hervorrufen und die Konzentration auf andere Tätigkeiten wegen der steten, kaum vermeidbaren Ablenkung erschweren. Zum anderen vergrößere die Drehbewegung des Rotors die Windenergieanlage in ihren optischen Dimensionen deutlich und bestimme sie. Die Fläche, die der Rotor überstreiche, habe in der Regel gebäudegleiche Abmessungen. Die optischen Auswirkungen einer Windenergieanlage seien umso größer, je höher die Anlage sei und je höher deshalb der Rotor angebracht sei.'

Auch zum Abstand zur Nachbarbebauung mit einer Wohnnutzung werden Hinweise gegeben, was bei solchen Situationen zu beachten ist.

‚... dass nachbarrechtliche Abwehransprüche unter dem Gesichtspunkt einer optisch bedrängenden Wirkung ab innenbereichstypischen Entfernungen von 50 bis 60 Meter generell ihr Ende finden müssten, weil ansonsten die eigentlich unerwünschten, bauplanungsrechtlich unzulässigen Streubebauungen des Außenbereichs die im Außenbereich privilegierten Vorhaben verdrängen könnten, trifft nicht zu. Die Forderung des Beigeladenen, dass sich die Privilegierung von Windenergieanlagen (vgl. § 35 Abs. 1 Nr. 5 BauGB) gegenüber der Wohnbebauung im Außenbereich stets durchsetzen müssen, ist jedenfalls dann unbegründet, wenn die Wohnbebauung ebenfalls einen Privilegierungstatbestand nach § 35 Abs. 1 BauGB in Anspruch nehmen kann. Ob eine Windenergieanlage eine benachbarte Wohnbebauung unzumutbar beeinträchtigt, richtet sich nach den Umständen des Einzelfalls. Das Berufungsgericht hat eine Vielzahl von Kriterien genannt, die in die Bewertung der jeweiligen örtlichen Gegebenheiten einzufließen hat (Höhe und Standort der Windenergieanlage, Größe des Rotordurchmessers, Blickwinkel, Hauptwindrichtung, Lage der Aufenthaltsräume und deren Fenster zur Anlage etc.). Wenn es in Anwendung der Kriterien einer Windenergieanlage, die knapp mehr als das Zweifache ihrer Gesamthöhe von einem Wohnhaus entfernt ist, eine optisch

bedrängende Wirkung attestiert, ist dies eine tatrichterliche Würdigung, die nach § 137 Abs. 2 VwGO vom Revisionsgericht zu akzeptieren ist.'

In Fällen einer Immobilienbewertung sind nicht nur die rechtlichen Vorgaben zu beachten, sondern auch die Reaktionen der Teilnehmer des Grundstücksmarktes, die vielleicht deutlicher reagieren, als die Gerichte aus dem Planungsrecht es ableiten. Das gilt besonders in Grundstücksteilmärkten mit einen Überangebot vergleichbarer Grundstücke.

Vergleichbare Situationen hatte auch das Oberverwaltungsgericht (OVG) Lüneburg zu entscheiden (Beschluss vom 13. Dezember 2006 – 7 ME 271/04, NVwZ 2007, S. 356) und entschied:

,Mit der Windkraftanlage in etwa 550 Meter Entfernung zum Haus geht von dem Windpark oder den einzelnen Anlagen auch keine optisch bedrängende Wirkung für den Antragsteller aus. Ob diese aus dem baurechtlichem Rücksichtnahme-Gebot abgeleitete Abwehrposition auch Bewohnern von Häusern im Außenbereich zu Gebote steht, ist bei Windkraftanlagen unter dem rechtlichen Gesichtspunkt des § 35 Abs. 1 Nr. 5, Abs. 3 Satz 1 Nr. 3 BauGB schon im Ansatz fraglich. Jedenfalls müsste von der oder den Anlagen dafür eine nicht vermeidbare, permanent erdrückende Wirkung für die Hausbewohner ausgehen, etwa durch eine Einkesselung oder eine so große Nähe, dass man einer sich massiv aufdrängenden optischen Belästigung nicht ausweichen kann.'

Windkraftanlagen sind nicht nur durch die optische Nähe nicht immer freundlich angesehen, sondern auch weil das Rotorgeräusch die Stille des Außenbereichs stört. Hierzu bietet eine Entscheidung des OVG Lüneburg Hinweise (Beschluss vom 06. Dezember 2006 – 7 ME 145/06, NVwZ 2007, S. 357) in dem zu konkreten Geräuschwerten und deren rechtlicher Grundlage Stellung bezogen wird."

7. Literatur

Bischoff, Bernhard: Windenergieanlagen in der Rechtsprechung in „Praxis der Grundstücksbewertung" – Praxis-Info 78. Ausgabe, Gerardy/Möckel/Troff, München 2007

Bundesverband Windenergie: Marktübersichten 2000 – 2006

Hilligweg, Gerd: Zu Störgefühlen von Windenergieanlagen. Forschungsarbeit der FHS Wilhelmshaven/Oldenburg/Ostfriesland 2006.

Linke, Christian: Grundstücke für WEA. GuG 1997, 30

Linke, Christian: Entwicklung der Bodenpreise von für die Errichtung von Windkraftanlagen vorgesehenen Flächen. GuG 1999, 166

Lorenzen, Nis: Wertermittlung von WEA. GuG 1997, 198

Portz, Norbert: Privilegierung von Wind- und Wasserenergieanlagen nach dem BauGB. Heft 52, 7 der Schriftenreihe des Nds. Städte- und Gemeindebundes Hannover, 1996

Sprengnetter, Hans-Otto: Wertermittlungen im Zusammenhang mit WEA. WertermittlungsForum Aktuell (WFA), 2003, 99

Tacke: Produktbeschreibung der Fa. TACKE, Salzbergen

Troff, Herbert: WEA. GuG 1996, 361

Troff, Herbert: Wertermittlung von Grundstücken mit WEA. Institut für Städtebau Berlin 1997, 370/5

Troff, Herbert: Neue Entwicklungen zur Bewertung von Grundstücken mit Windkraftanlagen. Institut für Städtebau Berlin 2001, 426/4 und 2002, 430/4

Troff, Herbert: Neue Entwicklungen zur Bewertung von Grundstücken im ländlichen Raum mit/für WEA. Vortragsmanuskript im Seminarband d. Nord. Bausachverständigen-Tage 2002, Wismar 10/2002

Troff, Herbert: Verkehrswertermittlung von Grundstücken mit WEA. Grundstücksmarkt und Grundstückswert (GuG), 2003, 28 ff.

Troff, Herbert: Bewertung von Grundstücken mit Windenergieanlagen; in „Bewertung von Spezialimmobilien" (Hrsg. Sven Bienert), 2005

Troff, Herbert: Bewertung von Grundstücken mit Windenergieanlagen. Manuskript des VHS-Seminars Nov. 2006 in Berlin

Troff, Herbert: Grundstücke mit WEA in Gerardy/Möckel/Troff, Praxis der Grundstücksbewertung , Loseblattsammlung (4 Bände/Anhang-CD), 102. Ausgabe 06/2013, München

Troff, Herbert: Wertermittlung im Zusammenhang mit Anlagen erneuerbarer Energien. Manuskript des Seminars des Sachverständigen-Kollegs, Hamburg, April 2009 und Mai 2010.

Troff, Herbert: Wertermittlung im Zusammenhang mit Anlagen erneuerbarer Energien. Manuskript des WBS-Seminars, Frankfurt, Mai 2010.

Troff, Herbert: Wertermittlungsaufgaben im Zusammenhang mit der Errichtung und Abbau von Windenergieanlagen. Manuskript des WBS-Seminars, 2/ 2011, Berlin

Troff, Herbert: Wertermittlungsaufgaben im Zusammenhang mit der Errichtung von Anlagen Erneuerbarer Energien. Vhw-Seminar 2013 in Mannheim, Magdeburg und Münster

Wedemeyer, Harald: Verträge über die Inanspruchnahme von Grundstücken für das Betreiben von Windkraftanlagen. Heft 52, 7 der Schriftenreihe des Nds. Städte- und Gemeindebundes Hannover, 1996

XV. Forstwirtschaftlich genutzte Grundstücke – Waldbewertung

Stefan Friedel

Forstwirtschaftlich genutzte Grundstücke gibt es in den unterschiedlichsten Flächenkonstellationen. Zunächst wären die oft nicht mehr als einen Hektar umfassenden Forstparzellen zu nennen, die typisch für den kleineren Privatwald sind (Bauernwald). Zu einem regelmäßig wirtschaftenden Forstbetrieb sind dagegen zahlreiche Forstgrundstücke notwendig. Die Bewertung der forstlichen Kleinflächen (Grundstück) und der Forstbetriebe kann nicht vollkommen identisch sein. In beiden Fällen steht im Mittelpunkt der Waldbewertung meist die Ertrags- und Aufwandsseite zur Bereitstellung des Produktes Rohholz und nicht die günstigen Auswirkungen der Waldluft und die Erholungsfunktion des Waldes. Die Waldbewertung liefert fachlich objektive Wertinformationen auf der Basis von Holzproduktionsgesichtspunkten, die nicht mit möglicherweise davon abweichenden subjektiven Waldpreisen zu vermischen sind.

Für den forstlichen Laien erschließt sich die Waldbewertung im Grunde schwer. Dazu kommt, dass es zur Fachdisziplin kein aktuelles Fachbuch gibt. Als bekannteste Buchautoren für den Bereich Waldbewertung in Deutschland können W. Mantel (Waldbewertung, BLV Verlagsgesellschaft, München 1982) und G. Speidel (Forstliche Betriebswirtschaftslehre, Paul Parey, 1967/1984) bezeichnet werden. Diese beiden Standardwerke sind längst vergriffen, so dass man ohne forstwirtschaftliche Ausbildung an einer Hochschule bei einem Bewertungsfalle meist externe Unterstützung durch einen Forstsachverständigen benötigt. Im Hinblick auf qualifiziertes Fachwissen macht es keinen Unterschied, ob ein Forstsachverständiger öffentlich bestellt und vereidigt ist oder nicht. Gerichten steht es frei, einen kompetenten Forstsachverständigen selbst auszuwählen.

1. Bewertungsgrundlagen

Gesetze und Verordnungen stehen bei der Waldbewertung nicht im absoluten Vordergrund. Dass man den Wald nicht unmittelbar nach dem Baugesetzbuch oder der Immobilienwertermittlungsverordnung (ImmoWertV) bewerten kann, müsste eigentlich selbstverständlich sein. Wald ist kaum mit konventionellen Immobilien zu vergleichen beziehungsweise im Gegensatz zu diesen nicht einheitlich zu normieren, da sich die Natur nur bedingt in zweckdienliche Zahlen pressen lässt. Wer in Wald investiert, muss sich darüber im Klaren sein, dass sein gegebenes Kapital Zahlungsströme anstößt, die nicht selten 100 Jahre und weit darüber andauern. Zinsüberlegungen verbieten sich dadurch bei forstlichen Grundstücken von selbst, wird die „Aktie Wald" in der Folge einer nachhaltigen Bewirtschaftung mit immensen Zeithorizonten dauerhaft im Bestand gehalten. Wer Wald erwirbt, sollte auch wissen, dass ein vorzeitiger Rücktausch in andere Werte relativ unsicher sein kann.

Bewertungsrichtlinien können als Richtschnur dienen und haben eine behördeninterne Wirkung. Ist man von einer solchen Richtlinie nicht automatisch betroffen, besteht auch kein Zwang zu deren Anwendung. Der Lösungsweg bei einer Bewertungsaufgabe sollte besser offen als musterhaft sein. Wichtiger Bestandteil von Bewertungsrichtlinien sind

Konventionen, die eine gleichmäßige Bewertung beziehungsweise Bewertungskontinuität garantieren. Die mithin wichtigste Konvention der Waldbewertung, die Alterswertfaktorenkonvention, wird im Folgenden nunmehr vorgestellt.

Alterswertfaktoren

Bei einem forstlichen Grundstück, eine mit Wirtschaftsbäumen bewachsene bzw. bestockte Katasterfläche, gibt es zunächst zwei grundlegende einzelne Werte (Einzelwerte), auch Substanzwerte oder Sachwerte genannt: Bodenwert und Bestockungswert. Zusammen bilden sie den sogenannten Waldeinzelwert. Der Wert der Bäume (Bestockungs- od. Bestandswert) am Anfang der Produktionszeit liegt in der Nähe seiner abgeschlossen Begründungskosten. Diese gesicherten Kulturkosten c (Minimalwert c) sind für forstliche Wirtschaftsbäume leicht zu bestimmen und allgemein bekannt. Ohne große Schwierigkeiten herzuleiten ist ebenso der Wert am Ende der Produktionszeit (Maximalwert Au), wenn die Bäume hiebs- bzw. schlagreif sind und endgenutzt werden (Abtrieb der Fläche vor erneutem Kulturzyklus). Der Au-Wert entspricht dem Nettoerlös der hiebsreifen Bäume (Holzerlöse minus Einschlags- bzw. Werbungskosten). Im Altersbereich zwischen der Kultur c und der Endnutzung im Alter U (Umtriebszeit bzw. Produktionsdauer) ist die Wertbestimmung eines Waldbestandes allerdings knifflig und wird per Konvention mittels der Alterswertfaktoren vorgenommen.

Alterswertfaktoren sind ein einfaches Handwerkzeug für den Forstsachverständigen bei der Bestimmung der Bestandswerte unter Ausschluss des umfangreichen klassischen Formelwerkes (Bestandskostenwert nach König 1846, Bestandserwartungswert nach Oetzel 1854, Faustmann'sche Formel 1849) und Vermeidung strittiger Kalkulationszinsen. Die Alterswertfaktorenkonvention ist ein auf durchschnittlichen Modellannahmen beruhendes plausibles Interpolationsmodell für den Forstpraktiker. Es handelt sich um eine auf bundesweite Umfrage gestützte Konvention. Die Alterswertfaktoren (Awf) beschreiben eine Wertproportion eines Bestandswerts Hm vor dem Alter der Hiebsreife zum Maximalwert Au, dem Abtriebswert zum Zeitpunkt der Hiebsreife. Sie ermöglichen die Wertbestimmung zwischen der Bestandsbegründung und der Hiebsreife auf praktische Weise und liegen zwischen 0,000 (Kultur) und 1,000 (hiebsreifer Altbestand).

Minimalwert c (Anfangswert) und Maximalwert Au (Endwert) variieren je nach Bewertungsstichtag durch unterschiedliche Holzerlös- und Werbungskostensätze. Die Alterswertfaktoren dagegen sind immer konstant. Aufgrund der Alterswertfaktoren ist es nicht mehr notwendig, die aufwendigen Rechenoperationen der klassischen Bestandswertformeln bei jedem Bewertungsfall neu durchzuführen. Das Wertverhältnis zwischen den Polgrößen „jung" und „alt" wird durch eine Konvention fixiert, die das Wirtschaften der Forstbranche möglichst realitätsnah abbildet (Gesamtmodell Forstwirtschaft) und das Risiko unter Berücksichtigung von Mindestwerterfahrungen mit einbezieht. Durch die Alterswertfaktorenkonvention sind Wertgutachten besser nachzuvollziehen und leichter zu prüfen.

Die Blume-Formel, die seit der Waldbewertungsrichtlinie WaldR 77 Bestandteil aller substanzorientierten Entschädigungsrichtlinien des Bundes und auch sämtlicher aktueller Bewertungsrichtlinien der Bundesländer ist, beschreibt das Wertverhältnis zwischen Bestandswert Hm und Au-Wert unter Berücksichtigung der Sockelkomponente c auf folgende Weise:

$$Hm = (Au - c) \cdot Awf + c$$

Dass der Minimalwert c zunächst vom Maximalwert Au subtrahiert und anschließend zum reduzierten Zwischenwert direkt addiert wird, hängt mit der Sockelfunktion der Komponente c zusammen, die aus der Abb. 1 grafisch hervorgeht.

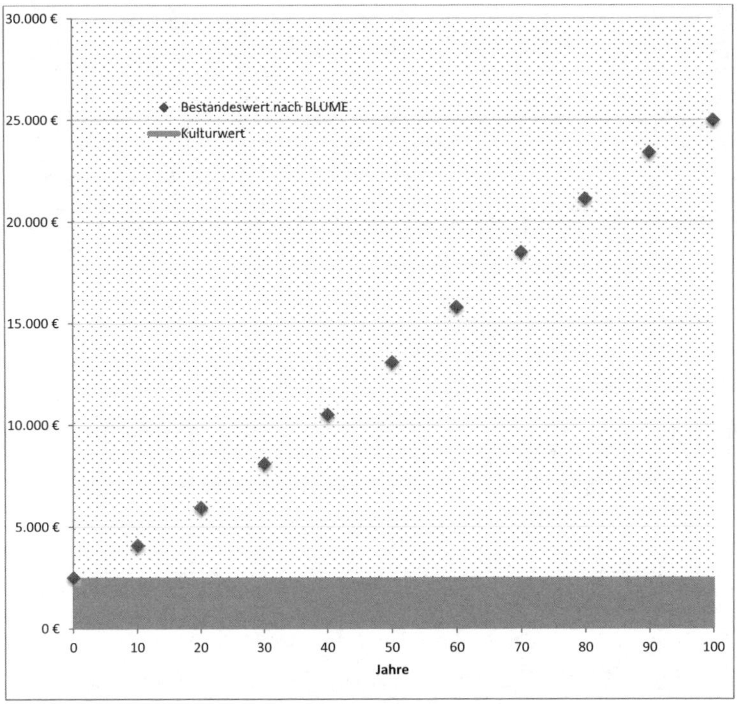

Abb. 1: Fichten-Bestandswerte in Zehner-Altersstufen

In Abbildung 1 sind als Kulturwert c 2.500 Euro und als Au-Wert 25.000 Euro bei zehn Fichtenbeständen (Alter in Zehnerstufen) auf jeweils einem vollbestockten Hektar gewählt. Mit zunehmendem Alter sind die Bestandswerte höher. Die Bestandswerte sitzen quasi auf dem grauen c-Sockel. Den betreffenden Bestandswert Hm im jeweiligen Alter m nennt man auch Formelwert bzw. Formelwert nach Blume.

Der niedrigste Bestandsformelwert (Anfangswert) ist für das Alter 0 anzutreffen. Das Wertmaximum (Endwert) ist am Ende der Umtriebszeit gegeben. Dazwischen liegen die Alterswerte. Alle Bestandswerte basieren auf gegenwärtigen Erlös- und Kostenannahmen. Mit den Alterswertfaktoren werden punktgenaue Bestandswerte für das jeweilige Alter ermittelt. Die Zeitdimension „früher – später" wird durch die Altersdefinition „jünger – älter" ersetzt. Von entscheidender Bedeutung auf die Höhe der Formelwerte sind die zugrunde gelegten Wertansätze, insbesondere Holzpreiserlöse und Werbungskosten.

Das folgende Eichen-Beispiel (Abb. 2) soll verdeutlichen, wie unterschiedlich die erfahrungsgebundenen Bestandswertvorstellungen bei vier verschiedenen Wertansätzen der Jahre 1990, 1995, 2000 und 2005 ausfallen können.

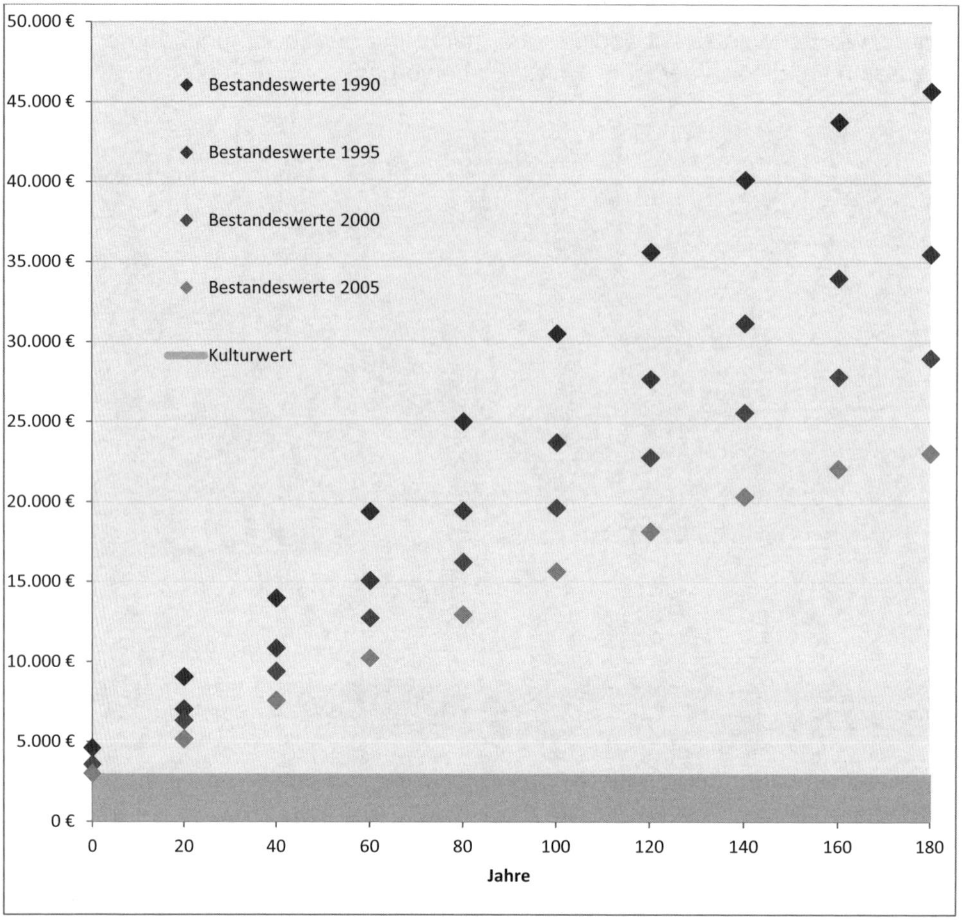

Abb. 2: Erfahrungsgebundene Bestandswertvorstellungen bei Eiche

Der Au-Wert der Wertansätze 2005 liegt rund 23.000 Euro beziehungsweise um die Hälfte unter der Au-Wertvorstellung 1990. Nach immerhin 15 Jahren Zuwachs an Holzmasse sind im Zeitraum von 1990 bis 2005 die Eichen-Bestandswerte nicht gestiegen, sondern gefallen. Die „Eiche-Aktie" ist schlecht gelaufen. Die Wertansätze zu gegenwärtigen Erlös- und Kostenannahmen führen zu erfahrungsgebundenen Bestandswertvorstellungen für das jeweilige Alter. Es gibt keinen durchgängigen „Alterswertverlauf" von Alter 0 bis Alter U in Form einer Zeitdimension. Verbindet man die Punkte in der Grafik zu vier Kurven, erliegt man einer Illusion zwischen zwei Währungsreformen, wenn beispielsweise für das Alter 0 das Jahr 1825 und für das Alter 180 das Jahr 2005 angenommen wird. Man bewegt sich außerhalb der Alterswertfaktorenkonvention, wenn man mit den Erlös- und Kostenannahmen für das Jahr 1990 Bestandswerte für das Jahr 2005 kalkuliert. Die Erwartung von Bestandswerten auf einer einzigen Wertkurve ist reine Spekulation. Prognose und Diskont (Zins) müssen scheitern. Im Eichen-Beispiel (Abb. 2) wäre eine solche Rechnung nicht einmal annähernd aufgegangen. Ertragsprognosen müssen für den Wald auf eine andere Weise hergeleitet werden. Der Bestandswert nach Blume besitzt zweifelsohne keine ertragsorientierten Elemente, wie nicht selten behauptet, sondern ist definitiv ein reiner Substanzwert.

2. Wertarten

Die Kenntnis der Arten forstlicher Werte ist Voraussetzung für die Wahl der geeigneten Bewertungsmethodik in einem konkreten Bewertungsfall. Wer Wald bewertet, sollte sich über die Wertarten völlig im Klaren sein.

2.1 Substanzwerte im Detail

Vorgestellt wurden bisher der Minimalwert c (Anfangswert), das werbungskostenfreie Finalverwertungsergebnis Au (Endwert) sowie mit Alterswertfaktoren errechnete Bestandesformelwerte zwischen den beiden Polgrößen c und Au. Es gibt jedoch noch einen weiteren Typus der Wertart Bestandswert, welcher Abtriebswert genannt wird und ebenfalls einen Substanzwert darstellt. Der Au-Wert ist ein Sonderfall eines Abtriebswertes, nämlich ein solcher zur Hiebsreife. Vor dem Finalstadium existieren jedoch ebenfalls Abtriebswerte. Abtriebswerte sind frei von Kosten. Sie entsprechen wie der Au-Wert dem werbungskostenfreien Holzverkaufserlös beziehungsweise dem Marktpreis des verkauften Holzes nach Abzug der Erntekosten in noch nicht hiebsreifen Dimensionen. Die Abtriebswerte sind Einschlagswerte, die bereits bei den Durchforstungen (Df) vor der Endnutzung turnusmäßig anfallen. Abtriebswerte gehören zusammen mit den Formelwerten zu den Bestandswerten, berücksichtigen vor dem Finalstadium aber im Unterschied zu den Formelwerten nicht den zusätzlichen bzw. vollen Wert den Bäume haben, wenn man diese bis zum Ende der Produktions- oder Umtriebszeit (U) wachsen lässt. Erst im hiebsreifen Altbestand besteht eine Identität zwischen Formelwert und Abtriebswert.

Die folgenden Ausführungen beziehen sich auf Waldgrundstücke (Abb. 3: Fichtenwald). Wald ist Boden plus Bestand (Bestockung). Die Bestandswerte (Einzelwerte) sind bereits vorgestellt, zum forstlichen Bodenwert (Einzelwert bzw. Substanzwert) gibt es vergleichsweise weniger zu erwähnen.

Baumfreier Waldboden wird am forstlichen Grundstücksmarkt nicht separat gehandelt. Vielmehr werden Waldgrundstücke als Einheit von Boden und Baumbestand angeboten und nachgefragt. Unter solchen Voraussetzungen ist es notwendig, den Waldbodenwert indirekt über landwirtschaftliche Kaufpreise oder Kaufpreisinformationen und Richtwertempfehlungen herzuleiten. Der Übergangsbereich der landwirtschaftlichen Flächen zu den Forstflächen – der landwirtschaftliche Grenzertragsboden bzw. das Grünland geringer Güte (Ertragsmesszahl 20) – ist geeignet, den Ausgangsbetrag für den Waldboden zu bilden. Näheres zu den Grundsätzen dieser forstlichen Transformation aus landwirtschaftlichen Bodenpreisen nach H.-J. Weimann ist dem grundlegenden Fachartikel „Vergleichende forstliche Bodenbewertung" (siehe Literatur) zu entnehmen. Der derart ermittelte Ausgangsbetrag für den Waldboden wird vor allem durch die Lage (Abgleich zum Vergleichskollektiv Landwirtschaft), den Wegeaufschluss (Holzbringung) und die Ertragsfähigkeit des Waldbodens weiter forstlich modifiziert zum endgültigen Waldbodenwert.

Bestandswerte und Bodenwert lassen sich zusammen grafisch darstellen. Auf dem dunkelgrauen Grundsockel Bodenwert (B) und dem hellgrauen Sockel Kulturwert (c) von Abbildung 3 addieren sich alle weiteren Bestandswerte (Hm) zu Grundstückswerten bei je nach Alter oder Dimension der Bäume unterschiedlicher Fichtenbestockung:

Grundstückswert = B+Hm

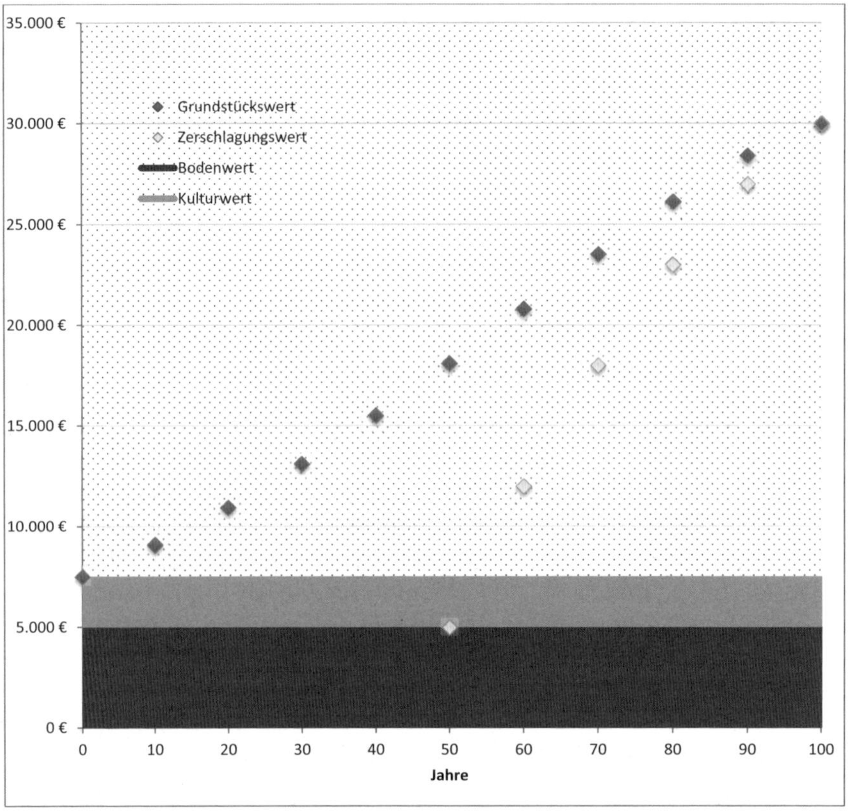

Abb. 3: Grundstückswerte bei Fichtengrundstücken

Der Alterswert eines Waldgrundstückes hat über alle Bestandsalter den Bodenwert als fixe Sockelkomponente (Abb. 3). Zu diesem Sockel kommen die Formelwerte mit dem c-Sockel oder die Zerschlagungswerte hinzu. Die Zerschlagungswerte (Abtriebswerte plus Bodenwert) vor dem Finalstadium sind wie die Grundstückswerte (Formelwerte plus Bodenwert) mit zunehmendem Alter höher. Im Alter der Hiebsreife sind die beiden unterschiedlichen Werte (Zerschlagungs- und Grundstückswerte) schließlich identisch. Davor liegen die Grundstückswerte über den Zerschlagungswerten. Die höheren Grundstückswerte bzw. vollen Werte – das Waldvermögen – werden auf Basis aktueller Erlös- und Kostenansätze mittels statischer Interpolation durch Alterswertfaktoren ermittelt. Die niedrigeren Zerschlagungswerte entstehen durch gedankliche oder tatsächliche Liquidation im nicht hiebsreifen Alter und berücksichtigen nicht den zusätzlichen Wert, den Bestände besitzen, lässt man sie bis zum Ende der Umtriebszeit wachsen, was nicht zuletzt aufgrund gesetzlicher Vorgaben der Regelfall forstlichen Wirtschaftens ist.

2.2 Hiebsunreife

Für die Ausnahme eines vorzeitigen Abtriebes einer Waldfläche, beispielsweise wegen Zerschneidung durch eine Hochspannungsleitung, steht dem betroffenen Waldeigentümer deshalb die Entschädigungskomponente „Hiebsunreifeverlust" zu, erntet und verkauft er das Holz auf eigene Rechnung. Die Hiebsunreife, die Differenz von Grundstückswert und Zerschlagungswert bzw. Formelwert und Abtriebswert, ist somit Vermögenswertausgleich zum eigentlichen bzw. vollen Wert. Würde der Ausgleich nicht vollzogen, hätte der Eigentümer seine Bestockung unter Wert hergegeben. Die Erwartung der Hiebsreife gehört bei einem forstwirtschaftlichen Grundstück zu dessen wertbildenden Eigenschaften. Bei jüngeren Waldbeständen ohne marktfähige Sortimente besteht bei vorzeitiger Nutzung ein Entschädigungsanspruch in Höhe des vollen Bestandswerts plus der Räumungskosten, wenn die Räumung vom Grundeigentümer übernommen wird.

Im Beispieldiagramm (Abb. 3) ist die Hiebsunreife beim 50-jährigen Fichtengrundstück am größten (Wertdifferenz Grundstückswert minus Zerschlagungswert). Beim 50jährigen Fichtengrundstück ist der Abtriebswert gleich Null und der Zerschlagungswert entspricht somit dem Bodenwert. Ist der Abtriebswert negativ (10 bis 40-jährige Grundstücke), entspricht die Hiebsunreife ebenfalls dem Bestandsformelwert bzw. der Wertdifferenz Grundstückswert minus Bodenwert. Bei der Blöße (baumfreier Waldboden) und dem hiebsreifen Altbestand entfällt ein Anspruch auf Hiebsunreifeverlust. Neben der Bestandsentschädigung greift in Fällen einer vorzeitigen Räumung und dauerhaften Blößenlage ohne Eigentumsänderung zusätzlich die Entschädigungskomponente Bodenrente. Dadurch wird die künftig ausbleibende Ertragsleistung des Produktionsfaktors Boden einschließlich nicht reduzierbarer Gemeinkosten (Verwaltungskosten v) abgegolten.

2.3 Ertragswerte

Neben den bisher behandelten Substanzwerten, die im Entschädigungsfalle bei der Bestockung alleine maßgeblich sind, fließen in eine Waldbewertung ebenso Ertragswerte ein, vornehmlich bei der Verkehrswertermittlung. Der Ertragswert (Gesamtwert, Wirtschaftswert) berücksichtigt bei Forstbetrieben ab rund 20 bis 50 Hektar (W. Mantel) die gegenseitige Abhängigkeit der Einzelbestände beim Wirtschaftsprozess und ermittelt den Wert des betrieblichen Jahresergebnisses (Waldrentierungswert) als Resultante einer nachhaltigen forstlichen Bewirtschaftung, in dem für die plausible Annuität Reinertrag (Gewinn aus Ertrag minus Aufwand) ein vernünftiges Vielfaches gebildet wird. Da der forstliche Reinertrag (die Waldrente) im Gegensatz zum Mietertrag bei Wohnhäusern keine normalisierbare Größe ist und der Kapitalisierungsfaktor verifiziert werden kann, sind naturale Ertragswertrechnungen leicht manipulierbar bzw. eine „konventionelle Fiktion" (H.-J. Weimann), weil es keine tatsächlichen Renten sind, sondern kalkulatorische Größen, die als wirklich angenommen werden. Der Waldbodenwert bleibt bei der Ertragswertrechnung außen vor, da Ertrag und Aufwand auf dem Standortsfaktor Boden stattfinden und nicht mit ihm.

Der Substanzwert (Einzelwert, Sachwert) ist wie bereits erläutert gleich dem Bodenwert (Einzelwert Boden) und dem Wert aller Bäume unter Herstellungsgesichtspunkten (Einzelwert Bestand). Fertig ist der Wald am Ende des Produktionszeitraumes zum Zeitpunkt der Hiebsreife. Hier ist ein besonderer Bestandswert erreicht: der Abtriebswert zur Umtriebszeit (Au-Wert). Nicht hiebsreifer Wald wird wie oben ausführlich dargestellt durch zinsfreie Abschreibung des Au-Wertes mittels der Alterswertfaktoren beziehungsweise interpolierende Zuschreibung des Anfangswerts c in ganz Deutschland seit dem Jahre 2000 auf die gleiche Weise bewertet (bundesweite Bewertungskonvention). Die Summe aller Einzelwerte im Wald (Boden und Bestand) führt zum Waldeinzelwert, dem „eigentlichen" bzw. „vollen" Wert des Waldes.

2.4 Verkehrswert

Traditionell kann man den Verkehrswert beim Wald in der Mitte zwischen Substanzwert und Ertragswert annehmen. E. Schmalenbach, Begründer der anwendungsorientierten Betriebswirtschaftslehre, hat dazu den Begriff „Mittelwert" geprägt („Praktikerverfahren" nach Schmalenbach). H.-J. Weimann erklärt den Mittelwert ganz banal: *Warum? Warum nicht? Wenn man nicht sicher ist, ob und inwieweit eine der beiden konkurrierenden Erwägungen (Substanzwert, Ertragswert) wichtiger als die andere ist, bleibt gleiches Gewicht auf beiden Seiten.* Wer eine andere Gewichtung als die Mittelbildung vornimmt, muss gute Gründe haben und auch nennen können.

Die folgende Gegenüberstellung vergleicht Substanzwert und Ertragswert.

<table>
<tr><th>Substanzwert</th><th>Ertragswert</th></tr>
<tr><td>Einzelwerte innerhalb eines Waldbestands bzw. Waldeinzelwert(summe)</td><td>Gesamtwert eines Bewertungsobjekts bzw. Waldwirtschaftswert</td></tr>
<tr><td>1. Bodenwert:
Ausgangsbetrag landwirtschaftlicher Grenzertragsböden nach forstlicher Transformation
+/- Lagekomponente incl. Erschließung
+/- Ertragskomponente</td><td rowspan="2">Kapitalisierung der in einem regelmäßig nachhaltigen, normalvorrätigen Betrieb erwirtschafteten Waldrente bzw. Waldreinertrages zum Wald(rentierungs)wert:
$$\frac{Au + \Sigma Df - c - u \cdot v}{0{,}0\,p}$$</td></tr>
<tr><td>2. Bestandswerte:
Formelwerte nach BLUME oder Abtriebswerte</td></tr>
</table>

Nach der Wichtung von Substanzwert und Ertragswert besteht bei der Verkehrswertermittlung die Möglichkeit eines finalen Abgleichs des Mittelwertes mit dem Zerschlagungswert, welcher die Summe aller Bodenwerte und aller positiven Abtriebswerte darstellt. Aus dem hiebsunreifefreien Liquidationsreservoir abtreibbarer Wälder könnte ein Käufer durch Nutzungen zunächst einen Teil der Kaufsumme unmittelbar ausgleichen und in den Folgejahren sukzessive die Tilgungsraten eines Darlehens teilweise oder ganz decken. Es ist moralisch bedenklich, wenn ein Käufer das Kaufobjekt mittels starker Eingriffe in die verwertbare Substanz ausplündert und dann mit Gewinn weiter veräußert. Um solches zu verhindern, geben Bewertungsrichtlinien zuweilen den Zerschlagungswert als unteres Wertlimit an.

2.5 Genauigkeitsanspruch

Der Begriff Verkehrswertschätzung weist auf den groben Genauigkeitscharakter einer forstlichen Verkehrswertermittlung hin. Die Holzmasse in Festmeter (Kubikmeter) und deren weitere wertbestimmende Sortenverteilung nach der Holzstärke (Durchmesser in Zentimeter) und den Güteklassen des Holzes kann bei stehenden Bäumen nur mit relativ hoher Unsicherheit grob eingeschätzt werden. Der Wahrheit kommt man näher, wenn man jeden Baum eines Waldbestandes aufwändig vermisst (Vollkluppung).

Um die tatsächliche Holzmasse inklusive Sortenverteilung bestmöglich zu kennen, müsste man die gesamte Bestockung ernten und die Wertschöpfung des Rohholzes bis zur Holzverarbeitung weiterverfolgen. Da dies praktisch unmöglich ist, verfolgen F. Bombosch und S. Friedel beim Forschungsprojekt DynaWIS (siehe Literatur) einen alternativen Weg bereits bei der vollmechanisierten Aufarbeitung des Durchforstungsholzes mit modernen Harvestern. Durch die Kombination der turnusgemäß sowieso anfallenden Hiebsdaten des Harvesters (ausscheidender Bestand) und der messgenauen Bestockungsparameter eines optischen Sensorsystems (verbleibender Bestand) bietet sich die Chance zu einer orts- und lagespezifischen Waldinventur und mehrfach abgesicherten Prognose der Wertentwicklung bei forstlichen Grundstücken. Mit jeder Durchforstung kann ein Bewertungslauf erfolgen, dessen Ergebnisse in einem Werttestat dargestellt werden. Der Waldbesitzer ist damit wie bei einer Lebensversicherung fortlaufend über seine forstlichen Kapitalstände informiert.

2.6 Wald hat einen Wert

„Drei Dinge, sagt man in Immobilienkreisen, seien für den Wert eines Hauses entscheidend: Erstens – die Lage, zweitens – die Lage und drittens – die Lage. Beim Wald ist das nicht sehr viel anders", schreibt C. Mühlhausen. Und weiter nahezu wörtlich: *Wald im ländlichen Raum der neuen Bundesländer ist auch heute noch oftmals für wenige 10-Cent-Stücke pro Quadratmeter erhältlich, während stadtnaher Wald in Ballungsräumen Quadratmeterpreise kosten kann, die man andernorts nicht einmal für einen Quadratmeter erschlossenen Baulandes bezahlen würde. Am Thema Waldwert scheiden sich die Geister. Die einen sehen in Wald ein unrentables Investment, das über einen langen Zeitraum viel Kapital bindet, wenig Rendite abwirft und im Gegensatz zu landwirtschaftlichen Grundstücken auch nicht flächenprämienberechtigt ist. Andere sehen in Wäldern eine wahre Schatzgrube und vertreten die Ansicht, dass sich mit Wald durchaus Geld verdienen lässt und ein derzeit noch günstiges Investment in Wald sich innerhalb der nächsten Jahrzehnte in zweistelligen Renditen niederschlagen wird, weil Wald nicht von heute auf morgen ersetzbar ist und nachhaltig produziertes Holz auf Dauer weltweit knapp sein wird.*

Fakt ist: Wald hat einen Wert. Weil aber Wald kaum gehandelt wird, Holz ein heterogenes Produkt ist und beim Waldkauf immer wieder auch irrationale Gründe eine Rolle spielen (z.B. Eigenjagdbezirk, Naturerlebnis, Waldpädagogik), besteht Unkenntnis über den tatsächlichen Wert des Waldes unter dem Gesichtspunkt der Holzproduktion und so ist die Preisfindung beim Wertobjekt Wald schwierig. Auch Notverkäufe, bei dem Wald unter Wert verkauft wird, spielen eine Rolle. Es ist kritisch, primär auf Basis historischer Kaufpreise eine treffende Waldwertinformation für einen aktuellen Kauffall abzuleiten. Unabhängig davon ist es auch wichtig, dass man die Waldbewertung von der Preisverhandlung strikt trennt, weil Gutachter und Verhandlungsführer oder gar Richter nicht in einer Person vereinbar sein sollten.

Waldwertermittlungen spielen jedoch nicht nur bei Waldkäufen aus freiwilligem Anlass eine Rolle (Wald bleibt Wald), sondern ebenso bei Fragestellungen aus dem Bereich Entschädigung (Nutzungsänderung) und Schadensersatz, beim Stockverkauf (Verkauf des stehenden Durchforstungsholzes) oder bei der Ermittlung von Bilanzwerten im Rahmen der doppelten Buchführung.

3. Entschädigungsfall

Im Entschädigungsfalle muss gemäß BGH-Rechtsprechung der volle Waldeinzelwert erstattet werden (äquivalenter Ersatz für das Genommene), nicht der wertmäßig meist darunter liegende Verkehrswert. Der Waldeigentümer, der Waldfläche der Straßenbauverwaltung oder einer Versorgungsgesellschaft zur Verfügung stellen muss, hat Anspruch auf vollen Wertersatz.

Flächenstilllegung

Die Stilllegung von Wäldern und der Verzicht auf Holznutzung werden gegenwärtig in der Gesellschaft kontrovers diskutiert. Die Bundesregierung will in ihrer Waldstrategie 2020 die Vorgabe machen, fünf Prozent der Wälder Deutschlands stillzulegen. Naturschutzgebiete (NSG), Nationalparke und Wildnisgebiete sind geläufige Schutzgebietskategorien zur Stilllegung, um den Naturschutz für eine Waldfläche anstelle der forstlichen Bewirtschaftung durchsetzen.

Der Forstsachverständige ist gut beraten, im Kontext eines Bewertungsauftrages zu einer vorgesehenen Flächenstilllegung die Bewertungsmodalitäten (Zweck, Ziel, Art der Bewertung etc.) mit dem Auftraggeber detailliert abzustimmen. In eine Verkehrswertberechnung (v.a. Kauffälle zum gewöhnlichen Geschäftsverkehr) fließen, wie weiter oben unter 2. Wertarten dargestellt, beim Bewertungsobjekt Wald sowohl Substanzwerte als auch Ertragswerte mit ein. Aufgrund der aktuell noch immer vergleichsweise bescheidenen Ertragssituation der Forstbetriebe in Deutschland fallen die berechneten Verkehrswertschätzungen beim Wirtschaftswald in einer ungefähren Größenordnung um einen Euro je Quadratmeter oft relativ niedrig aus. Im Entschädigungsfalle (z.B. geplante NSG-Kernzone mit absolutem Einschlagsverbot) sind nach ständiger BGH-Rechtsprechung bei der Bewertung die Verhältnisse des konkreten Bewertungsobjektes inklusive seiner wirtschaftlichen Bedeutung für den gegenwärtigen Besitzer maßgebend („Wert in der Hand des Eigentümers"). Ein Abschlag vom Substanzwert (Herstellung eines Vermögensgegenstands) zur Anpassung an die allgemeine Marktlage (Verkehrswert) ist wie bereits erwähnt unzulässig. Die Entschädigung ist ein öffentlich-rechtlicher Wertausgleich für das, was der Betroffene verliert, nicht für das, was der Begünstigte gewinnt. Verkehrswertschätzungen (Marktpreis) und Entschädigungskalkulationen (Vermögenswert) sind in rechtlicher und waldbewertungsmethodischer Hinsicht völlig verschieden.

Nach den derzeitigen Naturschutzgesetzen ist in der Regel die Enteignung ausdrücklich hinter freiwillige Vereinbarungen zu stellen. Dies sollte in der Folge nicht zu finanziellen Nachteilen bei Ausgleichszahlungen führen, die als Entschädigung zu leisten sind, wie bei einer tatsächlichen Enteignungsentschädigung. Im Zuge einer Waldbewertung ist nur dann der Verkehrswert zu ermitteln, wenn der Wald auch dauerhaft Wald im Sinne von Wirtschaftswald bleibt.

Durch die Widmung von Wirtschaftswald zu einem Schutzgebiet darf der betroffene Grundstückseigentümer seine rechtmäßig ausgeübte Nutzung (ordnungsgemäße Forstwirtschaft) nicht mehr fortsetzen, wodurch die wirtschaftliche Nutzbarkeit seiner Grundstücke erheblich beeinträchtigt oder sogar total beschränkt wird. Bei einer solchen Nutzungsänderung liegt für den Bereich des Privat- und Kommunalwaldes völlig unstrittig ein Entschädigungstatbestand mit naturschutzrechtlichem Ausgleichsanspruch vor. Bewerten und Auszugleichen sind beim freiwilligen und beim unfreiwilligen Eigentumsübergang anlässlich einer Flächenstilllegung das Waldvermögen – voller Bodenwert und voller Bestockungswert – alleine unter Entschädigungsprimat bzw. ohne Berücksichtigung von wertmindernden Verkehrswertgesichtspunkten.

Ist Privatwald von einer solchen Flächenstilllegung betroffen, geht es nicht selten um betriebliche und persönliche Existenzen. Der Staat steht hier in der Verantwortung, die erforderlichen Entschädigungsbeträge für die betroffenen Waldbesitzer auch bereitzustellen. Naturschutz im Wald wird es nicht zum „Billigtarif" geben. Befürchtet dies ein Waldeigentümer im konkreten Fall dennoch, bleibt nur die Einschaltung eines etablierten Forstsachverständigen und notfalls die Bemühung der Gerichte. Zu dem in der Praxis ebenfalls verbreiteten Fall, dass bei einer durch den Naturschutz bedingten Waldflächenstilllegung Grund und Boden beim Grundstückseigentümer verbleiben sollen (Pachtvariante), hat die ehemalige Arbeitsgemeinschaft Waldbewertung der Bundesländer seinerzeit eine Entschädigungskalkulation nach § 19 NVWald als „Universallösung" dargestellt. Hiernach sind mindestens zu entschädigen: voller Bestockungswert plus Flächenpacht (Bodennettorente) plus Gestattungsentgelt für den Besitzverlust plus nicht reduzierbare Verwaltungskosten.

4. Resümee

Wald zu bewerten, ist keine einfache Aufgabe. Darüber hinaus ist es auch keine dankbare Aufgabe für einen Forstsachverständigen, wenn seine Bewertungsergebnisse von den betroffenen Parteien in einer Grundstücksangelegenheit unterschiedlich gesehen werden. Um diese Umstände gut meistern zu können, sollten forstliche Gutachter über langjährige Berufserfahrung verfügen, unabhängig sein und möglichst auch über eine eigene EDV-Infrastruktur verfügen. Dies sind die besten Voraussetzungen, um eine forstliche Bewertungsaufgabe qualifiziert zu lösen.

5. Literatur

Bombosch, F.; Bobey, K.; Sohns, D.; Friedel, S: DynaWIS – Nachhaltigkeit und Wertentwicklung im Forst, AFZ – Der Wald, 5/2011, S. 24 – 29

Deutscher Waldbesitzer: Wald fair bewerten, Deutscher Waldbesitzer, 3/2011, S. 10 – 11

Friedel, S.: Interpolation zwischen Kultur und Altbestand durch den Forsttaxator, Wertermittlungsforum, 2006/3, S. 81 – 87

Haub, H.; Weimann, H.-J.: Neue Alterswertfaktoren der Bewertungsrichtlinien, Wertermittlungsforum, 2001/1, S. 1 – 8

Mantel, W.: Waldbewertung, BLV Verlagsgesellschaft, München 1982

Mühlhausen, C.: Und, was ist Ihr Wald wert?, Deutscher Waldbesitzer, 3/2010, S. 13 – 15

Sagl, W.: Bewertung in Forstbetrieben, Blackwell – Wiss. – Verlag, Wien 1995

Speidel, G.: Forstliche Betriebswirtschaftslehre, (Paul Parey), 1967

Weimann, H.-J.: Die Förster und die Zeit – Zu Waldboden, Entwicklung, Wald und Nachhaltigkeit, Land, Agrarwirtschaft und Gesellschaft, Zeitschrift für Land- und Agrarsoziologie, Jg. 15, 2/2004, S. 49 – 62

Weimann, H.-J.; Haub, H.: Vergleichende forstliche Bodenbewertung, Allgemeine Forst Zeitschrift, 40/1985, S. 837 – 844

XVI. Landwirtschaftliche Flächen

Linda Breining

1. Methodik

Flächen der Landwirtschaft sind gemäß § 5 (1) ImmoWertV:

„Flächen der Land- oder Forstwirtschaft sind Flächen, die, ohne Bauerwartungsland, Rohbauland oder baureifes Land zu sein, land- oder forstwirtschaftlich nutzbar sind."

Darunter wurden gemäß alter WertV nur Flächen geführt, die alleinig der landwirtschaftlichen Nutzung dienten und bei denen sich auch absehbar keine höherwertige Verwendung als Option ablesen lässt. Mit der Einführung der neuen ImmoWertV fehlt diese Differenzierung und die alten § 4 (1) + (2) WertV finden sich gemeinsam im neuen §5 (1). Dies bedeutet aber nicht, dass damit auch bei allen landwirtschaftlichen Flächen eine Höherwertigkeit per se auszuschließen wäre. Eine Zusammenfassung führt faktisch zu einer Verschlankung der Formulierung, ohne jegliche wertrelevante Beeinflussung. Nachdem diese sogenannten höherwertigen Flächen hier nicht das Thema darstellen, beschränkt sich die folgende Betrachtung auf landwirtschaftliche Nutzflächen, deren Ausrichtung allein in der Fruchtziehung liegen. Allerdings kommt seit einigen Jahren immer stärker der Aspekt einer Energiegewinnung auf gewerblicher Basis hinzu, wobei sich hierfür in der Regel Ackerflächen oder ackerfähiges Grünland eignen. Dies kann in Gebieten mit einer großen Konzentration dieser Anlagen, in Verbindung mit einem von jeher angespannten Flächenbedarf, ebenfalls zu einer Art Höherwertigkeit führen, die aber im klassischen § 4 (2) so sicher nicht definiert war. Gemäß Berechnungen der DLG können Transportfuhren des Substrates (Ackerfrucht) über eine Länge von 30 Kilometer und mehr (einfach) kaum mehr zu positiven Ergebnissen führen. Daher werden die Energiewirte bestrebt sein, diese zu vermeiden und für den Faktor „nahe Umgebung" auch Preiszuschläge gedanklich aufwerfen. Dies als reine Randbetrachtung eines augenblicklich sich immer mehr am Markt abzeichnenden Aspektes. Wobei die Zusammenfassung im § 5 (1) den Sachverständigen die Diskussion erspart, ob es sich bei Ackerflächen in dieser Konstellation betrachtet, um „ § 4 (2) WertV" handeln muss oder kann.

1.1 Auskünfte aus dem Kataster

Landwirtschaftliche Flächen wurden von den Finanzbehörden gemäß Reichsbodenschätzung aus dem Jahr 1934, unterteilt in Ackerflächen und Grünlandflächen. Unter dem Begriff Grünland werden Wiesen, Streuwiesen oder Hutungen, aber auch das ackerfähige Grünland wie es häufig im voralpinen Hügelland vorkommt, zusammengefasst. Bei Letzterem handelt es sich um Flächen, die mit einer reinen Grünlandnutzung bei ausreichend Niederschlägen und durchschnittlich fünf Schnitten, überragend hohe Erträge erbringen können. Im Rahmen der Klassifizierung geht die Skala der Ertragsfähigkeit beim Grünland von 0 bis 88 und beim Ackerland von 0 bis 100. Damit kann eine Bonität (Grünlandzahl) von 50 beim Grünland, nicht exakt deckungsgleich mit der Ackerzahl in adäquater Höhe sein.

Weiterhin finden sich auf den sogenannten Flurstücks- und Eigentümernachweisen aus dem Liegenschaftskataster weitere Angaben über die Flurstücke, einmal die Bodenart, als Beispiel Sand oder Lehm, sowie die Zustandsstufe, die den Entwicklungs- und Reifegrad des Bodens angibt. Daneben noch die Entstehungsart, die obig bereits aufgeführte Ertragsfähigkeit, Klimastufen und die Wasserverhältnisse. Alle diese Angaben entstammen aus flächendeckenden Bodenuntersuchungen der landwirtschaftlichen Sachverständigen der Finanzbehörden vor Ort. Diese Angaben sind bei der Bewertung von landwirtschaftlichen Flächen hilfreich, da in der Regel keine zusätzlichen Bodenproben anfallen. Dies allerdings nur, wenn keine Unsicherheiten oder auch Verdachtsmomente auf Verunreinigungen vorliegen. Gerade Letzteres findet heute immer mehr an Bedeutung, so dass die Historie einer Fläche nicht unwichtig sein darf, bis hin zur Überprüfung der flächenübergreifenden Altlastenkartierung.

1.2 Auskünfte der Gutachterausschüsse

Weisen Gutachterausschüsse Richtwerte gesondert für Acker und Grünland aus, so liegt der Grünlandwert in den meisten Fällen deutlich unter dem Ackerrichtwert. In der Praxis kann man sehr häufig feststellen, dass dies so nicht stimmt. Daher darf nie allein wegen einer Bewirtschaftung in Form von Dauergrünland abgeleitet werden, dass der Wert der zu bewertenden Fläche unter dem Ackerrichtwert liegen muss. Notarverträge werden von Juristen und nicht von praktischen Landwirten aufgesetzt, daher steht auch die Rechtssicherheit im Vordergrund, und daraus abgeleitet eine korrekte Aufnahme der Grundstücksbezeichnung aus dem Grundbuch. Diese Bezeichnungen, die mehrere Jahrhunderte alt sein können, leiten sich aus völlig anderen Gegebenheiten der damaligen Bewirtschaftung ab, und enthalten oft auch Mundart. So kann die Bezeichnung „Seewiese" für ein ebenes, ertragreiches Schwemmlandackergrundstück stehen, dem hingegen ein „Steinrieselacker" nur eine magere, buckelige Viehweide oder Hutung darstellt. Gerade in Gutachterausschüssen mit geringer Personaldecke, ist es oft zeitlich gar nicht möglich die Flurnummern exakt mit dem zuständigen Kataster abzugleichen, und hier zusätzlich Acker- bzw. Grünlandzahlen beizufügen. Es bleibt bei der Übernahme der Bezeichnung aus den vorliegenden Notarverträgen und damit einem Unsicherheitsrisiko. Daher ist grundsätzlich zu raten bei Grünlandflächen zu prüfen, wie das gebietstypische Niveau aussieht, und welche landwirtschaftlichen Betriebsformen vorherrschend sind. In Bereichen mit sehr viel Milchvieh liegt ackerfähiges Grünland meist in der Größenordnung von Ackerflächen. Wird eine Gegend von der Veredlung beherrscht, so wird die Nachfrage nach reinen Grünlandflächen betriebsbedingt weit geringer ausfallen. Zudem wurde jedes verfügbare ertragreiche Grünland bereits als Acker umgebrochen, und nur auf den ungünstigeren Standorten verblieb Grünland. Im Umkehrschluss kann eine Ackerfläche nicht ohne Prüfung der vorliegenden Verhältnisse, nur vom Richtwert für Ackerflächen gesichert bewertet werden. Dafür ist in vielen Fällen die Unsicherheit bei den Datengrundlagen zu groß.

2. Einflüsse auf den Verkehrswert

Tatsächlich greifbare Werte kann es naturgemäß nicht geben, der Wert entspricht exakt dem Nutzen, den Nachfrager dem jeweiligen Objekt zuordnen oder hoffen, damit zu erzielen. Die Vorstellung von Ladenkassen zum Einscannen von Preisschildern hat in der Immobilienwirtschaft, aber ganz vehement im Bereich der landwirtschaftlichen Bewertung, nichts verloren. Nutzen oder hier Nutzungsmöglichkeiten sind quer durch die vielfältigen landwirtschaftlichen Produktionsabläufe von einer ganzen Reihe von Faktoren abhängig. Diese können politischer Art sein – hier besonders genannt die europäische Agrarpolitik – oder sie liegen im Bereich der landwirtschaftlichen Entscheidungstheorie. Vielmehr heute auch im Vergleich der Vollkostenrechnung bezüglich Verfahren und Produktion. Immer stärker spielt auch der Faktor Verbraucher eine Rolle, wobei hier zu unterscheiden wäre, ob es sich um einen absehbar langfristigen Trend handelt, oder um nur kurzfristig verändertes Nachfrageverhalten. So können absehbar kurzfristige Einflüsse wohl einen Einfluss auf ein Anbauverhalten im kommenden Wirtschaftsjahr auslösen, wirken sich aber kaum signifikant auf den Verkehrswert von landwirtschaftlichen Flächen aus. Anders stellt sich dies bei nachhaltig langfristigen Bewegungen dar, diese können sich sicher auch bis in den Bereich des Wertes landwirtschaftlicher Flächen durchschlagen. Als Beispiel sei die immer größer werdende Nachfrage nach Bioprodukten genannt, bei deren Erzeugung deutlich mehr Fläche benötigt wird, als dies bei konventionell erzeugten landwirtschaftlichen Produkten der Fall ist. Dies führt naturgemäß zu einer größeren Nachfrage nach LN, sowohl im Bereich von Pachtflächen, als auch bei einem verengten Pachtmarkt, dem Ankauf als einzig verbleibender Alternative der zur Produktion dringend benötigten Fläche. Insgesamt gesehen unterliegt die Landwirtschaft ständigen Veränderungen, aber auf folgenden drei Grundsäulen „Boden – Arbeit – Kapital" war und ist sie durchgängig aufgebaut.

Am Markt bilden sich in diesem Segment hauptsächlich politische Vorgaben heraus. Hier ist vor allem eine prägende europäische Agrarpolitik zu nennen, die in den vergangenen Jahrzehnten letztendlich die Rahmenbedingungen für jegliche landwirtschaftliche Produktion, bezüglich Förderungen aber vor allem Vorschriften, vorgegeben hatte. Daneben stehen individuelle nationale Konstellationen in jüngster Vergangenheit immer stärker im Focus der Betrachtung und wirken resultierend daraus auch an der Wertbildung im Marktgeschehen entscheidend mit. National gesehen stellt dies die in den letzten Jahren immer stärker expandierende Erzeugung von erneuerbaren Energien dar, bei wettbewerbsverzerrender öffentlicher Mehrfachförderung.

3. Agrarpolitische Einflüsse

3.1 Prägung durch die Europäische Agrarpolitik

Betrachtet man die Preise für landwirtschaftliche Nutzflächen in Bayern in der Vergangenheit, so lässt sich ablesen dass sich die Mittelwerte in den vergangenen vier Jahrzehnten vom Jahr 1974 bis 2011, in einer Spanne von 1,00 bis in der Spitze von rund 5,00 Euro pro Quadratmeter bewegen. Wobei diese Verläufe nicht rein linear zu beobachten sind, sondern wellig ausfallen. In den folgenden Diagrammen werden die jährlichen Mittelwerte des Statistischen Bayerischen Landesamtes aufgeführt. Dieses durchschnittliche Zahlenmaterial der Finanzbehörden eignet sich weniger eine für konkrete Bewertung von Landwirtschaftsflächen, da hierin wohl sehr kleine Flächen aussortiert wurden, nicht aber Flächen mit besonderen Vorgaben, bzw. einer Höherwertigkeit. Die Zusammenstellung der jeweils drei Bezirke bei den beiden Diagrammen erfolgte nicht zufällig, sondern orientierte sich an den vorherrschenden landwirtschaftlichen Bewirtschaftungsformen. Zuerst werden die Bezirke mit prägender Milchviehhaltung aufgeführt, und im zweiten Fall Gebiete mit Ackerbau und Veredelung.

Als Anmerkung soll hier auch noch ergänzt werden, dass dieses von der Bayerischen Landesanstalt für Statistik herausgegebene Datenmaterial, einmal sehr grob als Mittelwert quer durch den Bezirk, und weiter auf Landkreisebene verfeinert für eine tatsächliche Einzelflächenbewertung, als einzige Grundlage nicht geeignet sein kann. Dafür sind die Verhältnisse in den unterschiedlichen Gebietsformen, auch innerhalb der Landkreise landwirtschaftlich betrachtet zu differenziert. Zudem wurde die Statistik nur rasterhaft um die Größe, nicht jedoch um besondere Umstände bereinigt. Das Datenmaterial bildet aber rein für eine Ableitung von Trends aussagekräftige Anhaltspunkte, die auch so für das gesamte Bundesgebiet, angepasst an das entsprechende Basisniveau, und der vorherrschenden landwirtschaftlichen Wirtschaftsweise zu einer Ableitung geeignet erscheinen.

Als dritter Punkt folgt ein weiteres Diagramm, welches auf büroeigenem Datenmaterial basiert, und sich neben eigener Recherche, aus einer vielfältigen Kaufpreissammlung aus den Allgäuer Gutachterausschüssen speist. Das Zahlenmaterial dieses Diagramms beginnt ab dem Jahr 2006 und bildet die in den vergangenen Jahren plötzlich einsetzenden Veränderungen ab. Während die Preise für landwirtschaftliche Nutzflächen um die Jahrtausendwende bis zum Jahr 2008 mehr oder minder stabil blieben, begannen sie sich ab dem Jahr 2008 nestartig in vereinzelten Gebieten zu verändern. Die Veränderungen sind vorrangig in Gebieten zu beobachten, in welchen sich von jeher größere Betriebe konzentrierten und auch der Pachtmarkt deutlich angespannter war als in Gemeinden mit kleinstrukturierter Landwirtschaft und oft einem proportional größeren Anteil an ungünstigeren Standorten. Bei Bewertungen, die einen etwas zurückliegenden Stichtag erfordern, ist daher akribisch zu prüfen, wie sich die Umgebung des Bewertungsobjektes entwickelt hatte.

Die Bayerischen Bezirke Schwaben, Oberbayern und Niederbayern, vorrangig geprägt von gebietstypischen Grünlandstandorten und einer vorherrschenden Milchviehhaltung, für die Jahre 1974 bis 2011

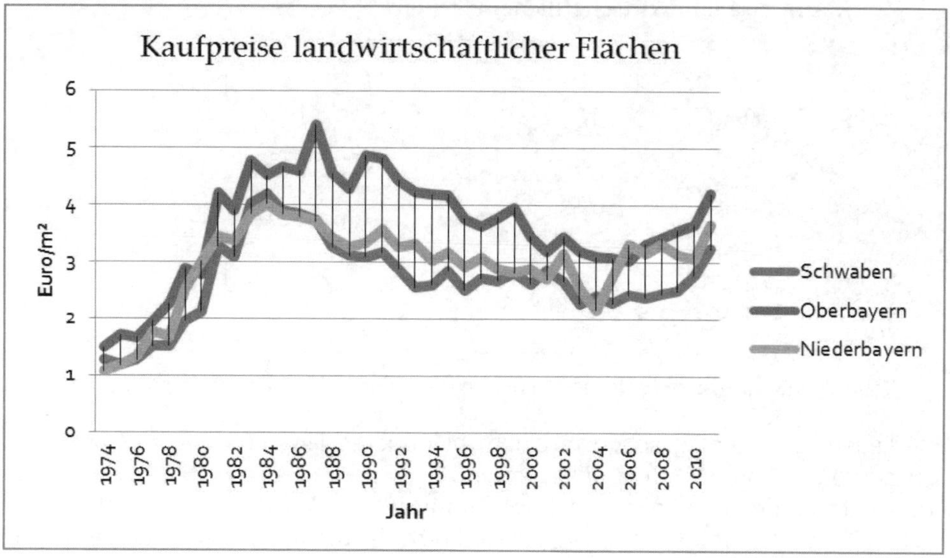

Abb. 1: Kauffälle landwirtschaftlicher Flächen für Schwaben, Ober- und Niederbayern

Die drei Verläufe aus der Statistik ergeben gemeinsam betrachtet ein sehr einheitliches Bild: Einen kontinuierlichen Anstieg bis ins Jahr 1984 beziehungsweise bis 1986 in Oberbayern und folgend einen ständigen Niedergang mit einem leichten Ausschlag nach oben um das Jahr 2002. Danach reagierten die Preise wieder leicht fallend. Seit der Trendwende um das Jahr 2008 kletterten die Preise gebietsübergreifend stetig nach oben. Die Zahlen aus dem Jahr 2012 liegen noch nicht vor, in der Praxis zeigt sich aber, dass wenig Flächen an den Markt kommen. Dies führt dazu, dass sich auch Gegenden mit einem niedrigeren Preisniveau, sukzessive anpassen.

Einflussmerkmale

Vor Einführung der Milchgarantiemengenverordnung war die Futterfläche der einzig limitierende Faktor bei der Milchproduktion. Je mehr Fläche vorhanden war, umso mehr Kühe konnten gehalten werden. Daher stiegen mit dem Bau von immer mehr Laufställen Ende der 1970er Jahre die Flächenpreise stark an. Die Zäsur kam mit der Einführung der Milchquotenregelung im Jahr 1984. Damit war nicht mehr die Fläche, sondern ein Lieferrecht der ausschlagende Faktor der Produktion, und entsprechend schwächten sich die Flächenpreise ab. Verstärkt wurde diese Entwicklung durch die Kosten für die Milchquote. War diese zu Anfang noch nicht frei handelbar, so änderte sich dies bald, bis hin zur Quotenbörse. Die hohen Quotenkosten für die Milchviehbetriebe schwächten die Landwirte und ließen keinen Spielraum für zusätzliche Flächenzukäufe. Der leichte Anstieg um das Jahr 2002 resultierte aus der endgültigen Trennung von Fläche und Milchquote. Daneben kam auch eine zusätzliche Einführung der sogenannten Flächenprämien. Diese sind strikt betriebsabhängig und können auch bei wechselnden Flächen aktiviert oder alternativ an andere Betriebe zur Aktivierung auf deren Flächen veräußert werden. Der deutliche Anstieg ab dem Jahr 2008 wird in Abbildung 2 verdeutlicht.

Die Bayerischen Bezirke Oberpfalz, Oberfranken und Unterfranken, vorrangig geprägt von Ackerbau und auch der Veredlung, für die Jahre 1974 bis 2011:

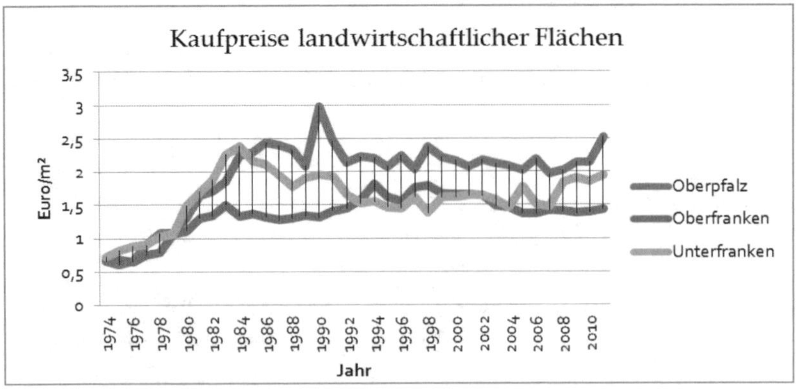

Abb. 2: Kauffälle für landwirtschaftliche Flächen in der Oberpfalz, Ober- und Unterfranken

Die Preise liegen insgesamt gesehen in einem niedrigeren Niveau, ohne Ausschläge in einer Größenordnung um den Zeitpunkt der Einführung der europaweiten Milchquotenregelung. Ackerbaubetriebe können viel flexibler auf den Markt reagieren und jährlich die Ackerfrucht je nach Nachfrage wechseln. Sie sind nicht langfristig an sehr teuer errichtete Milchviehanlagen gebunden. Bringt eine Fläche keinen positiven Deckungsbeitrag, so kann diese um Produktionskosten zu sparen auch im folgenden Jahr alternativ brach liegen. Diese Möglichkeit hat ein Milcherzeuger nicht, die hohen Investitionskosten zwingen zu einer Produktion und Flächen um jeden Preis.

Entwicklung der Grünlandpreise aus den vergangenen Jahren kurz vor der Trendwende bis zu den aktuellen Verhältnissen, bezogen auf die Landkreise des Bayerischen Allgäu

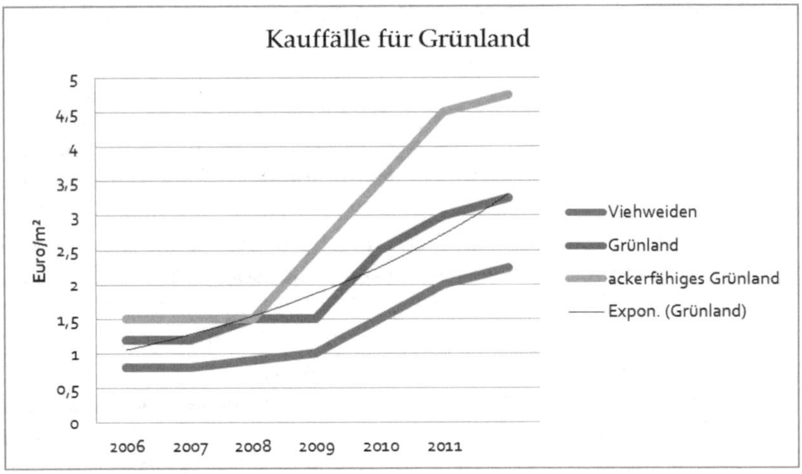

Abb. 3: Kauffälle von Grünland

In der Zeitspanne von 2008 bis 2011 zogen die Preise zunächst nur in einigen Gebieten deutlich an. Dies führte dazu, dass auch weitere Gebiete Zug um Zug folgten, so dass sich die Preise aktuell immer stärker homogen nach oben angleichen. Lediglich Gebiete, die aufgrund des Nichtzustandekommens einer Flurbereinigung noch sehr kleinstrukturiert ausfallen oder in denen sich wenige größere Einheiten der Milch- oder Energieproduktion befinden, erreichen dieses Niveau noch nicht. Auf einigen Standorten mit sehr großer Nachfrage sind auch Preise in der Größenordnung von 6,00 Euro pro Quadratmeter keine Ausnahme. Allerdings lassen sich in den Kaufpreislisten vereinzelt auch noch 3,00 Euro pro Quadratmeter finden. Hierbei zeigt sich bereits in einem überschaubaren und aus nur einigen Landkreisen bestehenden Gebiet, wie wichtig eine exakte Überprüfung der Kauffälle ist. Zudem darf auch die benachbarte Umgebung hinsichtlich entsprechender Merkmale wie Anlagendichte, etc. in den Betrachtungen ebenfalls nicht außer Acht gelassen werden.

Einflussmerkmale

Der Ausstieg aus der Milchquotenregelung im Jahr 2015 wirft ihre Schatten voraus, Lieferrechte für die kurze noch verbleibende Spanne sind an der Börse um wenige Cent zu erhalten. Damit wird künftig wieder die Fläche zum limitierenden Faktor bei Betriebsaufstockungen, Kosten für Quotenzukäufe belasten nicht länger und können wieder in Flächen investiert werden. Viele Umweltprogramme setzen weniger Großvieheinheiten pro Hektar voraus, Gülleverordnungen limitieren ebenfalls. Die Nachfrage nach biologisch erzeugten Waren steigt europaweit an und wird auch von der Europäischen Union gefördert, in Folge muss die Nachfrage nach Flächen steigen.

3.2 Nationale Einflüsse

Wurden seit Jahrzehnten landwirtschaftliche Nutzflächen aus rein landwirtschaftlichen Interessen heraus erworben, so verändert sich dies durch die aktuell anhaltende Flucht in Sachwerte. Edelmetalle, aber auch Immobilien, und hier auch land- und forstwirtschaftliche Flächen, werden verstärkt aus dem außerlandwirtschaftlichen Raum nachgefragt. Zusätzlich steigert der Trend zu mehr Natur und biologischem Anbau die Nachfrage nach landwirtschaftlichen Anbauflächen seitens der Stadtbevölkerung. Sogenannte Kachelofenwälder und Kraut- oder Gemüsegärten kommen in Mode, wobei immer stärker ein Ankauf gegenüber einer Pacht das Mittel der Wahl darstellt. Daneben spielen auch Flächen rein für Freizeitaktivitäten eine immer größere Rolle, vor allem in Bevölkerungsschichten, die mit entsprechend dafür nötigen finanziellen Mitteln ausgestattet sind. Das Grundstücksverkehrsgesetz erhält dem aktiven Landwirt das Privileg des Vorkaufsrechtes. Bei dem gestiegenen Preisniveau wird die Wahrnehmung dieses Vorkaufsrechtes für Landwirte, die darauf angewiesen sind allein von ihrer landwirtschaftlichen Produktion zu leben, immer schwieriger. Dies gilt erst recht für einen außerlandwirtschaftlichen Ankauf aus reiner Sachwertmotivation heraus. Allerdings fallen letztere Flächen nicht aus der landwirtschaftlichen Produktion heraus, da eine Eigenbewirtschaftung wohl nicht in Frage kommen wird, und sie daher einer weiteren Verpachtung zur Verfügung stehen.

In der Umgebung von größeren baulichen Maßnahmen der öffentlichen Hand, Neubaugebieten etc. ist in der Folge ein wellenartiger Anstieg des Preisniveaus landwirtschaftlicher Flächen festzustellen. Dies dürfte eigentlich nur lokale Auswirkungen haben, hat aber in der Masse der Maßnahmen in den vergangenen Jahrzehnten durchaus auch übergreifende Kumulationen erzeugt. Maßnahmen der öffentlichen Hand, aber auch vielfältige weitere Unternehmungen erfordern immer mehr Ausgleichsmaßnahmen für Extensivierungen, Vernässungen oder Anpflanzungen und dezimieren damit auch das vorhandene und nicht vermehrbare Potenzial an landwirtschaftlichen Nutzflächen.

Die nationale deutsche Energiepolitik unterstützt sehr intensiv die Produktion von Biogas, und verzerrt den Wettbewerb mit Mehrfachförderungen. Dies ermöglicht es den Energiewirten, deren Produktion auch gesetzlich als Gewerbe eingestuft wird, im Wettbewerb mit Landwirten deutlich höhere Preise bezahlen zu können. Die stark gestiegenen Preise bewegen seither auch eher zurückhaltende Verkäufer dazu, ihre nicht mehr benötigten landwirtschaftlichen Flächen am Markt anzubieten. Auf der Strecke bleiben umweltschonende oder auch biologische Bewirtschaftungsformen.

3.3 Flächenspezifische Nachfrage

Die flächenspezifische Nachfrage stellte in früheren Zeiten das Hauptkriterium für die Bewertung landwirtschaftlicher Flächen dar. Durch die aktuelle Entwicklung wurde dieses Kriterium zunehmend in den Hintergrund gedrückt. Heute zählen für die Energieerzeugung große ertragreiche Schläge, die mit großem Maschinenpotenzial gut anzufahren und zu bestellen sind. Außerlandwirtschaftliche Nachfrager schätzen vor allem eine Zufahrt über öffentliche Verkehrswege, da sie in der Regel selten ortsansässig sind und fürchten aus diesem Grund kaum Kulanz bei der Duldung einer Überfahrt durch ortsansässige Landwirte zu finden.

4. Abschlussbeurteilung

Über die Jahrzehnte orientierten sich die Preise für rein landwirtschaftliche Flächen an deren Nutzen, und hier genannt die Bewirtschaftungsmöglichkeiten, gepaart mit einem zu erwartenden Ertragspotenzial. Dies hat sich in den vergangenen Jahren geändert, da vielfältige Faktoren einwirken, die nicht mehr direkt im Zusammenhang mit einer landwirtschaftlichen Rentabilität stehen können. Entsprechend muss auch eine Bewertung dieser Flächen am Markt derartige Einflüssen entsprechend berücksichtigen, um zu einem marktorientierten Ergebnis kommen zu können. Es stellt dies hauptsächlich die gleichgewichtsverschiebend geförderte Energieerzeugung dar, die ihre Rentabilität aus einer marktverzerrenden Förderpolitik zieht, sowie eine verstärkte Flucht in Sachwerte. Weiterhin sorgen der steigende Bedarf an Ausgleichsflächen, die Freisetzung von Kapital durch Verkäufe höher qualifizierter Flächen (Reinvestition) als auch reine Freizeitinteressen für einen deutlichen Anstieg der Preise. Als Folge haben Maismonokulturen bis in höhere Lagen im Voralpenland mehr und mehr überhandgenommen. Der immer stärker aufkeimende Wunsch der Bevölkerung nach mehr Natur und biologisch erzeugten Nahrungsmitteln kann immer weniger realisiert werden, da diese Art der Erzeugung im anhaltenden Kommerzdenken nicht enthalten sein kann. Ein plastisches Beispiel stellt die Hobbyreiterei dar, für die ungünstigere Standorte für Weiden oder der Erzeugung von Pferdeheu genutzt werden. Aktuell müssen bäuerliche Milchviehbetriebe in dieses Segment ausweichen, was sich extrem preistreibend bei Grundfutter und Einstreu für Pferde auswirkt, und diese vor allem bei Kindern beliebte Sportart wieder vom Breitensport in den Elitebereich drängt.

Die Bewertung landwirtschaftlicher Nutzflächen war immer ein ganz spezielles Segment, und wird durch stark eingreifende aktuelle Tendenzen von noch mehr Faktoren abhängig und damit noch komplexer. Diese Entwicklungen verteuern zudem Ausgleichsflächen, Flächen zur Rohstoffgewinnung für Kies, Sand, etc. und nehmen damit direkten Einfluss auf Baupreise, Baugrund, Wohnraum, Mietpreisniveau. Vor allem aber wird es dramatische Auswirkungen auf die Naherholungsgebiete, das Landschaftsbild und die Artenvielfalt haben.

XVII. Logistikimmobilien

Dr. Thomas Beyerle

1. Einleitung

Wandert man in einem großen Supermarkt am Kühlregal vorbei kann man die Europäisierung hautnah erleben: Butter aus Tirol, Irland, der Schweiz und vom lokalen Hofladen, Milch aus dem Allgäu und Dänemark, Joghurt aus der Türkei, Österreich und den Niederlanden. Offensichtlich will der Kunde diese Vielfalt an Auswahl – sonst würden diese wohl nicht angeboten werden. Gewöhnt haben sich alle an diese Produktvielfalt. Was der Konsument aber selten zu Gesicht bekommt, ist die komplette Transportkette vom Hersteller bis zum Supermarktregal. Teile dieser Transportkette wiederum bemängeln alle die auf der Autobahn sich zufällig auf die rechte Spur verirrt haben und hinter langen LKW-Kolonnen herziehen. Von bundesweiten Staus am Freitagnachmittag ganz zu schweigen. Leider erkennen die wenigsten Konsumenten bzw. Autofahrer diesen eminent kausalen Zusammenhang von Produktvielfalt, Verkehrsstau und Wachstum. Aber: Investoren haben die Logistikbranche und ihre Immobilienbestände bereits vor Jahren als eine entdeckt, welche überproportionale Wachstumsraten aufweist.

Die Logistikbranche ist mittlerweile ein multifunktionaler Wirtschaftszweig und beinhaltet mehr als den Transport von Gütern von A nach B. Entlang der Wertschöpfungskette eines Produktes umfasst Logistik das Planen, das Ausführen und die Kontrolle von Material-, Informations-, Werte-, Personen- und Energieflüssen in Systemen. Teildisziplinen sind z.B. Beschaffungs-, Lager-, Transport-, Produktions-, Distributions- und Entsorgungslogistik. Der Logistikimmobilienmarkt ist noch ein relativ junger Markt und im Vergleich zum Büro- und Einzelhandelsimmobilienmarkt dementsprechend intransparent. Detaillierte Daten über Flächenbestände, -umsätze auf aggregierter oder gar disaggregierter Ebene sowie Prognosen relevanter Marktkennziffern sind am Markt kaum verfügbar.

Dennoch ist der Logistikmarkt weltweit ein Wachstumsmarkt, der – je nach Verkehrsträger – von hohen Zuwachsraten geprägt ist. Neben den klassischen Kerngeschäftsfeldern Transport, Umschlag und Lagerung – deren Anteil am gesamten Umsatz der deutschen Logistikbranche rund 46 Prozent beträgt – erschließen sich die Logistikdienstleister zunehmend die bisher von ihren Kunden intern selbst erbrachten logistikrelevanten bzw. -affinen Nebengeschäftsfelder sowie so genannte mehrwertgenerierende Zusatzdienstleistungen, sog. Added-Value Services. Beide Elemente bilden die Anknüpfungspunkte für Immobilieninvestoren.

Durch die Globalisierung – die Zunahme der weltweiten Handelsverflechtungen durch sinkende Kosten der Raumüberwindung – entstehen neue Märkte, die zu neuen Quelle-Ziel-Beziehungen führen. Diese generieren ihrerseits komplexere Produktionsketten und bringen veränderte Standortmuster hervor. Unmittelbar mit dieser Entwicklung steigt die Nachfrage nach Transport-, Lager-, Umschlags-, Kommunikations-, Planungs- und Steuerungsdienstleistungen bzw. nach logistischen Dienstleistungen – und damit auch nach Logistikimmobilien.

Vor allem der (europäische) Markt für Logistikimmobilien profitiert hiervon spürbar, da gegenwärtig die Nachfrage nach modernen, flexiblen und leistungsfähigen Logistikflächen das Angebot übersteigt. Allerdings ist die Produktpalette im Segment Logistikimmobilien sehr heterogen, Standards fehlen. Nach unserer Marktanalyse wurden fünf Immobilientypen definiert und detailliert analysiert. Hierbei handelt es sich um folgende Typen:

- Speziallager

  Bestimmten Funktionen angepasste Gestaltung der Lagerung von Waren und Gütern auf Basis gesetzlicher Auflagen.

- Hochregallager

  Meist hochautomatisiertes Lager in Silobauweise.

- Umschlaghalle

  Dient der Sortierung und Kommissionierung von Waren. Hier findet nur eine kurzzeitige Zwischenlagerung statt.

- Lagerhalle

  Lagerung unterschiedlicher Güter und Waren mit dem Ziel der Bestandslagerung.

- Distributionshalle

  Dient der Warenverteilung. Es findet eine Funktionsmischung aus Lagerhalle und Kommissionierung mit dem Ziel der Distribution statt.

Die entscheidenden Determinanten eines Investors bei der Bewertung einer Logistikimmobilie sind, neben der klassischen Standortfrage, zum einen die Mieterstruktur und -bonität sowie die Mietvertragsdauer, zum anderen die Drittverwertbarkeit des Objektes. Zumal das Interesse von Investoren an Logistikimmobilien in den letzten Jahren zunehmend gestiegen ist.

So setzte sich laut CBRE in Deutschland der Höhenflug am Investmentmarkt für Lager- und Logistikimmobilien 2013 ungebremst weiter fort und erzielte mit rund 2,2 Milliarden Euro das beste Ergebnis seit 2008. Im Vergleich zu dem bereits sehr guten Ergebnis aus dem Jahr 2012 bedeutet dies eine Steigerung von gut 25 Prozent. Mit einem Anteil von 7,1 Prozent am Gesamtinvestitionsvolumen haben sich Logistikimmobilien inzwischen als drittstärkste gewerbliche Immobilienanlageklasse etabliert. Besonders gefragt waren Distributionshallen in moderner Ausführung und mit hoher Drittverwendungsfähigkeit innerhalb oder im Speckgürtel der klassischen, deutschen Logistikhubs. Durch den wachsenden Internethandel werden zudem lagerlose Umschlagzentren, sogenannte Cross Docks, zunehmend beliebter.

Neben Eigennutzern aus dem Bereich Handel, Industrie und Logistikdienstleistung treten, auf Grund der zunehmenden Dynamisierung der Logistikbranche und von Outsourcing-Prozessen, vermehrt Fremdinvestoren auf den Markt. Ein wesentlicher Grund hierfür liegt sicherlich in der Notwendigkeit, Anlageportfolios zu diversifizieren, aber auch in den höheren Renditen. Hier öffnet sich, in Abhängigkeit von der jeweiligen Anlagestrategie, insbesondere für institutionelle Investoren, wie Offene und Geschlossene Fonds und Spezialfonds, ein hochattraktives Marktfeld.

2. Begriffsbestimmungen und Geschäftsfelder

2.1 Definitionsspektrum

Kleinster gemeinsamer Nenner aller Definitionen des Begriffs Logistik ist, dass sich diese mit Transporten von Punkt A nach Punkt B beschäftigt. Die zahlreichen und im Zeitablauf wechselnden Definitionen des Begriffs deuten auf die nicht immer eindeutigen Vorstellungen über das Spektrum dieses Sektors sowie dessen Dynamik hin. Der byzantinische Kaiser Leontos VI verfasste circa 900 nach Christus die erste, heute bekannte Definition im Rahmen seines Werkes „Summarische Auseinandersetzung der Kriegskunst". Die Kernaussage seines Werkes lautet:

Sache der Logistik ist es, das Heer zu besolden, sachgemäß zu bewaffnen und zu gliedern, es mit Geschützen und Kriegsgerät auszustatten, rechtzeitig und hinlänglich für seine Bedürfnisse zu sorgen und jeden Akt des Feldzugs entsprechend vorzubereiten, d.h. Raum und Zeit zu berechnen, das Gelände in Bezug auf die Heeresbewegungen sowie des Gegners Widerstandskraft richtig zu schätzen und diesen Funktionen gemäß die Bewegungen und Verteilungen der eigenen Streitkräfte zu regeln und anzuordnen.

In der Betriebswirtschaft wurde der Begriff Logistik erstmals in den 1950er Jahren verwendet. Zunächst wurde er im Zusammenhang mit der Optimierung einzelner Funktionen innerhalb der Wertschöpfungskette genutzt. In den 1980er Jahren setzte sich eine funktions- und unternehmensübergreifende, fließorientierte Sichtweise durch, was sich in den modernen Definitionen des Logistikbegriffs widerspiegelt:

„Zur Logistik gehören alle Tätigkeiten, durch die raum-zeitliche Gütertransformation und die damit zusammenhängenden Transformationen hinsichtlich der Gütermengen und -sorten, der Güterbeschaffenheiten sowie der logistischen Determiniertheit der Güter geplant, gesteuert, realisiert oder kontrolliert werden. Durch das Zusammenwirken dieser Tätigkeiten soll ein Güterfluss in Gang gesetzt werden, der einen Lieferpunkt mit seinem Empfangspunkt möglichst effizient verbindet (Pfohl, 2000, S. 12)."

Am populärsten dürfte die Definition auf der Grundlage der sieben „**r**"s sein (vgl. z.B. Jünemann, 1989): *Logistik heißt, die Verfügbarkeit des richtigen Gutes, in der richtigen Menge, im richtigen Zustand, am richtigen Ort, zur richtigen Zeit, für den richtigen Kunden, zu den richtigen Kosten zu sichern.*

2.2 Geschäftsfelder

Kerngeschäftsfelder

Zentrale Bereiche der Logistik sind die klassischen TUL-Prozesse Transport, Umschlag, Lagerung. Ein Blick auf die tatsächlichen Aufgabenfächer von Logistikern zeigt, dass das Aufgabenspektrum deutlich weiter gespannt ist. Zu den Kernfunktionen zählen:

- Disposition (Analyse, Beratung, Planung, Abschluss von Frachtverträgen, Erstellung von Transportpapieren, Frachtkontrolle),
- Lagerung (Ein- und Umlagern, Lagerbewirtschaftung),

- Kommissionierung (Zusammentragen und versandfertig Machen verschiedener Artikel im Lager, die zu einem Auftrag gehören),
- Verpackung (Beratung, Auswahl, Durchführung),
- Transport,
- Umschlag (Vorbereitung und Abwicklung) sowie die
- Informationsverarbeitung.

Der Spektrum der Güter, mit dem sich der Logistiksektor beschäftigt, ist sehr breit: Handelswaren, Lebensmittel, Rohstoffe, Vorprodukte, Halbfertigfabrikate, Fertigware, Investitionsgüter, Konsumgüter, Produktions- und Betriebsmittel. Auch Abfallstoffe und wiederverwertbare Güter können Gegenstand der Logistik sein. Unter funktionalen Gesichtspunkten wird der Logistiksektor häufig in die Bereiche Beschaffungs-, Produktions-, Distributions- und Entsorgungslogistik untergliedert.

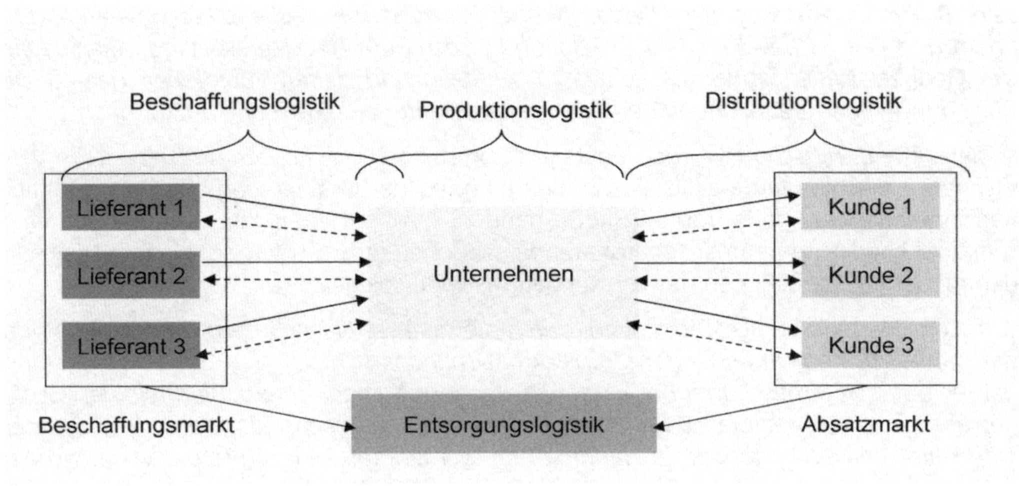

Abb. 1: Logistikarten
Quelle:Gudehus (1999), DEGI RESEARCH 2007, IVG Research 2011

Beschaffungslogistik

Nach Ihde ist es die Aufgabe der Beschaffungslogistik *alle zur Durchführung der geplanten betrieblichen Leistungsprozesse erforderlichen Einsatzgüter und Vorleistungen verfügbar zu machen (Ihde, 2001).* Die Bedeutung der Beschaffungslogistik geht über die reine Bereitstellung von Gütern hinaus. Aufgrund ihrer langfristigen Wirkungen auf die Produktionskosten und Wettbewerbsposition ist sie ein zentrales Element der Unternehmensstrategie.

Produktionslogistik

Ein weiteres Subsystem der Logistik ist die Produktionslogistik: Sie plant, steuert und überwacht den Materialfluss über den gesamten Produktionsprozess. Die Produktionslogistik setzt am Endpunkt der Beschaffungslogistik, dem Rohmateriallager, an und erstreckt sich bis zum Anfangspunkt der Distributionslogistik, dem Fertigproduktlager. Nach Klaus/Krieger (1998) kommt der Produktionslogistik *[...]eine entscheidende Bedeutung bei der Beherrschung des gesamten Wertschöpfungsprozesses zu."* Diese Bedeutung entstammt dem Kostensenkungspotenzial in Bereichen wie der kundennahen Produktion, der Flexibilität in der Produktion, der Minimierung von Kapazitäten, der Verkürzung von Durchlaufzeiten und der Minimierung von Transportwegen in den Netzwerken der Produktion.

Distributionslogistik

Der Wirkungsbereich der Distributionslogistik schließt sich dem Fertigproduktlager an. Ihre Aufgabe ist die Organisation und Steuerung der physischen Warenströme durch Raum und Zeit. In der Konsumgüterwirtschaft ist die Distributionslogistik das wichtigste Subsystem der Logistik. Neben den physischen Prozessen umfasst die Distributionslogistik auch alle dispositiven und administrativen Prozesse der Warenverteilung von Industrie- und Handelsunternehmen zu nachgelagerten Unternehmen und zum Konsumenten.

Entsorgungslogistik

Die Entsorgungslogistik schließt die Logistikkette. Sie beschäftigt sich mit der Entsorgung von Leergütern, Reststoffen und Abfall. Leergut umfasst Verpackungen und Transporthilfsmittel, für die eine Wiederverwendung vorgesehen ist. Neben der Entsorgung ist auch die Wiederverwendung Bestandteil der Entsorgungslogistik.

Die meisten Industrieländer erließen in den letzten Jahren schärfere Umweltgesetze. Das Aufgabenspektrum der Logistik hat sich dadurch erweitert. Viele früher deponierten Stoffe werden heute in die Produktion rückgespeist, so dass geschlossene Kreisläufe entstehen. Die aktuelle Bedeutung der Entsorgungslogistik wird im Zusammenhang mit der im März dieses Jahres in Kraft getretenen Elektroaltgeräteverordnung deutlich, die zur Rückführung von Altgeräten durch den Handel zwingt.

Nebengeschäftsfelder und Added-Value Services

Entsprechend den Tendenzen zur Auslagerung von Dienstleistungen und Reduzierung von Schnittstellen seitens der Nachfrager und aufgrund der Tatsache, dass die Eigenschaften logistischer Basisdienstleistungen eine Produktdifferenzierung kaum gestatten, tendieren zahlreiche Logistikunternehmen zu einer Ausweitung ihres Leistungsspektrums. Neben den Standardleistungen wie Transportieren, Umschlagen, Lagern und Verpacken werden heute in immer größerem Maße spezielle Logistikdienstleistungen wie die Werbemittel- oder die Ersatzteillogistik sowie kunden- bzw. marktspezifische Added-Value Services angeboten, die zwar nicht unmittelbar zu den Kernkompetenzen eines Logistikers zählen, aber einen engen Bezug zu diesen aufweisen.

Werbemittel- und Druckschriftenlogistik

Die Werbemittel- und Druckschriftenlogistik umfasst beispielsweise die Distribution von Katalogen, Preislisten, Geschäftsberichten und Unternehmensmitteilungen. Sie ist keine Kernkompetenz des Vertriebs und wird entweder im Rahmen der Fertigwarendistribution organisiert oder unabhängig davon an hierauf spezialisierte Logistikdienstleister vergeben.

Ersatzteil- und Werkstattlogistik

Bei der Kaufentscheidung für Primärprodukte wird die Ersatzteilversorgung immer wichtiger. In einigen Branchen, wie der Aufzugsindustrie, werden Gewinne teilweise nur im Service- und Ersatzteilgeschäft erwirtschaftet. Wenn der After-Sales-Service sehr eng mit der Verkaufstätigkeit verbunden ist und die Chancen für Anschlussaufträge fördert, werden der Aufbau und die Führung der entsprechenden Organisationseinheiten häufig dem Vertrieb zugeordnet. Da die Ersatzteil- und Werkstattdistribution jedoch durch steigende logistische Anforderungen, z.B. hohe Teileverfügbarkeit und sehr kurze Wiederbeschaffungszeiten, gekennzeichnet ist, wird diese in zunehmendem Maße von logistischen Einheiten durchgeführt.

Verkaufsstellenlogistik

Zentrale Funktionen, die von den Mitarbeitern in den Verkaufsstellen wahrgenommen werden, sind die werbliche Gestaltung, das Angebot, die Warenpräsentation und die eigentliche Verkaufstätigkeit. Logistische Funktionen innerhalb der Verkaufsstellen sowie in unmittelbar vor- und nachgelagerten Prozessen werden in zunehmendem Ausmaß von Logistikunternehmen übernommen. Beispiele sind:

- Disposition von Reservebeständen und Nachschub für die Verkaufsbestände,
- Organisation und Technik der Warenanlieferung,
- Aufstellung der Verkaufsregale,
- Nachfüllen der Verkaufsregale durch externe Regalpfleger (Rack Jobber),
- Entsorgung von Ladungsträgern, Verpackungsmaterial und zurückgegebenen Waren,
- Zustelldienste für die Kunden.

Logistikberatung

Logistikberatung wird sowohl von Unternehmen, deren Hauptgeschäftsfelder die logistischen Kernbereiche sind, als auch von spezialisierten Unternehmen angeboten. Typische Felder der Logistikberatung sind:

- Beratung in Fragen der Belieferung (Lieferzeiten, Frequenzen, Disposition von Nachschub und Beständen),
- Beratung bei der Festlegung von Verkaufsstandorten, Vertretungsgebieten und Vertretertouren,
- Kalkulation von Logistikkosten und Unterstützung der Preiskalkulation,
- Beratung beim Aufbau von Beschaffungs- und Belieferungsketten.

Weitere Aufgaben, die von Logistikunternehmen zur Angebotsoptimierung und -erweiterung durchgeführt werden, liegen in den Bereichen Vertrieb (z.B. Call Center, Preisauszeichnung), Zahlung (z.B. Inkasso, Fakturierung) und Produktion (z.B. Vorfertigung, Customizing, Geräteinstallation). Die Nebengeschäftsfelder und Added-Value Services sind in den vergangenen Jahren zwar stark gewachsen, machen aber im Vergleich zu den traditionellen logistischen Kerngeschäften einen vergleichsweise kleinen Teil der logistischen Dienstleistungen aus. Vor dem Hintergrund der großen Entwicklungschancen vor allem in den Bereichen See- und Luftfracht sowie Kontraktlogistik der boomenden asiatischen

Märkte, der großen Potenziale des Straßengüterverkehrs in Osteuropa sowie der zunehmenden Liberalisierung und Konzentrationsprozesse im europäischen Schienenverkehr gilt der Markt für Transport und Logistik als attraktiver Wachstumsmarkt.

3. Logistikimmobilien

3.1 Definition Logistikimmobilie

Weder in der Theorie noch in der Praxis existiert eine allgemein gültige Definition des Begriffes Logistikimmobilie, jedoch reicht die Bandbreite der subjektiven Vorstellungen von der konventionellen Lagerhalle bis hin zum Distributionszentrum. Im weitesten Sinne ist Logistikimmobilie die Bezeichnung für Immobilien, die zur Lagerung, Kommissionierung und Distribution von Waren und Gütern genutzt werden, verbunden mit der hierfür notwendigen Technik und Infrastruktur. Dieser Immobilientypus entspricht weitestgehend dem der konventionellen Lagerhalle, allerdings differiert die Größe. Lagerhallen weisen häufig Dimensionen unter 5.000 m² auf, während andere Logistikimmobilientypen oftmals deutlich darüber liegen und in Einzelfällen Größenstrukturen weit über 100.000 m² aufzeigen (CAP TEN AG: Hirdes et al., 2005; Börner-Kleindienst, 2005).

3.2 Typen von Logistikimmobilien

Entsprechend der betriebswirtschaftlichen Wertschöpfungskette Beschaffung, Produktion und Vertrieb kristallisieren sich je nach Gebäudefunktion und Unternehmensstrategie unterschiedliche Hallentypen heraus. Spezial- und Hochregallager weisen hinsichtlich gesetzlicher Restriktionen und der baulichen Gestaltung gewisse Besonderheiten auf und lassen sich nicht in die Kategorien Umschlag-, Lagerhalle oder Distributionslager einordnen.

Speziallager

Speziallager müssen je nach Bestimmungszweck, etwa als Kühllager oder Gefahrgutlager, sowohl bautechnischen als auch gesetzlichen Auflagen entsprechen: So spielt beispielsweise bei den Kühllagern die Anzahl der Tore, um Kälteverluste zu minimieren, eine entscheidende Rolle; bei den Gefahrgutlagern unterliegen der Standort und die Lagerung der Stoffe gesetzlichen Restriktionen.

Hochregallager

Die Meinungen zu Hochregallagern sind divergent. So existieren Aussagen, dass Hochregallager nicht zu den Logistikimmobilien zählen, sondern Betriebseinrichtungen sind und auch steuerlich so behandelt werden. Laut BFH-Urteil (II R 41/01 vom 28. 05. 2003) bildet zumindest ein manuell gesteuertes Hochregallager Grundvermögen und somit ein Gebäude ab: „Bedarf ein Bauwerk der äußeren Umschließung, weil die in ihm stattfindenden betrieblichen Abläufe und/oder die darin eingebundenen Menschen vor Wind und Wetter geschützt werden müssen, sind die Konstruktionselemente, mit deren Hilfe die Standfestigkeit der Umschließung erreicht wird, auch dann dem Grundvermögen zuzuordnen, wenn sie gleichzeitig eine betriebliche Funktion erfüllen, zu diesem Zweck verstärkt sind und ohne die Stützfunktion für das Bauwerk als Betriebsvorrichtung anzusehen wären." In jüngster Zeit zeichnet sich jedoch eher der Trend zu hochautomatisierten Lagern in Silobauweise ab. Bei diesen computergesteuerten, zum Teil vollautomatisierten Hochregallagern spielt das Gebäude an sich nur noch eine Nebenrolle und die innen liegende Technik ist für den Nutzer maßgebend. In diesem Fall handelt es sich wohl eher um eine Betriebseinrichtung, deren Technikausbau beim Nutzer liegt. In Folge des oben geschilderten Sachverhalts wird im weiteren Verlauf der Schwerpunkt auf die Logistikimmobilien Lager- und Umschlaghalle sowie Distributionslager gelegt. Im Rahmen einer Expertenbefragung wurden die nachfolgend dargestellten wesentlichen Charakteristika ermittelt. Es bleibt anzumerken, dass der Baustil der Logistikimmobilie innerhalb Europas keine wesentlichen Unterschiede aufweist, da die Transportmittel wie zum Beispiel LKW und Regalsysteme eine entsprechende Normung vorgeben.

Umschlaghalle

Definition/Funktion

- Sortierung/Kommissionierung
- Aufteilung eingehender Waren aus dem Fernverkehr in den Nahverkehr
- Zusammenfassung von Sendungen aus dem Nahverkehr für den Fernverkehr
- Ziel: kurzzeitige Zwischenlagerung, keine Bestandslagerung
- Hauptnutzer: Speditionen, KEP-Dienste, Cross-Docking-Konzepte

Merkmale

- Geringe Hallenhöhe und -tiefe, hohe Anzahl an Toren

Lagerhalle

Definition/Funktion

- Lagerung unterschiedlicher Güter und Waren, z.B. Stückgut, Blocklager, Palettenlager
- Ziel: Bestandslagerung
- Hauptnutzer: alle, insbesondere Unternehmen der Industrie (Beschaffungs- oder Produktionslager)

Merkmale

- Je nach Lagertechnik größere Hallenhöhe, begrenzte Anzahl von Toren

Distributionshalle

Definition/Funktion

- Warenverteilung
- Funktionsmischung: Lagerhalle als Basis mit der zusätzlichen Funktion der Kommissionierung
- Ziel: Distribution
- Hauptnutzer: alle, vermehrt Retailer

Merkmale

- Größer dimensionierte Hallenhöhe und -tiefe und höhere Anzahl von Toren als bei konventioneller Lagerhalle

4. Anforderungsprofil an Logistikimmobilien

4.1 Standortwahl und Drittverwertbarkeit

Zu immer wichtiger werdenden Determinanten im Entscheidungsprozess eines Investors bei der Bewertung einer Logistikimmobilie kristallisieren sich neben der Standortfrage zum einen Mieter und Mietvertrag und zum anderen die Drittverwertbarkeit des Objektes heraus. Eine auf den jeweiligen Nutzer maßgeschneiderte Immobilie, verbunden mit einem hohen Anteil an nutzerspezifischen Einbauten – wie beispielsweise bei hochautomatisierten Hochregallagern oder Gefahrgutlagern – ist aus Investoren-/Entwicklersicht eher nachteilig zu beurteilen. Eine Logistikimmobilie sollte, um nachhaltig Erträge zu erwirtschaften, von ihrem Standort und ihrer Flexibilität multiuserfähig bzw. nachnutzbar sein. Unter Berücksichtigung der DEGI RESEARCH Expertenbefragung, der Ergebnisse der TFH-Berlin-Umfrage und der einschlägigen Literatur werden von Seiten der Investoren/Entwickler vielfältige Anforderungen an eine moderne Logistikimmobilie, insbesondere im Hinblick auf die Nachnutzbarkeit, gestellt. Dabei sind im Wesentlichen die Kategorien Lage/Grundstück und Gebäude/ Bauweise zu berücksichtigen.

4.2 Anforderungsprofil

Lage/Grundstück

- Anbindung an möglichst mehrere Verkehrsträger, insbesondere Straßennetz
- Nähe zum Ballungsraum oder Verkehrsknotenpunkt
- Kosten für Immobilien auf oder unter Marktniveau
- Störungsfreie Zu- und Abfahrt zur Autobahn und zum Grundstück
- Ausweisung als Gewerbe- oder Industriegebiet (je nach Nutzungsart) mit 24-Stunden-Betrieb
- 45 bis 60 Prozent überbaute Grundstücksfläche
- Rangier-/Verladefläche mit einer Mindestlänge von 35 Metern
- Ausreichende Anzahl an Stellplätzen
- Zugriff auf Erweiterungsflächen
- Umfahrbarkeit der Immobilie
- Einzäunung des Grundstücks

Gebäude/Bauweise

- Eingeschossige Bauweise
- Hallenhöhe von mindestens 8 bis 12 m Unterkante Binder
- Gebäudegröße von mindestens 5.000 m^2, idealtypisch ab 10.000 m^2
- Bodentraglast mindestens 5 t/m^2
- Büroanteil von 5 bis max. 10 %
- Flexible Teilbarkeit der Hallen
- Hohe Drittverwendungsfähigkeit (einfache Strukturen, wenig nutzerspezifische Einbauten)
- Ausreichende Anzahl von Toren bzw. Rampen (mindestens 1 Tor pro 1.000 m^2 Hallenfläche)
- Möglichkeit der ebenerdigen Andienung
- 2-seitige Andienungsmöglichkeit
- Großer Stützenabstand im Raster (mehr als 12,5 m)
- Sicherheit und Technik

▶ *Quelle: IVG Research 2011, Expertenbefragung DEGI RESEARCH, 2006; JLL (2006); GEWOS (2001), Ullmann/Jordans (2006)*

5. Bodenpreise, Standortwahl und Cluster

5.1 Bodenpreistheorie

Grundlage der Bodenpreistheorie im Sinn von Thünen und Alonso[1] ist die Annahme, dass sich die Bodenpreise durch einen Auktionsmechanismus bilden. Die Landbesitzer versteigern das Land, den Zuschlag erhält der Käufer mit der höchsten Zahlungsbereitschaft. Da es für die unterschiedlichen Nutzungsarten auch unterschiedliche Zahlungsbereitschaften gibt, determinieren diese nicht nur die Bodenpreise sondern auch die Raumstruktur.

1 Thünen, J. H. von (1826): Der isolierte Staat in Beziehung auf Landwirtschaft und Nationalökonomie, Hamburg. Alonso, Wiliam, (1964): Location and land use, Harvard Univ. Press, Cambridge, Mass.

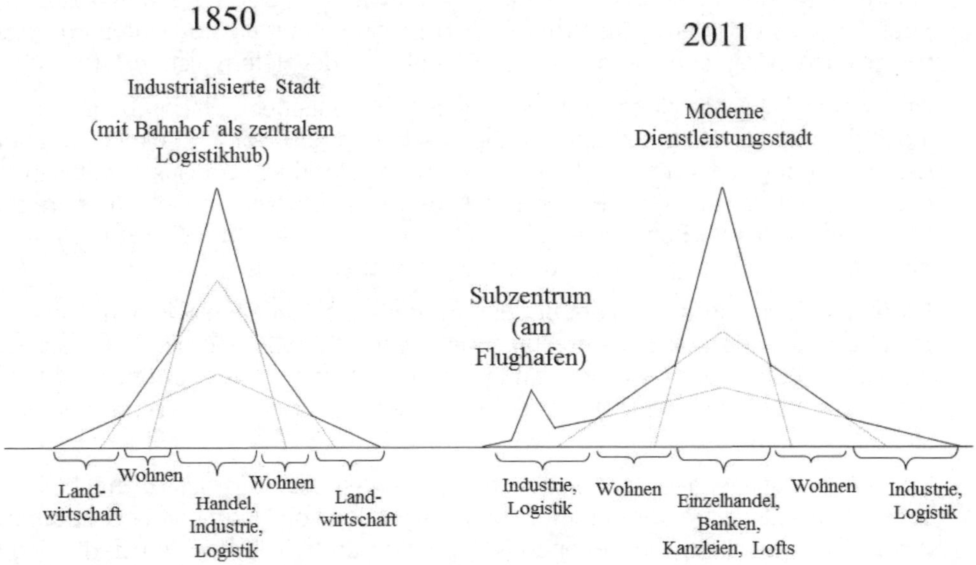

Abb. 2: Bodenpreise und Stadtstruktur – 1850 und 2011
Quelle:DEGI RESEARCH 2011

Auf der linken Seite von Abbildung 2 ist der Zusammenhang zwischen Bodenpreisen und Raumstruktur für eine industrialisierte Großstadt um 1850 skizziert. Zentrale Annahme der Darstellung ist, dass das Stadtzentrum aufgrund seiner Funktion als Verkehrsknotenpunkt für den überregionalen Verkehr und als Handels-, Arbeits- und Versorgungszentrum für alle Marktteilnehmer von Bedeutung ist. Industrieunternehmen und Lagerhausgesellschaften waren aufgrund der hohen Transportkosten (die ersten LKW wurden um 1900 gebaut) und der überragenden Bedeutung der Innenstadt als Handelszentrum und Logistik-Hub (in Form eines Güterbahnhofs oder eines Hafens) auf einen zentralen Standort angewiesen und deshalb bereit, sehr hohe Bodenpreise für Grundstücke im Stadtzentrum zu bezahlen. In der graphischen Darstellung ist auch erkennbar, dass die Zahlungsbereitschaft der Unternehmen mit zunehmender Entfernung vom Zentrum beziehungsweise vom zentralen Verkehrsknotenpunkt sinkt. Erklärbar ist dies mit der Zunahme der Transportkosten. Wenn ein Landbesitzer für ein weiter entferntes Grundstück den selben Preis wie für ein Grundstück im Zentrum verlangt, würde sich aufgrund der höheren Transportkosten kein Käufer finden, was zur Folge hätte, dass der Landbesitzer den Preis senkt. Bei einem funktionierenden Bodenmarkt gleichen sich zumindest langfristig Transportkosten und Bodenpreis aus. Die Bewohner bzw. die Arbeitskräfte der industrialisierten Stadt siedelten sich um das Stadtzentrum an. Da diese relativ kostengünstig pendelten (i.d.R. zu Fuß), waren sie nicht bereit die hohen Bodenpreise im Stadtzentrum zu bezahlen. Andererseits resultierte aus den langen Arbeitszeiten und der geringen Geschwindigkeit des Pendelns der Wunsch nach einer so zentral wie möglich gelegenen Wohnung. Dies hat zur Folge, dass die Wohnbevölkerung innerhalb des Rings zwischen der industriellen Zone und dem Stadtrand lebte. Aufgrund der vergleichsweise geringeren Flächenproduktivität und Transportkosten wurden die Flächen unmittelbar hinter dem Stadtrand landwirtschaftlich genutzt. Im Zeitverlauf hat sich die städtische Struktur gewandelt. Verschiedene Entwicklungen haben dazu geführt, dass die Zahlungsbereitschaft der Industrie- und Logistikunternehmen für Boden gesunken ist:

- Infolge sinkender Transportkosten durch die Entwicklung des LKWs, den Ausbau des Straßennetzes und den Güterstruktureffekt ist eine unmittelbare Nähe zu den zentral gelegenen Verkehrsknotenpunkten (Bahnhöfe oder Häfen) nicht erforderlich.
- Eine weitere Ursache dieser Entwicklung ist der gestiegene Flächenbedarf in den Industrie- und Logistikunternehmen. Die Fließbandproduktion und die Bevorzugung der organisatorisch leicht zu handhabenden einstöckigen Logistikimmobilien mit einem hohen Anteil Fahrzeilen zwischen den Lagerblöcken sowie umfangreichen Park- und Rangierflächen senken die Flächenproduktivität bzw. können nur auf vergleichsweise preiswertem Bauland rentabel betrieben werden.
- Für andere Nutzungsarten, zum Beispiel für den Einzelhandel sowie den Finanzsektor, hat der Standortfaktor Zentralität zunehmend an Bedeutung gewonnen, so dass diese Branchen in der Lage sind, andere Marktteilnehmer, wie zum Beispiel Industrie- und Logistikunternehmen, zu überbieten beziehungsweise diese aus der Innenstadt zu verdrängen.
- Infolge der gestiegenen Bedeutung des Straßenverkehrs und der Luftfracht bilden sich Logistik-Cluster in der unmittelbaren Umgebung von Flughäfen und Autobahnkreuzen, die historisch und ökonomisch bedingt außerhalb der Kernstädte liegen. Diese Entwicklung wird durch den geringen Anspruch von Logistikstandorten an die Umweltqualität beziehungsweise den Einflüssen der Logistikunternehmen auf die Umweltqualität gefördert. Schall- und Schadstoffemissionen stellen für Logistikunternehmen im Gegensatz zu anderen Nutzungsarten (z.B. Wohnen, Büro) keinen signifikanten Nachteil dar beziehungsweise Logistikunternehmen sind Verursacher dieser Effekte. Dies hat zur Folge, dass die Flächennutzungskonkurrenz um unmittelbar an den Autobahnen und Flughäfen gelegene Grundstücke in der Regel eingeschränkt ist.

Abbildung 3 zeigt die räumliche Bodenpreisstruktur Londons. Deutlich erkennbar sind die überdurchschnittlich hohen Bodenpreise für Logistikimmobilien im Westen. Zurückzuführen ist dies auf die Nähe zum Flughafen Heathrow sowie die hohe Dichte von Autobahnen und Eisenbahnterminals mit überregionaler Bedeutung. Ein Rückgang der Bodenpreise für Logistikstandorte mit zunehmender Zentrumsentfernung ist hingegen nur sehr eingeschränkt feststellbar, was auf eine geringe Bedeutung dieses Standortfaktors schließen lässt. Im Gegensatz dazu spiegelt sich die hohe Zentralität in den sehr hohen Bodenpreisen der Bürostandorte in den Stadtteilen Westend, City und Docklands wider. Dies ist eine Folge des hohen Images, der guten Erreichbarkeit sowie von Agglomerationseffekten, welche zentrale Standortfaktoren für Banken und anderer Finanzdienstleister darstellen und sich in entsprechend hohen Mieten und damit in einer hohen Zahlungsbereitschaft für Boden in diesem Gebiet niederschlagen. Aufgrund der geringeren Bedeutung der genannten Standortfaktoren für Logistikunternehmen beziehungsweise der höheren Bedeutung der Nähe zu überregionalen Verkehrswegen könnten diese Mieten mit Logistikimmobilien nicht erzielt werden.

Wie theoretisch gezeigt, hat im Zeitverlauf zwar die Bedeutung der Nähe zum Stadtzentrum abgenommen, dennoch ist die Nähe zu einem Agglomerationsraum auch heute noch von großer Bedeutung bei der Standortwahl von Logistikunternehmen. Zentrallager in den peripheren Räumen zwischen den Agglomerationen, die in vielen Fällen auch an das Autobahnnetz angebunden sind und sich zudem durch deutlich niedrigere Bodenpreise auszeichnen, sind nach wie vor die Ausnahme. Die Gründe dafür liegen in den

Ansprüchen der Logistiker an die Transportqualität und den Arbeitsmarkt. Durch agglomerationsnahe Standorte verkürzt sich die Länge der Transporte, wodurch das Risiko von Verspätungen gesenkt wird. Ein weiterer wichtiger Standortfaktor ist die Verfügbarkeit von Arbeitskräften. Inklusive der Angestellten in den angegliederten Büroflächen werden durchschnittlich 60 bis 80 Mitarbeiter pro 10.000 Quadratmeter Lagerhalle beschäftigt, wobei dieser Wert in den Spitzenlastzeiten, zum Beispiel um Weihnachten, häufig deutlich überschritten wird. Infolge der zunehmenden Komplexität der Logistik sowie durch die Erbringung von Added Value Services steigen auch die Anforderungen an die Qualifikation der Mitarbeiter. Ein entsprechendes Arbeitsangebot findet sich nur im Einzugsgebiet von Agglomerationsräumen.

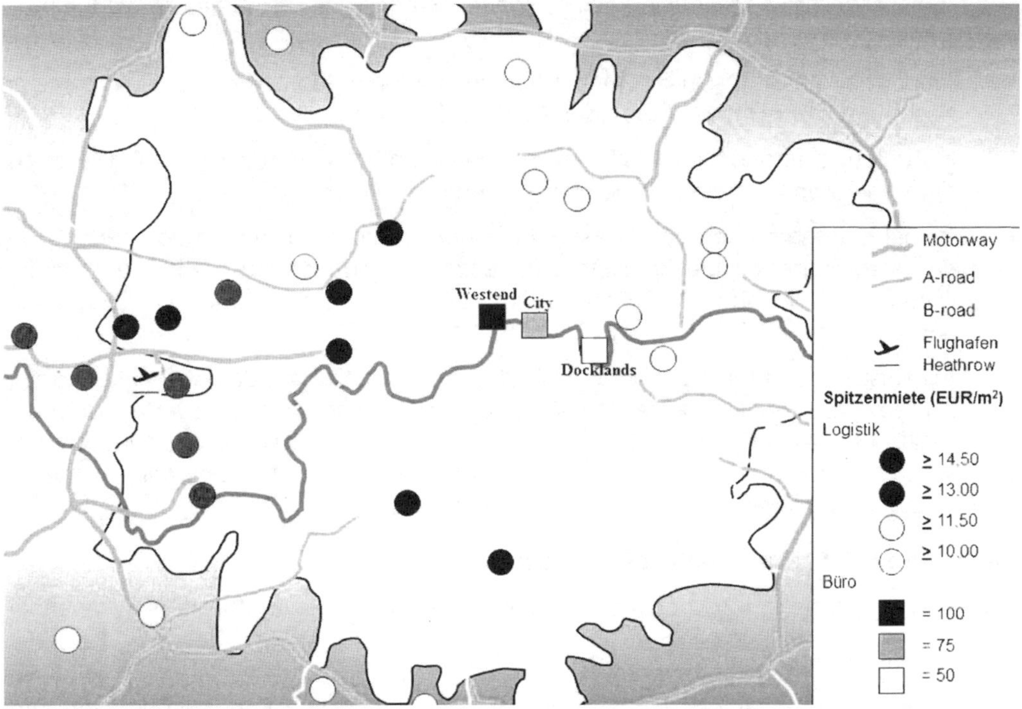

Abb. 3: Spitzenmieten in London 2010
Quelle: IVG RESEARCH 2010

5.2 Europäische Verkehrskorridore und Logistikcluster

Logistik-Cluster

Cluster sind eine sektorale und räumliche Konzentration von Unternehmen. Sie treten in vielen Regionen und fast allen Branchen auf. Cluster können aus ökonomischer Sicht als Netzwerke von Produzenten, Zulieferern, Forschungseinrichtungen (z.B. Hochschulen), Dienstleistern (z.B. Design- und Ingenieurbüros) und verbundenen Institutionen (z.B. Handelskammern) mit einer gewissen regionalen Nähe zueinander definiert werden. Die Mitglieder stehen dabei über Liefer- oder Wettbewerbsbeziehungen oder gemeinsame Interessen miteinander in Beziehung.

Die OECD definiert Cluster wie folgt:

„Clusters are networks of interdependent firms, knowledge-producing institutions (universities, research institutes, technology-providing firms), bridging institutions (e. g. providers of technical or consultancy services) and customers, linked in a production chain which creates added value. The concept of cluster goes beyond that of firm networking, as it captures all forms of knowledge sharing and exchange."

Ursachen von Clustern sind Agglomerationseffekte:

- Die räumliche Konzentration von Unternehmen schafft günstige Voraussetzungen für die Ansiedlung von spezialisierten Vor- und Dienstleistungsbetrieben (z.B. auf Transportrecht spezialisierte Rechtsanwälte, Frachtmakler, IT-Anbieter), wodurch die Transaktions- und Informationskosten sinken.
- Tendenziell können sich in einer größeren Agglomeration bzw. bei einer höheren Nachfrage mehr Unternehmen den Markt teilen.
- In Agglomerationen bilden sich große Arbeitsmärkte für Spezialisten (z.B. Disponenten, Lagerarbeiter) wodurch sich deren Verfügbarkeit erhöht.
- Je mehr Unternehmen einer bestimmten Branche in einer Region vorhanden sind, desto effizienter ist die Bereitstellung spezifischer Infrastruktur (z.B. Autobahnen, Häfen) durch die öffentliche Hand, welche als Input in die Leistungserstellung eingehen.
- Als entscheidend für die Innovationskraft eines Clusters wird das Ausmaß des impliziten, wettbewerbsrelevanten Wissens, das zwischen den Akteuren verteilt ist, angesehen. Es wird über informelle Kontakte und Arbeitsplatzwechsel ausgetauscht und schafft so neue, innovative Anwendungsmöglichkeiten. Beispielsweise findet in Hamburg regelmäßig ein „Logistik-Stammtisch" statt.

Methodik zur Erfassung von Logistik-Clustern

Zur Lokalisierung der logistischen Aktivitäten im Raum wurden zwei Indikatoren verwendet:

Güterverkehrsdichte:

Von der europäischen Union wird jährlich auf Ebene der NUTS 3 Regionen der Güterumschlag (Be- und Entladung in 1.000 t) im nationalen Verkehr veröffentlicht. Diese Daten wurden mit den Flächenzahlen der NUTS 3 Regionen dividiert, um statistische Flächeneffekte auszuschließen. Eine überdurchschnittliche Güterverkehrsdichte ist mit einem hohen Umschlagsvolumen gleichzusetzen und impliziert ein Logistikcluster.

Standorte europäischer Logistiker:

Zur direkten Bestimmung logistischer Schwerpunkte wurde die Standortwahl von insgesamt fünfzig großen, europaweit aktiven Logistikunternehmen untersucht.[2] Die Güterverkehrsdichte gibt einen detaillierten Einblick in die räumliche Struktur des europäischen Güterverkehrs.

2 Die ausgewählten Unternehmen sind im Anhang dargestellt.

Europa

Indikator Güterverkehrsdichte

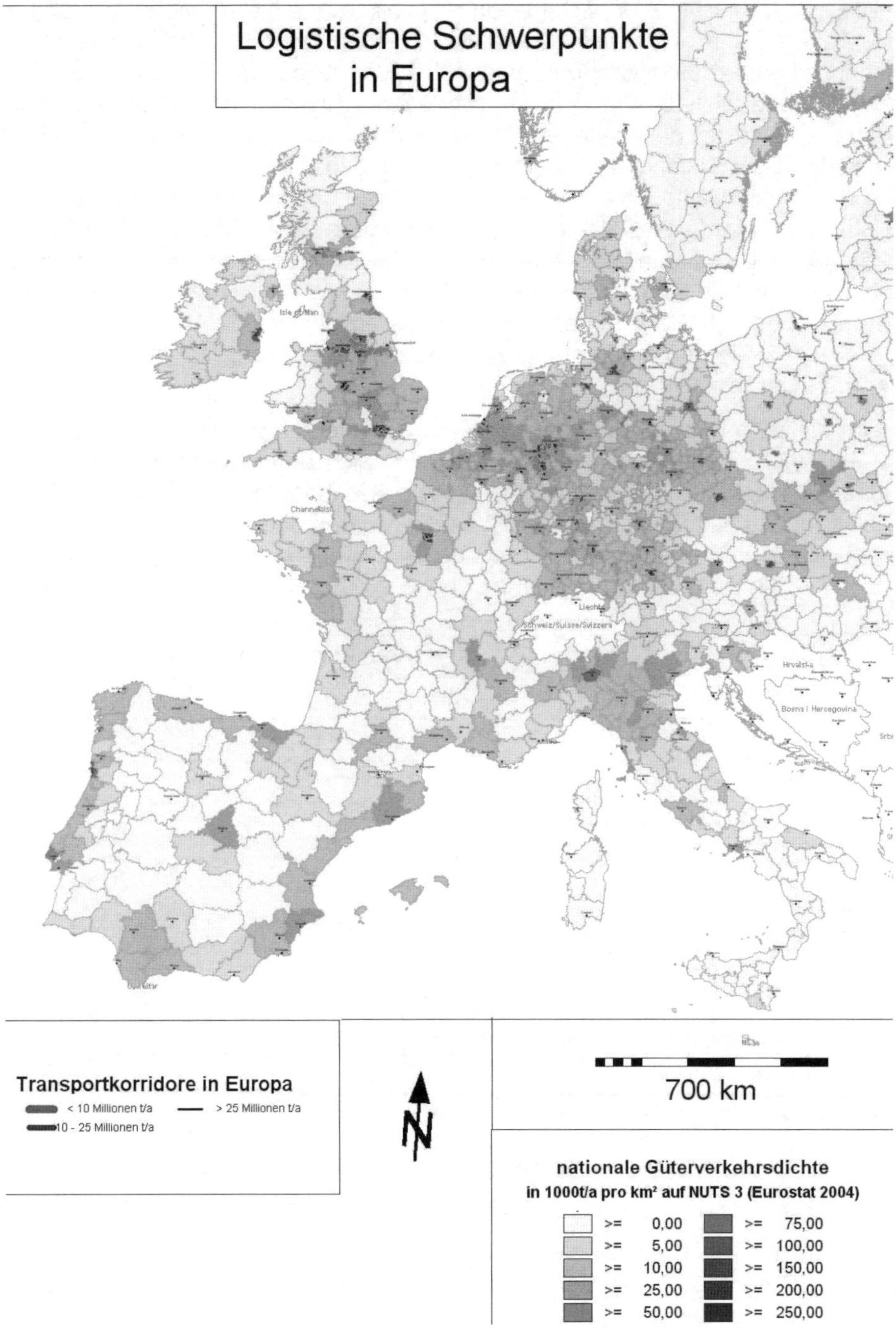

Abb. 4: Güterverkehrsdichte in Europa 2004
Quelle: Eurostat (2006), DEGI RESEARCH 2007

Nicht unerwartet zeigt die regionale Güterverkehrsdichte, dass in den Benelux-Staaten sowie in Deutschland, Südengland und Norditalien überdurchschnittlich viel Fracht umgeschlagen wird. Dieser großflächige Cluster entspricht der Form der so genannten „blauen Banane". Dieses großflächige Wirtschaft- und Bevölkerungscluster hat ihr nördliches Ende bei den alten Stahl- und Kohleindustriezentren um Manchester und Birmingham, verläuft dann südwärts durch Großbritannien über den Großraum London. Auf dem europäischen Festland schließlich krümmt sie sich, dabei schließt sie den nördlichen Raum Belgiens, den südlichen Teil der Niederlande, die Randstad, und das deutsche Ruhrgebiet ein. Weiter verläuft sie entlang des Rheins – schließt dabei Frankfurt am Main beziehungsweise das Rhein-Main-Gebiet ein – über Stuttgart, dann über die Schweiz und endet schließlich im Nordwesten Italiens bei den Städten Turin, Mailand und Genua. Erkennbar ist aber auch, dass in den Metropolen und Küstenregionen der peripher gelegenen Länder Europas die Güterverkehrsdichte überdurchschnittlich ist. Ursache hierfür sind die historisch bedingte stärkere Besiedelung in diesen Gebieten sowie die zahlreichen Seehäfen, welche Quelle und Ziel umfangreicher Warenströme sind. Auch in Osteuropa sind Konzentrationen feststellbar.

Tabelle 1 zeigt die zehn Regionen mit der höchsten Güterverkehrsdichte in Europa. Neun der Top-10 Regionen liegen in England. Sie zeichnen sich durch wichtige intermodale Umladepunkte wie Seehäfen (z.B. Southampton), und Eisenbahnterminals (z.B. Inner London West) oder Industrieagglomerationen (z.B. Ludwigshafen und Thurrock) aus. Dass die Umschlagsaktivitäten in diesen Regionen durchgeführt werden, zeigt auch der Vergleich mit dem europäischen Durchschnitt, dieser liegt bei 6.900 Tonnen pro Quadratkilometer.

Rang	**Region**	**Güterverkehrsdichte** (in 1.000 t / km^2)
1	Southampton (GB)	455,7
2	Nottingham (GB)	291,2
3	Thurrock (GB)	270,0
4	Ludwigshafen am Rhein (D)	266,8
5	Inner London – West (GB)	262,9
6	Portsmouth (GB)	231,5
7	City of Kingston upon Hull (GB)	227,6
8	Leicester City (GB)	218,6
9	Stoke-on-Trent (GB)	210,5
10	Dudley and Sandwell (GB)	210,2
Durchschnitt Europa		6,9

Tabelle 1: Die Top-10 Logistik-Regionen gemessen an der Güterverkehrsdichte
Quelle: EUROSTAT (2006), IVG RESEARCH 2011

Tabelle 2 zeigt für die einzelnen Länder jeweils die Region mit der höchsten Güterverkehrsdichte. Ersichtlich ist, dass die Umschlagsaktivitäten in den Hauptstadtregionen, die durch eine hohe Bevölkerung geprägt sind (z.B. Paris, Prag, Wien) und in den Industrieagglomerationen, welche häufig auch intermodale Verkehrsknotenpunkte darstellen (z.B. Poznan, Mailand, Porto, Kaunas), durchgeführt werden.

Land	Region	Merkmal	Güterverkehrsdichte (in 1.000 t / km²)
Großbritannien	Southampton	Hafen	455,7
Deutschland	Ludwigshafen am Rhein	Industrieagglomeration	266,8
Frankreich	Paris	Hauptstadt	206,0
Dänemark	København og Frederiksberg Kommuner	Hauptstadtregion	148,6
Tschechische Republik	Prag	Hauptstadt	147,5
Niederlande	Delft en Westland		114,2
Irland	Dublin	Hauptstadt	112,0
Österreich	Wien	Hauptstadt	102,4
Polen	Miasto Poznan	Industrie- und Handelsagglomeration, Verkehrsknotenpunkt	89,0
Belgien	Arr. de Bruxelles-Capitale	Hauptstadt	88,7
Ungarn	Budapest	Hauptstadt	86,8
Norwegen	Oslo	Hauptstadt	85,5
Portugal	Grande Porto	Industrieagglomeration	79,4
Italien	Mailand	Industrieagglomeration, Verkehrsknotenpunkt	75,7
Lettland	Riga	Hauptstadt	71,3
Spanien	Barcelona	Bevölkerungsschwerpunkt, Verkehrsknotenpunkt	46,1
Finnland	Uusimaa	Hauptstadtregion	23,0
Slowakei	Bratislava	Hauptstadt	20,11
Luxemburg	Luxemburg	Hauptstadt, Verkehrsknotenpunkt	20,1
Slowenien	Obalno-kraška	Hafen	15,38
Schweden	Stockholm	Hauptstadt	9,34
Estland	Põhja-Eesti	Industrieagglomeration	3,8
Litauen	Kaunas	Industrieagglomeration, Verkehrsknotenpunkt	2,7

Tabelle 2: Die nationalen Top Logistik-Regionen in Europa gemessen an der Güterverkehrsdichte
Quelle: EUROSTAT (2006), DEGI RESEARCH 2007

Indikator Standorte großer europäischer Logistiker

Als weitere Maßnahme zur Bestimmung logistischer Schwerpunkte in Europa wurde die Standortwahl von insgesamt fünfzig großen, europaweit aktiven Logistikunternehmen untersucht.[3]

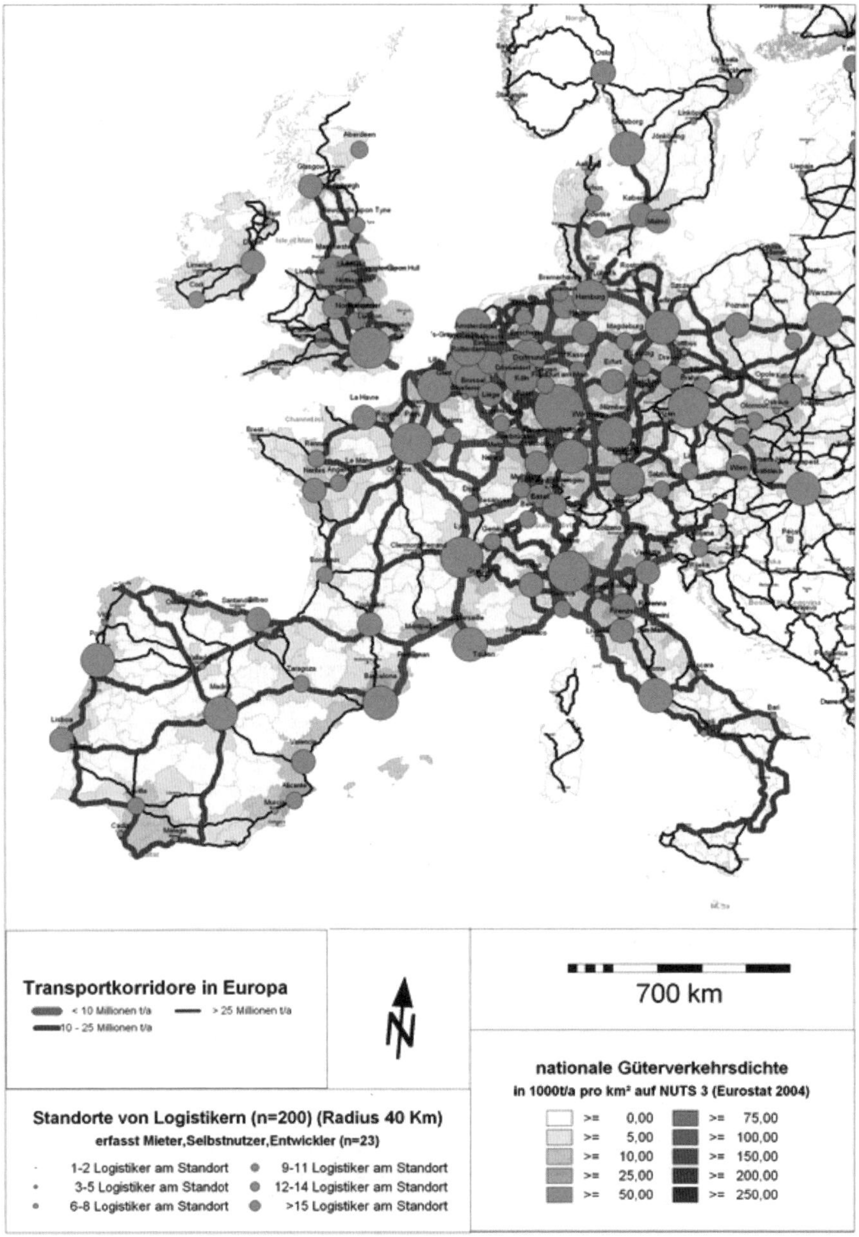

Abb. 5: Standorte großer Logistikunternehmen in Europa
Quelle: DEGI RESEARCH 2007

3 Die berücksichtigten Unternehmen sind im Anhang dargestellt.

Auch unter Verwendung dieses Indikators zeigt sich im Beneluxraum ein überregionales Logistikcluster mit Erweiterungen nach Nordost Frankreich und ins Ruhrgebiet, sowie dem Raum Frankfurt und mit Verlängerungen bis in den Rhein-Neckarraum. Daneben nimmt Lyon eine zentrale Funktion als Verteiler der Ströme im mediterranen Raum ein. Marseille wird zum Hub mit europäischer Funktion, da hier die meisten Güter aus dem Nahen Osten angelandet werden. Die Hubs in Norditalien sind die Drehscheiben der südalpinen Warenströme bis zum Balkan. München nimmt eine wichtige Stellung im Nord-Süd Verkehr ein. Hamburg fungiert als Tor zur Welt und als Marktzugang zum deutschen und osteuropäischen Markt. Für die Warenströme nach Osteuropa sind Berlin und Prag von bedeutender Rolle. Die Region um den Öresund ist das Logistikhub für Skandinavien. Die Region um Barcelona stellt die Drehscheibe für die Iberische Halbinsel dar. London nimmt eine sehr wichtige Hubfunktion für die Güterströme aus Übersee ein und dient als zentrales Europahub für viele Firmen aus den USA. Die restlichen Hubs dienen meist als Zugang zu den nationalen Märkten(Balkan, Polen etc.).

Tabelle 3 zeigt die Regionen in denen mindestens zehn der untersuchten Unternehmen einen Standort unterhalten.

Regionen	**Anzahl der Standorte**
Frankfurt am Main	16
Mailand	14
Paris	14
Antwerpen	13
Lyon	13
London	12
Prag	12
Düsseldorf	11
Hamburg	11
Nürnberg	11
Porto	11
Stuttgart	11
Warschau	11
Barcelona	10
Berlin	10
Köln	10
Madrid	10
Marseille	10
München	10

Tabelle 3: Die nationalen Top Logistik-Regionen in Europa gemessen an den Standorten großer europäischer Logistiker
Quelle: IVG RESEARCH 2011

6. Marktparameter

6.1 Angebot

Der Logistikimmobilienmarkt im Fokus von Investoren ist ein noch junger Markt und stellt sich im Vergleich zum Büro- und Einzelhandelsimmobilienmarkt als relativ intransparent dar. Detaillierte Daten über Flächenbestände und Flächenumsätze sowie deren jeweilige Prognosen sind am Markt nicht verfügbar. Auch die Bemühungen, entsprechende Total Returns zu erheben, führen zu keinem Ergebnis. Grundsätzlich übersteigt derzeit in Europa die Nachfrage nach marktgerechten, modernen Logistikflächen das Angebot. In Zeiten immer kürzerer Lieferzeiten, verkürzter Produktlebenszyklen sowie eines hohen Kostendrucks stellen Nutzer immer wieder neue Anforderungen an den Standort und die Immobilie. So entsprechen viele ältere Bestandsflächen in Europa nicht mehr den heute zeitgemäßen Anforderungsprofilen. Wenngleich es bislang noch zu wenig systematische Erfassungen über quantitative Leerstandsangaben gibt, stehen insbesondere letztere Flächentypen, ähnlich wie im Büroimmobilienmarkt, leer.

Bei Analyse aktueller Bauprojekte lässt sich feststellen, dass Projektentwickler mehr und mehr den idealtypischen Anforderungsprofilen an eine drittverwendungsfähige Logistikimmobilie gerecht werden. Die Grundstücksverfügbarkeit ist zum einen abhängig von den planungsrechtlichen Voraussetzungen für Logistikimmobilien (der Ausweisung der potenziellen Bauflächen als Gewerbe- oder Industriegebiet im Bebauungsplan bzw. den jeweiligen rechtlichen Restriktionen der einzelnen europäischen Länder entsprechend) und zum anderen von dem Vorhandensein großflächiger Grundstücksareale, insbesondere in dicht besiedelten städtischen Räumen. In Ländern wie beispielsweise Deutschland und Frankreich sind Tendenzen einer wachsenden Bereitschaft zur Standortentwicklung von Seiten der Kommunen wahrzunehmen, und die Grundstücksverfügbarkeit wird auf einem mittleren Niveau eingestuft. Insgesamt jedoch ist die Ausweisung von großflächigen Arealen als Logistikstandort aufgrund einer vergleichsweise geringen Arbeitsplatzdichte und relativ hohen Umweltbelastung durch ein vermehrtes Verkehrsaufkommen problematisch bzw. stehen große Grundstücke mit Erweiterungspotenzial nicht zur Verfügung. Beim Gros der analysierten 28 Länder wird die Grundstücksverfügbarkeit als eher gering eingestuft.

6.2 Nachfrage

Europaweit zu beobachtende Prozesse, wie Globalisierung der Produktionsstätten und Güterströme und die EU-Osterweiterung sowie wechselnde Ansprüche an den Standort und die Immobilie lassen die Nachfrage nach Logistikimmobilien steigen. Die Flächenumsätze differieren in Abhängigkeit der jeweiligen Teilmärkte. Im Jahr 2004 wurden die höchsten Umsätze mit ca. 2,44 Millionen Quadratmeter Fläche in Deutschland – häufig als Drehscheibe der EU tituliert –, gefolgt von Frankreich, erzielt. Es zeigt sich, dass die westeuropäischen Standorte derzeit die führenden Teilmärkte auf dem Logistikimmobilienmarkt abbilden. Die zentral- und osteuropäischen Standorte weisen positive Entwicklungsperspektiven im Konkurrenzkampf um attraktive Standorte durch Expansionsbestrebungen der Unternehmen sowie Kriterien der Wirtschaftlichkeit auf, jedoch liegen diese derzeit noch deutlich hinter den westeuropäischen Märkten zurück. Nachfrager von

Logistikimmobilien sind zum einen Industrie- und Handelsunternehmen und zum anderen in zunehmendem Maße Dienstleister, die Logistik- und weitere Dienstleistungen für Dritte anbieten. Insbesondere die beiden letztgenannten Gruppen drängen verstärkt auf den Markt. Auf Grund positiver Wirtschaftswachstumsprognosen in West- und Osteuropa sichern sich verstärkt Einzelhandelsunternehmen moderne, großflächige Hallenflächen beziehungsweise Distributionshallen mit Flächen von teilweise über 40.000 Quadratmetern. Durch Fusionen und Übernahmen von Logistikdienstleistern werden ebenfalls neue Logistikareale mit Flächengrößen deutlich über 10.000 Quadratmeter nachgefragt, so dass im laufenden Jahr mit einer weiteren Steigerung der Flächenumsätze innerhalb Europas zu rechnen ist. Neben den bereits etablierten westeuropäischen Standorten werden als Entwicklungsschwerpunkte innerhalb von Zentral- und Osteuropa insbesondere Südpolen, Westteile der Tschechischen Republik sowie die Slowakei und Westungarn gesehen. Nachgefragte Standorte sind in erster Linie die großen Ballungsräume mit einem vergleichsweise hohen Absatz und Produktionspotenzial. Jedoch führen Flächenknappheit und die erhöhte Nachfrage nach großen Hallenflächen mit entsprechenden Kosten zu einer vermehrten Standortverlagerung in Richtung Peripherie zu günstigeren Preisen. Hier wird die verkehrliche Erreichbarkeit der Logistikimmobilie zum wichtigsten Standortfaktor. Miete und bedingt Leasing verdrängen mehr und mehr den Kauf von Logistikimmobilien bei den Nutzern aus Industrie, Handel und Logistikdienstleistung. *Die Optimierung des Standortnetzes bei engen Finanzierungsspielräumen wirkt sich dahingehend aus, dass der Anteil eigengenutzter Immobilien zugunsten geleaster oder angemieteter Objekte sinkt* (GEWOS, 2001). Dies ermöglicht einen neuen Markteintritt für branchenfremde Investoren, die derzeit über das nötige Kapital verfügen und nach Anlagealternativen und Diversifizierungspotenzial ihrer Portfolios suchen, wie z.B. die institutionellen Investoren.

6.3 Miete

Die Mieten für Logistikimmobilien bewegen sich im Vergleich zum Büro- und Einzelhandelsimmobilienmarkt auf einem relativ niedrigen Niveau und unterliegen nur geringen Schwankungen. Während für Einzelhandelsimmobilien in 1A-Lagen Spitzenmieten bis teilweise 250 Euro pro Quadratmeter und Monat (München) bzw. über 100 Euro pro Quadratmeter und Monat (London) für Büroimmobilien erzielt werden können, liegen derzeit die Spitzenmieten für Logistikimmobilien bei ca. 16 Euro pro Quadratmeter und Monat (London). Dagegen liegt die Durchschnittsmiete für diesen Immobilientyp zwischen 4,0 und 6,0 Euro pro Quadratmeter und Monat.

Die Miethöhe wird in der Regel nach Bruttogeschossfläche bemessen. Grundsätzlich wird der Mietpreis, den ein Entwickler für eine Logistikimmobilie berechnet, durch die Lage/den Teilmarkt, den Grundstückspreis, die Einschätzung über den Verkaufsfaktor, die erste feste Laufzeit des Mietvertrags, die Bonität des Mieters sowie die Art und Größe der Immobilie bestimmt (JLL, 2010). Häufig werden in den Mietverträgen unterschiedliche Mietzinse für Lager- und Büroflächen anstatt eines Durchschnittswertes herangezogen. Teilweise richtet sich der Mietzins bereits nach der Anzahl der Paletten-Plätze.

In London wird mit 15,80 Euro pro Quadratmeter und Monat das höchste Mietniveau erzielt. Aber auch die Mieten in Helsinki, Dublin, Moskau, Oslo, Zürich, Barcelona, Lissabon, Luxemburg, Amsterdam, Madrid, München und Kopenhagen liegen über dem europäischen Durchschnitt. Mit Ausnahme von Moskau handelt es sich dabei um hoch entwickelte westeuropäische Standorte. Im vergangenen Jahr ließ sich in Europa insgesamt ein moderater Mietpreisanstieg auf Grund steigender Nachfrage feststellen. Für das laufende Jahr rechnen wir für das Gros der Standorte mit einem stabilen bis leicht steigenden Mietverlauf.

6.4 Weitere Mietvertragskonditionen – Vertragslaufzeit

Die Nachhaltigkeit des Mietvertrages hängt zum einen von der Bonität beziehungsweise Zahlungsfähigkeit des Mieters ab und zum anderen von den vereinbarten Vertragskonditionen wie Miethöhe und Vertragslaufzeit. Im Gegensatz zu Büroimmobilien, wo teilweise noch langfristige Mietvertragslaufzeiten von zehn und mehr Jahren realisierbar sind, klaffen die Wünsche von Nutzern und Investoren bei Logistikimmobilien mehr und mehr auseinander. Letztere werden heutzutage für drei bis fünf Jahre angemietet. Im Bemühen um noch mehr Flexibilität streben Nutzer sogar vermehrt Vertragslaufzeiten von ein bis drei Jahren an. Ausnahmen bilden lediglich die in hohem Maße auf nutzerspezifische Bedürfnisse ausgerichteten Gebäude mit einer eingeschränkten Drittverwertbarkeit, bei denen Mietvertragslaufzeiten von über zehn Jahren durchsetzbar sind. Tendenzen zur Verkürzung der Vertragslaufzeiten sind europaweit zu registrieren. Eine der wenigen Ausnahmen bildet Großbritannien, wo Mietverträge über zehn Jahre keine Seltenheit darstellen. Vor dem Hintergrund sich verkürzender mittlerer Nutzungsdauern der Logistikimmobilie auf rund 15 Jahre heißt das aus Investorensicht, sich mehr denn je auf multiuserfähige Logistikimmobilien zu konzentrieren: Um sich binnen zwölf Jahren amortisieren zu können, muss die jeweilige Immobilie zumindest dreimal nachvermietet werden.

6.5 Investmentmarkt

Das Interesse von Seiten der Investoren an Logistikimmobilien ist auf dem Immobilienanlagemarkt in den letzten Jahren zunehmend gestiegen. Die Analyse des Investitionsvolumens bestätigt diese dynamische Entwicklung in Europa. So stieg das Transaktionsvolumen von ca. 3,8 Milliarden Euro im Jahr 2000 auf rund 10 Milliarden Euro in den ersten neun Monaten 2013. Das ehemalige Nischenprodukt „Lagerhalle" hat einen Wandel zur nachgefragten Assetklasse vollzogen.

Neben Eigennutzern aus dem Bereich Handel, Industrie und Logistikdienstleistung treten, auf Grund der beispielsweise zunehmenden Dynamisierung der Logistikbranche und von Outsourcing-Prozessen, vermehrt Fremdinvestoren auf den Markt. Hier öffnet sich, in Abhängigkeit der jeweiligen Anlagestrategie, insbesondere für institutionelle Investoren, wie Offene und Geschlossene Fonds und Spezialfonds, ein interessantes Marktfeld.

Die Gründe, die für moderne Logistikimmobilien derzeit bei den Investoren sprechen, sind vielfältiger Art: Neben dem aktuell positiven sozioökonomischen Umfeld mit Wachstumsperspektiven bietet dieser Immobiliensektor aus Gesichtspunkten der Portfoliodiversifikation eine interessante Anlagealternative zur Einzelhandels- und Büroimmobilie. Letztere nimmt zwar nach wie vor auf dem Immobilieninvestmentmarkt den größten Anteil ein, jedoch steht vermehrt der Cashflow einer Anlage im Vordergrund (Stichwort: Shareholder Value). Im Gegensatz zur steigenden Nachfrage bei Logistikimmobilien hatte die Büroimmobilie in Europa in den letzten Jahren vermehrt unter der konjunkturellen Entwicklung, einhergehend mit sinkenden Flächenumsätzen, hohem Leerstandsvolumen und sinkenden Mieten, zu leiden. Dennoch handelt es sich bei den Logistikimmobilien um Spezialimmobilien, die im Gegensatz zu Büro- und Einzelhandelsimmobilien ein erhöhtes Risiko aufweisen. In Folge verkürzter Produktlebenszyklen und dementsprechend fortlaufend wechselnder Ansprüche an die Logistikimmobilie und Technik stellt insbesondere die Drittverwendungsfähigkeit – in Zeiten immer kürzer werdender Mietvertragslaufzeiten – ein hohes Risikopotenzial dar. Die Nachfrage der Investoren fokussiert sich auf Grund dessen auf moderne, multiuserfähige Logistikimmobilien, die eine hohe Nachnutzbarkeit aufweisen. Dem vergleichsweise hohen Risiko steht jedoch auch ein relativ hohes Renditeniveau gegenüber.

Es zeigt sich, dass das Risikopotenzial gemessen an der Rendite insbesondere an Standorten der Emerging Markets auf dem höchsten Niveau liegt. Gründe liegen u.a. in der noch fehlenden Marktreife und Infrastruktur, der mangelnden Liquidität bzw. Produktverfügbarkeit und der teilweise hohen Intransparenz, gepaart mit einer wirtschaftlichen und politischen Instabilität sowie rechtlichen Restriktionen. Hingegen zeichnen sich die hochentwickelten westeuropäischen Zentren wie z.B. in Großbritannien und Deutschland – durch einen gewissen wirtschaftlichen und infrastrukturellen Reifegrad aus. Durch die nach wie vor hohe Nachfrage nach erstklassigen Logistikimmobilien hat sich laut JLL die Netto-Anfangsrendite in den besten Lagen der BIG 7 im Jahr 2013 weiter reduziert – durchschnittlich um 30 Basispunkte. Sie erreichte zum Jahresende in den Regionen Berlin, Düsseldorf, Frankfurt/M., Hamburg, Köln, München und Stuttgart im Schnitt 6,56 Prozent. Die Spanne reicht von 6,35 Prozent in Frankfurt, Hamburg und München bis 7,00 Prozent in Berlin. Wenngleich beim Gros der europäischen Standorte moderne, multiuserfähige Anlageprodukte über 10.000 Quadratmeter derzeit noch Mangelware sind.

7. Literaturverzeichnis

CapTen AG: Hirdes, Frank-Wolfgang; Kern, Aeisso und Kohagen, Jens et al (Hrsg.): Internationales Handbuch der Logistikimmobilie, München 2005.

Dr. Börner-Kleindienst, Michael: Logistikimmobilien – Kategorien, Determinanten und Marktteilnehmer–. In: Falk, Bernd; Falk Momme (Hrsg.): Handbuch Gewerbe- und Spezialimmobilien, Köln 2006.

GEWOS Institut für Stadt-, Regional- und Wohnforschung GmbH: Logistikimmobilien in Deutschland, Berlin 2001.

Gudehus, T.: Logistik. Berlin 1999.

Ihde, G.B.: Transport, Verkehr, Logistik. München 2001.

Jones Lang LaSalle: European Warehousing Report, London 2006.

Jones Lang LaSalle: European Warehousing Investment Market, London 2005.

Jones Lang LaSalle GmbH: Logistikimmobilien-Report Deutschland, Frankfurt 2006.

Jünemann, R.: Materialfluß und Logistik 1989.

King Sturge: European Industrial Property Markets, 2006.

Pfohl, H-C.: Logistiksysteme – Betriebswirtschaftlichen Grundlagen. Berlin 2000.

ProLogis, Capgemini Consulting Services (Hrsg.): Warehousing space in Europe: meeting tomorrow's demand, Utrecht 2006.

Ullmann, W., Jordans I.U., Technische Fachhochschule Berlin, Fachbereich I (Hrsg.): Untersuchungen zur Standortfrage von Logistik-Standorten unter dem Einfluss der EU-Osterweiterung. Teil 2: Umfrage-Ergebnisse, Berlin 2006.

XVIII. Schulen in freier Trägerschaft

Dr.-Ing. Martin Töllner

1. Einführung

In der Fachliteratur wird für die Bewertung von Schulen zumeist davon ausgegangen, dass Schulen ohne größeren Aufwand zu Büros umzunutzen wären. Diese Sichtweise, beruht auf der Annahme, dass Schulen in Organisation und Raumstruktur Bürogebäuden gleichen. Bei solch einer Betrachtung wird übersehen, dass sich Schulen und Bürogebäude in den letzten 50 Jahren zu völlig unterschiedlichen Gebäudetypen entwickelt haben und heute nicht mehr vergleichbar sind. Mehr noch: Die Umnutzung einer Schule zu einem Bürogebäude ist in der Regel wirtschaftlich nicht darstellbar, eher kommen Abriss und Neubau in Frage. Die Gleichsetzung von Schulen und Verwaltungsgebäuden stammt aus einer Zeit, als beide Objekttypen in erster Linie eine Aufreihung von Räumen entlang eines Korridors waren. Weder für Schulen noch für Bürogebäude trifft dies heute noch zu. Bei beiden Immobilientypen steht heute das Wort Flächeneffizienz im Vordergrund, was jedoch aufgrund der verschiedenen Raumanforderungen zu unterschiedlichen Gebäudekonzepten führt. Auch muss eine Schule hinsichtlich des Brandschutzes und der Traglasten sehr viel weitergehende Anforderungen erfüllen als ein Bürogebäude. Die Anforderungen an die Ausstattungsqualität der Räume sind ebenfalls nicht gleichzusetzen. Hinzu kommt, dass Schulen inzwischen eine ganze Reihe von Spezialräumen von Werkräumen über Naturwissenschaften bis hin zur Mensa bieten müssen. Nicht zuletzt arbeiten in einer Schule in der Regel mehr Menschen je Quadratmeter als in einem Büro.

Allgemeine Richtlinien für die Bewertung von Schulen bestehen nicht, was unter anderem damit zu tun hat, dass die Finanzierung von Schulen in freier Trägerschaft Sache der Länder ist, die die Einzelheiten der Finanzierung in Gesetzen, Rechtsverordnungen und Verwaltungsvorschriften geregelt haben. Danach erhalten Ersatzschulen eine staatliche Regelbeihilfe zu den laufenden Kosten des Schulbetriebs, und zwar entweder nach dem Bedarfs- oder Defizitdeckungsverfahren (so das Saarland und Schleswig-Holstein) oder nach dem Pauschalverfahren (so die meisten anderen Länder). In Nordrhein-Westfalen, Rheinland-Pfalz und Sachsen wird eine Kombination beider Vorgehensweisen angewandt.

Während für freie Träger die Förderungen maßgeblich sind, hängen öffentliche Träger (z.B. die Kommunen) bei der Bewertung ihrer Schulen zumeist an dem Gedanken der „Ersatzbeschaffung". Sie orientieren sich beim Wert also danach, was sie selbst aufwenden müssten, um die Aufgabe „Schule" zu erfüllen. Aus diesem Aufwand kann jedoch kein Marktwert anhand von Sachwertfaktoren abgeleitet werden. Vielmehr gilt es – ähnlich den Versicherungswerten – reale Herstellungskosten zu ermitteln und diese einer angemessenen Alterswertminderung zu unterziehen. Die Praxis zeigt, dass die vereinbarten Kaufpreise tatsächlich auf diesen Überlegungen basieren, jedoch häufig politischer Natur und von daher nur bedingt nachvollziehbar sind.

Bei der Nutzung einer Schule durch einen privaten (i.d.R. gemeinnützigen) Träger stehen die Finanzierung der Immobilie und das Verhältnis zwischen Immobilieneigentümer und dem Träger der Einrichtung (dem Schulträger) im Mittelpunkt der Betrachtung. In der

Regel werden Immobilieneigentum und Trägerschaft getrennt, das heißt, dass der Träger der Einrichtung nicht der Immobilieneigentümer ist. Es kommt also zu einem Vertragsverhältnis zwischen Immobilieneigentümer und dem Träger der Einrichtung. Grundlage der vereinbarten Miete sind die dem Immobilieneigentümer entstehenden Kosten, welche durch einmalige Investitionskostenzuschüsse (zum Beispiel öffentliche Fördermittel) gemindert werden. Der Immobilieneigentümer wird die von ihm eingesetzten Eigenmittel mit einem angemessenen Zinssatz verzinsen beziehungsweise einen Ersatz für den von ihm aufgewendeten Kapitaldienst für Kredite haben wollen. Des Weiteren ist zu berücksichtigen, dass die öffentlichen Förderungen für Gebäude und Ausstattung über einen gewissen Zeitraum zweckgebunden sind. D.h., dass innerhalb dieses Zeitraums der geförderte Zweck erfüllt werden muss, weil sonst die Förderung – zumindest anteilig – zurückgezahlt werden muss.

Leistbare Miete

Will der Immobilieneigentümer sein eingesetztes Kapital verzinsen, steht ihm dafür der Ertrag zur Verfügung, welcher sich aus der Differenz zwischen der maximalen Förderung (bzw. den maximal möglichen Erträgen) und dem Kapitaldienst zuzüglich der Bewirtschaftungskosten ergibt. Der „leistbare Wert" der Immobilie inklusive Grundstück beträgt in diesem Fall also Ertrag geteilt durch Zinssatz.

Orientiert sich die vereinbarte Miete an der „Kostenmiete", verändern direkte oder indirekte Förderungen diese Zahlen in einem nicht unerheblichen Maß. Man kann von einem „sozial gebundenen Wert" sprechen.

Bei der Betrachtung von Schulen ist zunächst zu beachten, dass die Kostenansätze insgesamt je zu erfüllender Aufgabe – also je zu beschulendem Kind – ermittelt werden. Die gebäudebezogenen Kosten stellen mit 15 bis 20 Prozent eine untergeordnete Teilmenge der Gesamtkosten dar. Tatsächlich liegen die vereinbarten Mietkosten zwischen unter 5,00 Euro pro Quadratmeter bis über 15,00 Euro pro Quadratmeter, womit der Flächenbezug als Vergleichsgröße wenig Aussagekraft hat. Für die Höhe der Kostenmiete spielt neben den Förderungen für Investition und laufenden Betrieb die Flächeneffizienz (in m^2 je Kind) eine entscheidende Rolle. Bei einer fortgesetzten Nutzung als Schule steht im Mittelpunkt der Betrachtung, was die Teilnehmer (Immobilieneigentümer und Schulträger) aufgrund von Förderungen oder aus eigenen Mitteln zu tragen in der Lage sind. Davon hängen wesentlich die zugrunde zu legenden Erträge und somit der Wert einer Schule ab.

2. Förderung auf Landesebene

2.1 Nordrhein-Westfalen

Die FESchVO NRW stellt den Bezug zum Bürogebäude her. Damit können Hinweise auf Bewertungsansätze für Schulen in Nordrhein-Westfalen gewonnen werden. Der FESchVO zufolge soll bei der Refinanzierung von Ersatzschulen eine angemessene Miete zugrunde gelegt werden, welche sich an der ortsüblichen gewerblichen Nettokaltmiete orientiert. Gemäß § 6 (1) ist die ortsübliche gewerbliche Nettokaltmiete gemäß § 109 Abs. 2 SchulG angemessen, wenn sie der Nettokaltmiete bei Büronutzung mit mittlerem Nutzungswert für die Gemeinde des Schulstandortes entspricht, die in dem zum Zeitpunkt des Beginns oder der Änderung des Mietverhältnisses aktuellen Immobilienpreisspiegel Gewerbeimmobilien – Büromieten – des Immobilienverbandes Deutschland (IVD) angegeben ist. Ist der Schulträger mit der nach Absatz 1 erfolgten Feststellung nicht einverstanden, kann er gemäß § 6 (2) SchulG eine neutrale Mietwertermittlung der angemessenen ortsüblichen Nettokaltmiete nach der Gutachterausschussverordnung NRW in der geltenden Fassung für die Mietfestsetzung der oberen Schulaufsichtsbehörde veranlassen. Die Regelungen bedeuten, dass zunächst die Höhe der Miete analog zu den ortsüblichen Büromieten zu prüfen ist und ggf. durch Einholung eines Sachverständigengutachtens ein höherer Wert festgestellt werden kann.

2.2 Niedersachsen

Anders verhält es sich zum Beispiel in Niedersachsen, wo ein „Zuschuss zu den laufenden Betriebskosten" gewährt wird. Grundlage für die Berechnung des Zuschusses ist gemäß § 150 NSchG die Schülerzahl und die damit verbundene Zahl an Lehrkräften. Eine unmittelbare Bezuschussung der Gebäudekosten ist nicht vorgesehen.

2.3 Bayern

Demgegenüber wird in der Leitlinie des Bayerischen Kommunalen Prüfungsverbands über die Berechnung der Miete für Schulanlagen unter Bezug auf die Gemeindeordnung für den Freistaat Bayern darauf hingewiesen, dass sich die Mieten an den aufgewendeten Kosten orientieren. Demnach sollte gemäß Bayerischer Gemeindeordnung für die Bereitstellung von Gemeindevermögen eine Gegenleistung in angemessener Höhe festgesetzt werden. Diesem Gebot werde entsprochen, wenn durch die vereinbarte Miete zumindest die Kosten für die Überlassung des Schulgebäudes gedeckt werden können. Die Kosten für die Nutzung des Grund und Bodens sind darin in der Regel nicht enthalten, da dieses Finanzierungskonzept traditionsgemäß von einer kostenfreien Überlassung des Grundstücks durch die Gemeinde ausgeht.

2.4 Im Vergleich

Diese drei Beispiele machen deutlich, dass die Finanzierungsgrundlagen in den einzelnen Bundesländern grundsätzlich unterschiedlichen Ansätzen folgen. Diese Unterschiede haben einen erheblichen Einfluss auf den Wert der Gebäude. Daraus folgt, dass zum Beispiel in NRW und Bayern der Wert des Schulgebäudes auch durch die Förderbedingungen mitbestimmt wird, welche im Einzelfall auch einen wertbegrenzenden Charakter haben können, während dies in Niedersachsen nicht der Fall ist.

3. Markt für Schulen

3.1 Demografie – wird es langfristig ausreichend Schüler geben?

Bei der Bewertung von Schulen spielt die demografische Entwicklung eine große Rolle. Mehr noch als bei Wohn- oder Gewerbeimmobilien gibt sie darüber Auskunft, ob und in welchem Umfang diese Gebäudeklasse in absehbarer Zukunft noch benötigt wird. So wird beispielsweise im Demografie-Bericht der Bertelsmann-Stiftung die Bevölkerungsentwicklung bis 2030 auf kommunaler Ebene und auf Landesebene dargestellt. In diesem Rahmen bedeutsam ist die generelle Einstufung der Gemeinde hinsichtlich Bevölkerungsentwicklung und Wirtschaftskraft. Im Einzelnen sind es die Indikatoren Jugendquotient (Anteil der unter 18-jährigen an der Bevölkerung) und der Anteil der Haushalte mit Kindern sowie das Bildungsniveau, welche das generelle Potenzial für Schulen darstellen. Ebenfalls von Interesse hinsichtlich der wirtschaftlichen Leistungsfähigkeit der Elternhäuser ist auch die Kinder- und Jugendarmut. Gerade der Vergleich dieser Indikatoren mit dem umliegenden Kreis und dem Landesdurchschnitt gibt wichtige Hinweise auf das Marktumfeld.

3.2 Schulen in freier Trägerschaft

In Deutschland gab es nach Angaben des Statistischen Bundesamtes im Schuljahr 2011/2012 rund 5.467 Schulen in freier Trägerschaft, davon 3.396 allgemeinbildende Schulen. Hinzu kommen weitere Bildungseinrichtungen in freier Trägerschaft, die nicht den gesetzlich festgelegten Schulbegriff erfüllen (z.B. Sprachschulen, Weiterbildungsinstitute oder Nachhilfeeinrichtungen). Der Anteil von Schulen in freier Trägerschaft entspricht 9,8 Prozent aller allgemeinbildenden Schulen in Deutschland beziehungsweise 23,5 Prozent aller berufsbildenden Schulen. Somit hat sich die Zahl dieser Schulen seit Anfang der 1990er Jahre um rund 70 Prozent vermehrt. Den größten Anteil bei den allgemeinbildenden Schulen in freier Trägerschaft machen mit rund 40 Prozent Gymnasien aus, bei den berufsbildenden Schulen in freier Trägerschaft sind es Berufsfachschulen (rund 50 Prozent).

Der Anteil der Schüler, die eine Schule in freier Trägerschaft besuchen, liegt im bundesdeutschen Mittel bei 8,3 Prozent, variiert jedoch von Bundesland zu Bundesland erheblich. So besuchen in Schleswig-Holstein 3,9 Prozent eine Schule in freier Trägerschaft, während Sachsen mit 13,9 Prozent mit Abstand den Spitzenplatz einnimmt. Von den Privatschülern allgemeinbildender Schulen wurde im Jahr 2011 der größte Teil (38,2 Prozent) in Gymnasien unterrichtet, gefolgt von Realschulen (15,6 Prozent), Grundschulen (11,6 Prozent) und Freien Waldorfschulen (11,2 Prozent). In den neuen Ländern besuchten abweichend davon 29,6 Prozent der Schüler allgemeinbildender Schulen eine Grundschule in freier Trägerschaft.

Obwohl die Zahl der Schulen in freier Trägerschaft in den vergangenen Jahren deutlich zugenommen hat, liegt Deutschland immer noch weit hinter den meisten europäischen Nachbarländern zurück. In Dänemark z.B. besuchten nach Angaben der Europäischen Union im Schuljahr 2001/02 bereits 11,1 Prozent der Schüler eine allgemeinbildende

Schule in freier Trägerschaft, in Frankreich 21 Prozent und in den Niederlanden sogar 76,3 Prozent, was jedoch von der grundsätzlich unterschiedlichen Finanzierung von Schulen in den Niederlanden abhängt.

4. Bodenwertansätze

Baurechtlich handelt es sich bei den Grundstücken für Schulen im überwiegenden Fall um Gemeinbedarfsflächen. Gemäß WertR 2006 Nr. 5.1 sind Gemeinbedarfsflächen einer dauerhaften öffentlichen Zweckbindung unterworfen und jeglichem privaten Gewinnstreben entzogen. Privatwirtschaftliche Nutzungen sind auf diesen Flächen ausgeschlossen. Bei einem Verkauf einer Gemeinbedarfsfläche an einen anderen Träger bleiben die öffentliche Zweckbindung und die Nutzung erhalten, da diese im vorliegenden Fall nur durch Änderung des Bebauungsplanes aufgehoben werden kann. Da ein privatwirtschaftliches Gewinnstreben ausgeschlossen ist, kann die Bewertung der Gemeinbedarfsflächen nicht nach den „Gepflogenheiten des Marktes" erfolgen.

Analog zu § 1 (2) ImmoWertV sind die Wertermittlungsvorschriften auch auf solche Wertermittlungsobjekte anzuwenden, für die kein Markt besteht. In diesen Fällen kann der Wert auf der Grundlage marktkonformer Modelle unter besonderer Berücksichtigung der wirtschaftlichen Vor- und Nachteile ermittelt werden. In einem solchen eingeschränkten „Markt" spielt das Ersatzbeschaffungsprinzip eine wesentliche Rolle. Oftmals handelt es sich in diesem eingeschränkten Markt um einen „sozial gebundenen Wert", der die Nutzbarkeit nicht durch eine wirtschaftliche Überforderung des Trägers gefährdet. Hinsichtlich des Ersatzbeschaffungsprinzips wird in der Fachliteratur für die Ermittlung des Wertniveaus von Gemeinbedarfsflächen auf folgende Ansätze verwiesen:

- Wert wie bei Enteignung, d.h. Berücksichtigung der Qualität des Grundstücks vor der Widmung.
- (Qualitätsstichtag) unter Anpassung auf die Wertverhältnisse zum Bewertungsstichtag.
- Wert eines vergleichbaren gewerblichen Bodenwertes.
- Einzelne Gutachterausschüsse haben bundesweit ein Bodenwertniveau in Höhe von rund 30 Prozent des angrenzenden Bodenrichtwertes für Wohnbauland ermittelt.
- Weigt plädiert im Rahmen des Neuen Kommunalen Finanzmanagements für einen vereinfachten Ansatz von 25 bis 40 Prozent des angrenzenden Bodenrichtwertes.
- Gemäß § 55 (2) Gemeindehaushaltsverordnung NRW – GemHVO NRW ist der Grund und Boden von Infrastrukturvermögen im planungsrechtlichen Innenbereich der Gemeinde mit zehn Prozent des gebietstypischen Bodenrichtwertes für das Gemeindegebiet für baureifes Land für freistehende Ein- und Zweifamilienhäuser in mittlerer Lage anzusetzen.

Carla Seidel kommt zu dem Schluss, dass für die Bewertung von Gemeinbedarfsflächen der Markt zu simulieren sei und entspricht somit § 1 (2) der ImmoWertV. Dabei sei die Rentabilität von Gemeinbedarfsflächen ebenso zu berücksichtigen, wie die politische Zielrichtung der öffentlichen Widmung.

5. Mietansätze für Schulgebäude

5.1 Mieten für Schulgebäude

Für Schulen werden keine Mietspiegel veröffentlicht. Zwar fordert die FESchVO in NRW eine Orientierung der Mieten an denen von Büros. Nach Ansicht des Autors können Mieten für Bürogebäude jedoch bestenfalls hilfsweise herangezogen werden, da sich die Marktstrukturen völlig unterschiedlich darstellen. Einzelne Erhebungen sind zudem teilweise veraltet. So stellt der Gutachterausschuss für Grundstückswerte in der Landeshauptstadt Düsseldorf 2001 in seinen Modellüberlegungen zur Bewertung von Schulen im Rahmen der Einführung des Neuen Kommunalen Finanzsystems (NKF) in NRW eine Mietwerttabelle zur Verfügung. In Abhängigkeit vom Bodenrichtwert in DM pro Quadratmeter werden Mieten ausgewiesen, welche zwischen 10,00 DM pro Quadratmeter bei einem Bodenrichtwert von 150 DM pro Quadratmeter und 21,50 DM pro Quadratmeter bei einem Bodenrichtwert von 1.500 DM pro Quadratmeter liegen. Es wird noch darauf hingewiesen, dass unter Anwendung der Verwaltungsvorschriften zur Durchführung des Ersatzschulfinanzierungsgesetzes vom 30.11.1983 deutlich wird, dass bei einer nachhaltig zweckentsprechenden Nutzung als Schule eine Miete über 21,50 DM nicht marktgerecht erscheint.

Ähnlich ermittelt der obere Gutachterausschuss für Grundstückswerte im Land Nordrhein-Westfalen in dem Artikel „Der Mietwert einer Ersatzschule" in der GuG 6-2000 Vergleichsmieten für Schulen in Höhe von 14,71 DM pro Quadratmeter bei Büroraummieten von 15,64 DM pro Quadratmeter. Allerdings wird der aus dem Sachwert abgeleitete „Mietwert auf der Basis des jährlichen Nutzungswertes ohne Marktanpassung" mit 32,01 DM pro Quadratmeter angegeben. Diese Betrachtungen scheinen aufgrund des zeitlichen Abstands nicht mehr aktuell zu sein, zumal mit der Aktualisierung der FESchVO zwar gemäß § 6 (1) nach wie vor zunächst Büroraummieten zugrunde zu legen sind. Gemäß § 6 (2) kann jedoch durch Vorlage eines Mietwertgutachtens die Mietfestsetzung neu veranlasst werden.

Mietansätze in Euro pro Quadratmeter sind somit nicht gegeben, auch liegen hierfür keine verwertbaren Marktinformationen vor. Des Weiteren ist zu beachten, dass die Mieten in der Regel über alle nutzbaren Flächen ohne Keller gerechnet werden, da eine Unterscheidung in Klassenräume und Erschließungsflächen nur dann sinnvoll wäre, wenn diese tatsächlich unabhängig vermietet werden könnten. So erreichen die für Schulen gezahlten Mieten eine Spanne von unter fünf Euro pro Quadratmeter bis über 15 Euro pro Quadratmeter. Wichtigstes Kriterium ist hier die Flächeneffizienz, gefolgt von Ausstattungs- und Lagekriterien.

Ältere Schulgebäude haben oftmals einen höheren Erschließungs- und Nebennutzflächenanteil. Neuere Schulgebäude können in der Regel mit der Überlagerung von Nutzungen und Funktionen oder modernen pädagogischen Konzepten eine höhere Effizienz erreichen. Dementsprechend sollte der Vergleichsmaßstab die Miete je Schüler sein. Leider liegen aber auch hierüber keine öffentlich verfügbaren Marktinformationen vor. Sporthallen, Aulen und Mehrzweckräume sowie Fachräume wie zum Beispiel für Musik können darüber hinaus außerhalb der Schulzeiten an Dritte vermietet werden und somit weitere Erträge generieren. Gerade bei Sporthallen in Städten besteht seitens von Vereinen mitunter eine erhebliche Nachfrage. Bei Pauschalmieten in Euro pro Stunde ist zu berücksichtigen, dass Mieten für Sporthallen erhebliche Nebenkosten für Duschen, Beheizung, Beleuchtung und den Hausmeister bei Schließzeiten am Abend enthalten. Die Mieteinnahmen sind um diese Kosten zu mindern, um zu den anzusetzenden marktüblichen Erträgen zu kommen. Die Differenz kann im Einzelfall 50 Prozent überschreiten.

5.2 Berücksichtigung des Mietvertrages

Analog zu Gewerbeimmobilien spielt der Mietvertrag eine besondere Rolle. Im Rahmen der Wertermittlung sollte sich der Sachverständige immer bewusst sein, dass es bei Schulen in freier Trägerschaft oftmals besonders enge Verknüpfungen zwischen Mieter und Vermieter gibt. In der Regel haben beide Seiten ein Interesse an einem langfristigen Bestehen des Mietvertrages, da er ihre wirtschaftliche Basis sichert. Für einen gemeinnützigen Immobilienträger, der nur diese eine Immobilie in seinem Bestand hält, ist es überlebenswichtig, die Deckung aller anfallenden Kosten dauerhaft über den Mietvertrag zu sichern und gleichzeitig den Träger der Einrichtung nicht zu überfordern. So sieht denn auch der überwiegende Teil der Mietverträge eine Kostenmiete vor, die sich im Wesentlichen aus Zins und Tilgung der bestehenden Kredite und den erforderlichen Bewirtschaftungskosten zusammensetzt.

5.3 Plausibilisierung der marktüblichen Miete

In Ermangelung von Vergleichsmieten sind die vereinbarten Mieten zu plausibilisieren. Es bietet sich an, dies anhand des aufzuwendenden Kapitaldienstes zu tun. Dafür sind zunächst die realen Herstellungskosten zu ermitteln. Die Basismiete sollte mindestens aus einer am Markt üblichen Verzinsung (zum Beispiel 4,5 Prozent für KfW Darlehen für Schulgebäude) und einer anfänglichen Tilgung von einem Prozent bestehen. Hinzu kommt ein Instandhaltungskostenanteil von ein bis zwei Prozent, wenn die Instandhaltung nicht dem Schulträger (Mieter) obliegt. Kann der Kapitaldienst aus den Erträgen getragen werden, so kann die vertraglich vereinbarte Miete als marktüblich zugrunde gelegt werden. Als Vergleichsmaßstab ist hier der Ansatz Euro pro Schüler maßgeblich. Bei einem Raumkostenanteil von 15 bis 25 Prozent ergeben sich bei Gesamtkosten von 5.900 Euro per anno (je Schüler im Gymnasium) eine Spanne von 885 Euro per anno bis 1.475 Euro per anno.

6. Bewertungsparameter

6.1 Bewirtschaftungskosten

Die Verwaltungskosten bewegen sich in der Regel in ähnlicher Höhe wie für Gewerbeobjekte und können mit 1,5 Prozent in Ansatz gebracht werden. Hinsichtlich der Instandhaltungskosten können zwei Ansätze gewählt werden, die sich im Idealfall entsprechen sollten: Aufgrund der höheren Beanspruchung des Gebäudes wird ein erhöhter Ansatz von bis zu 15 Euro pro Quadratmeter zugrunde gelegt. Alternativ kann auch von einer laufenden Erneuerung in Höhe von zwei Prozent des Herstellungswertes der baulichen Anlage ausgegangen werden. Wurde die Instandhaltung im Mietvertrag auf den Mieter übertragen, ist der Instandhaltungskostenansatz entsprechend zu mindern. Das Mietausfallwagnis soll in erster Linie das Risiko vorübergehenden Leerstands bei Mieterwechsel berücksichtigen, welches bei einer langfristigen Vermietung an nur einen Schulträger nur in geringerem Maße besteht. Vielmehr besteht aus der Sicht der Immobilienbewertung das Risiko, dass es durch Insolvenz des Schulträgers zu einem vollständigen, längerfristigen Mietausfall kommt. Dieses Risiko ist jedoch im Liegenschaftszinssatz angemessen zu berücksichtigen. Nutzungs- und objektbezogen wird durch den Autor ein Mietausfallwagnis von zwei Prozent als angemessen erachtet.

6.2 Liegenschaftszins

Das Refinanzierungsmodell Nordrhein-Westfalen legt nahe, dass für Schulen analog zu den Büroraummieten ein für Büroimmobilien angemessener Liegenschaftszinssatz in Ansatz zu bringen ist. Dies würde jedoch eine entsprechende Drittverwendungsmöglichkeit voraussetzen. Ob und wie weit diese gegeben ist, ist am Objekt zu prüfen. Erfahrungsgemäß können Schulgebäude aufgrund ihres Raum- und Erschließungskonzeptes nur wirtschaftlich eingeschränkt zu Büros umgenutzt werden. Die Drittverwendungsmöglichkeit stellt ein ebenso zu berücksichtigendes Objektrisiko dar wie der Vollausfall der Miete bei Insolvenz des Schulträgers. Dem gegenüber stehen die langfristige Bindung beider Parteien und die wirtschaftlich sinnvolle Nutzung des Objektes. Das Risiko der Immobilie wird im Wesentlichen durch den Erfolg des Schulträgers bestimmt. Solange das Schulkonzept an die Nachfrage am Bildungsmarkt angepasst wird und der Schulbetrieb gesichert ist, besteht für die Immobilie nur ein mittelbares Risiko. Durch die enge Verzahnung von Schulträger und Immobilieneigentümer wird dieses Risiko jedoch begrenzt, da davon ausgegangen werden kann, dass beide Seiten gleichermaßen ein Interesse am Erfolg des Unternehmens haben.

Da es in kleineren Gemeinden in der Regel keinen lokalen Markt für Schulen gibt, aus dem Liegenschaftszinssätze abgeleitet werden können, bietet sich hinsichtlich des allgemeinen Niveaus eine Orientierung am Markt für Bürogebäude an. Dieser kann jedoch nur als Vergleichsmaßstab dienen, wobei zu beachten ist, dass Schulgebäude als Spezialimmobilien ein erhöhtes Risiko darstellen. Entsprechen sich Liegenschaftszinssatz und der für den Kapitaldienst aufzuwendende Zinssatz, so führt dies bei einer Kostenmiete dazu, dass die Investitionssumme dem Wert entspricht.

6.3 Restnutzungsdauer

In Anlage drei zur Sachwert-Richtlinie wird für Kindergärten und Schulen eine Gesamtnutzungsdauer von 50 Jahren bei einer Spanne von 40 bis 60 Jahren ausgewiesen. Das Bewertungsgesetz weist für Schulen eine Gesamtnutzungsdauer von 60 Jahren aus. Die wirtschaftliche Restnutzungsdauer sollte jedoch im Einzelfall anhand der Gebäudequalität und der Frage nach einem zeitgemäßen Raumkonzept, welches sich an aktuellen pädagogischen Konzepten (Projektunterricht, Abkehr vom Frontalunterricht etc.) orientiert, bestimmt werden.

7. Zusammenfassung

Zusammenfassend kann festgestellt werden, dass es einen Markt für Schulen gibt, welcher jedoch regional sehr unterschiedlich ausgeprägt ist. Neben Elterninitiativen und gemeinnützigen Vereinen drängen auch professionelle Anbieter immer weiter auf diesen Markt. Dieser Erkenntnis folgend beschäftigen sich inzwischen sogar die Anbieter Offener Immobilienfonds mit dem Thema Schulgebäude und wollen vornehmlich in allgemeinbildende Schulen der öffentlichen Hand investieren, da diese eine langfristige Mietsicherheit mit bonitätsstarken Mietern (nämlich den Bundesländern) bieten. Neben den Schulen in privater Trägerschaft kommt als Käufer beziehungsweise Nutzer auch die öffentliche Hand in Betracht, die immer häufiger in Projekte in Öffentlich-Privater-Partnerschaft (ÖPP) investiert.

Schulen sind mittlerweile hochgradig spezialisierte Gebäude, die sich nicht mit Büros vergleichen lassen und stellen einen eigenen Markt dar. Die Einwertung als Bürogebäude unter Berücksichtigung von Umnutzungskosten führt aus Sicht des Autors zu zu geringen Werten. Eine solche Betrachtung wird weder dem Gebäudetypus mit seinen Nutzungsmöglichkeiten noch dem Markt gerecht. Tatsächlich wird der Wert vielmehr durch das lokale Schulangebot, die Leistbarkeit der Miete und die landestypischen Fördermodalitäten bestimmt.

XIX. Seniorenimmobilien

Daniela Schaper

1. Begriffsabgrenzungen

Der Markt für Seniorenimmobilien ist durch eine Vielzahl von Angebotsformen geprägt. Daher ist es unbedingt notwendig, die einzelnen Marktsegmente zu differenzieren. Eine genaue Unterscheidung der Angebotsformen ist oft schwierig, da die Übergänge fließend sind.

Wann spricht man überhaupt von Seniorenimmobilien? Mit diesem Begriff werden die Immobilienangebote zusammengefasst, die speziell auf die Bedürfnisse von Senioren ausgerichtet sind. Diese Bedürfnisse orientieren sich am Wunsch nach Unterstützung im Alltag und Sicherheit. Unterstützung kann bereits darin bestehen, dass eine Wohnung barrierefrei gestaltet ist und somit auch ein Verbleiben mit im Alter zunehmender Behinderung ermöglicht wird. Unterstützung und Sicherheit werden jedoch in erster Linie dann geboten, wenn zusätzlich noch Dienstleistungen durch die Bewohner bezogen werden können. Das fängt an bei Hilfsleistungen im Alltag (Einkaufen, Putzen etc.) und geht bis hin zu Pflegeleistungen im Falle von Pflegebedürftigkeit.

Als Grobeinteilung bietet es sich an, Seniorenwohnimmobilien auf der einen Seite und Seniorenpflegeimmobilien auf der anderen Seite zu unterscheiden. Betreutes Wohnen ist ein Beispiel für Seniorenwohnimmobilien. Altenpflegeheime sind den Seniorenpflegeimmobilien zuzuordnen. Früher war eine klare Unterscheidung und Trennung dieser Angebotsformen häufig schwierig. Im Laufe der Zeit wurden jedoch durch gesetzgeberische Maßnahmen und durch Normierungsverfahren klare Unterscheidungsmerkmale definiert, die auch im Rahmen der Wertermittlung von zentraler Bedeutung sind. Altenpflegeheime zählen zu den stationären Pflegeeinrichtungen, die dem Heimgesetz als Bundesgesetz bzw. dem entsprechenden Landesgesetz und damit verbundenen Rechtsverordnungen unterliegen. § 1 HeimG (Heimgesetz) enthält folgende Regelung:

„Dieses Gesetz ist anzuwenden, wenn die Mieter vertraglich verpflichtet sind, Verpflegung und weitergehende Betreuungsleistungen von bestimmten Anbietern anzunehmen."

Seit der Föderalismusreform 2006 werden entsprechende Landesgesetze und -verordnungen geschaffen. Zum Beispiel werden in Bayern gem. Art. 2 PfleWoqG (Pflegewohnqualitätsgesetz) stationäre Pflegeeinrichtungen wie folgt definiert:

„(1) Stationäre Einrichtungen im Sinne dieses Gesetzes sind Einrichtungen,

1. die dem Zweck dienen, ältere Menschen, pflegebedürftige Volljährige oder volljährige Behinderte oder von Behinderung bedrohte Menschen im Sinn des § 2 Abs. 1 des Neunten Buches Sozialgesetzbuch aufzunehmen, ihnen Wohnraum zu überlassen sowie Betreuungs- oder Pflegeleistungen zur Verfügung zu stellen oder vorzuhalten,

2. die in ihrem Bestand von Wechsel sowie Zahl der Bewohnerinnen und Bewohner unabhängig sind sowie

3. entgeltlich betrieben werden.(...)

(2) Dieses Gesetz findet keine Anwendung auf Formen des Betreuten Wohnens, die zugleich die Voraussetzungen des Abs. 1 erfüllen, wenn die Mieterinnen oder Mieter oder Käuferinnen oder Käufer vertraglich lediglich dazu verpflichtet werden, allgemeine Betreuungsleistungen wie Notrufdienste, die Vermittlung von Dienst- und Pflegeleistungen oder Informationen und Beratungsleistungen (Grundleistungen) von bestimmten Anbietern abzunehmen und die über die Grundleistungen hinausgehenden Betreuungs- und Pflegeleistungen (Zusatzleistungen) von den Bewohnerinnen oder Bewohnern frei wählbar sind."

Mit der im September 2006 erschienenen DIN 77800 versuchte man, die Qualitätsanforderungen an Anbieter des Betreuten Wohnens für ältere Menschen bundesweit zu vereinheitlichen. Zwar ist die DIN Norm nicht rechtsverbindlich, sie ist jedoch zu einer wichtigen Leitschnur in der Branche geworden. Die DIN 77800 stellt in erster Linie eine „Dienstleistungs-Norm"[1] dar, in der nicht die baulichen Anforderungen den Schwerpunkt bilden.

Folgende Definitionen der DIN 77800 sind hervorzuheben:

„3.1 Betreutes Wohnen

Leistungsprofil für ältere Menschen, die in einer barrierefreien Wohnung und Wohnanlage leben, das Grundleistungen/allgemeine Betreuungsleistungen und Wahlleistungen/ weitergehende Betreuungsleistungen umfasst.

3.6 Grundleistungen

Allgemeine Betreuungsleistungen – Notrufdienste, die Vermittlung von Dienst- und Pflegeleistungen oder Informationen und Beratungsleistungen, wenn das Entgelt hierfür im Verhältnis zur Warmmiete von untergeordneter Bedeutung ist und zu deren Abnahme von einem bestimmten Anbieter die Bewohner verpflichtet werden können.

3.7 Wahlleistungen

Weitergehende Betreuungsleistungen – Leistungen, die über die allgemeinen Betreuungsleistungen hinausgehen, sowie die Verpflegung, bei denen die Mieter weder zur Abnahme von einem bestimmten Anbieter, noch zur Abnahme der Leistung selbst verpflichtet sind."

Neben der entgeltlichen Überlassung von Wohnraum wird lediglich ein Angebot von Betreuungs- und Verpflegungsleistungen durch Dritte sichergestellt.

Es ist eine Zertifizierung nach DIN 77800 möglich, die durch Zertifizierungsstellen wie die DIN CERTCO durchgeführt werden. Seit 2012 gibt es einen europäischen Qualitätsstandard für Betreutes Wohnen CEN/TS 16118 – Sheltered Housing, in der Form einer technical specification als Empfehlung des europäischen Normeninstituts CEN Comité Européen de Normalisation.

Ein spezielles Problem von Betreutem Wohnen ist es, die Versorgung der Bewohner mit Pflegeleistungen sicherzustellen, wenn dies notwendig wird. Bereits im Jahre 2003 hat das Marktforschungsinstitut Empirica verschiedene Konzepte des Betreuten Wohnens untersucht und Abgrenzungen vorgenommen. Es hat sich gezeigt, dass langfristig nur

1 Siehe http://www.din.de/cmd?level=tpl-artikel&languageid=de&cmstextid=betreuteswohnen, Stand: 17.03.2013

Einrichtungen nachgefragt werden, die zusätzlich zum Betreuten Wohnen integrierte Pflegeangebote machen. Dies hat sich in der Praxis als wahr erwiesen.

Konzeption	**Nachfrage in Zukunft**
Altengerecht gestaltete Wohnungen ohne Dienstleistungen (Schwellenfreiheit und besondere Ausstattung)	kein Bedarf
Altengerecht gestaltete Wohnungen in Kombination mit Dienstleistungen, die über ein Vor-Ort-Büro organisiert werden	kein Bedarf
Altengerecht gestaltete Wohnungen in Kombination mit einer integrierten Sozialstation	geringer Bedarf
Altengerecht gestaltete Wohnungen in Kombination mit integriertem stationären Pflegebereich	hoher Bedarf
Altengerecht gestaltete Wohnungen in Kombination mit einem räumlich benachbarten Pflegeheim	hoher Bedarf
Wohngruppen für Demenzkranke	hoher Bedarf

Tab. 1: Zukünftige Nachfrage und Preisentwicklung bei Seniorenimmobilien[2]

Auch bei den Seniorenpflegeimmobilien lassen sich verschiedene Formen unterscheiden, wie z.B. Altenwohnheime, Altenheime und Altenpflegeheime.

Wohnform	**Kurzbeschreibung**	**Angebot an Hilfen**	**Vorteile**	**Nachteile**
Altenwohnheim	Geschlossene, kleine Wohnungen im Heim, eigenständige Haushaltsführung	Versorgungssicherheit, Notrufanlage, Anspruch auf Pflegeplatz	Ggf. Autonomie, Möglichkeit zum Mittagessen in Gemeinschaft	Nur Gleichaltrige, weiterer Umzug bei bestimmtem Grad von Pflegebedürftigkeit
Altenheim	Zimmer bzw. Kleinapartment in einem Heim, eigene Möbel, z.B. mit Nasszelle	Haushaltsführung wird abgenommen (Putzen und Essensversorgung)	Gesicherte hauswirtschaftliche Hilfen	Autonomieverlust, nur Gleichaltrige, weiterer Umzug u.U. bei bestimmtem Umfang von Pflegebedarf
Altenpflegeheim	Einzel- oder Mehrbettzimmer, einzelne private Einrichtungsgegenstände	Umfassende pflegerische Versorgung (primär physisch)	Gesicherte hauswirtschaftliche und pflegerische Hilfe	Geringste Autonomie

Tab. 2: Merkmale institutionalisierter Wohnformen[3]

2 empirica (2003), paper 77, S. 10; Mit Demenz wird ein Verfall der geistigen Leistungsfähigkeit (Gedächtnisleistung, Denkvermögen) bezeichnet, der schwerpunktmäßig im Alter auftritt. (vgl. z.B. http://www.netdoktor.de/Krankheiten/Demenz/Wissen/Demenz-116.html, Stand: 17.03.2013)

3 MBW NRW/KDA, Neue Wohnformen für ältere Menschen, 1995, nach: www.geroweb.de/altenheim/altenheime.html (Link nicht mehr existent)

Aufgrund des Betreuten Wohnens als neuer Wohnform sind Altenheime und Altenwohnheime kaum noch am Markt zu finden. Altenpflegeheimen kommt die größte Bedeutung zu. Sowohl die DIN 77800 als auch das Heimgesetz bzw. das entsprechende Landesgesetz enthalten Ansatzpunkte, wie zwischen Seniorenimmobilien, die dem Heimgesetz bzw. dem entsprechenden Landesgesetz zu unterstellen sind, und anderen Einrichtungen zu differenzieren ist. Gemäß Punkt 3.6 der DIN 77800 müssen die Grundleistungen *„im Verhältnis zur Warmmiete von untergeordneter Bedeutung"* sein. In der Praxis gelten etwa 20 Prozent der monatlichen Miete inklusive Betriebskosten als Obergrenze[4]. Gemäß Punkt 3.6 der DIN 77800 darf der Bewohner *„weder zur Abnahme von einem bestimmten Anbieter, noch zur Abnahme der Leistung selbst verpflichtet"* werden. Demgemäß werden bei Betreutem Wohnen im Regelfall zwei Verträge abgeschlossen, zum einen der Mietvertrag zur Regelung des Mietverhältnisses und zum anderen der Betreuungsvertrag zur Regelung von Grund- und Wahlleistungen.

Bei stationären Pflegeeinrichtungen dagegen besteht keine Wahlfreiheit des Anbieters. Die Pflegebedürftigen sind zur Abnahme von Pflege- und Betreuungsleistungen durch den jeweiligen Betreiber verpflichtet. So ist gemäß § 1 Abs. 3 HeimG das Heimgesetz nur anzuwenden, *„... wenn die Mieter vertraglich verpflichtet sind, Verpflegung und weitergehende Betreuungsleistungen von bestimmten Anbietern anzunehmen"*. Einrichtungen, die dem Heimgesetz bzw. entsprechenden Landesgesetzen unterliegen, schließen einen Heimvertrag mit den Bewohnern ab, der sich nach den Anforderungen des Wohn- und Betreuungsvertragsgesetzes (WBVG) richtet. Dieses löst die entsprechenden Regelungen des ursprünglichen Heimgesetzes ab und stellt nach wie vor ein Bundesgesetz dar. Für Einrichtungen des Betreuten Wohnens findet das Mietrecht Anwendung.

Immer häufiger gibt es mehrgliedrige Einrichtungen, die sowohl stationäre Pflege als auch Betreutes Wohnen anbieten. Hier muss genau untersucht werden, welche Rechtsgrundlagen gelten bzw. ob die Bereiche wirtschaftlich separat betrachtet werden können.

Bei Seniorenresidenzen oder Wohnstiften handelt es sich quasi um eine Zwitterform zwischen Seniorenpflege- und Seniorenwohnimmobilie. Seniorenresidenzen unterliegen zumeist dem Heimgesetz, das heißt es wird ein Heimvertrag und kein Miet- und Betreuungsvertrag abgeschlossen. Unterkunfts- und Betreuungsleistungen werden durch einen Pensionspreis abgegolten. Die Bewohner sind in abgeschlossenen Apartments untergebracht, in denen sie die Möglichkeit einer eigenständigen Haushaltsführung haben. Seniorenresidenzen sind in der Regel dem Hochpreissegment zuzurechnen.[5] Sie umfassen meist mehr als 100 oder 200 Apartments. Aufgrund ihrer Größe, Gestaltung und ihres Dienstleistungsangebotes sind sie nicht direkt mit herkömmlichen stationären Einrichtungen vergleichbar. Die Bewohner schließen zwar einen Heimvertrag ab, sie sind jedoch häufig gar nicht pflegebedürftig im Sinne der Pflegeversicherung (SGB XI).[6] Die Bewohner bezahlen also wie in einem Hotel für die Unterkunft und Verpflegung sowie für soziale und kulturelle Dienstleistungen.[7]

4 Ulrich (2007), S. 23
5 vgl. Kuratorium Deutsche Altershilfe (2001), S. 8
6 In § 14 SGB XI (Sozialgesetzbuch – Elftes Buch – Soziale Pflegeversicherung) wird der Begriff der Pflegebedürftigkeit definiert.
7 Sommer/Piehler (2003), Gruppe 4, S. 169

2. Weitere rechtliche Rahmenbedingungen für stationäre Pflegeeinrichtungen

Da stationäre Pflegeeinrichtungen in besonderem Maße rechtlichen Rahmenbedingungen unterliegen, werden diese nachfolgend vertieft dargestellt.[8]

Im Rahmen der Föderalismusreform im Jahre 2006 wurde die Gesetzgebungszuständigkeit des Bundes im Heimrecht auf die Bundesländer übertragen. Das Heimgesetz des Bundes und die dazu ergangenen Rechtsverordnungen gelten jedoch so lange fort bis eigenständige landesrechtliche Regelungen vorliegen. In einigen Bundesländern liegen bereits landesrechtliche Vorschriften vor, die das Heimgesetz ersetzen, wie z.B. in Bayern in Gestalt des Pflege- und Wohnqualitätsgesetzes (PfleWoqG) sowie der Verordnung zur Ausführung des Pflege- und Wohnqualitätsgesetzes (AVPfleWoqG). Das Vertragsrecht verbleibt jedoch weiter in bundesgesetzlicher Zuständigkeit. So ersetzt das Wohn- und Betreuungsvertragsgesetz (WBVG) die entsprechenden §§ 5 bis 9 HeimG und gilt für alle betreuten Wohnformen. Es werden unter anderem Aufklärungspflichten, Möglichkeiten der Entgelterhöhung, Kündigung geregelt.[9]

In der Heimmindestbauverordnung (HeimMindBauV) sind bauliche Anforderungen an stationäre Pflegeeinrichtungen geregelt. Hierzu zählt insbesondere die Mindestgröße von Pflegeplätzen. Seit langer Zeit ist eine Novellierung dieser Vorschriften geplant in Verbindung mit verschärften Anforderungen. Einige Länder haben dies schon realisiert wie zum Beispiel Baden-Württemberg im Rahmen einer Landesheimbauverordnung. Diese sieht beispielsweise vor, dass nur noch Einzelzimmer vorgehalten werden.[10] Verschärfte Anforderungen an die Größe von Pflegezimmern und die Anzahl an Einzelzimmern werden dazu führen, dass ältere Einrichtungen von Übergangsfristen abhängig werden und sich Investitionsentscheidungen unter Umständen als unwirtschaftlich erweisen, was unweigerlich zu einer Schließung von Einrichtungen führen würde.

Als weitere Verordnungen auf Bundesebene seien die Heimmitwirkungsverordnung (HeimmitwirkV), die Mitwirkungsrechte von Bewohnern vertreten durch Heimbeirat oder Heimfürsprecher regelt, und die Heimpersonalverordnung (HeimPersV), die beispielsweise eine Fachkraftquote von 50 Prozent vorschreibt, erwähnt. Auch hierfür wurden in einigen Bundesländern bereits landesrechtliche Regelungen gefunden. Für den Wertermittler führt die Föderalismusreform dazu, dass in jedem einzelnen Bundesland geprüft werden muss, welche landesspezifischen Regelungen zu beachten sind. Einen aktuellen Überblick hierzu gibt beispielsweise Deinert.[11]

3. Markttrends

Es ist auf gesellschaftliche Entwicklungen zurück zu führen, dass Seniorenimmobilien mehr und mehr Beachtung finden. Noch vor 30 bis 40 Jahren war es ganz normal, dass mehrere Generationen unter einem Dach lebten. Die Großeltern halfen bei der Kinderbe-

8 Stand zum 17.03.2013
9 Deinert (2012), S. 10
10 § 3 LHeimBauVO
11 Deinert (2012)

treuung und wenn sie selbst hilfsbedürftig wurden, kümmerte man sich um sie. Zwar gab es auch damals schon Altenheime. Diese wurden aber nur als der letzte Ausweg angesehen. Entsprechend wurde beim Bau mehr darauf geachtet, dass ein effizienter Betrieb möglich war und nicht so sehr, dass sich die Pflegebedürftigen dort wohl fühlten.

In den vergangenen Jahrzehnten hat sich ein starker Wandel vollzogen. Aufgrund von gestiegenen Anforderungen an den Lebensstandard ist dies zum Teil auch aus finanziellen Gründen notwendig geworden. Diese Entwicklung ist sogar in ländlichen Gebieten zu beobachten, in denen die Familienstrukturen in der Regel noch konservativer sind als in städtischen Gebieten. Das hat Auswirkungen auf die zukünftige Nachfrage nach Seniorenimmobilien. Für die quantitative Nachfrageentwicklung sind zwei weitere Trends von zentraler Bedeutung, die Zunahme der Lebenserwartung und der steigende Altenquotient. Informationen hierzu können der 12. Koordinierten Bevölkerungsberechnung des Statistischen Bundesamtes aus dem Jahre 2009 entnommen werden.[12]

Betrug gemäß der Sterbetafel 2006/2008 die Lebenserwartung eines neu geborenen Jungen/Mädchens noch rund 77 Jahre/82 Jahre, so beträgt die Lebenserwartung für ein/en in 2060 geboren/es Jungen/Mädchen rund 85 Jahre/89 Jahre. Auch die fernere Lebenserwartung steigt kontinuierlich an. Während die Lebenserwartung eines/er 65 jährigen Mannes/Frau gemäß der Sterbetafel 2006/2008 noch 17 Jahre/20 Jahre umfasste, so beträgt sie im Jahr 2060 rund 22 Jahre/26 Jahre.[13] Bis zum Jahr 2060 wird die Bevölkerung in Deutschland von rund 82 Millionen Menschen im Jahre 2008 auf etwa 65 bis 70 Millionen zurückgehen. Dies ist darauf zurückzuführen, dass die Sterbefälle die Geburten übersteigen und dies nicht durch Zuwanderung ganz ausgeglichen wird.[14] Die Altersstruktur der Bevölkerung wird sich dabei wesentlich verändern und ist durch eine Überalterung gekennzeichnet. Während im Jahre 2008 rund vier Millionen (etwa fünf Prozent) der Bevölkerung 80 Jahre und älter war, so erhöht sich die Zahl der über 80-jährigen an der Bevölkerung bis zum Jahre 2050 voraussichtlich auf über zehn Millionen und fällt dann bis 2060 wieder leicht auf etwa neun Millionen, was dann einem Anteil von etwa 14 Prozent entspricht. [15]

Ein Indikator für die Überalterung ist der Altenquotient, der die Relation der Bevölkerung im Rentenalter (65 Jahre und älter) zur Bevölkerung im Erwerbsalter (20 bis 64 Jahre) angibt. Dieser Quotient ist insofern von Bedeutung als er die Anzahl derjenigen, die Versicherungsleistungen, z.B. aus der Pflege- oder Rentenversicherung beziehen, in Beziehung setzt zur Anzahl derjenigen, die diese Versicherungen finanzieren müssen. Es wird ein starker Anstieg des Altenquotienten erwartet. Zwischen 2008 und 2060 wird sich der Altenquotient von 34 auf 67 nahezu verdoppeln. Ein Altenquotient von 67 bedeutet, dass auf 100 Personen im Erwerbsalter von 20 bis unter 65 Jahren 67 Personen entfallen, die 65 Jahre oder älter sind. Wird das Renteneintrittsalter auf durchschnittlich 67 Jahre gesetzt, so entwickelt sich der Altenquotient (Personen mit 67 und mehr Jahren zu Personen zwischen 20 und 66 Jahren) von 29 im Jahre 2008 auf 59 im Jahre 2060. Besonders zu berücksichtigen ist, dass sich der Altenquotient nicht allmählich erhöht sondern mit einem sprunghaften Anstieg bis Mitte der 2030er Jahre zu rechnen ist.[16]

---

12 Statistisches Bundesamt (2009)
13 dto., S. 31; Ergebnisse für Basisannahme L1
14 dto., S. 5
15 dto., S. 5
16 dto., S. 21, Angaben beziehen sich auf Szenario „mittlere" Bevölkerung, Untergrenze

Es wird erwartet, dass im Jahre 2030 mehr als 1,2 Millionen Menschen auf vollstationäre Pflege angewiesen sein werden. Auf der Basis eines Bestandes an vollstationären Pflegeplätzen von 772.000 im Jahre 2009 wurde ein Bedarf von zusätzlich 380.000 Plätzen bis zum Jahre 2030 prognostiziert. Die Zahl der Demenzerkrankten wird sich von heute 1,2 auf etwa 1,8 Millionen im Jahre 2030 erhöhen und sich bis zum Jahr 2050 verdoppeln. Aufgrund der Alterung der geburtenstarken Jahrgänge der 1960er Jahre erfährt die Nachfrage nach stationären Pflegeplätzen zwischen 2050 und 2060 ihren Höhepunkt und wird dann voraussichtlich zurückgehen.[17]

Unabhängig davon, dass ein genereller landesweiter Bedarf konstatiert werden kann, ist für die einzelne zu bewertende Pflegeeinrichtung eine Angebots- und Bedarfsanalyse durchzuführen. Recherchen über aktuelle Angebote in stationären Pflegeeinrichtungen sowie den von den Bewohnern zu zahlenden Heimentgelten werden durch diverse Datenbanken erleichtert, die frei zugänglich sind.[18] Darin enthalten sind zum Teil auch die Ergebnisse der regelmäßig durchgeführten Qualitätsprüfungen der Pflegeheime. Gemäß § 115 Abs. 1a SGB XI sind die Ergebnisse im Internet durch die Landesverbände der Pflegekassen sowie an gut sichtbarer Stelle im Pflegeheim zu veröffentlichen.

Nachfrageanalysen können auf Basis unterschiedlicher Erfahrungswerte durchgeführt werden.[19]

- Basis: Pflegestatistik und Potenzialanalyse[20]

  Multipliziert man die Bevölkerungszahl im relevanten Einzugsgebiet mit der Pflegequote[21] und dem Anteil der Pflegebedürftigen in vollstationären Pflegeeinrichtungen, erhält man den Bedarf an Pflegeplätzen.

  Beispiel:

  - Bevölkerung im Ein-Kilometer-Radius: 32.943
  - Pflegequote: 1,9 Prozent
  - Anteil der in vollstationärer Dauerpflege versorgten Pflegebedürftigen: 23 Prozent
  - Bedarf im Ein-Kilometer-Radius: 32.943 x 1,9 % x 23 % = rd. 143 Plätze
  - Danach ergibt sich ein Bedarf von rund 143 Plätzen.

- Basis: Bedarfszahlen des KDA (Kuratorium Deutsche Altershilfe)

  Das KDA geht von einer Versorgungsquote der über 65-Jährigen in Höhe von 3,46 bis 4,1 Prozent aus.[22] Auch auf dieser Basis lässt sich der Bedarf, unter Umständen auch für unterschiedlich große Einzugsgebiete, berechnen.

17 CBRE/immoTISS (2012) S. 17
18 z.B. www.bkk-pflegefinder.de, www.aok-pflegeheimnavigator.de, Pflegestatistiken des Statistischen Bundesamtes über www.destatis.de sowie kostenpflichtige Marktanalysen von www. geoport.de
19 Vorgehensweise nach Ulrich (2012), eigenes Rechenbeispiel
20 Zahlenmaterial z.B. von www.geoport.de
21 Die Pflegequote gibt an, wie viel % der Bevölkerung oder einer Bevölkerungsgruppe pflegebedürftig sind.
22 Kuratorium Deutsche Altershilfe, nach: Ulrich (2012), Erläuterungen zur Übungsaufgabe zur Bedarfsabschätzung für ein vollstationäres Pflegeheim

Beispiel:

- Bevölkerung > 65 Jahre im 1 km Radius 5.984
- Bedarf in 1 km Radius: 5.984 x 3,46 % = rd. 207 Plätze
  5.984 x 4,1 % = rd. 245 Plätze
- Danach ergibt sich ein Bedarf von rund 207 bis 245 Plätzen.

• Basis: Erfahrungswerte der Fachliteratur (u.a. KDA)

  Die Versorgungsquote der Generation 80+ wird auf 20 % bis 25 % geschätzt.[23]

  Beispiel:

- Bevölkerung > 80 Jahre im 1 km Radius 1.631
- Bedarf in 1 km Radius: 1.631 x 20 % = rd. 326 Plätze
  1.631 x 25 % = rd. 407 Plätze
- Danach ergibt sich ein Bedarf von rund 326 bis 407 Plätzen.

Durch den Abgleich mit den tatsächlich im Einzugsgebiet vorhandenen Pflegeplätzen, lässt sich ein noch verbleibender Bedarf identifizieren.

In Ergänzung zu den Ausführungen zur Nachfrageanalyse sind die aktuellen Pflegequoten nach Altersgruppen der Bevölkerung gemäß der Pflegestatistik 2011 in nachfolgender Tabelle Tab. 3 aufgeführt.

Alter von ... bis unter... Jahren	**Pflegequote in Deutschland in Prozent**		
	männlich	**weiblich**	**insgesamt**
unter 15 Jahren	0,7	0,5	0,6
15 bis 60 Jahre	0,6	0,5	0,5
60 bis 65 Jahre	1,9	1,6	1,8
65 bis 70 Jahre	3,0	2,7	2,8
70 bis 75 Jahre	4,8	4,7	4,8
75 bis 80 Jahre	8,9	10,5	9,8
80 bis 85 Jahre	16,6	22,9	20,5
85 bis 90 Jahre	28,6	41,9	38,0
90 und mehr Jahre	36,9	65,2	57,8
insgesamt	2,1	3,9	3,1

Tab. 3: Pflegebedürftige zum Jahresende 2011, Alter und „Pflegequote“[24]

Einen immer größer werdenden Anteil an den Heimbewohnern nehmen die demenziell erkrankten Pflegebedürftigen ein, die spezifische Anforderungen an die Konzeption einer

23 dto.
24 Statistisches Bundesamt (2013), S. 9, eigene Darstellung

Pflegeeinrichtung stellen. In Tab. 4 ist angegeben, wieviel Prozent in einer Altersgruppe von Demenz betroffen sind.

Altersgruppe	Prävalenzrate
65 bis 69	1,6 %
70 bis 74	3,5 %
75 bis 79	7,4 %
80 bis 84	15,7 %
85 bis 89	26,4 %
90 und älter	41,1 %
65 und älter	8,6 %

Tab.4: Anteil von Demenzkranken in verschiedenen Altersgruppen[25]

Der Vergleich von den Pflegestatistiken 2009 und 2011 ergibt, dass der Zuwachs von Pflegebedürftigen, die zu Hause betreut werden, höher ist als der Zuwachs von Pflegebedürftigen in Heimen, wenngleich die Anzahl von Heimen weiterhin zunimmt.

Pflegebedürftige 2011 nach Versorgungsart

2,5 Millionen Pflegebedürftige insgesamt		
zu Hause versorgt 1,76 Millionen (70 %)		in Heimen vollstationär versorgt. 743 000 (30 %)
durch Angehörige: 1,18 Millionen Pflegebedürftige	zuammen mit/ durch ambulante Pflegedienste 576 000 Pflegebedürftige	
	durch 12 300 ambulante Pflegedienste mit 291 000 Beschäftigten	in 12 400 Pflegeheimen[1] mit 661 000 Beschäftigten

1 Einschl. teilstationäre Pflegeheime.

Eckdaten Pflegestatistik 2011[26]

Auch zeigt sich weiterhin Bedarf für Einrichtungen des Betreuten Wohnens. Als Zielgruppe werden auch hier die über 65-jährigen betrachtet. Erfahrungsgemäß liegt der Bedarf bei etwa zwei bis drei Prozent der über 65-jährigen oder zehn Prozent der über 70-jährigen. Generell ist die Nachfrage in ländlicheren Gegenden niedriger einzuschätzen als in städtischen Gebieten. Als Nachfrage erhöhend haben sich darüber hinaus eine hohe

25 Deutsches Zentrum für Altersfragen, Statistisches Informationssystem GeroStat; Alzheimer Europe 2009, in: Deutsche Alzheimer Gesellschaft (2012), S. 1

26 Statistisches Bundesamt (2013), S. 5

Erwerbstätigenquote und eine niedrige Arbeitslosenquote erwiesen.[27] Der Bedarf an seniorengerechten Wohnungen wird vom Kuratorium Deutsche Altershilfe auf 2,5 Millionen geschätzt.[28]

4. Anforderungen

4.1 Standort

Bei der Standortbeurteilung kommt es darauf an, um welche Art von Seniorenimmobilie es sich handelt. Je mehr eine Seniorenimmobilie Wohncharakter hat, desto rüstiger sind in der Regel die Bewohner und desto wichtiger sind Zentralität und eine gute Infrastruktur des Standorts. Es hat sich gezeigt, dass bei innerstädtischen Einrichtungen des Betreuten Wohnens die zur Straße ausgerichteten Wohnungen als erste vermietet waren, da die Bewohner auch bei nachlassender Rüstigkeit durch einen Blick aus dem Fenster vermeintlich noch am Alltag teilnehmen.

Bei Pflegeeinrichtungen hat Zentralität dagegen weniger Bedeutung. Aber auch im Falle von Seniorenpflegeimmobilien kann ein Standort „auf der grünen Wiese" von Nachteil sein. Die Pflegeeinrichtung muss für Angehörige und Pflegepersonal gut erreichbar sein. Eine Seniorenimmobilie, ob mit Wohn- oder Pflegecharakter, die in das örtliche Umfeld integriert ist, kann auch einige Marketingvorteile für sich verbuchen, da der Bekanntheitsgrad gefördert wird. Aus diesem Grunde gehen einige Betreiber auch dazu über, die Immobilie für Außenstehende zum Beispiel mit Hilfe eines öffentlichen Cafés oder Restaurants zu öffnen. Aufgrund der Exklusivität ist für Seniorenresidenzen eine entsprechend gute Lage zu wählen.

Die Bedeutung von Standortfaktoren für verschiedene Seniorenimmobilientypen gibt Tab. 5 an.

	Stationäre Pflegeeinrichtungen	**Betreutes Wohnen**
1. Einkaufsmöglichkeiten für den täglichen Bedarf	Unwichtig	Unabdingbar
2. Medizinische Versorgung	Unabdingbar	Unabdingbar
3. Behörden/Gemeindeeinrichtungen	Wichtig	Wichtig
4. Kultur/Bildung/Sport	Unwichtig	Sehr wichtig
5. Verkehrsanbindung	Wichtig	Unabdingbar
6. Dienstleistungsunternehmen	Unwichtig	Sehr wichtig

Tab. 5: Bedeutung von Standortfaktoren nach Seniorenimmobilientypen[29]

27 vgl. HypZert (2013), S. 30 f.
28 Kuratorium Deutsche Altershilfe, nach: CBRE/immoTISS (2012). S. 16
29 Busz (2003), S. 118, mit eigenen Ergänzungen

4.2 Gebäudeanforderungen

Lange Zeit waren für Seniorenimmobilien vor allem die DIN Normen DIN 18025-1 (Barrierefreie Wohnungen – Wohnungen für Rollstuhlbenutzer) und DIN 18025-2 (Barrierefreie Wohnungen) sowie die DIN 18024-1 (Barrierefreies Bauen – Straßen, Plätze, Wege, öffentliche Verkehrs- und Grünflächen sowie Spielplätze) und die DIN 18024-2 (Barrierefreies Bauen – Straßen, öffentlich zugängige Gebäude und Arbeitsstätten) einschlägig. Die DIN 18025-1 und -2 wurden in der DIN 18040-2 (Barrierefreies Bauen) zusammengefasst. DIN 18025-1 und -2 finden sich jedoch nach wie vor in vielen Kriterienkatalogen für Seniorenimmobilien. Die DIN 18024-2 ist in die DIN 18040-1 eingeflossen. Eine weitere DIN 18040-3 für öffentlichen Verkehrs- und Freiraum ist in Arbeit.

Unterliegt eine Einrichtung dem Heimgesetz, so ist die Heimmindestbauverordnung oder entsprechende Landesverordnungen zu berücksichtigen. Die Heimmindestbauverordnung nimmt zwar nicht direkt Bezug auf die DIN-Normen, die Einhaltung der Vorgaben wird aber im Allgemeinen bei Einrichtungen, die dem Heimgesetz unterliegen, vorausgesetzt. In der Praxis sieht es jedoch so aus, dass etliche Seniorenpflegeeinrichtungen die Anforderungen von Heimmindestbauverordnung und DIN-Normen in weiten Bereichen nicht erfüllen und hierfür gegebenenfalls Befreiungen der Aufsichtsbehörden erteilt worden sind. Die DIN 77800 geht hier noch einen Schritt weiter. Eine Einrichtung des Betreuten Wohnens erfüllt nur dann die Anforderungen gemäß DIN 77800, wenn die Wohnungen gemäß DIN 18025-2 gestaltet sind und die Gemeinschaftseinrichtungen sowie das Wohnumfeld (z.B. Gebäudezugänge, Freiflächen) den Vorgaben von DIN 18025-1 entsprechen.

Bei Seniorenpflegeeinrichtungen werden die Gebäudeanforderung zusätzlich durch sich ändernde Pflegekonzepte beeinflusst. Das Pflegekonzept findet sich sozusagen in der Gebäudekonzeption wieder. Altenpflegeheime der ersten Generation haben eine Art Krankenhauscharakter mit langen Fluren und einem hohen Anteil an Mehrbettzimmern. Die Optimierung von Betriebsabläufen stand hier im Vordergrund. Neue Pflegekonzepte gehen mehr auf die Wohnbedürfnisse der Bewohner ein. Somit muss die Gebäudekonzeption die Bildung von Wohnbereichen ermöglichen, was zu einer völlig neuartigen Architektur führt.[30]

4.3 Flächenbedarf

Die Größe der Zimmer in stationären Pflegeeinrichtungen, die dem Heimgesetz unterliegen, wird durch die Heimmindestbauverordnung vorgegeben. Dabei handelt es sich um Mindestvorgaben. Die Einzelzimmer müssen dabei eine Mindestgröße von 12 Quadratmetern aufweisen und Doppelzimmer eine Größe von 18 Quadratmeter Wohnfläche, ohne Nasszelle. Diese Größen werden jedoch nicht mehr als zeitgemäß betrachtet. Als angemessen angesehen werden 16 Quadratmeter für Einzelzimmer und 26 Quadratmeter Wohnfläche für Doppelzimmer, ohne Nasszelle.[31] Aufgrund der Föderalismusreform sind entsprechende Landesregelungen zu beachten. Bei stationären Pflegeeinrichtungen sollten aus Wirtschaftlichkeitsgründen nicht mehr als 40 Prozent der Nettogrundfläche auf Gemeinschaftseinrichtungen entfallen. Hauptnutzfläche und Teile der Verkehrsflächen (Flure, Treppenhäuser) sollten etwa 60 bis 70 Prozent der Nettogrundfläche ausma-

30 vgl. z.B. Generationen von stationären Pflegeeinrichtungen, in: Kuratorium Deutsche Altershilfe (1998) und (2002)
31 vgl. HypZert (2013), S. 61

chen.[32] Die vorgenannten Begrifflichkeiten beziehen sich auf Flächendefinitionen gemäß DIN 277 (1987). Aufgrund fehlender Gesetzesgrundlagen liegen für Betreutes Wohnen kaum Flächenvorgaben vor. Anhaltspunkte bieten die Vorgaben des Qualitätssiegels Betreutes Wohnen Baden-Württemberg[33] oder des Qualitätssiegels der Bayerischen Stiftung für Qualität im Betreuten Wohnen e.V. (BSQBW e.V.)[34] sowie verschiedene empirische Studien.[35]

In Anlagen des Betreuten Wohnens finden sich hauptsächlich Ein- und Zwei-Zimmer-Wohnungen. Es kann von einer Mindest-Wohnfläche von 30 bis 40 Quadratmetern für Ein-Personen-Wohnungen und 50 bis 60 Quadratmetern für Zwei-Personen-Wohnungen ausgegangen werden.[36] Empirische Untersuchungen haben aber ergeben, dass das Wohlbefinden bei Wohnungen unter 44 Quadratmetern stark abnimmt und ab einer Größe von 55 Quadratmetern sehr hoch ist. Der Grund dafür liegt darin, dass die Bewohner aus ihrer früheren Wohnumgebung eine entsprechende Größe gewöhnt sind.[37] Vorzugsweise werden Wohnungen mit zwei Räumen oder aber mit Wohnküche und separatem Zimmer nachgefragt.[38] Schlafzimmer mit einer Größe von 19 Quadratmetern werden von Bewohnern als sehr gut beurteilt, mit einer Größe von circa zehn Quadratmetern in Ein-Personen-Haushalten beziehungsweise 14 Quadratmeter in Zwei-Personen-Haushalten immerhin noch als gut. Kleinere Schlafzimmer werden dann toleriert, wenn noch ein separater Abstellplatz vorhanden ist. Die Küche sollte eine Größe von etwa sechs Quadratmetern haben.[39] Die Realität zeigt jedoch, dass etwa zwei Drittel der angebotenen Wohnungen nur ein Zimmer haben und ein Drittel zwei Zimmer.[40] Die Fläche beträgt häufig deutlich weniger als 50 Quadratmeter.[41]

4.4 Größe

Sowohl bei Betreutem Wohnen als auch bei stationären Pflegeeinrichtungen geht man davon aus, dass ein wirtschaftlicher Betrieb bei einer Größe von 80 bis 180 Plätzen möglich ist. Größen von 100 bis 120 Einheiten können als optimal angesehen werden.[42] Seniorenimmobilien im Hochpreissegment wie zum Beispiel Seniorenresidenzen haben aufgrund der überdurchschnittlichen Ausstattung, Gemeinschaftsflächen und Service-Angebote zumeist höhere Fixkosten. Deshalb wird davon ausgegangen, dass teilweise für einen wirtschaftlichen Betrieb sogar 200 bis 300 Einheiten notwendig sind.[43] In der Praxis finden sich dennoch gerade im ländlichen Bereich kleine Objekte mit 30 bis 50 Einheiten, die zumeist vom Eigentümer der Immobilie geführt werden. Werden sie als einzelne Wirtschaftseinheiten geführt, so können sich wirtschaftliche Probleme ergeben. Auf der anderen Seite sichern diese Objekte jedoch eine wohnortnahe Versorgung der Bevölkerung. In

32 vgl. Weyers (1997), S. 9
33 Gemeindetag Baden-Württemberg/Städtetag Baden-Württemberg/Landeswohlfahrtsverbände Baden und Württemberg-Hohenzollern (2001)
34 Bayerische Stiftung für Qualität im Betreuten Wohnen e.V. (2001) sowie weitere Angaben zu Standards, Prüfverfahren etc. aus www.stiftung-betreutes-wohnen.de, Stand: 20.03.2004
35 z.B. Saup (1999)
36 vgl. Sommer/Piehler (2003), S. 168
37 vgl. Koch/Krenn (1999), S. 20 f.
38 vgl. Kuratorium Deutsche Altershilfe (2000), S. 94
39 vgl. Koch/Krenn (1999), S. 20 ff
40 vgl. Kuratorium Deutsche Altershilfe (2000), S. 94
41 vgl. Koch/Krenn (1999), S. 21
42 Busz (2003), S. 151 f. Sommer/Piehler (2003), Gruppe 4, S. 168
43 Sommer/Piehler (2003), Gruppe 4, S. 168

Baden-Württemberg wurde aus diesem Beweggrund heraus ein „Kleeblatt"-System entwickelt. Es besteht aus kleinen Objekten mit rund 25 bis 30 Pflegeplätzen und einigen betreuten Wohnungen. Das Kleeblatt-System zeichnet sich dadurch aus, dass Leitungsfunktionen zentralisiert und die Hauswirtschaft dezentral organisiert wird. Dadurch dass die gesamte Verwaltung zentralisiert wird, können die kleinen Einrichtungen wirtschaftlich betrieben werden.[44] Der Kleeblatt-Gedanke hat sich bereits in abgewandelter Form in anderen Bundesländern verbreitet. Das Netzwerk besteht dann vornehmlich aus kleineren Objekten mit 30 bis 40 Einheiten, die an eine zentrale, größere Einrichtung mit 100 bis 120 Plätzen angeschlossen sind. Die Entfernung zur Zentrale beträgt in der Regel nicht mehr als 20 bis 30 Kilometer je nach Verkehrsanbindung, da häufig von der zentralen Küche aus auch eine Essensversorgung sichergestellt wird.

5 Besonderheiten

Stationäre Pflegeeinrichtungen sowie zumeist auch Anlagen des Betreuten Wohnens gehören zu den Betreiberimmobilien. Der Erfolg der Immobilie ist stark vom Betreiber abhängig. Dabei geht es zum einen um das wirtschaftliche Geschick des Betreibers und zum anderen um das Image, das maßgeblich durch den Betreiber geprägt wird. Das Managementkonzept, die Unternehmensstrategie und die Bonität des Betreiberunternehmens prägen die Zukunftsfähigkeit der Einrichtung. Der Wertermittler sollte sich zumindest ein Bild über das Betreiberunternehmen verschaffen, um das Risikopotenzial der Seniorenimmobilie einschätzen zu können. Auch in der Praxis macht ein Investor den Kauf eines Altenpflegeheims stark davon abhängig, ob ein guter Betreiber vorhanden ist. Zwar besteht grundsätzlich die Möglichkeit, einen Betreiber zu wechseln. In der Praxis gestaltet sich ein Wechsel jedoch häufig mangels Anzahl in Frage kommender Unternehmen als schwierig. Und ein schlechtes Image der Einrichtung lässt sich nur schwer wieder verbessern. Der Beurteilung des Betreiberunternehmens durch einen Immobilienwertermittler sind Grenzen gesetzt, da nicht erwartet werden kann, eine Betriebsprüfung durchzuführen. Es gibt aber sehr wohl Hinweise auf mögliche Missstände in der Vergangenheit. Man kann an anderen Standorten recherchieren, an denen der Betreiber präsent ist, oder gezielt nach Beanstandungen durch die Heimaufsicht fragen. Dem Betreiber kommt nicht in jeder Art von Seniorenimmobilie die gleiche Bedeutung zu. Je größer der Stellenwert von Dienstleistungen in der Seniorenimmobilie ist, desto stärker hängt auch der Erfolg des Konzeptes vom ausführenden Betreiber ab.

Ulrich geht davon aus, dass ausschließliche Einrichtungen des Betreuten Wohnens gar nicht mehr den Betreiberimmobilien zuzurechnen sind, da die Gewinnmargen für einen Gesamtbetreiber zu gering und das Mietrisiko zu hoch sind. Der Betreiber hat hier quasi die Funktion eines Zwischenmieters. Ohne Gesamtbetreiber sind Einrichtungen des Betreuten Wohnens aber nichts anderes als Wohnimmobilien. Es hat sich gezeigt, dass ein Gesamtbetreiber in der Regel nur erfolgreich wirtschaften kann, wenn zusätzliche Erträge durch Pflegeleistungen beispielsweise aufgrund einer integrierten Pflegestation erzielt werden.[45] Im Falle von Pflegeeinrichtungen scheinen Immobilie und Betreiberunterneh-

44 vgl. http://de.wikipedia.org/wiki/Kleeblatt_Pflegeheime, www.kleeblatt-gmbh.de und www.kleeblatt-consult.de, Stand: 17.03.2013, und Kuratorium Deutsche Altershilfe (1999), S. 35 ff

45 Ulrich (2007), S. 28

men nahezu zu verschmelzen. Der Wertermittler bewegt sich hier sehr schnell auf einem schmalen Grad zwischen Immobilien- und Unternehmensbewertung.

6. Wertermittlung

6.1 Wertermittlungsverfahren

Die Wahl des Wertermittlungsverfahrens richtet sich nach der Aufgabenstellung. Nachfolgende Ausführungen beschäftigen sich mit der Ermittlung des Verkehrswertes im Sinne eines objektiven Marktwertes nach § 194 BauGB. Seniorenimmobilien dienen in der Regel der Ertragserzielung. Somit ist das in der Immobilienwertermittlungsverordnung (ImmoWertV) normierte Ertragswertverfahren anzuwenden. Zusätzlich wird teilweise auch noch das Sachwertverfahren herangezogen. Aufgrund der Individualität von Seniorenimmobilien ist das Vergleichswertverfahren in der Regel nicht anwendbar.[46] Mit Hilfe einiger Vergleichsfaktoren (Ertragsfaktoren, Gebäudefaktoren) können Plausibilitätskontrollen der Wertermittlungsergebnisse durchgeführt werden. Diese Vorgehensweise liegt zumeist auch der Beleihungswertermittlung zugrunde.

6.2 Altenpflegeheim

Wirtschaftliche Grundlagen

Die heutige wirtschaftliche Grundlage für Pflegeeinrichtungen wurde mit dem SGB XI Sozialgesetzbuch – Elftes Buch – (Soziale Pflegeversicherung) geschaffen. Mit Hilfe des SGB XI wurde 1995 die Pflegeversicherung eingeführt. Im Rahmen des SGB XI werden die Pflegestufen definiert, in die Pflegebedürftige je nach Ausmaß der Pflegebedürftigkeit durch den MDK[47] eingeordnet werden. Bei Heimaufenthalt haben die Pflegebedürftigen Anspruch auf Geldleistungen, die wie folgt entsprechend der jeweiligen Pflegestufe gestaffelt sind.

Pflegestufen gem. § 15 SGB XI	Leistungen gem. § 43 Abs. 5 SGB XI (pro Monat)
Pflegestufe I (erheblich Pflegebedürftige)	1.023,- Euro
Pflegestufe II (Schwerpflegebedürftige)	1.279,- Euro
Pflegestufe III (Schwerstpflegebedürftige)	1.550,- Euro
Härtefälle (außergewöhnlich hoher und intensiver Pflegeaufwand, vgl. § 43 Abs. 3 SGB XI)	1.918,- Euro

Tab. 6: Pflegestufen gem. § 15 SGB XI

46 Ausnahmen könnten hier Apartments in Anlagen des Betreuten Wohnens sein, die nach Wohnungseigentumsgesetz WEG aufgeteilt wurden und einzeln veräußert werden.

47 Medizinischer Dienst der Krankenversicherung

Den Hauptbestandteil des Umsatzes eines Altenpflegeheims bilden die laut Versorgungsvertrag zwischen Betreiber und Leistungsträgern (Pflegekassen, Träger der Sozialhilfe) verhandelten Heimentgelte. Diese Heimentgelte setzen sich gemäß §§ 82 ff SGB XI aus folgenden Komponenten zusammen:

Pflegevergütung: Die leistungsgerechte Vergütung für die allgemeinen Pflegeleistungen ist von den Pflegebedürftigen oder deren Kostenträgern zu tragen.

Entgelt für Unterkunft und Verpflegung: Diese „Hotelkosten" sind von den Pflegebedürftigen selbst zu tragen.

Investitionskostenumlage: Betriebsnotwendige Investitionsaufwendungen (z.B. Finanzierungs- und Instandhaltungskosten, Kosten der Heimausstattung, auch Miete, Pacht), die nicht durch öffentliche Förderungen gedeckt sind, können den Pflegebedürftigen gesondert berechnet werden.

Die Heimentgelte werden im Rahmen einer Vergütungsvereinbarung zwischen dem Träger der Einrichtung und den Leistungsträgern vereinbart. Die Sozialhilfe springt dort ein, wo die Geldmittel von Seiten des Pflegebedürftigen nicht ausreichen, um das nicht durch die Leistungen der Pflegeversicherung gedeckte Heimentgelt zu begleichen. Häufig werden hier unterschiedliche Investitionskostenumlagen vereinbart für Hilfeempfänger und Selbstzahler.

Wertparameter

Mietansätze

Bei Verwendung des Ertragswertverfahrens für ein Altenpflegeheim kommt der Bestimmung des Rohertrages im Sinne der Jahresnettokaltmiete bzw. -pacht eine besondere Bedeutung zu. In der Praxis gibt es unterschiedliche Ansätze, diesen Rohertrag zu ermitteln. Diese werden nachfolgend zunächst erläutert und in einem Beispiel am Ende des Kapitels dargestellt.

Klassisches Pachtwertverfahren[48]

Beim klassischen Pachtwertverfahren wird der Rohertrag als Prozentsatz des Jahresumsatzes ausgedrückt. Der Jahresumsatz ist aus den Heimentgelten zu ermitteln. Da der Pflegekostenanteil mit der Pflegestufe variiert, ist der Umsatz des Altenpflegeheimes davon abhängig, welchen Pflegestufen die Bewohner jeweils zugeordnet werden können – sogenannter Fallmix – sowie vom Auslastungsgrad. Fallmix und Auslastungsgrad des Altenpflegeheims können sich kurzfristig ändern. Bei Anwendung des klassischen Pachtwertverfahrens sollte daher eine Durchschnittsbetrachtung zum Beispiel der vergangenen drei Jahre erfolgen. Durchschnittliche Größen für Pflegesätze, Fallmix und Auslastungsgrad enthalten auch diverse Statistiken wie insbesondere die Pflegestatistik.[49] Der Auslastungsgrad bewegt sich überwiegend in einer Spanne von 75 bis 95 Prozent.[50] Hat man den Jahresumsatz ermittelt, so ist mit Hilfe eines Prozentsatzes der Pachtwert zu berechnen. Die verwendeten Prozentsätze liegen bei älteren Pflegeheimen in einer Spanne von 18 bis 20 Prozent und bei gut geführten Neubauten auch bei bis zu 20 bis 25 Prozent.[51]

48 vgl. hierzu z.B. Weyers (1997), Ulrich (2005), S. 63 ff, Kleiber/Simon (2007), S. 2478 ff
49 vgl. Statistisches Bundesamt (2013)
50 HypZert (2013), S. 95
51 Ulrich (2012), S. 41

An anderer Stelle werden etwas niedrigere Pachtansätze von 15 bis 22 Prozent bei privaten Betreibern und 12 bis 18 Prozent bei gemeinnützigen oder öffentlichen Einrichtungen genannt.[52]

Bewertung auf Basis von Investitionskostenumlagen[53]

Ansatz für dieses Bewertungsverfahren ist die Überlegung, dass die Bestandteile des Heimentgeltes für Pflegekosten sowie Unterkunft und Verpflegung für den Betreiber zur Deckung der durch den Betrieb anfallenden Kosten bestimmt sind. Die Investitionskostenumlage ist der Anteil des Heimentgeltes, der zur Deckung von Investitionskosten notwendig ist. Darunter fallen beispielsweise Instandhaltungs- und Instandsetzungskosten, Miete/Pacht (vgl. § 82 SGB XI). Die Kosten des Grundstücks können nicht umgelegt werden. Das Urteil des BSG vom 08.09.2011 führte zu einer Änderung des § 82 Abs. 3 SGB XI, so dass umlagefähige Kosten weiter eingeschränkt wurden. Insbesondere dann, wenn Betreiber und Investor identisch sind, lassen sich auf diese Weise die beiden Bereiche des Immobilienbetriebes und der Immobilieninvestition voneinander trennen. Ferner wird der rechtlichen Regelung Rechnung getragen, dass mit der Investitionskostenumlage, die von den Bewohnern zu zahlen ist, keine „Subventionierung" des Betriebs erfolgt. Somit ist die Investitionskostenumlage auch wirklich für die notwendigen Investitionen zu verwenden. Eine die Investitionskostenumlagen übersteigende Pacht entspricht nicht den Regelungen des § 82 Abs. 2 SGB XI. Hier ist geregelt, dass in den Anteilen des Heimentgeltes für Pflege und Unterkunft/Verpflegung keine Aufwendungen für Miete und Pacht berücksichtigt werden dürfen. Bei Nichtbeachtung könnten sich also Schwierigkeiten mit den Leistungsträgern ergeben. Da die Investitionskostenumlagen für alle Pflegestufen konstant sind, muss kein Fallmix prognostiziert werden. Werden von Selbstzahlern und Sozialhilfeempfängern unterschiedliche Investitionskostenumlagen erhoben, so ist der Anteil der Sozialhilfeempfänger einzuschätzen. Zu berücksichtigen ist, dass die Investitionskostenumlage um den Anteil zu kürzen ist, der auf die Ersteinrichtung (Inventar, Geschirr usw.) entfällt. Dieser Anteil beträgt im Durchschnitt 10 bis 30 Prozent.[54] Damit wird berücksichtigt, dass für Ersatzbeschaffungsmaßnahmen Rücklagen zu bilden sind. Die Höhe der Investitionskostenumlage variiert sehr stark von Objekt zu Objekt. Zum einen gibt es regionale Unterschiede, wobei die Investitionskostenumlagen in den neuen Bundesländern in der Regel niedriger sind als in den alten Bundesländern. Zum anderen lassen vergleichsweise niedrige Investitionskostenumlagen darauf schließen, dass es sich um ein älteres, seit längerer Zeit nicht mehr modernisiertes Objekt handelt.[55] Eine weitere Möglichkeit besteht darin, dass die Einrichtung eine Objektförderung erhalten hat. Denn nur die nicht durch Fördermittel gedeckten Investitionskosten können auf die Bewohner umgelegt werden.

Die Investitionskostenumlage stellt die Obergrenze für eine Pacht dar. Eine Quersubventionierung, das heißt Leistung von Pachtzahlungen aus Teilen des Heimentgelts, die für allgemeine Pflegeleistungen oder Unterkunft und Verpflegung bezahlt werden, ist nicht zulässig. Es ist jedoch nicht sachgerecht, unter Bezugnahme auf diese Überlegungen die Investitionskostenumlage ohne weitere Überprüfung mit der marktüblichen Pacht gleichzusetzen und als Rohertrag in das Ertragswertverfahren zu übernehmen. Auch die Investi-

52 vgl. HypZert (2013), S. 95
53 vgl. hierzu z.B. Jahn (2000) und (2003), Kleiber/Simon (2007), S. 2477
54 Ulrich (2012), S. 34
55 vgl. z.B. Jahn (2003), S. 7

tionskostenumlagen müssen hinsichtlich ihrer Angemessenheit und Marktüblichkeit überprüft werden. Unterlässt man dies, kann eine Überbewertung die Folge sein. Im Falle überhöhter Pachtvereinbarungen kann es auch zu einer umgekehrten Quersubventionierung kommen. Ist die Investitionskostenumlage entsprechend hoch, obwohl es sich um eine unter Umständen bereits veraltete Pflegeeinrichtung handelt, werden mitunter zu niedrige Entgelte für allgemeine Pflegeleistungen sowie Unterkunft und Verpflegung vereinbart. Ansonsten wäre die Einrichtung aufgrund zu hoher Heimentgelte nicht mehr nachgefragt, was zu Lasten der Auslastung gehen würde. Wenn aber Einnahmen, die für Pachtzahlungen und Rücklagen gedacht sind, tatsächlich für betriebsnotwendige Kosten verwendet werden, kommt es ebenfalls zu einer wirtschaftlichen Schieflage des Betreibers, zum Beispiel Pachtrückstände.

Betriebswirtschaftliche Auswertungen

Bei der Beurteilung der Pachthöhe ist auch eine betriebswirtschaftliche Auswertung durchzuführen. Nur so lässt sich beurteilen, welche Pachthöhe überhaupt für einen Betreiber tragfähig ist. Im Falle einer bestehenden Pflegeeinrichtung sind daher die betriebswirtschaftlichen Ergebnisse der vergangenen Jahre zu untersuchen und mit branchenüblichen Kennzahlen zu vergleichen. Letztlich geht es um die Frage, welche Pacht für einen durchschnittlichen Betreiber tragfähig ist. Durch den Abgleich mit branchenüblichen Kennzahlen lässt sich auf diesem Wege gleichzeitig eine Betreiberanalyse durchführen, die unter Umstände zeigt, ob der vorhandene Pachtvertrag überhaupt durch den vorhandenen Betreiber erfüllt werden kann. Durch die Betrachtung mehrerer Jahre lassen sich die Umsatz- und Kostenstrukturen, der Fallmix sowie der Auslastungsgrad der Einrichtung im Zeitverlauf beurteilen. Fallmix und Auslastungsgrad fließen auch bei den ersten beiden Vorgehensweisen als Rechengröße zur Berechnung der Pacht ein. Bei einer betriebswirtschaftlichen Betrachtungsweise ergibt sich dann die tragfähig Pacht als Residuum aus Umsatz abzüglich Personal- und Sachkosten sowie eines marktüblichen Betreibergewinns. Die Personalkosten liegen marktüblich im Bereich von etwa 55 bis 60 Prozent des Umsatzes. Die Sachkosten liegen bei 10 bis 20 Prozent des Umsatzes. Die Ansätze für den Betreibergewinn variieren in Abhängigkeit davon, ob es sich um einen privaten Betreiber oder einen Betreiber einer „non profit"-Organisation handelt. Private Betreiber rechnen üblicherweise mit sechs bis acht Prozent vom Umsatz, während „non profit"-Betreiber zumeist mit 4,5 bis 6,5 Prozent zufrieden sind.[56]

Schlussfolgerungen für die Wertermittlung

Die Frage ist nun, welche Verfahrensweise am meisten Sicherheit bei dem hier vorliegenden, komplexen Bewertungsproblem bietet. Die Problematik des Pachtwertverfahrens besteht darin, dass die Ableitung des Rohertrages aus dem Umsatz mit Hilfe eines pauschalen Prozentsatzes sehr fehleranfällig ist. Es stellt sich hier die Frage, welcher Prozentsatz innerhalb der genannten Spanne zu wählen ist. Vielfach sind Betreiber und Investor bzw. Immobilieneigentümer nicht identisch und es werden Pachtverträge abgeschlossen. In solchen Fällen liegt also eine Pachtvereinbarung vor, die bei der Bewertung zu berücksichtigen ist. Diese Pachteinnahmen können trotzdem nicht ungeprüft übernommen werden, sondern sind einer Plausibilisierung zu unterziehen. Eine Möglichkeit besteht darin, Pachtzahlungen für vergleichbare Altenpflegeheime in Erfahrung zu bringen. In der Praxis gestaltet sich dieses Vorhaben meist schwierig, da Betriebsinterna ungern preisgegeben

56 vgl. HypZert (2013), S. 96 f.

werden. Erträge von Altenpflegeheimen werden pro Bewohner und Tag kalkuliert und für gewöhnlich nicht pro Quadratmeter. Ulrich[57] nennt als Kenngröße für Pachtansätze einen Betrag von sieben bis zwölf Euro pro Quadratmeter Nettogrundfläche. Ergibt sich bei gleicher Bewohnerzahl im Vergleich zu einem anderen Altenpflegeheim ein niedrigerer Betrag pro Quadratmeter, so kann dies zum einen auf eine unwirtschaftliche Flächenverteilung hindeuten oder zum anderen darauf zurückgeführt werden, dass Flächenanteile auf alternative Nutzungen (Kiosk, Reha-Maßnahmen o.ä.) entfallen. Hohe Pachten pro Quadratmeter können auf veraltete Raumstrukturen mit einem hohen Anteil von Mehrbettzimmern hindeuten.[58]

Das Bewertungsverfahren auf Basis von Investitionskostenumlagen darf nicht dahingehend interpretiert werden, dass einfach blind die Investitionskostenumlagen herangezogen und tatsächliche Pachtzahlungen außer Acht gelassen werden. Die um den Anteil für Erstausstattung gekürzten Investitionskostenumlagen stellen quasi den maximalen Wert dar, der für eine Pachtzahlung zur Verfügung steht. Pachtzahlungen, die über die Investitionskostenumlagen hinaus gehen, würden zu Lasten des Betreiberunternehmens gehen, der einen Teil der für seine Betriebskosten vorgesehenen Einnahmen an den Investor abführen müsste. In der Praxis ist dies durchaus nicht unüblich. Streng genommen können solche Pachtzahlungen jedoch nicht als nachhaltig angesehen werden.

Bewirtschaftungskosten

Für die Verwaltungskosten werden in der Regel 1,0-1,5 Prozent des Rohertrages angesetzt. [59] Das Mietausfallwagnis ist mit drei bis fünf Prozent des Rohertrages anzusetzen.[60] Darüber hinaus gibt es mit dem Auslastungsgrad eine weitere Möglichkeit, Ertragsschwankungen zu erfassen. Die Instandhaltungskosten sind vom Alter und Zustand der Immobilie abhängig, wie dies auch bei anderen Immobilientypen der Fall ist. Durchschnittlich wird von Beträgen zwischen 10,00 und 12,00 Euro pro Quadratmeter Nutzfläche und Jahr ausgegangen. Hier sind aber Regelungen im Pachtvertrag zu beachten, wonach der Verpächter unter Umständen nur Aufwendungen für Dach & Fach übernimmt. In diesen Fällen sind niedrigere Instandhaltungskosten anzusetzen.[61]

Die Bewirtschaftungskosten liegen erfahrungsgemäß bei der Verkehrswertermittlung in einer mittleren Spanne von etwa zehn bis 20 Prozent und bei der Beleihungswertermittlung in einer Spanne von etwa 15 bis 35 Prozent.[62]

Liegenschaftszinssatz

Die Wahl des Liegenschaftszinssatzes gestaltet sich insofern als schwierig, als kaum empirische Werte vorliegen. Es finden verhältnismäßig wenige, räumlich verstreute Kauftransaktionen statt. Daher ist die Datenbasis für empirische Auswertungen gering. In der Praxis finden bei der Verkehrswertermittlung meist Liegenschaftszinssätze zwischen 6 und 7,5 Prozent Anwendung, während diese bei der Beleihungswertermittlung etwas höher liegen mit 6,5 bis 8,5 Prozent.[63] Der Liegenschaftszinssatz verleiht dem Risikopotenzial

57 in: HypZert (2013), S. 94
58 vgl. Ulrich (2005), S. 60
59 vgl. Ulrich (2005), S. 59 f.
60 dto.
61 Ulrich (2012), Folien, S. 86
62 Bei der Beleihungswertermittung werden erfahrungsgemäß 0,75-1,5 % der Herstellungskosten für das Modernisierungsrisiko angesetzt. (vgl. HypZert (2013), S. 94 f,)
63 vgl. HypZert (2013), S. 94

einer Immobilie Ausdruck. Trotz der unumstrittenen demographischen Nachfrageentwicklung, hat ein Altenpflegeheim ein erhöhtes Risiko. Es besteht im Allgemeinen keine Drittverwendungsfähigkeit für alternative Nutzungen. Die heutigen Altenpflegeheime werden von vornherein entsprechend den gestiegenen baulichen Anforderungen gestaltet und bereits in Abstimmung mit dem zukünftigen Betreiber entwickelt. Wichtig ist hier jedoch, dass eine „subjektive" Drittverwendungsfähigkeit[64] erhalten bleibt. Damit ist gemeint, dass die Pflegeeinrichtung im Falle eines Betreiberwechsels auch für andere potenzielle Betreiber attraktiv ist.

Ein weiterer Risikofaktor ist zu nennen. Die Altenpflegeheime sind in hohem Maße vom Funktionieren der sozialen Sicherungssysteme abhängig. Dazu gehören insbesondere die gesetzliche Pflegeversicherung und die gesetzliche Rentenversicherung. Ein hoher Anteil der Heimentgelte wird durch die Geldleistungen der Pflegeversicherung abgedeckt, um die Pflegebedürftigen finanziell zu entlasten. Vor Einführung der Pflegeversicherung war der Anteil von Sozialhilfeempfängern in Heimen entsprechend groß. In vielen Fällen reichen die Geldleistungen heute jedoch nicht einmal aus, um den Pflegekostenanteil im Heimentgelt zu bezahlen. Hinzu kommen die Anteile für Unterkunft und Verpflegung sowie die Investitionskostenumlagen, die durch die Bewohner selbst zu zahlen sind. Die Finanzierbarkeit der gesetzlichen Pflegeversicherung stellt jedoch aufgrund von sinkenden Geburtenraten und steigender Lebenserwartung ein zunehmendes Problem dar. Im Falle einer Kürzung von Geldleistungen verbliebe also ein noch größerer Anteil des Heimentgeltes beim Bewohner. Gleichzeitig befindet sich aber auch die gesetzliche Rentenversicherung in Schwierigkeiten, wodurch die Renten nicht im erforderlichen Maße steigen. Bei zahlungsunfähigen Bewohnern springt in der Regel die Sozialhilfe ein. Die Frage ist aber, wer auf Dauer den Heimaufenthalt bezahlen soll. An dieser Stelle offenbart sich die weitere Besonderheit von Altenpflegeheimen, die in besonderem Maße von externen, also nicht zu beeinflussenden, Faktoren abhängen. In diesem Punkt sind sie dem normalen Marktgeschehen entzogen.

Gesamtnutzungsdauer

Die gestiegenen und sich ständig verändernden Anforderungen an die Gebäudegestaltung und die Ausstattung von stationären Pflegeeinrichtungen erschweren die Einschätzung der Gesamtnutzungsdauer. Zudem ist aufgrund des Betriebes eine starke Abnutzung gegeben, so dass regelmäßig Modernisierungsmaßnahmen erforderlich sind. Die Gesamtnutzungsdauer wird in der Regel mit maximal 60 Jahren angesetzt. Teilweise wird auch nur noch von einer Gesamtnutzungsdauer von 40 Jahren ausgegangen.[65] Die Einschätzung der Gesamtnutzungsdauer wie auch der Restnutzungsdauer muss stark davon abhängig gemacht werden, inwieweit die Pflegeeinrichtung aktuellen Anforderungen und sich abzeichnenden neuen Entwicklungen entspricht.

Herstellungskosten

Teilweise wird zusätzlich zum Ertragswertverfahren auch das Sachwertverfahren als stützendes Verfahren angewendet. Baukosten werden auch mit 60.000,- bis 85.000,- Euro pro Bett bzw. 1.000,- bis 1.350,- Euro pro Quadratmeter Brutto-Grundfläche angegeben.

64 Ulrich (2012), S. 9
65 vgl. HypZert (2013), S. 94

Die Baunebenkosten liegen zwischen 14 bis 20 Prozent.[66] Eine detaillierte Aufstellung von Herstellungskosten findet sich z.B. bei Metzmacher/Krikler.[67]

6.3 Betreutes Wohnen

Rechtsgrundlagen

Der Begriff des Betreuten Wohnens ist in Deutschland gesetzlich nicht definiert. Somit gibt es verschiedenste Ausprägungen von Serviceangeboten. Es gibt verschiedene Ansätze, die Anforderungen an Einrichtungen des Betreuten Wohnens zu vereinheitlichen, von denen einige bereits genannt wurden. Als wichtigste und aktuellste Entwicklung sei noch einmal auf die DIN 77800 über „Qualitätsanforderungen an Anbieter der Wohnform ‚Betreutes Wohnen für ältere Menschen'" hingewiesen. Einrichtungen des Betreuten Wohnens können sich entsprechend dieser Norm von der DIN CERTCO zertifizieren lassen. Die DIN 77800 zieht automatisch weitere Anforderungen z.B. gemäß DIN 18025 nach sich. Wie bereits erwähnt, werden zwischen Bewohner und Betreiber einer Einrichtung des Betreuten Wohnens ein Mietvertrag und ein Betreuungsvertrag abgeschlossen. Die Anforderungen an die Vertragsgestaltung sind ebenfalls in der DIN 77800 sowie dem Wohn- und Betreuungsvertragsgesetz enthalten. Darüber hinaus findet beispielsweise das Mietrecht Anwendung.

Wertparameter

Mietansätze

Gerade im Bereich des Betreuten Wohnens gibt es eine große Vielfalt von Angebotsformen. Je mehr die neue DIN 77800 und Zertifizierung überregionalen Einzug halten, desto mehr werden diese Angebotsformen vereinheitlicht. Dadurch wird die Bewertung vereinfacht. Wenn man von Betreutem Wohnen spricht, wird Einigkeit darüber bestehen, was gemeint ist. Der Bewohner hat neben einem monatlichen Mietpreis eine Servicepauschale für die Grundleistungen zu entrichten. Die Wahlleistungen werden entsprechend nach Inanspruchnahme abgerechnet. Entsprechend der Vielfalt von Angebotsformen variieren auch die Mietpreise und Servicepauschalen in einer großen Spannbreite. Empirica hat in Untersuchungen die Preisspannen untersucht wie nachfolgende Tab. 7 zeigt.

66 vgl. HypZert (2013), S. 97
67 Metzmacher/Krikler (2004), S. 173, 214 f.

Preiskategorie	Preisspanne* in €	25 % der Preise unter …	50 % der Preise unter …	75 % der Preise unter…
Kaufpreise Eigentumswohnungen (€/m²)	1.560 – 4.340	2.045 €	2.250 €	2.556 €
Nettokaltmieten frei finanzierte Wohnungen (€/m²/mtl.)	4,10 – 21,50	6,40	7,70	10
Nebenkosten (€/m²/mtl.)	Rd. 70 % der Projekte im Mittel 2,05 oder darunter			
Servicepauschale für 1 Person (€/mtl.)	16,40 – 562	46	74	110
Servicepauschale für 2 Personen (€/mtl.)	17,90 – 1.053	59	92	133
Gesamtpensionspreis (€/mtl.)	767 – 4.480	895	1.640	2.505
* Bei unterschiedlichen Preisen, mittlere Angabe				

Tab. 7: Preisspannen bei Service-Wohnprojekten in Deutschland (in den Jahren 2000 und 2001 bezugsfertig)[68]

Zur Überprüfung des Mietpreises wird häufig die für normale Wohnimmobilien ortsübliche Miete herangezogen. Im Allgemeinen wird davon ausgegangen, dass ein Mietaufschlag von zehn bis 35 Prozent aufgrund der Sonderausstattung und dem höheren Anteil von Gemeinschaftsflächen vertretbar ist,[69] in Einzelfällen auch bis zu 50 Prozent. Marktübliche Mieten müssen teilweise aufwendig recherchiert werden. Meist werden nur die Pensionspreise angegeben, die neben der Nettokaltmiete für das Apartment auch die Betriebskosten und die Servicepauschale enthalten. Häufig ist ein Generalmieter vorhanden, der mit den einzelnen Bewohnern Untermietverträge abschließt. Auch ist es durchaus üblich, dass zusätzlich Flächen für andere Nutzung wie Friseur, Café, Arztpraxis oder ähnliches vorhanden sind, die separat vermietet werden können.

Basis für die Wertermittlung ist grundsätzlich die Nettokaltmiete für die einzelnen Nutzungsarten. Die Servicepauschale wird separat berechnet und ist genauso wie die Betriebskosten nicht in die Wertermittlung einzubeziehen. Im Allgemeinen werden Mietanteile für Serviceflächen indirekt über die Wohnungsmieten mitfinanziert. Die Höhe der Servicepauschalen und die darin enthaltenen Leistungen sollten jedoch trotzdem untersucht werden, um unter anderem Rückschlüsse auf die Qualität und die Wettbewerbsfähigkeit der Einrichtung zu ziehen. Da in den meisten Fällen die Miete an den Eigentümer der Immobilie weitergereicht wird, entfällt eine betriebswirtschaftliche Überprüfung des Generalmieters beziehungsweise Betreibers der Anlage des Betreuten Wohnens. Die jeweilige konzeptionelle Ausgestaltung ist jedoch im Einzelfall zu prüfen.

68 Quelle: empirica (2003), paper Nr. 77, S. 9
69 vgl. HypZert (2013), S. 35

Bewirtschaftungskosten

Die Verwaltungskosten können sich an den Sätzen der II. Berechnungsverordnung orientieren. In der Praxis werden Verwaltungskosten von durchschnittlich 200,- bis 275,- Euro pro Wohneinheit angesetzt.[70] Das Mietausfallwagnis wird im Allgemeinen als eher niedrig eingeschätzt, so dass zwei bis vier Prozent des Rohertrages anzusetzen sind.[71] Die Höhe der Instandhaltungskosten ist wie bei Wohnimmobilien von der Ausstattung und dem Alter des Gebäudes abhängig. Man kann sich auch hier an den Sätzen der II. Berechnungsverordnung (§ 28 II. BV) orientieren. Ulrich spricht sich dafür aus, die Instandhaltungskosten etwas zu erhöhen, da die durchschnittliche Verweildauer der Bewohner mit drei bis sechs Jahren niedriger ist als in normalen Wohnimmobilien. Instandhaltungskosten liegen erfahrungsgemäß in einer Spanne von 10,- bis 14,- Euro pro Quadratmeter oder 0,8 bis 1,2 Prozent der Herstellungskosten in Abhängigkeit vom Nebenflächenanteil.[72] Bei der Beleihungswertermittlung wird zusätzlich das Modernisierungsrisiko mit etwa 0,25 bis 1,0 Prozent berücksichtigt.[73]

Liegenschaftszinssatz

Einrichtungen des Betreuten Wohnens, die nicht dem Heimgesetz unterliegen, bieten Wohnen auf Dauer an. Insofern stehen sie Wohnimmobilien wie z.B. Mietshäusern näher als Gewerbeimmobilien oder anderen Arten von Betreiberimmobilien wie Altenpflegeheimen. Die HypZert nennt in ihrer Studie eine Spanne von 5,0 bis 7,5 beziehungsweise 4,0 Prozent unter wohnwirtschaftlichen Gesichtspunkten im Rahmen der Marktwertermittlung. Im Rahmen der Beleihungswertermittlung werden höhere Kapitalisierungszinssätze von sechs bis acht Prozent bzw. mindestens fünf Prozent unter wohnwirtschaftlichen Gesichtspunkten angesetzt.[74] Allgemein kann man sagen, dass die Liegenschaftszinssätze umso höher sind, je stärker die Seniorenimmobilie Pflegecharakter bekommt. So sind die Liegenschaftszinssätze für mehrgliedrige Einrichtungen, also Betreutes Wohnen mit Altenpflegeheim, entsprechend der jeweiligen Anteile am Gesamtobjekt, zu erhöhen.

Gesamtnutzungsdauer

Die Gesamtnutzungsdauer von Einrichtungen des Betreuten Wohnens orientiert sich vornehmlich an der von Wohnbauten und ist abhängig vom Ausstattungsstandard. In der Praxis werden meist 40 bis 60 Jahre angesetzt.[75]

Herstellungskosten

Auch für Einrichtungen des Betreuten Wohnens sei kurz auf die Frage der Herstellungskosten eingegangen, wenn zusätzlich zum Ertragswert der Sachwert zu berechnen ist. Als Erfahrungswerte werden auch Beträge von 900,- bis 1.400,- Euro pro Quadratmeter Brutto-Grundfläche aufgeführt.[76]

---

70 vgl. HypZert (2013), S. 35
71 dto.
72 dto.
73 dto.
74 dto.
75 dto.
76 vgl. HypZert (2013), S. 35

6.4 Bewertungsbeispiel

Stationäre Pflegeeinrichtungen sind Objekte, die der Renditeerzielung dienen. Somit ist das Ertragswertverfahren das einschlägige Wertermittlungsverfahren. Dabei kommt der Einschätzung des marktüblichen Rohertrages, der nachhaltig erzielbar ist, eine besondere Bedeutung zu. Daher wird im nachfolgend dargestellten Beispiel ein besonderes Augenmerk auf diese Frage gelegt.[77]

Ausgangsbasis

Zu bewerten ist ein geplanter Neubau. Die Angebots- und Nachfrageanalyse hat eine positive Bedarfssituation ergeben. Es handelt sich um eine stationäre Pflegeeinrichtung mit 120 vollstationären Pflegeplätzen. Es sind ausschließlich Einzelzimmer vorhanden. Es soll ein Pachtvertrag über 20 Jahre mit einem privaten Betreiberunternehmen abgeschlossen werden. Der Pächter trägt alle Neben- und Instandhaltungskosten. Der Pachtvertrag beinhaltet eine Indexklausel. Das Inventar gehört dem Pächter. Die Auslastung wird auf konstant 97 Prozent geschätzt. Die Pacht beträgt 800.000,- Euro pro Jahr und ist auf ihre Marktüblichkeit und nachhaltige Erzielbarkeit hin zu überprüfen.

Folgende Pflegesätze pro Tag sind zu erwarten:

Pflegestufe	Allgemeine Pflegeleistungen	Unterkunft und Verpflegung	Investitionskostenumlage	Gesamtkosten	Anteil der Pflegebedürftigen in jeweiliger Pflegestufe (in Heimen der Region)
PS I	41,80 €	18,70 €	20,35 €	80,85 €	30 %
PS II	58,30 €	18,70 €	20,35 €	97,35 €	50 %
PS III	78,10 €	18,70 €	20,35 €	117,15 €	20 %

1) Ermittlung der Umsatzpacht:

120 Betten x 0,97 (Auslastung) x 0,3 (Anteil PS I) x 80,85 x 365 Tage	= 1.030.498,- €
120 Betten x 0,97 (Auslastung) x 0,5 (Anteil PS II) x 97,35 x 365 Tage	= 2.068.006,- €
120 Betten x 0,97 (Auslastung) x 0,2 (Anteil PS III) x 117,15 x 365 Tage	= 995.447,- €
Gesamtumsatz aller Pflegestufen	= 4.093.951,- €

Pacht / Gesamtumsatz
800.000,- €/ 4.093.951,- € x 100 = 19,5 %
Übliche Pachtspanne bei privaten Betreibern: 18 bis 25 %
Ergebnis Prüfung I: Die vereinbarte Jahrespacht ist angemessen.

77 Vorgehensweise nach Ulrich (2012), eigenes Rechenbeispiel

2) Plausibilisierung über Investitionskostenumlage:

Die Investitionskostenumlage beträgt 20,35 Euro. Zunächst ist sie um den üblichen Anteil der Erstausstattung zu kürzen, damit Rücklagen für Ersatzbeschaffungen gebildet werden können. Übliche Anteile liegen im Bereich von zehn bis 30 Prozent bzw. 1,30 bis 1,50 Euro je Bett und Tag.

20,35 € – 1,50 € = 18,85 €

120 Betten x 0,97 (Auslastung) x 18,85 € x 365 Tage = 800.861,- €

Ergebnis Prüfung II: Die vereinbarte Jahrespacht kann aus der um die Rücklagen reduzierten Investitionskostenumlage erbracht werden. Wenn sich die Auslastung nicht wie erwartet entwickelt, wäre die Pacht bis zu einer Belegung von 90 Prozent, jedoch ohne Rücklagenbildung, zu erbringen.

800.000,- €/(120 Betten x 20,35 x 365) x 100 = 90 %

Aber das ist nicht zielführend, da wirtschaftliche Risiken aufgrund veralteter Ausstattung in die Zukunft projiziert werden. Diese Berechnung zeigt unter anderem auf, dass die Investitionskostenumlage nur eine Obergrenze darstellt, jedoch eine weitere differenzierte Betrachtung notwendig ist.

3) Plausibilisierung mit Hilfe der betriebswirtschaftlichen Methode:

Es liegt folgende Gewinn- und Verlustrechnung (Prognose) des Betreibers vor:

Gesamtumsatz	4.093.951,- €	
Personalkosten	2.302.133,- €	
Sachkosten	659.600,- €	
Summe Personal- und Sachkosten	2.961.733,- €	72 %
Betriebsergebnis I	1.132.218,- €	
Umsatzrendite	27,66 %	(Betriebsergebnis I / Gesamtumsatz)
Betreibergewinn	8 %	(private Betreiber 6-8 %, „non profit" 4,5-6 %)
betriebswirtschaftlich tragfähiger Pachtansatz vom Umsatz	19,66 %	(Umsatzrendite abzgl. Betreibergewinn)
tragfähige Pacht	804.702,-	(Pachtansatz % x Gesamtumsatz)

Ergebnis Prüfung III: Die vereinbarte Jahrespacht kann erwirtschaftet werden.

Gesamtergebnis: Die Überprüfung der vertraglich vereinbarten Pacht hat ergeben, dass diese nachhaltig erzielbar und tragfähig ist. Sie kann als Rohertrag in die Ertragswertberechnung übernommen werden. Das Ergebnis der Ertragswertberechnung lässt sich mit Hilfe des Vielfachen des Rohertrages plausibilisieren.[78]

78 nachfolgende Werte vgl. HypZert (2013), S. 95

Marktübliche Werte im Rahmen der Verkehrswertermittlung sind:

Alte Bundesländer und Berlin	11,5- bis 13,0-fach
Neue Bundesländer	10,5- bis 12,0-fach

Marktübliche Werte im Rahmen der Beleihungswertermittlung sind:

Alte Bundesländer und Berlin	10,0- bis 11,5-fach
Neue Bundesländer	9,0- bis 10,5-fach

7. Literaturverzeichnis

Bayerische Stiftung für Qualität im Betreuten Wohnen BSQBW e.V. (2001), Wohnen im Alter, München 2001

Busz, Pamela (2003), Seniorenimmobilien als Investitionsobjekte, Verlag Rudolf Müller, Köln, 2003

CBRE/ImmoTISS (2012), Pflegeimmobilienreport 2012-2013

Deinert, Horst, Textsammlung Heimrecht – Bundes- und landesrechtliche Vorschriften, Bundesanzeiger Verlag, Köln 2012

Deutsche Alzheimer Gesellschaft, Selbsthilfe Demenz – Das Wichtigste 1: Die Epidemiologie der Demenz, Informationsblätter Demenz, (2012), S. 1-5

Empirica (2003), Wohnen im Alter – Teil 3, paper Nr. 77, http://www.empirica-insitut.de/kufa/empi077mtk.pdf

Gemeindetag Baden-Württemberg u.a. (Hrsg.) (2001), Betreutes Wohnen für Senioren, Qualitätssiegel Baden-Württemberg – Anforderungen, Prüfverfahren, Informationen, 3. überarbeitete Auflage, Gemeindetag Baden-Württemberg, Städtetag Baden-Württemberg, Landeswohlfahrtsverband Baden, Landeswohlfahrtsverband Württemberg-Hohenzollern (Hrsg.), Karlsruhe/Stuttgart 2001

HypZert (2013), Studie: Bewertung von Objekten des Betreuten Wohnens sowie Bewertung von Pflegeheimen – HypZert Fachgruppe Sozialimmobilien, überarbeitete und erweiterte Fassung vom Januar 2013

Jahn, Wolfgang (2000), Wertermittlung von Alten- und Pflegeheimen, in: Grundstücksmarkt und Grundstückswert (GuG), no. 5/2000, S. 282-287

Jahn, Wolfgang (2003), Bewertung von Alten- und Pflegeheimen, Tegernseer Immobilien-Sachverständigen-Tage, Dokumentation der Vorträge, Rottach-Egern, 02./03.05.2003

Kleiber, Wolfgang/Simon, Jürgen (2007), Verkehrswertermittlung von Grundstücken, 5. Auflage, Köln, 2007

Klie, Thomas (2003), Recht der Altenhilfe – Die wichtigsten Gesetze und Vorschriften, Vincentz Verlag, Hannover, 2003

Koch, Kristin/Krenn, Petra (1999), Wohnungen, Wohnanlagen und Wohnumfeld im Urteil der BewohnerInnen, in: Fachstelle für Seniorenfragen, Landratsamt Augsburg/Fachstelle für Altenhilfe, Landratsamt Aichach-Friedberg (Hrsg.) (1999), 10 Jahre Betreutes Wohnen in der Region Augsburg – eine kritische Bilanz, Dokumentation der Fachtagung am 11. November 1999 in Friedberg, 1999, S. 20 – 30

Kuratorium Deutsche Altershilfe (1998), Qualitative Anforderungen an den Pflegeheimbau unter den gegenwärtigen Rahmenbedingungen: 4. Betriebsräume im Wohnbereich, Thema 131, Kuratorium Deutsche Altershilfe, Köln 1998

Kuratorium Deutsche Altershilfe (1999), Qualitative Anforderungen an den Pflegeheimbau unter den gegenwärtigen Rahmenbedingungen: 5. Zentrale Einrichtungen, Thema 133, Kuratorium Deutsche Altershilfe, Köln 1999

Kuratorium Deutsche Altershilfe/Deutscher Mieterbund (Hrsg.) (2000), Ratgeber Betreutes Wohnen – Service, Preise, Verträge – woraus müssen Sie achten?, KDA/DMB, Köln, 2000

Kuratorium Deutsche Altershilfe (2001), Betreutes Seniorenwohnen – Arbeitshilfe für Beraterinnen und Berater, Kuratorium Deutsche Altershilfe, Köln, 2001

Kuratorium Deutsche Altershilfe (2002), Planung humaner Pflegeheime – Erfahrungen und Empfehlungen, aus: Architektur und Gerontologie – Ausgabe 1, 2., neubearbeitete Auflage, Kuratorium Deutsche Altershilfe, Köln 2002

Metzmacher, Wolfgang/Krikler, Manfred (2004), Gebäudeschätzung über die Bruttogeschossfläche – Arbeitshandbuch zur Ermittlung von Gebäudeschätzwerden im Hochbau, 2. Auflage, Bundesanzeiger Verlag, Köln, 2004

Saup, Prof. Dr. Winfried (1999), Bewohner in betreuten Seniorenwohnanlagen. Erwartungen, Einzugsgründe und Gesundheitszustand, in: Fachstelle für Seniorenfragen, Landratsamt Augsburg/Fachstelle für Altenhilfe, Landratsamt Aichach-Friedberg (Hrsg.) (1999), 10 Jahre Betreutes Wohnen in der Region Augsburg – eine kritische Bilanz, Dokumentation der Fachtagung am 11. November 1999 in Friedberg, 1999, S. 9 – 19

Sommer, Dr. Goetz/Piehler, Prof. Jürgen (Hrsg.) (2003), Grundstücks- und Gebäudewertermittlung für die Praxis, Rudolf Haufe Verlag, Freiburg i.Br., 2003

Statistisches Bundesamt (2009), Bevölkerung Deutschlands bis 2060, 12. Koordinierte Bevölkerungsvorausberechnung, Wiesbaden, 2009

Statistisches Bundesamt (2013), Bericht: Pflegestatistik 2011 – Pflege im Rahmen der Pflegeversicherung – Deutschlandergebnisse, Wiesbaden, 2013

Ulrich, Yves (2005), unter Mitarbeit von: Dr. Schröder, Karsten, Studie: Bewertung von Sozialimmobilien, HypZert GmbH, Berlin 2005

Ulrich, Yves (2007), Wohnen im Alter – Markt- und Beleihungswertermittlung von Objekten des Betreuten Wohnens, in: Grundstücksmarkt und Grundstückswert (GuG), no. 1/2007, S. 21 – 34

Ulrich, Yves (2012), Seminarskript „Pflegeimmobilien – Fallstricke erkennen und Fehler vermeiden", Weiterbildungsservice für Recht und Wirtschaft, 17.04.2012 Berlin

Weyers, Gustav (1997), Verkehrswert und Beleihungswert von Seniorenimmobilien, in: Grundstücksmarkt und Grundstückswert (GuG), no. 1/1997, S. 1 – 12

Weiterführende Literatur

Schaper, Daniela (2007), Bewertung von Seniorenimmobilien – Anwendung strategischer Konzepte in der Bewertungspraxis, Dissertation, Rombach Verlag, Freiburg, 2007

XX. Hochhäuser

Heidi Bösch

In Deutschland werden Hochhäuser in den meisten Landesbauordnungen (LOB) als Gebäude definiert, bei denen der Fußboden des obersten Stockwerkes mindestens 22 Meter über der Geländeoberfläche liegt. Beispielhaft steht in der LOB Baden-Württemberg § 2, Satz 4 „... bei denen der Fußboden mindestens eines Aufenthaltsraumes mehr als 22 Meter über der für das Aufstellen von Feuerwehrfahrzeugen nötigen Fläche liegt." Diese Formulierung weist bereits darauf hin, dass sich Hochhäuser von anderen Häusern auf Grund der besonderen Gefährdung im Brandfall unterscheiden. Hingegen werden beispielsweise in Japan und China Gebäude erst als Hochhäuser definiert, wenn sie mehr als 100 Meter hoch sind. Grundsätzlich sind in Hochhäusern die unterschiedlichsten Nutzungsformen (Wohnen, Gewerbe...) denkbar, wobei reine Wohnhochhäuser, nicht zuletzt auf Grund der Ablehnung in weiten Teilen der Bevölkerung („Wohnsilos"), zumindest in Europa kaum noch errichtet werden. Hochhäuser reihen sich daher eher im Hinblick auf ihre spezielle Gebäudestruktur in die Reihen der „Spezialimmobilien" ein, nicht auf Grund ihrer speziellen Nutzung. Im Folgenden wird deshalb im Wesentlichen auf gewerblich genutzte Hochhäuser und hierbei insbesondere auf Bürogebäude eingegangen.

1. Markttrends

Abb. 1: Zeichnung: Burj Khalifa

Hochhäuser sind nach wie vor gefragte Immobilien, sowohl für Mieter als auch für Investoren, wobei die Neubauimmobilie auf Grund moderner Raumkonzepte, zeitgemäßer Architektur, Konstruktion und technischer Ausstattung ein weitaus größeres Interesse der Marktteilnehmer erfährt als Hochhäuser, die 20 Jahre und älter sind. Nicht selten sind Hochhäuser Prestigeobjekte. Seit Erstellung des „Home Insurance Building" 1885 in Chicago mit insgesamt zehn Etagen als damals höchstes Gebäude der Welt hält der Wettlauf um immer höher werdende Gebäude weltweit an. Seit seiner Fertigstellung im Jahr 2008 ist das Burj Khalifa mit einer Gesamthöhe von 828 Meter das (derzeit) höchste Gebäude der Welt.

Den Rang der Städte mit den meisten Hochhäusern führt weltweit Hongkong mit 7.500 Gebäuden an, gefolgt von New York City, Singapur und Sao Paulo. Im Vergleich zu den vorgenannten Megastädten ist die Anzahl der Hochhäuser in deutschen Städten bisher immer noch gering. So stehen hierzulande nur 13 Gebäude mit einer Höhe über 150 Meter, zwölf davon in Frankfurt und eines in Bonn. Der Trend zum Hochhaus hält zwar grundsätzlich an, jedoch wird neuerdings – Prestigeobjekte ausgenommen – zuweilen auch ein Augenmerk auf die Wirtschaftlichkeit gerichtet: Bis zu einer gewissen Höhe können Hochhäuser ökonomisch sein, weil sie viel nutzbaren Raum pro Baufläche bieten. Ab einer Höhe von rund 300 Metern wird jedoch der Aufwand zur Errichtung der Gebäude unwirtschaftlich, weil die Kosten für Statik, Logistik, Energieversorgung usw. überproportional steigen.

2. Wertermittlung

2.1 Flächenbedarf

Entwurf und Konstruktion von Bürogebäuden werden in der Regel „von innen heraus" entwickelt. Ausgehend vom Nutzer der Immobilie, von den Arbeitsplätzen mit ihren nutzungsspezifischen, psychologischen und ergonomischen Anforderungen, müssen bestimmte Flächen- und Raumkonzepte umgesetzt werden. Grundsätzlich bieten Hochhäuser auf relativ kleinem Grundstück ein hohes Maß an (vermietbarer) Fläche. Während sich in den Untergeschossen meist Tiefgaragenstellplätze befinden, wird von Seiten der Nutzer meist größter Wert auf eine repräsentative Lobby im Erdgeschoss gelegt. Die Flächen für die darüber befindlichen Büroetagen sind, abhängig vom Büroraumkonzept wie Großraum-, Gruppen-, Zellen- und Kombibüros, zwangsläufig unterschiedlich gestaltet. Dabei sind Stützenabstände und Rastermaße von großer Wichtigkeit, sowohl aus wirtschaftlichen Gründen (Kostenersparnis bei vorgefertigten Bauteilen) als auch wegen erhöhter Flexibilität in Bezug auf Trennwände und größengenormter Büromöbel.

2.2 Gebäudeanforderungen

Die besonderen Ansprüche, die der Gesetzgeber an den Bau und Betrieb von Hochhäusern stellt, sind in den Hochhaus-Richtlinien (HHR) verankert, die in den einzelnen Bundesländern im Detail verschieden ausgestaltet sein können. Einige Länder haben die Muster-Hochhaus-Richtlinie direkt bauaufsichtlich eingeführt. In anderen Ländern (z.B. Hessen) fehlt eine entsprechende Rechtsvorschrift, hier wird die Gültigkeit der Musterrichtlinie in der Baugenehmigung festgelegt oder jede einzelne Anforderung als Nebenbestimmung aufgeführt. Die Überschreitung der Hochhausgrenze (22 bzw. 60 Meter Höhenlinie) für den obersten Geschossfußboden führt in Deutschland zu den nachfolgend aufgeführten, kostensteigernden Maßnahmen:

- Der zweite Rettungsweg kann nicht mehr über die Drehleiter der Feuerwehr erfolgen, sondern ist durch ein zweites Treppenhaus sicherzustellen. Ab einer Gebäudehöhe von 60 Metern sind diese Treppenhäuser gemäß den Hochhaus-Richtlinien als innen oder außen liegendes Sicherheitstreppenhaus auszuführen.
- Es werden zusätzlich separate Feuerwehraufzüge notwendig, die mit einem Notstromaggregat versorgt werden müssen.
- Teilweise werden trockene und/oder nasse Steigleitungen gefordert, teilweise mit Druckerhöhungspumpen, da der Löschwassertransport für die Feuerwehr mit zunehmender Höhe immer schwieriger wird.
- Eine automatische Löschanlage (Sprinkleranlage) ist ab einer Gebäudehöhe von 60 Metern erforderlich. Üblicherweise werden Brandmeldeanlagen und Handfeuerlöscher in den Nutzungsbereichen gefordert. Außerdem können Warneinrichtungen, zum Beispiel elektrische Lautsprecheranlagen, gefordert werden.
- Bei Gebäuden mit mehr als 60 Metern Höhe wird für tragende und aussteifende Bauteile eine Feuerwiderstandsdauer von 120 Minuten gefordert, bei einer Gebäudehöhe von 240 Metern muss die Feuerwiderstandsdauer 180 Minuten betragen. Dies führt zu einer allgemeinen Kostenerhöhung aller konstruktiven Bauteile einschließlich der Gründung.
- Wegen der hohen abzutragenden Lasten müssen die konstruktiven Bauteile deutlich stärker dimensioniert werden, was zu einer Reduktion der Mietfläche führt.

Das Betreiberkonzept

Die Ersteller von Bürohochhäusern lassen sich in drei wesentliche Gruppen unterscheiden:

- Der Eigennutzer, der sein Gebäude unternehmensbezogen für die Bedürfnisse des eigenen Unternehmens erstellt.
- Der Ersteller, der renditeorientiert Gebäude errichtet, die eine möglichst breit gestreute Nutzerschicht ansprechen sollen.
- Daneben treten Mischformen auf, bei denen der Eigennutzer seine Immobilie als Kapitalanlage für Dritte zum Einsatz bringt (Beispiel: Bankentürme in Frankfurt).

Das Raumkonzept:

Man unterscheidet folgende Büroraumkonzepte:

- Großraumbüro: 400 bis 1.000 Quadratmeter; 80 Mitarbeiter und mehr; Raumtiefen mindestens 20 bis 30 Meter.
- Gruppenbüro:100 bis 300 Quadratmeter; 15 bis 25 Mitarbeiter
- Zellenbüro: 12 bis 40 Quadratmeter; ein bis zwei Mitarbeiter
- Kombibüro: 10 bis 12 Quadratmeter; ein Mitarbeiter

Das Grundrisskonzept:

Die Grundrissgestaltung ist abhängig vom gewählten Büroraumkonzept.

Beispiel

Einbündige Anlage:

- *Ein Flur erschließt einseitig angeordnete Büroräume.*
- *Das Verhältnis zwischen Nutzfläche und Verkehrsfläche ist in der Regel nicht optimal. Dies kann jedoch durch große Büroraumtiefen kompensiert werden. Große Büroraumtiefen beschränken die Art der Nutzung auf Gruppen- und Großraumbüros, Konferenzbereiche und allgemeine Nutzungen (Kantine etc.).*
- *Bei einseitiger Schallbelastung (Straße, Bahnlinie o.Ä.) oder einer gewünschten Orientierung der Arbeitsplätze kann eine einbündige Anlage sinnvoll sein.*

Beispiel

Zweibündige Anlage

- *Ein Flur erschließt hierbei beidseitig angeordnete Büroräume.*
- *Zweibündige Anlagen sind der wirtschaftlichste Gebäudetyp für Bürobauten und kommen deswegen bei allen drei Betriebsvarianten zum Einsatz. Sie wirken zwar als Erschließungssystem etwas langweilig, stellen aber die optimale Erschließungsform dar.*
- *Das Verhältnis von Verkehrs- zu Nutzfläche ist auch bei einem, nach heutigen Maßstäben „suboptimalen" Gebäuderaster wirtschaftlich.*
- *Hoher Nettonutzflächenanteil.*
- *Gestaltungsflexibilität (Zellenbüros, Gruppenbüros, ggf. Kombibüros)*

Beispiel

Dreibündige Anlage

- *Zwei Flure erschließen an den Außenseiten liegende Büroräume. Zwischen den Fluren, im inneren Bund, befinden sich Nebenräume wie Besprechungsräume, Archive, Teeküchen, Sanitäranlagen (z.B. Thyssen-Haus in Düsseldorf, Architekten: HPP).*
- *Hoher Verkehrswegeanteil.*
- *Weite Verbindungswege können durch Stichflure verkürzt werden. (Die Länge der Fluchtwege wird gemäß Landesbauordnung geregelt und darf daher auch im Dreibund nicht länger werden als in anderen Gebäuden.)*
- *Keine Kombibüros möglich, wenn der innere Bund für Sanitäranlagen genutzt wird. (Sanitäranlagen können sich auch in der Nähe der Erschließungskerne befinden, welche sich nicht zwingend in der Gebäudemitte befinden müssen.)*

Beispiel

Flurlose Anlage

- *Wirtschaftlich, jedoch nicht teilbar und ist deshalb für die Drittverwendung als problematisch anzusehen.*

Beispiel

Gliederung um einen zentralen Erschließungskern

- *Typisch für Punkthochhäuser.*
- *Ungünstiges Verhältnis Bruttogeschossfläche/Nettonutzfläche durch den hohen Erschließungs- und Versorgungsaufwand (z.B. RWE-Hochhaus in Essen, Architekt: Ingenhoven Overdieck).*

Erforderliche BGF pro Arbeitsplatz:

Bürotyp	Nettogrundfläche (NGF)	Bruttogrundfläche (BGF)
Großraum:	23,20 m²	26,40 m²
Gruppenraum:	22,60 m²	25,90 m²
Zellenbüro (Standard)	19,50 m²	22,40 m²
Zellenbüro (Komfort)	26,00 m²	28,90 m²
Kombibüro	20,20 m²	23,10 m²

Konstruktionen, Achsen und Raster:

Allgemein lassen sich Bauwerke in drei Strukturen gliedern:

- Primärstruktur (Rohbau)
- Sekundärstruktur (Innenausbau)
- Tertiärstruktur (Haustechnik)

Bürohochhäuser werden in Deutschland in der Regel als Skelettbauten aus Stahlbeton errichtet (Stahlskelettbauten sind aus Gründen des Brandschutzes nicht zulässig!). Die Skelette bestehen aus Stützen, darüber liegenden Unterzügen, Deckenfeldern (getragen von den Unterzügen) und aussteifenden Wandelementen zur Sicherung gegen horizontale Kräfte. Die Horizontalkräfte können auch durch die Kerne aufgenommen werden. Skelettbauten bieten sehr gute Möglichkeiten für Veränderungen und Anpassungsfähigkeit an neue Erfordernisse späterer Nutzungen.

Stützen:

Die Stützenabstände sind abhängig vom Verwendungszweck des Gebäudes. Hierbei sind die Querschnitte abhängig von der Last. Die optimale Stützweite liegt bei fünf bis sechs Metern für Stahlbetonbauten.

Rastersysteme:

Rastersysteme ermöglichen optimale Raumnutzungen, flexible Nutzbarkeiten sowie eine wirtschaftliche Konstruktion. Allgemein kann festgestellt werden:

- große Rasterung (> 1,80 m) führt zu geringeren Baukosten, bietet jedoch wenig Flexibilität
- kleine Rasterung (< 1,25 m) führt zu höheren Baukosten, bietet jedoch größere Flexibilität

Ein Maximum an Flexibilität und wirtschaftlicher Raumnutzung bei vertretbaren Kosten liegt bei einem Rastermaß für den Ausbau von 1,35 Meter. Dieses Gebäuderaster korrespondiert gleichzeitig mit dem optimalen Raster von 5,40 Meter für Tiefgaragen (4 x 1,35 m = 5,40 m).

Lichte Raumhöhen:

Gemäß der Arbeitsstättenverordnung sind, abhängig von der entsprechenden maximalen Raumfläche, folgende lichte Mindestraumhöhen einzuhalten:

- bis max. 50 Quadratmeter Raumfläche bei mindestens 2,50 Meter lichter Raumhöhe
- bis maximal 100 Quadratmeter Raumfläche bei mindestens 2,75 Meter lichter Raumhöhe
- bis maximal 2.000 Quadratmeter Raumfläche bei min. 3,00 Meter lichter Raumhöhe
- bei über 2.000 Quadratmeter Raumfläche mindestens 3,25 Meter lichte Raumhöhe

Ausbau im Bürohochhaus

Der Anteil des Ausbaus gewinnt bei Bürohochhäusern im Verhältnis zur reinen Konstruktion immer mehr an Bedeutung. Er trägt in den Bereichen Schallschutz, Wärmeschutz und Technik zum Aufenthalts-/Nutzerkomfort sowie zur besseren Energienutzung bei. Hierbei ist besonders der ökologische Aspekt hervorzuheben, denn Hochhäuser der Zukunft verwandeln sich immer mehr in Kraftwerke, die sich selbst versorgen. Je weniger Energie ein Bürogebäude für Heizung, Kühlung oder Versorgung von Fahrstühlen, Rechenzentren oder Arbeitsbeleuchtung braucht, umso nachhaltiger wird seine Rendite sein.

2.3 Gesamtnutzungsdauer/Restnutzungsdauer

Im Allgemeinen ist die wirtschaftliche Gesamtnutzungsdauer bei den meisten Immobilien, aber insbesondere bei Hochhäusern angesichts sich immer schneller ändernder Nutzungsanforderungen an Raum- und Technikkonzepte sehr viel kürzer, als die technische Lebensdauer. Investoren setzen bei ihren Kalkulationen üblicherweise nicht mehr als 40 Jahre Gesamtnutzungsdauer an, während in den Richtlinien zur Ermittlung des Sachwertes, Anlage 3, als Orientierung für die übliche Gesamtnutzungsdauer bei ordnungsgemäßer Instandhaltung für Geschäftshäuser, Bürogebäude und Banken noch 60 Jahre zu Grunde gelegt werden, jedoch mit dem Hinweis, dass je nach Situation auf dem Grundstücksmarkt die anzusetzende Gesamtnutzungsdauer sachverständig zu bestimmen und zu begründen ist.

Die Tatsache, dass sich beispielsweise der Abriss eines 50-stöckigen Gebäudes technisch als schwierig gestaltet und mit, im Vergleich zu niedrigeren Gebäuden, weitaus höherem finanziellen Aufwand verbunden ist, lässt hier allerdings die Überlegung zu, dass mit wirtschaftlich überalterten Hochhäusern bebaute Grundstücke nicht generell sofort freizulegen sind. Oft ist es wirtschaftlich sinnvoller, das betreffende Gebäude zu entkernen sowie innen und außen vollkommen neu zu gestalten bis hin zu einer völlig neuen Fassade. Der finanzielle Aufwand für eine solche Revitalisierung entspricht dann gegebenenfalls annähernd Neubaukosten.

2.4 Wertermittlungsmethode

Je nach Zweck und Auftragsinhalt der Wertermittlung können grundsätzlich alle gängigen nationalen und internationalen Verfahren zur Anwendung kommen. Die Wertermittlungsansätze unterscheiden sich bei Hochhäusern in der Regel nicht von Gebäuden mit geringer Geschosshöhe. In der Regel wird dem Ertragswertverfahren der Vorzug gegeben. In dieser Abhandlung wird ebenfalls vorwiegend auf die Wertermittlungsansätze gemäß §§ 17 – 20 ImmoWertV eingegangen wird.

Grundlage für die Ermittlung des Ertragswertes nach den Vorschriften des BauGB beziehungsweise der ImmoWertV ist auch hier der nachhaltig zu erwartende Einnahmenüberschuss aus der Immobilie als so genannter Reinertrag, multipliziert mit einem Vervielfältiger, der sich aus dem Liegenschaftszinssatz und der Restnutzungsdauer der zu bewertenden Immobilie ergibt. Der Wert des Grund und Bodens wird dabei gesondert ermittelt. Als gebräuchliche internationale Bewertungsstandards in Europa sind zu nennen: Die International Valuation Standards (IVS) des International Valuation Standards Committee (IVSC), die European Valuation Standards (EVS) der European Group of Valuers' Association (TEGoVA) und das Appraisal and Valuation Manual der Royal Institution of Chartered Surveyors (RICS). Nach diesen Bewertungsstandards ist der Market Value (als Pendant zum Verkehrswert) nach dem Discounted-Cashflow(DCF)-Verfahren zu ermitteln.

2.5 Bodenwertermittlung

Weil üblicherweise keine Transaktionen vergleichbarer „Hochhaus"-Grundstücke stattfinden, wird man auch hier auf die Bodenrichtwerte der Gutachterausschüsse Bezug nehmen müssen. Diese sind meist GFZ-bezogen ausgewiesen. Der Gutachterausschuss der Stadt Frankfurt am Main veröffentlicht zum Beispiel entsprechende Bodenrichtwerte, bezogen auf die Lage und Ausnutzung (GFZ). Bei der Bewertung erfolgt hier die GFZ-Umrechnung (GFZ Bewertungsgrundstück/GFZ Richtwertgrundstück) linear bis zu einer GFZ des Bewertungsgrundstückes von 5,0. Bei Überschreitung der GFZ von 5,0 erfolgt die Umrechnung leicht niedriger als linear, entsprechend einem in etwa parabelförmigen Kurvenverlauf. Somit verringert sich der Wertzuwachs des Bodenwertes mit steigender Geschosszahl oberhalb einer GFZ von 5,0.

2.6 Mietansätze

Das Image eines Standortes ist bei der Flächensuche ein maßgebliches Entscheidungskriterium. Die Entscheidung für oder gegen eine Büroimmobilie wird zusätzlich von rationalen, nachvollziehbaren Kriterien bestimmt. Wichtig ist hierbei, wie effizient ein Objekt ist und ob es den technischen Anforderungen genügt – nicht nur heute, sondern langfristig. Deshalb müssen auch das Umfeld und die Perspektiven jeder Immobilie berücksichtigt werden unter Beachtung der ortsüblichen Mietansätze. Dabei werden in modernen Hochhäusern in nachgefragten Lagen der Metropolen, trotz anhaltender Schwäche der Nebenlagen, weiterhin Spitzenmieten bezahlt. Zu beachten ist außerdem, dass die Höhenlage innerhalb des Gebäudes oft als Prestigelage gilt und demzufolge die höchsten Mieterträge bringt. Nach aktueller Einschätzung des Immobilienfinanzierers Eurohypo sind an bestimmten Standorten wieder leichte Steigerungen bei den Mieten festzustellen. So berichtet die Eurohypo etwa in München und Hamburg über anziehende Preise in Spitzenlagen. Dieser Trend wird sich im kommenden Jahr fortsetzen. Die Nachfrage nach hochwertigen Büroimmobilien in guten und sehr guten Lagen sei deutlich gestiegen. Hinzu komme, dass weniger neu gebaut werde und sich der Angebotsüberhang dadurch verringere.

Nach Einschätzung der BNP Paris Bas Real Estate, zeigen sich für die Büromärkte 2013 insgesamt gute Perspektiven. Auch wenn im ersten Halbjahr 2013 wohl nur ein moderates Wirtschaftswachstum zu erwarten ist, scheinen sowohl Stimmung als auch Lage in den Unternehmen weiterhin stabil und perspektivisch sogar verhalten optimistisch zu sein. Darauf deuten u.a. auch wichtige Stimmungsindikatoren, wie der Ifo- und ZEW-Index, hin, die gegen Ende 2012 wieder leicht angezogen haben. Genauso wichtig ist der sehr gute Flächenumsatz im vierten Quartal 2012, der trotz des schwierigen Umfelds realisiert wurde. Von einer Rezession oder nachhaltigen Krise ist momentan nicht auszugehen, sodass sich auch der Arbeitsmarkt 2013 insgesamt stabil zeigen dürfte. Darüber hinaus werden wichtige Stützen der Gesamtnachfrage von der prognostizierten Erholung der Weltwirtschaft im zweiten Halbjahr 2013 profitieren, was sich auch in einer zusätzlichen Büroflächennachfrage niederschlagen sollte. Hierzu gehören nicht zuletzt die erfolgreichen deutschen Industrieunternehmen, deren Verwaltungseinheiten zu den wichtigen Nachfragegruppen für Büroflächen gehören. Aber auch die momentan eher positiven Signale aus dem Bankensektor, zu denen die zeitlichen Zugeständnisse der Bankenaufsicht zum Aufbau der Mindest-Liquiditätsquote bis 2019 erheblich beigetragen haben, dürften sich positiv auswirken.

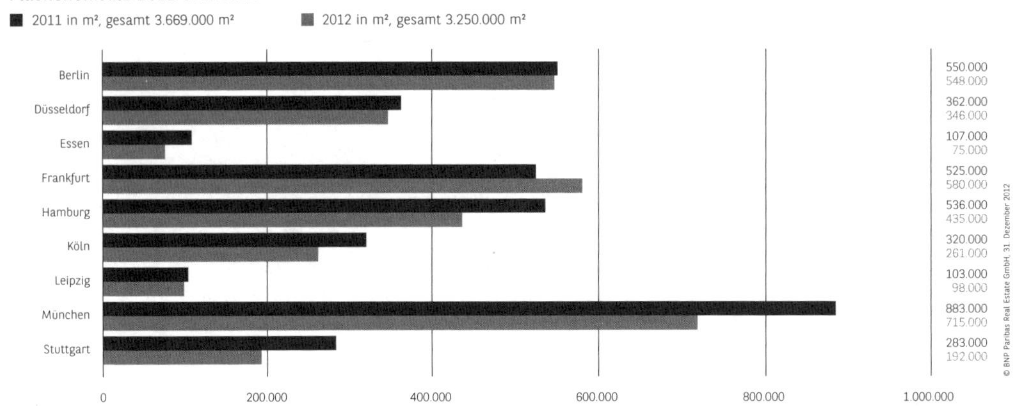

Abb. 2: Property Report – Büromarkt Deutschland 2013
Quelle: BNP Paris Bas Real Estate

Während in Hamburg und Frankfurt laut CBRE die Spitzenmiete weiter stabil blieb, zogen durch die anhaltend hohe Nachfrage die erzielbaren Mietpreise für erstklassige Flächen in den jeweiligen Toplagen in Düsseldorf auf 26,00 Euro pro Quadratmeter und Monat (+8 % gegenüber 1. Quartal 2012), in München auf 31,50 Euro pro Quadratmeter und Monat (+3 %) und in Berlin auf 22,50 Euro pro Quadratmeter und Monat (+2 %) weiter an.

Mieter in Hochhäusern müssen zusätzlich zur Netto-Kaltmiete teilweise erheblich höhere Nebenkosten aufbringen als in Gebäuden mit geringeren Höhen. Die großen Fassadenflächen erschweren die Wärmedämmung im Winter und erhöhen die Wärmeaufnahme im Sommer, was meist zu einem höheren Energieverbrauch führt. Aber auch die hohe Anzahl der Aufzüge, oder besondere Anforderungen wie ein Empfangscounter in der Lobby, der 24 Stunden besetzt sein soll, die erhöhten Kosten für die Wartung hochhausspezifischer Einrichtungen, wie Brandschutzanlagen, erhöhen die umlagefähigen Nebenkosten. Liegen diese bei einem „Nicht-Hochhaus" in Deutschland bei rund 2,50 Euro pro Quadratmeter Mietfläche, so steigen sie in den Wolkenkratzern durchaus auf zwölf Euro pro Quadratmeter und liegen durchschnittlich wohl bei rund 6,50 Euro pro Quadratmeter.

2.7 Bewirtschaftungskosten

Die Höhe der Bewirtschaftungskosten (gem § 19 ImmoWertV) unterscheidet sich bei Hochhäusern nicht wesentlich von anderen Gebäudetypen. Instandhaltungskosten sind, auf den Quadratmeter Mietfläche berechnet, kaum höher anzusetzen als ortsüblich. Ein Ansatz von rund zehn bis zwölf Euro pro Quadratmeter Mietfläche erscheint auch hier angemessen. Die Verwaltungskosten werden eher geringer eingestuft, weil bei größeren Verwaltungsobjekten meist geringere Verwaltungssätze pro Nutzereinheit zu bezahlen sind, als bei Gebäuden mit nur wenigen Nutzern. Auch die Höhe des Mietausfallwagnisses ist, wie bei anderen Gebäudetypen, entsprechend der Nutzung, der regionalen und infrastrukturellen Lage sowie der aktuellen Marktlage auf dem Immobilienmarkt anzusetzen.

2.8 Leerstand

Grundsätzlich ist in Hochhäusern keine höhere oder niedrigere Leerstandsrate nachweisbar als in anderen Gebäuden. Da es sich bei den hier besprochenen Gebäuden meist um Bürohäuser handelt, unterliegen diese bezüglich des Leerstands den markt- und ortsüblichen Schwankungen mit oft großen Amplituden. Derzeit zeichnet sich in den meisten deutschen Bürostandorten wieder eine erhöhte Nachfrage nach Büroflächen ab, was eine Senkung der Leerstandsflächen, insbesondere bei neuen Bürozentren mit sich brachte, oft jedoch zu Lasten der älteren Bestandsflächen ging. Insgesamt ist jedoch das Leerstandsniveau auf dem Büroimmobilienmarkt nach wie vor bemerkenswert, wenn auch mit abnehmender Tendenz im Jahr 2007.

Der Start in das Jahr 2013 war insgesamt eher verhalten, betont Carsten Ape, Head of Agency des Immobilienberatungsunternehmens CBRE in Deutschland. „Positiv sind insbesondere das erfreuliche Umsatzergebnis in Hamburg und München sowie die stabilen oder sogar gestiegenen Spitzenmieten in den Topstandorten. Ausgehend von einer anhaltend hohen Nachfrage nach modernen Büroflächen erwarten wir stabile oder sogar noch leicht steigende Spitzenmieten sowie einen weiteren Leerstandsabbau." Durch niedrige spekulative Fertigstellungsvolumina sowie den anhaltenden Trend zur Umwidmung leerstehender und nicht mehr marktgängiger Büroflächen in andere Nutzungsarten bzw. deren -sanierung, sank das Leerstandsvolumen in den Top 5-Standorten weiterhin ab. Die durchschnittliche Leerstandsrate sank um 0,6 Prozentpunkte auf nunmehr 9,7 Prozent ab.

2.9 Liegenschaftszinssatz/Diskontierungszinssatz

Gemäß § 14 ImmoWertV ist der Liegenschaftszinssatz „auf der Grundlage geeigneter Kaufpreise und der ihnen entsprechenden Reinerträge für gleichartige bebaute und genutzte Grundstücke unter Berücksichtigung der Restnutzungsdauer der Gebäude nach den Grundsätzen des Ertragswertverfahrens zu ermitteln". International werden anstelle eines nachhaltigen Reinertrages die geschätzten Einnahmenüberschüsse (Cashflows) auf den Bewertungsstichtag diskontiert. Eine gesonderte Bewertung des Grund und Bodens findet nicht statt. Der Diskontierungszinssatz wird aus den langfristigen Zinssätzen auf den Kapitalmärkten für Eigen- und Fremdkapital abgeleitet unter Berücksichtigung des besonderen Risikos von Investitionen in Büroimmobilien gegenüber quasi risikofreien Kapitalanlagen. Daraus wird ersichtlich, dass neben der Höhe des Reinertrages bzw. der Cashflows die Höhe des anzuwendenden Vervielfältigers beziehungsweise Diskontierungszinsfußes die weitere wesentliche Wert bestimmende Determinante für den Ertragswert ist. Grundsätzlich ist bei der Bewertung von Hochhäusern der Liegenschaftszinssatz wie auch der Diskontierungszinssatz entsprechend der Nutzung, der Lage, der Restnutzungsdauer und den sonstigen Einflussfaktoren anzusetzen.

2.10 Netto-Anfangsrenditen

Der Begriff wird unterschiedlich interpretiert. Üblicherweise wird im Immobilienbereich unter Nettoanfangsrendite die Nettomieteinnahmen des ersten Jahres, ausgedrückt in Prozenten des Objektpreises, verstanden, einschließlich der Erwerbsnebenkosten. Es handelt sich annähernd um den reziproken Wert des Multiplikators, bei dem allerdings die Erwerbsnebenkosten unberücksichtigt bleiben. Teilweise werden aber auch die „Nettomieten" vorher von Verwaltungs- und Instandhaltungskosten sowie von nicht umlegbaren Betriebskosten bereinigt. Da es sich bei Hochhäusern per se um Immobilien mit sehr großem Flächenangebot meist in Zentren von Großstädten handelt, werden diese Immobilien bevorzugt von Fondsgesellschaften und institutionellen Anlegern aus dem In- und Ausland erworben. Derzeit ist die Nachfrage nach solchen „Großobjekten" von Seiten ausländischer Investoren recht groß, was seit circa 2005/2006 zu teilweise immer höheren Kaufpreisen und damit zu einem ständigen Sinken der Anfangsrenditen führte.

2.11 Ansätze im Sachwertverfahren

Gemäß einschlägiger Fachliteratur erhöhen sich die durchschnittlichen Normalherstellungskosten eines Büro- und Verwaltungsgebäudes pro zusätzlichem Geschoss um bis zu 20 Prozent. Andererseits ergibt sich aber für weitere Geschosse ein Rationalisierungseffekt, indem zum Beispiel die vorhandene Geschossschalung mehrere Male verwendet wird. Je nach Bautyp und Ausstattung sind die Mehrkosten individuell zu untersuchen.

Ansonsten sind die Ansätze im Sachwertverfahren auch bei Hochhäusern gemäß § 21 – 23 ImmoWertV zu wählen.

2.12 Besonderheiten

Incentives

Bei der verhältnismäßig noch recht hohen Leerstandsquote, ist es am Markt üblich, einem Mietinteressenten Incentives (Anreize), wie die Übernahme der Kosten für besondere Ausstattungswünsche, Übernahme der Kosten für Umzug oder die Gewährung von mietfreien Zeiten, zu geben. Da Incentives in Abhängigkeit von der jeweiligen Marksituation gewährt werden, ist die genaue Erfassung ihres Umfangs für die Wertermittlung teilweise von erheblicher Bedeutung.

Vermietungsaufwendungen

Bei Neuvermietungen anfallende Maklerprovisionen, derzeit marktüblich zwei Monatskaltmieten, sind auf Grund des derzeitigen Marktgeschehens vom Eigentümer zu entrichten. Bei großer Leerstandsquote innerhalb eines Gebäudes sollte dies wertmäßig berücksichtigt werden.

Drittverwendungsfähigkeit

Als Drittverwendungsfähigkeit bei Immobilien wird die Frage nach einer eventuellen Einschränkung der Weiternutzung bezeichnet. Hochhäuser unterscheiden sich dabei grundsätzlich nicht von anderen Gebäudetypen. Allein die Tatsache, dass Hochhäuser oft nutzerspezifisch errichtet werden, lässt bei solchen Objekten Sorge im Falle der Kündigung eines Mieters aufkommen.

XXI. Technologie- und Wissenschaftsparks

Walter Schwenk

Gewerbe-, Wissenschafts- und Technologieparks umfassen die Ansiedlung höherwertiger gewerblicher Nutzungen in einem technologischen Verbund von Planung, Forschung, Produktverarbeitung und Marktpräsenz. Die Realisierung dieses Verbundes wird unter anderem durch entsprechende planungsrechtliche Festsetzungen unterstützt. Im Zuge der allgemeinen wirtschaftlichen Entwicklung, in der ein Teil der Unternehmen zu gewerblichen Mischnutzungen tendieren, treten bei der Ansiedlung zunehmend Probleme hinsichtlich der Ermittlung angemessener Bodenwerte auf. Dies betrifft vor allem solche Unternehmen, die sowohl verarbeitungs- als auch dienstleistungsgeprägte Arbeitsabläufe vereinen und sich nicht ohne weiteres einer der beiden Kategorien zuordnen lassen. Als Beispiel eines Wissenschafts- und Technologieparks soll der Berliner Entwicklungsbereich Berlin Johannisthal/Adlershof dienen. Im Jahre 1994 wurde eine rund 420 Hektar große Gesamtfläche im Südosten von Berlin als Entwicklungsbereich festgesetzt. Hier entstand Berlins wichtigster Wissenschafts-, Wirtschafts- und Medienstandort. Zum Ende des Jahres 2010 waren neben 17 wissenschaftlichen Einrichtungen 883 Unternehmen in Adlershof ansässig, die mit 14.149 Beschäftigten in 2010 rund zwei Milliarden Euro Umsatz erbrachten. Die geleisteten Investitionen für den Standort beliefen sich in der Zeit von 1991 bis 2010 auf ca. 1,8 Milliarden Euro. Die Entwicklungsträger fördern die Integration von Wirtschaft und Wissenschaft. Die landeseigene Standortmanagementgesellschaft WISTA übernahm die Fläche der Akademie der Wissenschaften der DDR. Die mathematisch-naturwissenschaftlichen Institute der Humboldt-Universität wurden hierhin verlegt.

Abb. 1: Lageplan Adlershof
Quelle: WISTA-MANAGEMENT GMBH – www.adlershof.de

Der moderne Grundsatz der Standortentwicklung ist die Förderung des Zusammenwirkens von Forschung und Industrie sowie die beschleunigte Umsetzung von Innovation in Produktion. Berlin Adlershof soll sich zu einem Kompetenzzentrum für ausgewählte Themenfelder und künftige Schlüsseltechnologien von bedeutender nationaler und auch internationaler Bedeutung in den Bereichen

- Informations- und Medientechnologie,
- Photonik und optische Technologien,
- Material- und Mikrosystemtechnik sowie
- Umwelt, Bio- und Energieversorgung

entwickeln.

Zur Ansiedlung innovativer Firmen wurden auf dem Gelände moderne Fachzentren sowohl in Neubauten als auch in sanierten Altbauten errichtet. Den Anfang machte 1991 das Innovations- und Gründerzentrum (IGZ). Es folgten Zentren für Photonik und optische Technologien, für Umwelt-, Bio- und Energietechnologie, für Informations- und Medientechnologie, für Material- und Mikrosystemtechnologie. Abgerundet wird das Profil durch ein Dienstleistungs- sowie das internationale Gründerzentrum für Unternehmer aus Mittel- und Osteuropa.

Abb. 2: Adlershof mit Fernsehturm im Hintergrund
Quelle: WISTA-MANAGEMENT GMBH – www.adlershof.de

In unmittelbarer Nachbarschaft von wissenschaftlichen Instituten und Unternehmen der Hochtechnologie hat sich ein bedeutender Medienstandort etabliert. Die MediaCity

Adlershof ist Berlins größter zusammenhängender Medienstandort für Produktionen, Dienstleistungen und Entwicklungen in den Bereichen Fernsehen und Veranstaltungen. Als Zusammenschluss von über 100 (Medien-)Unternehmen mit einem sich ergänzenden Leistungsangebot bietet sie Veranstaltungsmanagement und -service, digitale Medien und digitale Bildbearbeitung, Film- und Fernsehproduktionen, Studiodienstleistungen und Übertragungstechnik.

Abb. 3: Medienstadt Adlershof
Quelle: WISTA-MANAGEMENT GMBH – www.adlershof.de

1. Probleme der Wertfindung für Gewerbeflächen

Es finden sich also in einem Wissenschafts- und Technologiepark Betriebe, die hoch technologisiert modernste Verfahren entwickeln und einsetzen, um neue, innovative Produkte herzustellen. Die Frage, ob diese Firmen Produktions- oder Dienstleistungsbetriebe sind, lässt sich nicht ohne weiteres beantworten. Städtebauliche Planung und betriebliche Realität geben keine eindeutige Antwort.

- In einem Entwicklungsbebauungsplan werden die Ziele und Zwecke einer Entwicklungsmaßnahme durch eine Ausweisung nach BauNVO mit GE (1,6) konkretisiert. Der Planungsträger verbindet mit dieser Ausweisung die Absicht, in dem beplanten Gebiet Gewerbebetriebe mit möglichst hochwertiger, technologisch zukunftsfähiger gewerblicher Nutzung anzusiedeln. Die Grundstücke sollen zum G-Bodenwert veräußert werden.
- Der Investor bewirbt sich mit einem Unternehmen, dessen Produkte sowohl den konkreten Ansiedlungsabsichten des Entwicklungsträgers wie auch den allgemeinen Planungen entsprechen. Der Investor stellt seinen Betrieb als ein prosperierendes, zeitgemäß geführtes und die Zukunftsmärkte bedienendes Unternehmen vor. Er verweist allerdings darauf, dass weder die rechtlichen Kategorien der BauNVO noch die allgemeinen Bewertungskategorien für sein Unternehmen passen. Der Investor macht einen Nutzungsmix aus produktionsnaher, wissenschaftlicher und dienstleistender Nutzung geltend. Auf Grund eines bestimmten Anteils an Produktionsabläufen et cetera im Arbeitsprozess will der Investor nur einen geringen Bodenwert zahlen, der sich an einer Produktionsnutzung orientiert.

Wegen der finanziell nicht unerheblichen Konsequenzen – bedingt durch die zugrunde liegenden Bodenwerte (Gp und G) – ist es sowohl im Interesse der Ansiedler als auch der Entwicklungsträger, einen angemessenen und von beiden Seiten akzeptierbaren Bodenwert solcher Flächen zu ermitteln. Die sich kontinuierlich weiterentwickelnden gewerblichen Nutzungen vereinen zunehmend sowohl Produktionsabläufe wie auch Strukturen und Abläufe höherwertiger Nutzungen in sich. Die Zuordnung zu entsprechenden Bodenwertbereichen wird schwieriger. Am Standort Adlershof kommen weitere gebietsspezifische Problemstellungen hinzu. So sind auch Unternehmen, die nicht in das Nutzungskonzept des Standortes passen, bestrebt, an dessen positivem Image zu partizipieren und wollen sich hier ansiedeln. Diese Firmen sind aber nur bereit, einen ihrer eigenen Nutzung entsprechenden Bodenwert zu akzeptieren. Damit scheint die einstige planungsrechtliche Ausweisung des Gebietes (i.d.R. höherwertige Nutzung) bei der heutigen allgemeinwirtschaftlichen Situation nicht mehr uneingeschränkt umsetzbar. Die Entwicklungsgesellschaft WISTA möchte auf der einen Seite nach Möglichkeit nur Firmen ansiedeln, die dem Nutzungskonzept entsprechen und einen angemessenen hohen Bodenwert akzeptieren. Auf der anderen Seite ist sie aber auch bereit, Firmen bei der Ansiedlung zu unterstützen, die nur mit Abstrichen in das Konzept passen und nur einen reduzierten Bodenwert akzeptieren. Diese Vorgehensweise scheint angesichts der gesamtwirtschaftlichen Lage Berlins und bei wechselndem Interesse an Gewerbegrundstücken wirtschaftlich geboten. Im Planungsrecht wie auch in den Bodenrichtwertausweisungen spiegeln sich die genannten Ansiedlungsprobleme nicht wider. Interessanterweise bestehen die unterschiedlichen Erwartungshaltungen von Investoren und Entwickler auch bei einer deutlichen Imageverbesserung des Standorts fort. Trotz eines gestiegenen Interesses an dem

Standort – in diesem Zusammenhang muss der Autobahnanschluss und die ursprünglich für 2012 vorgesehene Eröffnung des internationalen Flughafens BBI erwähnt werden – erwarten die Investoren Kaufpreisangebote, die ihrer geplanten Nutzungsausrichtung weitgehend entsprechen. Das war nicht ohne weiteres vorherzusehen. Der Entwicklungsträger begründete in der Anfangsphase des Entwicklungsbereichs das Erfordernis einer nutzungsdifferenzierten Bodenbewertung mit dem Verweis darauf, dass die planungsrechtlich festgesetzte Nutzbarkeit von den Investoren auch aus konjunkturellen Gründen nicht benötigt und auch nicht angestrebt würde. Die Zurückhaltung der Unternehmen gegenüber undifferenzierten Bodenwertangeboten hat sich aber auch nach Etablierung des Standorts erhalten.

1.1 Planungsrecht

Die Entwicklungsabsichten für den Standort Adlershof wurden planungsrechtlich zunächst mit der Aufstellung von Bebauungsplänen gesichert. Die planungsrechtlichen Ausweisungen beschränken sich im Wesentlichen auf drei verschiedene Gebietstypen: Sondergebiete, Gewerbegebiete und Kerngebiete. In den einzelnen Bebauungsplangebieten bestehen unterschiedliche Festsetzungen hinsichtlich des Maßes der Nutzung. Die Nutzungsschwerpunkte sind jedoch identisch und zielen auf eine Nutzung für Zwecke der Forschung und Entwicklung sowie eine gewerbliche Nutzung ab. In der folgenden Übersicht sind die wesentlichen Festsetzungen der Bebauungspläne der jeweiligen Gebiete in Anwendung der Baunutzungsverordnung gegenübergestellt.

Festsetzung als:	Allgemein zulässig sind	In Ausnahmefällen zulässig	Nicht zulässig
Sondergebiet	Forschungs- und Laboreinrichtungen Wohngebäude	Einzelhandelsbetriebe u. sonstige der unmittelbaren Versorgung des Gebietes dienende Handelsbetriebe u. Geschäfts-, Büro- und Verwaltungsgebäude Betriebe des Beherbergungsgewerbes Räume für freie Berufe	- - -
Gewerbegebiet	technologie- und forschungsorientierte Gewerbe- und Dienstleistungsbetriebe	Gewerbebetriebe aller Art Geschäfts-, Büro- und Verwaltungsgebäude	eigenständige Lagerhäuser u. Lagerplätze Tankstellen sowie Anlagen für sportliche Zwecke
Kerngebiet	Handelsbetriebe, zentrale Einrichtungen der Wirtschaft, der Verwaltung und der Kultur Wohnungen ab dem III. Vollgeschoss	Wohnungen	Tankstellen (auch im Zusammenhang mit Parkhäusern u. Großgaragen) Einzelhandelsbetriebe mit einer GF über 1.200 m²

Mit der Aufstellung der Bebauungsplanentwürfe schien die standortliche Zielstellung, nämlich die primäre Ansiedlung von Unternehmen zum Zwecke der Forschung und Entwicklung, gesichert. Im Zuge der allgemeinen wirtschaftlichen Entwicklung stellte sich jedoch zunehmend die Frage, ob das ursprüngliche Ansiedlungskonzept konsequent fortgeführt werden könnte, da die Nachfrage nach ausschließlich höherwertigen Flächen deutlich abnahm. Es zeigte sich zudem, dass es zum Aufbau erfolgreicher Synergien und vielschichtiger Nutzungsstrukturen neben Unternehmen mit einem breiten Nutzungsspektrum auch Firmen mit standortadäquater Ausrichtung bedurfte. So fragen Hochtechnologiefirmen auch nach Zulieferfirmen und Unternehmen mit speziellen, möglicherweise niederwertiger einzustufenden Fertigungsprogrammen. Im Ergebnis entscheidet an einem gewerblichen Entwicklungsstandort nicht allein die Spitzentechnologie, sondern vielmehr der „Nutzungsmix" von sog. höher- und niederwertiger Gewerbeausprägung über den Erfolg.

Die aktuelle Tendenz der Ansiedlungen in Adlershof bestätigt diesen Ansatz und wirft nicht zuletzt die Frage nach angemessenen Bodenwerten für „Mischnutzungen" in einem Unternehmen auf. In solchen Fällen scheint weder ein vergleichsweise geringer Bodenwert (in Anlehnung an Gp-Bodenwerte, Gp = Flächen, bei denen nur produzierendes Gewerbe möglich ist) noch ein hoher Bodenwert (in Anlehnung an G Bodenwerte), welcher einer hochwertigen Nutzung oder gar Dienstleistung entsprechen würde, als sachgerecht und angemessen.

1.2 Aktuelle Bodenrichtwertausweisung

Die Entwicklung des gewerblichen Sektors hin zu gemischten Unternehmensstrukturen hat Auswirkungen auf den Grundstücksmarkt. Der Gutachterausschuss für Grundstückswerte in Berlin hat dementsprechend auf diese Entwicklung reagiert und auf die Differenzierung der Bodenrichtwerte gewerblicher Nutzungen in „Gp" und „G" seit dem Jahr 2001 verzichtet. Bis einschließlich 2000 wurden Bodenrichtwerte differenziert nach „Gewerbe/Produktion" (Gp) und „Gewerbe/Dienstleistung" (G) ausgewiesen. Bei den Bodenrichtwerten für Produktion wurde idealisierend unterstellt, dass in den jeweiligen Gebieten Genehmigungen für selbstständige Geschäfts-, Büro- und Verwaltungsgebäude ausgeschlossen waren. Ab 2001 machte die Marktentwicklung der Gewerbenutzung in Berlin eine Neuordnung der Ausweisungen im Bodenrichtwertatlas erforderlich. Die zu beobachtende Standortverknüpfung von Produktionsstätten mit handels- oder dienstleistungsorientierten Betrieben führte in einer neuen Weise zu gewerblich gemischt genutzten Grundstücken, deren Schwerpunkte sich wiederum in kurzen Zeiträumen verändern könnten. Der Gutachterausschuss verzichtete daher auf die Unterscheidung von G und Gp zugunsten einer einheitlichen Bezeichnung „G" für Gewerbestandorte. Lediglich in förmlich festgelegten Sanierungs- oder Entwicklungsbereichen wird bei Anfangswerten die bisherige Unterscheidung beibehalten, da sich diese auf zurückliegende Qualitätsstichtage beziehen. In Bodenrichtwertzonen mit deutlichen Zeichen eines Strukturwandels werden vom Gutachterausschuss zur Berücksichtigung dieser besonderen Situation Doppelwerte ausgewiesen. Dieser Doppelwert steht für zwei nebeneinander existierende, räumlich aber eher zufällig verteilte Gewerbestrukturen innerhalb einer Bodenrichtwertzone. In Weiterführung dieser Überlegungen sind diese Mischstrukturen nicht nur innerhalb einer Bodenrichtwertzone, sondern auch auf einzelnen Grundstücken anzutreffen. Der Bereich Adlershof weist wegen des zurückliegenden Qualitätsstichtages noch Doppelwerte Gp und G auf. Die Bodenrichtwerte beziehen sich auf die Anfangsqualität zum maßgeblichen Qualitätsstichtag im Jahr 1992.

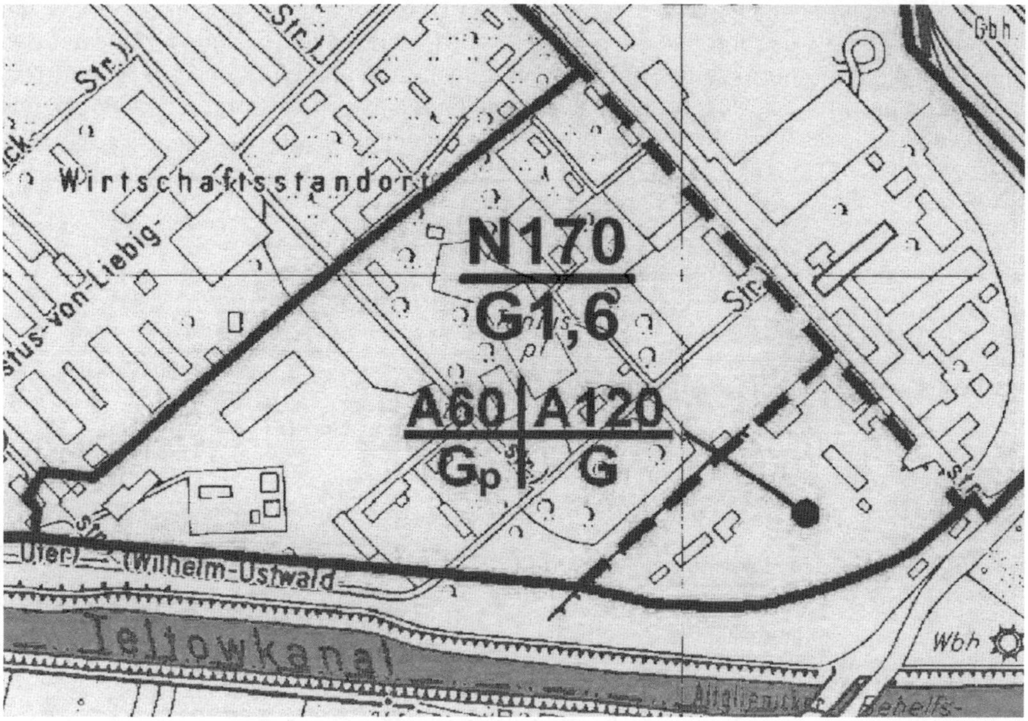

Abb. 4: Doppelwerte in der Bodenrichtwertzone Adlershof

Eine Auswertung von Kaufpreisen für Berliner Gewerbeobjekte der Jahre 2000 bis 2004 bestätigte, dass die Zuweisung niedrigerer Bodenwerte zu produzierendem oder verarbeitendem Gewerbe und höherer Bodenwerte zu Dienstleistungsnutzungen weiterhin die Marktgepflogenheiten widerspiegelt.

Die Neuordnungswerte in der Bodenrichtwertkarte haben sich für Adlershof auch 2011 nicht verändert. Dies verdeutlicht, dass sich die Gewerbeentwicklung in Berlin insbesondere in den Außenbezirken noch nicht stabilisiert hat. Der Gutachterausschuss ist zudem bei der Festlegung der Bodenrichtwerte bei seinem Grundsatz geblieben, die Bodenrichtwerte nach der Ausweisung der baulichen Nutzbarkeit im Bebauungsplan festzulegen. Die inzwischen über fünfzig Mal getätigten Verkäufe von Gewerbegrundstücken in Adlershof, die bei Annahme einer minderen baulichen Nutzbarkeit regelmäßig unter den Bodenrichtwerten liegen, wurden nicht zur Grundlage der Bodenrichtwertbemessung gemacht.

1.3 Verknüpfung gewerblicher Nutzungen mit den Bodenrichtwerten

Nach der tradierten Zuordnung der Bodenrichtwerte ergaben sich für Industrie- und Produktionsnutzungen die geringeren Bodenwerte und für Dienstleistungs- und Handelsnutzungen die eher höheren Bodenwerte. Eine strikte Trennung zwischen niedrigen Gp-Bodenwerten und höheren G-Bodenwerten ist heutzutage in den meisten Fällen wegen der festzustellenden Mischstrukturen nicht mehr darstellbar. Die mit dem Strukturwandel einhergehende Vermischung von Produktions- und Dienstleistungsabläufen innerhalb eines Unternehmens wirft die Frage auf, ob ein Unternehmen der einen oder aber der anderen Kategorie zuzuordnen ist oder ob sich der Bodenwert vielmehr zwischen den beiden herkömmlichen Werten bewegt. Die folgende Grafik gibt zunächst einen Überblick über gewerbliche Nutzungen, wie sie tendenziell innerhalb einer Bodenwertspanne den niedrigen oder höheren Bodenwerten zugeordnet werden.

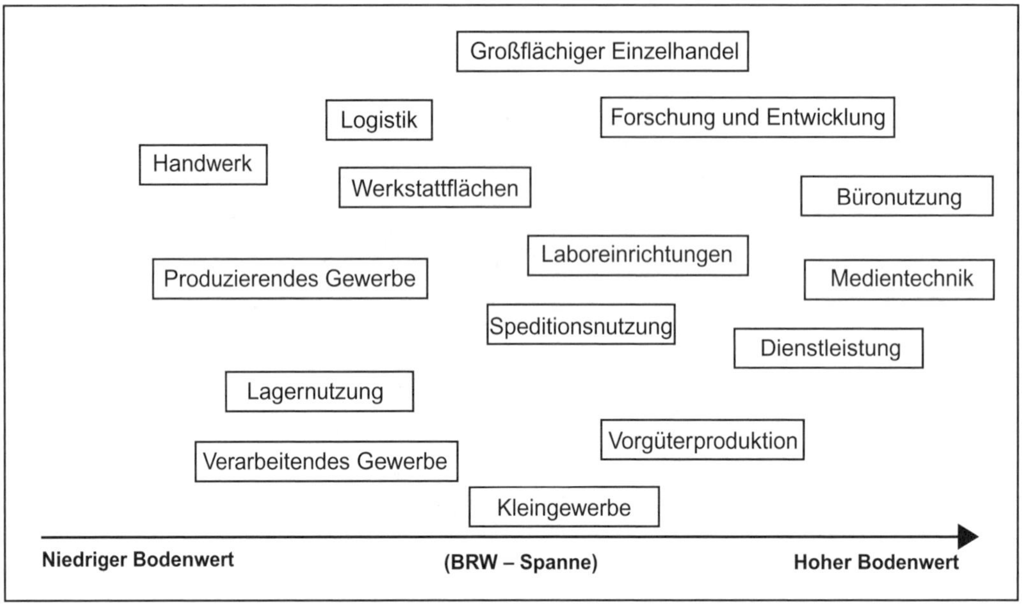

Abb. 5: Bodenrichtwertzuordnung der gewerblichen Nutzungen

In der Literatur werden gewerbliche Nutzungen im Wesentlichen nach den Kategorien Produktion, Dienstleistung und Handel differenziert. Obige Übersicht verdeutlicht, dass bei der bestehenden (und vermutlich noch zunehmenden) Vielschichtigkeit der Nutzungen eine strikte Trennung kaum oder ggf. gar nicht möglich ist. Etliche Nutzungen weisen sowohl produktions- wie auch dienstleistungsgeprägte Merkmale auf.

2. Differenzierung gewerblicher Mischnutzung, Lösungsansatz

Da gewerbliche Nutzungen zunehmend Teile beider Nutzungsschwerpunkte in sich vereinen, ist eine generelle und nutzungsartbezogene Bodenwertzuweisung nicht mehr zweifelsfrei möglich. Innerhalb eines Gewerbegebietes siedeln sich Unternehmen mit vielschichtigen Nutzungsschwerpunkten an. Für derartige Gebiete mit deutlichen Zeichen eines Strukturwandels werden vom Berliner Gutachterausschuss zur Berücksichtigung dieser besonderen Situation Doppelwerte ausgewiesen, die die Bandbreite der Bodenwerte aufgrund der Nutzungskonstellation repräsentieren. In Folge des Strukturwandels gewerblicher Nutzungen, bei denen sich zusätzlich zu den klassischen Nutzungen wie Produktion und Dienstleistung vielschichtige „Mischnutzungen" herausbilden, ist es unumgänglich, Systematiken und Kriterien zu erarbeiten, mit denen eine Zuordnung derartiger Nutzungen innerhalb der Bodenwertspanne gewerblicher Nutzungen begründet werden kann. Hinzu kommt, dass der Begriff „Produktion" an definitorischer Eigenständigkeit verloren hat. Hier bietet es sich an, Begriffe zu verwenden, die in Verwaltung und Wirtschaft eindeutig verstanden werden. Es erscheint zudem angemessen und sachgerecht, nicht nur die Unternehmen als Einheit zu kategorisieren, sondern auch die jeweiligen Unternehmensbereiche separat zu betrachten und dabei jene Bereiche herauszuarbeiten, die prägend für das gesamte Unternehmen sind. Die Ermittlung/Beurteilung der prägenden Unternehmensbereiche sollte wiederum anhand verschiedener Merkmale erfolgen, um den schwerpunktmäßigen Nutzungsbereich marktgerecht branchenüblicher bestimmen zu können. Durch eine entsprechende Gewichtung der jeweiligen Merkmale zueinander lässt sich ein Unternehmen prozentual zwischen den Nutzungspolen einstufen. Diese Festlegung stellt die Grundlage für die Bodenwertzuordnung dar.

2.1 Nutzungsorientierte Abgrenzung gewerblicher Tätigkeiten

Hinsichtlich der Zusammenstellung gewerblicher Tätigkeiten gibt es zahlreiche Möglichkeiten und Varianten. Die Art und Weise der Darstellung ist in der Regel stark von der verfolgten Zielstellung abhängig und variiert somit dementsprechend. Bei den nachfolgenden Betrachtungen wird der Prämisse gefolgt, dass Produktionsnutzungen risikobehafteter, flächenbezogener und investitionsintensiver sind als dienstleistungsorientierte Nutzungen.

Definitorische Abgrenzung gewerblicher Nutzungen

Hinsichtlich der Zuordnung und der entsprechenden Definition gewerblicher Nutzungen und Begrifflichkeiten existieren je nach primärer Zielstellung unterschiedliche Einteilungen und Differenzierungen. Damit ist ein allgemeiner Vergleich nicht ohne weiteres möglich. Grundsätzlich ist unter **Gewerbe** jede wirtschaftliche Tätigkeit zu verstehen, die auf eigene Rechnung, eigene Verantwortung und auf Dauer mit der Absicht auf Gewinnerzielung betrieben wird. Im engeren Sinne versteht man unter Gewerbe die produzierenden und verarbeitenden Gewerbe, das heißt Industrie und Handwerk. Die **Industrie** ist ausgerichtet auf die Produktion von Gütern in Fabriken und Anlagen, verbunden mit einem hohen Grad an Mechanisierung und Automatisierung – im Gegensatz zur handwerklichen Produktionsform. Als **Handwerk** werden der Berufsstand und die gewerbliche Tätigkeit bezeichnet, bei der meist auf Bestellung ein Produkt oder eine Dienstleistung unmittelbar für den Verbraucher hergestellt wird. Es steht somit im Gegensatz zur industriellen Massenproduktion auf Vorrat. In der Literatur wurde bei den gewerblichen Nutzungen bisher im Wesentlichen zwischen Produktionsnutzungen und Dienstleistungen unterschieden. Betriebswirtschaftlich wird unter dem Begriff **Produktion** der vom Menschen bewirkte Transformations-Prozess bezeichnet, der aus natürlichen wie bereits produzierten Ausgangsstoffen unter Einsatz von Energie und Arbeitskraft lagerbare Wirtschafts- oder Gebrauchsgüter erzeugt. Die Betrachtung der Produktion ist insbesondere auf die industrielle Fertigung im Produktionsbetrieb ausgerichtet. Der Begriff der Produktion beschränkt sich jedoch nicht ausschließlich auf den industriellen Bereich. Produziert wird ebenso im Handwerk, in der Land- und Forstwirtschaft und auf künstlerischem Gebiet. **Dienstleistungen** sind eingeschränkt produzierbar, solange ein zumindest in Maßen als Gegenstand zu begreifendes Produkt erzeugt wird (z.B. Fernsehsendung). Bei nicht lagerbaren Wirtschaftsgütern, wie beispielsweise Elektrizität, spricht man in der

Regel nicht von Produktion, sondern von einer Bereitstellung. Dienstleistung ist ein Begriff der Alltagssprache, bei dessen Verwendung mehr oder weniger klare Vorstellungen über seine Bedeutung bestehen. Im Zuge der stetig ansteigenden Vielfalt der Dienstleistungen entstanden verschiedene Definitionsansätze. Neben einer sektoralen Gliederung ist auch die funktionale Gliederung weit verbreitet, wonach eine Unterscheidung der Betriebe nicht nach dem Endprodukt, sondern nach den vorherrschenden Tätigkeiten der Beschäftigten erfolgt. Andere Definitionsansätze gehen von folgenden drei Gruppen aus:

- Negative Restdefinition (Residualdefinition): Danach umfassen Dienstleistungen ökonomische Produkte, die keine Sachgüter sind.
- Enumerative Definition: Die Verfasser enumerativer Definitionen beschränken sich auf die Auflistung der Branchen, die von ihnen als Dienstleistungen erkannt werden. Diese Definitionsansätze hängen offenkundig vom Dienstleistungsverständnis der Verfasser ab.
- Definitionen unter Bestimmung konstitutiver Begriffsmerkmale: Eine erfolgreiche Definition muss die bestimmenden Merkmale von Dienstleistungen aufzeigen. Hierzu gehören die präzise Bestimmung des Wesenskerns und die trennscharfe Einordnung in eine allgemeine Systematik. Definitorische Probleme ergeben sich dabei vor allem aus der Vielschichtigkeit des Dienstleistungsbegriffes. Je nach Betrachtungsweise rücken der Anbieter von Dienstleistungen, der Prozess der Dienstleistungserstellung oder das Endprodukt in den Mittelpunkt.

Weiterhin ist eine Unterteilung hinsichtlich der drei Dimensionen des Leistungsbegriffs gebräuchlich, wonach sich ergebnisorientierte, potenzialorientierte und prozessorientierte Definitionsansätze ergeben. Festzuhalten bleibt, dass trotz zahlreicher Versuche keine Dienstleistungsdefinition existiert, die allgemein anerkannt wird und die für abschließende Klärung sorgt. Die meisten Verbraucher- oder Haushaltsdienstleistungen sind arbeitsintensiv und vom direkten Kontakt zwischen Anbieter und Nachfrager abhängig, einige sind aber auch kapitalintensiv (z.B. öffentlicher Personenverkehr).

Auch für so genannte **höherwertige Nutzungen** existiert keine allgemeingültige Definition. Vielmehr werden wiederum abhandlungsbezogene Einstufungen und Differenzierungen getroffen. In der Regel werden unter höherwertigen Nutzungen solche Abläufe verstanden, die auf Grund ihres Fertigungsprozesses, des erforderlichen Know-how-Einsatzes et cetera keine Massenproduktion im herkömmlichen Sinn darstellen. Derartige Nutzungen unterscheiden sich von herkömmlichen produktionsorientierten Nutzungen im Wesentlichen durch einen geringeren Flächenbedarf, durch höhere Ausstattungsanforderungen an die einzelnen Flächen (sowohl aus bautechnischer Sicht wie auch die medientechnische Erschließung betreffend) sowie meist einen höheren Anteil an Büro- und Verwaltungsflächen. Charakteristische höherwertige Nutzungen sind Labore, Chip-Fabrikanten sowie Forschungs- und Entwicklungsunternehmen. Zunehmend vereinen Unternehmen Produktion, Forschung und Entwicklung sowie Vertrieb in einem Objekt. Es zeigt sich, dass eine universelle und allgemeingültige Differenzierung der Nutzungen kaum möglich ist. Vielmehr wird deutlich, dass die einzelnen Definitionen und Differenzierungen je nach Zielstellung produkt-, beschäftigungs- oder marktbezogen gefasst werden können. Es erscheint somit sachgerecht, nicht nur die einzelnen Nutzungen innerhalb der genannten Bereiche (Produktion, Dienstleistung und Handel) zu unterscheiden, sondern die jeweiligen Unternehmen auch innerbetrieblich nach ihren Nutzungsbereichen zu differenzieren. Auf diesem Wege können Informationen über die schwerpunktmäßige Nutzung gewonnen werden.

Statistische Klassifizierung der Wirtschaftszweige

Die wohl detaillierteste Differenzierung verschiedener Nutzungen veröffentlicht das Statistische Bundesamt (Destatis) mit der **Klassifizierung der Wirtschaftszweige** (WZ). Sie enthält zahlreiche Abschnitte, Abteilungen und Gruppen zur genauen Beschreibung einer wirtschaftlichen Tätigkeit. Die Definition der Wirtschaftszweige dient hauptsächlich dazu, die wirtschaftlichen Tätigkeiten von Unternehmen, Betrieben und anderen statistischen Einheiten in allen amtlichen Statistiken bundeseinheitlich zu erfassen. In der folgenden Übersicht sind die Hauptbereiche (sog. Abschnitte) der Wirtschaftszweige 2003 zusammen gefasst.

Abschnitt WZ 2003	Bezeichnung
A	Land- und Forstwirtschaft
B	Fischerei und Fischzucht
C	Bergbau und Gewinnung von Steinen und Erden
D	Verarbeitendes Gewerbe
E	Energie- und Wasserversorgung
F	Baugewerbe
G	Handel, Instandhaltung u. Reparatur von Kraftfahrzeugen und Gebrauchsgütern
H	Gastgewerbe
I	Verkehr und Nachrichtenübermittlung
J	Kredit- und Versicherungsgewerbe
K	Grundstücks- und Wohnungswesen, Vermietung beweglicher Sachen, Erbringung von wirtschaftlichen Dienstleistungen, anderweitig nicht genannt
L	Öffentliche Verwaltung, Verteidigung, Sozialversicherung
M	Erziehung und Unterricht
N	Gesundheits-, Veterinär- und Sozialwesen
O	Erbringung von sonstigen öffentlichen und persönlichen Dienstleistungen
P	Private Haushalte mit Hauspersonal
Q	Exterritoriale Organisationen und Körperschaften

Quelle: Statistisches Bundesamt, www.destatis.de

Die in der Klassifikation der Wirtschaftszweige aufgeführten Branchen lassen für einige Abschnitte eine (grobe) Einteilung nach hohen beziehungsweise niedrigeren Bodenwerten zu. So darf beispielsweise dem verarbeitenden Gewerbe (Abschnitt D) in der Regel ein geringerer Bodenwert als den wirtschaftlichen Dienstleistungen (Abschnitt K) beigemessen werden. Innerhalb der jeweiligen Abschnitte werden jedoch oftmals auch Nutzungen aufgeführt, bei denen ein – gegenüber dem Hauptabschnitt – abweichendes Bodenwertniveau zu vermuten ist. So werden unter dem Abschnitt D neben dem verarbeitenden Gewerbe unter anderem auch Servicenutzungen geführt, welche vom Grundsatz her eher dem Dienstleistungssektor zuzuordnen sind und somit einen höheren Bodenwert erwarten lassen. Dieser Umstand ist damit zu erklären, dass die Zusammenstellung der Wirtschaftszweige primär auf die bundeseinheitliche Erfassung der wirtschaftlichen Tätigkeiten von Unternehmen und Betrieben abzielt. Auswirkungen auf die jeweiligen Bodenwerte waren nicht Gegenstand dieser Klassifikation und blieben demzufolge unberücksichtigt.

Nutzungsorientierte Abgrenzungen nach dem Berliner Entwicklungskonzept

Zur Steuerung der Wirtschafts- und Ansiedlungspolitik entwickelte die Berliner Senatsverwaltung für Wirtschaft, Arbeit und Frauen in den Nachwendejahren im Rahmen von so genannten Entwicklungskonzepten verschiedene Kriterien und Abgrenzungen hinsichtlich der Förderung des verarbeitenden Gewerbes. Zielstellung der erarbeiteten „Entwicklungskonzepte für den produktionsgeprägten Bereich" war in erster Linie die Sicherung vorhandener Standorte wie auch die Bereitstellung neuer Flächen, welche den sich ändernden Anforderungen der Investoren entsprechen. Insbesondere sollten und sollen die Voraussetzungen für die Etablierung kleinräumiger Netzwerke aus Forschungseinrichtungen, Fertigungsbetrieben und Unternehmensdienstleistern geschaffen werden. Während das 1992 erarbeitete „Konzept zur Sicherung von Gewerbe- und Industrieflächen" ausschließlich Betrieben des verarbeitenden Gewerbes gewidmet war, wurden in den weiterführenden Entwicklungskonzepten aus den Jahren 1999 und 2004 die Abgrenzungskriterien erweitert. Dies wird schon in der Einführung der Begriffe **„produktionsgeprägter Bereich"** oder **„produktionsgeprägte Nutzung"** erkennbar. Die Begriffe **„produktionsnah"** oder **„produktionsfördernd"** zielen in dieselbe Richtung. Mit Blick auf diese Zielsetzung können danach in den im Entwicklungskonzept aufgeführten Gebieten alle Betriebe angesiedelt werden, die zu Entwicklung, Fertigung, Absatz und Wartung von Erzeugnissen des produzierenden Gewerbes beitragen, und zwar unabhängig von ihrer Branchenzugehörigkeit. Dazu gehören neben den Betrieben des verarbeitenden Gewerbes und des Baugewerbes Betriebe des Großhandels und der Handelsvermittlung, Transport-, Logistik- und Lagereibetriebe sowie ein großer Teil der Betriebe aus dem Bereich der sonstigen Dienstleistungen im Sinne der Klassifikation der Wirtschaftszweige von 1993 (WZ 93, s. u.).

Abgrenzung des produktionsgeprägten Bereiches nach der Klassifikation der Wirtschaftszweige (WZ 93/2003)

Abschnitt	Bezeichnung
D	*Verarbeitendes Gewerbe* • Vorleistungsgüterproduzenten • Investitionsgüterproduzenten • Gebrauchsgüterproduzenten • Verbrauchsgüterproduzenten
F	*Baugewerbe* • Bauhauptgewerbe • Ausbaugewerbe • Bauhilfsgewerbe
G	*Handel; Instandhaltung u. Reparatur von Kraftfahrzeugen und Gebrauchsgütern* • Instandhaltung und Reparatur von Kraftwagen • Handelsvermittlung und Großhandel (ohne Handel mit Kraftfahrzeugen) • Reparatur von Gebrauchsgütern
I	*Verkehr und Nachrichtenübermittlung* • Erlaubnispflichtiger Straßen- und Güternahverkehr • Erlaubnispflichtiger Straßen- und Güterfernverkehr • Frachtumschlag und Lagerei • Spedition
K	*Grundstücks- und Wohnungswesen, Vermietung beweglicher Sachen, Erbringung von wirtschaftlichen Dienstleistungen, anderweitig nicht genannt* • Datenverarbeitung und Datenbanken • Forschung und Entwicklung • Erbringung von Dienstleistungen überwiegend für Unternehmen – Rechts-, Steuer- und Unternehmensberatung – Markt- und Meinungsforschung – Beteiligungsgesellschaften – Architektur- und Ingenieurbüros – Technische, physikalische und chemische Untersuchung – Werbung – Gewerbsmäßige Vermittlung und Überlassung von Arbeitskräften – Detekteien und Schutzdienste – Reinigung von Gebäuden, Inventar und Verkehrsmitteln – Erbringung von sonstigen Dienstleistungen überwiegend für Unternehmen

Quelle: Statistisches Bundesamt Wiesbaden / Wirtschaftsstandort Berlin- Entscheidungskonzept für den produktionsgeprägten Bereich 2000/04

Die Auflistung in der Tabelle zeigt, dass im Zusammenhang mit dem Entwicklungskonzept auch Dienstleister dem produktionsgeprägten Bereich zugeordnet werden, jedoch nur dann, wenn sie zur Entwicklung, Fertigung, Absatz und Wartung von Erzeugnissen des produzierenden Gewerbes beitragen. Innerhalb des Entwicklungskonzeptes nimmt das verarbeitende Gewerbe (gemäß Abschnitt D der WZ 2003) eine besondere Stellung ein. Das Land Berlin ist nach wie vor daran interessiert, Betrieben des verarbeitenden Gewerbes Anreize zur Ansiedlung zu geben. Im Zuge einer solchen Wirtschafts- und Standortpolitik war/ist es erforderlich, die förderungswürdigen und förderungsfähigen Unternehmen (Nutzungen) zu differenzieren. In einem Beschluss des Abgeordnetenhauses vom 23.06.1994 wird festgehalten, dass bei besonders förderungswürdigen Investitionsvorhaben des verarbeitenden Gewerbes ein Erbbauzinssatz zwischen drei und fünf Prozent des jeweiligen Verkehrswertes zu vereinbaren sei. Die Differenzierung erfolgt in Anlehnung an die Wirtschaftszweige WZ 93/2003, das heißt die Einstufung erfolgt anhand der zuvor genannten Abschnitte. Dies bedeutet, dass das Land Berlin dem verarbeitenden Gewerbe und anderen Unternehmensrichtungen, deren Tätigkeit dem besonderen wirtschaftlichen Interesse Berlins entspricht, unter Umständen zu sehr günstigen Marktbedingungen Ansiedlungsflächen zur Verfügung stellt.

Der 2011 vom Berliner Senat beschlossene Stadtentwicklungsplan Industrie und Gewerbe widmet sich der Pflege und Weiterentwicklung technologisch oder logistisch begründeter räumlicher Netzwerke. In gewisser Weise wird darin die Sinnfälligkeit eines „Nutzungsmix" zwischen verarbeitendem und dienstleistendem Gewerbe wieder entdeckt. Trotzdem werden in dem Stadtentwicklungsplan drei Hauptstandorte für das produzierende Gewerbe „reserviert". „Auf Grund ihrer gesamtstädtischen Bedeutung sind diese Standorte konsequent vor nicht produktionsgeprägten Nutzungen zu schützen." Ob diese Abgrenzung die Bandbreite moderner Gewerbebetriebe hinreichend berücksichtigt, wird die Praxis zeigen. Für die Wertermittlung kann die Prämisse des Senats möglicherweise Vorstellungen von Investoren befördern, den Grund und Boden zu „Niedrigstpreisen" zu erwerben.

Charakteristische Flächenmerkmale

Bei dem Versuch, dem verarbeitenden und dem dienstleistungsorientierten Gewerbe Bodenwerte zuzuordnen, spielt die Bedeutung des Grund und Bodens für das jeweilige Gewerbe eine große Rolle. Bei einer Gegenüberstellung der gewerblichen Ausprägungen lassen sich wesentliche **charakteristische Flächenmerkmale** auflisten:

Produktions-(Verarbeitungs-)Flächen	Dienstleistungs-Flächen
Bodenrichtwerte unabhängig von der GFZ	Bodenrichtwerte haben i.d.R. einen GFZ-Bezug
flächenintensive Bauweise, i.d.R. geprägt durch freistehende Hallen, Freiflächen und innere Erschließungsanlagen	hohe bauliche Ausnutzbarkeit der Flächen im Wesentlichen eingeschränkt durch bauordnungsrechtliche Vorgaben (Schlagwort: Abstandsflächen)
Gebäudegestaltung in Abhängigkeit von der „Produktionsstraße" und der Form der Lagerhaltung, nutzerspezifisch	Gebäudezuschnitt nicht nutzerspezifisch
hoher Betriebsflächenanteil pro Arbeitsplatz	hohe Arbeitsplatzdichte
i. d. R. großer Lagerflächenbedarf zur Vorhaltung der zu verarbeitenden Güter und der fertigen Produkte	geringe betriebliche Nebenfläche
verkehrstechnische Erschließung von wesentlicher Bedeutung	kommunikationsmedientechnische Erschließung von wesentlicher Bedeutung
Kriterien für die Standortwahl sind: Nähe zu Zulieferbetrieben, steuerliche Vorteile (Hebesatz Gewerbesteuer)	Kriterien für die Standortauswahl sind u.a. 'Lage', 'Adresse'

Die Übersicht beinhaltet die kennzeichnenden Unterschiede der beiden wesentlichen Ausprägungen gewerblicher Nutzungen. In der Vergangenheit konnte in der Regel anhand einiger der genannten Kriterien eine meist unumstrittene Zuordnung des jeweiligen Unternehmens zu den Nutzungen erfolgen. Durch den Strukturwandel wird jedoch eine zweifelsfreie Zuordnung anhand obiger Kriterien zunehmend schwerer und nicht selten sogar kaum möglich. Abschließend ist festzustellen, dass eine Trennung von nieder- und höherwertigen Nutzungen mit Hilfe der aufgezeigten Flächenmerkmale generell möglich, mit Blick auf die sich im Zuge des Strukturwandels zunehmend bildenden „Mischnutzungen" jedoch nicht immer klärend ist.

2.2 Zuordnungsproblematik bei der Gewerbeansiedlung

Für Standortentwickler ist die genannte Differenzierung beziehungsweise Einteilung von Gewerbenutzungen anhand der Wirtschaftszweige nicht ausreichend, da sich die ansiedlungswilligen Unternehmen nur in Ausnahmefällen den statistischen Kategorien eindeutig zuordnen lassen. Somit ist nicht selten eine detaillierte Betrachtungsweise des einzelnen, ansiedlungswilligen Unternehmens hinsichtlich der geplanten Nutzungsbereiche erforderlich. Neben den Führungs- und Verwaltungsbereichen, die in jedem Unternehmen bestehen und als weitgehend unabhängig von der jeweiligen Unternehmensausprägung betrachtet werden können, finden sich in den ansiedlungswilligen Unternehmen Teilbereiche, die entweder als verarbeitende oder als dienstleistende Arbeitsbereiche eingestuft werden können. Derartige Unternehmen sind mit Blick auf die Klassifikation der Wirtschaftszweige einerseits sowohl dem Bereich des verarbeitenden Gewerbes (Abschnitt D der WZ) als auch dem Abschnitt K (Erbringung von Dienstleistungen – aufgrund der Unternehmensbereiche Forschung und Entwicklung) zuzuordnen.

In den Fällen, wo in einem Unternehmen beide Nutzungsbereiche vorhanden sind, wird sich die Unternehmerseite auf den Produktionsbereich berufen. Demgegenüber stehen die Entwicklungsträger, welche unter Berücksichtigung ihrer Standort- und Ansiedlungspolitik bestrebt sein werden, diese Unternehmen – gemäß den vorhandenen Teilbereichen – der höherwertigen Nutzung zuzuordnen. Das Ziel, die Nutzungen (insbesondere sog. „Mischnutzungen") einem entsprechenden Bodenwertniveau zuzuschreiben, kann anhand der Klassifikation der Wirtschaftszweige nicht erreicht werden. Hier erscheint eine detaillierte Berücksichtigung und Differenzierung der einzelnen Unternehmensbereiche im Hinblick auf die Ermittlung eines angemessenen Bodenwertniveaus sog. „Mischnutzungen" als sachgerecht. Der Grundstücksmarkt berücksichtigt erfahrungsgemäß die unternehmensinternen Nutzungsschwerpunkte mit entsprechend unterschiedlichen Bodenwerten. So ist Unternehmen, deren Nutzungsprofil die reine Verarbeitung/Produktion beinhaltet, ein geringerer Bodenwert beizumessen als Unternehmen, deren Nutzungsprofil durch Konstruktion sowie Forschung und Entwicklung gekennzeichnet ist. Für die Ermittlung eines „angemessenen Bodenwertes" ist es erforderlich, solche Flächenarten/Bereiche zu analysieren, die eine Trennung zwischen einer einfachen Nutzung mit einem geringen Bodenwert und einer höherwertigen Nutzung mit einem hohen Bodenwert möglichst zweifelsfrei zulassen. Diesbezüglich scheint es unumgänglich, alle in den Unternehmen vorhandenen „Nutzungsbereiche" herauszustellen und jene zu ergründen, die für die eigentliche Nutzung prägend sind. Die prägenden Nutzungsbereiche sind ausschlaggebend für den Nutzungsschwerpunkt des Unternehmens, welcher letztendlich für die Einordnung innerhalb der jeweiligen Bodenwertspanne als Wert bildend angenommen werden soll.

Der Versuch der Einordnung von Unternehmen zwischen verarbeitendem und dienstleistendem Gewerbe kann zu zwei Ergebnissen führen. So kann einerseits eine „entweder-oder"-Entscheidung gefordert werden, das heißt, es ist zu entscheiden, ob das Unternehmen letztlich als verarbeitendes oder dienstleistendes Unternehmen zu betrachten ist. Andererseits erscheint es auch möglich, die einzelnen Merkmale zu gewichten und somit die Unternehmensprägung in prozentualen Anteilen auszudrücken. Dies würde bei einer Verteilung von beispielsweise 50 zu 50 Prozent einen mittleren Bodenwert bedeuten (d.h. zwischen Bodenwerten für verarbeitendes und dienstleistendes Gewerbe). Ab einer gewissen Verteilung der Unternehmensschwerpunkte (ggf. 20 zu 80 Prozent oder umgekehrt) ist womöglich eine komplette Zuordnung zur schwerpunktmäßigen Nutzung angemessen.

In der Anwendungspraxis des später vorzustellenden Differenzierungsmodells hat es sich als hilfreich erwiesen, die Bewertung tatsächlich als modellhaft zu begreifen und gegenüber den Verhandlungsparteien auch so zu vertreten. Der Schätzcharakter der Eingangsgrößen für das Gewichtungsmodell steht Auseinandersetzungen über Unternehmensanteile unter 20 Prozent entgegen. Modelle können Sachverhalte nur in ihrem definierten Schätzrahmen zielgerichtet abbilden. Wenn es also darum geht, verarbeitende und dienstleistende Unternehmensanteile größenmäßig abzuschätzen, so sind nur Anteile mit mehr als 20 Prozent durch das Differenzierungsmodell gestützt.

Die obige Betrachtung findet vor dem Hintergrund der Bodenwertzuweisung statt. Solange die Zuordnung aufrecht erhalten wird, dass verarbeitendes Gewerbe einen niedrigeren Bodenwert und dienstleistendes Gewerbe einen höheren Bodenwert aufweist, kann nicht ausgeschlossen werden, dass die Tätigkeitsmerkmale von den Unternehmen nicht allein fachgerecht, sondern auch zielorientiert genannt und zugeordnet werden. Ein Unternehmen wird daran interessiert sein, bei der Ansiedlung möglichst niedrige Bodenpreise zu erreichen. Das Land Berlin hingegen wird seine Förderpolitik an dem besonderen politischen Interesse des Landes orientieren und dadurch förderorientiertes Unternehmerverhalten auslösen. Für eine nachvollziehbare Unternehmensdifferenzierung wird es daher nicht ausreichen, lediglich die Unternehmensschwerpunkte zu benennen. Es müssen zusätzlich Kriterien aufgestellt werden, mit denen diese Schwerpunkte begründet und verifiziert werden können.

Es ergeben sich somit zwei Zuordnungsschritte:

- nutzungsbezogene Zuordnung und
- unternehmensbezogene Zuordnung.

2.3 Nutzungsbezogene Zuordnung

Zur Herausstellung der schwerpunktmäßigen Nutzungsbereiche ist es zunächst hilfreich, die üblichen Tätigkeitsbereiche von Unternehmen des verarbeitenden Gewerbes und des Dienstleistungsgewerbes zu nennen. Deren Anordnung erfolgt in der Abbildung zunächst wahllos und stellt noch keine Wertigkeit dar.

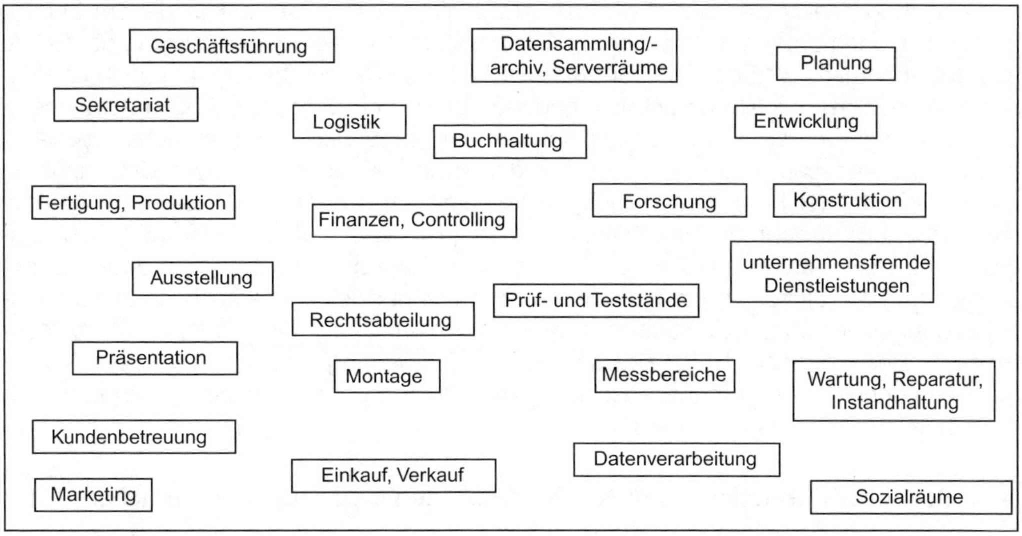

Abb. 6: Nutzungsbezogene Zuordnung

Die vorstehende Aufzählung ist nicht abschließend. Vielmehr gilt es, nicht aufgeführte Unternehmensbereiche sinngemäß in die vorhandenen Kategorien einzuordnen. Versucht man eine Ordnung nach verarbeitungsnahen und dienstleistungsorientierten Tätigkeitsbereichen, ergibt sich etwa folgendes Bild:

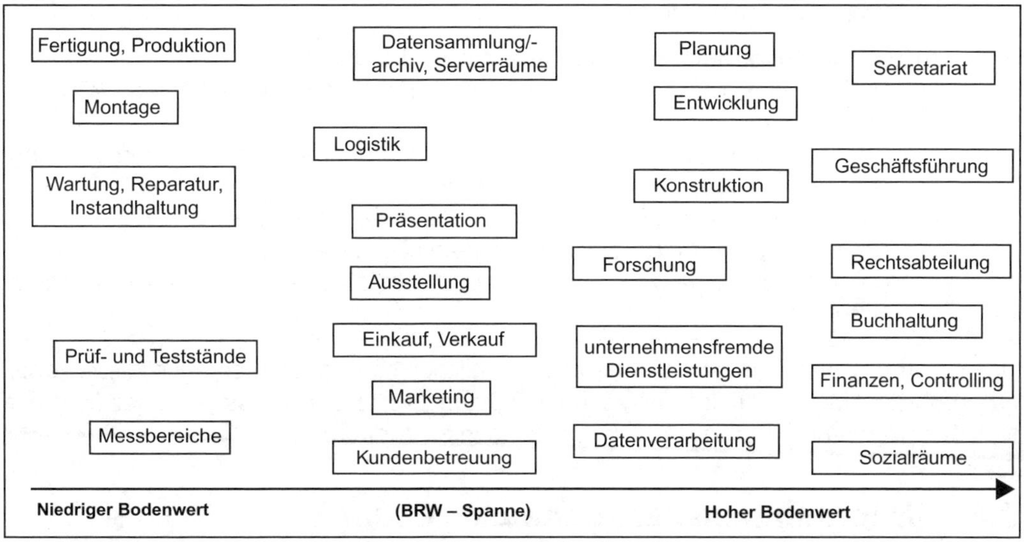

Abb. 7: Ordnung nach verarbeitungsnaher und dienstleistungsorientierter Tätigkeit

Um ein aussagekräftiges „Nutzungsbild" der einzelnen Unternehmen zu erhalten, ist es zweckmäßig, solche Flächen außer Betracht zu lassen, die in der Regel in jedem Unternehmen (unabhängig von der jeweiligen Nutzung) erforderlich sind und demzufolge wenig/kaum zur Herausbildung der prägenden Unternehmensbereiche beitragen. So sind beispielsweise in jedem Unternehmen Bereiche für die Geschäftsführung nebst Sekretariat und möglicherweise auch Assistenz erforderlich. Die Anzahl der in diesem Bereich tätigen Personen und der erforderlichen Flächen steigt im Allgemeinen nur mit der Größe des Unternehmens. Würde man zum Beispiel derartige Flächen bei einem reinen Produktionsunternehmen explizit berücksichtigen, ergäbe sich ein verzerrtes Abbild der eigentlichen Unternehmensstruktur. Auf der Suche nach prägenden Unternehmensmerkmalen erscheint eine separate Berücksichtigung dieser üblichen und in jedem Unternehmen erforderlichen Bereiche unzweckmäßig und wenig sachgerecht. Des Weiteren sollte man die in jedem Unternehmen (unabhängig von der jeweiligen Nutzung) erforderlichen Sozialbereiche (z.B. Sanitär-, Frühstücks- oder Fitnessbereiche) nicht in die differenzierte Betrachtung der einzelnen Unternehmensbereiche einbeziehen, da auch sie gegebenenfalls zu einer verzerrten Darstellung führen und wenig über die prägenden Unternehmensbereiche aussagen. Unter zuvor genannter Zielstellung – sprich der Herausstellung der prägenden Unternehmensbereiche – wird folgende Einteilung der genannten Nutzungsbereiche als sachgerecht erachtet.

- **Bei der Differenzierung nicht heranzuziehen sind folgende Bereiche:**
  - Geschäftsleitung, Assistenz, Sekretariat
  - Sozialräume (WC, Duschen, Fitness, Teeküche etc.)
- **Unternehmensbereich mit verarbeitendem oder produktionsnahem Charakter**
  - Produktion (von Vorleistungs-, Investitions-, Gebrauchs- und Verbrauchsgütern)
  - Fertigung, Montage, Lager
  - Wartung, Reparatur, Instandhaltung
- **Unternehmensbereich mit Dienstleistungscharakter:**
  - Logistik, Einkauf, Verkauf, Marketing, Vertrieb, Kundenbetreuung, Präsentation, Ausstellung
  - Planung, Entwicklung, Konstruktion, unternehmensfremde Dienstleistung (z.B. Vermietung, Verkauf von Know-how)
  - Forschung, Entwicklung, Prüf- und Teststände, Messbereiche
  - Datenverarbeitung, Datensammlung/-archiv, Serverräume
  - Buchhaltung, Finanzen, Controlling, Rechtsabteilung (i.d.R. bei größeren Unternehmen)

Das gesamte Unternehmen ist anhand wesentlicher prägender Merkmale diesen oben aufgeführten Flächen zuzuordnen, um die Nutzungsverteilung feststellen oder über den Nutzungsschwerpunkt grundsätzlich entscheiden zu können.

2.4 Unternehmensbezogene Zuordnung

Die Zuordnung der Branchen zu einem entsprechenden Bodenwertniveau kann in Anlehnung der Klassifikation WZ 2003 anhand der zuvor genannten verschiedenen Nutzungsbereiche unternehmensbezogen durchgeführt werden. Voraussetzung für eine Zuordnung ist, dass das ansiedlungswillige Unternehmen hinreichend genaue Informationen über die geplante Ansiedlung liefert. Dazu gehören insbesondere Detailinformationen über den voraussichtlichen Geschäftsbereich, den Flächenbedarf, die Beschäftigtenzahl und, wenn möglich, auch über geplante Umsätze. Es ist durchaus vorstellbar, dass ein ansiedlungswilliges Unternehmen an einem Unternehmensstandort Teilbereiche unterhält, die vom Charakter her eine allgemeine Zuordnung des Unternehmens zu einem branchentypischen Bodenwertniveau nicht ermöglichen. Beispiel: Ein Unternehmen aus dem Bereich Forschung und Entwicklung (WZ 93-Klassifikationsabschnitt K, hoher Bodenwert) unterhält eine Abteilung, in der zum Beispiel feinmechanische Messvorrichtungen (Klassifikationsabschnitt D, niedriger Bodenwert) hergestellt werden. Auch wäre vorstellbar, dass Teilbereiche eines auf einer Ansiedlungsfläche zu errichtenden oder errichteten Objektes an branchenfremde Fremdfirmen vermietet werden. In beiden Fällen müsste die Zuordnung objektbezogen erfolgen. Für eine fundierte Aussage über die dominierende Nutzung – sprich den unternehmensprägenden Bereich – ist es erforderlich, die Verteilung wesentlicher prägender Merkmale anhand der bestehenden Unternehmensbereiche zu ermitteln. Nach Diskussion mit Entwickler und Unternehmen wurden folgende Merkmale als prägend festgehalten:

- gewerbliche Nutzflächen,
- Beschäftigtenzahl,
- Bruttowertschöpfung / Bruttolohnniveau und
- Standortkriterien.

Werden die einzuordnenden Unternehmen nicht 100prozentig eigengenutzt, so sind die fremdgenutzten Bereiche entsprechend ihrer praktizierten oder angedachten Nutzung vollständig in die Betrachtung mit einzubeziehen. Die genannten Merkmale sind zunächst – entsprechend ihrem jeweiligen Anteil – auf die einzelnen Nutzungsbereiche aufzuteilen. Das heißt, aus der absoluten Verteilung (Anzahl der Personen, Quadratmeter etc.) ist die prozentuale Verteilung zu ermitteln. Nach der Zuordnung jedes Merkmals zu den Nutzungsbereichen ergibt sich ein Bild über den das jeweilige Unternehmen prägenden Gewerbebereich. Die Merkmale sind in Abhängigkeit ihrer Ausprägung nach den Einflüssen der einzelnen Merkmale auf das „Gesamtbild" zu gewichten.

Merkmal Flächenbedarf

Das Merkmal Flächenbedarf stellt nach Einschätzung des Sachverständigen das deutlichste Unterscheidungs-/Einstufungskriterium dar und gibt in der Regel am besten Auskunft über das primäre Nutzungsprofil eines Unternehmens. An die verschiedenen Flächen innerhalb eines Unternehmens sind nicht selten unterschiedliche Ansprüche hinsichtlich ihrer Ausstattungsmerkmale et cetera gebunden. So gelten zum Beispiel für reine Produktionsflächen in der Regel andere Anforderungen als an reine Büroflächen (sowohl aus bauphysikalischer Sicht als auch hinsichtlich der technischen Grundausstattung). Entsprechend den Informationen des ansiedlungswilligen Unternehmens erfolgt zunächst eine branchenmäßige Zuordnung gemäß den drei zuvor genannten Nutzungsbereichen. Ergebnis ist eine absolute und auch prozentuale Zuordnung des Unternehmens zu den Nutzungsbereichen Geschäftsleitung, verarbeitende und dienstleistungsorientierte Flächen. Bei der Betrachtung der Flächen ist zu berücksichtigen, dass in jedem Betrieb des verarbeitenden Gewerbes auch Flächen mit Planungs- und Verwaltungsnutzung vorhanden sind, ohne dass sich der originäre Charakter ändert. Bei der Flächenzuordnung sind deshalb branchenübliche Verhältnisse zugrunde zu legen. Die prozentuale Verteilung sollte auf zehn Prozent ab- oder aufgerundet werden.

Merkmal Beschäftigte

Unter diesem Merkmal wird die Verteilung der einzelnen Arbeitsplätze innerhalb des Unternehmens betrachtet. Die Arbeitsplätze werden zunächst den genannten Nutzungsbereichen zugeordnet. Sind einzelne Beschäftigte in mehreren Bereichen tätig, so sind sie ihrem schwerpunktmäßigen Tätigkeitsfeld zuzuordnen, wobei die Unterscheidung auf maximal einen halben Arbeitplatz zu beschränken ist. In einem zweiten Schritt wäre dann zu prüfen, ob objektbezoge branchenuntypische Nutzungen vorhanden sind (z.B. geplante Vermietung von Flächen an Fremdfirmen). Die Beschäftigten des Mieters wären ebenso den einzelnen Zweigen zuzuordnen.

Merkmal Bruttowertschöpfung / Bruttolohnniveau

Mit dem Merkmal Bruttowertschöpfung/-lohnniveau sollen ein Ausblick auf die Qualifikationsanforderungen der Mitarbeiter gegeben und das Wertschöpfungspotential innerhalb des Unternehmens verdeutlicht werden. Die Bruttowertschöpfung ergibt sich aus dem Gesamtwert der im Produktionsprozess erzeugten Waren und Dienstleistungen, abzüglich der verbrauchten, verarbeiteten oder umgewandelten Waren und Dienstleistungen. Eine Differenzierung/Aufsplittung der gesamten Bruttowertschöpfung eines Unternehmens verdeutlicht die Verteilung innerhalb des Unternehmens und stellt den schwerpunktmäßigen Arbeitsbereich, so etwa das hauptsächliche Tätigkeitsfeld, heraus. In der Regel werden Informationen über die Bruttowertschöpfungen von Unternehmen nicht bekannt oder nicht in Erfahrung zu bringen sein. Das Statistische Bundesamt in Wiesbaden greift in solchen Fällen bei seinen bundeseinheitlichen Veröffentlichungen alternativ auf das Bruttolohn-/-gehaltsniveau der Beschäftigten zurück. Diese Möglichkeit könnte ebenfalls ersatzweise angewandt werden. Vor Einführung der Beurteilungskriterien bestanden allerdings Zweifel, ob auch diese „Ersatzdaten" von den Firmen zur Verfügung gestellt würden. Als Kontrolle der angegebenen Bruttolöhne und -gehälter könnten dann nötigenfalls die üblichen (vom Statistischen Bundesamt veröffentlichten) Lohn- und Gehaltsgruppen dienen. Schwindet der Bezug der erhaltenen und zugrunde gelegten Daten zum einzustufenden Unternehmen, so ist dieser Umstand bei der Gewichtung der Merkmale zu berücksichtigen.

Merkmal Standortkriterien

Während beim verarbeitenden Gewerbe vor allem die (meist überregionale) Verkehrsanbindung sowie die Nähe zu Zulieferbetrieben im Vordergrund stehen, sind für dienstleistungsorientierte Nutzungen andere Standortfaktoren bedeutsam. So sind das nähere Umfeld, die Infrastruktur vor Ort sowie das Image des Standortes selbst von entscheidender Bedeutung. Aus diesen Merkmalen lassen sich Rückschlüsse für eine sachgerechte Zuordnung des Bodenwertniveaus ableiten. Mit Blick auf die Zielstellung erscheinen im vorliegenden Fall vor allem die Standortkriterien Verkehrsanbindung, Infrastruktur und Umfeld sachgerecht und aussagekräftig, um die ansiedlungswilligen Unternehmen zuordnen zu können. Bei der Beurteilung der **Verkehrsanbindung** soll vor allem die Relevanz/Wertigkeit der einzelnen Verkehrsmöglichkeiten ermittelt werden. So sind Aussagen über die Bedeutung des Individualverkehrs, LKW-Verkehrs, ÖPNV sowie die Schienen und Wasserstraßenanbindung hilfreich, um die Bedeutung der Verkehrsanbindung für ein Unternehmen beurteilen zu können. Die **Infrastruktur** wird in eine technische und soziale Komponente unterteilt. Unter der technischen Infrastruktur werden im Wesentlichen die (medien-) technische Erschließung sowie entsprechende Dienstleistungen verstanden, während unter der sozialen Infrastruktur insbesondere die soziale Struktur vor Ort zu verstehen ist. Mit Blick auf den Standort Adlershof zählen zur technischen Infrastruktur vor allem die Ausstattung mit Sondermedien, Starkstrom, spezielle Be- und Entlüftungseinrichtungen sowie Anlagen zur Beseitigung chemischer Materialien und sog. Sonderabfälle. In der sozialen Komponente der Infrastruktur werden sowohl die Einkaufmöglichkeiten, das Freizeit- und Kulturangebot, Hotels, Restaurants et cetera als auch ergänzende Dienstleister wie Autovermietung, Reiseservice und medizinische Versorgung zusammengefasst.

Bei der Beurteilung des Kriteriums **Umfeld** wird eine Differenzierung hinsichtlich des Standortimages, der Synergieeffekte und der Nähe zu Zulieferbetrieben vorgenommen. Mit dem Image des Standortes wird die Ausrichtung des Gewerbestandortes (bspw. als Wissenschafts- und Technologiestandort) angesprochen. Hierbei spielt vor allem die – mehr oder weniger – erfolgreiche Umsetzung des Standortkonzeptes eine Rolle. Ansiedler von nationalem oder internationalem Ruf wählen ihre Standorte auch nach deren regionaler und (über)nationaler wirtschaftspolitischer Bedeutung aus. Die Umsetzungsmöglichkeit angestrebter Nutzungsverflechtungen wird mit der Beurteilung der Synergieeffekte berücksichtigt. Hierbei ist die Bildung so genannter Nutzungskonglomerate gleicher und artverwandter Nutzungen, ergänzt durch zusätzliche Dienstleistungseinrichtungen, hervorzuheben. Sind diese Voraussetzungen gegeben, partizipieren die ansiedlungswilligen Unternehmen von anderen Firmen, Institutionen, Einrichtungen und Hochschulen des Standortes. In Zeiten expandierender Zuliefer- und Transportunternehmen verliert die Nähe zu Kunden und Absatzmärkten an Bedeutung. Dagegen rückt die Nähe zu Zulieferbetrieben in den Vordergrund von Standortentscheidungen. Durch die Nähe zu Zulieferbetrieben und ggf. Vorgüterproduzenten können organisatorische und logistische Vorteile ausgeschöpft und Arbeitsprozesse optimiert werden. Abschließend ist anzumerken, dass einige Standortkriterien nicht selten für beide Kategorien (verarbeitendes Gewerbe und dienstleistungsorientiertes Gewerbe) relevant sein können. In solchen Fällen ist die Aussagekraft dieses Merkmals eingeschränkt. Bei der Gewichtung der Merkmale ist dies entsprechend zu berücksichtigen.

Gewichtung

Der Einfluss der obigen Merkmale auf Standortentscheidungen wird in Abhängigkeit von der Ausprägung des Gewerbestandortes unterschiedlich stark sein und auch innerhalb der verschiedenen Nutzungsgruppen variieren. Demzufolge sind die Merkmale standortbezogen zu gewichten. Weiterhin ist bei der Gewichtung die Aussagekraft der jeweiligen Merkmale zu beachten. So ist beispielsweise dem Merkmal Bruttowertschöpfung dann ein geringes Gewicht beizumessen, wenn die zugrunde liegenden Daten nur auf pauschalen Daten und üblichen Verhältnissen vergleichbarer Unternehmen beruhen oder aus statistischen Veröffentlichungen resultieren.

2.5 Verfahrenskritik

Das Verfahren, Neuordnungsbodenwerte nach Befragung der Investoren prozentual in das Spektrum zwischen Gp und G-Bodenwerten einzuordnen, wird seit einigen Jahren im Berliner Entwicklungsbereich Berlin Johannisthal/Adlershof durchgeführt. Es stellt sich damit dem Praxistest und der Kritik der beteiligten Senatsverwaltungen. Als Kritikpunkte werden genannt:

Bodenwerte werden zu einem großen Teil durch die Lagewertigkeit der Grundstücke bestimmt. Die Abhandlung stellt diesen Wertparameter nicht deutlich genug heraus.

Zunächst gilt es festzuhalten, dass die Nutzungsdifferenzierung tatsächlich für den Standort Johannisthal/Adlershof und zwar für den Ansiedlungsraum der WISTA vorgenommen wurde. Der Lagequalität wird damit Rechnung getragen, dass die Wertfindung zwischen den Eckwerten der Neuordnungswerte stattfindet. Die Bodenrichtwerte für das verarbeitende Gewerbe und für dienstleistungsorientiertes Gewerbe bilden den Rahmen für die Wertbetrachtung. Bei Anwendung des Modells auf andere Ansiedlungsbereiche wäre demgemäß der Wertrahmen nach den dortigen (Richt-)Wertbedingungen zu bemessen. Insofern steht einer Verwendung der Ableitung am anderen Ort bei entsprechender Fragestellung nichts im Wege. Die Lagequalität spielt im Modell aber auch in anderer Weise eine bedeutende Rolle. So enthält der Kriterienkatalog Fragen zu den Standortkriterien Verkehrsanbindung, Infrastruktur und Umfeld. Die Einschätzung der Bedeutung dieser einzelnen Kriterien für das Unternehmen wird für die Einordnung der Unternehmen verwendet. Richtig ist, dass eine qualitative Einordnung nicht direkt erfolgt. Dies ist auch nicht erforderlich, weil der Wertrahmen – wie oben dargestellt – ja durch die Bodenrichtwerte gegeben ist.

Der Bodenwert wird an Entwicklungsstandorten insbesondere durch die rechtlich zulässige Nutzbarkeit, d.h. durch die in B-Plänen festgesetzten Nutzungen bestimmt.

Die Problematik der Nutzungsausweisungen in B-Plänen und ihrer Auswirkungen auf die Bodenpreise hat in Berlin zu einigen Diskussionen geführt. Die Bewertungspraxis hat tatsächlich in früheren Jahren auf das rechtlich zulässige „Höchstmaß" einer Grundstücksnutzung abgestellt, dieses Maß findet sich als Ausweisung in Bebauungsplänen und bildet als festgesetzte Parameter: Art und Maß der Nutzung, den Rechts- und Entscheidungsrahmen für ansiedlungsbereite Unternehmen. Wenn Unternehmen den Rechtsrahmen nicht unmittelbar ausschöpften, so wurde der planungsadäquate Bodenwert mit dem Argument gerechtfertigt, dass die Unternehmen mittel- oder langfristig das rechtlich zulässige Maß der Nutzung oder die in der Baunutzungsverordnung niedergelegte Nutzungsqualität ausschöpfen könnten. Diesen Überlegungen folgen die Unternehmen aber seit einiger Zeit nicht mehr. Mit dem Verlust an unternehmerischer Planungssicherheit und dem Zwang nach kurzfristig zu steuernder und zu verändernder Ausrichtung verlieren langfristige Festlegungen, etwa in Form von entwicklungsfähigen Rahmenbedingungen, an Bedeutung. Dies gilt für das verarbeitende Gewerbe wie für den Dienstleistungsbereich gleichermaßen. Es ist am Markt feststellbar, dass qualitative und quantitative Höchstausweisungen in Bebauungsplänen von Unternehmen nicht durch die Akzeptanz eines höheren Bodenwertes gewürdigt werden. Vielmehr erwarten die Unternehmen Nutzungen, die auf ihren gegenwärtigen Bedarf zugeschnitten sind. Es gehört zu den politischen Folgerungen der Wirtschaftsentwicklung Ostdeutschlands, dass die Entwicklungsplanung heute nach den Vorstellungen der Unternehmen, mindestens aber in enger Abstimmung mit ihnen vorgenommen wird. Die in Bebauungsplänen ausgewiesene und festgestellte rechtlich zulässige Nutzbarkeit ist somit häufig ein Ergebnis der Abstimmung zwischen Unternehmen, Entwicklungsträger und kommunaler Verwaltung. Angemerkt sei hier, dass der Bundesgesetzgeber diesem Marktverhalten durch die Einführung vereinfachter Bebauungsplanverfahren, Stärkung des VE-Plans und der Verankerung städtebaulicher Verträge im Baugesetzbuch Rechnung getragen hat.

Der Kriterienkatalog und die Beurteilungsmatrix zur Ableitung eines „angemessenen" Bodenwertes sind zu stark unternehmensorientiert.

Das Grundproblem ist ein Dilemma der Ansiedlungspolitik. Unternehmen sind in der Regel in Entwicklungsbereichen oder an anderen großflächigen Entwicklungsstandorten nur dann ansiedlungsbereit, wenn ihnen die finanziellen Konditionen optimal erscheinen. Dazu gehört auch die Minimierung des Bodenwerts. Diesem Minimierungsverlangen steht die rechtliche Verpflichtung des Entwicklungsträgers, die Grundstücke unter Berücksichtigung der erbrachten Entwicklungsleistungen, also zum Neuordnungswert zu veräußern, entgegen. Durch eine Einordnung der tatsächlich beabsichtigten oder praktizierten Unternehmensnutzung soll der Vorgang der Wertfindung „objektiviert" werden. Es zeigt sich, dass die Unternehmen diese Vorgehensweise – weil nachvollziehbar – akzeptieren. Sofern die Anteile verarbeitender und dienstleistender Nutzung nach eigenen Angaben des jeweiligen Unternehmens bestimmt werden können, besteht sogar Bereitschaft, die Nutzungsverteilung vertraglich zu sichern.

3. Anwendung

Ein ansiedlungsbereites Unternehmen, das bereits erste Gespräche mit dem Entwicklungsträger geführt hat, möchte in Kaufverhandlungen eintreten. Der Entwicklungsträger weist die Unternehmensvertreter darauf hin, dass ein Kauf nur auf der Grundlage eines Verkehrswertgutachtens geschehen kann. Um ihr Unternehmen in die Spanne von Verarbeitung und Dienstleistung einzuordnen, ist es notwendig, dass das Unternehmen ein Formular zu seiner Nutzungsstruktur ausfüllt. Das Formular ist von den ansiedlungswilligen Unternehmen nach ihrem Firmenprofil und den relevanten Standortkriterien auszufüllen und bildet somit die Grundlage für die anschließende Auswertung (sprich die Bodenwertzuweisung). Es werden zunächst Angaben der Merkmale Nutzfläche, Beschäftigte und Bruttolohnniveau hinsichtlich der drei zuvor herausgestellten Nutzungsbereiche in Erfahrung gebracht.

Nutzungsbereiche	Aufteilung der Nutzfläche [m²]	Anzahl der Beschäftigten	durchschn. Bruttogehalt eines Beschäftigten [€]
• Geschäftsleitung, Assistenz, Sekretariat, • Sozialräume (WC, Duschen, Fitness, Pantry etc.)			
• Produktion (von Vorleistungs-, Investitions-, Gebrauchs- und Verbrauchsgütern) • Fertigung, Montage, Lager • Wartung, Reparatur, Instandhaltung			
• Logistik, Einkauf, Verkauf, Marketing, Vertrieb, Kundenbetreuung, Präsentation, Ausstellung • Planung, Entwicklung, Konstruktion, unternehmensfremde Dienstleistung (z.B. Vermietung, Verkauf von Know-how) • Forschung, Entwicklung, Prüf- u. Teststände, Messbereiche • Datenverarbeitung, Datensammlung/-Archiv, Serverräume • Buchhaltung, Finanzen, Controlling, Rechtsabteilung (i.d.R. bei größeren Unternehmen)			

Abb. 8: Zuordnung der geplanten Nutzungsbereiche

Als Ergebnis erhält man die Verteilung der Merkmale über die bereits erläuterten Bereiche Geschäftsleitung und Assistenz et cetera sowie Produktions- und höherwertige Flächen. Die in jedem Unternehmen vorhandenen und üblichen Bereiche der Geschäftsleitung sowie die sozialen Bereiche sagen meist wenig über die eigentliche Nutzung aus und werden daher bei der weiteren Untersuchung nicht berücksichtigt. Die Aussagen hinsichtlich der Standortkriterien werden – aufgrund des differenzierteren Befragungsmodus – in der folgenden Übersicht separat zusammengestellt.

Standortkriterien		**wichtig**		**mittel**		**kaum wichtig**
		1	**2**	**3**	**4**	**5**
Verkehrsanbindung						
	Individualverkehr					
	LKW-Verkehr					
	Überregionale Verkehrsanbindung					
	ÖPNV					
	Wasserstraßen und Schienenanbindung					
Infrastruktur						
	technisch					
	sozial					
Umfeld						
	Image des Standortes					
	Synergieeffekte					
	Nähe zu Zulieferbetrieben					

Abb.9: Aussagen zur Standortwahl

Die Auswertung der Standortkriterien erfolgt wie bei einem Zielbaumverfahren, das heißt, sowohl die drei Kategorien (Hauptkriterien) als auch die Unterkriterien werden nach ihrer Bedeutung für die jeweilige gewerbliche Ausprägung zueinander gewichtet. Ergebnis ist zunächst eine Aussage zur Verteilung der drei Hauptkriterien Verkehrsanbindung, Infrastruktur und Umfeld in Bezug auf die Verteilung zwischen verarbeitendem Gewerbe und dienstleistungsorientiertem Gewerbe.

Standortkriterien	*Untergewichtung*	**wichtig**		**mittel**		**kaum wichtig**	**Eintragung**		
		1	**2**	**3**	**4**	**5**	**absolut**	**gewichtet %**	**pro Kategorie**
Verkehrsanbindung (40 %)									60
Individualverkehr	*20 %*	100	75	50	25	0	50	*10*	
LKW-Verkehr	*20 %*	0	25	50	75	100	0	*0*	
Überregionale Verkehrsanbindung	*20 %*	0	25	50	75	100	50	*10*	
ÖPNV	*20 %*	100	75	50	25	0	100	*20*	
Wasserstraßen und Schienenanbindung	*20 %*	0	25	50	75	100	10	*20*	
Infrastruktur									50
technisch	*40 %*	0	25	50	75	100	50	*20*	
sozial	*60 %*	100	75	50	25	0	50	*30*	
Umfeld									65
Image des Standortes	*40 %*	100	75	50	25	0	75	*30*	
Synergieeffekte	*20 %*	100	75	50	25	0	25	*5*	
Nähe zu Zulieferbetrieben	*40 %*	0	25	50	75	100	75	*30*	

Abb. 10: Auswertung der Standortkriterien

Die Berücksichtigung des unterschiedlichen Einflusses der drei Kategorien Verkehrsanbindung, Infrastruktur und Umfeld erfolgt durch eine differenzierte Gewichtung der Standortkriterien. Für die Beurteilung der Eintragungen (wichtig – kaum wichtig) wurden die Werte 0 bis 100 so in die Tabelle eingefügt, dass die jeweiligen Eintragungen auf die Bedeutung für höherwertiges Gewerbe ausgerichtet sind. In der Addition der Produkte aus gewichtetem Unterkriterium und Wert ergibt sich somit ein prozentualer Ausdruck des Kategoriekriteriums hinsichtlich der höherwertigen Nutzung. Dies bedeutet bei einer Wertsumme von beispielsweise 60 für ein Kriterium, dass die jeweilige Kategorie für eine Verteilung von 60 Prozent zu dienstleistungsorientiertem Gewerbe und zu 40 Prozent zu verarbeitendem Gewerbe spricht. Die Werte der Kategorien (rechte Spalte) gehen in die folgende Tabelle (Übersicht der Merkmalsausprägungen) ein. Zur besseren Darstellung erfolgen an dieser Stelle bereits beispielhafte Eintragungen. Mit den ausgewerteten Merkmalen – Standortdaten und Angaben hinsichtlich der Verteilung der Nutzflächen, Beschäftigten und des Lohnniveaus – kann anschließend anhand der nachfolgenden Tabelle (Übersicht der Merkmalsausprägungen) die Gewichtsverteilung der einzelnen Merkmale zusammengestellt werden.

Merkmal	*gesamtes Unternehmen*			**Nutzungsschwerpunkt**	
				Verarbeitendes Gewerbe	**Dienstleistungsorientiertes Gewerbe**
Nutzflächen	*1.000*		*absolut*	**800**	**200**
			prozentual	*80%*	*20%*
Beschäftigte	*12*		*absolut*	**9**	**3**
			prozentual	*75%*	*25%*
Lohn-/Gehaltsniveau	*850.000*		*absolut*	**600.000**	**250.000**
			prozentual	*71%*	*29%*
Standortkriterien		Verteilung der Kategorien			
	Einzelgewicht	Verarbeitendes Gewerbe	Höherwertiges Gewerbe		
Verkehrsanbinung	*40%*	40%	60%		
Infrastruktur	*30%*	50%	50%		
Umfeld	*30%*	35%	65%		
gewichtete Verteilung der Kategorien – prozentual				41,5 %	58,5 %

Abb. 11: Übersicht der Merkmalsausprägungen

Die einzelnen prozentualen Merkmalsausprägungen gilt es nun sachgerecht und entsprechend ihrer Aussagekraft zu gewichten (Ableitung des gemischten Bodenwertes).

Merkmal	Gewicht	Nutzungsschwerpunkt	
		Verarbeitendes Gewerbe	**Dienstleistungs orientiertes Gewerbe**
Flächen	0,40	58 %	42%
Beschäftigte	0,25	47 %	53 %
Bruttowertschöpfung	0,20	36 %	64 %
Standortkriterien	0,15	42 %	58 %
Gesamtverhältnis	(gewichtet)	48 %	52 %
Bodenrichtwert oder Neuordnungswert		84,00 €	180,00 €
abgeleiteter Bodenwert	(gerundet)	**133, 92 €**	
		134, 00 €	

Abb. 12: Ableitung des gemischten Bodenwertes

Bei entsprechender Gewichtung der einzelnen Merkmale ergibt sich aus der Addition der Produkte aus prozentualen Anteilen und Gewichten ein prozentuales Gesamtverhältnis, welches eine Aussage über die schwerpunktmäßige Nutzung des einzelnen Unternehmens ermöglicht. Anhand des Gesamtverhältnisses ist dann eine abschließende Aussage zum Bodenwert möglich. So kann das jeweilige Unternehmen bei einem Nutzungsverhältnis von beispielsweise 15 zu 85 Prozent gänzlich der einen oder anderen Nutzung zugesprochen werden (sog. „entweder-oder-"Entscheidung). Ergibt sich jedoch ein vergleichsweise ausgewogenes Verhältnis (bspw. 40 zu 60 %), so bietet es sich an, die Bodenwerte der einzelnen Nutzungsausprägungen (verarbeitendes Gewerbe und höherwertige Nutzung) im Unternehmen zu gewichten. Man erhält dann einen gemischten Bodenwert. Im letzteren Fall geht der Bodenwert der jeweiligen Nutzung (verarbeitendes Gewerbe und dienstleistungsorientiertes Gewerbe) nach dem ermittelten Verhältnis anteilig in die Bodenwertableitung ein. Ergebnis der Ableitung ist somit entweder die wertmäßige Auswertung des Nutzungsschwerpunktes oder eine Wertbemessung nach den Nutzungsanteilen des jeweiligen Unternehmens.

An einem ausgewählten Beispiel soll das Modell der zuvor dargestellten Bodenwertableitung gewerblicher Mischnutzungen gezeigt werden. Das Unternehmen entwickelt, fertigt und verkauft hochwertige Geräteausstattungen im Hochtechnologiebereich.

Nutzungsbereiche	Aufteilung der Nutzfläche [m²]	Anzahl der Beschäftigten	durchschn. Bruttogehalt eines Beschäftigten [€]
• Geschäftsleitung, Assistenz, Sekretariat, • Sozialräume (WC, Duschen, Fitness, Pantry etc.)	300	5	
• Produktion (von Vorleistungs-, Investitions-, Gebrauchs- und Verbrauchsgütern) • Fertigung, Montage, Lager • Wartung, Reparatur, Instandhaltung	650	10	3.000
• Logistik, Einkauf, Verkauf, Marketing, Vertrieb, Kundenbetreuung, Präsentation, Ausstellung • Planung, Entwicklung, Konstruktion, unternehmensfremde Dienstleistung (z.B. Vermietung, Verkauf von Know-how) • Forschung, Entwicklung, Prüf- u. Teststände, Messbereiche • Datenverarbeitung, Datensammlung/-Archiv, Serverräume • Buchhaltung, Finanzen, Controlling, Rechtsabteilung (i.d.R. bei größeren Unternehmen)	50	20	5.000

Abb. 13: Zuordnung der geplanten Nutzungsbereiche

Standortkriterien		wichtig		mittel		kaum wichtig
		1	2	3	4	5
Verkehrsanbindung						
	Individualverkehr		X			
	LKW-Verkehr				X	
	Überregionale Verkehrsanbindung		X			
	ÖPNV			X		
	Wasserstraßen und Schienenanbindung					X
Infrastruktur						
	Technisch		X			
	Sozial			X		

Standortkriterien		wichtig		mittel		kaum wichtig
		1	2	3	4	5
Umfeld						
	Image des Standortes		x			
	Synergieeffekte		x			
	Nähe zu Zulieferbetrieben				x	

Abb. 14 Aussagen zur Standortwahl

Standortkriterien	*Untergewichtung*	wichtig		mittel		kaum wichtig	Eintragung		
		1	2	3	4	5	absolut	gewichtet %	pro Kategorie
Verkehrsanbindung (40 %)									65
Individualverkehr	*20 %*	100	75	50	25	0	75	*15*	
LKW-Verkehr	*20 %*	0	25	50	75	100	75	*15*	
Überregionale Verkehrsanbindung	*20 %*	0	25	50	75	100	25	*5*	
ÖPNV	*20 %*	100	75	50	25	0	50	*10*	
Wasserstraßen und Schienenanbindung	*20 %*	0	25	50	75	100	100	*20*	
Infrastruktur (30%)									40
technisch	*40 %*	0	25	50	75	100	25	*10*	
sozial	*60 %*	100	75	50	25	0	50	*30*	
Umfeld (30%)									75
Image des Standortes	*40 %*	100	75	50	25	0	75	*30*	
Synergieeffekte	*20 %*	100	75	50	25	0	75	*15*	
Nähe zu Zulieferbetrieben	*40 %*	0	25	50	75	100	75	*30*	

Abb. 15: Auswertung der Standortkriterien

Merkmal	*gesamtes Unternehmen*		**Nutzungsschwerpunkt**	
			Verarbeiten-des Gewerbe	**Dienst-leistungs-orientiertes Gewerbe**
Nutzflächen	*700*	*absolut*	**650**	**50**
		prozentual	*92,9%*	*7,1 %*
Beschäftigte	*30*	*absolut*	**10**	**20**
		prozentual	*33,3 %*	*66,7 %*
Lohn-/Gehaltsniveau	*130.000*	*absolut*	**30.000**	**100.000**
		prozentual	*23,1%*	*76,9 %*
Standortkriterien	Einzel-gewicht	Verteilung der Kategorien: Verarbei-tendes Gewerbe	Verteilung der Kategorien: Höherwerti-ges Gewerbe	
Verkehrsanbinung	*40%*	35%	65%	
Infrastruktur	*30%*	60%	40%	
Umfeld	*30%*	25%	75%	
gewichtete Verteilung der Kategorien – prozentual			39,5 %	60,5 %

Abb. 16: Übersicht der Merkmalsausprägungen

Merkmal	**Gewicht**	**Nutzungsschwerpunkt**	
		Verarbeitendes Gewerbe	**Dienstleistungs orientiertes Gewerbe**
Flächen	0,40	92,9%	7,1%
Beschäftigte	0,25	33,3%	66,7%
Bruttowertschöpfung	0,20	23,1%	76,9%
Standortkriterien	0,15	39,5%	60,5%
Gesamtverhältnis	(gewichtet)	56 %	44 %
Bodenrichtwert zum 01.01.05 (Neuordnungswert)		84,00 €	180,00 €
abgeleiteter Bodenwert		**126,21 €**	
	(gerundet)	**126, 00 €**	

Abb. 17: Ableitung des gemischten Bodenwertes

Nach der entsprechenden Gewichtung der einzelnen Merkmale ergibt sich ein prozentuales Gesamtverhältnis des Unternehmens von rund 55 Prozent verarbeitendem Gewerbe und etwa 45 Prozent dienstleistungsorientiertem Gewerbe. Bei den zugrunde liegenden Bodenwerten lässt sich anhand des ermittelten Nutzungsschwerpunktes für den Spezialgerätebauer somit ein Bodenwert von rund 126,00 Euro pro Quadratmeter Grundstücksfläche ableiten.

4. Zusammenfassung

Der vorgestellte Kriterienkatalog dient der Nutzungsdifferenzierung und Bodenbewertung gewerblicher Mischnutzungen. Das Modell wird zurzeit im Wissenschafts- und Technologiepark Adlershof praktisch erprobt. Es zeigt sich dabei bei allen Beteiligten eine gute Akzeptanz, da die Bodenwertabschätzung im Einzelnen nachvollzogen werden kann. Es wird zu prüfen sein, ob der Kriterienkatalog auch in anderen Technologieparks mit vergleichbaren gewerblichen Mischnutzungen Anwendung finden kann.

Die Herausgeberin

Gabriele Bobka

arbeitet als freie Wirtschaftsjournalistin mit dem Schwerpunkt Immobilien, Immobilienbewertung, Gesundheits- und Sozialwesen für die Fachpresse. Sie ist Chefredakteurin der Fachzeitschrift „Der Immobilienbewerter" (Bundesanzeiger Verlag), Mit-Herausgeberin des Buches „Immobilienbewertung in internationalen Märkten", Herausgeberin „Spezialimmobilien von A bis Z", Buchautorin, Fotografin, Mediatorin und Moderatorin. Lehrtätigkeit an der Steinbeis-Hochschule Berlin. Langjährige praktische Erfahrungen als Journalistin, Fotografin, Dozentin, Mediatorin, Unternehmerin im Bereich Immobilienconsulting, Geschäftsführerin eines immobilienwirtschaftlichen Branchenverbandes. Immobilienwirtin (Dipl. DIA), Immobilien-Mediatorin (DIA), Staatsexamen Geschichte und Germanistik (Universität Mannheim), Aufbaustudium zur Fachjournalistin, bis Ende 2014 Masterstudium Management von Gesundheits- und Sozialeinrichtungen (TU Kaiserslautern). Mitglied in der Gesellschaft für immobilienwirtschaftliche Forschung (gif), Immpresseclub – Vereinigung europäischer Immobilienjournalisten, Bundesverband Mediation (BM).
Kontakt: bobka@gabriele-bobka.de, www.gabriele-bobka.de

Die Autoren

Kim Adam, Inhaberin der Adam & Partner Unternehmensberatung

Kim Adam hat nach dem Abitur Germanistik und Romanistik an den Universitäten Bielefeld und Hamburg studiert sowie eine kaufmännische Ausbildung und später berufsbegleitend ein Studium von Marketing und Kommunikation (HAMK) absolviert. Sie ist seit 1990 als selbstständige Unternehmensberaterin in der Freizeitwirtschaft tätig und seit 2006 Inhaberin der Adam & Partner Unternehmensberatung, unter anderem mit Kernkompetenzen im Wasserfreizeit-, Sport- und Wellnessmarkt. Kim Adam hat seit 1990 mehr als 450 Projekte im deutschsprachigen Europa, betreut. Ihre Schwerpunkte sind u.a. die Entwicklung von Bäderkonzepten, (Marketing-) Strategieentwicklung, Wirtschaftlichkeitsberechnungen, Moderation von Umsetzungsprozessen etc. Sie ist unter anderem aktiv in die Verbände Deutsche Gesellschaft für das Badewesen e.V. und EWA – European Waterpark Association e.V. eingebunden.

Thomas Albertin, Geschäftsführer der Vota Freizeit und Spezialimmobilien GmbH

Dipl. Geograph und Immobilienfachwirt Thomas Albertin hat an den Universitäten Köln und Göttingen sowie Dublin studiert und ist Geschäftsführer der Vota Freizeit und Spezialimmobilien GmbH in Hamburg (www.vota.biz). Er beschäftigt sich seit über 16 Jahren mit Projekten im Freizeitimmobilien- und Tourismusmarkt. Der Schwerpunkt seiner Tätigkeit liegt in der Beratung, Planung und Realisierung von Freizeitimmobilien vom Aquarium bis zum Zoo.

Klaus Belgardt, öffentlich bestellter und vereidigter Sachverständiger für Bewertung von Grundstücken

Klaus Belgardt, Staatlich geprüfter Betriebswirt, Sachverständiger bei Rödl & Partner ImmoWert GmbH Immobilienbewertungsgesellschaft, von der IHK Wiesbaden öffentlich bestellter und vereidigter Sachverständiger für Bewertung von bebauten und unbebauten Grundstücken, Gründungsmitglied Gif-Arbeitskreis Mietfläche Büro, Ausschreibung Entwicklung „Westhafen Frankfurt", Dozent an der Führungsakademie der Wohnungs- und Immobilienwirtschaft Bochum. Tätigkeitsschwerpunkte: Immobilienbewertung nach normierten Verfahren gemäß WertV und WertR, Immobilienbewertung von Gewerbe-, Industrie- und Verwaltungsbauten sowie Sonderimmobilien und Wohnimmobilien, Beratende Bewertung, Risikobewertung von Immobilienprojekten, Miet- und Pachtwertermittlung, Mandantenakquise und -betreuung.

Dr. Thomas Beyerle, Bereichsleiter Research & Strategie, IVG Immobilien

Zuvor Leiter Referat Research bei Degi Deutsche Gesellschaft für Immobilienfonds und Dr. Lübke Immobilien, Stuttgart, Dresdner Bank Immobiliengruppe, Frankfurt, Allianz Dresdner Immobiliengruppe/Allianz Global Investors, Frankfurt, regelmäßige Veröffentlichungen zum Immobilienmarkt, Referent bei immobilienwirtschaftlichen Veranstaltungen, Lehrbeauftragter an der BA Stuttgart/Leipzig, ADI Stuttgart/Hamburg, ebs, irebs, FH Biberach, FH Kaiserslautern, INREV: Member Research Committee, Gif e.V.: Leiter AK II „Marktanalyse und Bedarfsprognose".

Heidi Bösch, öffentlich bestellte und vereidigte Sachverständige für die Bewertung von Grundstücken

Heidi Bösch, Betriebswirtin (Dipl. VWA), Immobilienwirtin (Dipl. DIA), Dipl-Sachverständige (DIA) für die Bewertung von Grundstücken, seit 1996 von der IHK Südl. Oberrhein öffentlich bestellte und vereidigte Sachverständige für die Bewertung bebauter und unbebauter Grundstücke. Seit 2003 Sachverständigensozietät Bösch, Fehr & Kollegen mit Firmensitz in Freiburg und einer Zweigstelle in Baden-Baden. Tätigkeitsschwerpunkt: Bewertung von Immobilienportfolio, gewerblichen Immobilien und Büroimmobilien, bundesweit.

Andreas Borutta, Geschäftsführer der DIWG | STIWA Valuation

Andreas Borutta ist Geschäftsführer der DIWG | STIWA valuation (vormals NAI apollo valuation advisory) und war vorher Leiter Bewertung bei der NAI apollo asset management GmbH. Von 1992 bis 2004 war er bei verschiedenen deutschen Projektentwicklungsgesellschaften in führender Position tätig. Von 1981 bis 1991 war er für Immobilienfinanzierungen bei einer deutschen Bank zuständig. Er hat mittlerweile fast 30 Jahre Erfahrung in der Immobilienwirtschaft und ist Betriebswirt und Immobilienökonom (ebs). Andreas Borutta ist Professional Member der The Royal Institution of Chartered Surveyors (RICS) und Registrierter RICS-Wertgutachter.

Linda Breining, ö.b.u.v. Sachverständige für die Bewertung bebauter und unbebauter landwirtschaftlicher Grundstücke

Linda Breinig ist ö.b.u.v. für bebaute und unbebaute landwirtschaftliche Grundstücke. Sie ist Partnerin im Sachverständigenbüro Allgäuer Tor und betreibt seit über drei Jahrzehnten aktiv einen landwirtschaftlicher Betrieb.

Stefan Friedel, Forstlicher Gutachter

Diplom-Forstingenieur, geb. 1963 in Fulda, Studium der Forstwirtschaft in Göttingen (1986-1989). Forstlicher Gutachter in nahezu 1.000 Bewertungsfällen. Lehrbeauftragter für Waldbewertung an der Hochschule für angewandte Wissenschaft und Kunst, Fakultät Ressourcenmanagement in Göttingen (2007-2010). Mitbegründer der Waldbewertungsplattform „FORST-WERT".

Email: stefan-friedel@online.de

Wolfgang Jahn, öffentlich bestellt und vereidigter Sachverständiger Grundstücksbewertung

Studium an der Ingenieurschule in Eckernförde mit Vertiefung im konstruktiven Ingenieurbau mit Abschluss. Durch die Industrie- und Handelskammer Hannover-Hildesheim öffentlich bestellt und vereidigt (seit 1998 unbefristet) für die Bewertung von bebauten und unbebauten Grundstücken, ehrenamtlicher Gutachter des Gutachterausschusses der Stadt Hannover und seit 1999 auch des Landkreises, Berufung zum Mitglied des Wissenschaftlichen Fachbeirates des BDGS. Tätigkeitsschwerpunkte: Bewertung von Wohnimmobilien aller Art und gemischt genutzten Grundstücken, Bewertung von gewerblich genutzten Grundstücken (Produktion, Gewerbe, Auto-Häuser, Fitness- und Freizeitanlagen, Hotels, Datencenter), Bewertung von Einzelhandelsimmobilien (SB-Märkte, Kaufhäuser, Einkaufszentren), Bewertung von Sozialimmobilien (Alten- und Pflegeheime, Reha-Kliniken, Akut-Kliniken).

Dr.-Ing. Dagmar Joeris, Sachverständige für Immobilienbewertungen

Dr.-Ing. Dagmar Joeris, Vermessungsassessorin, Beratende Ingenieurin, Selbständige Sachverständigentätigkeit, Mitautorin zahlreicher Fachpublikationen, Dozententätigkeit unter anderem an der Universität Bonn, beim Internationalen Institut für Facility Management in Oberhausen und der Technischen Akademie Wuppertal, Mitglied des Arbeitskreises 6 „Immobilienwertermittlung" des Deutschen Vereins für Vermessungswesen (DVW) (1998-2006), persönliches Mitglied der Gesellschaft für immobilienwirtschaftliche Forschung (gif); Mitglied des Arbeitskreises 3 „Marktwertermittlung", Mitglied der Ingenieurkammer-Bau Nordrhein-Westfalen.

Marcel Köhler, Sachverständiger für Grundstücksbewertung

Dipl.-Ing. Architekt Marcel Köhler, öffentlich bestellter und vereidigter Sachverständiger für die Bewertung von bebauten und unbebauten Grundstücken sowie zertifizierter Immobiliengutachter CIS HypZert (F), ist geschäftsführender Gesellschafter der Weritas GmbH und war zuletzt als Associate Director verantwortlicher Teamleiter der Property Valuation & Research Germany bei der Westdeutschen Immobilienbank AG, Dozententätigkeit. Tätigkeitsschwerpunkte in der kreditwirtschaftlichen Bewertung von gewerblichen Immobiliengrundstücken, Betreiberimmobilien sowie von Sozialimmobilien, wie Alten- und Pflegeheime, Reha-Kliniken und Akutkrankenhäuser.

Andreas Konrath, Inhaber des Freizeitwirtschaftsinstituts (fwi) Hamburg

Andreas Konrath absolvierte nach seiner Ausbildung zum Reiseverkehrskaufmann ein Tourismusstudium mit Abschluss Diplom-Betriebswirt (FH). Von 2000 bis 2010 war er Senior Consultant, Projektleiter und Prokurist bei der Wenzel Consulting AG, Hamburg. Im Jahr 2007 erwarb er den Abschluss als Diplom-Immobilienökonom (ADI) und ist seitdem Dozent an der Akademie der Immobilienwirtschaft (ADI). 2011 gründete Andreas Konrath das Freizeitwirtschaftsinstitut (fwi) Hamburg (www.fwi-hamburg.de), welches er als Inhaber führt. Das Institut berät und begleitet all diejenigen, die ihre Projekte im Freizeitbereich (von der Planung über die Konzeption und Umsetzung bis hin zum Betrieb von Freizeitanlagen) von Experten betreut wissen möchten. Die Beratungsschwerpunkte liegen unter anderem in den Bereichen Destinationsentwicklungen, Nachnutzungs- und Entwicklungskonzepte, kommerzielle Sportanlagen, Anlagen zur Unternehmenskommunikation, edukative Anlagen sowie Freizeit- und Themenparks. In seiner mittlerweile dreizehnjährigen Tätigkeit in der Freizeitwirtschaft hat Andreas Konrath weit über 100 Projekte in Deutschland und Europa betreut

Ralph Korduan, Zertifizierter Immobiliengutachter CIS HypZert (F/M)

Ralph Korduan, Dipl.-Bauing. (FH), Dipl.-Wirt.-Ing. (FH) für Immobilienbewertung, zertifizierter Immobiliengutachter CIS HypZert (F/M), ist für die Volksbank eG Braunschweig Wolfsburg mit der Erstellung von Marktwert- und Beleihungswertermittlungen tätig. Kontakt: bewertung@korduan.biz

Prof. Dr. David Lorenz, Fakultät für Wirtschaftswissenschaften des KIT

Prof. Dr. David Lorenz FRICS ist Inhaber der an der Fakultät für Wirtschaftswissenschaften des KIT und an der Royal Institution of Chartered Surveyors (RICS) neu eingerichteten Shared Professorship „Immobilienwertermittlung und Nachhaltigkeit". Er studierte Immobilienwirtschaft an der Berufsakademie Stuttgart und Bauprojektmanagement an der Nottingham Trent University (UK) sowie am Waterford Institute of Technology (IRL). Er war wissenschaftlicher Mitarbeiter am Lehrstuhl für Ökonomie und Ökologie des Wohnungsbaus an der wirtschaftswissenschaftlichen Fakultät der Universität Karlsruhe und promovierte dort auf dem Gebiet der Integration von Nachhaltigkeitsaspekten in Immobilienwertermittlungstheorie und -praxis. Im Jahr 2005 gründete er ein Immobilienbewertungs- und Beratungsunternehmen. Neben seiner beruflichen Tätigkeit ist er weiterhin in Forschung und Lehre am Lehrstuhl für Ökonomie und Ökologie des Wohnungsbaus engagiert. David Lorenz ist Mitglied der Royal Institution of Chartered Surveyors (RICS), der Internationalen Initiative für eine nachhaltig gebaute Umwelt (iiSBE) sowie Associate Member des Appraisal Institute. david lorenz@kit edu.

Prof. Dr.-Ing. habil. Thomas Lützkendorf, Universität Karlsruhe

Prof. Thomas Lützkendorf studierte an der Bauhaus Universität Weimar Bauingenieurwesen. Er war als wissenschaftlicher Mitarbeiter an den Lehrstühlen Betriebswirtschaftslehre sowie Bauklimatik und Bauökologie tätig, promovierte auf dem Gebiet der Bewertung des einmaligen und laufenden Energieaufwandes von Hochbauten und habilitierte auf dem Gebiet der Umsetzung von Prinzipien einer nachhaltigen Entwicklung im Baubereich. Seit dem Jahr 2000 ist er Inhaber des Lehrstuhls für Ökonomie und Ökologie des Wohnungsbaus an der wirtschaftswissenschaftlichen Fakultät der Universität Karlsruhe. Er vertritt in Lehre und Forschung Themen der Nachhaltigkeit im Baubereich. Unter anderem wird dabei untersucht, wie Nachhaltigkeitsaspekte in die Arbeits- und Verantwortungsbereiche von Akteuren übertragen und in deren Methoden, Instrumente und Entscheidungsabläufe integriert werden können. Thomas Lützkendorf ist Obmann beim DIN zu Fragen des nachhaltigen Planens und Bauens, begleitet den Runden Tisch Nachhaltiges Bauen beim Bundesministerium für Verkehr, Bau und Stadtentwicklung (BMVBS) und arbeitet u.a. an internationalen und europäischen Normungsvorhaben mit. Er ist Gründungsmitglied der Internationalen Initiative für eine nachhaltig gebaute Umwelt (iiSBE). Universität Karlsruhe (TH), Fakultät für Wirtschaftswissenschaften, Stiftungslehrstuhl Ökonomie und Ökologie des Wohnungsbaus, thomas.luetzkendorf@wiwi.uni-karlsruhe.de, http://housing.wiwi.uni-karlsruhe.de.

Jochen Nagel, Geschäftsführer der Rödl & Partner ImmoWert GmbH, Immobilienbewertungsgesellschaft

Jochen Nagel, Dipl.-Sachverständiger (DIA), ö.b.u.v. Sachverständiger (IHK Nürnberg), zertifizierter Immobiliensachverständiger ZIS DIAZert (TGA), ist Geschäftsführer der Rödl & Partner ImmoWert GmbH, Immobilienbewertungsgesellschaft. Seit 1999 zeichnet Jochen Nagel verantwortlich für den Gesamtbereich Immobilienbewertung im Hause von Rödl & Partner, einer Prüfungs- und Beratungsgesellschaft mit 2.500 Mitarbeitern an 70 Standorten weltweit. In nur wenigen Jahren ist es Herrn Nagel zusammen mit seinen Mitarbeitern gelungen, ein sehr klares Dienstleistungsprofil rund um das Thema Immobilienbewertung zu entwickeln. Mit gegenwärtig rund 30 angestellten Mitarbeitern, zählt die innerhalb der Rödl & Partner Gruppe eigenständig und eigenverantwortlich agierende ImmoWert GmbH zu den großen Bewertungsgesellschaften in Deutschland.

Prof. Dr. Harald Nitsch, Duale Hochschule Baden-Württemberg Mannheim

Harald Nitsch ist Professor für Betriebswirtschaftslehre und Leiter des Studiengangs Immobilienwirtschaft an der DHBW Mannheim. Er schloss seine Studien als Baccalaureus der Mathematik und Diplom-Volkswirt an der Albert-Ludwigs-Universität Freiburg ab, wo er im Jahr 1994 promovierte und 2003 habilitierte. Seine Forschungsschwerpunkte liegen im Einsatz ökonometrischer Verfahren in der Immobilienwirtschaft, insbesondere in den Bereichen hedonischer Preismodelle, Tobins q sowie der Bedeutung von Migrationsprozessen für Immobilienmärkte. Harald Nitsch ist Co-Autor von „Mathematik für Ökonomen" (mit Alpha Chiang und Kevin Wainwright).

Frank Pfaff, selbstständiger Sachverständiger für Immobilienbewertung

Frank Pfaff, Diplom-Sachverständiger (DIA) für die Bewertung von Grundstücken, Mieten und Pachten, zertifiziert nach DIN EN ISO/IEC 17024, Bankkaufmann, Bankbetriebswirt, Fachwirt der Grundstücks- und Wohnungswirtschaft, zwanzigjährige Tätigkeit im Bereich Bau und Verwaltung bei der Sparkasse Freiburg-Nördlicher Breisgau, Dozent an der Deutschen Immobilien-Akademie (DIA) an der Universität Freiburg und der Verwaltungs- und Wirtschafts-Akademie (VWA) Freiburg zum Thema „Bewertung von Immobilien", Mitglied im Gutachterausschuss der Stadt Freiburg, Mitglied des Prüfungsausschusses der akkreditierten Zertifizierungsstelle.

Prof. Dr. Heinz Rehkugler, Wissenschaftlicher Leiter des Center for Real Estate Studies (CRES)

Prof. Dr. Heinz Rehkugler ist Wissenschaftlicher Leiter des Center for Real Estate Studies (CRES) und Studienleiter der Deutschen Immobilien Akademie an der Universität Freiburg (DIA). Zuvor war er Professor für Finanzwirtschaft an den Universitäten Freiburg, Bremen und Bamberg. Seine Hauptarbeitsgebiete, dokumentiert in zahlreichen Veröffentlichungen, sind Immobilienökonomie, privates Vermögensmanagement und die Analyse von Unternehmen und Finanzprodukten mit quantitativen Methoden.

Daniela Schaper, öffentlich bestellte und vereidigte Sachverständige für Grundstücksbewertung

Daniela Schaper, Diplom-Kauffrau, Diplom-Sachverständige (DIA) für die Bewertung von Grundstücken, Mieten und Pachten, International Appraiser (DIA), öffentlich bestellte und vereidigte Sachverständige für die Bewertung von bebauten und unbebauten Grundstücken.

Joachim Schubach, öffentlich bestellter und vereidigter Sachverständiger für Grundstücksbewertung und Unternehmensbewertung

Joachim Schubach, öffentlich bestellter und vereidigter Sachverständiger für die Bewertung von bebauten und unbebauten Grundstücken, öffentlich bestellter und vereidigter Sachverständiger für die Unternehmensbewertung, vom Institut für Sachverständige in Köln (IfS) zertifizierter Sachverständiger, Mitglied im Gutachterausschuss für den Landkreis Neuwied, Mitglied im Bundesverband der öffentlich bestellten und vereidigten sowie qualifizierten Sachverständigen: Tätigkeitsschwerpunkte: Bewertung von Spezialimmobilien, Rechten und Belastungen, Bewertungen bei Unternehmensaufspaltung, Betriebsver- und -kauf, Insolvenzen.

Dr.-Ing. Walter Schwenk, öffentlich bestellter und vereidigter Sachverständiger für Grundstücksbewertung

Dr.-Ing. Walter Schwenk, öffentlich bestellter Vermessungsingenieur, derzeit in der Bürogemeinschaft Rek und Dr. Schwenk, und öffentlich bestellter und vereidigter Sachverständiger für die Bewertung bebauter und unbebauter Grundstücke. Seit etwa 1991 mit der Bewertung und Verfahrensbetreuung in Sanierungsgebieten und Entwicklungsbereichen verschiedener Bundesländer befasst. Mitglied des Gutachterausschusses für Grundstückswerte in Berlin und stellvertretender Vorsitzender des Oberen Gutachterausschusses des Landes Brandenburg. Mitglied des Arbeitskreises 6 Immobilienwertermittlung des Deutschen Vereins für Vermessungswesen (DVW). Mitglied der Deutschen Akademie für Städtebau und Landesplanung. Mitveranstalter im Institut für Städtebau, Berlin. Kommentator in „Praxis der Grundstücksbewertung. Mitglied des Präsidiums des BDVI. Leiter BDVI-Kommission Wertermittlung. Schriftleiter BDVI-FORUM.

Ulf Templin, geschäftsführender Gesellschafter der PKF hotelexperts

Ulf Templin studierte nach seiner Hotelausbildung im Marriott Hotel Bremen Betriebswirtschaftslehre mit Schwerpunkt Tourismus an der Fachhochschule in München. Seit 1997 ist Ulf Templin für PKF in München tätig und absolvierte 2002 das Steuerberaterexamen. Seit 2008 ist er geschäftsführender Gesellschafter der PKF hotelexperts GmbH, München. Die Beratungsschwerpunkte von Herrn Templin liegen in der Erstellung von Machbarkeitsstudien für Hotelprojekte im In- und Ausland sowie in der Bewertung von Hotelimmobilien im Zusammenhang mit Transaktionen oder im Rahmen der Erstellung von Jahresabschlüssen nach nationalen und internationalen Rechnungslegungsstandards (Impairment Tests). Weitere Tätigkeitsschwerpunkte sind die Suche und Auswahl von Betreibergesellschaften sowie die wirtschaftliche Beratung beim Abschluss von Betreiberverträgen (Pacht-, Management-, Franchise- und Lizenzverträge). Neben seiner beruflichen Tätigkeit hält Ulf Templin Vorträge bei Fortbildungsveranstaltungen zum Thema Hotelimmobilien und Gastvorträge an diversen Fachhochschulen und Universitäten.

Dr. Martin Töllner, ö.b.u.v. Sachverständiger für Immobilienbewertung

Dr.-Ing. Martin Töllner ist öffentlich bestellter und vereidigter Sachverständiger für die Bewertung von bebauten und unbebauten Grundstücken. Er ist Mitglied im Bundesverband der Immobilien Investment Sachverständigen (BIIS) und ehrenamtlicher Gutachter für den Gutachterausschuss für Grundstückswerte der Stadt Hannover. Er ist von der Bundesanstalt für Finanzdienstleistungsaufsicht (BaFin) für die Bewertung offener Immobilienfonds zugelassen. Seit 2003 ist er als Sachverständiger für Immobilienbewertung, u.a. im Büro Simon & Reinhold, Partner, Hannover (Bewertung internationaler Fonds-Immobilien) und im eigenen Büro Töllner Immobilienbewertung tätig. Er ist Mitglied im Gutachterausschuss für Grundstückswerte Hannover und seit 2012 Lehrbeauftragter an der Hochschule Hannover.

Herbert Troff, Leitender Vermessungsdirektor

Dipl.-Ing. Herbert Troff, Leitender Vermessungsdirektor, studierte Geodäsie an der Universität Hannover, Leiter der Behörde für Geoinformation, Landentwicklung und Liegenschaften Aurich (Ostfrsld.); Vorsitzender/Stellvertretender Vorsitzender des Gutachterausschusses für Grundstückswerte; Mitglied im Fachbeirat Bewertung der BVVG – Bodenverwertungs- und -verwaltungs GmbH, Berlin; Autor zahlreicher Veröffentlichungen in Fachzeitschriften zum Immobilienmarkt/zur Immobilienbewertung; Lehrauftrag bei der Deutschen Immobilien-Akademie der Universität Freiburg, Mitherausgeber/Mitautor von „Praxis der Grundstücksbewertung".

Frank Peter Unterreiner, Immobilienjournalist

Frank Peter Unterreiner arbeitet seit 1985 als freier Journalist. Der Betriebswirt konzipierte 1996 die Immobilienmarkt-Verlagsbeilagen der Frankfurter Allgemeinen Zeitung und ist seither für deren Redaktion verantwortlich. Er schreibt ferner für den „Immobilien Manager", „Immobilienwirtschaft", Wirtschaftsmagazine, überregionale Tageszeitungen, ist Redaktionsmitglied des Newsletters „ Der Immobilienbrief" sowie Autor und Mitautor mehrerer Fachbücher. An der Hochschule Nürtingen-Geislingen lehrt Unterreiner seit 1998 am Studiengang Immobilienwirtschaft. Die „andere Seite des Schreibtisches" lernte Unterreiner 1989 bis 1994 kennen. Damals baute er die Abteilung Öffentlichkeitsarbeit und Presse einer Bank mit auf.

Ullrich Werling, Partner Werling Schleef Immobiliensachverständige Partnerschaftsgesellschaft

Ullrich Werling, MRICS, CIS HypZert (F), Assoc. MAI, studierte Mathematik und Wirtschaft in Leipzig. Seit 1990 ist er in der Immobilienbranche als Projektentwickler und Asset-Manager aktiv. Er entwickelte und betreute Einkaufszentren, Gewerbeparks sowie Sport- und Freizeitanlagen. Seit 2006 ist er als Sachverständiger für die Bewertung von Immobilien freiberuflich tätig Spezialisiert hat sich Werling auf die Bewertung von Gewerbeimmobilien und Portfoliobeständen.

Dr. Joachim Will, Geschäftsführer des ecostra-Instituts für Standort- und Strategieforschung in Wiesbaden

Studium der Soziologie, Volkswirtschaft und Politikwissenschaft an den Universitäten Tübingen, Konstanz und an der London School of Economis (LSE). Promotion bei Lord Ralf Dahrendorf (St. Antonys´ College, Oxford). 1996 bis 1999 Projektleiter in der Zentrale der GMA Gesellschaft für Markt- und Absatzforschung mbH, Ludwigsburg. 1999 bis 2006 Geschäftsführer der GMA-Zweigniederlassung Wien (Österreich). 2006 Head of Research and Consulting bei der Thomas Daily GmbH, Freiburg im Breisgau. Seit 2007 Gründer und Geschäftsführer des Instituts ecostra. Autor mehrerer Fachpublikationen zu Fragen der Standortentwicklung im Einzelhandel. Sachgutachter im Auftrag verschiedener Verwaltungsgerichte in Deutschland und Bezirksgerichte in Österreich zur Raumverträglichkeit von Einzelhandelsgroßprojekten sowie zu kartellrechtlichen Fragestellungen.

Christian Zobel, Sachverständiger bei Rödl & Partner ImmoWert GmbH Immobilienbewertungsgesellschaft

Christian Zobel, Dipl.-Ing. (FH), Sachverständiger der Immobilienbewertung, Sachverständiger bei Rödl & Partner ImmoWert GmbH Immobilienbewertungsgesellschaft. Tätigkeitsschwerpunkte: Immobilienbewertung nach normierten Verfahren gemäß WertV und WertR, Immobilienbewertung nach internationalen Bewertungsstandards, Immobilienbewertung von Gewerbe-, Industrie- und Verwaltungsbauten, Bewertung von Immobilien-Portfolios, Bewertung von Spezialimmobilien, Beleihungswertermittlung für Banken, Beratende Bewertung, Miet- und Pachtwertermittlung.

Stichwortverzeichnis

B

C

D

E

F

G

I

J

K

L

M

N

O

P

Q

R

S

T

U

V

W

Y

Z